HARDPRESS.NET
HOME OF HARD-TO-FIND BOOKS

Dictionnaire Portatif De Commerce, Contenant La Connoissance Des Marchandises De Tous Les Pays, Ou Les Principaux & Nouveaux Articles, Concernans Le Commerce & L'economie
by Unknown

Address:
HardPress
8345 NW 66TH ST #2561
MIAMI FL 33166-2626
USA
Email: info@hardpress.net

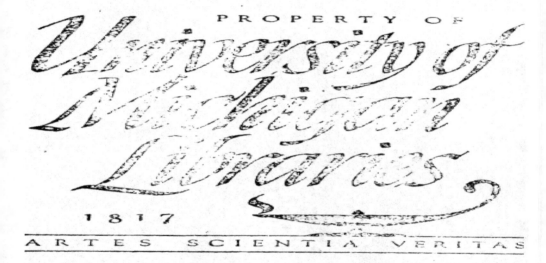

DICTIONNAIRE
PORTATIF
DE COMMERCE.

DICTIONNAIRE

PORTATIF

DE COMMERCE,

CONTENANT

La Connoissance des Marchandises de tous les pays, ou les principaux & nouveaux articles, concernans le Commerce & l'Economie ; les Arts, les Manufactures, les Fabriques, la Minéralogie, les Drogues, les Plantes, les Pierres précieuses, &c. &c.

TOME SECOND.

CHAU. -- FERU.

A BOUILLON;

AUX DÉPENS DE LA SOCIÉTÉ TYPOGRAPHIQUE.

Et se trouve

A LIEGE, chez C. PLOMTEUX,

M. DCC. LXX,

Geo. L
Hand
2-14-
5 3 9 2

HF
1001
D56
17.70
V. 2

DICTIONNAIRE

PORTATIF

DE COMMERCE.

C

CHAUDIERE. Grand vaisseau de cuivre ou de tole, sous lequel on met du feu pour faire cuire, bouillir ou affiner quelque chose. Plusieurs ouvriers se servent de chaudieres, entr'autres, les raffineurs de sucre, les salpétriers, les teinturiers, les chapeliers, les brasseurs de biere, les boulangers, pâtissiers, &c.

Les chaudieres des teinturiers sont grandes & profondes, suivant les matieres ou étoffes qu'ils ont à teindre. Celles des teinturiers du grand & bon teint, sont au moins trois ou quatre fois plus grandes & plus profondes que celles du petit teint, ou des teinturiers de soie, laine & fil ; à cause que ce sont les draps de de toutes sortes, & les autres plus fortes & meilleures étoffes de lainerie, qui sont réservées au bon teint.

Ces chaudieres sont posées sur une espece de fourneau, par l'ouverture duquel on peut mettre du bois, pour entretenir le feu nécessaire au degré de chaleur propre à la teinture qu'on fait ; & pour donner plus de solidité à ces vastes vaisseaux d'un cuivre qui n'est que médiocrement épais, on les entoure d'un massif de brique, ou simplement de plâtre bien maçonné.

Au dessus de chaque chaudiere est posé un moulinet, qui en traverse toute la longueur du diamêtre. Il est de bois avec quatre ailes à jour, afin que la teinture ne s'y puisse arrêter. Son axe, dont les deux bouts sont en forme de tourillons, porte, & entre dans les trous de deux pieces de bois mises debout, & engagées par l'extrêmité d'en bas, dans le massif qui fortifie la chaudiere. Enfin, une forte manivelle sert à lui donner du mouvement, quand il est nécessaire.

Ce moulinet sert à rendre la couleur égale, en empêchant qu'aucune partie de l'étoffe ne prenne moins de teinture qu'une autre ; ce qui arriveroit, si toute la piece qu'on veut teindre, restoit en un monceau au fond de la chaudiere, les endroits des plis ne pouvant, en cet état, être autant pénétrés de la liqueur & des drogues qui y sont dissoutes, que le reste.

Tome II.   A

C'eft auffi pour remédier à cet inconvénient, que ce moulinet a été inventé; parceque mettant fur fes aîles un bout de l'étoffe, & le faifant fans ceffe tourner, par le moyen de la manivelle, toute la piece entiere paffe, par ce mouvement, dans la teinture de la chaudiere. Et afin que la couleur fe prenne encore plus également, deux garçons, fi ce font de fortes étoffes, ou celui qui tourne la manivelle, fi ce font des étoffes légeres, ont foin de les étendre fur les aîles du moulinet, avec des bâtons, à mefure qu'elles y montent; ce qu'on pratique continuellement, & auffi long-temps qu'il eft néceffaire qu'elles reftent dans la chaudiere. A l'égard des chofes qui ne font pas d'un affez grand volume pour être teintes au moulinet, comme font les bas & autres ouvrages de bonneterie, on fe contente de les remuer fans ceffe avec de longs bâtons, tant qu'elles reftent dans la chaudiere; ce qui fupplée au moulinet, & empêche l'inégalité de couleur, qui eft un des plus grands défauts de la teinture.

CHAVONIS. C'eft une forte de mouffeline du Bengale, qui a pris ce nom à caufe de la grandeur & de la qualité de celui qui le premier en a fait faire de cette forte, & l'a mife en ufage. C'étoit M. de Chavonne, gentilhomme françois, colonel d'infanterie au fervice des Etats-Généraux des Provinces-Unies des Pays-bas, & enfuite gouverneur du Cap de Bonne Efpérance, environ l'année 1714, qui, quelque temps après, ordonna qu'on lui fît de cette mouffeline, à laquelle on a depuis toujours donné fon nom. C'eft une efpece de *Tarnatane.*

CHAUX. On a donné en chymie le nom de chaux à plufieurs matieres très différentes; cependant une partie de ces matieres, porte très-improprement ce nom, qui doit être reftraint aux feuls produits des calcinations proprement dites. Ces produits font les cendres vraies, le plâtre, les chaux communes & les chaux métalliques.

On appelle *chaux communes*, *chaux vives*, *chaux*, *&c.* le produit de la calcination des pierres & des terres calcaires; des parties dures des animaux comme os, arêtes, cornes, coquilles, lithophytes, &c. avec lefquelles les foffiles calcaires non métalliques, ont en général l'analogie la plus intime, & defquelles elles paroiffent évidemment tirer leur origine. *Encycl.* Voyez auffi le *Journal Econom.* fur la chaux vive, Janvier & Mars 1757, p. 387.

Chaux commune. Sa définition qui précede, eft très-exacte; cependant on n'y emploie guere que les pierres calcaires & les coquilles, lorfqu'on eft à portée d'en faire de grands amas, comme dans le reffort de l'amirauté de Breft; où même pendant le temps des chaleurs, lorſque la pêche des huîtres ceſſe par-tout ailleurs: on ne laiſſe pas de continuer, non pour le poiſſon qui ne vaut plus rien, mais pour les écailles dont on fait une chaux, qu'on emploie à blanchir le fil & les toiles qui s'embarquent à Landernau pour le commerce d'Eſpagne. Cette chaux peut être très-bonne à cet uſage: on peut auſſi l'employer aux gros ouvrages de maçonnerie; mais il eſt d'expérience qu'elle ne vaut rien à blanchir la ſurface des murs, & qu'elle s'écaille.

Lorſqu'on ſe ſera aſſuré de la préſence des pierres calcaires dans une contrée, alors on ſongera à y conſtruire des fours à chaux.

Quand il fait un peu de vent, que l'air eſt un peu humide, la chaux ſe fait mieux que dans les grands vents & par les pluies; apparemment la chaleur ſe conſerve mieux alors, la flamme ſe répand par-tout plus uniformément, ne s'éleve point au débouchement avec tant de violence, ou peut-être même par quelque cauſe plus ſecrete.

La chaux ſera bien cuite, ſi la pierre eſt devenue d'un tiers plus légere après la calcination qu'auparavant, ſi elle eſt ſonore quand on la frappe, & ſi elle bouillonne immédiatement après avoir été arroſée; & on l'aura d'autant meilleure, que les pierres qu'on aura calcinées, ſeront dures: les anciens calcinoient les fragmens de marbre, & prenoient, quand il étoit queſtion de la mêler au ciment & de l'éteindre, toutes les précautions imaginables. Voy. CIMENT.

Au lieu de fourneaux, il y a des endroits où l'on ſe contente de pratiquer des trous en terre, où l'on arrange les pierres à calciner, les unes à côté des autres; on y pratique une bouche & une cheminée; on recouvre les trous & les pierres avec de la terre glaiſe; on allume au centre un feu qu'on entretient ſept à huit jours, & lorſqu'il ne ſort plus ni fumée ni vapeur, on préſume que la pierre eſt cuite.

Les particuliers ne pouvant prendre tant de précautions pour faire de la bonne chaux, il ſeroit à ſouhaiter que ceux qui veulent bâtir, trouvaſſent de la chaux toute préparée & vieille, & que quelqu'un ſe chargeât de ce commerce. Quand on veut avoir du mortier incontinent, on pratique un petit baſſin en terre; on en creuſe au deſſous dans le voiſinage un plus grand; on met dans le petit la chaux qu'on veut employer; on l'arroſe d'eau ſans crainte de la noyer; s'il y avoit à craindre, ce ſeroit de la brûler, en ne l'humectant pas aſſez; on la fait boire à force de bras avec le rabot; quand elle eſt liquide & bien délayée, on la fait couler dans le grand baſſin par une rigole; on la tire de-là pour la mêler au ſable, & la mettre en mortier. On met deux tiers ou 7 5es. de fable fur un tiers ou 2 5es. de chaux mefurée vive. Vitruve prefcrit l'épreuve fuivante, pour s'affurer fi la chaux eft éteinte. Si on y rencontre des grumeaux ou parties folides, elle n'eft pas encore bonne, elle n'eft pas bien éteinte; fi elle en fort nette, elle n'eft pas affez abreuvée.

Qualités extérieures de la chaux. Les qualités extérieures & fenfibles de la chaux vive, par lefquelles on peut définir cette fubftance à la façon des naturalistes, font celle-ci: la chaux vive eft friable, blanche ou grifâtre, légere, feche, d'un goût âcre & cauftique, & d'une odeur qu'on pourroit appeller *de feu* empyreumatique ou phlogistique.

Lait de chaux. Une quantité d'eau confidérable eft capable de diffoudre les parties les plus tenues de la chaux, d'en tenir quelques autres fufpendues, mais fans diffolution, & de former avec ces parties, une liqueur blanche & opaque, appellée *Lait de chaux.*

Eau de chaux. Le lait de chaux, débarraffé par la réfidence ou par le filtre des parties groffières & non diffoutes, qui caufoient fon opacité, & chargé feulement de celles qui font réellement diffoutes, eft connu dans les laboratoires des chymiftes & dans les boutiques des apothicaires, fous le nom *d'eau de chaux*, & la réfidence du lait de chaux, fous le nom de *chaux lavée.*

Crême de chaux. La vraie compofition de la crême de chaux étoit fort peu connue des chymiftes, lorfque M. Malouin, curieux de connoître la nature du fel de chaux, s'eft attaché à l'examen de la crême dont il s'agit, qu'il a cru être le vrai fel de chaux, cet être qui fe refufoit depuis fi long-temps aux recherches de tant d'habiles chymiftes. M. Malouin a apperçu dans la crême de chaux quelques indices d'acide vitriolique; il a fait du tartre vitriolique & du fel de Glauber, en précipitant la crême de chaux par l'un & l'autre fel alkali fixe & du foufre artificiel, en traitant cette crême avec des fubftances phlogistiques; il a donc pu conclure légitimement de ces moyens, qui font très-chymiques, que la crême de chaux étoit un vrai fel neutre de la nature de la félénite.

Mortier. La théorie de la formation du mortier, de l'efpece d'union que contractent les trois matériaux qui le compofent, fçavoir, la chaux, le fable & l'eau, & de leur action mutuelle, eft peu connue des chymiftes. Stahl lui-même, qui a appuyé fa théorie de la mixtion des fubftances fouterreines fur les phénomenes du mortier, n'a pas affez déterminé la forme de la mixtion de ce corps fingulier. dont l'examen chymique eft encore tout neuf: ce que nous en fçavons fe réduit à un petit nom-

bre d'obfervations, entre lefquelles celles-ci font plus particu-
lieres à la chaux : la chaux éteinte à l'air ne fe lie pas avec le
fable, on n'en fait point de mortier, de quelque façon qu'on la
traite : la chaux éteinte à l'eau, plus elle eft ancienne, plus elle eft
propre à fournir un bon mortier.

Union de la chaux au blanc-d'œuf, &c. La combinaifon de la
chaux avec le blanc d'œuf & les laitages, & la dureté confidérable à laquelle parviennent ces mélanges, fourniffent encore
un de ces phénomenes chymiques qu'il faut ranger dans la claffe
des faits purement obfervés.

Becher prétend avoir porté fi loin, par une manœuvre particuliere, l'endurciffement d'un mélange de chaux vive & de
fromage, que la dureté de ce compofé artificiel étoit peu inférieure à celle du diamant. La compofition des marbres artificiels, la préparation de plufieurs luts très-utiles dans le manuel
chymique, celle de certains maftics propres à recoller les perce-
laines caffées, &c. font fondées fur cette propriété de la chaux
ou du plâtre, qui en ceci eft analogue à la chaux.

La chaux coagule auffi les corps muqueux, & leur procure
une certaine dureté. Ce phénomene eft proprement le même que
le précédent : c'eft à ce dernier titre principalement que la
chaux eft employée dans les raffineries de fucre ; elle fert à lui
donner du corps.

La crème de tartre s'unit auffi à la chaux, & forme avec elle
un fel parfaitement femblable, par toutes les qualités extérieures,
au fel végétal.

Les taneurs, mégiffiers & chamoifeurs, emploient beaucoup de
chaux pour la préparation de leurs cuirs ou peaux. Elle entre
auffi dans la compofition de quelques teintures ; & elle eft du
nombre des drogues non-colorantes, qui ne doivent être employées que par les teinturiers du grand & bon teint.

Les réglemens des manufactures faits pour les toiles, particuliérement celui du 24 Décembre 1701, art. 49, défendent
aux cuirandiers ou blanchiffeurs, de fe fervir de chaux dans le
blanchiffage des toiles, à peine de 50 liv. d'amande pour la
premiere fois, & d'interdiction de la faculté de blanchir, en cas
de récidive.

Chaux. Se dit auffi chez les chymiftes, d'une forte de poudre
ou cendre très-menue, qui refte des métaux ou des minéraux,
lorfqu'ils ont été long-temps dans un feu très-violent. L'or & l'argent qu'on a réduits en chaux, reviennent par l'art dans leur
premier être.

La chaux d'étain n'eft autre chofe que de la potée d'étain
plufieurs fois calcinée. Voyez *Etain*.

La chaux de plomb eſt ce qu'on appelle plus ordinairement
céruſe. Voyez *Céruſe*.

La chaux d'étain eſt du cuivre rouge calciné. Voyez *Cuivre*, à
la fin de l'article.

La chaux d'antimoine, que les marchands apothicaires & droguiſtes nomment auſſi *antimoine diaphorétique*, eſt de l'antimoine de
Poitou, & du ſalpetre raffiné, incorporés enſemble, dont par le
moyen du feu & de l'eau chaude, on fait une poudre blanche,
laquelle étant quaſi ſeche, eſt miſe en petits trochiſques, qu'on
fait bien ſécher, pour les pouvoir garder. Voyez *Antimoine*.

On fait de la chaux avec des coquillages que l'on trouve ſur
le bord de la mer, dans les pays qui en ſont proches, & où
il manque des pierres ou des cailloux pour en faire, tels qu'en
Hollande, en Friſe, & ſur toute la côte de la mer d'Allemagne.

Au Cap de Bonne-Eſpérance, on en fait avec des madré-
pores, des polypores, & autres pareilles pétrifications marines,
qui y ſont très-abondantes.

La chaux rougie, que l'on vend à Siam, & dont on fait commerce dans toutes les Indes, dans des pots bien propres, & la
plupart de porcelaine, eſt auſſi une chaux de coquillage, mais
très-douce & en pâte. Son uſage principal eſt d'en mettre un
peu dans chaque morceau de pignan ou arecque, que tout
le monde mâche, ſans en excepter perſonne, & preſque pendant toute la journée. Cette petite quantité de chaux ſert à diminuer ou à corriger le trop de ſtipticité, ou d'aſtringence qu'il
y a dans la noix d'Arecque. Chacun porte de cette chaux, ou
dans une boîte d'or ou d'argent, ou de porcelaine, dans ſa bour-
ſe, ou dans celle de Pinang, &c. Voyez *Pinang*.

Les Indiens ſçavent ſe ſervir de la chaux, bien plus utilement
que ne font les Européens. Ils en font uſage, par exemple,
pour faire mûrir parfaitement les fruits qui tombent des arbres
tout verds par les grands vents, en mettant de celle qui eſt diſſoute en pâte, un peu ſur le bout de la queue, lorſqu'elle eſt
encore verte, ou vive, non deſſechée, après l'avoir rafraîchie
d'un coup de ciſeau en travers. Dans quelques jours, ils deviennent très-mûrs & excellens à manger.

A la côte de Coromandel & au Bengale, ils s'en ſervent pour
faire une eſpece de leſſive à blanchir les toiles de coton, de même
que le linge, dans les menages & chez tous les particuliers. Ils
la font d'une maniere qui blanchit mieux que celle que l'on fait
avec les cendres, ſans pourtant que la chaux, en leſſive, brûle
le linge, non plus que les cendres même en petite quantité.

Les ſculpteurs & les marbriers font enlever leurs coupeaux
de marbre comme une matiere inutile; ſi on en faiſoit de la chaux,

les peintres en impreſſion pourroient en employer pour faire des blancs d'une beauté admirable & bien plus durables que ceux qu'ils font avec la craie & la colle. Ce que M du Hamel a fait ſur la chaux de marbre, confirme ce que les auteurs d'architecture diſent de l'excellence du ſtuc qu'on compoſe avec la chaux de marbre & la poudre de marbre blanc : enfin, la chaux eſt d'autant meilleure, qu'elle eſt faite avec une pierre plus dure. *Nouv. Econ. tom. IX. p. 80.*

CHAY. Plante qui ne croit que dans le royaume de Golconde, dont on tire cette belle couleur rouge qui fait tant eſtimer les toiles de Maſulipatan. C'eſt pour cette partie des Indes ce qu'eſt ailleurs, & particuliérement en Europe, la cochenille ; avec cette différence néanmoins que plus on lave les toiles peintes, ou teintes avec le chay, plus la vivacité des couleurs augmente ; cette couleur ne ſe déteignant jamais.

Cette plante eſt auſſi cultivée en quelques endroits le long de la côte de Coromandel, & en particulier à Napatnam.

Elle croît dans les lieux ſabloneux peu éloignés de la mer. Les champs où on la cultive, paroiſſent la plupart ſauvages & incultes ; & comme la ſemence eſt trop menue, & qu'elle ne mûrit que long-temps l'un après l'autre, les Indiens la laiſſent tomber ſur la terre qui eſt toute ſabloneuſe, en attendant la fin de la ſaiſon, où elle acheve de mûrir & de tomber, & que la plante ceſſe d'en donner. Alors ils tirent toutes les racines pour en faire uſage dans leurs teintures. Cette récolte étant faite, ils accumulent avec leurs mains, la terre & le ſable de la ſuperficie de leurs champs en petits monceaux, qui reſſemblent à des taupinieres, & dans leſquels ſe trouve la ſemence. Pour les conſerver, ils font une détrempe pardeſſus avec de l'eau, qui fait une eſpece de croûte, de maniere qu'elle puiſſe réſiſter à l'accès des vents, qui ſont forts & ſecs en ces pays-là, dans la belle mouſſon, leſquels entraînent beaucoup de terre & de pouſſiere.

Deux ou trois mois après, ils étendent cette terre & ce ſable, où eſt renfermée la ſemence, en égaliſant le tout ſur la ſuperficie du champ : enſuite, la mouſſon des pluies arrivant, les graines pouſſent & donnent de cette plante abondamment.

Ses racines ſont d'un grand uſage parmi les Indiens de cette côte. C'eſt le grand ſecret que l'expérience leur a appris pour faire tenir leurs couleurs de toutes les ſortes, ſur les toiles qu'ils peignent, ſoit avec le pinceau, ſoit avec l'imprimerie, leſquelles réſiſtent à toutes les injures de l'eau & du temps. Comme la même expérience leur avoit fait connoître que la couleur de chair que donnoit cette ſorte de racine, qui approche en tout ſi fort de la garance, étoit d'une durée à réſiſter à tout, c'eſt ce qui leur fit imaginer d'en mêler dans toutes leurs couleurs, pour voir ſi elles tiendroient mieux; ce qui leur réuſſit heureuſement. Ils trouverent non-ſeulement ce qu'ils cherchoient ſur cette adhérence des couleurs, mais ils furent agréablement ſurpris & ſatisfaits de trouver que cette méthode étoit auſſi un grand ſecret pour en augmenter la vivacité, ſur-tout du rouge de Bréſil & du bleu. Peut-être notre garance feroit-elle le même effet; ſinon, l'on pourroit cultiver celle de Coromandel, dans les colonies d'Afrique ou de l'Amérique, & les Européens s'en trouveroient peut-être bien. *Mémoires de* M. Garcin.

CHEF-D'ŒUVRE. C'eſt un des ouvrages les plus difficiles de la profeſſion, qu'on propoſe à exécuter à celui qui ſe préſente à un corps de communauté pour en être reçu membre, après avoir ſubi le temps preſcrit de compagnonage & d'apprentiſſage par les réglemens de la communauté. Chaque corps de communauté a ſon chef-d'œuvre; il ſe fait en préſence des doyen, ſyndics, anciens, & autres officiers dignitaires de la communauté; il ſe préſente à la communauté, qui l'examine; il eſt dépoſé. Il y a des communautés où l'on donne le choix entre pluſieurs chefs-d'œuvre à l'aſpirant à la maîtriſe; il y en a d'autres où l'on exige pluſieurs chefs-d'œuvre. Voyez *dans les réglemens de ces communautés* ce qui ſe pratique à la réception des maîtres. Le chef-d'œuvre de l'architecture eſt une pièce de trait, telle qu'une deſcente biaiſe par tête & en talus qui rachete un berceau. Celui des charpentiers eſt la courbe rampante d'un eſcalier. Celui des ouvriers en ſoie, ſoit pour être reçus compagnons, ſoit pour être maîtres, eſt la reſtitution du métier dans l'état qui convient au travail, après que les maîtres & ſyndics y ont apporté tel dérangement qu'il leur a plû, comme de détacher des cordages, caſſer des fils du chaine par courſes interrompues. On ne voit guere quelle peut être l'utilité des chefs-d'œuvre. Si celui qui ſe préſente à la maîtriſe, ſçait très-bien ſon métier, il eſt inutile de l'examiner: s'il ne le ſçait pas, cela ne doit pas l'empêcher d'être reçu, il ne fera tort qu'à lui-même; bientôt il ſera connu pour mauvais ouvrier, & forcé de ceſſer un travail où ne réuſſiſſant pas, il eſt néceſſaire qu'il ſe ruine. Pour être convaincu de la vérité de ces obſervations, il n'y a qu'à ſçavoir un peu comment les choſes ſe paſſent aux réceptions. Un homme ne ſe préſente point à la maîtriſe qu'il n'ait paſſé par les préliminaires; il eſt impoſſible qu'il n'ait appris quelque choſe de ſon métier pendant les quatre à cinq ans que durent ces préliminaires. S'il eſt fils de maître, aſſez ordinairement il eſt diſpenſé de chef-d'œuvre; s'il ne l'eſt pas, fut-il le plus habile ouvrier d'une ville, il a bien de la peine à faire un chef-d'œuvre qui soit agréé de la communauté, quand il est odieux à cette communauté ; s'il est agréable au contraire, ou qu'il ait de l'argent, fut-il le plus ignorant de tous les ouvriers, il corrompra ceux qui doivent veiller sur lui, tandis qu'il fait son chef-d'œuvre ; ou il exécutera un mauvais ouvrage qu'on recevra comme un chef-d'œuvre, ou il en présentera un excellent qu'il n'aura pas fait. On voit que toutes ces manœuvres anéantissent absolument les avantages qu'on prétend retirer des chefs-d'œuvre & des communautés, & que les corps de communauté & de manufacture n'en subsistent pas moins. *Encyclop.* Voyez MAÎTRISE.

CHEKAO, espece de pierre que les Chinois font entrer dans la composition de la porcelaine. Les relations de la Chine faites par des gens qui n'avoient qu'une légere connoissance dans l'*Histoire naturelle*, nous ont décrit ce fossile comme ressemblant à du borax, quoiqu'il n'y ait réellement point d'autre ressemblance entre ce sel & le chekao, que par la couleur qui est blanche & demi-transparente. Comme nous avons eu occasion de voir le chekao de la Chine, nous le définirons une espece de spath alkalin, composé de filamens & de stries assez semblables à celles de l'amiante ; il se dissout avec effervescence dans l'esprit de nitre ; & calciné, il se réduit en plâtre. Voyez *Borax & Porcelaine. Encycl.*

CHELÆCANCRORUM. Ce mot grec & latin est autant usité chez les marchands droguistes du nord que chez les médecins & les apothicaires, puisque c'est une marchandise qu'ils débitent sous ce nom, & dont la médecine fait usage comme d'un ingrédient qui a la qualité d'absorber la malignité des humeurs, dans les maladies putrides & ardentes. C'est proprement l'écaille des extrémités noires des pattes des écrevisses de mer qu'on nomme *homars*. Cette écaille entre dans la fameuse poudre alexitere de la comtesse de Kent, si en vogue en Angleterre, en Hollande & dans les autres pays du nord, pour les fievres malignes, la petite vérole, & la rougeole. On la donne seule ou on la mêle dans d'autres poudres, & dans des mixtions qu'on prend par cuillérées. On prépare cette écaille sur le porphyre, de la même maniere qu'on fait du corail & des perles, & l'on en use ainsi simplement, de même que la poudre de la Comtesse.

Comme on pêche beaucoup de homars dans la mer d'Allemagne, dans la Baltique, & sur les côtes de Norvege, ces *chelæ* ou écailles y sont bon marché : les droguistes d'Amsterdam les vendent 2 à 3 sols la livre.

CHELLES ou CHELLAS. toiles de coton à carreaux de différentes couleurs, qui viennent des Indes orientales, particuliérement de Surate. La pièce contient 13 ou 14 aunes de long sur 3 quarts de large.

On en fait de plusieurs fortes à la côte de Coromandel, toutes peintes en carreaux. On ne s'en sert guere en Europe; c'est pourquoi il en vient peu. Le plus grand usage qu'on en fait aux Indes, c'est de servir de pagnes aux filles esclaves, qui est une espece de vêtement qui les couvre depuis la ceinture jusqu'aux pieds. Tous les Hollandois s'en servent aussi aux Indes, comme des caleçons, à cause de la sueur, & en changent souvent pour la propreté. La Corse, qui fait 20 pieces de cette toile, coute, dans ce pays-là, depuis 12 jusqu'à 18 pagodes; la pagode vaut 5 sols moins qu'un ducat.

Il y a des especes de chelles qu'on nomme aussi *kattequis*, ou *pagnes à carreaux*.

CHEMISE, est la partie de notre vêtement qui touche immédiatement à la peau; elle est de toile plus ou moins fine, selon la condition des personnes. Celle des femmes est une espece de sac, fait d'un même morceau de toile plié en deux.

Pour une chemise d'homme, il faut 3 aunes de toile; 2 aunes pour le morceau du corps, & une aune pour les manches; sur cette aune, on fait une levée de la hauteur d'un demi-quart ou environ qui sert pour le cou, l'épaulette, l'écusson, les goussets, les petits coins des côtés, la petite piece de devant. Il ne faut pas que la toile ait plus de deux tiers de large, ni moins, aune de France.

Pour une chemise de femme grande, il faut deux aunes un quart de toile ou environ pour le corps; si la toile n'a que deux tiers, on leve une pointure de chaque côté des épaules: si elle a trois quarts, on fait une levée droite sur le côté de la lisiere, qui servira pour les deux pointes. Vous donnerez de largeur à cette levée, le quart de la largeur de la toile.

La manche a demi-aune environ d'amplitude, & un quart ou un tiers tout au plus de longueur.

On appelle *chemise en amadis*, des chemises d'hommes faites pour la nuit, d'une toile moins mince, & dont la façon ne differe principalement des chemises de jour que par la largeur & l'extrêmité des manches. Les manches sont plus étroites, & leur extrêmité, qui s'applique presqu'exactement sur le bras, depuis l'ouverture de la fourchette & même au-delà, est fortifiée par un morceau de toile qui double la manche en dessous. Les anciens n'ont point usé de chemises. On a transporté le nom de chemife dans les arts , par l'analogie des ufages , à un grand nombre d'objets différens. *Encycl.*

Chemife , (métallurgie & fonderie) c'eft la partie inférieure du fourneau à manche , dans lequel on fait fondre les mines pour en féparer les métaux. Lorfque le fourneau a été une fois conf-ftruit , on a foin de le revêtir par le dedans ; on fe fert pour cela de briques féchées au foleil , ou de pierres non vitrifia-bles , & qui foient en état de réfifter à l'action du feu. afin que les fcories & les fondans que l'on mêle à la mine, ne puiffent point les mettre en fufion ; cependant , malgré cette précaution , on ne laiffe pas d'être très-fouvent obligé de renouveller la che-mife , fur-tout dans les fourneaux où l'on fait fondre du plomb , parceque ce métal eft très-aifé à vitrifier , & qu'il eft très-dif-ficile , ou même impoffible que le feu n'altere & ne détruife des pierres qui font continuellement expofées à toute fa violen-ce. Une des obfervations néceffaires , lorfqu'on met la chemife, du fourneau c'eft de lier les pierres avec le moins de ciment qu'il eft poffible.

CHENE. Grand & gros arbre , qui produit un fruit & une femence tout enfemble , qu'on nomme *gland*.

C'eft le premier , le plus apparent & le plus beau de tous les végétaux qui croiffent en Europe. C'eft le plus grand , le plus durable & le plus utile de tous les arbres qui fe trou-vent dans les bois. C'eft la meilleure effence de bois qu'on puiffe employer pour des plantations de taillis & de futaie.

Peu de perfonnes ignorent ce que c'eft que cet arbre , étant le plus commun qui foit dans les forêts ; c'eft pour-quoi l'on fe difpenfera d'en faire la defcription , qu'on trouvera dans l'*Encycl.* , pour s'attacher uniquement à expliquer toutes les différentes marchandifes que l'on en tire , & dont il fe fait quel-que commerce.

Ufage du bois. Nul bois n'eft d'un ufage fi général que celui du chêne ; il eft le plus recherché & le plus excellent pour la char-pente des bâtimens, la conftruction des navires , pour la ftruc-ture des moulins , des preffoirs ; pour la ménuiferie , le char-ronnage , le mairrain ; pour des treillages , des échalas , des cercles ; pour du bardeau , des écliffes , des lattes , & pour tous les ouvrages où il faut de la folidité , de la forme , du volume & de la dureté ; avantages particuliers au bois de chêne , qui l'emporte , à ces égards , fur tous les autres bois que nous avons en Europe. Sa folidité répond de celle de toutes les conftruc-tions dont il forme le corps principal ; fa force le rend capable de foutenir de pefans fardeaux , dont la moitié feroit fléchir la

plupart des autres bois ; fon volume ne le cede à nul autre arbre , & fa durée va jufqu'à fix cens ans , fans altération , lorfqu'il eft à couvert des injures de l'air : la feule condition que
ce bois exige, eft d'être employé bien fec & faifonné , pour l'empêcher de fe fendre de fe tourmenter , & de fe décompofer ;
précaution qui n'eft plus néceffaire quand on veut le faire fervir fous terre & dans l'eau en pilotis , où on eftime qu'il dure
quinze cens ans , & où il fe pétrifie plus ordinairement qu'aucun
autre bois. Quand on eft forcé cependant d'employer à l'air du
bois verd , fans avoir le temps de le faire faifonner, on peut y
fuppléer en faifant tremper ce bois dans de l'eau pendant quelque temps. 'eft auffi l'un des meilleurs bois à brûler & à faire
du charbon. Les jeunes chênes brûlent & chauffent mieux , &
font un charbon ardent & de durée ; les vieux chênes noirciffent
au feu , & le charbon qui s'en va par écailles , rend peu de
chaleur, & s'éteint bientôt ; les chênes perlards , c'eft-à-dire ,
dont on a enlevé l'écorce fur le pied , brûlent affez bien , mais
rendent peu de chaleur. *Encycl.*

M. Clermont , dans fon *Arithmétique militaire* , imprimée en
1733 , au 7e. livre , dans lequel il s'agit du toifé de la charpente ,
dit que le chêne , qui n'eft ni au deffous de 100 ans , ni au deffus de 200 , eft le plus propre à la charpente , & à toutes fortes de bâtimens. Le chêne qui a plus de 200 ans , s'échauffe.
On connoit l'âge du chêne par le nombre des cercles concen-
triques à fa moëlle.

Outre les gros échantillons , comme poutres , fommiers , arbres à preffoirs , poutrelles & autres femblables , qui font les
principaux des bois de chêne , qu'on appelle *bois de charpente* ,
il s'en débite encore dans les forêts de plufieurs autres manieres ;
fçavoir , en fente , en fciage , en bois de charonnage & rouage ,
& en bois à brûler.

Les autres chofes que le chêne fournit pour le commerce ,
après le bois & la galle , font le gland , dont on tire une forte
d'huile , qui eft fort rare ; le gland fert à la nourriture des animaux, particuliérement des porcs ou cochons, & pour la volaille ;
& l'écorce dont on fait le tan , qu'on leve particuliérement du
chêneau , ou jeune chêne dans le temps de la feve , parcequ'alors
elle eft plus aifée à enlever , que l'opération coûte moins , &
qu'elle eft meilleure ; le guy , qui fert à faire des grains de chapelets : le polypode , qui s'emploie en médecine : l'ufnée , ou
mouffe , qui entre dans la compofition de plufieurs poudres
odorantes ; enfin , le faux agaric , qui s'emploie dans les teintures , & dont on fe fert auffi en médecine.

Le chêne eft d'un très-grand ufage pour boifer les appartemens, principalement celui qu'on tire de Hollande, où il s'en fait un très-grand commerce; on en trouve de toutes sortes d'échantillons, & d'une grande beauté.

Les gros pieds de chêne font encore propres à faire les arbres virans des moulins de toute espece; ils sont même plus propres à cet usage que tout autre bois, à cause de leur pesanteur, & qu'ils se conservent très-long-temps dans l'eau sans se corrompre.

On en fait encore dans certains pays, des especes de tuiles, pour couvrir les toits des bâtimens; ce qui ne les charge point, & subsiste assez long-temps.

Aubier du bois. On distingue dans le bois du chêne l'aubier & le cœur : l'aubier est une partie de bois qui environne le tronc à l'extérieur, qui est composé de douze ou quinze cercles ou couches annuelles, & qui a ordinairement un pouce & demi d'épaisseur, quand l'arbre a pris toute sa grosseur : l'aubier est plus épais dans le chêne que dans les autres arbres qui en ont un, & il est d'une couleur différente & d'une qualité bien inférieure à celle du cœur du bois : l'aubier se pourrit promptement dans les lieux humides; & quand il est placé séchement, il est bientôt vermoulu, & corrompt tous les bois voisins; aussi fait-il la plus grande défectuosité du bois de chêne; & il est défendu aux ouvriers, par leurs statuts, d'employer aucun bois où il y ait de l'aubier. Mais on peut corriger ce défaut, & donner à l'aubier presqu'autant de solidité, de force & de durée, qu'en a le cœur du bois de chêne; » Il ne faut pour cela, dit M. de Buffon, » qu'écorcer l'arbre du haut en bas, & le laisser sécher entiére- » ment sur pied, avant de l'abattre; & par les épreuves qu'il a » faites à ce sujet, il résulte que le bois des arbres écorcés & sé- » chés sur pied, est plus dur, plus solide, plus pesant, & plus » fort que le bois des arbres abattus dans leur écorce ». *Voyez les Mémoires de l'Académie des Sciences, année* 1738.

Écorce. On fait aussi usage de l'écorce du chêne : les tanneurs l'employent à façonner les cuirs; mais l'écorce n'est pas l'unique partie de l'arbre qui ait cette propriété. M. de Buffon, par les épreuves qu'il a fait faire sur des cuirs, & dont il a été fait mention dans les mémoires de l'académie, s'est assuré que le bois du chêne a la même qualité, avec cette différence pourtant, que l'écorce agit plus fortement sur les cuirs que le bois, & le cœur du bois moins que l'aubier. On appelle *tan*, l'écorce qui a passé les cuirs, & qui alors n'est pas tout-à-fait inutile; le tan sert à faire des couches dans les serres chaudes & sous des chassis de verre, pour élever & garantir les plantes étrangeres & délicates.

Il y a des chênes de bien des especes; les botanistes en comptent au moins 40, qui ne sont pour la plupart ni répandus, ni fort connus ; on doit y avoir d'autant moins de regret, que nos chênes communs valent beaucoup mieux pour la qualité du bois, que tous ceux qui ont été découverts dans le Levant & en Amérique ; il faut cependant convenir que les chênes d'Amérique ont plus de variété & d'agrément que les autres. Voyez l'*Encycl.* & *Savary*, pour connoitre les différentes qualités & usages des chênes.

Le chêne à gros gland, ou à *long pédicule du chêne*, est le plus grand & le plus beau de tous les chênes qui croissent en Europe ; son bois est franc, d'un bel œil, & de la meilleure qualité.

CHENILLE, (*Ruban.*) petit ouvrage en soie dont on se sert pour broder & exécuter des ornemens sur des vestes, des robes, des chasubles, &c. On prendroit la chenille, quand elle est petite & bien serrée, & que par conséquent son poil est court, pour un petit cordon de la nature du velours, & travaillé au métier comme cette étoffe, à laquelle elle ressemble parfaitement : cependant cela n'est pas, & rien n'est plus facile que de faire de la chenille : on a une espece de ruban, on en coupe une lisiere très-étroite & très-longue avec de grands ciseaux : cette bande est effilée des deux côtés, ensorte qu'il ne reste dans le milieu, que quelques fils de chaîne qui contiennent les fils de trame qui font barbe ou poil à droite & à gauche de ces fils de chaîne, au moyen de l'effilé : on prend des fils de soie qu'on met en double en triple, ou en quadruple, &c. on accroche ces fils à un rouet, tel que celui dont les luthiers se servent pour couvrir de fil de laiton ou d'argent, les grosses cordes d'instrumens : on tord un peu ces fils ensemble ; quand ils sont tordus & commis, ou avant que de l'être, on a une gomme un peu forte, on les en enduit légérement, puis on applique la petite bande de ruban effilée à droite & à gauche, au crochet du rouet qui tient l'extrêmité des fils de soie commis : on continue de tourner la manivelle du rouet dans le sens dont on a commis les fils de soie ; il est évident que la petite bande de ruban effilée s'enroule sur les fils commis, qu'elle en couvre successivement toute la longueur, que les poils se redressent, & qu'ils forment sur ces fils comme un velours, sur-tout si le ruban est fort, si par conséquent les barbes de la bande sont serrées ; & si après avoir attaché le bout de la bande de ruban au crochet du rouet qui tenoit les fils de soie, on a fait beaucoup de tours avec la manivelle, & qu'on n'ait guere laissé courir la bande le long des fils. Il est évident, 1°. que la grosseur de la chenille dépendra de la largeur de la bande de ruban, de la longueur de l'effilé, de la force du ruban, & du nombre de fils de soie qu'on aura commis, & qu'on a couvert au rouet avec la bande effilée : 2°. que fa bonté dépendra de la force & de la beauté du ruban , & du rapport du mouvement circulaire de la manivelle au mouvement en droite ligne de la bande de ruban le long des fils commis , ou du cordon qu'elle doit couvrir ; car plus la manivelle ira vite , & moins la bande courra le long du cordon dans le même temps. Plus la chenille fera ferrée , plus elle fera fournie de poil & belle. Le ruban effilé ne tient fur le cordon que par le moyen de la gomme : ainfi la chenille n'eft qu'une application , & non pas un tiffu , comme on le croiroit au premier coup-d'œil , & le méchanifme felon lequel elle fe travaille , eft précifément le même que celui dont on couvre les groffes cordes d'inftrumens avec le fil d'argent ou de laiton , comme nous l'avons dit : la corde & le fil de laiton font attachés à un crochet ; le crochet fait tourner la corde fur elle-même ; l'ouvrier la tient de la main gauche ; il tient le fil d'argent de laiton de la droite , un peu élevé au deffus de la corde , & ce fil s'enroule fur la corde : il eft clair que plus l'angle de la corde & du fil fera petit , plus l'enroulement du fil fur la corde fera lâche ; & que plus cet angle fera grand , plus cet enroulement fera ferré. C'eft la même chofe à la chenille , pour laquelle , aulieu d'un fil uni comme le laiton , il ne s'agit que d'imaginer un fil barbu comme la petite bande de ruban effilée. Ce petit ouvrage s'appelle *chenille* , parcequ'en effet , il eft velu comme l'infecte de ce nom. *Encycl.*

CHERCOLÉE ou **CHERCONNÉE.** Efpece de chuquelas ou étoffe des Indes , foie & coton. La feule différence qu'il y a , & qui eft peu confidérable , c'eft que les vrais chuquelas font tout rayés , & qu'il y a des cherconnées à carreaux. *Voyez* CHUQUELAS.

CHEVAL. Animal quadrupéde , domeftique ou fauvage , du genre des folipedes , plus grand que l'âne , mais à plus petites oreilles , à queue garnie de crins depuis fon origine , & à cou garni en deffus d'un pareil poil. Il hennit , & il eft propre à porter & à tirer. Il eft le plus noble & le plus utile à l'homme de tous les animaux domeftiques. Le cheval eft de tous les animaux celui qui , avec une grande taille , a le plus de proportion & d'élégance dans les parties de fon corps.

On nomme *cavale* , ou *jument* , la femelle du cheval ; & *poulain* ou *pouliche* , fuivant le fexe , le petit d'une cavale. On dit auffi une *pouline* , fi c'eft une femelle.

Une *jument pouliniere* eft celle qui a déja porté. Il ne fe dit pourtant guere que des jumens qu'on met au haras , pour la propagation de l'efpece.

On appelle *cheval entier* un cheval qui n'eſt point coupé ; s'il eſt épais, on le nomme *un rouſſin* ; & *étalon*, ſi on le deſti-ne aux haras, pour ſaillir les jumens.

Un hongre eſt un cheval châtré ; ainſi nommé, à ce qu'on croît, de ce que les Hongrois ont les premiers fait faire cette opération à leurs chevaux.

Un coureur eſt un cheval fin, léger, & de beaucoup d'haleine dreſſé pour la chaſſe, & à qui l'on a coupé la queue.

Le courtaud eſt celui à qui, outre la queue, on a coupé les oreilles.

On appelle un *cheval neuf* celui qui n'a été ni monté, ni at-telé : & un cheval refait, celui qui ayant été ruiné, a paſſé par la main du maquignon, qui l'a remis ſur pied, & en état d'en affronter quelqu'un.

Les autres noms, que l'on donne aux chevaux, leur vien-nent, ou de leur bonne qualité, ou de leurs défauts, ou de leurs maniere de marcher, ou de leur uſage, ou de leur taille, ou enfin des lieux où il ont été élevés, & d'où on les a tirés ; comme cheval normand, cheval breton, cheval anglois, cheval danois, cheval turc, cheval flamand, & ainſi du reſte.

Obſervations ſur la connoiſſance des chevaux, âge, accroiſſement, vie, &c. On juge aſſez bien du naturel & de l'état actuel d'un cheval par le mouvement des oreilles. Il doit, quand il marche, avoir la pointe des oreilles en avant : s'il eſt fatigué, il a l'oreille baſſe ; s'il eſt en colere & malin, il porte alternativement l'une en avant, l'autre en arriere. Celui qui a les yeux enfoncés, ou un œil plus petit que l'autre, a ordinairement la vue mauvaiſe : celui qui a la bouche ſeche, n'eſt pas d'un ſi bon tempérament que celui qui l'a fraiche & écumeuſe. Le cheval de ſelle doit avoir les épaules plates, mobiles, & peu chargées; le cheval de trait doit les avoir groſſes, rondes & charnues. Si les épaules d'un cheval de ſelle ſont trop ſeches, & que les os paroiſſent trop avancer ſous la peau, ſes épaules ne ſeront pas libres, & il ne pourra ſupporter la fatigue. Il ne faut pas qu'il ait le poitrail trop avancé, ni les jambes de devant retirées en arriere ; car alors il ſera ſujet à peſer ſur la main en galopant, même à broncher & à tomber. La longueur des jambes doit être proportionnée à la taille ; ſi celles de devant ſont trop longues, il ne ſera pas aſſuré ſur ſes pieds ; ſi elles ſont trop courtes, il ſera peſant à la main. Les jumens ſont plus ſujettes que les chevaux à être baſſes de devant, & les chevaux entiers ont le cou plus gros que les jumens & les hongres. Les vieux chevaux ont les ſalieres creu-ſes ; mais cet indice de vieilleſſe eſt équivoque : c'eſt aux dents qu'il faut recourir. Le cheval a quarante dents, vingt-quatre mâchelieres,

mâchelieres, quatre canines, douze incifives. Les jumens n'en ont point de canines, ou les ont courtes. Les mâchelieres ne fervent point à défigner l'âge ; c'eft par les dents de devant, & enfuite par les canines qu'on en juge. Les douze de devant commencent à pouffer quinze jours après la naiffance ; elles font rondes, courtes, peu folides, tombent en différens temps, & font remplacées par d'autres. A deux ans & demi, les quatre de devant du milieu tombent les premieres, deux en haut & deux en bas ; un an après, il en tombe quatre autres, une de chaque côté des premieres remplacées ; à quatre ans & demi, il en tombe encore quatre autres, toujours à côté de celles qui font tombées, & qui ont été remplacées. Ces quatre dernieres dents font remplacées par quatre qui ne croiffent pas, à beaucoup près, auffi vîte que celles qui ont remplacé les huit premieres. Ce font ces quatre dernieres dents qu'on appelle les *coins* qui remplacent les quatre dernieres dents de lait, & qui marquent l'âge du cheval. Elles font aifées à reconnoître, puifqu'elles font les troifiemes, tant en haut qu'en bas, à compter depuis le milieu de la mâchoire. Elles font creufes, & ont une marque noire dans leur concavité. A quatre ans & demi ou cinq ans, elles ne débordent prefque plus au deffus de la gencive, & le creux eft fort fenfible. A fix ans & demi, il commence à fe remplir ; la marque commence auffi à diminuer & à fe retrécir, & toujours de plus en plus, jufqu'à fept ans & demi ou huit ans, que le creux eft tout-à-fait rempli, & la marque noire effacée. A huit ans paffés, comme ces dents ne marquent plus l'âge, on cherche à en juger par les dents canines ou crochets ; ces quatre dents font à côté de celles-ci. Les canines, non plus que les mâchelieres, ne font pas précédées par d'autres dents qui tombent ; les deux de la mâchoire inférieure pouffent ordinairement les premieres à trois ans & demi, & les deux de la mâchoire fupérieure à quatre ans ; & jufqu'à l'âge de fix ans, ces dents font fort pointues. A dix ans, celles d'en haut paroiffent déja émouffées, ufées & longues, parcequ'elles font déchauffées ; & plus elles le font, plus le cheval eft vieux. Depuis 10 jufqu'à treize ou quatorze ans, il n'y a plus d'indice. Seulement les poils des fourcis commencent à devenir blancs ; mais ce figne eft équivoque. Il y a des chevaux dont les dents ne s'ufent point, & où la marque noire refte toujours ; on les appelle *béguts* ; mais le creux de la dent eft abfolument rempli. On les reconnoit encore à la longueur des dents canines. Il y a plus de jumens que de chevaux béguts. L'âge efface auffi les fillons du palais.

La durée de la vie des chevaux, ainfi que des autres animaux, eft proportionnée à la durée de l'accroiffement. Le cheval dont l'accroiffement fe fait en quatre ans, peut vivre fix ou fept fois autant, vingt-cinq ou trente ans. Les gros chevaux vivent moins que les fins ; aufli s'accroiffent-ils plus vîte.

Les chevaux, de quelque poil qu'ils foient, muent une fois l'an, ordinairement au printemps, quelquefois en automne ; il faut alors les ménager ; il y en a qui muent de corne.

On appelle *henniffement* le cri du cheval ; & l'on reconnoit affez diftinctement cinq fortes de henniffemens, relatifs à cinq paffions différentes.

Le cheval leche, mais rarement ; il dort moins que l'homme. Quand il fe porte bien, il ne demeure guere que trois heures de fuite couché fans fe relever ; il y en a qui ne fe couchent point. En général, les chevaux ne dorment que trois ou quatre heures fur vingt-quatre. Ils boivent par le feul mouvement de déglutition, en enfonçant profondément le nez dans l'eau. Il y a des auteurs qui penfent que la morve, qui a fon fiege dans la membrane pituitaire, eft la fuite d'un rhume occafionné par la fraicheur de l'eau.

De toutes les matieres tirées du cheval, & célébrées par les anciens comme ayant de grandes vertus médicinales, il n'y en a pas une qui foit en ufage dans la médecine moderne, excepté le lait de jument. *Encycl.*

Dans le commerce des chevaux, on n'en diftingue proprement que deux fortes, qui font les chevaux de portage, & les chevaux de tirage ; c'eft-à-dire, ceux qui fervent à tirer ou à porter, foit qu'ils aient été dreffés à l'un ou à l'autre de ces ufages, foit qu'ils y foient propres par leur nature & leur difpofition.

Il y a en France des chevaux de toute efpece ; mais les beaux n'y font pas communs. Les meilleurs chevaux de felle viennent du Limofin ; ils reffemblent affez aux barbes, font excellens pour la chaffe, mais lents dans leur accroiffement ; on ne peut guere s'en fervir qu'à 8 ans. Les normands ne font pas fi bons coureurs que les limofins ; mais ils font meilleurs pour la guerre. Il vient du Cotentin de très-beaux & de très-bons chevaux de carroffe ; du Boulonois & de la Franche-Comté, de bons chevaux de tirage. En général, les chevaux de France ont le défaut contraire aux barbes ; ceux-ci ont les épaules trop ferrées, les notres les ont trop groffes. *Encycl.*

A l'égard du gouvernement des haras, & des étalons & des jumens poulinieres, pour avoir une bonne race de chevaux, voyez l'*Encyclopédie*, de même que pour la maniere de dreffer les chevaux & de monter à cheval, n'étant pas du reffort de ce Dictionnaire. Confultez aufli le 3e. vol. de l'*Hiftoire natutelle* de

M. de Buffon ; d'où les *Encycl.* difent avoir tiré la meilleure partie de leur article. Voyez encore le *Journal Économique* 1754. Juin, & le *Nouvellifte Economique.* Tom. III, p. 115, où il y a un *Projet fur la maniere d'élever les chevaux, & d'en tirer tout l'avantage qu'on en peut efpérer.* Le fonds du fecret eft d'élever des chevaux à la fauvage, ou en pleine liberté, pour les rendre plus robuftes, &c.

Chevaux arabes. Les chevaux arabes font, de tous ceux qu'on connoiffe en Europe, les plus beaux ; ils font plus grands & plus étoffés que les barbes, & font auffi-bien faits. Si ce que les voyageurs nous racontent eft vrai, ces chevaux font très-chers, même dans le pays ; il n'y a aucune forte de précautions qu'on ne prenne pour en conferver la race également belle.

Chevaux barbes. Les chevaux barbes font plus communs que les arabes ; ils ont l'encolure longue, fine, peu chargée de crins, & bien fortie du garrot ; la tête belle, petite, & affez ordinairement moutonnée ; l'oreille belle & bien placée ; les épaules légeres & plates ; le garrot menu & bien relevé ; les reins courts & droits ; le flanc & les côtes ronds ; fans trop de ventre ; les hanches bien effacées ; la croupe un peu longue ; la queue placée un peu haut ; la cuiffe bien formée & rarement plate ; les jambes belles, bien faites & fans poil ; le nerf bien détaché ; le pied bien fait, mais fouvent le paturon long. Il y en a de tous poils, mais communément de gris. Ils ont un peu de négligence dans leurs allures ; ils ont befoin d'être recherchés ; on leur trouve beaucoup de vîteffe & de nerfs ; ils font légers & propres à la courfe. Ils paroiffent être très-bons pour en tirer race ; il feroit à fouhaiter qu'ils fuffent de plus grande taille ; les plus grands ont quatre pieds huit pouces, très-rarement quatre pieds neuf pouces. En France, en Angleterre, &c. ils font plus grands qu'eux. Ceux du royaume de Maroc paffent pour les meilleurs.

Chevaux turcs. Les chevaux turcs ne font pas fi bien proportionnés que les barbes ; ils ont pour l'ordinaire l'encolure effilée, le corps long, les jambes trop menues : mais ils font grands travailleurs, & de longue haleine. Quoiqu'il aient le canon plus menu que ceux de ce pays, cependant ils ont plus de force dans les jambes. *Encycl.*

Les chevaux d'Egypte font naturellement beaux & beaucoup plus gras que ceux de Barbarie. Les paturages abondans de l'Egypte, qu'ils ont pendant plufieurs mois de l'année, contribuent à cette différence.

Il y a en Egypte de deux fortes de chevaux. Les uns font arabes, & s'appellent *chevaux turcs ;* les autres font des chevaux du pays. Les premiers font les moins beaux, & cependant les plus chers , parcequ'ils ont plus de vîteſſe & de feu ; qualité que les Turcs eſtiment infiniment dans ces animaux. Les chevaux d'Egypte aucontraire , ont beaucoup de mine, de taille & de fierté ; mais ils ſont ordinairement mous & ſans feu; défaut qui leur eſt commun avec la plupart des chevaux élevés & nourris comme eux dans les plaines , & dans les pays chauds. Ils peuvent paſſer pour de fort beaux chevaux de parade ; mais ils ne ſont pas de ſervice dans les pays de boues ou de montagnes. Cependant malgré cette mauvaiſe réputation qu'ils ont en Turquie, on ne laiſſe pas d'en envoyer beaucoup à Conſtantinople, où les Bachas en font paſſer de temps en temps.

Quoique les chevaux ſoient très-communs en Egypte, c'eſt peut-être , cependant, l'endroit du monde où il eſt plus difficile d'en trouver de paſſables , dans l'âge où ils ſont en état de rendre ſervice. De cent chevaux au deſſus de 5 ans , il y en a plus de 90 brûlés ou eſtropiés. Les chevaux ne ſont pas plutôt entrés dans leur quatrieme année, que les Turcs les montent , & que les pouſſant à toute bride , ſuivant leur mauvaiſe coutume , ils les arrêtent par des ſaccades. Tel eſt l'exercice de tous les Turcs, au moins deux fois la ſemaine. Ils ruinent ainſi un cheval en très-peu de mois. Les jambes leur deviennent enflées , foibles , même tortues & contrefaites. Les remedes dont on uſe pour les guérir , ou les fortifier , eſt de leur brûler les jambes en dedans & en dehors ; en ſorte qu'on voit de beaux chevaux défigurés & eſtropiés de la plus cruelle maniere.

Cependant ces chevaux ainſi défigurés , ne laiſſent pas d'être très-chers. Lorſqu'ils ont de l'apparence , & qu'ils conſervent encore quelque vigueur , ils ſe vendent 200 & 300 écus , & juſqu'à 500 , lorſqu'ils n'ont point ces défauts. Les poulains ſont à proportion à beaucoup meilleur marché. On en a de fort jolis pour 200 ou 250 livres ; les plus chers ne paſſent pas 300 livres , & l'on en trouve facilement. Peut-être qu'en les tirant du pays de bonne heure , ils s'accoutumeroient plus aiſément aux boues & au pavé d'Europe.

Il y a en Egypte des chevaux de tout poil , beaucoup de gris pommelés , d'aleſans brûlés , de parfaitement noirs & blancs. Il s'y en voit quelques-uns d'un mêlange fort ſingulier , comme des Iſabelles pommelés de noir , & quelques autres. Les plus beaux ſe tirent de la haute Egypte, autrement du Saïdi , où les paturages ſont plus abondans qu'en aucun autre canton de ce pays.

Il eſt très-difficile de faire ſortir des chevaux d'Egypte , parceque les Turcs ne le permettent pas , & que rarement on les fait changer de coutume. Il faut uſer d'adreſſe , & prendre des voies indirectes pour en avoir la permiſſion. M. Maillet , dans ſa

Defcription de l'Egypte, en indique divers moyens ; on pourra le confulter, lorfqu'on voudra entreprendre ce commerce.

Chevaux d'Efpagne. Les chevaux d'Efpagne, qui tiennent le fecond rang après les barbes, ont l'encolure longue, épaiffe, beaucoup de crins, la tête un peu groffe, quelquefois moutonnée ; les oreilles longues, mais bien placées ; les yeux pleins de feu ; l'air noble & fier ; les épaules épaiffes ; le poitrail large ; les reins affez fouvent un peu bas ; la tête ronde ; quelquefois un peu trop de ventre ; la croupe ordinairement ronde & large, quelquefois un peu longue ; les jambes belles & fans poil ; le nerf bien détaché ; le paturon quelquefois un peu long, comme le barbe ; le pied un peu alongé, comme le mulet ; fouvent le talon trop haut. Ceux de belle race font épais, bien étoffés, bas de terre, ont beaucoup de mouvement dans la démarche, de la foupleffe ; leur poil le plus ordinaire eft noir ou bai maron, quoiqu'il y en ait de toutes fortes de poil ; ils ont rarement les jambes blanches & le nez blanc. Les Efpagnols ne tirent point de race de chevaux marqués de ces taches qu'ils ont en averfion ; ils ne veulent qu'une étoile au front ; ils eftiment autant les zains que nous les méprifons. On les marque tous à la cuiffe, hors le montoir, de la marque du haras d'où ils font fortis ; ils ne font pas communément de grande taille ; il s'en trouve de quatre pieds neuf ou dix pouces. Ceux de la haute Andaloufie paffent pour les meilleurs ; ils font feulement fujets à avoir la tête un peu trop longue. Les chevaux d'Efpagne ont plus de foupleffe que les barbes ; on les préfere à tous les chevaux du monde pour la guerre, la pompe, & le manege. Les genets d'Efpagne font d'une petite taille & parfaitement bien conformés.

Chevaux anglois. Les chevaux anglois, quand ils font beaux, font pour la conformation affez femblables aux arabes & aux barbes, dont ils fortent en effet ; ils ont cependant la tête plus grande, mais bien faite & moutonnée ; les oreilles plus longues, mais bien placées : par les oreilles feules, on pourroit diftinguer un anglois d'un barbe ; mais la grande différence eft dans la taille. Les anglois font bien étoffés & beaucoup plus grands ; on en trouve communément de quatre pieds dix pouces, & même de cinq pieds. Ils font généralement forts, vigoureux, hardis, capables d'une grande fatigue, excellens pour la chaffe & pour la courfe ; mais il leur manque de la grace & de la foupleffe ; ils font durs, & ont peu de liberté dans les épaules. *Encycl.*

L'Angleterre abonde en chevaux pour toutes fortes d'ufages. Hormis l'Efpagne & la Barbarie, il n'y a point de pays, où il y ait tant de chevaux fins, d'une beauté & d'un feu extraordinaires. Pour la monture ordinaire, les chevaux hongres font le plus en ufage, à caufe qu'ils font plus doux.

Chevaux d'Italie. Les chevaux d'Italie ne font plus diftingués ; fi l'on en excepte les napolitains ; on en fait cas fur-tout pour les attelages. Ils ont, en général, la tête groffe, l'encolure épaiffe, font indociles & difficiles à dreffer, mais ils ont la taille riche & les mouvemens beaux : ils font fiers, excellens pour l'appareil, & ont de la difpofition à piaffer.

Chevaux Danois. Les chevaux danois font de fi belle taille & fi étoffés, qu'on les préfere à tous les autres pour l'attelage ; il y en a de parfaitement bien moulés : mais ils font rares, & ont ordinairement la conformation irréguliere, l'encolure épaiffe, les épaules groffes, les reins un peu longs & bas, la coupe trop étroite pour l'épaiffeur du devant ; mais ils ont les mouvemens beaux : ils font de tous poils, pied, tigre, &c. Ils font auffi bons pour l'appareil & la guerre. *Voy. ci-après.*

Chevaux d'Allemagne. Les chevaux d'Allemagne font en général pefans, & ont peu d'haleine, quoique defcendans de chevaux turcs & barbes. Ils font peu propres à la chaffe & à la courfe. Les tranfilvains, les hongrois, &c. font au contraire bons coureurs. Les houfars & les Hongrois leurs fendent les nafeaux pour leur donner, dit-on, plus d'haleine & les empêcher de hennir à la guerre. Les hongrois cravates & polonois font fujet à être béguts.

Chevaux d'Hollande. Les chevaux hollandois font bons pour le carroffe ; les meilleurs viennent de la province de Frife : les flamands leur font fort inférieurs ; ils ont prefque tous la taille groffe, les pieds plats, & les jambes fujettes aux eaux. *Encycl.*

Tous ces chevaux, comme on l'a déja dit, viennent en France par voiture, foit que les marchands François les aillent chercher jufques dans le pays, foit que les marchands étrangers les leur amenent fur la frontiere, & même quelquefois jufqu'à Paris, comme font les Hollandois & les Flamands.

Le commerce des chevaux fuiffes fe fait ordinairement par les Juifs de Metz ; il y a eu des années qu'ils ont fourni 15000 à 20000 chevaux.

Outre ce qu'on vient de dire du commerce des chevaux, il faut encore obferver, par rapport au négoce, que le cheval lui fournit, après fa mort, plufieurs chofes, ou utiles dans les manufactures, ou propres à être employées dans plufieurs ouvrages des arts & métiers.

Les principales de ces marchandifes font, le crin de cheval, fon poil, fa corne, fon cuir & fon huile.

Le crin frifé, ou non frifé, fert à rembourrer les felles & les meubles, à fabriquer des boutons, à faire des cordes, des tamis , des toiles & des archets d'inftrumens à cordes , &c. *Voy*. CRIN.

Le poil , lorfqu'il a été levé de deffus la peau par la préparation que lui donne le tanneur, s'emploie , mêlé avec du poil , ou bourre de bœuf & de vache, à garnir des felles, des chaifes, des fauteuils, &c. *Voy*. BOURRE.

La corne préparée de différentes manieres, fert aux ouvrages des tabletiers-peigniers , des lunetiers , & autres femblables artifans. *Voy*. CORNE.

Enfin , la peau de cheval, qu'on appelle auffi cuir de cheval , fe paffe en coudrement, & fe tanne de la même maniere que celle de la vache, s'employant aux mêmes ouvrages par les felliers-bourreliers.

Quelque fimple que foit la maniere dont les Danois s'y prennent pour entretenir la graiffe de leurs chevaux , pour leur rendre la peau luifante, & pour les médicamenter quand ils font malades , elle eft cependant trop utile pour ne pas l'indiquer ici , d'après le *Journal Econ*. Juin 1754 , p. 127.

Tous les Danois qui ont des chevaux , ne manquent jamais dans la faifon des orties , de choifir la plus piquante qu'ils peuvent trouver ; ils en prennent la graine ; & après en avoir ramaffé une bonne provifion , ils la font fécher doucement les uns au foleil , les autres dans des fours , mais il vaut mieux la faire fécher au foleil. Quand elle eft bien feche , on la met en poudre ; lorfqu'ils donnent l'avoine à leur chevaux le foir & le matin , ils y mêlent de cette poudre plein le creux de la main. Cette feule attention rend le chevaux gras , potellés, & leur entretient le poil très-luifant. Cette méthode n'eft pas bien couteufe , mais elle n'en eft que meilleure, d'autant plus que tout le monde eft à portée d'en faire ufage.

Quand un cheval a une bleffure, & que l'inflammation eft confidérable , les Danois ont un moyen fûr pour ôter le feu ; ils prennent de l'argile ou terre glaife, qu'ils mettent détremper dans du vinaigre bien fort. Lorfque cette argile y a trempé du moins 12 heures, ils la retirent du vinaigre , & l'appliquent fur la plaie ; en très-peu de temps l'enflure fe diffipe , & ne reparoit plus. On en a vu faire l'expérience ; ainfi l'on eft convaincu de la vérité du fait. Il n'y a guere de maréchaux, quelqu'entendus qu'ils foient, qui puiffent fe flatter de guérir fi facilement, avec tant de promptitude & à fi peu de fraix.

Si par hazard leurs chevaux ont des avives , ils prennent de la poudre de céleri de montagne, & y ajoutent une once de *trouflane*, & une demi-once de cumin ou d'anis en poudre. Ils mettent infufer le tout dans une pinte de vin blanc ; après quoi ils prennent une corne creuse, ils font avaler cette compofition. Après l'avoir ainfi médeciné, on le promene pendant une heure ou deux au pas feulement, on le provoque de temps en temps, & on tâche de le faire piffer & fienter; enfuite on le ramene à l'écurie, & on a foin de ne lui donner à manger que 3 ou 4 heures après cette opération. Il y a des gens qui, outre cela, lui foufflent dans les nazeaux, de la poudre d'ellebore; d'autres trempent une plume dans de l'huile de laurier, & introduifant de cette huile par les nazeaux du cheval, lui feront évacuer par-là une partie du mal. Mais d'autres fe fervent d'une lancette avec laquelle ils fendent les avives dans leur longueur, & les arrachent, après quoi ils prennent un morceau de toile de lin, qu'ils trempent fimplement dans des blancs d'œuf, & laiffent cet emplâtre fur la plaie pendant trois jours, & finiffent la cure fuivant la méthode ordinaire.

Huile de cheval. C'en eft la graiffe fondue & clarifiée, qu'on tire ordinairement du col & du ventre, qui font les parties les plus groffes & les plus oléagineufes de cet animal. C'eft de cette huile ou graiffe, qui fe fond par les chiffonniers de Paris, que fe fervent les émailleurs pour entretenir le feu de leur lampe; & il n'y a qu'elle qui foit propre à ces fortes d'ouvrages, qui demandent un feu plus vif, plus clair & plus brillant que celui que donnent toutes les autres huiles. Elle fe débite à la pinte ou à la livre, & eft à proportion auffi chere que la meilleure huile d'olive, quelquefois davantage, fuivant la mortalité des chevaux qu'on jette à la voirie. Les boucaniers de S. Domingue n'ufent guere non plus d'autre huile pour brûler, & en font même un affez bon négoce à la Tortue, & aux autres ifles antilles.

Cheval-marin. Animal amphibie qui fe trouve en plufieurs endroits de la mer glaciale, particuliérement vers le Spitzberg. Les Hollandois & les Hambourgeois le nomment *wallrufs* ou *wallrofs*, & les Ruffes *morch.* Il a la figure d'un chien marin.

On en trouve quantité fur les bords du Nil & du Niger; ceux qui vivent dans ce dernier fleuve, font bien plus grands & plus dangereux que ceux du Nil. Il y en a auffi beaucoup dans quelques ifles de la côte d'Afrique, mais plus petits, & même un peu différens de figure.

Les Négres de Guinée & d'Angola, fe nourriffent de leur chair, dont quelques Européens ne font point non plus de difficulté de manger; ils la trouvent d'affez bon goût, fentant un peu le marécage.

C'eft l'ennemi le plus redoutable qu'aient les habitans de l'Egypte, & ceux qui, comme eux, vivent fous ce climat. Cet animal, qui prend naiſſance ſdans l'Ethiopie, deſcendant par le Nil dans la haute Egypte, porte le ravage dans tous les lieux où il ſe jette. On ne ſçauroit croire combien il eſt dangereux & pernicieux aux biens de la terre, déſolant les campagnes, & mangeant, par-tout où il paſſe, les épis de bled, ſur-tout de bled de Turquie. Il étouffe les hommes avec ſes jambes, qui ſont fort groſſes & fort courtes, & en boit ſeulement le ſang. Ce qu'il y a de plus fâcheux, c'eſt qu'il a la peau épaiſſe de deux doigts, & qu'il eſt d'autant plus dificile à tuer, qu'il n'a qu'un très-petit endroit au front où il puiſſe être bleſſé. Les Nubiens diſent qu'il a la voix terrible, & fait trembler la terre, lorſqu'il mugit. Des valets de cette nation, que M. de Maillet avoit chez lui, lui demanderent une ſomme très-conſidétable pour en ſaire venir une peau, qui étoit à Sannar, & que 4 chameaux pouvoient à peine porter. Un homme debout dans le ventre de cet animal, ne peut toucher avec la main le dos de la bête. Il y a quelques années, dit notre auteur, que proche de Damiette, on en prit un, dont on conſerve encore la peau. On en apporte de Nubie au Caire, mais par tranches.

Le cheval marin a la tête groſſe & ronde; de ſa mâchoire inférieure ſortent deux grandes & longues dents en forme de défenſes, qui lui deſcendent bien bas au deſſous des babines, ayant la pointe tournée vers la terre, & ſe courbant un peu en arc : les jeunes n'en ont point, mais aux vieux elles ſont plus ou moins fortes, ſuivant l'âge, y en ayant qui ſont longues de plus de deux pieds. Ces deux dents ſont ſi blanches qu'elles ſont plus eſtimées que l'yvoire. Elles ſont peſantes & preſque ſolides d'un bout à l'autre, hors à la racine qu'elles ſont un peu creuſes; on en fait toutes ſortes d'ouvrages de tour, des manches de couteaux, & des dents artificielles, en quoi ces dents ſont préférables à l'yvoire, tant à cauſe de leur dureté, que parcequ'elles ne jauniſſent pas ſi aiſément. Des autres dents, dont ils ont la geule bien remplie, les matelots en font des boutons, & preſque tous les payſans du Jutland ne s'en ſervent point d'autres.

Autour des babines, tant inférieures que ſupérieures, pendent pluſieurs ſoies ou longs poils, qui étant creuſes en dedans, & & ſe pliant aiſément, ſervent à faire des bagues qu'on eſtime ſouveraines pour la crampe; ce qui leur donne quelque prix parmi les gens de mer.

Le membre génital eſt oſſeux & dur, & de la même nature que leurs dents; auſſi en fait-on les mêmes ouvrages de tour & de tabletterie.

Lorſque ces animaux ſont en grand nombre ſur la glace, où

ils vont ordinairement dormir & fe repofer au foleil, que les matelots les y veulent attaquer, ils ont coutume de les réveiller par de grands cris, tenant cependant leurs chaloupes un peu éloignées, crainte que ces animaux, voulant fe précipiter dans la mer, ne fautent dans ces chaloupes, & ne les renverfent, comme il arrive fouvent. C'eft lors que le cheval-marin fe jette à l'eau, que le harponeur prend fon temps pour le harponer, le coup étant plus fûr à caufe que la peau eft plus tendre.

Ce n'eft que pour les groffes dents de ce monftrueux amphibie qu'on a coutume de l'attaquer ; auffi n'en prend-on que la tête qui appartient au propriétaire du vaiffeau.

Les dents de cet animal ne font plus fi eftimées qu'autrefois, & les vaiffeaux qui vont à la pêche de la baleine, en rapportent fouvent une fi grande quantité, que le prix en eft fort fouvent baiffé.

Suivant les Journaux Anglois, on prétend qu'il y a plus de 800 ans que les pêcheurs de Norvege ont commencé à aller à la pêche de la baleine & du cheval-marin, & que dès ce temps-là les dents de ce dernier étoient en réputation.

En 1606, des Anglois, envoyés à la découverte du Nord, ayant pris terre à la hauteur de 74 degrés 55 minutes, y trouverent une fi grande quantité de chevaux-marins, qu'ils en tuerent jufqu'à 800 en moins de fix heures ; ils remplirent trois bariques de dents, & firent 21 tonneaux d'huile.

En 1608 d'autres Anglois en tuerent 900 en fept heures, dont ils eurent 31 tonneaux d'huile & deux bariques de dents ; ils en prirent deux en vie, un mâle & une femelle ; le mâle fut porté en Angleterre.

En 1610 il en fut tué 800 en deux jours, & un feul homme en tua 40 à coups de lance le premier jour.

Ce que rapporte le *Journal Hambourgeois*, eft plus furprenant.

Des pêcheurs n'ayant pas eu un grand fuccès à la pêche de la baleine, allerent avec leurs chaloupes dans une ifle où ils fçavoient que les chevaux marins avoient coutume de venir en affez grand nombre ; y en ayant trouvé au delà de ce à quoi ils s'attendoient, ils réfolurent de les attaquer, ce qu'ils firent armés de harpons, de lances & de fufils. Mais s'étant apperçus qu'à mefure qu'ils en tuoient, il en accouroit de nouvelles troupes pour venger la mort de leurs camarades ; ils furent contraints, pour fe mettre eux-mêmes à couvert de leur fureur, de fe faire un rempart des cadavres de ceux qu'ils avoient tués, & de ne laiffer qu'une feule entrée à cette efpece de fort, ce qui leur réuffit ; ces animaux, qui ne pouvoient y entrer qu'un à un, étant facilement aſſommés à l'entrée : enfin, ils en tuerent tant, qu'ils firent un profit très-grand dans ce voyage, & plus, dit l'auteur, que ſi la pêche de la baleine eut été bonne.

Il faut ajouter ici une remarque ſur les dents du cheval marin ; ſçavoir, qu'il y a apparence que de temps en temps elles leur tombent, comme on dit qu'il arrive aux éléphans, de leurs défenſes ; ce qui ſemble appuyer cette opinion, c'eſt qu'il y a des lieux qu'on trouve tout couverts de ces dents, après qu'on en a chaſſé ces animaux.

Ces dents ſont auſſi de quelqu'uſage dans la médecine, où on les ſubſtitue à la corne de licorne. On en fait des bagues qui ſont une eſpece de contrepoiſon, qui opere contre les maladies malignes.

Il ne faut pas confondre la licorne avec les dents du wallroſs. On trouve de celles-ci ſur la côte de la mer glaciale aux embouchures des rivieres Meſen & Peſchora. Depuis l'O , juſqu'au fleuve Kolyma, on n'en voit preſque jamais. Les plus grandes & conſéquemment les meilleures viennent d'Anadiryk. Il y en a dont trois peſent un poud, ou 40 liv. qui font 33 de marc, rarement deux. Celles qui ſont ſi petites, dont 8 ne peſent pas un poud, ſont négligées dans le commerce de Sibérie, à cauſe du long tranſport. Mais à Archangel, on en a de bien moindres. *Mém. de S. Pétersbourg.*

CHEVELIERES. Ce ſont des rubans de fil de différentes façons, les uns croiſés, qui viennent de Hollande, ſont les meilleurs ; les autres, unis comme de la toile, dont on en fabrique beaucoup à Rouen, qui ſont très-bons. On en fait une trèsgrande conſommation.

CHEVEUX. Poils longs & déliés, qui viennent à la tête des hommes & des femmes.

Les cheveux ſont des corps fiſtuleux, comme on le voit par le microſcope. C'eſt un aſſemblage de petits canaux ; ces canaux ſont ouverts par le bout.

Il y a des cheveux de pluſieurs couleurs, de noirs, de blonds, de blancs, de roux, de châtains, &c. On croit, avec aſſez de vraiſemblance, que cette diverſité vient de la différence des humeurs ; le roux, de la bile ; le blond, de la pituite ; le noir, de la méloncolie. Pour le blanc, c'eſt à la foibleſſe de l'âge qu'il doit ordinairement ſa couleur ; il s'en trouve pourtant avec la premiere enfance, dont la blancheur leur eſt, pour ainſi dire, originelle.

C'eſt la grandeur & la configuration des pores qui détermi-

nent le diamêtre & la figure des cheveux ; fi les pores font petits , les cheveux font fins ; s'ils font droits , les cheveux font
droits ; s'ils font tortueux , les cheveux font frifés ; fi ce font des
poligones , les cheveux font prifmatiques ; s'ils font ronds , les
cheveux font cylindriques.

C'eft la quantité du fuc nourricier qui détermine leur longueur ;
c'eft par cette raifon qu'ils changent avec l'âge.

Le commerce des cheveux eft très-confidérable en Europe ,
& fur-tout en France , depuis que la mode a prefque fait une
néceffité à tout le monde de prendre des perruques , & de quit-
ter un ornement naturel , commode & de nulle dépenfe , pour
en prendre un qui a précifément toutes les qualités oppofées.

On peut compter prefque par millions, ce qui fe confomme en
France de cheveux , foit du cru du royaume , foit de ceux qu'on
tire des pays étrangers , & c'eft auffi pour des fommes immen-
fes , qu'il fe fait des envois de perruques de fabrique Françoife ,
& fur-tout de Paris , pour les nations voifines , où elles font très-
eftimées.

Les cheveux de la meilleure qualité fe tirent de Flandre , de
Hollande & des pays du Nord. Ceux d'Angleterre ne font pas
moins bons.

En France , il n'y a guere que la Normandie , & peu d'autres
provinces , également feptentrionales , qui fourniffent de bons
cheveux , & l'on fçait , par expérience , que tous ceux des pays
chauds font de très-mauvaife qualité , ce qui fait qu'on n'en tire
aucun d'Italie , d'Efpagne & de Portugal.

Le mérite d'un bon cheveu eft qu'il foit bien nourri ; c'eft-à-
dire , ni trop gros , ni trop fin ; point trop gros , parceque la groffeur l'empêche de prendre facilement la frifure qu'on veut lui
donner , & qu'il fe jette ordinairement en crêpe , & non en
boucle ; point aucontraire trop fin , parcequ'il ne prend qu'une
frifure de peu de durée. Sa longueur doit être de 24 à 25 pouces ; moins il eft long , plus il diminue de prix. On recherche
plus ceux des femmes que ceux des hommes.

Quand les groffiers en ont amaffé confidérablement , ils les
envoyent à Paris & dans les autres lieux où il s'en confomme
beaucoup , par parties de 60 , 80 & 100 livres , compofées de
toutes fortes de couleurs , & de différentes qualités , tant bons
que mauvais , afin que les mauvais paffent à la faveur des bons ,
fouvent dans 100 livres de cheveux , ne s'en trouvant pas 20 liv.
de bons. Auffi toute l'habilté des détailleurs confifte-t-elle
à connoitre parfaitement la bonté & la qualité des cheveux que
ces groffiers leurs envoyent , pour fçavoir fi bien fixer le prix
de chaque qualité en particulier , qu'ils trouvent leur compte

fur la vènte du total , y ayant des cheveux dans les mêmes parties qui ne fe vendent que 4 francs la livre , lorfque la livre des autres va fouvent jufqu'à 50 écus & davantage.

Il n'y a rien de fixe pour le prix des cheveux, & l'on trouve en France des cheveux jufqu'à 40 livres l'once. Ce font les cheveux blonds qui font les plus rares & les plus chers. Les blancs vont pourtant prefque de pair avec eux, & une remarque fondée fur l'expérience, c'eft que les cheveux blancs ne font jamais mauvais.

On a attaché de tout temps la beauté de la chevelure à la longueur & à la couleur des cheveux ; mais tous les peuples n'ont pas eu dans tous les temps le même préjugé fur la couleur. C'eft par cette raifon qu'il a fallu imaginer, pour ceux dont les cheveux n'étoient par d'une couleur à la mode , des moyens de donner aux cheveux la couleur qu'on voudroit. En voici quelques-uns que nous ne garantiffons pas.

Pour noircir les cheveux, mettez fur quatre pintes d'eau de fontaine froide , une demi-livre de chaux , & un quarteron de fel commun; remuez ce mêlange de temps en temps pendant quatre jours ; tirez-le au clair , & le gardez. Prenez une demi-livre de noix de galle; faites-les brûler dans un pot de fer ou de cuivre bien bouché , avec une demi-livre de graiffe de bœuf. Quand le tout vous paroitra en pâté , laiffez refroidir , fans déboucher le vaiffeau. Prenez enfuite votre maffe, réduifez-la en poudre très-fine ; jettez cette poudre fur deux pintes de l'eau que vous avez tirée au clair, ajoutant deux fiels de bœuf, une once de litharge d'or , une once d'alun , une once de fumac , une once de verdet , une once de plomb brûlé, une once de mine de plomb , une once de vitriol, une once de fel ammoniac. Prenez encore un quarteron de noir d'Anvers ; mettez ce noir fur une chopine ou environ d'eau de chaux , préparée comme on a dit plus haut ; faites bouillir ; jettez ce fecond mêlange bouillant fur le mêlange précédent ; renfermez le tout dans une cruche, laiffez repofer cette cruche pendant trois ou quatre jours au coin du feu ; remuez de temps en temps. Lorfque vous voudrez faire ufage de votre préparation, prenez-en dans un petit vaiffeau, ajoûtez-y quatre à cinq gouttes d'eau feconde; prenez une petie éponge , trempez-la dans ce dernier mêlange , & vous en frottez les cheveux; continuez de vous frtoter jufqu'à ce que les cheveux ayent pris couleur. Ce procédé a été communiqué par feu madame la comteffe de B. au pere de M. Papillon , habile graveur en bois.

Voici un procédé plus fimple. Prenez du brou de noix , mettez-le dans un alembic ; diftillez ; recueillez l'eau claire qui vous

viendra par la diftilation , & vous frottez les cheveux de cette eau.

Il y en a qui penfent que de l'eau feconde répandue dans beaucoup d'eau , produiroit le même effet fans aucun danger. Mais
l'ufage du peigne de plomb, qu'on frotte avec la main de plomb
toutes les fois qu'on le nettoie , s'il n'eft pas fûr , eft du moins
très-innocent. *Encycl.*

La rareté des cheveux blonds a fait imaginer de les multiplier
par l'art, & de donner aux cheveux châtains la couleur blonde;
ce qui fe fait en les mettant fur l'herbe, comme on fait la toile,
pour la blanchir, après les avoir lavés auparavant dans une eau
limonneufe.

Cette leffive & l'expofition au foleil , les rendent d'un blond
fi fin & fi parfait , que les plus experts dans la connóiffance
des cheveux, y font aifément trompés, & ne peuvent s'appercevoir de l'artifice, qu'après qu'ils les ont fait bouillir & fécher,
parcequ'alors ils deviennent couleur de feuille de noyer feche.
On nomme ces fortes de cheveux , *cheveux herbés*.

Il y a encore une autre maniere de teindre les cheveux & de
leur donner couleur, qui fe fait avec le bifmuth. Si ce font des
cheveux d'un blond ttop ardent, cette drogue les rend d'un blond
argenté ; & fi ce font des cheveux d'un faux châtain clair , elle
leur donne une couleur d'ardoife , qui ne déplairoit pas, fi elle
étoit naturelle. Le débouilli eft l'épreuve de toutes ces fauffes
couleurs , & le bifmuth ne la foutient pas.

Les cheveux vifs font incomparablement meilleurs que les
morts.

Les cheveux naturels font ceux dont la frifure n'a pas befoin
d'artifice pour fe foutenir. Ils font rares, & très-chers. Ordinairement ils font courts & n'entrent guere que dans la fabrique
des perruques d'abbés , où il faut même mêler un peu de frifure artificielle pour les foutenir.

Les cheveux , qui ne font pas frifés naturellement, le deviennent par l'art, en les faifant d'abord bouillir, & en les mettant
au four de la maniere indiquée dans *Savary*.

Les cheveux étant une marchandife que la France tire de
l'étranger , il y auroit un avantage à ce que l'ufage des perruques de fil d'archal prévalut, difent les Encyclopédiftes. C'eft
à ceux qui veillent aux progrès du commerce à en être inftruits.

CHEVRE. (*Capra*) La femelle du bouc. Toutes les chevres
n'ont pas des cornes ; celles qui en portent les ont comme le
bouc, creufées, en arriere & noueufes. Le poil de la chevre eft
plus fin que celui du bouc. La couleur de ces animaux varie

beaucoup ; il y en de blancs , de noirs, de fauves & de plusieurs autres couleurs, soit qu'il s'en trouve plusieurs ensemble
sur le même individu, ou qu'il soit d'une seule couleur. Ils ru-
minent; ils n'ont que deux mammelles; ils font fort chauds ,
sur-tout les mâles. On prétend que les chevres seroient fécondes
pendant toute leur vie; mais ordinairement on en abrege le cours
en les tuant à dix ou douze ans. On garde les boucs pendant
un plus long-temps, parcequ'on croit que leur mauvaise odeur garantit les chevaux de certaines maladies ; c'est pourquoi on les
tient dans les écuries. Il y en a qui ont plus de vingts ans. Les
chevres font fort légeres ; aussi elles grimpent aisément sur les
montagnes, sautent même avec beaucoup d'agilité d'un rocher
à un autre. On dit qu'il y a beaucoup plus de ces animaux dans
les pays du Nord que dans le reste de l'Europe , & que les boucs
y font si courageux, qu'ils se défendent avec les chiens contre les
loups. *Encycl.*

Les chevres de Barbarie & des Indes font estimées les plus
belles de celles qu'on appellent *chevres communes* ; & la race des
belles chevres , qu'on voit en Europe, particuliérement en An-
glettere & en Hollande, en est venue.

Les qualités des chevres Indiennes & de Barbarie, qui leur
donnent de l'avantage sur celles d'Europe, consistent dans la
finesse de leur poil , dans l'abondance de leur lait, trois fois plus
grande que celles d'Europe, dans leur fécondité ; ayant coutume
de donner presque toutes deux chevreaux par an, outre qu'elles font plus hautes & plus fortes que les chevres Européennes.

Outre la chair de la chevre, qui sert quelquefois de nourriture aux pauvres gens, & son lait dont l'on fait du fromage, qui
n'est pas mauvais, & que les médecins ordonnent aux malades,
pour le rétablissement de leur santé, on en tire pour le commerce, de trois sortes de marchandises, qui font sa peau, son
suif, son poil.

Sa peau sert à faire du marroquin, & quelquefois du parchemin : l'on en contrefait aussi le vérirable chamois, & elle se peut
passer en mégie. C'est ce qu'on peut voir dans les articles de
Maroquin , Chamois, Parchemin & Megie.

Le suif de chevres est très-bon pour faire de la chandelle, &
pour servir aux corroyeurs dans l'apprêt de leurs cuirs, de même que celui de mouton ou de bœuf. Aussi ceux qui font des
nourritures de ce bétail, ont grand soin, quand les chevres deviennent vieilles, de les engraisser, pour en avoir le suif, dont
les Portugais, qui chassent aux chevres sauvages, qui font en
si grande quantité dans quelques isles du Cap-verd, & dans
d'autres de la mer Africaine , en font un commerce considérable :

en envoyant à Lisbonne chaque année plusieurs milliers de quintaux, dont le produit, avec celui des peaux de ces animaux, leur suffit pour vivre assez commodément.

Pour ce qui est du poil, quand il n'est point filé, les teinturiers l'emploient à composer une sorte de rouge, qu'ils appellent *rouge de bourre*. Et lorsqu'il est filé, on le fait entrer dans la fabrique de plusieurs especes d'étoffes, telles que peuvent être les camelots, les pluches ou pannes de poil; les grisettes ou papelines, &c. On en fait aussi des boutons, des gances, des ceintures, des lacets, des éguillettes & autres semblables ouvrages.

La plus grande partie des poils de chevre, qui se voient en France, dont on se sert pour les plus belles fabriques, se tire du Levant en échevaux, & par balles, particuliérement d'Angora & de Begbazar, villes de Natolie, distantes de Smyrne d'environ 20 journées de caravane. Ce sont les Lyonnois qui en fournissent presque toutes les villes du royaume, où il y a des manufactures, & qui la font venir par la voie de Marseille. Les Hollandois & les Anglois en font aussi un très-grand commerce, & une consommation considérable par rapport à la fabrique de leurs camelots. Les Flamands, particuliérement ceux de Bruxelles, en emploient aussi beaucoup à faire leurs camelots, les plus beaux de l'Europe.

Les poils de chevre filés d'Angora, sont les plus estimés, quoique ceux de Begbazar soient beaucoup plus blancs, à cause qu'on les savonne sur les lieux, pour leur donner cet œil de blancheur, qui d'ailleurs n'en augmente pas la qualité.

Il n'y a guere de marchandises plus difficiles à connoitre que les poils de chevre filés, soit pour leurs différentes qualités, soit pour leur différent prix; y en ayant de ceux d'Angora, au moins de douze sortes, & de ceux de Begbazar, de sept à huit sortes, qui vont toujours en augmentant de finesse & de prix, en rétrogradant depuis la derniere sorte, qui est le plus gros, jusqu'à la premiere, qui est le plus fin: de maniere qu'il n'est pas aisé d'en pouvoir bien distinguer le prix, à moins d'en avoir une parfaite connoissance; c'est à quoi ceux qui veulent entreprendre ce commerce, doivent bien prendre garde. Voyez *le chapitre 4 du Livre V. de la seconde partie du Parfait Négociant* de M. Savary, où on peut s'instruire parfaitement sur cette nature de négoce.

CHEVRE SAUVAGE D'AFRIQUE, *capra sylvestris africana.* Grim. Cette chevre est de couleur cendrée & foncée; elle a un toupet de poil qui s'éleve sur le milieu de la tête, & il se trouve de chaque côté, entre le nez & les yeux, deux cavités qui renferment une liqueur grasse & huileuse, dont l'odeur tient de celle du castoreum & de celle du musc; cette liqueur épaissit & devient une

matiere

matiere noire ; dès qu'on l'a enlevée, il en coule une autre qui s'épaiſſit comme la premiere : ces cavités n'ont aucune communication avec les yeux ; ainſi la liqueur qui s'y trouve eſt fort différente des larmes du cerf ou des autres animaux. *Eph. Germ. an. 14. obſ. 57. Encycl.*

CHEVREAU, que quelques-uns appellent auſſi *cabril.* Jeune animal engendré du bouc & de la chevre. Pluſieurs eſtiment la chair du chevreau auſſi délicate à manger, que celle de l'agneau. Mais il ne faut pas qu'il ait plus de ſix mois. On le nourrit avec du lait, de la ſemence d'orme, de cytiſe, de lierre & des feuilles tendres des ſommités du lentiſque. On le châtre à ſix mois ou un an. Alors il devient gras. Pour ce qui eſt de ſa peau, qui eſt tout ce qu'on en tire pour le commerce ; elle ne ſert guere qu'à faire des gants, ſoit qu'on y ait conſervé le poil, pour les rendre plus chauds, ſoit qu'elle ait été paſſée en chamois ou en mégie, & on en fourre le dedans des manchons. Voyez *Chamois* & *Mégie.*
   Il vient des peaux de chevreaux en France, principalement de Bayonne, de Norvege, d'Allemagne, &c.

CHÉVRON. Sorte de laine ou de poil, qui vient du Levant. Les chevrons noirs viennent de Smyrne & de Perſe : les roux & blancs, fins & communs, ſe tirent de Smyrne & de Satalie. Il y a auſſi de laines de Vigogne, qui ſe nomment *laines de chevron :* elles prennent leur nom de la maniere qu'on les prépare, & de leur apprêt.

CHEVROTIN. Petite peau de chevreau paſſée en mégie ou en chamois, c'eſt-à-dire, paſſée à l'huile ou en blanc. On s'en ſert particulierement à faire des gants, ou à d'autres ouvrages ; pour leſquels on a beſoin de cuir mince & délicat.
   Chevrotin. Signifie auſſi une peau de chevreau, préparée avec de la térébenthine de Veniſe, de la cire vierge & du ſain-doux, ou panne de porc mâle, dont on ſe ſert dans pluſieurs incommodités douloureuſes, entr'autres, pour les rhumatiſmes & pour les douleurs des pieds. Sa propriété eſt de faire beaucoup tranſpirer, & d'attirer au dehors quantité de féroſités, qu'on croit les cauſes les plus ordinaires de ces maux.

CHIEN. Animal domeſtique, très-fidele, reconnoiſſant & docile, propre à bien des choſes, mais ſur-tout pour la chaſſe & pour garder la maiſon.
   Les Anglois en fourniſſent quantité en différens endroits de l'Europe, & principalement en France, où l'on eſt grand parti-

fan de la chaffe ; il y a même de certaines provinces d'Angleterre qui fe font un grand revenu de leur commerce de chiens.

Il y a de tant de fortes de chiens, dont les noms & les efpeces font différentes, qu'il feroit affez difficile de les rapporter
toutes, fans entrer dans un long détail, qui, quoique curieux,
n'auroit nul rapport au commerce. C'eft pourquoi l'on fe contentera d'en parler par rapport à leur peau & à leur poil, qui font
les feules chofes qu'ils fourniffent pour le négoce ; fi l'on en veut
excepter leur fiente, qui entre dans la fabriques des marroquins.

Il y a des chiens qui font très-recherchés pendant un certain
temps ; on les multiplie le plus qu'on peut ; ils deviennent un objet de commerce.

Les peaux de chien, dont le poil eft fin, long & beau, s'apprêtent & fe préparent par les marchands fourreurs, pour faire
diverfes fortes de fourrures, mais particuliérement des manchons.

Quand on en a fait tomber le poil par le moyen de la chaux,
& qu'elles ont été paffées en mégie, les gantiers les apprêtent en
gras avec des huiles & des pommades, pour en faire des gants,
dont les femmes font beaucoup de cas ; non-feulement à caufe
qu'ils font frais pour l'été, mais encore parcequ'elles prétendent
qu'ils ont la faculté de leur adoucir la peau des bras & des mains.
On en fabrique beaucoup en Dannemarck, principalement dans
l'ifle de Fionie & à Randers en Jutlande, &c.

Ces fortes de peaux ainfi paffées en mégie, & préparées en
gras par les gantiers, fervent auffi à faire des doublures de mafques, & de loups de velours pour les dames, qui s'imaginent
qu'elles font capables de leur rafraîchir le teint.

Quant au poil de chien, il ne s'en tire que du Dannemarck,
& il n'y a guere que les marchands de Rouen qui en faffent négoce.

Il y a de deux fortes de poil de chien de Dannemarck ;
l'un tout blanc, & l'autre tout noir, dont le dernier eft le plus
eftimé. L'un & l'autre de ces poils entrent dans la compofition
de ces lifieres de certains draps de laine.

Quelques chapeliers ont plufieurs fois tenté de faire entrer du
poil de chien, particuliérement de celui du barbet, dans la fabrique de leurs chapeaux communs : mais ils ont toujours reconnu
que le poil de chien, de quelque efpece qu'il puiffe être, y eft
tout-à-fait préjudiciable.

Voici les principales différences que les gens qui fe mêlent d'é-
lever des chiens, pour en faire commerce, reconnoiffent entre
leurs diverfes races. Ils en font trois claffes ; ils mettent dans la
premiere, les chiens à poil ras ; dans la feconde, les chiens à
poil long ; & dans la troifieme, ceux qui n'ont point de poil.

Chien à poil ras. Le dogue d'Angleterre ou le bouledogue, eft un chien de la plus grande espece. Le dogue d'Angleterre a la tête extrêmement grosse, le masque noir, joufflu, & ridé sur les levres; il porte bien sa queue sur le dos; ses os sont gros, ses muscles apparens; il est le plus hardi & le plus vigoureux des chiens.

Le doguin d'Allemagne est une sorte de bouldogue de la moyenne espece; il n'est pas de moitié si haut que le dogue : il n'est ni si fort ni si dangereux; il a le masque plus noir que le dogue, & le nez encore plus camus, le poil blanc ou ventre de biche; on coupe les oreilles à toutes les especes de dogues ou doguins pour leur rendre la tête plus ronde; ils ne sont que d'une seule couleur qui varie dans les différens individus; il s'en trouve de couleur de ventre de biche, de noisette, de soupe de lait, &c. Il y en a quelques-uns qui ont une raie noire ou noirâtre le long du dos.

Le doguin de la petite espece a la même figure que le moyen; mais il n'est pas plus gros que le poingt; il porte la queue tout-à-fait recoquillée sur le dos : plus ces sortes de chiens sont petits, camus, joufflus, masqués d'un beau noir velouté, plus ils sont recherchés pour l'amusement.

Le danois de carrosse, ou le danois de la plus grande espece, est de la hauteur du dogue d'Angleterre, & lui ressemble en quelque chose, mais il a le museau plus long, & un peu effilé : son poil est ordinairement de couleur de noisette ou ventre de biche; mais il s'en trouve aussi d'arlequins ou pommelés, & même de tout noirs marqués de feu. Il a le front large & élevé, & porte sa queue à demi recoquillée. Cette espece de chiens est très-belle & très-recherchée. Les plus gros sont les plus estimés. On leur coupe les oreilles ainsi qu'aux doguins, pour leur rendre la tête plus belle. En général, on ôte les oreilles à tous les chiens à poil ras, excepté aux chiens de chasse.

Le danois de la petite espece a le nez un peu pointu & effilé, la tête ronde, les yeux gros, les pattes fines & seches, le corps court & bien pris; il porte bien sa queue. Les petits danois sont fort amusans, faciles à instruire & à dresser.

L'arlequin est une variété du petit danois; mais au lieu que les danois sont presque d'une seule couleur, les arlequins sont mouchetés, les uns blancs & noirs, les autres blancs & cannellés, les autres d'autre couleur.

Le roquet est une espece de danois ou d'arlequin, qui a le nez court & retroussé.

L'artois ou le quatre-vingt a le nez camard & refrogné, de gros yeux, les oreilles longues & pendantes comme le braque: son poil est de toute sorte de couleurs, mais plus souvent brun & blanc. On pourroit dresser cette espece de chiens.

Le grand levrier à poil ras eſt preſqu'auſſi grand que le danois de carroſſe ; il a les os menus, le dos voûté, le ventre creuſé, les pattes ſeches, le muſeau très-alongé, les oreilles longues & étroites, couchées ſur le cou, lorſqu'il court, & relevées au moindre bruit : on le dreſſe pour la chaſſe ; il a très-bon œil, mais il n'a point de ſentiment.

Le grand levrier à poil long eſt un métis provenu d'un grand levrier à poil ras & d'une épagneule de la grande eſpece. Il a à peu-près les mêmes qualités que le levrier à poil ras, mais il a un peu plus de ſentiment.

Le levrier de la moyenne eſpece a la même figure & les mêmes qualités que le grand.

Le levrier de la petite eſpece ne ſert que d'amuſement ; il eſt extrêmement rare, & le plus cher de tous les chiens : on ne le recherche que pour ſa figure, car il n'a pas ſeulement l'inſtinct de s'attacher à ſon maître.

Le braque ou chien couchant eſt ordinairement à fond blanc taché de brun ou de noir ; la tête eſt preſque toujours marquée ſymmétriquement. Il a l'œil de perdrix, les oreilles plates, larges, longues & pendantes, & le muſeau un peu gros & un peu long.

Le limier eſt plus grand que le braque ; il a la tête plus groſſe, les oreilles plus épaiſſes, & la queue courte.

Le baſſet eſt un chien courant ; il eſt long & bas ſur ſes pattes ; ſes oreilles ſont longues, plates & pendantes.

Chiens à poil long. L'épagneul de la grande eſpece a le poil liſſe & de moyenne longueur, les oreilles longues & garnies de belle ſoie, de même que la culotte & le derriere des pattes ; ſa tête eſt marquée ſymmétriquement, c'eſt-à-dire, que le muſeau & le milieu du front ſont blancs, & le reſte de la tête d'une autre couleur.

L'épagneul de la petite eſpece a le nez plus court que le grand, à proportion de la groſſeur du corps ; ſes yeux ſont gros & à fleur de tête, & la cravate eſt garnie de ſoie blanche. C'eſt de tous les chiens celui qui a la plus belle tête : plus il a les ſoies des oreilles & de la queue longues & douces, plus il eſt eſtimé : il eſt fidele & careſſant. Les épagneuls noirs & blancs ſont ordinairement marqués de feu ſur les yeux.

L'épagneul noir ou gredin eſt tout noir, & à peu-près de même ſervice que l'autre épagneul, mais il eſt beaucoup moins docile.

On appelle *pyrames* les gredins qui ont les ſourcils marqués de feu. On a obſervé que les chiens qui ont ces ſortes de marques, ne valent pas les autres.

Le bichon bouffé ou chien-lion tient du barbet & de l'épagneul ; il a le nez court, de gros yeux, de grandes foies lisses : sa queue forme un beau panache ; le poitrail est garni de foies comme le derriere des pattes, & les oreilles sont petites

Le chien-loup ou chien de Sibérie, est de tous les chiens celui dont la figure est la plus singuliere : il y en a de trois sortes de couleurs, mais uniformes. Ils sont ou tout blancs, ou tout noirs, ou tout gris : leur grosseur est médiocre ; ils ont les yeux assez petits, la tête longue, le museau pointu, les oreilles courtes, pointues & dressées en cornet ; le poil court sur les oreilles, sur toute la tête & aux quatre pattes ; le reste du corps est garni d'un poil lisse, doux, soyeux, long d'environ un demi-pied : ils sont extrêmement doux & caressans.

Le barbet de la grande espece a le poil long, cotonneux & frisé, les oreilles charnues, & couvertes d'un poil moins frisé, & plus long que celui du reste du corps : il a la tête ronde, les yeux beaux, le museau court & le corps trapu. Les barbets sont ordinarement très-aisés à dresser : ils vont à l'eau : on leur coupe le bout de la queue, & on les tond symmétriquement pour les rendre plus beaux & plus propres : ce sont de tous les chiens, ceux qui demandent le plus de soin.

Le barbet de la petite espece ressemble au grand, mais on ne le dresse pas : il ne va pas à l'eau : il est très-attaché à son maître. Les barbets, en général, sont les plus attachés de tous les chiens ; on a des exemples surprenans de leur fidélité & de leur instinct.

Chiens sans poil. Le chien turc est le seul que nous connoissions qui n'ait point de poil : il ressemble beaucoup au petit danois : sa peau est huileuse.

Il y a des chiens qui n'ont le poil ni ras ni long ; ce sont ceux qu'on appelle *chiens de forte race.* Ils sont de moyenne grosseur ; ils ont la tête grosse, les levres larges, le corps un peu alongé, les oreilles courtes & pendantes. Ces chiens, qui sont les plus communs à la campagne, n'ont rien de beau ; mais ils sont excellens pour l'usage, pour garder les cours, les maisons, les écuries, & pour défendre du loup les chevaux, les bœufs, &c. On leur met des coliers de fer garnis de pointes, pour les détendre du loup.

On appelle *mâtins* ou *chiens des rues*, tous les chiens qui proviennent de deux especes différentes, sans qu'on ait pris soin de les métifer exprès. On ne les recherche pas pour leur beauté ; mais ils sont excellens pour garder, & quelquefois même pour la chasse ; d'autres pour les troupeaux de moutons, selon le mélange dont ils proviennent. *Encycl.*

Il vient des peaux de chiens d'Ecosse.

CHIEN DE MER ou CHIEN MARIN. Il est couvert d'une peau rude ; le dos est d'une couleur brune cendrée, & moins rude que le reste du corps.

Ce poisson a deux nageoires sur le dos ; l'antérieure est un peu plus près de la tête que de la queue, l'autre est à une petite distance de la queue. Il a deux nageoires sur le ventre auprès des ouies, & deux autres auprès de l'anus. La queue est fourchue, & la branche de dessus est beaucoup plus grande que celle de dessous. Il n'a point de nageoire entre l'anus & la queue, comme les autres poissons de ce genre.

Sa peau est une espece de chagrin, très-bon pour couvrir divers ouvrages, comme étuis, gaines, coffres, malles ou boîtes ; le grain est moins rond que celui du chagrin. Les tourneurs s'en servent pour polir leurs ouvrages en bois.

Les véritables peaux de chien de mer, pour être d'un bon débit, doivent être grandes & larges, d'un grain rude, ni trop gros, ni trop menu, ou plutôt d'un grain égal & fin, & garnies de leurs oreilles & nageoires. On les emploie sans préparation ; on les empêche seulement de se retirer, en les tenant étendues sur des planches, quand elles sont fraîches.

Ce poisson se trouve en plusieurs parages, mais en plus grande quantité sur les côtes de Bayonne & d'Espagne, d'où les marchands épiciers de Paris les tirent le plus ordinairement.

On voit dans le lac Baïkal, en Sibérie, quantité de chiens marins tout noirs & sans poil, comme ceux de la mer blanche, ce qui est assez rare dans un lac d'eau douce ; mais il y en a aussi dans ceux de la Badoga & d'Onéda, qui sont au nord de S. Pétersbourg.

Il vient aussi de Basse-Normandie, des peaux d'un autre poisson, assez semblable au véritable chien de mer ; mais parce-qu'elles ne sont pas si dures, on les appelle des *doucettes*, à cause de cette différence, & des *roussettes*, par rapport à leur couleur, qui tire sur le roux..

On fait en France & en Angleterre, des manches de couteaux & fourchettes d'une autre sorte de peaux de poisson, qui approchent assez de celle du chien de mer, qu'on dit être des peaux d'une espece de raie particuliere. Elle sont d'un grain assez gros, presque rond, & dans des distances égales, & comme en quinconce. On les teint en quelle couleur on veut.

La compagnie des marchands de Copenhague a reçu, en 1758, 1363 peaux de chien de mer du détroit de Davis. En 1760 & 1761 pareille quantité.

La pêche des chiens marins se fait communément en Groenlande de la même maniere que celle de la baleine ; sçavoir, avec un petit harpon, auquel eſt attachée une corde ou ligne de peau de chien marin, longue de 6 à 7 braſſes, & à l'autre bout de laquelle pend une veſſie faite de la peau d'un petit chien marin & remplie de vent, afin que le chien marin, lorſqu'il eſt harponné, n'aille pas bien loin ſous l'eau, & ne ſoit pas perdu pour le pêcheur. Vers le nord, où la mer eſt couverte de glace tout l'hiver, les Groenlandois prennent les chiens marins de la maniere qui ſuit.

Après avoir cherché, ſur la glace, un de ces trous que les chiens marins font eux-mêmes avec leurs ongles, pour ſe procurer la reſpiration, & qui n'eſt pas plus grand qu'un ſou-lubs, & ſouvent moindre; ils s'aſſeyent près de ce trou, ſur un petit ſiege fait exprès, avec un eſcabeau à trois pieds, pour mettre les leurs deſſus, afin de ſe garantir du froid, qui vient de la glace.

Avant que de s'aſſeoir, ils raclent toute la nege qui eſt à leurs bottes, afin qu'elle ne faſſe pas de bruit ſous leurs pieds, & qu'elle n'épouvante pas le chien marin, lorſqu'il viennent au trou pour y reſpirer. Dès qu'il y met le nez, ils le piquent avec le harpon, auquel eſt attachée une corde ou bande d'une braſſe de longueur, qu'ils tiennent dans l'autre main. Quand ils s'apperçoivent que le harpon tient ferme, ils en tournent le bâton, à l'autre bout duquel eſt un os épais & fort avec lequel ils font le trou ſi grand que le chien marin puiſſe être tiré au travers, & dès que ſa tête eſt hors de la glace, ils lui donnent tant des coups de poingt & des ſoufflets, qui le tuent d'abord.

Il y a une troiſieme maniere de prendre les chiens marins. La voici: on creuſe un grand trou dans la glace, ou bien au printemps on ſe rend à un des trous que les chiens marins cherchent, & par où ils montent, afin de ſe coucher ſur la glace, ſelon leur coutume, & de ſe baigner au ſoleil. Un pêcheur ſe couche enſuite tout de ſon long le viſage en bas auprès d'un tel trou, ſur un banc long, mais fort bas, & après avoir fait un autre petit trou auprès du grand, on fait entrer alors doucement, dans ce petit trou une grande perche de 16 à 20 aunes de longueur, au bout de laquelle eſt un harpon avec une corde. Alors, ſi on eſt deux, comme cela arrive ordinairement à cette pêche, l'un ſe tient debout, & ſoutient légérement la perche d'une main, tandis que celui qui eſt couché le viſage en bas, obſerve par le trou, le moment d'en faire uſage. Quand il voit le chien marin à portée, il avertit ſon compagnon, en diſant *Kæ* ! & celui-ci enfonce auſſi-tôt la perche. Mais s'il n'y a qu'un ſeul homme, il tient lui-même la perche, l'enfonce & harponne, lorſque le chien marin qui eſt venu au grand trou, s'en retourne & paſſe ſous le petit.

Une quatrieme maniere fe pratique de la forte. Au printemps, quand les chiens marins font couchés fur la glace, près des trous qu'ils ont faits eux-mêmes, pour monter & pour defcendre; les Groenlandois prennent alors leur péliffe de peau de chien marin, avec une longue perche à la main, & s'avancent au chien marin, en rampant, comme ils font eux-mêmes. Ils. remuent auffi la tête en haut, & en bas, & ronflent comme font les chiens marins, jufqu'à ce qu'ils foient affez près pour atteindre leur proye, & la harponner.

Une cinquieme maniere fe pratique encore au printemps, lorfque les courans rongent des grands trous dans la glace. Les chiens-marins s'y rendent en foule. Les Groenlandois qui fe tiennent debout fur le bord du trou, obfervent le moment, & dès que l'occafion fe préfente, ils lancent leur harpon fur les chiens-marins qu'ils attirent à eux fur la glace.

Il y a encore une fixieme maniere que voici; lorfque la glace eft parfaitement unie & blanche, les Groenlandois prennent la queue d'un renard ou d'un chien, ou bien un morceau velu d'une peau d'ours, qu'ils mettent fous leurs pieds. Dans cet état, ils fe tiennent debout, & écoutent s'ils entendent fouffler des chiens-marins. Alors ils s'approchent, & quand ils font à portée, ils les harponnent.

Les Groenlandois fe fervent pour cette pêche d'une forte de bateau uniquement à l'ufage des hommes, & qui font étroits, longs & pointus aux deux bouts. Ils ont communément trois braffes de longueur, & pour le plus trois quarts de braffe de largeur. Au milieu on a ménagé un trou affez grand, pour qu'un homme puiffe y entrer & s'y affeoir. Il s'y attache avec des bandes minces & étroites. Le refte du batteau eft couvert de peaux de chien-marin préparées, & dont on a ôté le poil. Il ne peut s'affeoir qu'un homme dans un tel bateau, & il y eft fi bien couvert & fi bien lié, que la moindre eau ne fçauroit pénétrer dans fon bateau. Il peut avancer d'une viteffe incroyable, & il feroit capable de faire 10 à 12 milles dans un jour, en fe fervant d'une feule raine, qui a une feuille à chaque bout, & qui eft d'une bonne braffe de longueur. Les Groenlandois ne fe fervent de ces bateaux que pour la pêche des chiens-marins, & pour la chaffe des oifeaux de mer, qu'ils tirent aifément, & comme en paffant, aulieu que nous autres nous pouvons à peine, avec nos batteaux, les approcher affez près pour les tirer. Les Groenlandois ne craignent point de fe mettre en mer avec ces bateaux, pas même dans les plus fortes tempêtes; car ils volent, pour ainfi dire, comme des oifeaux fur les flots.

Les Groenlandois l'appellent *Sælhunde*; ils font la richeffe &

le foutien de fes habitans. Ils fe nourriffent de leur chair, affaifonnent leurs mêts de leur lard, brûlent la graiffe dans leurs lampes, & couvrent de leur peau leurs bateaux & leurs tentes. *Merc. Danois*, Août 1755, p. 314

CHIENDENT. Herbe très-commune & très-connue, en apparence la plus vile, & en même temps celle dont il eft le plus difficile de démêler les différentes efpeces. M. Tournefort en compte dans fes *Inflitutions* jufqu'à 208. M. Scheuchzer leur a donné, après un grand travail, un ordre auffi fimple & auffi naturel qu'il le défiroit. Voyez l'*Hiftoire de l'Académie Royale des Sciences*, *A.* 1720.

Rien n'eft plus commun dans les marais du bas Languedoc, dit M. Aftruc, que cette plante; en ce pays, on l'appelle de la *rofette*. C'eft le *gramen arundinaceum* des Latins. Cette racine prife en décoction, eft eftimée rafraîchiffante & appéritive. C'eft de cette racine bien féchée & divifée en plufieurs menus filamens, que les vergettiers-broffiers de Paris fe fervent pour faire plufieurs fortes d'ouvrage de leur métier, & particulierement des broffes à tête pour les enfans, & pour ceux qui fe font rafer les cheveux.

Les broffes de tête doivent être faites de bon chiendent, bien nettoyé, jetté adroitement fur pied, tant gros que délié.

Toute forte de chiendent n'eft pas propre à cet ufage: le meilleur eft celui de Provence. Les oifeliers débitent auffi quelque chiendent, mais du plus fin, à ceux qui s'occupent du plaifir innocent de mettre couver des ferins, & autres oifeaux de ramage.

CHIEN-FOU. Drogue médicinale qui vient de la Chine. Les Japonois s'en fervent beaucoup, & en font grand cas. Elle fait ordinairement une partie de la cargaifon des jonques chinoifes qui vont au Japon. Elle s'achete à Canton 7 taels & 8 mas le pic, & fe vend au Japon 40 taels, ce qui eft plus de 500 pour cent de profit.

CHIFFONS, ou vieux drapeaux de toile de lin & de chanvre, qu'on appelle autrement *pattes*, *drilles*, *peilles* ou *chiffes*, deftinées pour la fabrique du papier.

Les chiffonniers vont acheter & ramaffer dans les villes & villages, ces vieux chiffons & drapeaux; ils en font même la recherche dans les ordures qui font dans les voiries, & dans les rues, ainfi qu'il fe pratique, particulierement à Paris, où ils font appellés *chiffonniers*.

Après qu'ils les ont bien lavés, nettoyés & féchés, ils les gardent dans des greniers, pour les vendre aux marchands papetiers-fabriquans, qui en ont befoin, ou à d'autres marchands, qui les emmagafinent, pour enfuite les revendre à ces mêmes papetiers-fabriquans.

Quoiqu'il femble, d'une premiere vue, que le négoce des vieux chiffons & drapeaux ne foit pas un objet de confidération, cependant il s'en vend en France toutes les années pour des fommes affez confidérables ; la confommation de cette marchandife étant prodigieufe par rapport à la grande quantité de papéteries qui font établies dans le royaume.

La Bourgogne & le Maconnois font les provinces où il fe fait le plus grand négoce de vieux chiffons & drapeaux, particuliérement à Châlons fur Saône & à Mâcon, y ayant dans ces villes, des marchands qui en ont de très-grands magafins.

Outre la confommation qui s'en fait dans le royaume, il s'en envoie dans les pays étrangers : l'arrêt du 8 Mars 1733, permet la fortie à l'étranger des vieux linges, vieux drapeaux, drilles & pattes, rognures de peaux & de parchemin, & autres femblables matieres fervant à la fabrication du papier, en payant 30 livres du cent pefant, lequel droit a auffi lieu pour les mêmes matieres, tranfportées à Marfeille & à Dunkerque : & quand ce n'eft que des provinces du dedans du royaume, ils fe payent à raifon de 20 f. feulement du cent pefant.

Il y a des matieres qui fe perdent & fe brûlent, qui pourroient cependant être facilement employées en papier, telles que font les recoupes de gafiers. *Encycl.*

La police a auffi veillé à ce que les chiffonniers, en lavant leurs chiffons, & en les emmagafinant, n'infectaffent ni l'air ni les eaux, en releguant leurs magafins hors du centre des villes, & éloignant leurs lavages des endroits des rivieres, où les habitans vont puifer les eaux qu'ils boivent.

CHINER, (*Manufact. en foie*). Chiner une étoffe c'eft donner aux fils de la chaîne des couleurs différentes, & difpofer ces couleurs fur ces fils de maniere que, quand l'étoffe fera travaillée, elles y repréfentent un deffein donné, avec moins d'exactitude, à la vérité, que dans les autres étoffes, qui fe font, foit à la petite tire, foit à la grande tire, mais cependant avec affez de perfection, pour qu'on l'y diftingue très-bien, & que l'étoffe foit affez belle pour être de prix.

Le chiner eft certainement une des manœuvres les plus délicates qu'on ait imaginées dans les arts ; il n'y avoit guere que le fuccès qui put conftater la vérité des principes fur lefquels elle eft appuyée. Pour fentir la différence des étoffes chinées & des étoffes faites à la tire, il faut fçavoir que, pour les étoffes faites à la tire, on commence par tracer un deffein fur un papier divifé horifontalement & verticalement par des lignes ; que les lignes horifontales repréfentent la largeur de l'étoffe ; que les verticales repréfentent autant de cordes du métier ; que l'affemblage de ces cordes forme le femple, que chaque corde de femple aboutit à une autre corde ; que l'affemblage de ces fecondes cordes s'appelle le *rame ;* que chaque corde de rame correfpond à des fils de poil & de chaîne de diverfes couleurs, enforte qu'à l'aide d'une corde de femple, on fait lever tel fil de poil & de chaîne, en tel endroit, & de telle couleur qu'on defire ; que faire une étoffe à la petite ou à la grande tire, c'eft tracer, pour ainfi dire, fur le femple le deffin qu'on veut exécuter fur l'étoffe, & projetter ce deffin fur la chaîne ; que ce deffin fe trace fur le femple, en marquant, avec des ficelles & les cordes, l'ordre felon lequel les cordes du femple doivent être tirées, ce qui s'appelle *lire* : & que la projection fe fait & fe fixe fur la chaîne par la commodité qu'on a, par les cordes de femple, d'en faire lever un fil de telle couleur qu'on veut, & d'arrêter une petite portion de ce fil coloré à l'endroit de l'étoffe, par le moyen de la trame.

Cette notion fuperficielle du travail des étoffes figurées, fuffit pour montrer que la préparation du deffin, fa lecture fur le femple, la correfpondance des cordes de femple avec celles de rame, & de celles de rame avec les fils de chaîne, & le refte du montage du métier, doivent former une fuite d'opérations fort longues, en cas qu'elles foient poffibles (& elles le font), & que chaque métier demande vraiffemblablement deux perfonnes, un ouvrier à la trame & au battant, & une tireufe au femple (& en effet, il en faut deux).

On ne chine ordinairement que les étoffes unies & minces. On a chiné des velours, mais on n'y a pas réuffi jufqu'à un certain degré de perfection. La coupe du velours n'eft pas affez jufte pour que la diftribution du chinage foit exact : on fait, à la vérité, que chaque partie du poil exige pour le velours chiné fix fois plus de longueur qu'il n'en paroîtra dans l'étoffe ; on peut donc établir entre le poil non ourdi & le poil ourdi, tel rapport qu'on jugera convenable ; mais l'inégalité de la trame, celle des fers, les variétés qui s'introduifent néceffairement dans l'extenfion qu'on donne au poil, enfin la main de l'ouvrier qui frappe plus ou moins dans un temps que dans un autre ; toutes ces circonftances ne permettent pas à l'anamorphofe du deffin de fe réduire à fes juftes proportions. Cependant nous expliquerons la maniere dont on s'y prend pour cette étoffe. Les taffetas font les étoffes qu'on chine ordinairement ; on chine rarement les fatins.

Pour chiner une étoffe, on fait un deffin fur un papier réglé, on le fait tel qu'on veut qu'il paroiffe en étoffe ; on met la foie deftinée à être chinée en teinture, pour lui donner la couleur dont on veut que foit le fond de l'étoffe : mais ce fond eft ordinairement blanc, parceque les autres couleurs de fond ne recevroient qu'avec peine celles qu'on voudroit leur donner enfuite pour la figure.

Lorfque la foie eft teinte, on la fait dévider & ourdir ; quand elle eft levée de deffus l'ourdiffoir, on la met fur un tambour femblable à celui dont on fe fert pour plier les étoffes. Les chaînes de taffetas chinés doivent être compofées de 50 portées, qui compofent 4000 fils, & paffées dans 250 dents de peigne, ce qui fait 4 fils par dent.

On tire de deffus le tambour la chaîne qu'on va accrocher à l'axe de l'afpe ou devidoir éloigné du tambour de fept à huit aunes : cela fait, on divife la chaîne par douze fils, dont chaque division eft portée dans une dent du rateau, placé près de l'afpe. Il faut que ce rateau foit de la largeur de l'étoffe. Douze fils font jufte la quantité de fils qui doit être contenue dans trois dents du peigne. On enverge toutes les branches de douze fils, & on arrête l'envergure, en féparant pareillement celle des fils fimples qui a été faite en ourdiffant.

Si le deffin eft répété quatre fois dans la largeur de l'étoffe, on met quatre parties de la division par douze, dans chaque dent du rateau, ce qui donne quarante-huit fils, qu'on aura foin d'enverger & d'attacher de façon qu'on puiffe les féparer quand il en fera befoin. On ajufte enfuite l'afpe de maniere qu'il puiffe contenir exactement fur fa circonférence, une fois, deux fois, plus ou moins, le deffin, felon que ce deffin court plus ou moins. On met chaque partie féparée & placée par ordre fur le rateau, à chacune des chevilles attachées à l'arbre de l'afpe ; on charge le tambour à difcrétion, on tourne l'afpe ; une perfonne entendue conduit le rateau, afin de bien dégager les fils ; on enroule toute la piece fur l'afpe : chaque partie des quarante-huit fils faifant un écheveau, une chaîne de quatre mille fils donnera quatre-vingt-trois écheveaux, & feize fils qui ferviront de lifiere ; chaque bout de la partie de quarante-huit eft attachée au premier bout de l'écheveau, lorfque la piece eft dévidée fur l'afpe.

Quand toute la chaîne eft enroulée fur l'afpe, de maniere que fa circonférence divife exactement les écheveaux en un certain nombre de fois jufte de la longueur du deffin, on prend de

petites bandes de parchemin de trois lignes de largeur ou environ ; on en couche une fur les trois premieres cordes parallèles ,
& on marque avec une plume & les couleurs contenues fur la
longueur de ces trois cordes , & l'efpace que chaque couleur occupe fur cette longueur : cela fait , on prend une feconde bande
qu'on applique fur les trois cordes fuivantes , obfervant de porter fur cette feconde bande, comme fur la premiere , & les couleurs contenues dans ces trois cordes , & l'efpace qu'elles occupent fur elles ; puis on prend une troifieme bande pour les trois
cordes fuivantes , & ainfi de fuite , jufqu'à ce qu'on ait épuifé la
largeur du deffin. On numérote bien toutes les bandes , afin de
ne pas les confondre , & de fçavoir bien précifément quelle partie
de la largeur du deffin elles repréfentent chacune.

On prend enfuite une de ces bandes , & on la porte fur l'afpe ;
& l'on examine fi la circonférence de l'afpe contient autant de
fois la longueur de la bande , qu'elle eft préfumée contenir de
fois la longueur du deffin, afin de voir fi les mefures des bandes & des écheveaux coïncident.

Cela fait , on prend la premiere bande numérotée 1 ; on la
porte fur la premiere flotte ou le premier écheveau ; elle fait le
le tour de l'afpe fur l'écheveau ; on l'y attache des deux bouts
avec une épingle , un bout d'un côté d'un fil qui traverfe l'afpe
fur toute fa longueur , & l'autre bout de l'autre côté de ce fil ; ce
fil coupant tous les écheveaux perpendiculairement , fert de ligne
de direction pour l'application des bandes. On commence par
arrêter toutes les bandes fur les écheveaux , le long de ce fil , du
côté de la main droite ; après quoi on marque avec un pinceau
& de la couleur , fur le premier écheveau , tous les endroits qui
doivent en être colorés, & les efpaces que chaque couleur doit
occuper , précifément comme il eft prefcrit par la bande numérotée 1. On paffe à la bande numérotée 2 , qui eft attachée au
fecond écheveau , fur lequel on marque pareillement avec un
pinceau & des couleurs , les endroits qui doivent être colorés , &
les efpaces que chaque couleur doit occuper , précifément comme il eft prefcrit par cette bande 2. On paffe à la troifieme bande,
& au troifieme écheveau , faifant la même chofe jufqu'au quatre-vingt - troifieme écheveau , & à la quatre - vingt - troifieme
bande.

Lorfque le deffin eft , pour ainfi dire , tracé fur les écheveaux,
on les leve de deffus l'afpe , on les met les uns après les autres
fur les roulettes du banc à lier , fur lefquelles font pofés les écheveaux , quand il s'agit de les attacher. Les portes-roulette font
mobiles ; c'eft-là qu'on couvre les parties qui ne doivent pas être
teintes. Les écheveaux font tendus , autant qu'il eft poffible , fur

le banc à lier.   On en met un fur les poulies. De ces poulies, celle qui eſt à gauche s'écarte & ſe fixe en tel endroit qu'on veut des tringles, le long deſquelles elle ſe meut ; de cette maniere, l'écheveau ſe trouve auſſi diſtendu qu'il eſt poſſible, ſans empêcher les poulies ou roulettes de tourner ſur elles-mêmes. On commence, en ſe faiſant préſenter ſucceſſivement par le moyen des roulettes, toute la longueur de l'écheveau, par appliquer un papier qui couvre les parties qui ne doivent point être teintes ; on numérote ce papier d'un *o* ; on couvre ce papier d'un parchemin ; on attache bien ce parchemin en le liant par les deux bouts. On place enſuite un ſecond écheveau ſur le banc à lier ; on en couvre pareillement les parties qui ne doivent pas être teintes d'un papier d'abord, enſuite d'un parchemin, numérotant le papier comme il le doit être.

Quand tous les écheveaux ſont liés, on les fait teindre de la couleur indiquée par le deſſein ; & avant qu'ils ſoient ſecs, on délie le parchemin, qu'on enleveroit trop difficilement, ſi on le laiſſoit durcir en ſéchant ; on les laiſſe ſécher enſuite, après quoi on ôte le papier, excepté celui qui porte le numéro de l'écheveau.

On remet par ordre, & ſelon leurs numéros, les flottes ou les écheveaux ſur l'aſpe, comme ils y étoient auparavant ; le bout de chacune ſe remet aux chevilles, l'autre bout eſt paſſé dans un rateau de la largeur de l'étoffe ou du deſſin répété. Quand on a tous les bouts qui ne ſont pas aux chevilles, on les attache à une corde qui vient de deſſus le tambour ; & après avoir ajuſté le deſſin diſtribué ſur tous les écheveaux, de maniere qu'aucune partie n'avance ni ne recule plus qu'elle ne doit, on tire deux ou trois aunes de chaque écheveau de deſſus l'aſpe, & l'on reporte la chaîne ſur le tambour, obſervant de la lier de trois aunes en trois aunes, afin que le deſſein ne ſe dérange pas.

Quand on a tiré toute la chaîne ſur le tambour, on change de rateau ; on en prend un plus grand : on y diſtribue chaque branche à autant de diſtance les unes des autres, qu'il y en a entre les chevilles auxquelles elles ſont arrêtées. Il faut ſe reſſouvenir que chaque bout d'écheveau eſt compoſé de 48 fils, & que ces 48 fils ſont diviſés en quatre partie de 12 fils, ſéparées chacune par une envergure, ſans compter l'envergure de la chaîne ou de l'ourdiſſage, qui ſépare encore chacun des douze fils. On ſe ſert de l'envergure pour ſéparer chaque partie de douze fils, qui forment le nombre de quarante-huit. On prend la premiere partie de douze fils, & on y paſſe une verge ; on prend la ſeconde partie de douze fils, des trente-ſix qui reſtent, & on y paſſe une ſeconde verge, & ainſi de la troiſieme & de la quatrieme.

Quand on a séparé tous les écheveaux de la même façon, & qu'on a mis chaque partie sur une verge par ordre de numéros, on reporte toute la chaîne de dessus le tambour sur l'aspe, en laissant les verges passées dans les quatre parties de chaque écheveau séparé, ayant soin de conduire les verges qui séparent les fils, & qui sont bien différentes de celles qui tiennent les quatre parties séparées, jusqu'à ce que la chaîne soit toute sur l'aspe, après quoi on la remet toute sur le tambour, rangeant les parties, de façon qu'on ne fait de toute la piece ou chaîne qu'une envergure ; on la plie dans cet état sur l'ensuple, & elle est prête à être travaillée.

Voilà la maniere de disposer une chaîne pour un taffetas chiné, à une seule couleur, avec le fond.

S'il s'agissoit d'un velours, on ne chineroit que le poil ; c'est lui qui en exécuteroit tout le dessin : mais comme le poil s'emboit par le travail des fers, six fois autant que la chaîne, après qu'on a tracé son dessin, il faut en faire l'anamorphose ou projection. Cette projection a la même largeur que le dessin, mais la longueur, & celle de toutes ses lignes, est six fois plus grande.

C'est sur cette projection qu'on prendra les mesures avec les bandes de parchemin. Si le dessin n'est répété que deux fois dans la largeur de l'étoffe, on ne prendra que vingt-quatre fils par écheveau, s'il ne l'est qu'une, on n'en prendra que douze. Il s'agit ici de taffetas ; mais si c'est un velours, on n'en prendra que la moitié, parceque le poil ne contient que la moitié des fils des chaînes de taffetas. Enfin, on ne doit prendre & séparer des fils pour chaque branche, qu'autant que trois du peigne en peuvent contenir.

Quand il y a plusieurs couleurs dans un dessin, on les distingue par des marques différentes ; on les couvre & on les découvre selon la nécessité ; on fait prendre des couleurs à la chaîne qu'on prépare, les unes après les autres. Le fond en est toujours couvert : du reste, l'ouvrage s'acheve comme nous venons de l'expliquer. Quant à la maniere de travailler le taffetas, comme la teinture altere toujours un peu la soie, il est évident que, des étoffes chinées, la meilleure ce sera celle qui aura le moins de couleurs différentes ; & que la plus belle, ce sera celle où les couleurs seront les mieux assorties, & où les contours des dessins seront les mieux terminés. *Encycl.*

CHINT. Toiles des Indes, blanches & de coton, propres à être imprimées & mises en couleur. Il y en a de plusieurs especes, qui se distinguent par le nom des lieux où elles se fabriquent, & par leurs aunages. Il paroit qu'elles sont blanches pour la plupart & toutes de coton. Voy. *Chites.*

Les principales font :

Les chint-feronges , dont les pieces ont fix aunes de long fur 3 quarts de large.

Les chint-mamodés , qui ont fept aunes & demie de longueur fur une demie aune de largeur.

Les chint-broad , même longueur fur 3 quarts de large.

Les chint-furat , 8 aunes de long , même largeur que la précédente.

Les chint-cadix-fmals, ou fannas , fix aunes fur deux tiers.

Les chint jaffercon , huit aunes fur 3 quarts.

Les chint-ramauls. Elles ont fept aunes & demie fur deux tiers de large : elles font propres à faire des mouchoirs.

Chints-moris ordinaires , 13 aunes.

         dites fines.

CHIRIMOYA , fruit du Pérou , de l'efpece qu'on nomme dans les ifles Françoifes , *pomme de cannelle*. Mais celui du Pérou eft beaucoup plus agréable , & on lui donne communément la préférence fur l'ananas. Le goût en eft fucré & vineux ; la figure approche de celle d'une pomme , elle fe termine un peu en pointe ; fa groffeur varie depuis celle d'une pomme médiocre , jufqu'à celle des pommes les plus groffes que nous connoiffons en Europe. La peau en eft d'un verd terne , couleur d'artichaut. Elle eft comme brodée de compartimens en forme d'écailles. Sa chair eft blanche , mollaffe , compofée de plufieurs veines adhérentes les unes aux autres , mais qui peuvent fe détacher. Le nombre des pepins varie beaucoup ; ils-font oblong , & un peu applatis , de cinq à fix lignes de long fur trois à quatre de large. Leur peau eft liffe & noire. Ce fruit croît fur un arbre haut & touffu ; fa fleur a quatre pétales ; elle eft d'un verd brun & d'une odeur très-agréable. *Article de* M. de la Condamine. *Encycl.*

CHITES. Les François difent *chites* , & les Hollandois *chitfes* ou *chits*. C'eft le nom que l'on donne généralament dans les Indes aux toiles indiennes façonnées par leur deffin & leur couleur de toutes les manieres. Il s'en fait par toute la côte de Coromandel , & à Surate ; mais les plus belles viennent ordinairement de Mafulipatam , ville du royaume de Golconde , où les Hollandois ont un comptoir fort près du 18e degré de latitude , dépendant de celui de Nagapatnam.

On les nomme en Suiffe *perfes* ou *perfiennes* , quoiqu'il ne s'en faffe point en Perfe.

Il y en a qui font plus réputées en un pays qu'en un autre
dans

dans l'Europe, fans compter que les goûts & les modes changent. Il s'en trouve de différentes grandeurs, fuivant les lieux où elles font fabriquées. Cela va depuis 10 coudées, ou cobidos, jufqu'à 15 de longueur, & depuis un cobido, jufqu'à deux & un quart de largeur. Trois cobidos font 2 aunes d'Amfterdam.

Les chites d'Amadabad & de Seronge, qu'on envoye à Surate, font auffi fort eftimées, de même que celles de Tutucorin fur la côte de Maduré. Enfin, il y a les chites de *Chiabouria*, de *Mefirlia* & *Patna*, qui font affez recherchées dans les Pays-Bas d'Allemagne.

Les Hollandois négocient auffi de toutes ces efpeces de chites indiennes, dans toutes les ifles de la Sonde & des Molucques, & jufqu'au Japon. Les Anglois en font autant aux Manilles, & quelquefois à la Chine.

Les *chites, moultans, caffa, lampaffes, betilles, guraes, lagias du begu, mafuliputan, toiles & mouchoirs, bonal tapiffendis*, &c. font des mouffelines ou toiles de coton des Indes orientales, imprimées avec des planches de bois, & dont les couleurs, fans rien perdre de leur éclat, durent autant que la toile même. Il y en a d'imprimées des deux côtés, telles que les mouchoirs & les tapiffendis, dont on peut faire des tapis & des courte-pointes : les unes viennent de Mafulipatan, fur la côte de Coromandel, où les François ont un comptoir ; les autres, du royaume de Golconde, de Vifapour, de Brampour, de Bengale, de Seronge, &c. & s'achetent à Surate. C'eft du chay, plante qui ne croit qu'en Golconde, que l'on tire ce beau rouge des toiles de Mafulipatan, qui ne fe déteint jamais. Voyez *Chay*. Les Hollandois, particuliérement les Flamands, & la plupart de ceux qui vendent des toiles peintes des Indes, les contrefont fur des toiles de coton blanches, qui viennent véritablement des Indes, & qu'on appelle *chites-feronge* ; mais leurs couleurs n'ont ni la même durée, ni le même éclat qu'on remarque aux véritables ; de forte que plufieurs de ceux qui les achetent, font trompés. Il n'en eft pas de même des damaras, foulards, landrins, daridas, & autres étoffes & taffetas légers de foie, qui nous viennent pareillement des Indes, qui font imprimés auffi avec des planches de bois ; ils ne peuvent fe contrefaire en Europe, parce qu'on n'en tire point de ces pays qui ne foient imprimés. Le trait du deffin des broderies des mouffelines, ou toiles des Indes, eft auffi frappé avec des planches de bois, à moins qu'elles ne foient blanches. Les blanches fe travaillent avec la piece. Mais comme on a commodément des mouffelines, fans être brodées, quantité font brodées en Hollande, en France & ailleurs, où on les fait paſſer pour originaires des Indes ou de la Perſe. Cet article eſt de M. Papillon. *Encycl.*

En Novembre 1748, la compagnie orientale de Hollande a vendu les chites aux prix ſuivans.

Chites chiaboutrias larges $8\frac{1}{8}$ à $8\frac{1}{4}$ flor. la piece.

dito dito Amadabad, $\frac{1}{2}$ à $15\frac{5}{8}$ fl.

dito dito Surate, à 4 fl.

dito dito larges, $1\frac{9}{16}$ aun. à $12\frac{1}{8}$ fl.

dito dito larges $\frac{13}{16}$ à $\frac{9}{8}$ aun. à $3\frac{3}{4}$ fl.

dito dito larges $1\frac{1}{4}$ à $1\frac{5}{16}$ aun. à $6\frac{1}{2}$ fl.

En 1761, la compagnie Aſiatique de Copenhague a vendu 7432 pieces chites. Voyez *Mouſſelines.*

CHIT-SE, arbre des plus eſtimés à la Chine, pour la bonté & la beauté de ſon fruit. Je lui connois ces qualités par gens qui ont été dans le pays, & plus encore par une relation du P. Dentrecolles, miſſionnaire, inférée dans les *lettres édifiantes, tom. XXIV.* dont voici le précis.

Les provinces de Chantong & de Homan ont les campagnes couvertes de chit-ſes, qui ſont preſque auſſi gros que des noyers. Ceux qui croiſſent dans la province de Tchekiang, portent des fruits plus excellens qu'ailleurs. Ces fruits conſervent leur fraîcheur pendant tout l'hiver. Leur figure n'eſt pas par-tout la même : les uns ſont ronds, les autres alongés, & de forme ovale ; quelques-uns un peu plats, & en quelque ſorte à deux étages, ſemblables à deux pommes qui ſeroient accolées par le milieu. La groſſeur des bons fruits égale celle des oranges ou des citrons : ils ont d'abord la couleur du citron, & enſuite celle d'orange. La peau en eſt tendre, mince, unie & liſſe. La chair du fruit eſt ferme, & un peu âpre au goût ; mais elle s'ammollit en mûriſſant : elle devient rougeâtre, & acquiert une ſaveur douce & agréable ; avant même l'entiere maturité, cette chair, lorſque la peau en eſt ôtée, a un certain mêlange de douceur & d'âpreté qui fait plaiſir, & lui donne une vertu aſtringente & ſalutaire.

Ce fruit renferme trois ou quatre pepins pierreux, durs & oblongs, qui contiennent la ſemence. Il y en a qui, étant nés par artifice, ſont deſtitués de pepins, & ils ſont plus eſtimés. Du reſte, il eſt rare que ces fruits mûriſſent ſur l'arbre : on les cueille en automne, lorſqu'ils ſont parvenus à leur groſſeur naturelle : on les met ſur de la paille ou ſur des claies, où ils achevent de mûrir.

Ce détail ne convient qu'à l'arbre qu'on prend ſoin de cultiver. Pour ce qui eſt du chi ſauvage, il a un tronc tortu, ſes branthes entrelacées & femées de petites épines : le fruit n'en eft pas plus gros qu'un pomme-rofe de la petite efpece. La couleur de ces arbres confifte principalement dans l'art de les enter plufieurs fois, alors les pepins du fruit deviennent plus petits, & même quelquefois le fruit n'a point de pepin.

Les arboriftes Chinois font des éloges magnifiques de l'arbre chi ; les plus modérés lui reconnoiffent fept avantages confidérables ; 1°. de vivre un grand nombre d'années, produifant conftamment des fruits ; 2°. de répandre au loin une belle ombre ; 3°. de n'avoir point d'oifeaux qui y faffent leurs nids ; 4°. d'être exempt de vers & de tout autre infecte ; 5° d'avoir des feuilles qui prennent les couleurs les plus agréables, lorfqu'il a été couvert de gelée blanche ; 6°. d'engraiffer la terre avec fes mêmes feuilles tombées, comme feroit le meilleur fumier ; 7°. de produire de beaux fruits d'un goût excellent.

Les Chinois ont coutume de les fécher de la maniere à peuprès qu'on feche les figues. Ils choififfent ceux qui font de la plus groffe efpece, & qui n'ont point de pepins; ou s'ils en ont, ils les tirent, enfuite ils preffent infenfiblement ces fruits avec la main pour les applatir, & ils les tiennent expofés au foleil & à la rofée. Quand ils font fecs, ils les ramaffent dans un grand vafe, jufqu'à ce qu'ils paroiffent couverts d'une efpece de gelée blanche, qui eft leur fuc fpiritueux, lequel a pénétré fur la furface. Ce fuc rend l'ufage de ce fruit falutaire aux pulmoniques. On prendroit ces fruits ainfi féchés pour des figues, & alors ils font de garde. La meilleure provifion qui s'en faffe, c'eft dans le territoire de la Kent-cheou de la province de Chantong. Sans doute que le fruit a dans ce lieu-là, plus de corps & de confiftance : en effet, quand il eft frais & cueilli dans fa maturité, en ouvrant tant foit peu fa peau, on attire, & on fuce avec les levres toute fon fuc, qui eft très-agréable.

Sans examiner quelle confiance mérite le récit du P. Dentrecolles, & autres vayageurs, fur l'excellence du chit-fe & de fon fruit, il ne feroit peut-être pas difficile d'en juger par nousmêmes en Europe. L'arbre y croîtroit aifément fuivant les apparences, puifqu'il vient à merveille dans les parties méridionales & feptentrionales de la Chine, dans un pays chaud comme dans un pays froid : il ne s'agiroit prefque que d'avoir des pepins, & l'on ne manqueroit pas de moyens pour y parvenir. On n'eft fouvent privé des chofes, que faute de s'être donné, dans l'occafion, quelque foin pour fe les procurer. *Article de* M. le Chevalier de Jaucourt. *Encycl.*

CHOCOLAT. Pâte compofée de diverfes drogues, dont la principale, & comme la bafe, eft l'amande du cacao.

Les Efpagnols, qui comptent cette drogue au nombre des dé-
pouilles qu'ils ont remportées de la conquête du Mexique vers
l'an 1520, font les premiers des Européens qui en ont ufé, &
ce font eux qui l'ont mife en réputation, peut-être autant par
intérêt, & pour mieux débiter le cacao, la vanille, l'achiolt, &
les autres drogues que fourniffent les Indes occidentales, & qui entrent dans fa compofition, que parcequ'elle a véritablement toutes les propriétés extraordinaires, dont tous leurs auteurs font de
fomptueufes énumérations.

Il faut cependant avouer que tout le monde convient, fur une
expérience prefque univerfelle, que le chocolat eft au moins excellent pour entretenir la chaleur de l'eftomac, & pour aider à
la digeftion, quand il eft pris avec modération & avec précaution.

La maniere de compofer la pâte de chocolat, dont les Efpagnols fe fervirent d'abord, fut très-fimple, & la même que celle
des Indiens; c'eft-à-dire, qu'ils n'y employerent que le cacao,
le maïs, & le fucre crud qu'ils exprimoient des cannes à fucre, avec
un peu d'achiolt, ou rocou, pour lui donner de la couleur.

De ces quatre drogues bien broyées entre deux pierres, &
bien mêlées enfemble, fuivant certaine proportion, ces barbares compofoient une efpece de pain, qui leur fervoit également
de nourriture folide, & de boiffon, le mangeant fec, quand ils
avoient faim, & le délayant dans de l'eau chaude, quand ils étoient
preffés de la foif; l'eftimant auffi nourriffant, quand ils ufoient de
la pâte feule, que défalterant, lorfqu'ils s'en fervoient en breuvage.

C'étoit proprement le breuvage que les Mexiquains appelloient *chocolate*, d'un feul mot compofé de deux autres de leur
langue *choco*, fon, *alte*, ou *atte*, eau; comme s'ils euffent voulu
dire, eau rendant un fon, à caufe du bruit que faifoit l'inftrument
de bois dont ils fe fervoient pour agiter & préparer cette liqueur,
lorfqu'ils vouloient en boire; ce qu'on peut encore remarquer,
quand on mouline le chocolat pour le délayer, ou le faire
mouffer.

Les Efpagnols, & enfuite toutes les nations de l'Europe, chez
qui a paffé l'ufage du chocolat, ont beaucoup augmenté le nombre des ingrédiens qui entrent dans fa compofition; ingrédiens,
qui, prefque tous, à la réferve de la vanille, avec laquelle on
fait le meilleur chocolat, le gâtent, plutôt qu'ils n'en rendent la
qualité meilleure.

La canelle eft le feul aromate qui ait eu l'approbation générale, pour donner un bon goût au chocolat.

Le chocolat, le plus nouvellement fait, eft toujours le meilleur, ne pouvant guere fe conferver bon au delà de deux ans;

il commence même à dégénérer avant ce terme. On le conserve en l'enveloppant, dans un papier gris, ou blanc, & en le mettant ainsi enveloppé dans une boîte qu'il faut placer elle-même dans une autre boîte qui soit dans un lieu bien sec.

L'article du cacao indique les différentes sortes & les meilleures qualités de cacao pour faire de bon chocolat. Il faut choisir le cacao le plus frais & le mieux nourri. Le cacao des Berbices, de Surinam, de Cayenne & de Maragnan, mêlé avec le caraque, font un très-bon & très-sain chocolat; mais celui de pur caraque, est plus agréable.

La vanille est une gousse de couleur brune & d'une odeur fort suave; elle est plus plate & plus longue que nos haricots, & renferme une substance mielleuse, pleine de petites graines noires & luisantes. On doit la choisir nouvelle, grasse, & bien nourrie, & prendre garde qu'elle n'ait été ni frottée de baume, ni mise en lieu humide.

L'odeur agréable, & le goût relevé que la vanille communique au chocolat, l'ont rendue très-recommandable; mais une longue expérience ayant appris qu'elle échauffe extrêmement, son usage est devenu moins fréquent, & les personnes qui préferent le soin de leur santé au plaisir de leurs sens, s'en abstiennent tout-à-fait: en Espagne & en Italie, le chocolat préparé sans vanille, s'appelle présentement *le chocolat de santé*; & dans les isles Françoises de l'Amérique, où la vanille n'est pas chere comme en Europe, on n'en use point du tout, quoiqu'on y fasse une consommation de chocolat aussi grande qu'en aucun autre endroit du monde.

Il faut remarquer que le chocolat qui se fond entièrement, & qui ne laisse point de sédiment au fond de la chocolatiere, est le seul bon; l'autre étant sophistiqué, ou mal fabriqué.

On peut faire du chocolat en tout pays; mais pour le faire bon, il faut avoir du meilleur cacao, principal ingrédient, rôti à propos, bien mondé, bien broyé; du sucre rafiné, ou en poudre, bien net, de bonne vanille si on en souhaite, & de la canelle fine. Si on veut suivre la recette suivante pour en faire de deux qualités on peut compter d'avoir d'excellent chocolat: sçavoir,

20 —— onces cacao des caraques mondé,
12 —— —— sucre
—— $\frac{1}{4}$ —— canelle
—— $\frac{1}{8}$ —— vanille

Onces, 32 $\frac{3}{8}$ qui feront 2 livres qu'on peut broyer ensemble, ce qui fait du chocolat fin.

D 3

ou :

```
 9 —— onces cacao caraque ,
 9 —— —— —— des isles ou de Maragnan ;
14 —¹⁄₂— —— sucre
—— ¼ —— canelle
```

Onces 32 ¾. ou 2 liv. chocolat ordinaire.

CHOUAN. Petite graine légere, d'un verd jaunâtre, d'un goût aigrelet & salé, & assez semblable à la *barbotine*, ou *semen-contra*, hors qu'elle est plus grosse. Le chouan doit être choisi verdâtre, gros & bien net. Il sert à faire le carmin ; & les marchands plumassiers s'en servent pour teindre leurs plumes. Cette graine vient du Levant.

CHOU-FLEUR. Sorte de chou qui n'est connue en France que depuis le milieu du XVIIe siecle : une espece de pomme fleurie qui vient au milieu des feuilles, lui a donné ce nom. Les cuisiniers en font un excellent entremets.

Les marchands épiciers & les grainetiers font un grand commerce de la graine de cette plante qu'ils tirent de Marseille, où elle est apportée de l'isle de Chypre, qu'on prétend être le seul lieu où elle en produise. Il en vient cependant de Genes, mais elle leve si difficilement, qu'il est plus à propos de ne s'en pas charger.

Ce qui augmente encore le prix de cette graine, c'est qu'il la faut renouveller tous les ans, n'y ayant ordinairement que celle de l'année qui soit bonne : aussi y a-t-il bien des gens qui veulent que les marchands leur donnent des certificats que celle qu'ils leur vendent est nouvelle, vraie chypre & non mêlangée. Cette graine ne réussit point en France.

La graine du chou-fleur ressemble assez à celle du navet, hors qu'elle est un peu plus grosse.

CHRYSOCOLLE. Les minéralogistes modernes, & entr'autres Wallerius, désignent par le mot *chrysocolle* une mine de cuivre, dans laquelle ce métal, après avoir été dissous, s'est précipité. On applique ce nom au verd & au bleu de montagne. *Voyez ces deux articles. Encycl.*

CHRYSITES, c'est le nom que quelques anciens auteurs donnent au *lapis lydius*, ou à la *pierre de touche*, à cause de la propriété que cette pierre a de servir à essayer l'or. Voyez *Pierre de* *touche.* On défigne auffi par le mot de *chryfites*, ce qu'on appelle improprement *lytharge d'or*, à caufe qu'elle eft d'un jaune qui reffemble à ce métal. *Encycl.*

CHRYSOLITES. C'eft une pierre précieufe, tranfparente, verte, mêlée de jaune, ou de couleur d'émeraude, ou de jaune un peu moins foncé, puifqu'il y a un peu de couleur jaune ; de forte qu'au travers de la couleur verte, on apperçoit quelque chofe de la couleur de l'or. Elle n'eft pas fi dure, qu'elle ne cede à la lime, ce ne peut être qu'une efpece de péridot. Voyez cet article & TOPASE.

Chryfolite factice ; pour la faire, il faut prendre de fritte de cryftal factice deux onces, de minium huit onces, les réduire en une poudre fort déliée ; on y ajoute vingt à vingt-cinq grains de fafran de mars préparé au vinaigre ; on met le mélange dans un creufet, & on met le tout en fufion, ce qu'on continue pendant dix à douze heures : l'on aura une chryfolite d'une très-grande beauté, qu'on pourra monter en mettant une feuille deffous. *Encycl.*

CHUMPI. Alonzo Barba donne ce nom à un minéral ou pierre ferrugineufe qui a beaucoup de rapport avec l'émeril, & dont la couleur eft grife, d'un brillant un peu obfcur, réfractaire, & très-difficile à mettre en fufion. On la trouve au Potofi, &c. Elle eft fouvent mêlee aux mines d'argent. *Encycl.*

CHUQUELAS. Étoffe foie & coton, fabriquée aux Indes orientales. Elles font toutes rayées, & ne different entr'elles, que parcequ'il y en a à grandes & à petites raies. Elles ont depuis 7 aunes de longueur, fur 5 8es. de largeur, jufqu'à 16 aunes de long fur 5 6es. On les appelle auffi *chercolées* & *cherconnées.* Voyez cet article.

CIDRE. Liqueur bonne à boire, qu'on fait avec des pommes ou des poires écrafées au preffoir. Celui des poires fe nomme *poiré* : celui de pommes garde le nom de *cidre.*

Il y a pourtant une grande différence entre ces deux boiffons, le poiré étant bien au deffous du cidre, & pour la bonté, & pour le prix.

Toutes fortes de pommes ne font pas bonnes à faire du cidre : & les meilleures à manger, comme la reinette, la calville, &c. y font moins propres que d'autres plus communes : on les choifit de certaines efpeces feulement ; & ce font de ces plants que les vergers de la Baffe Normandie font ordinairement remplis.

Le cidre doux est celui qui n'a point cuvé, ou qui n'est point encore paré. On appelle cidre paré, celui qui étant gardé, a perdu sa trop grande douceur, & a acquis un montant & une pointe qui approche de la force & du goût de certains vins blancs. C'est dans cet état que les fins gourmets de cidre le trouvent excellent : le meilleur tire sur la couleur d'ambre.

La Normandie, l'Auvergne, & quelques autres provinces de France, fécondes en pommes, font des cidres, qui leur tiennent lieu de vin, qui ne croît point chez eux, ou qui y est rare. C'est de Normandie que Paris tire tous les cidres qui s'y consomment. Les cidres Anglois sont estimés les meilleurs ; ceux de Normandie viennent après, où pourtant ils sont excellens, ou médiocres, suivant les cantons.

On fait de la boisson de cidre pour les domestiques, en mettant de l'eau sur le marc des pommes, & en les laissant fermenter.

On fait aussi de l'eau-de-vie de cidre, qui se consomme la plupart en Normandie, où il s'en distile le plus : il s'en fait aussi quelque commerce dans les provinces, & avec les étrangers ; mais il est défendu, à cause de sa mauvaise qualité, d'en faire entrer à Paris. Voyez *Eau-de-vie.*

On trouvera des observations sur la culture des arbres à cidre dans le *Journal Économique* ; Janv. 1758, p. 24 ; on en promet aussi sur le cidre même.

On peut suivre les précautions pour bien faire le cidre, indiquées dans le même Journal, Déc. 1753, p. 168, & les *observations sur le cidre*, ibid. A. 1758, p. 544. Voyez aussi l'*Encycl.*

CIERGE. Meche moitié fil de coton, & moitié fil de guibray ou de mosche, peu tors ; couverte de cire blanche ou jaune, qu'on allume dans les églises, aux processions, & dans les cérémonies funéraires.

Les cierges se font de différens poids, grosseur & longueur, suivant les choses à quoi on les destine : en France, en Angleterre, &c. leur figure est conique ; c'est-à-dire, qu'ils forment une espece de pyramide ronde, qui va toujours en diminuant de grosseur, depuis la base, en remontant, jusqu'à la sommité, qui est presque pointue. En Italie ils sont cylindriques.

Maniere de fabriquer les cierges à la cueillere.

Après que les meches ont été tordues comme il faut, & coupées d'une longueur proportionnée à celle qu'on veut donner aux cierges, on en prend une douzaine, qu'on accroche par le collet, à distances égales, autour d'un cercle de fer suspendu directement au deffus d'une grande baffine, ou poële ronde & creufe, de cuivre étamé, dans laquelle il y a de la cire fondue.

Enfuite on prend de cette cire plein une grande cuillere de fer blanc, qu'on verfe doucement, & par inclination, fur le haut des meches, audeffus du collet, l'une après l'autre ; enforte que la cire venant à couler deffus, depuis le collet jufqu'en bas, elles s'en trouvent entiérement couvertes.

Le furplus de la cire, qui n'a pu s'attacher en coulant fur les meches, retombe dans la baffine, fous laquelle eft une poële de charbon allumé, qui l'entretient toujours fondue.

On continue ainfi à verfer de la cire fur les meches, jufqu'à ce qu'on s'apperçoive que les cierges font parvenus à la jufte groffeur qu'on s'eft propofé de leur donner.

Chaque fois qu'on verfe de la cire fur les meches, cela s'appelle *donner un jet de cire* ; enforte que lorfqu'on dit qu'il faut donner onze à douze jets de cire à un cierge, cela veut dire qu'il faut verfer de la cire fondue onze ou douze fois de fuite fur les méches, avec la cuilliere.

Lorfque les cierges ont reçu tous leurs jets de cire, on les met encore tout chauds dans l'étuve ; c'eft-à-dire, qu'on les couche de long, l'un contre l'autre, dans un lit de plume plié en deux, pour conferver leur chaleur, & entretenir la cire toujours molle.

Enfuite on les prend les uns après les autres, pour les rouler fur une longue table très-unie, ordinairement de bois de noyer, avec un inftrument de buis, quarré, long & poli pardeffous, ayant une poignée pardeffus, auquel on donne le nom de *rouloir*, ou *platine*.

Cette premiere maniere de faire les cierges eft eftimée la meilleure par quelque marchands ciriers.

Maniere de faire les cierges à la main.

La meche étant difpofée de même que pour les cierges à la cuilliere, on commence par faire amollir de la cire, en la maniant plufieurs fois dans l'eau chaude, qui eft dans une efpece de chaudron de cuivre étamé, étroit & profond, qu'on nomme *perrau* : enfuite on tire le cierge, c'eft-à-dire, qu'on prend avec la main une portion de cette cire, dont on couvre petit à petit la meche qui eft attachée contre le mur, à un crochet, par l'xtrêmité oppofée à celle du collet ; enforte qu'on commence à former le cierge par le gros bout, & on le continue toujours, en diminuant de groffeur, jufqu'à l'endroit du collet, ce qui commence à lui donner fa figure piramidale conique.

Hors cette premiere façon, tout le refte fe pratique de même que pour les cierges à la cuilliere, à l'exception qu'on ne les met point à l'étuve, étant simplement roulés sur la table à mesure qu'ils font tirés.

On appelle *cierge pafcal*, un certain gros cierge façonné, fur lequel le diacre applique cinq grains d'encens dans autant de trous faits exprès en forme de croix ; il allume ce cierge avec du feu nouveau, pendant les cérémonies du famedi faint.

Le cierge pafcal fe fabrique pour l'ordinaire à la main, & cependant quelquefois à la cuilliere ; fa figure plus commune, eft hexagone pyramidale, c'eft-à-dire, qu'il a la forme d'une pyramide à fix angles, côtés ou faces : il s'en fait depuis deux jufqu'à trente livres, quelquefois plus, fuivant la richeffe, ou la pauvreté des églifes pour lefquelles ils font deftinés. C'eft dans la façon & le travail du cierge pafcal qu'on connoit toute la capacité du ciergier.

CIGALES, comme on dit aux ifles Antilles, ou avec les Efpagnols, *Cicarros*. Sorte de tabac qu'on cultive en quelques endroits de l'ifle du Cuba, particuliérement aux environs de la petite ville de la Trinité & de celle du S. Efprit ; mais dont tout le commerce fe fait à la Havane. Ce tabac fe fume ordinairement fans pipe, n'étant que des feuilles de cette plante, qui ne font point filées, & qu'on tourne en forme de cornets longs de 5 à 6 pouces, qu'on allume par le bout. Les infulaires font grand ufage de ces cigales ; il les nomment fimplement *bouts de tabacs*. Voyez **TABAC.**

CIMENT. Dans un fens général, c'eft une compofition d'une nature glutineufe & tenace, propre à lier, unir & faire tenir enfemble plufieurs pieces diftinctes.

Le ciment des maçons eft compofé de tuile ou de brique pilée, mêlées avec de la chaux éteinte. Le ciment des fontainiers, qu'on appelle quelquefois *ciment éternel*, eft fait de brique, de charbon de terre (d'écailles de fer, qu'on nomme autrement *machefer*) & de chaux vive, bien broyés enfemble, & corroyés dans de l'eau. Ils en font auffi un autre qui n'eft que de la poix noire mêlée avec des cendres tamifées. Voyez *Maftic.* Un mêlange de quantité égale de verre en poudre, de fel marin, de limaille de fer, mêlés & fermentés enfemble, fournit le meilleur ciment que connoiffe. *Encycl.* Voyez auffi dans les *Nouvelles Econ.* tom. 23 & 24. Voyez dans le *Journal Econ.* 1757. Mai, Juin, Sept. & Décembre, un grand mémoire fur l'ufage qu'on peut faire du ciment, pour orner les appartemens, la maniere d'en faire de bon , & de former des veines en façon de celles du marbre ; maniere de polir le ciment ; moyens de perfectionner les ouvrages de ciment , &c.

Ciment des verriers-fayanciers. On appelle ainsi une composition de chaux vive , de farine de seigle , de blanc d'œuf & d'eau salée , dont ces marchands se servent pour rejoindre les pieces du verre, de la fayence & de la porcelaine fine. On peut aussi s'en servir pour tous autres ouvrages de terre. Ils ont encore un autre ciment , propre aux mêmes usages , qui est fait de chaux vive pulvérisée , de deux fois autant de brique passée au tamis , détrempée avec de l'huile de noix.

Le mortier, la soudure, la glu , &c. sont des sortes de ciment. Le bitume qui vient du levant , fut , dit-on , le ciment qu'on emploia aux murs de Babylone.

De la chaux vive & blancs d'œufs suffisent seuls pour recoller la porcelaine & la fayence.

M. Perrault assure que du jus d'ail est un excellent ciment pour recoller des verres & de la porcelaine cassée.

Ciment ou cément. Les orfévres & ceux qui mettent en œuvre , appellent ciment un composé de brique , mise en poudre & bien tamisée, de poix-résine & de cire ; ils s'en servent pour ciseler ou graver. Voyez mastic.

La cémentation est un art singulier & utile , par lequel on purifie l'or de l'alliage de tous les autres métaux ; cela se fait par le moyen d'une poudre humectée, qui mange & consumme les métaux moins purs qui s'y rencontrent. Mais il faut observer que l'on n'emploie ce moyen que quand l'or domine beaucoup : car s'il y avoit plus d'argent ou d'autre métal que d'or , il vaudroit mieux en faire la séparation avec l'eau forte.

Les cimens ou poudres à cimenter , sont préparés avec des sels & des ingrédiens, dont l'acrimonie ronge l'argent ou le cuivre.

On y ajoute aussi l'æs ustum , qui donne une belle couleur à l'or , la sanguine , la tutie, le safran de mars , le vitriol calciné , & autres choses pour relever la beauté de ce métal.

On emploie dans ce ciment la poudre de brique pour recevoir l'alliage , soit argent, cuivre ou autre métal ; hors des ingrédiens qui l'attirent & le séparent de l'or : car sans cela cet alliage resteroit adhérent à l'or.

L'æs ustum se sépare ainsi. Mettez des lits de plaques de cuivre & de soufre en poudre alternativement dans un grand creuset ; couvrez-les, & lutez-les bien avec un couvercle qui ait un trou au milieu, pour donner passage à la fumée. Donnez-lui un feu vif sur un fourneau à vent, tant que vous n'en verrez plus sortir de vapeurs : ensuite retirez vos plaques de cuivre encore chaudes , féparez-les; & après les avoir laiflé refroidir, réduifez-les en poudre ; c'eft ce qu'on appelle *æs uftum*, ou airain brûlé.

Je vais rapporter ici la recette de quelques-uns de ces cimens qui ont été éprouvés avec fuccès.

Prenez de la poudre de brique bien fine & du fel broyé par égale quantité , humectez-les , & mêlez-les avec du vinaigre ; rempliffez-en un creufet à moitié, enfuite mettez des lits de plaques d'or, ou d'or monnoyé avec cette pâte ou mêlange , & preffez bien pardeffus ; mettez autant de couches que vous en aurez befoin , & fur-tout une couche de pâte épaiffe fur le haut : enfuite couvrez & lutez le creufet , de maniere que rien ne puiffe s'évaporer ; cela fait , affujettiffez votre creufet fur une grande brique au milieu du fourneau , donnez-lui une chaleur violente pendant 12 heures ; le fel mangera & confumera les impuretés de l'or , & l'attirera dans la poudre de brique. On trouvera diverfes autres manieres de faire le ciment dans le *Journal Econom.* 1754 , Mars, pag. 162.

CIMOLÉE, (*Terre*) efpece de terre dont parlent les anciens naturaliftes : ils en diftinguoient de deux efpeces ; la *terre cimolée blanche*, & la *terre cimolée rougeâtre.* Son nom lui venoit de l'ifle Cimolus, que l'on appelle actuellement *Argentaria*, l'une des ifles de l'Archipel. Tournefort, dans fon voyage du Levant, dit que la terre cimolée des anciens n'eft qu'une craie blanche affez pefante, infipide, friable & mêlée de fablon ; qu'elle ne s'échauffe point lorfqu'on l'arrofe avec de l'eau , feulement qu'elle s'y diffout & devient affez gluante ; fa folution n'altere point la teinture de tournefol , & ne fe remue point avec l'huile de tartre : mais il y a efferveſcence lorfqu'on y verfe de l'efprit de fel ; d'où il conclut qu'il n'y a aucune différence entre la terre cimolée & la craie ordinaire , finon qu'elle eft plus graffe & plus favonneufe. Auffi les habitans du pays s'en fervent-ils pour blanchir le linge & les étoffes ; ce qu'ils pratiquoient même du temps de Pline. On s'en fervoit encore dans la médecine , & on lui attribuoit la vertu de réfoudre les tumeurs , &c. *Voyez* Pline, *Hift. Nat. liv. XXXV , chap. xvij.* Cet auteur l'a auffi regardée comme une efpece de craie : cependant tous les naturaliftes ne font point du même fentiment : il y en a plufieurs qui penfent que la terre cimolienne étoit une argille. M. Hill dit que c'eft une terre marneufe ; il penfe que c'eft mal à propos que quelques-uns l'ont confondue avec la terre à foulon , & prétend que de tous les foffiles que nous connoiffons , il n'y en a point avec qui la terre cimolienne ait plus de rapport que la ftéatite. Le même auteur ajoute qu'en Angleterre on entend par *cimolia alba*, la terre dont on fait des pipes, & par *cimolia perpurefcens*, la terre dont on fe fert communément pour fouler les etoffes. Wallerius, dans fa minéralogie, fait de la cimolée blanche, une efpece de manne à qui il done le nom de *marne à foulon*. Dans un autre endroit, il infinue que ce pourroit être une marne crétacée. *Encycl.*

CINNABRE ou CINABRE. On en diftingue de deux efpeces ; l'un eft naturel ; l'autre eft artificiel.

Le cinnabre naturel eft un minéral rouge, très-pefant, plus ou moins compacte ; il n'affecte point de figure déterminée à l'extérieur ; cependant on le trouve quelquefois fous une forme fphérique ; intérieurement il eft, ou folide ou grainelé, ou ftrié. Sa couleur eft plus ou moins vive, à proportion des quantités des parties terreftres ou hétérogenes, avec lefquelles le cinnabre eft mêlé ; c'eft ce qui fait qu'il y en a d'un rouge trèsvif, de pâle, d'un rouge mat, comme la brique, & d'un brun pourpre ou rougeâtre, comme la pierre hématite.

M. Henckel dit que les matrices dans lefquelles le cinnabre fe forme, font auffi variées que celles des autres métaux. On en trouve dans le quartz, le fpath, le mica, la pierre calcaire, le grès, la mine de fer, la mine de plomb en cubes ou galene, la blende, la mine de cuivre, & dans les mines d'or & d'argent, comme on le peut voir dans celles de Chemnitz & de Kremnitz en Hongrie. Ce fçavant minéralogifte dit qu'il n'a point obfervé s'il s'en trouve dans les mines d'étain, de cobalt & d'antimoine.

Le cinnabre a auffi des filons qui lui font particuliers ; on en trouve dans plufieurs endroits. Les principales mines qui en fourniffent, font celles de Kremnits en Hongrie, Hydria en Efclavonie, Horowitz en Bohême : la Carinthie & le Frioul en donnent beaucoup de la meilleure efpece ; au Pérou il y a la mine de Guancavelica ; en Normandie il s'en trouve près de Saint-Lo, mais la plus riche mine de cinnabre eft celle d'Almaden en Efpagne, dans la Manche, fur la frontiere de l'Eftramadoure ; elle étoit déja célébre du temps des Romains.

M. de Juffieu, après avoir été fur les lieux, à donné, en 1719, à l'Académie des Sciences, un mémoire très-circonftancié fur cette fameufe mine & fur la maniere dont on y tire le mercure du cinnabre.

Les veines de la mine de cinnabre d'Almaden, font de trois efpeces. La premiere, qui eft la plus commune, eft une roche grifâtre, entremêlée de nuances ou de veines rouges, blanches & criftallines ; on brife ces pierres pour en tirer la partie la plus rouge, qui fait la feconde efpece ; la troifieme eft dure, compacte , grainelée , d'un rouge mat , comme celui de la brique.

M. de Juffieu indique dans ce mémoire la maniere de s'affurer fi un minéral contient du mercure, ou s'ileft un vrai cinnabre. Il faut en faire rougir au feu un petit morceau ; & lorfqu'il paroit couvert d'une petite lueur bleuâtre , le mettre fous une cloche de verre , au travers de laquelle on regarde fi les vapeurs fe condenfent fous la forme de petites gouttes de mercure , en s'attachant au verre , ou en découlant le long de fes parrois. Ce fçavant naturalifte nous donne auffi un moyen de reconnoitre fi le cinnabre a été falfifié ; c'eft par la couleur de fa flamme, lorfqu'on le met fur des charbons ardens ; fi elle eft d'un bleu tirant fur le violet, & fans odeur , c'eft une marque que le cinnabre eft pur ; fi la flamme tire fur le rouge , on aura lieu de foupçonner qu'il a été falfifié avec du minium : fi le cinnabre fait une efpece de bouillonnement fur les charbons , il y aura lieu de croire qu'on y a mêlé du fang de dragon.

Par cinnabre artificiel , on entend un mêlange de mercure & de foufre fublimés enfemble par la violence du feu : cette fubftance doit être d'un beau rouge foncé, compofé d'aiguilles ou de longues ftries luifantes. Il faut avoir foin de l'acheter en gros morceaux, & non en poudre , parceque quelquefois on falfifie le cinnabre avec du minium, ce qui peut en rendre l'ufage très-dangereux dans la médecine.

En Angleterre , à Venife , & fur-tout en Hollande , on travaille le cinnabre en grand ; il y a tout lieu de croire qu'on obferve dans cette opération des manipulations toutes particulieres , & dont on fait un fecret, attendu qu'on ne vend pas le cinnabre artificiel plus cher que le mercure crud , quoiqu'il n'entre que fort peu de foufre dans fa compofition. Les livres font remplis de recettes pour faire le cinnabre artificiel , dans lefquelles les dofes varient prefque toujours.

Il y en a qui difent de prendre parties égales de mercure & de foufre , de bien triturer ce mêlange , & de mettre le tout dans des vaiffeaux fublimatoires , en donnant un degré de feu affez violent. D'autres veulent qu'on prenne trois onces de foufre fur une livre de mercure , &c, On fait de ce mêlange , de l'éthiops minéral, foit par la fimple trituration du mercure & du foufre , foit par le moyen du feu.

Voici la maniere de faire le cinnabre artificiel fuivant Stahl. On fait fondre une partie de foufre dans un creufet ou dans un vaiffeau de verre , à un feu très-doux ; lorfque le foufre eft bien fondu, on y met quatre parties de mercure, qu'on paffe au travers d'une peau de chamois, & on a foin de bien remuer le mêlange jusqu'à ce qu'il forme une masse noire; on la retire de dessus le feu pour la triturer bien exactement; on met ensuite le mélange dans une cucurbite au bain de fable pour en faire la sublimation : sur quoi Stahl observe que si au commencement de l'opération, on donne un feu très-doux, le soufre se sublime d'une couleur jaune très-belle, quoique la masse ait été très-noire ; lorsque toutes les fleurs se font sublimées, si on pousse fortement le feu, on aura un cinnabre d'une très-belle couleur ; parceque si on a la précaution de donner un feu modéré au commencement, le soufre superflu se sépare ; aulieu que si on débutoit par un degré de feu trop violent, le cinnabre qu'on obtiendroit feroit noir, parcequ'il feroit trop surchargé de soufre.

Le même auteur dit que pour faire le cinnabre en grand, on prend parties égales de soufre & de mercure ; on fait fondre le soufre dans un creuset sur des charbons: lorsqu'il est fondu, on y met le mercure, & on remue, pour l'incorporer exactement avec le soufre, jusqu'à ce que le mélange ait la consistance d'une bouillie épaisse ; on laisse la flamme se porter dessus le mélange, afin qu'elle consume le soufre qui est de trop; mais lorsque le mélange commence à rougir, & que le soufre superflu est consumé, on éteint la flamme avec une spatule & cuillere de fer, de peur que le mercure ne soit emporté : alors on fait sublimer le mélange à grand feu, & par ce moyen l'on obtient un cinnabre d'une très-belle couleur. Stahl dit que pour que le cinnabre soit exactement saturé, il faut qu'il ne contienne qu'environ une partie de soufre sur huit parties de mercure. *Encycl.*

Le cinnabre natif & le cinnabre artificiel, ont été recommandés pour l'usage médicinal, par différens auteurs.

Mais le cinnabre factice, auquel nous accordons la préférence, avec juste raison, est recommandé intérieurement, principalement pour certaines maladies de la peau, pour l'épilepsie & les autres maladies convulsives, pour les vertiges, la passion hystérique, l'asthme convulsif, &c.

Le cinnabre entre dans plusieurs préparations officinales, à la coloration desquelles son utilité paroit se borner. *Encycl.*

Outre l'usage de ce cinnabre artificiel dans les maladies vénériennes, les maréchaux en font des pilules pour celles des chevaux, & les peintres une couleur d'un rouge assez vif, mais qui seche difficilement. Quoique l'on fasse à Paris de cette sorte de cinnabre, on le tire néanmoins presque toujours de Hollande, d'où il vient, ou en pierre, ou tout broyé.

On rend le cinnabre, ou vermillon, plus beau, si l'on y mêle, en le broyant, de l'eau de gomme gutte avec un peu de safran, ces deux drogues l'empêchant de noircir. Voy. *Vermillon.*

On peut faire auſſi du cinnabre bleu, en mêlant deux parties de ſoufre, trois de mercure vif, & une de ſel amoniac : tous cela paſſé au feu, & ſublimé, produit un corps d'un très beau bleu, au lieu que le ſoufre & le vif argent tout ſeuls ne donnent que du rouge.

CINAMOME. Ce ſont les jeunes pouſſes de l'arbre cannellier, qui donnent le vrai cinamome, tel que nous le recevons de nos jours, & les vieilles branches ſont celles qui donnent la *caſſe*, qui eſt plus dure & ligneuſe, dont les anciens faiſoient uſage, & que nous rejettons à préſent. Il eſt vrai qu'il y a auſſi d'autres ſortes de cannelliers, & une eſpece entr'autres, qui donne de la caſſe, que les anciens, ſans doute, recevoient des Arabes, & dont ils faiſoient uſage ; mais ils ſont tout du même genre.

Le cinamome, qui eſt donc la cannelle d'aujourd'hui, qui ne vient, comme il a toujours fait, que d'un ſeul endroit des Indes, & ſeulement des jeunes branches de l'arbre qui le porte, étoit beaucoup plus rare & plus précieux dans les anciens temps ; les grands ſeigneurs d'alors, qui le recherchoient & le retenoient en le conſervant dans des tonneaux, pour leurs uſages les plus ſomptueux, le rendoient encore plus cher, & d'un prix au deſſus de la portée du commun. C'eſt ce qui donnoit lieu de ſe ſervir ſouvent des différentes eſpeces de caſſe ligneuſe, qui étoient les moindres cannelles, parcequ'elle étoit plus commune dans les lieux des Indes, où elle croiſſoit, & qu'elle étoit moins recherchée des princes.

Aujourd'hui que les circonſtances ſont changées, & devenues plus favorables pour avoir la meilleure cannelle, qui eſt le vrai cinamome, ce dont nos botaniſtes modernes habiles ſont convaincus ; nous pouvons dire le contraire des anciens, que nous la connoiſſons beaucoup mieux que la caſſe ligneuſe qu'on apportoit ſi communément autrefois. Les Hollandois ont ſoin de faire toujours trier la caſſe, dans leurs magaſins de Colombo à l'iſle de Ceylan, lorſque par accident ou par mégarde, il s'en trouve de mêlée avec la bonne cannelle, enſuite de la récolte. Ce triage ſe fait en préſence de pluſieurs perſonnes, établies ſous ſerment pour cela, leſquelles veillent à ce que les ouvriers ou autres, n'en gliſſent à l'écart pour en faire du profit. Cette cannelle de rebut, ou caſſe, qui eſt la plus groſſiere, la plus épaiſſe & la plus aſtringente, parcequ'elle vient de quelques branches de cannellier un peu trop vieilles, que les écorceurs ou ſépareurs de cannelle ont dépouillées mal à propos, eſt toujours brûlée avec ſoin, ſous les yeux des ſurveillans, & autres officiers inſpecteurs de la cannelle. Or, celle qu'on brûle n'eſt autre choſe qu'une eſpece de

celle

celle que les anciens appelloient *caffia lignea*. D'où nous devons conclure, que nous la voyons plus rarement, & que nous la connoiffons moins que le cinamome.

Comme on a trouvé la méthode d'avoir fur les lieux fuffifamment de cinamome, ou bonne canelle, c'eft ce qui fait qu'on l'a à beaucoup meilleur prix que les anciens n'avoient la caffe-ligneufe. Voyez *caffia lignea*. *Mémoire* de M. Garcin.

CIRE, matiere tirée des végétaux, & élaborée dans le corps d'un animal. Les abeilles transforment en cire les pouffieres des étamines des plantes; car les pelotes qu'elles forment avec cette pouffiere, & qu'elles rapportent dans la ruche, & que l'on appelle de la *cire brute*, n'eft pas de la vraie cire; elle ne fe ramolit, ni ne fe fond lorfqu'elle eft échauffée; elle tombe au fonds de l'eau, aulieu de furnager, &c. Il faut, pour que cette matiere devienne de la vraie cire, que les abeilles la mâchent, l'avalent & la digerent. Ces infectes ont une bouche, des dents, une langue & un eftomac; c'eft-à-dire, des organes propres à toutes ces opérations. Lorfqu'une abeille arrive à la ruche avec des pelotes de cire brute, elle la mange quelquefois avant que d'entrer, mais pour l'ordinaire, elle va fur les gâteaux en battant des aîles. Alors, trois ou quatre autres abeilles viennent auprès de celle qui arrive, & mangent les pelotes dont elle eft chargée. On prétend les avoir vues diftinctement mâcher & avaler; mais ce qui eft encore plus certain, c'eft qu'on a trouvé dans leur eftomac & leurs inteftins, de la cire brute bien reconnoiffable par les grains de la pouffiere des étamines dont elle eft compofée. Lorfque les abeilles apportent plus de cire brute qu'elles n'en peuvent manger, alors elles la dépofent dans des alvéoles, où il n'y a ni ver ni miel; & dès qu'un de ces infectes y a fait tomber les deux pelotes dont il étoit chargé, il en vient un autre qui les étend dans l'alvéole, & quelquefois c'eft le même qui les a apportées. Nonfeulement ils les rangent, mais encore ils les pétriffent, & les imbibent d'une liqueur qui paroît être du miel, parcequ'après cette opération, la cire brute en a le goût; c'eft peut-être ce qui la conferve fans altération. On trouve dans les ruches des parties de gâteaux affez grandes, dont les cellules font toutes remplies de cire brute. Il y en a auffi qui font difperfées ou placées ent.e d'autres cellules, qui contiennent du miel ou des vers. Enfin, les abeilles mangent la cire brute lorfqu'elles l'ont apportée dans la ruche, ou elles la dépofent dans des alvéoles pour la manger dans un autre temps; mais on croit qu'il faut qu'elles la digerent pour la convertir en vraie cire; qu'une partie fert à la nourriture de l'infecte, qu'une autre fort par l'anus en forme d'excrémens;

& que le reste revient par la bouche, & est employé à la construction des alvéoles. On a vu une liqueur mousseuse, ou une espece de bouillie, sortir de la bouche dans le temps que l'abeille travailloit à faire une cellule ; cette pâte se seche dans un instant ; c'est de la vraie cire. On prétend que les abeilles ne peuvent plus employer la cire dès qu'elle est entiérement seche. Aussi, lorsqu'on leur en présente auprès de leur ruche, elles ne s'en chargent pas, mais elles recherchent tout le miel qui peut y être mêlé ; elles hachent quelquefois la cire par morceaux, & ne l'abandonnent que lorsqu'elles en ont enlevé tout le miel ; & s'il n'y en avoit point, elles ne toucheroient pas à la cire. Lorsqu'on fait passer des abeilles dans une nouvelle ruche entiérement vuide, & qu'on les y renferme au commencement du jour, avant qu'elles ayent pu ramasser de la cire brute, on trouve le soir des gâteaux de cire dans la nouvelle ruche. Il y a tout lieu de croire que la cire dont ces gâteaux sont formés, est venue de la bouche de ces insectes, en supposant qu'il n'ont point apporté de cire brute attachée à leurs jambes. Cette matiere éprouve des changemens dans l'estomac, puisque la cire des alvéoles est blanche, quoique les pelotes de cire brute, que les abeilles apportent dans la ruche, soient de différentes couleurs, blanches, jaunes, orangées, rougeâtres, vertes. Les alvéoles nouvellement faits, sont blancs, & ils jaunissent avec le temps & par différentes causes. Mais lorsqu'ils sont nouveaux, la teinte est à peu-près la même dans toutes les ruches ; il s'en trouve de jaunâtres, on peut croire que cette couleur vient d'une mauvaise digestion de la cire brute, que l'on a attribuée à un vice héréditaire que toutes les abeilles d'une ruche tiennent de leur mere commune. Ce qu'il y a de certain, c'est que toutes les cires ne sont pas également propres à recevoir un beau blanc dans nos blanchisseries. *Mém. pour servir à l'histoire des insectes, tom. V.* Encycl.

En général, presque toute la consommation des cires de toutes sortes, se fait en Espagne, en Portugal, en Italie, dans la mer du Sud & en France ; mais en France plus que par-tout ailleurs, particuliérement à Paris, où il se fait plus de trois quarts de la consommation du royaume.

Voici d'abord la maniere de tirer la cire jaune ; on verra ensuite le travail qu'il faut faire pour la blanche.

Cire Jaune.

Quand le miel a été séparé de la cire par l'une des trois manieres rapportées à l'article de ce suc, où l'on peut avoir recours, on met dans de grandes chaudieres, avec une quantité d'eau suffifante , toute la matiere qui eft reftée; enfuite par le moyen d'un feu raifonnable , on la fait fondre , puis on la paffe à travers un linge , qu'on met au preffoir , quand le plus clair s'en eft écoulé de lui-même. Avant qu'elle foit refroidie , on l'écume avec une tuile , ou un morceau de bois mouillé; & enfin , on la met encore chaude dans des moules de bois , de terre ou de métal qu'on a frottés auparavant de miel , ou d'huile , ou fimplement d'eau , pour empêcher que la cire ne s'y attache. On la met en pains que vendent les droguiftes. Elle eft alors affez folide , un peu glutineufe au toucher , & de belle couleur jaune , qu'elle perd un peu en vieilliffant.

Quelques-uns fe fervent , pour la purifier , de vitriol romain , ou d'autres couperofes : mais fans ufer d'aucuns ingrédiens. Le vrai fecret d'avoir de belle cire jaune , eft de la faire fondre à propos , & fur-tout de ne la point faire trop chauffer , ce qui eft le défaut de la plupart de ceux qui la fondent ; défaut effentiel , qui empêche les cires de prendre un beau blanc , ce qu'elles feroient fi elles avoient été ménagées au feu. Il faut encore la bien écumer ; & quand elle eft repofée & refroidie , en ôter avec un couteau ce fédiment , qu'on appelle le *pied de la cire* ; c'eft-à-dire , les ordures échappées à travers de la toile , ou des trous du preffoir.

Toutes les provinces de France , qui fourniffent du miel , fourniffent pareillement de la cire jaune : on en fait néanmoins venir auffi quantité des pays étrangers ; de Pologne , de Ruffie , de Barbarie , de Smyrne , de Conftantinople , d'Alexandrie , de Satalie , &c. La cire de ces quatre derniers lieux vient par la voie de Marfeille.

Smyrne en peut fournir , année commune , 3000 à 4000 quintaux , & les autres à proportion. Cette cire eft ordinairement en facs. On peut évaluer la confommation de cire étrangere en France à dix mille quintaux par année.

Outre les cires du levant , on en tire auffi de plufieurs ifles de l'Archipel , particuliérement de Candie , de Scio & de Samos. Candie en fournit beaucoup & d'affez bonnes ; Samos peu & excellentes ; celles de Scio font médiocres.

Des cires jaunes de France , celles de Bretagne & de Champagne paffent pour les meilleures. Il s'en tire auffi d'affez bonnes d'Auvergne , particuliérement de Thiers , & dont il fe fait en cette ville une affez grande quantité. Celles de Bretagne ne font pas néanmoins d'une égale bonté , y ayant entr'elles de grandes différences fuivant les cantons d'où elles font tirées. Les plus eftimées de cette province , & qui réuffiffent le mieux au blanc , font toutes celles de la baffe Bretagne , celles de la Haute ne faifant que du commun.

E 2

Les cires de Normandie & de Sologne tiennent le second rang. Il eſt vrai qu'il y a trop de choix dans ces dernieres, qui ſont très-mêlées, y en ayant rarement d'entiérement parfaites, & toujours en très-petite quantité, ce qui n'arrive pas à celles de la Baſſe Bretagne, cette province en pouvant fournir juſqu'à 150 milliers, de la plus belle & de la meilleure qualité.

Des cires étrangeres, celles de Dantzick ſont les plus eſtimées.

Il faut avoir une grande attention ſur les cires qui viennent du Nord & de la Pologne par Dantzick, qui ſont aſſez ſouvent fourrées & ſophiſtiquées. Sur-tout on doit ſe défier de celles qu'on tire par Hambourg & par Amſterdam, quand même elles auroient le ſceau de l'une ou de l'autre de ces villes : arrivant ſouvent que, malgré ces marques reſpeſtables, ce ne ſont que des cires refondues, preſque toujours mêlées de ſuif & de réſine. Le plus ſûr eſt, autant qu'on peut, de ne les point prendre en pain, mais en morceaux, comme elles arrivent du pays.

Les cires de Bretagne & de Conſtantinople ſont ordinairement hautes en couleur, ce qui déſigne leur bonne qualité. Celles de Smyrne ſont d'un jaune tirant un peu ſur le blanc, ſans pourtant en être moins bonnes.

Il faut choiſir la cire jaune, haute en couleur, d'une bonne odeur, facile à caſſer, qui ne tienne point aux dents, quand on la mâche; qui n'ait point de pieds, c'eſt-à-dire, qui ſoit bien purifiée; & quand ce ſont de gros pains, tels que ceux qui viennent de Dantzick, prendre garde qu'il n'y ait au milieu, de l'eau, des pierres ou de la terre.

La cire jaune ſe ſophiſtique quelquefois avec de la réſine, & du galipot, ou poix graſſe, qu'on colore avec le rocou, ou la *terra-merita*.

On tire de la cire jaune, une huile blanche & épaiſſe qui reſſemble à du beurre ; & qu'à cauſe de cette reſſemblance, on appelle *beurre de cire*. De ce beurre, on tire une ſeconde huile claire comme de l'eau. L'une & l'autre ſont ſouveraines pour les engelures.

Le marc de mouches, que les maréchaux emploient pour les chevaux, & dont même les chirurgiens uſent auſſi très-heureuſement pour les foulures de nerfs, n'eſt autre choſe que les ordures qui reſtent dans les ſacs, après que la cire en a été exprimée par la preſſe.

On appelle *propolis*, ou *cire vierge*, une certaine cire rouge, dont les abeilles ſe ſervent, pour maſtiquer & boucher les fentes, ou trous de leurs ruches. On l'eſtime propre pour les maladies des nerfs.

Cire Blanche.

La cire blanche, comme on l'a déja dit, eft la cire jaune purifiée & blanchie.

Le blanchiſſage de la cire ſe fait, en la réduiſant d'abord en
petit grains ou parcelles, par le moyen de la fonte, & de l'eau
fraîche dans laquelle on la jette toute chaude, ou en l'étendant en
lames très-minces, pour la laver.

Cette cire grainée, ou applatie, s'expoſe à l'air ou à la roſée,
ſur des toiles, où elle reſte jour & nuit, ayant également beſoin
du ſoleil & de la roſée. On la refond enſuite, & on la graine à
pluſieurs repriſes; la remettant toujours à l'air dans l'entre-temps
des refontes.

Quand enfin la roſée & le ſoleil l'ont parfaitement blanchie,
on la fond pour la derniere fois dans de grandes chaudieres, d'où,
avec un vaiſſeau de fer blanc, on la fait couler ſur une table toute percée de petits enfoncemens ronds, de la forme des pains de
cire blanche, que vendent les marchands épiciers-ciriers; ayant
auparavant mouillé les moules d'eau fraîche & nette, pour qu'on
en puiſſe plus facilement retirer la cire : après quoi, on l'expoſe
encore à l'air ſur les toiles pendant deux jours & deux nuits, pour
la rendre plus tranſparente & la faire ſécher.

Sa fonderie & ſon blanchiſſage requierent beaucoup d'art.

La cire blanche eſt plus ou moins eſtimée, ſuivant les divers
lieux où l'on a travaillé à ſon blanchiſſage. Pomet les met dans
l'ordre ſuivant.

1°. Le blanchiſſage de Château-Gontier. 2°. Celui d'Angers.
3°. Celui du Mans. 4°. Celui de Hollande. 5°. Celui d'Amboiſe.
6°. Celui de Chaumont près de Troyes. Et enfin, 7° celui de
Rouen.

Ce dernier n'eſt guere eſtimé, à cauſe des ſuifs de bouc, de chevre, ou de mouton, dont la cire qui s'y blanchit, eſt toujours
mêlée; au contraire de celles de Château-Gontier & d'Angers,
qui ſont pures, & propres aux plus beaux ouvrages.

Le blanc de Château-Gontier a été autrefois très-renommé
pour la perfection où il avoit été porté, mais il a depuis dé-
généré.

Celui du Mans s'eſt ſoutenu; mais par la multiplicité des blan-
chiſſeurs, il eſt arrivé tout le contraire de ce que l'émulation produit ordinairement; la jalouſie qui regne entr'eux, ne les portant qu'à tendre au bon marché, qui eſt preſque toujours un obſtacle à la perfection des ouvrages.

Le blanc de Hollande eſt eſtimé, mais on en fait peu d'uſage
en France. Toutes les cires qui ſe blanchiſſent en Hollande, ſe

portent ordinairement en Efpagne ou en Portugal, ou dans les terres que les Hollandois occupent aux Indes.

La cire blanche de Hollande vient dans de grandes caiffes de 400 à 500 livres pefant. La premiere forte s'appelle *cire royale*.

Le blanchiffage de la Manufacture d'Antony, à deux lieues de Paris fur le chemin d'Orléans, eft fi beau, qu'il pourroit même difputer de préférence avec celui du Mans, qui pourtant fera toujours eftimé, fi les blanchiffeurs veulent renouveller leur premiere attention à faire plutôt de beau blanc, que d'en faire en quantité, comme on vient de le remarquer.

Il ne faut pas oublier que ce font les Vénitiens qui, les premiers, ont travaillé au blanchiffage des cires, & que ce font leurs ouvriers qui en ont apporté l'invention en France.

Il faut choifir la cire blanche, de quelque blanchiment qu'elle vienne, claire, tranfparente, en pains épais, & qui, caffée fous les dents, n'y adhere point, & n'ait point de mauvais goût

On emploie cette cire en cierges, bougies, torches, flambeaux, figures, & autres ouvrages de cire.

Elle entre auffi, après qu'on l'a grainée, dans la compofition de plufieurs pomades, dont les dames fe fervent pour rafraîchir & conferver leur teint.

Suivant les ftatuts du corps de l'épicerie de Paris de 1638, il eft défendu, fous des peines rigoureufes, aux marchands de ce corps, de mêler dans les ouvrages de cire, de la vieille cire avec de la neuve, comme auffi d'y faire entrer aucune réfine, cire graffe, gommée, mixtionnée ou fophiftiquée, même d'en avoir chez eux; & afin que le public n'y puiffe être trompé, il leur eft enjoint d'y appofer leur marque particuliere avec celle du poids de l'ouvrage.

Le S. Benoit avoit trouvé le fecret de former fur le vifage des perfonnes vivantes, même les plus belles & les plus délicates, & fans rifque, ni pour la fanté, ni pour la beauté, des moules dans lefquels il fondoit enfuite des mafques de cire, auxquels ils donnoit une efpece de vie, par des couleurs & des yeux d'émail, imités d'après le naturel. Ces figures revêtues d'habits conformes à la qualité des perfonnes qu'elles repréfentoient, étoient fi reffemblantes, que les yeux leur croyoient quelquefois de la vie.

Outre les ufages de la cire dont on a parlé, on s'en fert encore dans la compofition de divers emplâtres, ou onguens dont elle fait fouvent la bafe. On en confomme auffi beaucoup pour les fcels ou fceaux du confeil, des chancelleries, des parlemens, des autres jurifdictions inférieures, l'appofition des fcellés; & enfin de tous ceux qui ont ont droit de fceller, en cire jaune, rouge ou verte.

La jaune s'amollit avec la térébenthine, & conferve fa couleur naturelle. La rouge eft de la cire blanche, fondue auffi avec de la térébenthine, & rougie avec du vermillon, ou de l'orcanette ; on la verdit avec du verd-de-gris, & on la noircit avec du papier brûlé, ou du noir de fumée ; ainfi on la colore comme on veut, & on la rend propre à gommer avec de la poix graffe.

La cire à gommer, dont fe fervent les tapiffiers, principalement pour les coutils, eft une compofition de cire de térébenthine & de poix graffe, fondues enfemble, & mifes dans des moules de fer blanc, en forme de petits goblets.

Le luxe augmentant tous les jours en France la grande confommation de la cire des abeilles, on a propofé la cire végétale de Miffiffipi que le hazard a fait découvrir.

La confommation de la cire eft confidérable, tant en Efpagne que dans les Indes : la plus grande partie vient du dehors : la cire blanche doit être réputée fabrique étrangere, ainfi on devroit la charger de gros droits d'entrée. On l'a fait en France, en même temps que l'on en a affranchi la fortie, & fur la cire jaune, on ne devoit percevoir que 5 pour cent. Les raifons qui invitent les Efpagnols à profcrire la cire blanche, doivent les porter à diminuer, autant qu'il fera poffible, l'ufage de la cire jaune. La cire jaune pouvant être regardée comme matiere premiere, il feroit convenable d'en prohiber la fortie, à moins qu'elle ne foit auparavant blanchie. *Théorie & pratique du Commerce de la Marine*, par Uftariz, chap 82 & 89.

Cire de la Louifiane.

On a donné la defcription de l'arbriffeau qui produit la cire, dans le *Jorunal Econom*. Mai 1755, qu'on a copié dans les *Nouv. Econom*. tom. 8, p. 144, & dans le grand *Dictionnaire de Commerce* ; on peut y avoir recours.

A la Louifiane, c'eft un arbriffeau qui fournit à fes habitans un fuc épaiffi qu'ils emploient aux mêmes ufages que nous faifons la cire des abeilles.

Cire d'arbre de la Chine.

La cire blanche de la Chine eft différente de toutes celles que nous connoiffons, non-feulement par fa blancheur que le temps n'altere point (cependant nous en avons vu des bougies en 1761, qui n'étoient nullement blanches, ni d'un bon ufage) mais encore par fa texture : on diroit qu'elle eft compofée de petites pieces écailleufes, femblables à celles du blanc de baleine, que nous ne fçaurions mettre en pains auſſi fermes que les pains de cire de la Chine. Autre ſingularité de la cire blanche de la Chine: c'eſt qu'elle n'eſt point l'ouvrage des abeilles : elle vient par artifice de petits vers que l'on trouve ſur un arbre dans une province de cet empire. Ils ſe nourriſſent ſur cet arbre , on les y ramaſſe , on les fait bouillir dans de l'eau , & ils forment une eſpece de graiſſe qui , étant figée , eſt la cire blanche de la Chine ſur laquelle il nous manque bien des détails. *Art. de M. le Chevalier de Jaucourt. Encycl.*

Voici quelques détails ſur cette cire , que déſiroit M. de Jaucourt , extraits du 28e. receuil des *lettres édifiantes* , in–12　1758.

Cette cire ſe recueille ſur les arbres où elle eſt travaillée par de petits inſectes appellés , dans la langue du pays , *pela-tchong* : La maniere de recueillir & de mettre en œuvre cette cire d'arbre , que les Chinois appellent *pela* , ſe trouve dans un mémoire du P. Chanſeaume , dans le dit *recueil* , qu'il a envoyé de la Province de Houquang.

Le pela ſupporte également le froid & le chaud , & croît même ſans culture dans un bon & un mauvais terrein. On croit donc qu'il pourroit réuſſir en Europe , & ſur-tout en France.

Les Pela-tchong ne ſe trouvent pas naturellement ſur des arbres de cire. Il faut les y placer , ce qui ſe fait au commencement du printemps ; mais une fois qu'on les y a appliqués , ils s'y multiplient , & c'eſt pour toujours. A l'entrée de l'hiver , on apperçoit ſur les arbres , de petites tumeurs , qui s'enflent par degrés , juſqu'à la groſſeur d'une petite noiſette. Ces tumeurs recelent autant de nids , dont chacun contient une multitude incroyable de petits œufs ; les nids reſtent dans cet état juſqu'à ce que les premieres chaleurs du printemps faſſent éclore les inſectes. A peine ſont-ils ſortis de l'œuf , vers le 30 Mai , ordinairement , qu'ils courent ſur les branches. Ils vont ſe promener ſur les feuilles , ou plutôt y chercher une ouverture pour entrer dans l'arbre. Ils ſe collent ſur la ſurface de la feuille , y font un enfoncement , s'y incorporent , en laiſſant au dehors une couverture ou un marteau qui cache leur petit corps.

Il ne paroit pas que ces inſectes pénetrent juſques dans la moëlle , ni même juſques dans le bois des arbres. Les obſervations tendent à prouver qu'ils ne font que s'inſinuer entre le bois & l'écorce , ce qui fait dire au P. Chanſaume que ce ſont des inſectes intercutaires. Quoiqu'il en ſoit , après avoir ſéjourné environ 6 ſemaines dans l'intérieur de l'arbre , ils en ſortent pour travailler. C'eſt ſur la ſuperficie extérieure de l'écorce qu'ils dépoſent leur cire en forme de filamens de laine très-fine. Peu-à-peu cette cire s'éleve en duvet , elle ſe conſolide , & les cha-

leurs de l'été furvenant, achevent de lui donner de la confiftance. Il faut avoir foin de la recueillir, après les premieres
gelées blanches de Septembre : fi on la laiffoit trop long-temps
fur les arbres, le féjour qu'elle y feroit pourroit nuire à la mul-
tiplication des infectes qui, l'année fuivante, n'y feroient pas
leurs nids. La cire fe détache fans peine avec les doigts, enfuite
on la purifie. La maniere de procéder à cette derniere opération,
eft détaillée dans le mémoire que nous citons. Cette cire, au
refte, eft d'une blancheur & d'une tranfparence, dont la notre
n'approche pas. Elle eft portée à la cour pour l'ufage de l'empereur & des principaux mandarins. On ajoute qu'on s'en fert
comme de remede dans plufieurs maladies, & que les Chinois en font ufage pour prévenir les palpitations & les défail-
lances de cœur, lorfqu'ils ont à parler en public. Voyez *Mém.
de Trevoux*, 1759. Janv. p. 206, & *Journal des Sçavans*, Dé-
cem. 1758.

Cire noire des Antilles.

Les abeilles qui font cette cire, fe trouvent principalement
dans l'ifle de la Guadeloupe : elles font de moitié plus petites que
celles d'Europe, plus noires & plus rondes ; &, à ce qui paroit,
fans aiguillon, ou du moins fi foible, qu'il n'a pas la force de
percer la peau.

Elles fe retirent dans le creux des arbres, où elles s'accommodent d'efpeces de ruches de la figure d'une poire, dans le
dedans defquelles elles font leur miel & leurs petits. Leur cire eft
noire, ou du moins d'un violet foncé. Elle ne blanchit jamais,
quelque peine qu'on fe foit donné pour la faire changer de couleur, & pour la rendre propre à faire des chandelles.

Leur miel ne fe forme pas en rayons : il eft enfermé dans
de petites veffies de cire de la forme & de la groffeur d'un œuf
de pigeon, mais plus pointues. Quoique ces veffies ne foient
pas adhérentes l'une à l'autre, & qu'on les puiffe féparer aifément, elles font cependant fi bien rangées, qu'il ne paroit aucun vuide entr'elles.

La plus grande partie eft remplie de miel ; dans quelques
autres, il y a une matiere jaune, grenée & gluante, affez femblable à des œufs de carpe.

Le miel eft toujours liquide, de couleur d'ambre, & de la
confiftance de l'huile d'olive ; il eft extrêmement doux & agréable au goût, & s'emploie à tous les ufages de médecine auxquels peut fervir le miel d'Europe, & même y eft eftimé meilleur.

Quand on le laiffe au foleil, il fe fait deffus une croûte de
l'épaiffeur d'un écu, d'une blancheur extraodinaire & grenée

comme du fucre , dont elle a le goût , & plus de douceur.

Le P. Labat croit qu'on pourroit faire une quantité confidérable de ce miel , fi l'on retiroit les abeilles dans des ruches comme on fait en Europe , & il le prouve par quelques expériences qui ont réuffi à des habitans de la Guadeloupe qui s'en étoient donné le foin.

Leur cire étant trop molle pour en faire des bougies , comme on l'a déja dit , on ne la laiffe pas cependant inutile , & elle fert à faire des bouchons de bouteilles , après qu'elle a été bien purifiée , ce qui fe fait en la mettant fur le feu dans un chauderon , & ôtant toute l'écume qu'elle jette à mefure qu'elle fent la chaleur.

Elle eft encore propre pour amollir les corps des pieds & les verrues qui viennent aux mammelles & au vifage.

Cire verte.

On fait en Bretagne une bougie verte qui eft compofée de fucs gras & épais qu'on exprime de plufieurs plantes.

Dans l'ifle de Ceylan , on trouve de grandes forêts de cinamomes ou cannelliers , dont la fine écorce, & fur-tout celle des branches , eft cet aromate fi connu fous le nom de *cannelle* , & dont le fruit donne , par expreffion , un fuif verdâtre qui fe blanchit , & dont on fait des bougies. *Spectacle de la nature,* tom *IV.*

Cire de peuplier.

Le miel ne peut être entrepris & formé que par les abeilles ; mais un naturalifte a découvert qu'on peut , fans le fecours des abeilles, recueillir de la cire , outre celle de l'arbriffeau de laLouifiane , celle de la Chine & la verte , dont nous venons de parler.

Il a obfervé que les peupliers étoient ordinairement couverts d'abeilles au printemps. Cette obfervation faite , il a cherché à découvrir le travail que ces infectes feroient fur cet arbre ; cela n'a pas été difficile , il n'y avoit qu'à facrifier à fa curiofité un certain nombre de ces petits animaux ; au moyen de quoi , il a été convaincu que c'étoit de la fleur de cet arbre que ces infectes enlevent fi induftrieufement la cire. Après cette découverte , il a penfé fi l'on ne pourroit pas , par quelque ouvrage de l'art , égaler celui des abeilles. Après plufieurs effais , il eft enfin parvenu à tirer de la fleur du peuplier de la cire auffi parfaite que celle qu'on ramaffe des ruches. On ne fera pas fâché de trouver ici la maniere d'y travailler , & de fçavoir qu'il y a actuellement en Italie une fabrique affez confidérable , qui n'emploie prefque d'autre cire pour la fabrication des bougies, que celle qu'elle fait extraire en cette maniere des fleurs de peuplier. Voici comme on y procede.

Il faut faire cueillir les boutons fleuris à leur juste maturité, c'est-à-dire, quand ils sont bien visqueux, comme de la térébenthine ou de la glu. On pile ces boutons, après quoi on les met ramollir dans de l'eau bouillante. On jette ensuite cette matiere dans un sac de canevas, qu'il faut exprimer de même au moyen d'une presse, comme les ciriers font des crasses de leurs cires. La matiere qu'on reçoit par cette expression, est de consistance de cire molle, lorsqu'elle est refroidie, d'une couleur jaunâtre tirant sur le gris sale, brûlant bien, & ayant une odeur charmante. Ceux qui seront assez patiens, & assez laborieux, pourront pousser cette expérience fort loin, & en tirer peut-être un avantage considérable. Cette opération approche fort de celle que les apothicaires font en composant leur *unguentum populeum*, qui n'est autre chose qu'un mêlange de ce suc visqueux de peuplier, avec de la cire jaune, &c.

Les meches ne sont faites que de coton d'once, & l'on n'y emploie point d'autre matiere. Le meilleur se tire du Levant, particuliérement de Seyde, d'où il vient tout filé. Le filage de cette ville a été changé depuis quelques années, mais ce changement ne l'a point rendu moins excellent qu'il étoit autrefois.

La premiere façon qu'on donne à la meche, est de la tremper en versant dessus un simple jet de cire pour l'affermir; ce qu'on fait en prenant garde à n'en point jetter sur la tête.

Cire d'Espagne. C'est de la laque fondue, & préparée d'une certaine façon. Il s'en fait de rouge, de noire, de jaune, &c. On la vend ordinairement en petits bâtons de 6 a 7 pouces de long; les uns presque quarrés, les autres tout-à-fait ronds, pour l'ordinaire du poids d'une once. C'est au milieu du bâton que le marchand ou l'ouvrier a coutume de mettre sa marque, ou enseigne. On donne encore à la cire d'Espagne, le nom de *cire à cacheter*, parcequ'on s'en sert pour cacheter les lettres. *Voyez* LAQUE.

Cire à dorer de Nuremberg.

Prenez deux livres de cire, deux livres & une once de craie rouge, une de vitriol, une demi-once d'airain brûlé, trois onces de verd-de-gris, & une demi-once de borax. *Ou bien,*

Prenez 4 onces de cire-vierge, une livre & demie de craie rouge, une livre & demie de vitriol blanc, quinze onces de verd-de-gris, trois onces de borax de Venise, & quinze onces d'airain brûlé; battez-le tout ensemble, faites-en un mêlange: quand la cire sera fondue, remuez-la jufqu'à ce que vous vous apperceviez qu'elle refroidit : pour lors, jettez-y tous ces ingrédiens, & remuez bien le tout enfemble. Quand la compofition fera froide, formez-en des bâtons. *Journal Écon.* 1754. Mai, p. 154.

CIRSAKAS, ou CIRSAXAS. Étoffe des Indes, prefque toute de coton, avec le mélange de très-peu de foie. La longueur des cirfakas eft depuis 8 jufqu'à 14 aunes ou environ, & la largeur depuis 2 tiers jufqu'à 5 6es.

CISEAU. Inftrument de fer, tranchant par le bout, dont on fe fert à tailler & couper le bois, la pierre, le marbre, & même les métaux. Les ouvriers qui fe fervent le plus du cifeau, font les fculpteurs, les maçons, ménuifiers, charpentiers, tailleurs de pierre, marbriers, orfévres, ferruriers, taillandiers, fondeurs, maréchaux, arquebufiers, fourbifleurs, &c.

Tous les cifeaux de ces ouvriers ne font prefque différens que par la force & la grandeur; étant tous de fer bien acéré, les uns fans manche, & les autres avec des manches de bois : aufli ne les diftingue-t-on guere que par les divers noms qu'on leur donne, fuivant les diverfes chofes auxquelles on les fait fervir.

Il y a des cifeaux, qu'on nomme des tranches, qui font fimples ou percées; celles-là, pour fendre les barres de fer à chaud, & celles-ci, pour couper les petites pieces de fer aufli à chaud.

Il y a aufli des cifeaux à froid; d'autres à tailler des limes; des cifeaux à lever; des cifeaux à fiches; & des cifeaux à pierre. Toutes ces fortes de cifeaux font du métier de ferrurier.

Les fculpteurs en marbre, ou en pierre, ont la gradine, la hoguette, la rondelle & la marteline.

Ceux des charpentiers, font l'ébauchoir, & les petits cifeaux.

Les tailleurs de pierre, & les maçons, ont le cifeau à louver, long de plus de dix-huit pouces; & le cifeau à cifeler la pierre.

On peut mettre aufli au nombre des cifeaux, les permoires à dents, ou fans dents; le bec-d'âne; les gouges; enfin, les cifelets ou petits cifeaux. Ces derniers fervent aux orfévres, aux fondeurs & autres ouvriers, qui travaillent fur les métaux.

On doit obferver qu'on ne fçauroit trop fe précautionner fur la maniere de conftruire l'outil dont il eft parlé dans cet article, lequel étant d'un fi grand ufage pour toutes fortes d'ouvriers, doit être proportionné & pour la figure, & pour la fabrication, aux ouvrages auxquels il eft deftiné. Il feroit trop long de rapporter ici tout ce qu'on pourroit dire fur cet article. On fe contentera de parler de l'attention qu'il faut apporter au choix qu'on doit faire de l'acier avec lequel on veut acérer toutes fortes de cifeaux.

Ayant donc pris une bille d'acier, on commencera par la tremper, fi elle ne l'eft pas; on tatera tous fes côtés avec une lime
douce, pour connoître fi l'acier eft dur dans toutes fes parties.
S'il y avoit un des côtés qui fe laiffât limer, il feroit inutile de
penfer à fe fervir de cet acier, pour former quel outil que ce fut.
Mais fi par cette épreuve la bille d'acier réfifte en tous fens à la
lime, & qu'il foit impoffible de l'entailler, on la caffera par le
milieu à coups de marteau, & l'on examinera avec foin fi l'on
n'apperçoit point quelques veines de fer fourrées dans le centre de
la barre, ou dans quelqu'un de fes côtés, ce qui fe connoît aifément à quelques taches noires, qui n'ont ni la forme, ni la figure,
ni la couleur du refte de la barre; fi l'on en apperçoit, cette barre
d'acier doit être rejettée, elle n'eft nullement propre à faire aucun
cifeau de quelque efpece qu'il foit. Si, aucontraire, on trouve que la
barre n'eft point pailleufe, on en coupera la longueur qu'on voudra pour être foudée fur un morceau de fer, de la groffeur &
grandeur requife. Mais il ne fuffit pas d'avoir préparé de la maniere
qu'on vient de l'indiquer, ces deux métaux, il faut encore les
fouder fi parfaitement enfemble qu'ils ne faffent plus qu'un même corps. On ne fçauroit trop recommander au forgeron de bien
ajufter ces deux pieces d'acier & de fer, afin qu'ils aient de la
facilité à fe fouder, ni de ne pas oublier de terrer la piece de bonne terre à fouder, & qu'étant au feu, il ne la perde pas de vue,
pour ne lui donner que le degré de feu qui eft néceffaire. Ce moment eft difficile à trouver, fi l'on n'y donne toute fon attention;
trop de feu renvoie l'acier à être fer, & trop peu ne l'amalgame
pas affez. Mais en fuppofant que l'outil ait réuffi comme on le
doit defirer, & qu'il ait acquis, tant fur l'enclume qu'à la lime,
la forme fouhaitée, il refte encore à lui donner la trempe, qu'on
doit donner à tout taillant. Les ouvriers en diftinguent d'autant
de façons qu'il y a de jours à l'an. Pour moi, dit l'auteur de cette
addition, je n'en connois pourtant que d'une feule forte, & je fuis
perfuadé qu'un cifeau qui réfiftera à couper le marbre, la roche,
ou le fer à froid, ou à tailler une lime, le même cifeau taillera
fort bien un morceau de pierre molle, du cuivre, ou du laiton,
ou du bois; tout fe réduit uniquement à donner à l'outil une trempe auffi forte que fon cifeau la peut porter; fi en travaillant l'outil, le tranchant fe caffe, c'eft une marque que la trempe eft trop
forte, & qu'il faut le recuire; pour cet effet, il n'y a qu'à le chauffer légerement fur des charbons, on lui fera infenfiblement prendre une couleur dorée, & auffi-tôt on le retrempera dans l'eau
froide. Si l'outil réfifte alors à l'ouvrage à quoi on l'a deftiné,
c'eft une marque qu'on a attrapé le point de perfection, tant
pour la conftruction que pour la trempe; fi, aucontraire, on ne

peut faire foutenir le travail à cet inftrument, il a été mal fabriqué, ou l'on n'a pas employé de bonnes matieres à fa conftruction.

Rien n'eft égal à l'entêtment de l'ignorant fur ces matieres, & aux préventions qu'ont certains ouvriers fur la qualité des aciers, & fur celles que doivent avoir les eaux dans lefquelles on doit tremper : les uns les veulent chaudes, les autres les veulent à la glace, & d'autres n'en veulent point, & demandent des huiles & des graiffes. Cependant, pour faire un bon taillant, il ne faut qu'un bon forgeron, de bon acier bien choifi, & de l'eau très-fraîche.

Pour faire le cifeau à couper le bois, fuivant l'*Encycl.* prenez un morceau de fer, & tirez-le en long, plus ou moins fort, plus ou moins plat, plus ou moins large ; que la partie de ce morceau que vous appellerez *la tête*, foit à peu-près quarrée ; que celle que vous appellerez *le tranchant*, foit très-mince & très-plate. Acérez cette partie mince avec du bon acier ; rendez-la tranchante à la lime & à la meule ; il faut qu'elle foit bien trempée, & vous aurez un cifeau à couper le fer. Quelquefois le tranchant en eft en bifeau ; d'autre fois, au lieu de tête, on y pratique une foie qui eft reçue dans un manche de bois. En un mot, cette forte de cifeau varie prodigieufement, felon l'ufage, la matiere à couper, les formes à faire. Il y en a, & de la plus petite grandeur, & de la plus grande force.

CISEAUX, au pluriel. Ce font des inftrumens tranchans, d'un ufage prefque univerfel, qui fervent à couper les étoffes, les toiles, les rubans, &c. & à rogner & tailler prefque généralement toutes chofes.

Il y a une trop grande quantité de différens cifeaux pour la figure, pour la grandeur & pour l'ufage, pour qu'il foit aifé de les décrire tous ici. Les uns font pointus, les autres arrondis par les deux pointes ; d'autres encore ont une branche ronde, & l'autre pointue. Il y en a de larges & de courts pour les tailleurs, couturieres, tapiffiers, boureliers, felliers, chandeliers, &c. de droits & de recourbés, étroits & fort longs, pour les papetiers-cartonniers, &c. enfin, de très-grands & très-forts, foit pour couper les cuirs, & les fortes étoffes, foit pour cifailler les métaux. De ceux-ci, les uns s'appellent des *cifailles* ; d'autres, des *cifoires*, & d'autres encore des *forces*.

Quelquefois auffi ils retiennent leur nom de *cifeaux* ; comme ceux avec lefquels les jardiniers tondent les buis, & les paliffades des parterres & des jardins ; & les fourbiffeurs coupent le bois, ou le cuir des fourreaux des épées qu'ils montent, & même les feuilles des métaux qu'ils emploient.

Ce font les taillandiers qui font ces derniers gros ouvrages ; & les couteliers, les petits & médiocres cifeaux.

Pour faire les ciseaux à diviser les étoffes, prenez une barre de fer plus ou moins forte, selon la nature des ciseaux que vous voulez forger. Commencez par l'entailler à son extrêmité, & par y former une tête semblable à celle d'un piton, ronde, plate, mais non percée. Coupez ensuite ce piton, en y laissant une queue plus ou moins longue, selon la longueur que vous vous proposez de donner au ciseau. Alongez cette queue en pointe; puis plaçant cette enlevure sur le quarré de l'enclume, obliquement, faites-y entrer, d'un coup de marteau fortement appliqué, l'arrête de l'enclume. Vous formerez ainsi l'embase du ciseau, qui doit être égale à l'epaisseur de la lame. Par ce moyen, lorsque les deux embases seront appliquées l'une sur l'autre, vous n'aurez que la même épaisseur. Percez le piton sur l'enclume avec un poinçon. Aggrandissez & formez l'anneau à la bigorne, après quoi faites recuire ces branches. Pour cet effet, mettez-les dans un feu de charbon de bois, que vous laisserez allumer & éteindre seul; ce recuit les attendrit. Donnez leur ensuite, à la lime, la figure la plus approchée du ciseau. Trempez, émoulez, & polissez à l'ordinaire. Clouez les branches ensemble. Brunissez les anneaux & les branches, puis vos ciseaux seront faits.

Les ouvriers sçauront donner aux ciseaux les proportions requises pour les ouvrages auxquels ils sont destinés; ces proportions varient dans la longueur des branches, la longueur, la force, la largeur & l'épaisseur des lames. Les uns sont pointus des deux bouts, les autres camus; il y en a qui ont une lame pointue & l'autre camuse. On y pratique quelquefois un bouton; il y en a de droits, de courbes. Mais ils se travaillent tous de la même façon, à peu de chose près. Il y a seulement des ouvriers qui, pour épargner l'acier, font la lame seulement d'acier, & les branches de fer; mais cet ouvrage est mauvais. *Encycl.*

CISELÉ. Il ne se dit guere que du velours qui imite sur le métier l'ancienne ciselure avec les ciseaux.

On fait à Paris & à Lion une espece de velours, qu'on appelle proprement *velours ciselé*, & qu'on devroit plutôt appeler *velours gauffré*, puisqu'il se fait avec des fers chauds gravés, qui, applatissant le poil du velours aux endroits qui doivent servir de fond, & épargnant le dessein & les façons, font une espece de ciselure assez agréable. On n'emploie à cet usage, que des velours qui ont déja servi; ce qui leur donne un air de fraîcheur & de nouveauté.

On en fait à présent dans toutes les fabriques d'étoffes de soye & de velours; on y réussit très-bien à Copenhague.

CISELETS. Ce sont de petits morceaux d'acier, longs d'environ cinq à six pouces, & de quatre à cinq lignes de quarré, dont un des bouts est limé quarrément ou en dos d'âne; & l'autre sert de tête.

Leur partie trempée est quelquefois pointillée : mais leur usage en général, est pour ciseler l'ouvrage en relief. Dans les différentes occasions, entr'autres celles où il s'agit de faire paroitre des côtes concaves, on se sert alors d'un des outils dont nous venons de parler : si ces côtes doivent être unies, on se sert d'un ciselet uni ; si l'on veut qu'elles soient matées, on se sert du ciselet pointillé.

Pour pointiller un ciselet, on prend un petit poinçon ; & sur la partie qui doit être trempée, on pratique de petits trous pressés les uns contre les autres, en frappant avec un poinçon. Quand ces trous sont pratiqués, on enleve toutes les balevres que le poinçon a faites, & le ciselet est pointillé.

D'autres se servent, pour pointiller, de petits marteaux dont la tête est taillée en pointe de diamant, qui font la fonction du poinçon. La tête de ces marteaux a un demi pouce en quarré, & les pointes de diamant y ont été formées à égale distance & très-serrées, par le moyen d'une petite lime en tiers-point, avec laquelle on a partagé la tête du marteau comme échiquier; mais comme la lime est en tiers-point, toutes les petites divisions quarrées deviennent en pointe de diamant.

Ces outils sont à l'usage du serrurier, du ciseleur, de l'orfévre, du graveur, de l'arquebusier, du bijoutier, du metteur-en-œuvre, du damasquineur, &c. Ils prennent différens noms, suivant leurs formes & leurs usages: on les appelle *bouges trançoirs, parpleloirs, noirs, &c.* Encycl.

CISELURE. C'est l'art d'enrichir & d'embellir les ouvrages d'or & d'argent & d'autres métaux, par quelque dessein ou sculpture qu'on y représente en bas-relief.

Pour ciseler les ouvrages creux & de peu d'épaisseur, comme sont les boîtes de montres, pommes de cannes, tabatieres, étuis, &c. on commence à dessiner sur la matiere les sujets qu'on veut représenter, & on leur donne le relief tel qu'on le desire, en frappant plus ou moins le métal, en le chassant de dedans en dehors, pour relever & former les figures ou ornemens que l'on veut faire en relief, sur le plan ou la surface extérieure du métal. On a pour cela, plusieurs outils ou bigornes de différentes formes, sur les bouts ou sommets desquels on applique l'intérieur du métal, observant que les bouts ou sommets de ces bigornes, répondent

répondent précifément aux lignes & parties auxquelles on veut donner du relief. On bat avec un petit marteau, le métal que la bigorne foutient : il cede, & la bigorne fait en dedans, une impreffion en creux, qui forme en dehors une élevation, fur laquelle on cifele les figures & ornemens du deffein, après qu'on a rempli tout le creux avec du ciment.

On emploie quelquefois les cifelures à réparer les ouvrages de métal au fortir de la fonte ; comme figures de bronze, mortiers ; canons ; toutes fortes d'ornemens d'églife & domeftiques, comme chandeliers, croix, &c. feux ; bras de cheminée, &c. *Encycl.*

CITRON. Fruit qui vient des pays chauds, dont l'écorce eft jaune, ridée, & d'une odeur agréable.

On ne parlera ici des citrons que par rapport au commerce qui s'en fait, & des marchandifes que leur jus, ou leur écorce fourniffent.

La plupart des citrons, foit doux, foit aigres, qu'on vend, font tirés de quelques endroits de la riviere de Genes, entr'autres, de S. Remo, ou de quelques villes des états du roi de Sardaigne, comme de Nice & de Mentone ; d'où ils font tranfportés par mer jufqu'à Marfeille, & enfuite envoyés à Paris & dans toute l'Europe.

A S. Remo & à Mentone, la vente des citrons ne fe fait que par délibération du confeil de ville, & cela deux fois l'année, ou trois au plus, fuivant l'abondance & la récolte; mais pour l'ordinaire aux mois de Mai & de Septembre.

On ne vend que ceux qui ne peuvent pas paffer par un anneau de fer dont la groffeur eft réglée par autorité publique : pour les autres, ils font rebutés, comme trop petits, & ne fervent que pour en exprimer le fuc, ou jus, qu'on tranfporte à Lion, dans des barils, pour les teinturiers du grand teint.

Il vient beaucoup de ce jus de Sicile, qu'on envoie en France pour le même ufage. Mais on en tire peu de citrons, parcequ'ils ne font pas de bonne garde.

A l'égard des citrons qu'on tire de Nice, on n'y fait pas tant de façon; en achete qui veut, & quand il veut, foit gros, foit petits.

On vend deux fortes d'huile de citron ; l'une qui eft fort eftimée, & qu'on appelle effence de cédre, qui n'eft faite que des reftes de citrons, ou de leur écorce rapée; l'autre qui eft une huile commune, verdâtre, claire, & odorante, qui fe fait de la lie qu'on trouve au fond des tonneaux, où l'on a mis repofer & épurer le jus de citron.

Cinquante livres de cette lie, qu'on nomme auffi bacchas;

ne rendent ordinairement que trois livres de cette huile. Les Parfumeurs fe fervent de ces huiles, fur-tout de l'effence de cédre.

L'aigre de cédre, qu'emploient auffi les Parfumeurs, & qui eft fort eftimé en France, eft le fuc qu'on exprime d'une certaine efpece de citrons à demi-mûrs, qui viennent de Borghére, proche de S. Remo.

On envoie de Madere de petits citrons confits, fecs & liquides, & de grandes écorces de citrons auffi confites.

Les petits citrons doivent être tendres, verds & nouveaux. Les grandes écorces doivent fe choifir nouvelles, en petites côtes, claires & tranfparentes, vertes par deffous, charnues, faciles à couper, & fans être piquées.

Le fpectacle de la nature dit qu'on emploie nombre de Négres pour confire des citrons à la Martinique.

Le citronnat eft de l'écorce de citron confite, & coupée par tailledins.

Le forbec eft fait de jus de citron, & de fucre. Le meilleur vient d'Alexandrie.

Le firop de limon eft la même chofe que le firop de citron, puifqu'en Italien un citron s'appelle *limone*. Chez les droguiftes, il eft fimplement nommé firop de citron ; chez les Apothicaires, il fe vend fous le nom de firop de limon.

Il y a au Tonquin deux fortes de citrons ou limons, les uns jaunes, & les autres verds, mais tous fi aigres & fi acides, qu'il n'eft pas poffible d'en manger fans fe gâter l'eftomac. Ces fruits ne font pas cependant inutiles aux Tonquinois, non plus qu'aux autres peuples des Indes. Non-feulement ils s'en fervent, comme nous de l'eau forte, pour nettoyer le cuivre, le laiton & autres métaux, quand ils veulent les mettre en état d'être dorés, mais auffi pour les teintures, fur-tout pour celles en foies.

Un autre de leurs ufages eft pour blanchir le linge, & l'on en met dans toutes les leffives, particuliérement des toiles fines, ce qui leur donne un blanc & un éclat admirable ; c'eft ce qu'on peut remarquer principalement dans toutes les toiles de coton, qui viennent des états du Mogol, qui ne fe blanchiffent qu'avec le jus de ces fortes de limons.

Le citron entier, fon écorce jaune, fon fuc, fa pulpe, fes graines, fon eau diftillée, fon efprit &c. entrent dans un grand nombre de préparations pharmaceutiques officinales, que nous ne pouvons pas détailler ici. On peut confulter l'*Encyclopédie* & les auteurs qui en traitent.

Il fe vend à Amfterdam quantité de citrons préparés avec de la faumure pour les conferver ; on les appelle *citrons falés*. Ils fe vendent à la pipe. On en envoie beaucoup dans tout le Nord.

Citron bois. Ainsi nommé des Européens, à cause de son odeur & de sa couleur, & que les Américains appellent *bois de chandelle.* Le bois de citron, qu'on apporte ordinairement en buches de plus de 1000 livres pesant, est le tronc d'un gros arbre, qui croit communément dans les isles de l'Amérique, & qui devient extrêmement haut. Ses feuilles, semblables à celles du laurier pour la figure, sont plus grandes, & d'un verd plus luisant. Ses fleurs ont l'odeur du jasmin, & la forme des fleurs d'orange. Ses fruits sont noirs, & de la grosseur du poivre. C'est ce bois, que quelques auteurs prennent pour le véritable santal citrin; ce qui ne seroit pas d'une grande conséquence : mais c'est aussi ce bois que des marchands droguistes, de conscience peu délicate, donnent & vendent pour ce santal ; ce qui est une tromperie insupportable, la différence du prix & des propriétés de ces deux bois étant très-grande.

La fourberie se peut reconnoître, non-seulement parceque les buches du véritable santal ne pesent au plus que 100 livres, & que celles du bois de citron, comme on vient de le dire, pesent plus de 1000 livres ; mais encore parceque le santal est d'un gout, & d'une odeur douce & agréable, résineux, & médiocrement lourd ; & qu'au contraire, le bois de citron est pesant, compact, oléagineux, & d'une odeur forte, tirant sur celle du fruit, que nous appellons citron, d'où il a pris son nom. Ce bois est propre à faire d'excellens ouurages de Tour & de Marquetterie, & prend très-bien le poli.

CITRONNIER. Arbre qui porte le citron. Les anciens se servoient autrefois du bois de citronnier pour faire des tables & des meubles, qui étoient extrêmement estimés ; mais depuis que les indes occidentales ont fourni à l'Europe quantité de très-beaux bois pour la marquetterie & la ménuiserie de placage, le bois de citronier a presque perdu toute sa réputation. .

C'est en effet cet arbre admirable, toujours verd, que le printemps confondu pour ainsi dire avec l'automne, présente à nos yeux chargé de fleurs & de fruits, dont les uns tombent par la maturité, tandis que d'autres commencent seulement à paroître. Rival de l'oranger, & méritant peut-être la préférence, il n'en differe que par son fruit & par ses feuilles, qui sont larges & roides comme celles du laurier, mais sans talon.

Ses fruits sont souvent oblongs, quelquefois sphériques, d'autrefois pointus à leur sommet, quelquefois mousses ; leur superficie est ridée & parsemée de tubercules : souvent ils ont neuf pouces de longueur, & quelquefois davantage ; car ils varient en grandeur & en pesanteur. Quelques-uns pesent jusqu'à six livres.

Leur écorce extérieure eft comme du cuir, mince, amere; échauffante, verte dans le commencement, de couleur d'or dans la maturité, d'une odeur pénétrante. Leur écorce intérieure ou la chair, eft épaiffe & comme cartilagineufe, ferme, blanche, douceâtre, un peu acide, & légérement odorante, partagée intérieurement en plufieurs loges pleines d'un fuc acide contenu dans des véficules membraneufes.

Enfin, chaque fruit contient beaucoup de graines. Quelques-uns en ont plus de cent cinquante, renfermées dans la moëlle véficulaire. Elles font oblongues, d'un demi-pouce de longueur, ordinairement pointues des deux côtés, couvertes d'une peau un peu dure & membraneufe, amere, jaune en dehors, cannelée, & renfermant une amande blanche, mêlée d'amertume & de douceur.

Son origine. Le citronnier, comme le prouvent fes noms latins, a d'abord été apporté de l'Affyrie & de la Médie en Grece, de-là en Italie & dans les provinces méridionales de l'Europe. On le cultive en Sicile, en Portugal, en Efpagne, en Piémont, en Provence, & même dans quelques jardins du nord, où il donne des fruits, mais bien inférieurs à ceux des climats chauds. On cultive encore cet arbre à la Chine, aux indes orientales & en Amérique, au rapport du chevalier Hans-Sloane. *Voyages à la Jam. tom. II, p.* 176.

Ses efpeces. Les botaniftes en diftinguent une dixaine d'efpeces principales, quoiqu'ils n'ignorent pas que les jardiniers de Genes, qui en eft la grande pépiniere pour l'Europe, font fi curieux d'étendre cette variété, qu'ils l'augmentent tous les jours.

L'efpece de citronnier la plus eftimée, eft celle de Florence, dont chaque citron fe vend à Florence même cinquante fous de notre monnoie : on en envoie en préfent dans les différentes cours de l'Europe. Cette efpece particuliere ne peut venir dans fa perfection que dans la plaine qui eft entre Pife & Livourne ; & quoiqu'on ait tranfporté ces fortes de citronniers du lieu même en divers autres endroits choifis d'Italie, ils perdent toujours infiniment de cet aromate, de cette fineffe de goût que leur donne le terroir de cette plaine. *Encycl.*

CITROUILLE. Un des plus gros fruits qui rampent fur la terre. Sa graine eft une de celles qu'on met au nombre des quatre femences, que les apothicaires, les épiciers & les droguiftes, appellent femences froides majeures, à caufe de leur qualité. Voy. *femences froides.*

Il eft furprenant que Lémery, qui a donné une defcription affez bonne de cette plante, n'ait pas mieux fait connoître les lieux où elle croît, la culture & l'usage qu'on y fait de son fruit, ni même les noms François les plus usités. La citrouille ne se cultive & n'est d'usage, que dans les pays chauds, comme en Italie, en Sicile, en Espagne & en Portugal, où l'on en seme dans les champs. Toutes les indes, l'Asie & l'Amérique, en sont remplies. C'est une espece de melon, dont les feuilles de la plante qui le donne, sont divisées comme celles de la coloquinte. Ce fruit n'a pas un goût si relevé, si exquis que celui du melon ; mais comme sa chair est tendre, & abondante en suc aqueux, limpide, & sucré, il est très-estimé pour désaltérer & rafraîchir dans les grandes chaleur de l'été & dans les maladies aigues. Car dans les pays chauds, ce fruit est fort sain à toutes sortes de personnes, pourvû qu'on n'en fasse point d'excès. Il est excellent dans les fievres ardentes, & dans la sécheresse de la langue. Plus les pays sont vers la ligne équinoxiale, & plus ce fruit est délicat & bien-faisant, aussi y est-il plus utile. Il est étonnant que le P. Labat n'en ait dit qu'un mot, & qu'il ait eu de la peine à s'y accoutumer. Je n'ai guere vu dans les indes, d'Européens, & entr'autres de Hollandois, qui étant un peu altérés, n'aient d'abord trouvé ce fruit bon. Car quand on n'a ni soif ni chaud, j'avoue que son goût n'est pas des plus attrayans, mais rien n'est plus délicieux à manger quand on est altéré, & qu'on a la bouche séche.

Les Espagnols & les Italiens le nomment *anguria* : sans doute que ce nom dérive du mot Espagnol *angurria*, qui veut dire rétention d'urine. Effectivement, comme il tempere beaucoup les grandes chaleurs du corps & les inflammations, il rétablit facilement le cours de l'urine retenue par ces causes. Les voyageurs les appellent *melons d'eau*, parce qu'ils ont beaucoup d'eau dans leur maturité. D'autres les nomment *pateques*, nom qui vient probablement de l'Arabe, *batecha*, car il se trouve ainsi dans Avicenne. La chair de ce fruit est rougeâtre aux uns, & blanche ou jaunes aux autres. La citrouille se conserve assez long-temps, & on la vend en grande quantité aux marchés des villes, dans les pays chauds. Le mot de citrouille n'est usité que chez les droguistes & les apothicaires. On donne quelquefois ce nom au *potiron*, que plusieurs appellent *courge*. Il y a dans la Perse, des patéques ou melons d'eau, qui pesent 15 à 20 livres, comme je l'ai vu, après chardin. Le potiron est plus gros que la citrouille, mais à proportion il n'est pas si pesant. *Mémoire de* M. Garcin.

On mange la chair de citrouille cuite, & on la prepare d'une infinité de manieres dans les cuisines : on fait même du pain jaune avec la pulpe de citrouille & la farine de froment.

Les jardins d'Egypte sont remplies de citrouilles, qui varient beaucoup, & différent les unes des autres : c'eſt dommage qu'elles ne puiſſent pas réuſir en France.

Il n'y a point d'endroits où la citrouille profite mieux qu'au Bréſil, & où ſa pulpe ſoit plus douce & plus ſucculente.

L'huile qu'on tire des graines de citrouilles paſſe pour amollir la peau, la rendre unie & en effacer les taches. *Encycl.*

CIVETTE. Eſpece de parfum, qui porte le nom de l'animal dont on le tire, & qui lui eſt particulier.

La civette eſt un animal à peu-près fait comme un chat, à la réſerve que ſon muſeau eſt plus pointu, qu'il a les griffes moins dangereuſes, & crie autrement.

On le met auſſi ſous le même genre que le chien, parcequ'il lui reſſemble, de-même qu'au loup & au renard, par la forme de la tête & du muſeau, & par le nombre des dents ; c'eſt pourquoi on lui a donné auſſi le nom de *catus zibethicus*, ou *felis odoratus*. M. Linnæus a rangé la civette avec le blaireau ſous le même genre.

On ſait que c'eſt un quadrupéde qui habite l'Afrique, les Indes, le Pérou, le Bréſil, la Nouvelle Eſpagne, la Guinée. Quelques-uns la prennent pour une eſpece de fouïne ou de chat ſauvage, & la nomment *felis zibethica*, parcequ'elle porte un parfum appelé par les Arabes *zebed*, ou *zibet*, d'où elle a pris ſon nom en françois de *civette*. Celle de Guinée eſt aſſez ſemblable à celle du Levant ; mais ce qu'on appelle *civette occidentale*, ne lui reſſemble en rien.

L'hiſtoire de cet animal, celle de la fauſſe origine de ſon parfum, les contes qu'on en lit dans les voyages, les divers naturaliſtes qui en ont parlé ; tous ces faits n'entreront point ici dans ſon article. On en trouvera la deſcription, dans les *Mémoires de l'Académie des Sciences*, les ſeules ſources ſur leſquelles on puiſſe compter, & avec d'autant plus de raiſon, qu'on trouve réuni dans un ſeul des anciens volumes de cette académie, la deſcription de cinq de ces animaux.

C'eſt dans un ſac que s'amaſſe la matiere odorante, que les Arabes appellent *zibet*, qui ſignifie *écume*. En effet, cette matiere eſt écumeuſe ; & cela ſe reconnoit, en ce que peu de temps après, elle prend la blancheur qu'elle a en ſortant : ce qui arrive à toutes les liqueurs, leſquelles blanchiſſent toujours quand elles écument, de quelque couleur qu'elles ſoient d'ailleurs.

L'odeur de cette matiere ſe conſerve, & ne devient point mauvaiſe par le temps ; mais il paroit que l'odeur de la civette n'eſt pas ſeulement dans la liqueur qui s'amaſſe dans les poches, elle eſt auſſi répandue par tout ſon corps ; & ſon poil eſt tellement parfumé, que la main qui l'a touchée conferve long-temps une odeur fort agréable. C'eft ce qui a fait croire à plufieurs natura-liftes, que le parfum de la civette n'étoit autre chofe que fa fueur, enforte qu'ils ont penfé qu'on l'amaffoit en faifant courir ces animaux dans une cage. Quoique cette fueur forte indifféremment de tout le corps de l'animal, cependant la liqueur odorante s'a-maffe véritablement dans les facs, s'y forme & s'y perfectionne.

A ce detail très-inftructif fur la civette on peut ajouter les nou-velles particularités décrites par M. Morand fur le fac où cet ani-mal porte fon parfum. Voyez *Mémoires de l'Acad.* 1728. p. 403.

Il eft vrai que l'on ne connoit pas affez la civette, pour fça-voir en quelle occafion elle jette fon huile, quel ufage elle en fait; mais enfin, on voit bien que fon méchanifme eft deftiné à empêcher l'écoulement perpétuel. Les pelotons foyeux font l'offi-ce d'une éponge, qui garde la liqueur dont elle eft abreuvée, jufqu'à ce que la nature l'exprime en certain temps pour des ufages qui nous font inconnus.

Cette liqueur odorante mirée à la lumiere d'une bougie, rend d'abord une odeur affez agréable ; enfuite elle s'enflamme avec cré-pitation, & le feu étant éteint, elle donne une odeur de cheveux brûlés.

Tout ce qu'on a dit jufqu'ici de la civette, & du fac qui por-te fon parfum, peut devenir d'autant plus intéreffant, que la ci-vette n'eft pas le feul animal à qui ces détails appartiennent, ni le feul qui foit doué d'une poche pour un parfum particulier. Nous avons le caftor, le mufc, le rat mufqué que les Latins nomment *pyloris*, & d'autres qui ont des follicules pour une matiere odo-rante, d'une nature pareille à celle de la civette, ou d'une qualité différente, comme le rat domeftique, le blaireau ou taiffon, &c. *Article de* M. le Ch. de Jaucourt. *Encycl.*

Il fe fait un grand trafic de civette à calicut, à baffora, & en d'autres lieux des Indes, de l'Orient ; & de l'Afrique, où fe trou-ve l'animal qui produit ce parfum. On voit auffi des civettes vi-vantes en France, & en Hollande ; mais elles y ont été apportées du Levant. Les François ne les conservent gueres que par rareté. Pour les Hollandois, qui en nourriffent en affez grande quantité, ils en tirent la civette, pour en faire commerce, & c'eft ce qui fournit une partie de celle qu'on apporte de Hollande.

Il faut choifir la civette, nouvelle, d'une bonne confiftance, c'eft-à-dire, ni trop dure, ni trop molle, d'une couleur blanche & d'une odeur forte, & affez défagréable. Au refte, puifque dans le Levant, à moins que de la voir tirer foi-même, on court rif-que de n'avoir que de la civette fophiftiquée, on juge bien qu'on ne doit pas s'attendre à l'avoir plus pure en Europe : auffi il ne faut que médiocrement se fier aux petits écriteaux, soit imprimés ; soit écrits à la main, que les Hollandois mettent ordinairement sur les pots de civette, comme pour certifier leur bonne foi, & la pureté du parfum : & comme d'ailleurs il est bien difficile de connoître la tromperie : le plus sûr est de ne l'acheter que des marchands connus & fideles.

On emploie peu de civette en médecine, mais elle est d'un plus grand usage pour les confiseurs & parfumeurs, qui ne doivent cependant s'en servir qu'avec modération ; puisqu'autrement aulieu d'une odeur agréable, ils n'en produiroient qu'une très-mauvaise.

On nourrit à Amsterdam, quantité de ces animaux qui produisent le parfum qu'on nomme civette : il y a même des personnes qui ne font que ce commerce, qui est très-considérable. La civette de cette ville ayant la préférence, sur-tout sur celle qui vient du Levant & des Indes ; elle se vend à l'once, qui coute ordinairement depuis 28 jusqu'à 30 florins.

CLAIRE. On appelle ainsi la cendre d'os calcinés, lessivée, séchée, & réduite en poudre impalpable sur le porphyre, dont on enduit la surface interne des coupelles non-seulement pour en remplir les inégalités, mais encore pour former, sur cette surface, une espece de crible, à travers lequel, les autres métaux vitrifiés, passent très-aisément, tandis que l'or & l'argent, ou tout autre métal, qui a encore sa forme métallique, y sont arrêtés. La claire a encore un autre avantage ; c'est que si elle est bien appliquée, elle empêche tous les accidens qui pourroient arriver aux coupelles, dans lesquelles il se trouveroit du sable ou d'autres matieres vitrescibles, ce qui est fort ordinaire, sur-tout si on s'est servi de cendres de bois pour les former. On voit par-là de quelle conséquence il est de préparer, avec toute l'attention possible, les cendres dont on doit faire la claire. Voyez l'art. *Cendre. tom.* 1. *p.* 512.

On fait calciner les os, ou arrêtes dans un creuset ou vaisseau de terre bien net, qu'on a soin de couvrir exactement ; on donne un feu très-violent pendant quelques heures ; on jette ensuite les matieres calcinées dans de l'eau pour les lessiver ou en tirer les sels, & on les réduit en poudre impalpable. On remet sur cette cendre, de nouvelle eau qu'on a soin de bien remuer ; on donne le temps à la matiere la plus grossiere de tomber au fond de l'eau, après quoi on décante l'eau qui surnage, tandis qu'elle est encore un peu trouble. On laisse séjourner cette eau pendant vingt-quatre heures dans un vaisseau propre, & à l'abri de la poussiere. Au bout de ce temps, lorsque l'eau eſt entierement claire , on la verſe doucement par inclination ; on laiſſe ſécher la fécule blanche qui eſt tombée au fond du vaiſſeau , & on la réſerve pour l'uſage.

Avant de s'en ſervir , on la calcine de nouveau dans un creuſet , & on la pulvériſe encore une fois à ſec ſur le porphyre , obſervant que le porphyre ſoit aſſez dur pour que les cendres d'os n'en emportent rien. On prend cette cendre pour en répandre ſur la ſurface intérieure ou concave des coupelles , lorſqu'elles ſont encore fraiches , & même avant qu'elles ſoient retirées du moule , & pour qu'elle ſoit diſtribuée par-tout, le plus également qu'il eſt poſſible , on la met dans un petit tamis de ſoie , & on en ſaupoudre la coupelle , ayant ſoin de n'en faire tomber qu'autant qu'il en faut pour former une légere couche qu'on acheve de rendre unie avec le bout du petit doigt , s'il en eſt beſoin , & qu'on comprime d'un coup de marteau frappé ſur la partie ſupérieure du moule appellé *moine* , que l'on a bien eſſuyé & ſéché , s'il étoit humide , de peur que la claire ne s'y attache ; & ſi les coupelles ſont grandes, & par conſéquent faites ſans moule , on comprimera la claire , en faiſant rouler dans leur cavité , une boule d'yvoire ou de bois péſant. *Encycl.*

CLARIFIER. Bien des liqueurs ſe clarifient en les paſſant à la chauſſe ; entr'autres , l'hypocras, l'hydromel, & quelques autres ſemblables , qui ſervent de boiſſons , ou en les filtrant à travérs un gros papier gris

Les vins fins & délicats ſe clarifient avec de la colle de poiſſon : ceux qui ſont plus couverts , avec ce qu'on appelle une amelette , qui n'eſt que des blancs & jaunes d'œufs battus , & délayés dans de l'eau. On les éclaircit auſſi , en les paſſant ſur un rapé de coupeaux.

C'eſt une erreur de croire que la colle de poiſſon , ou l'amelette puiſſent être préjudiciables à la ſanté. Elles tombent l'une & l'autre dans la lie , où elles ne font aucun mauvais effet. Ce qui rend les vins de cabaret dangereux , ce ne ſont pas ces innocentes manieres de les clarifier , mais les mixtions dont les cabaretiers les frelatent , pour les ranimer , particuliérement l'eau-de-vie , les épices & la fiente de pigeon.

Clarifier , en termes de raffineur de ſucre , c'eſt l'action de purifier les matieres de leurs ſaletés par les écumes. Voici comme on s'y prend. On jette dans une chaudiere de l'eau de chaux moins forte , c'eſt-à-dire moins épaiſſe , ſi la matiere qu'on a à clarifier a du corps , & plus forte , ſi elle n'en a point , ou peu. Quand cette eau eſt chaude , on y braſſe une quantité de ſang de bœuf tout chaud , ou des blancs d'œufs , après quoi on y met la matiere ; on la laiffe chauffer doucement , afin qu'elle monte peu-à-peu. Quand elle eft montée , on éteint le feu pour faire repofer l'écume qui demeure fur la furface du fucre : on la leve enfuite avec une écumereffe ; on laiffe rallumer le feu ; on y remet un peu de fang de bœuf , ou des blancs d'œufs bien mêlés avec de l'eau de chaux , pour faire paffer une feconde écume , & ainfi de fuite , jufqu'à ce que l'on voye la derniere blanche comme du lait. On paffe alors ce fucre dans un blanchet , au deffus du panier & de la chaudiere à clarifier. *Encycl.*

CLINQUANT. *Manufacture en foie , rhuban , &c.* Lame plate d'or ou d'argent , fin ou faux , écaché entre deux rouleaux par les tireurs d'or. On s'en fert dans la fabrique des dentelles d'or & d'argent , & dans les broderies. Le clinquant eft toujours fur une navette féparée , dont on paffe feulement quelques coups de diftance en diftance , fuivant que le deffein l'exige. Les levées pour le fixer dans l'ouvrage , font les moins confidérables qu'il eft poffible , afin de laiffer le clinquant plus à découvert. Quelquefois clinquant fignifie une broderie , où il eft entré beaucoup de ces lames qui font très-brillantes.

CLISSON. C'eft ainfi qu'on appelle une forte de toile de lin blanche , ni groffe ni fine , qui a pris fon nom de la petite ville de Cliffon en Brétagne , où elle fe fabrique ordinairement.

Les cliffons font de deux largeurs ; de 7 8mes. ou de 7 12mes. d'aune , & fe vendent à la piece de 20 aunes , mefure de Paris. Ces efpeces de toiles qui fervent pour l'ordinaire à faire des chemifes & d'autres femblables lingeries , s'envoyent pour la plupart aux ifles Françoifes de l'Amérique , & le refte fe confomme en Bretagne , & dans quelques provinces voifines.

CLOU , (*art méch.*) petit ouvrage en or ou argent , ou fer , ou cuivre , à pointe par un bout , & à tête par l'autre , dont le corps eft rond ou à face ; mais va en diminuant de la tête à la pointe , & dont la tête eft d'un grand nombre de forme différentes , felon les ufages auxquels on le deftine. Les clous en fer fe forgent , les autres fe fondent ; la fabrication de ces derniers n'a rien de particulier , c'eft un ouvrage de fondeur très-commun. Il y en a de deux fortes , les clous ordinaires , & les clous d'épeingles.

On fe fert pour les clous , de fer en verge de Berri & d'Anjou ; les paquets font ordinairement de cinquante livres.

Tous les clous ordinaires s'appellent *clous d'une feule venue* , & on les expedie d'une feule chaude. Il n'en eft pas de même des clous à patte , à crochet , à crampons : ceux-ci demandent au moins deux chaudes.

Especes principales de clous. Clous à ardoise , ce sont ceux avec lesquels on attache les ardoises ; ils sont depuis deux jusqu'à trois livres au millier. Clous à bande & à tête rabatue : ils servent à attacher les bandes sur les roues des carrosses & charettes : ceux pour les carrosses , s'appellent *clous à bande* : ceux pour les charettes , *clous à tête rabattue* : les plus petits sont de sept livres au millier , & les plus gros de douze livres au millier. Clous à bardeau ou clous léger ; ils sont à l'usage des selliers , des bahutiers, des menuisiers , des ferruriers ,&c. ils sont depuis trois jusqu'à quatre livres au millier ; ils ont tous la tête ronde. La broquette sert au tapissier , au sellier , au ferrurier , &c. il y en a de quatre onces, de huit onces , de douze onces , d'une livre , de cinq quarts , de six quarts, de sept quarts & de deux livres au millier. Clous a chaudronnier , petites lammes de cuivre , coupées en losanges , & tournées en fer d'aiguillettes dont les chauderonniers clouent leurs ouvrages : pour cet effet , ils y pratiquent une tête avec une clouiere. Clous à cheval , ce sont ceux dont on ferre les chevaux ; ils sont ou ordinaires , ou à glace ; les ordinaires ont la tête plate , les autres l'ont en pointe ; ils sont depuis quatorze jusqu'à vingt-quatre livres au millier. Clous à couvreur ; voyez *clous à ardoise & à latte. Clous à crochet* ; ils servent à suspendre ; ils sont depuis six jusqu'à dix livres au millier : ceux-ci s'appellent *légers* ; les gros s'appellent *clous à crochet au cent:* ils pesent dix à douze livres de plus au millier que les légers : ceux qui sont au dessous , s'appellent *clous de cinquante.* Le clou à crochet de 50 , qui a le crochet plat , s'appelle *clou à bec de canne* ou *à pigeon.* Clous à latte ; les couvreurs s'en servent pour attacher les lattes : ils s'appellent aussi *clous à bouche* ; ils sont depuis deux jusqu'à quatre livres & demie au millier. Clous à parquet ; ils servent aux menuisiers pour clouer les parquets , dans lesquels ils se noyent facilement , parcequ'ils ont la tête longue ; ils sont depuis dix jusqu'à trente cinq livres au millier. Clous à river , ils sont à l'usage des chauderonniers : ils ont une tête mais point de pointe , & leur grosseur est la même partout. Clous à deux pointes ou à tête de champignon ; ils servent aux charpentiers dans les gros ouvrages : leur tête a la forme de champignon ; on en voit aux portes cocheres & à celles des granges. Clous à sellier ; ils sont plus petits que les clous de cordonnier , & ces ouvriers les emploient à clouer les cuirs sur les bois des carosses , berlines & autres voitures. Clous à ferruriers ; ils sont depuis quatre jusqu'à huit livres au millier ; ils ont la tête en pointe de diamant ; ils sont faits comme les clous légers , mais ils pe-

fent plus : on les appelle auffi *clous communs* ; les clous communs pefent le double des clous légers , & les clous à ferrurier,
le double des communs. Clous à foulier ; ils fervent aux cordonniers pour ferrer les gros foulliers des payfans , des porteurs
de chaife , &c. il y en a qui pefent depuis deux livres jufqu'à
quatre livres au millier ; ce font les plus légers ; les lourds font
ou à deux têtes ou à caboche. Clous à foufflets ; ce font de
très-gros clous à tête large , dont on fe fert pour clouer les foufflets des forgerons. Clous fans tête ou pointes ; il y en a de légers ou à la fomme , & de lourds ou au poids : les premiers font
depuis trois livres jufqu'à cinq livres au millier ; les autres font de
fix livres au millier ; ils fervent à ferrer les fiches, croifées & gui-
chets d'armoires. Clous à trois têtes ; ils fervent aux cordonniers ,
pour monter les talons des fouliers : ils ont deux à trois pouces
de long , la tête en eft plate ; elle a quatre à cinq lignes de
hauteur , elle eft divifée en trois par deux rainures ; ces deux
rainures fervent à recevoir les tranchans de la tenaille , à les arrêter , & à faciliter l'extraction du clou. Les cordonniers ont
d'autres clous de la même forme , mais moins forts. Voilà les
fortes de clous les plus connues ; ce ne font pas les cloutiers dont
il s'agit ici , qui les vendent tous : il y en a qui font fabriqués &
vendus par les cloutiers d'épingles , qui font des artiftes très-
diftingués des précedens , comme on verra par ce que nous en
dirons dans la fuite de cet article.

Il y a encore les clous de rue ; c'eft ainfi que les maréchaux appellent les pointes que les chevaux fe fichent dans le pied, &
qui les font boiter.

Les lapidaires appellent *clou*, une cheville fichée dans la table du moulin, près de la roue à travailler où l'on paffe le bois
& le cadran : les marbriers & fculpteurs, les nœuds ou parties
dures qui fe rencontrent dans le marbre : les bas-liffiers, une cheville ou pince de fer dont ils fe fervent pour faire tourner leurs
enfuples, &c.

On appelle *clou d'épingle*, un petit morceau de fil-de-fer ou
de laiton, aiguifé en pointe par un bout, & refoulé par l'autre
bout. Il y en a de différentes groffeurs & longueurs. L'opération
eft la même pour tous, de quelque grandeur qu'ils foient. On en
peut fabriquer d'or, de fer & de cuivre. Quand ils font de laiton, on les blanchit. On finit par les étamer : pour les étamer on
a un vaiffeau plus étroit à chacun de fes bouts qu'au milieu ; on
les met dans ce vafe ; on a un mélange d'étain fin & de fel ammoniac ; le fel ammoniac y eft en petite quantité : on met ce mêlange en fufion, on y jette les pointes ou épingles, on les y agite
jufqu'à ce qu'on s'apperçoive qu'elles foient bien blanchies:le mou-

vement les empêche de s'attacher les unes aux autres. Quand elles
font refroidies, on en fait des paquets de cent: pour cet effet, on en
compte cent ; on jette cette centaine dans un des plats de la ba-
lance, & on en jette dans l'autre plat autant qu'il en faut pour
l'équilibre ; on continue ainsi jusqu'à ce qu'on ait mis toutes les
pointes en paquets de centaines, & en état de vente.

Il y a parmi les clous d'épingle, ceux d'homme & ceux de
femme : ils ne différent que par la force : les premiers font les
plus forts.

Les arquebufiers donnent le nom de *clou*, au *clou* du chien de
la platine. On argente & l'on dore les clous. *Voyez* ARGENTER.
Encyclopedie.

Il n'y a guere de provinces en France où il ne fe fabrique des
clous de fer ; mais celles qui en font le plus grand commerce,
font la Normandie, la Champagne, le Limofin, le Forêt, Charleville & Liege, dont la plus grande confommation de fes clous
fe fait, en tems de paix, dans le royaume.

La plus grande quantité, & le plus fort affortiment de clous
fe fait à Charleville, & aux environs ; les autres lieux en tournif-
fent moins, & n'en ont que de certaines efpeces.

Il fe fait encore une très-grande quantité de clous de toute
efpece, au bourg de Moré dans la Franche-Comté, qui fervent
pour toute la province, pour une partie de la Bourgogne, pour
la Suiffe, la Savoye, le Génévois, & lieux circonvoifins.

Voilà les efpeces principales de clous, dont il eft parlé dans
l'*Encycl.*

Une obfervation effentielle à faire pour les perfonnes qui emploient les clous, c'eft qu'avant d'en acheter de groffes parties,
il faut les effayer ; car on en fait de métal, fi aigre ou caffant,
que fur cent clous qu'on emploie, il s'en caffera peut-être plus
d'un quart, & quoi que la perte ne foit pas confidérable, rien
ne chagrine plus un ouvrier qui perd fon temps & une partie de
fa marchandife. Cet ouvrier a calculé, par exemple, que dans
une garniture qu'il fait, il lui faut 1000 clous, & qu'il doit refter une heure pour les employer ; il fait fon marché fuivant cela,
mais il fe trouve trompé, fi les clous ne font pas bons ; car il
mettra un quart de temps de plus, & employera un quart plus de
marchandife, outre que fon ouvrage deviendra défectueux, parceque les pointes de clous qui fe font caffés, ne lui permettront
plus de les placer dans des endroits néceffaires ; cela découra-
gera l'ouvrier avec raifon. Ce détail n'eft point inutile, parceque fi c'eft un homme de métier, qui life ce paragraphe, il ef-
perera que les marchands qui font ce commerce de clouterie en
gros, profiteront de l'avis qu'on leur donne ici, qu'ils effaye-

ront les clous , avant que d'en conclure les marchés , & qu'ils obſerveront qu'ils ſoient faits d'une matiere capable de ſoute-nir le coup de marteau. Si l'on ſe donne ces ſoins pendant quel-que temps , & qu'on rebute tous ceux qui ne ſeront pas de bonne qualité , les fondeurs de ces clous ſe conformeront néceſ-ſairement aux regles requiſes pour faire de bonne marchandiſe , en employant de bonne matiere , qui ait un corps ſuffiſant , pour les uſages auxquels elle eſt deſtinée. Cette matiere doit être com-poſée de 100 livres de laiton très-doux , & de 3 livres d'étain ou environ , ſuivant la prudence de l'ouvrier , le tout fondu & moulé proprement & ſans ſouflure. Pour les éviter, & pour que les fondeurs ayent ſoin de bien ſécher leurs chaſſis , avant que d'y couler la matiere fondue , il faut qu'ils obſervent encore d'y laiſ-ſer des évents convenables , & que la matiere ſoit fondue liquide comme de l'eau. On voit qu'au moyen de quelque légere at-tention , on peut ſe mettre à l'abri de tant de friponneries qui ſe commettent journellement dans ce genre de commerce.

Il en eſt de même de toutes les autres qualités de clous ; ain-ſi un marchand qui fait le commerce de ceux de fer , doit exa-miner ſoigneuſement la qualité du fer , avec lequel ils ſont fabri-qués , qui doit être fibreux , & par une ſuite néceſſaire doux & très-flexible. En caſſant quelques clous on connoit ſi les fers avec leſquels ils ont été faits ſont de la qualité qu'ils doivent être. S'il paroit à la caſſure de ces clous des grains & des lames , le fer a été mauvais , & les clous le ſeront par conſéquent , & très-fra-giles ; ſi au contraire on a de la peine à les caſſer , & qu'il paroiſſe ſur leur caſſure un grain fibreux , pareil à celui qu'auroit un mor-ceau de bois qu'on auroit caſſé en le forçant des deux mains , cet indice démontrera la bonté du fer & celle des clous.

Les inconvéniens qui réſultent de l'emploi de cette mauvaiſe marchandiſe ſont innombrables ; on n'a qu'à réfléchir ſur les diffé-rens uſages auxquels elle eſt employée , & à l'importance des travaux qu'on ne peut perfectionner ſans le ſecours des clous, pour convenir de la vérité de ce qu'on vient de dire. Voyez le *Journal Oéconom.* 1759. pag. 162.

COBALT, KOBOLD; en latin *cobaltum , cadmiaſoſſilis pro cæruleo , cadmia metallica &c.* C'eſt un demi-métal , d'un gris qui tire un peu ſur le jaunâtre ; il paroit compoſé d'un aſſemblage de petites lames ou de feuillets ; à l'extérieur il a aſſez de reſſem-blance avec le biſmuht : mais ce qui caractériſe particuliérement ce demi-métal , c'eſt la propriété qu'il a de donner une couleur bleue à la fritte du verre , lorſqu'on le met en fuſion avec elle.

On a long-temps regardé le cobalt comme une ſubſtance ter-

reufe ; c'eft fa grande friabilité qui femble avoir accrédité cette erreur ; mais Mr. Brandt, fçavant chymifte Suédois, a prouvé dans
un mémoire inféré dans les actes de l'académie d'Upfal, qu'on
devoit le placer au rang des demi-métaux : voici les raifons fur lefquelles il appuie fon fentiment : 1° le *cobalt* préfente à l'extérieur
le même coup-d'œil qu'un métal : 2° il a une péfanteur métallique : 3° il entre en fufion dans le feu, & prend en refroidiffant
une furface convexe, ce qui eft un des caracteres diftinctifs des
fubftances métalliques : 4° le *cobalt* fe diffout dans l'eau-forte, &
donne une couleur d'un verd jaunâtre au diffolvant ; les fels alkalis
fixes précipitent cette diffolution d'une couleur noire, & l'alkali
volatil la précipite d'un rouge très-vif ; fi on édulçore la matiere
précipitée & qu'on y joigne de la matiere inflammable, en faifant
fondre ce mélange, on obtient du cobalt en régule, comme cela
fe pratique fur les précipités des autres fubftances métalliques dont
on fait la réduction.

Le cobalt ne s'amalgame point avec le mercure, & jamais on
ne peut l'unir avec le bifmuht par la fufion, quoique les mines de
ce dernier demi-métal contiennent prefque toujours du cobalt. Il
s'unit très-intimement au cuivre, qu'il rend aigre & caffant.

On diftingue plufieurs efpeces de mines dont on tire le cobalt ;
voici les principales, fuivant M. Wallerius.

I. La mine de cobalt cendrée : elle a quelque reffemblance avec
la mine de plomb cubique ou galene, mais elle reffemble encore
plus à la pyrite arfenicale avec qui on la confond fouvent mal-
à-propos ; cependant le grain de cette mine de cobalt eft plus fin,
& d'une couleur plus foncée & plus rougeâtre que celle de la pyrite arfenicale.

II. La mine de colbalt fpéculaire, ainfi nommée parcequ'on
y remarque des lames ou feuillets luifans comme la glace d'un
miroir ; ce que M. Wallerius conjecture venir de ce que le cobalt
fe trouve uni avec du fpath feuilleté ou quelqu'autre matiere de
cette efpece.

III. La mine de cobalt vitreufe, ainfi nommée parcequ'elle reffemble à des fcories ou à une matiere vitrifiée ; elle eft brillante
& d'un gris bleuâtre.

IV. La mine de cobalt cryftallifée ; on appelle ainfi les mines
de cobalt qui affectent une figure réguliere & déterminée : on
leur donne différens noms, fuivant la figure qu'on y remarque ;
par exemple on les appelle *mines de cobalt tricottées, en réfeaux, &c.*

V. Fleurs de cobalt ; c'eft une mine de cobalt tombée en efflo-
refcence à l'air, & qui prend une couleur ou rouge, ou violette,
ou pourpre, ou fleur de pêcher ; quelquefois ces couleurs ne font
qu'à la furface ; quelquefois elles pénetrent de part en part.

VI. La mine de cobalt terreufe; cette mine eft ainfi nommée parcequ'elle eft friable & peu compacte : fa couleur varie; il y en a d'un blanc tirant fur le verd, de jaune comme de l'ochre, de noire, &c.

Outre cela, on rencontre fréquemment du cobalt dans les mêmes mines qui fourniffent le bifmuth. On en trouve auffi quelquefois dans la mine d'arfenic, que l'on nomme *teftacée*. On en rencontre auffi en petite quantité dans la mine d'arfenic d'un rouge cuivreux. On croit devoir avertir en général, que les ouvriers des mines d'Allemagne, & quelques autres d'après eux, ont fouvent confondu les mines de cobalt avec celles d'arfenic, & ont indifféremment donné le nom de *cobalt* à des mines arfenicales, qui ne contiennent que peu ou point de ce demi-métal; ce qu'il y a de certain, c'eft que toutes les mines de cobalt font chargées d'une portion d'arfenic très-confidérable, que l'on eft obligé d'en dégager par le grillage pour en féparer le cobalt, ou la matiere propre à coler le verre en bleu.

Après que la mine de cobalt à été grillée dans le fourneau on la retire, on l'écrafe dans un moulin par le moyen de deux meules qui tournent verticalement; enfuite on la fait calciner de nouveau jufqu'à ce qu'il n'en parte plus aucune fumée; pour lors on retire le cobalt, dont on mêle une partie avec deux parties, & même plus de potaffe & de cailloux ou de quartz pulvérifés, & l'on en fait ce qu'on appelle le *faffre*, *fmalte* ou *azur*, dont on fe fert pour peindre en bleu la fayance & la porcelaine, pour colorer le verre, faire du bleu d'empois, &c. Les manufactures où l'on traite ainfi le cobalt, font un objet de commerce très-confidérable pour la mifnie, & produifent un très-grand revenu à l'électeur de Saxe.

L'exportation du cobalt crud eft défendue en Saxe fous des peines très-rigoureufes; il y a des commis établis pour en empêcher la contrebande; & tout le cobalt qui fe recueille dans le pays, doit être livré, fuivant la taxe qui en a été faite par le confeil des mines, aux manufactures de faffre. Voyez *faffre*.

On a fouvent tenté de tirer de l'argent des mines de cobalt; mais quand il s'y en trouve, ce n'eft qu'accidentellement : il n'y a donc point de meilleur parti que de les travailler pour en tirer la couleur bleue propre à faire le faffre.

Une maniere courte d'éprouver fi une mine de cobalt fournira un beau bleu, c'eft de la faire fondre dans un creufet avec deux ou trois fois fon poids de borax, qui deviendra d'un beau bleu fi le colbalt eft d'une bonne qualité.

Il y a des mines de cobalt en plufieurs endroits de l'Europe; mais les plus abondantes & les meilleures, font celles de de Schneeberg

berg en Mifnie; le cobalt s'y trouve ordinairement joint aux mines de bifmuth. Il s'en trouve auffi en Bohême dans la vallée de Joachim (*Joachims-thal*), au Hartz, dans le duché de Wirremberg, aux Pyrénées, dans la province de Sommerfet en Angleterre (1), en Aliace, &c. Il paroit que les Chinois, & fur-tout les Japonois, ont auffi des mines de cobalt chez eux, par les porcelaines bleues fi eftimées qui venoient autrefois de leur pays; mais il y a lieu de croire que leurs mines font épuifées, ou du moins que le cobalt dont ils fe fervent actuellement, eft d'une qualité inférieure, attendu que le bleu de leurs porcelaines modernes n'eft plus fi beau.

L'exploitation des mines de cobalt eft dangereufe; il y regne très-fouvent des vapeurs arfenicales, qui font périr ceux qui y travaillent; outre cela leurs pieds & leurs mains font fouvent ulcérés par ce minéral qui eft très-corrofif *Encycl.*

Pour bien diftinguer ce minéral, il n'y a qu'à le changer en verre; car le verre fait avec du pyrite eft noir, celui de cuivre eft roux, celui d'argent eft blanc, au lieu que celui qui eft fait avec du cobalt eft couleur de faphir.

Comme il y a différentes fortes de cobalt, il y a auffi beaucoup de différences dans le prix, & les vaiffeaux ou barils, ont différentes marques, fçavoir O. C. cobalt ordinaire. M. C. cobalt moyen. F. C. fin cobalt. FF. C. cobalt plus fin. FF. F. C. cobalt très-fin, qui eft très-précieux & très-rare. *Tranfact. Philof. de la fociété royale de Londres A. 1727. n. 276. art. ult.* Voyez *arfenic*, & *bleu d'émail*, tome I p. 141. où l'on verra ce que c'eft que la fimalte, bleu de Saxe, d'où on tire le meilleur, & le négoce qu'on en fait.

COCA, (*bot. exot.*) arbriffeau du Pérou, dont les fruits, quand ils font fecs, fervent aux habitans de petite monnoie, de même que le cacao en fert aux Méxicains, tandis que les feuilles de l'arbriffeau font les délices des Péruviens, comme le bétel chez les Orientaux, & le tabac chez les Européens.

Cette plante ne s'élève guerre que de trois à quatre pieds; fes feuilles font molles, d'un verd pâle, & affez femblables à celles du myrrhe. Son fruit eft difpofé en grappes, rouge comme le myrtile quand il commence à mûrir, de pareille groffeur, & noir quand il atteint fa parfaite maturité. C'eft en cet état qu'on le cueille & qu'on le laiffe entièrement fécher avant que de le mettre dans le commerce.

(1) Celui d'Angleterre eft une efpece peu eftimée, on en rencontre en fort grande quantité dans les montagnes de Mendip. Voyez *Journal Écon.* 1758, p. 287, *Journal Encycl. Déc.* 1760. 2. part. p. 49.

Je fuis fâché de ne pouvoir rien dire de plus d'une plante de ce prix, de ne la connoître même par aucune defcription de bota-nifte, mais feulement par des rélations de voyageurs qui fe con-tredifent les uns les autres, & qui paroiffent ne s'être attachés qu'à nous en débiter des conte hors de toute créance. Tels font ceux qui nous rapportent qu'il fe fait un fi grand commerce du coca, que le revenu de la cathédrale de Cufco ne provient que de la dixme des feuilles.

Quelques auteurs ont fait deux plantes de celle-ci, & en con-féquence l'ont décrite différemment fous les noms de coca. Cet ar-ticle eft de M. le Chevalier *de Jaucourt. Encycl.*

COCHENILLE. Matiere qui fert à la teinture de l'écarlate & du pourpre.

La cochenille, dans l'état où l'on nous l'apporte du Mexique, le feul endroit où elle croiffe, eft en petits grains de figure af-fez irréguliére, ordinairement convexes d'un côté, fur lequel on apperçoit des efpeces de canelures, & concaves de l'autre : de couleur de pourpre intérieurement, & à l'extérieur tantôt d'un roux noirâtre, tantôt d'un gris de cendre un peu mêlé de rouge. Celles qui ont cette couleur paffent pour les meilleures. Leur contour approche de la figure ronde, ayant fouvent quelques enfoncemens : plus ou moins marqués fur différens grains. On trouve en un mot, entre ces grains toutes les irrégularités qu'à pu prendre, en fe deffléchant, un corps qui a été mol. On n'a fu d'adord de cette drogue d'autres circonftances, finon qu'on la recueilloit au Mexique fur certaines plantes; d'où il étoit affez naturel de penfer, que c'étoit un fruit. Mais ceux qui l'ont obfervée avec des yeux éclairés & attentifs l'ont bientôt foupçon-née d'être un animal.

Le pere Plumier en 1690 fut le premier qui affura que la cochenille étoit un infecte, qui naît & croît dans le Mexique fur une efpece d'opuntia ou figuier d'Inde. Il communiqua par lettres cette découverte à Pomet qui la publia dans fon Hiftoire des drogues. M. Hartfoecher en 1699 M. de la Hire, en 1704 & M. Geoffroi en 1715 ont décidé fur d'excellentes preuves que la Co-chenille eft un infecte deffléché. Leur décifion a été authentique-ment confirmée par l'ouvrage de M. de Ruyfcher fur la Coche-nille, imprimé à Amfterdam en 1729 & où cette queftion d'Hif-toire naturelle a été traitée & dècidée juridiquement.

Les pieces qu'on a fur la cochenille, tirées des informations prifes à Antiguera dans la N. Efpagne, où fe fait le plus grand né-goce de cochenille, & inférées dans cet ouvrage, nous appren-nent, que ce font de petits animaux vivans, qui marchent, montent & cherchent leur pâture, qui font des petits, pas plus gros que des lentes, des mittes, ou que la pointe d'une épingle, qui ont des yeux, un bec, des pattes & des griffes, qui ne changent point de forme comme les vers à foie, mais qui engendrent des animaux configurés comme eux, qui ayant crû jufqu'à leur perfection reffemblent fort en groffeur & en couleur à la forte de vermine appellée en Latin *Ricinus*, en François *Tique*.

Il fe fait trois récoltes de cochenille, la premiere eft des meres qui après avoir fait leurs petits fe trouvent mortes dans leurs nids ; environ 3 ou 4 mois après, felon que le climat ou la difpofition de l'air le permet, & lorfque les premiers petits font en état d'en faire d'autres, & même en ont dejà fait quelques-uns, les Indiens les enlevent de deffus les Nopals avec beaucoup de précaution par le moyen d'une efpece de pinceau, ce qui s'appelle la feconde recolte, ou la premiere des petits qui ont été nourris & élevés dans le grand air.

Trois ou quatre mois encore après on enleve la feconde couvée ou génération des petits qui font nés fur le Nopal, & qui y étant devenus grands & gros y ont auffi fait les leurs ; mais avec cette différence qu'on enleve alors de deffus la plante, les petits & leurs meres, ce qui fait que cette feconde recolte s'appelle en Efpagne granilla, diminutif de grana, nom qu'on donne à la premiere, parceque les cochenilles qu'on raffemble alors font d'une groffeur égale & raifonnable. On garde en vie un nombre de ces jeunes fur des nopals coupés ou tirés de terre & ferrés dans la maifon pour nourrir ces beftioles pendant la faifon des pluyes ; car ces nopals ou figuiers des Indes font fort humides, & peuvent, quoique déracinés, durer long-temps fans fécher ni fe pourrir : ce font ces petits confervés de la précédente recolte, qu'on met après les pluyes dans des nids fur les nopals, & qui deviennent les meres de ceux de l'année fuivante.

On fait mourir cet infecte de trois manieres, fçavoir dans l'eau chaude ; dans des tamafcales ou petits fours faits exprès ; enfin fur des comales ou poëles plattes, fous lefquelles on met le feu. Ces trois différentes manieres donnent à la cochenille trois différentes couleurs ; la premiere la rend d'un brun roux, & lui fait perdre dans l'eau le blanc extérieur dont la cochenille vivante eft comme couverte. On appelle cette cochenille *renegrida*. La feconde la rend cendrée, marbrée ou jafpée, tant à caufe du blanc naturel dont elle étoit couverte étant en vie, qu'à caufe de la couleur rouge & tranfparente de la cochenille même ; elle a du blanc fur un fond rougeâtre ; on l'appelle *jafpeada*. La troifieme maniere la rend noire comme fi elle avoit été brulée, ayant été trop échauffée ; auffi on l'appelle *negra*. La couleur de cochenille la plus eftimée eft un gris qui tient de l'ardoife, mêlé avec du rougeâtre, & qui eft poudré de blanc.

Des meres mortes d'elles-mêmes après avoir fait leurs petits, quatre livres n'en rendent qu'une, étant féchées ; mais trois livres des vivantes qui ont été ôtées avec précaution de deffus les Nopals, ayant été tuées & féchées, en rendent une livre.

Il faut qu'il y ait bien des gens occupés à recueillir la cochenille ; car pour avoir une idée du profit que le Mexique tire de la cochenille, on dira d'après une differtation envoyée d'Amfterdam à M. du Fay par M. de Neufville en 1736 qu'il arrive en Europe chaque année 880000 livres pefant de cochenille, & que le total de la vente de cette cochenille eft, année commune, d'environ 7410000 florins de Hollande, ou 15050690 livres argent de France ; un tiers eft de cochenille Sylveftre, & le refte de Mefteque.

Un fi grand objet de commerce obferve M. de Reaumur, Tome IV. p. 87 &c. feroit bien digne d'être envié au Mexique par les plus puiffans états de l'Europe. Il eft même furprenant, qu'ils n'ayent pas fait encore fur cela toutes les tentatives poffibles. Ceux qui ont des colonies en Amérique, ont certainement des climats où pourroient croître les mêmes efpeces de nopals qui croiffent dans le Mexique, & fur lefquels probablement les cochenilles pourroient vivre & fe multiplier. Ces cochenilles qu'on garde dans les maifons pendant l'hiver, & qui n'y périffent pas, pourroient apparemment être tranfportées, dans la même faifon ou dans d'autres, fur des vaiffeaux fans y périr.

M. du Hamel, médecin, correfpondant de l'Académie à S. Domingue, y a obfervé une efpece de cochenille qu'il croit être la même que celle du P. Plumier. Il en a envoyé à Mrs. du Fay & Juffieu, mais elle n'a fait prendre à l'eau qu'une foible teinture d'un affez mauvais rouge. L'efpece de celle du mexique pourroit bien être à S. Domingue, quoiqu'on ne l'y ait pas encore découverte, ou du moins pourroit-elle y être tranfportée. Du refte, il y a toute apparence, dit nôtre auteur, que le mexique ne reftera pas toujours feul en poffeffion de cette précieufe drogue, & qu'il arrivera à la cochenille ce qui eft arrivé aux vers à foie, qui ont été tranfportés des Indes dans les pays qui peuvent leur fournir des feuilles de meurier. M. de Neufville n'a pas oublié de remarquer que la cochenille, quelque temps qu'on la garde, ne fe corrompt point, & que quelque vieille qu'elle foit, elle eft tout auffi bonne pour la couleur que la plus récente ; ce que M. Marchand a confirmé à nôtre auteur, & on le dit auffi dans *l'Encyclopédie*.

La cochenille mefteque eft ainfi appellée, parcequ'on en trouve à Méfteque, dans la province de Honduras ; c'eft celle que l'on feme, pour ainfi dire, & qu'on recueille dans les plantations de nopals, c'eft la meilleure.

Les provinces du Mexique où on recueille le plus de cochenille, font celles de Tlafealla, de Guapaxa, de Guatimala, de Honduras, &c.

Voici les diftinctions que M. Savary donne de cette drogue.

La plus précieufe cochenille, dit-il, eft celle qui vient du ver qui croit fur le Tonna : les marchands épiciers, & les teinturiers, l'appellent *cochenille mefteque* ; elle s'emploie dans les plus belles teintures.

Il y a auffi de la cochenille competiane, de la tefquale, & une autre fylveftre, qu'on nomme *fylveftre commune*, bien différente de celle des Indes.

La campetiane n'eft autre chofe que les criblures de la mefteque, ou la mefteque même, qui a déja fervi à la teinture. Voyez *Carmin*.

La Tefquale, autrement tétrechalle, eft la terre qui fe trouve mêlée avec la campetiane.

Pour la fylveftre commune, c'eft une cochenille de graine, qui fe recueille fur les racines de la grande pimprenelle, appellée en latin *pimpinella fanguiforba*.

Ces fortes de cochenilles étant d'une bonté, & d'un prix au deffous des vraies cochenilles, ne fervent qu'à teindre de petites étoffes.

La cochenille paffe pour fudorifique, alexipharmaque & fébrifuge ; on l'ordonne dans la fievre &c. Voyez *l'Encyclopédie*.

La cochenille arrive ordinairement à Cadix en Efpagne, fur les galions, qui y apportent les tréfors du Mexique & du Pérou ; de-là elle eft tranfportée en Hollande, en Angleterre, & à Marfeille, &c. d'où les marchands épiciers & droguiftes de France & d'ailleurs la tirent. Voyez *Rouge*.

COCHLEARIA, anti-fcorbutique admirable. Il croît par toute la Groenlande, fon goût n'a pas tant d'amertume que le nôtre, quoiqu'on puiffe dire que fes effets font fouvent admirables & prefque miraculeux. *Merc. Dan.* 1755. Juillet, p. 203.

COCON, qu'on nomme auffi *coucon*. On donne ce nom à ce tiffu filamenteux dans lequel le ver à foie s'enveloppe, & dont on obtient en le devidant par une opération qu'on appelle le *tirage*, cette fubftance animale qu'on appelle *foie* que nous employons à tant d'ouvrages précieux &c. Cet infecte le file lui-même, & il y demeure enfermé 15 ou 20 jours, fur la fin defquels il se transforme en une espece de féve, d'où il sort en papillon, pour répandre sa graine.

Les cocons sont de la figure d'un petit œuf de poule : quelques-uns sont pointus par les deux bouts ; d'autres ne sont pointus que par un bout, ayant l'autre plus arrondi ; & c'est à cette différence que se reconnoissent les vers mâles d'avec les femelles, les premiers ayant deux pointes, & les derniers n'en ayant qu'une.

Il y a des cocons de plusieurs couleurs, particuliérement de jaunes, d'oranges, d'isabelles, & de couleur de chair ; les céladons, & les couleurs de souffre sont plus rares, & les blancs encore davantage : toutes ces couleurs se perdent dans le décreusement de la soie. Voy. *Soie.*

On distingue des bons cocons, des mauvais cocons ; des cocons fins, des doubles, des satinés ou veloutés, des ronds, des pointus, &c.

M. de la Rouviere a inventé une machine pour tirer plus facilement les cocons du ver à soie, cependant malgré tous les avantages que cette machine procureroit, pour faire beaucoup d'ouvrage, &c. elle n'est point encore mise en usage ; on en trouvera le description dans le *Journal Econom.* Nov. 1756 & dans le grand *Dictionnaire de Commerce.*

COCOTIER. C'est le nom d'un grand arbre de la classe des Palmacées, qui donne cette grosse noix qu'on nomme *cocos*, laquelle sert de nourriture à tous les habitans de la Zone-torride.

Il n'y a point d'arbre, dont l'usage soit si universel que celui du cocotier, dans les Indes Asiatiques. Car toutes ses parties ont leur utilité, mais les unes plus que les autres. Le bois est la partie dont on en tire le moins. Il fournit plus abondamment de quoi soutenir la vie aux indiens orientaux des pays maritimes, que toute autre chose que la nature y produit. Sans cet arbre & le ris, ces pays seroient déserts ; mais ces deux choses qui y viennent si bien, les rendent les plus peuplés du monde.

Les principales choses qu'on tire du cocotier, sont de trois sortes : des liqueurs, qui servent de boisson ; une substance pulpeuse de son fruit, qu'on mange ; & une huile qui sert pour la friture, aussi bien que pour brûler dans les lampes. On en tire encore du sucre, & du vinaigre.

Les liqueurs qui servent de boisson, sont aussi de trois sortes : celle que les Malayes appellent *touac*, & les Malabares *suri*, & qu'on prononce *souri*, se tire de la grappe de la fleur, lorsqu'elle est encore en bouton, ou enveloppée de sa gaine. On en tire par jours environ deux pots, plus ou moins, selon la grandeur & la force de l'arbre.

La seconde liqueur se tire des jeunes cocos, qui ont encore la peau verte. · haque coco en contient une chopine & demie, suivant sa grosseur. La troisieme enfin est plutôt un esprit qu'on tire par la distillation du suri, que les malayes appellent arac, qui est un peu moins agréable que l'eau-de-vie; cependant les Anglois, les Hollandois, & les Danois, en font venir beaucoup des Indes, pour faire leur meilleur Ponche.

Le suri est aussi doux & agréable que le moût, d'abord qu'il est tiré, & avant qu'il fermente. Il est fort prompt à fermenter, & il ne tarde pas 24 heures à bouillir. Alors c'est une liqueur qui exhale beaucoup d'esprit volatil, qui enyvre, & qui devient desagréable à boire. On s'en sert pour faire d'assez bon vinaigre. C'est dans le temps de la fermentation que le suri est propre à faire l'arac. Les Chinois qui sont répandus dans toutes les isles, sont ceux qui distillent le plus de cette liqueur qui est d'un grand commerce dans toutes les Indes.

La liqueur des jeunes cocos est une eau claire, légérement sucrée, très-agréable, & propre pour desaltérer. On en vend beaucoup pour cet usage. Cette eau de coco est ragoûtante, lorsque ce fruit est jeune, ou verd, frais, & sortant de l'arbre; mais à mesure qu'il avance en âge, & que sa coque commence à se former, son goût va en diminuant de bonté, jusqu'au temps qu'elle blanchit comme le petit lait, & prend une consistance épaisse. Car cette liqueur est proprement une subitance qui doit se convertir en une matiere solide, par le mécanisme de la fructification, & former une espece d'amande avec le temps, quoique le coco soit separé de l'arbre, & pendu à l'air pendant quelques mois. Cette amande est ordinairement de la grosseur & de la rondeur d'une pomme enfermée dans sa coque. Quand on la veut planter pour en avoir un arbre, on continue de la laisser pendue en plein air, jusqu'à ce que son germe ait poussé de la longueur d'un pan. On plante ensuite ce coco poussé, dans le fond d'un creux de terre, où il reste à moitié enfoncé, & la pluye qu'il s'amasse dans ce creux, contribue à sa conservation & à son accroissement qui ne réussiroit pas si bien sans cette méthode.

La pulpe du coco, qui sert de manger aux Indiens, se tire avec une rappe ou une cuiller, en raclant le dedans de la coque ou coquille, lorsqu'elle commence à se former & à devenir dure; car alors elle y abonde de l'épaisseur d'un doigt contre les parois de la coque. Cette pulpe est un très-bon manger, cuite en forme de bouillie, sur-tout avec du ris, comme on le fait fort souvent. On en fait encore d'autres sortes d'aprêts.

Le cocotier est un arbre fort abondant dans toutes les isles, & toutes les côtes maritimes des indes orientales. Son grand usage fait qu'on en plante par-tout, principalement dans les lieux bas, unis & humides, affez près les uns des autres.

Enfin, le cocotier dure la vie d'un homme ; fon âge eft le même, de 80 à 90 ans. Il croit de la hauteur de 60 ou 80 pieds. Les feuilles font très-utiles pour couvrir les maifons, comme on fait avec beaucoup d'autres feuilles du genre des palmacées. On les range avec tant d'art, en faifant les couverts, que la façon en plaît beaucoup. Ces couverts réfiftent aux plus grands vents ; & les pluyes qui font très-abondantes dans la mouffon occidentale, n'y peuvent jamais pénétrer. Les bouts des feuilles fervent de papier pour y écrire avec un poinçon de fer. On en fait des nates, &c.

L'écorce extérieure qui couvre le coco, renferme une filaffe, qui étant apprêtée, fert à faire des cordes, mais furtout de très-bons cables pour les vaiffeaux. La Compagnie Hollandoife s'en fert beaucoup aux Indes.

La coque & l'écorce du coco, auffi-bien que les feuilles de l'arbre, fervent à faire une fi grande quantité d'uftenfiles pour les divers befoins, qu'on ne fçauroit les rapporter tous. L'huile de coco fert encore à oindre les cheveux, felon l'ufage des Indiens, afin de les rendre luifans, unis, faciles à peigner, & exempts de la vermine. Elle eft d'un grand ufage & très-douce ; lorfqu'elle eft nouvelle, l'huile de Provence ne la vaut pas ; mais elle fe corrompt en peu de jours.

Au brefil, où il y a beaucoup de cocos, on y en trouve de fi petits, que chaque fruit n'eft propre qu'à faire un grain de chapelet. Ces petits cocos font tous percés à un de leurs bouts.

Les cocos des antilles ne font pas fi gros que ceux des Indes Orientales, de l'Afrique, & de l'Arabie, foit pour les arbres, foit pour le fruit ; les arbres ne s'élevant pas au-délà de 25 pieds, & les fruits n'y étant que d'une médiocre groffeur. Ce font de ces fortes de cocos, dont les marchands épiciers & Droguiftes de Paris font un commerce très-confidérable.

Les Dieppois qui travaillent fi bien l'yvoire, font auffi de très-jolis ouvrages de cocos, qu'ils envoyent en divers lieux du royaume, mais particuliérement aux marchands merciers de Paris, dont quelques-uns en font un affez gros débit. *Mém.* de M. Garcin.

Le fruit du cocos féché & vuidé de fa moëlle, fert à Siam de mefure pour les liquides, & pour les grains. Comme ces fruits font les uns plus larges, & les autres moins, on en mefure la capacité avec des cauris. Il y a tel cocos qui contient mille cauris, & d'autres, feulement 500 & même beaucoup moins, ce qui fait une diminution, ou une augmentation de mefure, à peu-près comme la chopine & la pinte, ou le litron & le demi-litron, en France.

CODAGA-PALA. Cet arbiſſeau vient fréquemment dans le Malabar & dans l'iſle de Ceylan. Sa racine eſt peu profonde ; elle répand beaucoup de fibres ; ſon écorce eſt d'un rouge brun & de lait ; ſon goût eſt amer & peu piquant : les tiges en ſont fermes, ligneuſes , rondes ; elles produiſent différens rameaux revêtus d'une écorce noirâtre qui couvre un bois blanchâtre. Les fleurs ſont aſſez ſemblables à celles du jaſmin.

On recommande l'écorce de codaga-pala pilée & priſe en décoction ſtomachique pour le flux de ventre. Sa racine pilée & bouillie dans l'eau , cuite avec de l'orge & du ris , eſt utile pour l'angine aqueuſe ou pituiteuſe : elle diſſipe les tumeurs : elle appaiſe quelquefois les douleurs de dents. Les graines bouillies ſont utiles contre les vers.

Les *Mémoires d'Edimbourg*, Tome IIIe. p. 32 , en recommandent l'écorce de petites & jeunes branches qui ne ſont point couvertes de mouſſe , ni d'une eſpece de teigne extérieure & inſipide. Cette écorce eſt regardée comme un ſpécifique dans les diarrhées , après qu'on a raclé avec ſoin la mouſſe , qu'on l'a réduite en pouſſiere très-fine , & qu'on la mêle avec du ſirop d'oranges. Voyez l'*Encycl.* Voyez auſſi *Hortus Indicus Malabaricus*, part. I, p. 85. tab. 47. *Burman.* Theſ. Zeylan. 167. Tab. 77.

COEFFE, terme de marchands de modes , ajuſtement de femmes ; c'eſt un morceau de taffetas noir taillé quarrément par devant, & en biais par deſſous , & dont le derriere qui forme le derriere de la tête , eſt pliſſé. Les femmes ſe ſervent de cet ajuſtement pour ſe couvrir la tête ; elles placent la coëffe ſur la coëffure, & la nouent ou l'attachent ſous le menton avec un ruban noir. Celles qu'elles portent en été, ſont de gaze ou de dentelle.

Autrefois les coëffes étoient compoſées de deux aunes de taffetas , & pendoient ſur l'eſtomac ; elles ont été diminuées petit à petit , & ſont devenues ce qu'elles ſont aujourd'hui. Elles ont une infinité de noms différens. Il n'y a rien qui reſſemble tant à l'abus de la nomenclature en hiſtoire naturelle, que celle des marchandes de modes ; la moindre petite différence de formes dans un individu , fait imaginer aux naturaliſtes un nouveau nom ou une nouvelle phraſe ; la moindre petite différence dans un ajuſtement , altère ou change, chez les marchandes de modes, la dénomination d'un ajuſtement : une coëffe eſt-elle grande & priſe dans toute la largeur du taffetas , a-t-elle les pans à peine échancrés , ſe noue-t-elle ſous le menton, & ſe termine-t-elle en bavoir étendu ſur la poitrine ? c'eſt une coëffe à la bonne femme : différe-t-elle des autres coëffes par ſes pans , ces pans ſont-ils aſſez longs , ſe nouent-ils d'un nœud à quatre devant ou derriere , &

font-ils terminés par un gland? c'eſt une coëffe à la ducheſſe : eſt-elle priſe dans la moitié de la largeur du taffetas, n'a-t-elle que des pans forts courts, eſt-elle bordée d'une dentelle tout au tour, devant & derriere , & ſe noue-t-elle ſous le menton avec deux rubans paſſez en ſens contraire dans une couliſſe faite ſur le derriere ? c'eſt une coëffe à la miramione : n'a-t-elle pas plus de profondeur que le premier bonnet , & eſt elle bordée devant & derriere d'un ruban bouchonné, n'a-t-elle que des pans fort courts, & s'attache-t-elle en devant par une agraffe couverte d'un nœud de dentelle à quatre ? c'eſt une coëffe au rhinoceros , &c. &c. &c. *Encyclopédie.*

COEFFURE , en terme de marchands de modes, eſt proprement tout ce qui ſert à couvrir la tête des femmes , dans le négligé , demi-négligé , & dans l'ajuſté. Ce terme ſera bientôt au nombre de ceux auxquels on n'attache plus d'idées ; déja la moitié des dames ont trouvé le moyen de ſe coëffer ſans coëffure.

Cette partie de l'ajuſtement des femmes a été de tout temps ſujette à bien des révolutions , tant chez les Grecs que chez les Romains , & les autres nations ; il eſt impoſſible d'en faire mention. Les modes changeoient alors comme aujourd'hui : en dix-neufs ans du regne de Marc-Aurele , ſa femme paroit avec trois ou quatre coëffures différentes. Chacune de ces modes avoit ſon nom. Loin de connoître celui des pieces de toutes ces coëffures, nous n'avons ſeulement pas ceux de la coëffure entiere ; il y en a en cheveux , d'autres en perles & pierres précieuſes , &c.

Les coëffures ſont faites le plus ordinairement de belles dentelles, de gaze, de blonde, &c. Les veuves en portent de mouſſeline unie , ourlée tout au tour d'un grand ourlet large & plat. Les femmes d'artiſans en portent de mouſſeline & de batiſte ; & les femmes au deſſus du commun ſe ſervent de ces coëffures pour la nuit.

Les coëffures à quatre barbes ſont de deux pieces , dont celle de deſſous eſt plus large que celle de deſſus ; il y faut près de ſix aunes de dentelle ; car pour les barbes, on coud deux dentelles de la même façon à côté l'une de l'autre , ce qui forme la largeur de la barbe , qui peut avoir une demie aune de long, & eſt tout en plein de dentelle : le bas forme une coquille pliſſée : le deſſus de tête eſt auſſi de la même dentelle, & tient aux barbes ; il peut avoir un quart & demi de long, & eſt attaché ou monté ſur un morceau de mouſſeline unie, ou rayée, ou brodeé : en la couſant à ce morceau, on pliſſe cette dentelle de pluſieurs plis. C'eſt ſur la ſeconde piece que l'on monte le fer qui forme le gros plis du milieu, qui ſe poſe ſur la premiere piece. Les pieces s'accolent l'une ſur l'autre ; elles ſe montent enfuite fur un bonnet piqué, & s'y attachent avec de petites épingles.

Il y a auſſi des coëffures appellées *à bavolet*, parceque la feconde piece qui n'eſt à proprement parler qu'un deſſus de tête fans barbe, s'appelle *bavolet*; mais il fait le même effet que les coëffures à deux pieces.

L'on garnit toutes ces coëffures en deſſus de rubans de différentes couleurs, & qui y font aſſujettis avec de petites épingles. La façon de les pofer, différe ſuivant les modes.

Autrefois, c'eſt-à-dire, il y a quarante ou quarante cinq ans, les coëffures de femmes étoient beaucoup plus larges, & montées fur des fers à trois, quatre, cinq, ou ſix branches de chaque côté, qui étoient plus courtes les unes que les autres, qui formoient de gros plis tout au tour du viſage, qui repréſentoient des tuyaux d'orgue.

Aujourd'hui les femmes ne font coëffées qu'avec de petites coëffures qui, quand elles font montées, ne font pas plus larges que la paume de la main; les cheveux qui font friſés font le reſte de la coëffure. On appelle cette façon de coëffure, *en arriere*.

L'on fait auſſi des coëffures de geai monté fur du fil de laiton, que l'on appelle *coëffures en comete*.

Ce feroit encore ici une longue affaire de nomenclature, que de rapporter toutes les variétés que les coëffures ont eu, & tous les noms qu'on leur a donnés felon ces variétés. *Encycl.*

COGMORIA. Mouſſeline très-fine que les Anglois apportent des indes orientales; elles ont 16 aunes de long, fur 7 8es. de large.

COIGNASSIER. C'eſt un petit arbre qui produit les coins femblables à une poire, diviſés en cinq loges dans leſquelles il y a des femences oblongues & calleuſes; ce fruit eſt d'une belle couleur jaune, lorſqu'il eſt mûr, dur & âcre; il eſt fort gros dans quelques efpeces. *Encycl.*

C'eſt fur le coignaſſier que les jardiniers font ordinairement les greffes des fruits à pepin qu'ils veulent qu'ils produifent de bonne heure; les greffes fur franc étant communément 10 à 12 ans, & quelquefois davantage, fans rapporter; & celles fur coignaſſier, portant prefque toujours dès la troifieme ou quatrieme année, mais auſſi, par une efpece de compenfation, le franc dure beaucoup davantage.

Comme les coignaſſiers font extrêmement communs aux environs d'Orléans, les arbres qui en viennent, & qui font un très-grand objet de négoce pour l'Orléanois, font prefque tous greffés

fur coignaffier, & peu fur franc. Il en eft prefque de même des pé-
pinieres de Vitry, de Bagnolet, & d'autres villages près Paris.

L'abondance des coignaffiers des environs d'Orléans, eft auffi
caufe de la quantité de coins confits, & de cotignac, que font
les confifeurs de cette ville.

Le commerce qui fe fait de ce fruit aux environs d'Orléans,
de Vitry, de Bagnolet &c. eft fi confidérable, qu'on croit devoir
étendre davantage cet article.

Ce fruit n'eft bon qu'à faire des confitures, des marmelades,
du cotignac, &c. & n'a à peu près d'autre utilité que celie qu'on
en tire pour les délices de la table. Il eft auffi fort employé
dans la médecine.

Quand les pieds font vigoureux, qu'ils ont l'écorce unie &
noirâtre, & qu'ils font de beaux jets, ils paffent pour *coignaffiers*;
& quand ils font rabougris & chetifs, ayant l'écorce raboteufe,
ils paffent pour *coigniers*, & ne font nullement propres à la greffe, remarque très-importante pour les endroits où l'on cultive
ces fortes d'arbres, & où l'on en fait un gros commerce.

Les coignaffiers fervent particulierement pour greffer le poirier, foit en fente quand ils font gros, foit en écuffon, quand
ils font à peu près de la groffeur d'un pouce ou un peu plus.

Les fruits qui en viennent font plus gros, plus beaux, plus
précoces, plus abondans, & de meilleur goût. La bouture eft
le meilleur expédient pour avoir les fujets les plus propres à
être greffés & fe les procurer plus promptement.

Ce n'eft pas affez d'avoir dit ce que c'eft que coignaffier; il
eft de plus, très-à propos de donner des régles à peu près certaines, pour en conferver l'efpece, ou pour le faire fervir à
greffer. fi l'on eft curieux de cette fcience, on obfervera de ne
greffer qu'en Fevrier ou Mars, fur des arbres qui font de groffeur depuis un pouce de diametre, jufqu'à dix ou douze pouces de circonférence, & même davantage: cette faifon eft bonne, même pour toutes fortes d'arbres fruitiers.

A l'égard de la greffe en écuffon, quand l'arbre eft à peu
près comme nous l'avons déja dit, de la groffeur d'un pouce,
un peu plus, on s'en fervira pour les fruits à pepins & à noyau;
fi c'eft dans le temps de la pouffe, cette forte de greffe fe doit
faire aux environs de la St. Jean, & fi c'eft à œil dormant,
vers la mi-Août, ou vers la mi-Septembre, obfervant toujours que, quelqu'arbre qu'on ait à greffer, il ne le faut faire
qu'au déclin de la féve.

Il ne faut donc pas être furpris, fi le coignaffier eft d'un très-
grand objet de négoce, pour l'Orleanois, & lieux circonvoifins
de la ville de Paris.

Il eſt certain que les coins feroient le meilleur remede contre les empoiſonnemens.

On ne fait preſque aucun uſage de ſon bois qui étant néanmoins compacte, aſſez dur, & ſans aubier, pourroit être employé à la menuiſerie, s'il avoit plus de volume.

Le coignaſſier de Portugal; eſt la plus belle eſpece, & la plus propre à faire réuſſir la greffe du poirier, & à perfectionner ſon fruit. Cet arbre eſt plus grand, ſes rameaux plus droits, plus forts, & moins confus, ſa feuille plus grande, plus cotonneuſe en deſſous, & d'un verd moins jaunâtre en deſſus, ſon fruit plus précoce, plus gros & plus tendre que dans toutes les autres eſpeces de coignaſſiers. Ce fruit eſt long, menu aux deux extrêmités, & le meilleur de tous à confire ; mais il eſt fort ſujet à la coulure. *Encycl.*

COIN ou **COING.** Fruit que produit le coignaſſier. Son odeur, qui eſt très-forte, n'empêche pas qu'on ne le mange quelquefois cru ou cuit ſous la cendre, ou en compôte ; mais ſon uſage le plus ordinaire, eſt de ſervir à cette eſpece de confiture, ou de vin bouilli, qu'on appelle du *raiſiné*, & encore davantage aux vraies confitures de coins, ou à la gelée qu'on en fait, qu'on nomme *cotignac.*

Les coins en confiture ſont de deux ſortes, les uns rouges & les autres blancs. Les rouges prennent cette couleur avec une décoction de cochenille, & de vin roſe. Les meilleurs coins confits viennent d'Orléans, de Nevers & d'Auvergne ; les uns en pots de fayance, plats, comme ſont la plupart des pots de confiture de Paris ; les autres dans de larges pots, auſſi de fayance, mais qui ont un pied par deſſous, en forme de ſoucoupe.

Le ſirop de coing, dont l'uſage a prévalu à cauſe de ſon goût agréable ſur celui du ſuc, ſe prépare de la façon ſuivante : prenez du ſuc de coing épuré & bien clair, une livre ; ſucre blanc deux livres ; faites fondre le ſucre petit à petit, & le ſirop aura la conſiſtance requiſe.

COLLAGE, terme de papéterie ; c'eſt la derniere préparation que l'on donne au papier, & qui le met en état de recevoir l'écriture. Cette préparation conſiſte à l'enduire feuille par feuille, d'une colle faite avec des rognures de parchemin & de peaux de mouton, & quelques autres ingrédiens qu'on y ajoute.

La premiere maniere de coller, conſiſte à étendre la feuille de papier ſur un chaſſis qui porte ſur les bords de la cuve, & à verſer deſſus de la colle avec l'écuelle, enſorte que la feuille en ſoit entiérement imbibée ; c'eſt ainſi qu'on colle les cartons ;

l'autre maniere fe fait en prenant plufieurs feuilles de papier enfemble avec les reglettes , plongeant le tout dans la chaudiere,
d'abord de la main droite , & enfuite de la gauche que l'on ne
met dans la chaudiere , que lorfque la droite en eft fortie: après
cela , l'ouvrier pofe le papier fur la table de la preffe , qui a
une rigole à l'entour pour retenir la colle qui s'écoule lorfqu'on
l'exprime , par une ouverture dans le feau , d'où on la remet dans
la chaudiere : cette chaudiere pofe fur un trépied , fous lequel on
met un réchaud pour entretenir la chaleur de la colle.

La cuve ou chaudiere dans laquelle fe fait la colle , eft pofée
fur un fourneau de maçonnerie ; à plomb du centre de la chaudiere , eft une poulie , fur laquelle paffe une corde que l'ouvrier dévuide autour d'un treuil fcellé à la muraille ; au bout qui
pend dans la chaudiere eft attaché un pannier de laiton , dont
les chaînes garnies de crochets peuvent s'attacher à l'anneau qui
eft au bout de la corde ; c'eft dans cette efpece de pannier qu'on
met les rognures de parchemins ou de peaux de mouton , dont
la colle eft faite : on les fait bouillir dans l'eau de la chaudiere, en
defcendant le pannier dedans , & on les y laiffe tant & fi peu
longtemps que l'on veut. *Encycl.* Voyez *Papier.*

·COLLE. Matiere factice & tenace , qui fert , quand elle eft
molle ou liquide , à joindre plufieurs chofes , de maniere qu'on
ne puiffe point les féparer du tout , ou qu'on ne les fépare
qu'avec peine , quand elle eft féche. Il y a différentes fortes de
colles , dont nous allons faire mention. *Encycl.*

Les colles les plus ordinaires , dont fe fervent les artifans ,
dans leurs divers ouvrages , font la colle de farine , la colle de
gants , la colle forte , la colle de poiffon , la colle de parchemin , la colle de miel , & quelques autres.

Colle de farine. La farine la meilleure pour faire cette colle ,
eft la farine de feigle. Prefque tous les ouvriers en font ufage.

La compofition de cette colle fe fait en prenant une quantité
d'eau proportionnée à la quantité de colle qu'on en veut faire.
Cette eau doit être chauffée dans un uftenfile convenable ; &
quand elle commence à acquérir de la chaleur , on y jette peu-
à-peu la farine qu'on a foin de braffer continuellement , jufqu'à ce qu'elle ait acquis une confiftance & une cuiffon fuffifante.
Après quoi on s'en fert , obfervant de la faire un peu moins
cuire en hiver qu'en été. Cette efpece de colle ne fe confeve
que peu de jours , après quoi , elle n'eft plus propre qu'à être
donné à manger à la volaille ; cela fe connoit en ce qu'elle perd,
en vieilliffant , fa confiftance , & par conféquent fa ténuité.

Cette colle fera plus forte , fi , aulieu de farine de froment,

C O L L E.

on prend celle de bled noir. On peut auffi la préparer avec la fleur de farine , & y ajoûter du garum.

Colle de gants. C'eft de la colle qui fe fait avec des rognures de gants blancs. Elle eft en ufage chez les Imprimeurs, ou peintres en détrempe , auffi-bien que chez les doreurs qui , au défaut de celle-ci, fe fervent de colle de parchemin , de vélin , ou d'une autre faite avec de la gomme d'Arabie , diffoute dans de l'eau bouillante.

Cette colle fe doit compofer en laiffant gonfler dans l'eau une livre de ces rognures de gants, qu'on fera bouillir à petit feu, dans douze pintes d'eau , jufqu'à ce qu'elles foient réduites à deux. Il la faut enfuite paffer par un linge. Si elle eft un peu ferme fous la main après qu'elle eft refroidie , elle eft bonne. Il faut pour que ces colles foient bonnes , qu'elles ayent la confiftance de gelée tremblante lorfqu'elles font refroidies. Si l'on veut employer cette colle à blanchir quelques ouvrages propres, on la fera chauffer , on y mettra du blanc de Troyes, & on le broyera jufqu'à ce que le tout foit en bouillie ; on la laiffera repofer 7 ou 8 minutes, après quoi on rebraffera le tout, en y ajoutant de la nouvelle colle pour l'éclaircir & faire les deux premieres couches des ouvrages. Il faut 10 ou 12 couches pour du bois, en obfervant de ne point paffer couche fur couche, que chacune ne foit parfaitement féche. Six ou fept couches fuffifent pour blanchir & coller du carton. Chaque couche doit être féchée à l'ombre, & l'ouvrage toujours garanti de la poufliere ; on l'unira enfuite avec un pinceau fimplement mouillé; on le laiffera de rechef fécher, pour enfuite lui donner fon dernier poli , avec un morceau de toile neuve. Cette derniere préparation unira & polira parfaitement l'ouvrage , & le mettra en état de conferver la couleur blanche, d'y paffer un vernis clair, ou de changer cette couleur en toute autre qu'on defirera. Voyez *vernis.*

Colle-forte. La colle qu'on appelle *colle-forte*, eft ainfi nommée , parcequ'elle unit & joint plus fortement qu'aucune autre. Les ménuifiers, les ébéniftes , les gainiers, & autres femblables, font ceux qui en ufent davantage, auffi-bien que les chapelliers, relieurs de livres, & plufieurs autres ; ce qui produit le négoce confidérable, & la grande confommation qui fe fait de cette colle.

Les meilleures colles-fortes , font apportées d'Angleterre, & de Flandre. Celles d'Angleterre font les plus eftimées.

La colle d'Angleterre eft par feuilles quarrées , d'un verd tirant fur le noir : mais comme elle eft tranfparente , elle paroit rouge , quand on la regarde à travers.

La colle de Flandre eft par petites feuilles , minces & longues, de la largeur de trois doigts, d'une couleur jaunâtre. Cette derniere eft ordinairement employée dans les manufactures de lainages.

C eft un diminutif de la colle forte d'Angleterre, parcequ'elle n'a pas la même confiftance, & qu'elle ne pourroit fervir à coller le bois ; elle eft plus mince que la premiere, & plus tranf-parente ; elle fe fait auffi avec plus de choix & de propreté. Lorf-que les peaux ou nerfs qui la compofent ont bien bouilli, on paffe le tout à travers un gros linge ou tamis ; on la laiffe un peu refroidir, enfuite on la coupe par tranches, & on la met fécher fur des cordes entrelacées comme un filet, afin qu'elle puiffe fé-cher deffus comme deffous. Cette colle fert beaucoup à la pein-ture ; on en fait auffi de la colle à bouche pour coller le papier, en la faifant refondre, & y ajoûtant un peu d'eau & quatre on-ces de fucre-candi par livre de colle. *Encycl.*

Il y a quelques endroits de la France, fur-tout dans les villes & lieux où il y a des tanneries, dans lefquels font établies des fa-briques de colle-forte, dont quelques-unes réuffiffent affez bien.

De ce nombre font celles de Chaudes-aigues en Auvergne & celles de Paris, mais elle eft bien inférieure à celle d'Angleterre, & fent mauvais, fuivant *l'Encycl.*

La colle-forte fe fait de la peau de toutes fortes d'animaux à quatre pieds, comme bœufs, torreaux, vaches, veaux, mou-tons, &c. Plus les bêtes font vieilles, plus la colle qu'on fait de leur peau, eft excellente. On n'emploie néanmoins que rare-ment des peaux entieres qui peuvent être mifes à de meilleurs ufages ; mais l'on fe fert de leurs rognures, autrement appellées. *orillons* : quelquefois même la colle-forte ne fe fait qu'avec les pieds & les nerfs des bœufs.

Auffi comme la colle faite de peaux, vaut mieux que celle des rognures, celle-ci vaut mieux que celle des nerfs & des pieds ; & c'eft fans doute ce qui fait toute la différence des colles d'Angle-terre & de Flandre, d'avec celles qui fe font jufqu'ici fabriquées en France ; les tanneurs Anglois & Flamands, qui font eux-mê-mes leurs colles, n'épargnant pas les rognures, qu'ils n'achetent point ; aulieu que nos manufactures de colles, qui ne font point tanneurs, ou n'employent point, par épargne, la quantité de rognures fuffifante, ou n'employent que les pieds & les nerfs des bœufs.

Quand la colle fe fait de rognure, on les fait tremper deux ou trois jours dans l'eau, & après les y avoir fuffifamment lavées, on les fait bouillir jufqu'à ce qu'elles viennent en confiftance de forte-gélée : enfuite on paffe cette gélée encore chaude par des paniers d'ofier, tamis ou gros linge, pour n'y rien laiffer d'impur ; & afin même de la purifier davantage, on la laiffe repofer quelque

que temps ; & quand les ordures, ou corps étrangers fe font précipités au fond des tonneaux où elle a repofé, on la fait fondre & bouillir une feconde fois ; & lorfqu'enfin elle a toute fa cuiffon, on la verfe dans des caiffes plates de cuivre, ou de bois, d'où étant tirée, quand elle eft épaiffie, & prefque folide, on la coupe par feuilles avec un fil de fer, ou de laiton, & enfuite on la fait fécher au vent fur des réfeaux de ficelles, après quoi on l'enfile, pour la faire encore mieux fécher.

La colle des pieds & des nerfs fe fait de la même maniere, avec la feule différence, qu'on défoffe, & qu'on dégraiffe les pieds, & qu'on ne les met point tremper.

La meilleure colle eft toujours la plus ancienne. Elle doit être dure, féche, tranfparente, de couleur vineufe, fans odeur, & que fes caffures foient unies & luifantes. La plus fûre épreuve, pour en connoitre la bonté, eft d'en mettre un morceau trois ou quatre jours dans l'eau : fi la colle enfle confidérablement fans fe fondre, & qu'étant tirée de l'eau, elle reprenne fa premiere fécherefte, elle eft excellente.

La meilleure colle eft celle faite des peaux de taureau, qui eft blanchâtre & claire.

Comme la colle forte fe diffout dans l'eau, dans laquelle on l'a laiffé tremper quelques heures avant que d'achever de la diffoudre fur le feu qui doit toujours être moderé, pour éviter de brûler, ce qui la rendroit impropre aux ufages auxquels elle eft diftinée ; on peut encore fe fervir d'eau-de-vie pour la faire tremper, & la colle en fera beaucoup plus forte. Il ne faut pas l'employer trop chaude, & avant que de l'appliquer on chauffera les piéces qu'on veut joindre enfemble, & les ayant jointes au moyen de quelque inftrument qui les contienne, on les réchauffera légérement pour faire mieux incorporer la colle, foit au foleil, ou fur un feu vif fait avec des copeaux.

Pour faire encore de la colle forte, prenez du fromage pourri, de l'huile d'olive la plus vieille, de la chaux vive en poudre ; mêlez bien le tout, & collez promptement : ou prenez de la chaux vive, éteignez-la dans le vin, ajoûtez de la graiffe, des figues, du fuif, & mêlez le tout. *Encycl.*

Colle de poiffon. C'eft une colle qui eft prefque toute apportée de Ruffie.

La colle de poiffon eft faite des parties mucilagineufes d'un gros poiffon, qui fe rencontre plus communément dans les mers de Ruffie, que dans aucune autre. Elle vient également de l'efturgeon & du beluga.

Tous les auteurs conviennent que pour faire la colle, les Ruffes prennent la peau, les nageoires & les parties nerveufes & mucilagineufes de ces poiffons, qui, après avoir été bouillies, font femblables à cette vifcofité que l'on voit fur la peau des morues : qu'après les avoir fait cuire en confiftance de gélée, ils l'étendent de l'épaiffeur d'une feuille de papier, & en forment des pains, ou des cordons, tels qu'on les envoie de Hollande.

La bonne colle de poiffon doit être blanche, claire & tranf-parente, de nulle odeur ; & l'on doit prendre garde qu'elle ne foit point fourée.

Pour la figure, elle eft indifférente ; y en ayant d'excellente en gros, auffi-bien qu'en petits cordons, & les petits fe falfifiant auffi aifément que les gros.

La colle de poiffon, qui s'achete en boucaux, c'eft-à-dire, en gros, doit être examinée jufqu'au fond des boucaux, où fouvent l'on trouve quantité de cordons défectueux, quoique ceux du def-fus ayent paru très-beaux.

On fait de la colle de poiffon avec des requins, & on préfume qu'on pourroit en faire avec toute forte de poiffons cutanés, tels que le font ceux-là, ainfi qu'avec des monftres & autres poiffons fans écailles. Comme la maniere d'y réuffir eft peu connue, nous l'indiquerons ici, & on peut être fûr d'être fatisfait du fuccès. Si on s'appliquoit à l'ifle royale & à l'ifle faint Jean à cette efpece de colle, la France, (lorfqu'elles les poffédera) pourroit fe paffer de celle qu'elle eft obligée de tirer du Levant & de la Hollande.

On prend d'abord les peaux ou cuirs des poiffons nommés ci-deffus; leurs nageoires, queues, têtes, arrêtes ou cartilages, en un mot tout le corps du poiffon, excepté la chair & la graiffe ou huile. On met cuire toutes ces parties avec de l'eau, on les pré-ferve avec foin de la fumée & de tout ce qui pourroit rouffir le bouillon. Quand l'eau a pris toute la fubftance qu'elle peut tirer du poiffon, & qu'on voit qu'il eft bien cuit, on laiffe tiédir & repofer le bouillon pour le tirer au clair, foit en le paffant à travers un tamis ou un linge. Enfuite on fait encore cuire ce bouillon avec les mêmes précautions, jufqu'à ce que les gouttes qu'on laiffe tomber, faffent corps en fe refrodiffant. Quand on juge par-là que la colle eft faite, on la laiffe un peu refroidir, mais pas affez pour empêcher qu'elle ne puiffe couler fur des tables de pierre, de cailloux ou d'ardoife où l'on la jette. On pourroit même, au défaut de ces commodités, la jetter fur d'autres chofes, en obfer-vant d'y mettre deffus des feuilles de papier dont on réleveroit les bords, parcequ'il faut bien obferver que cette colle puiffe s'é-tendre & fe lever fans s'attacher. Quand elle a fait corps, on la tortille en gauffre, & on l'enfile pour en faire des cordées qu'on laiffe fécher à l'ombre; & lorfqu'on a été obligé de la faire fur du papier, on ne la détache point, au lieu de cela, on la tortille, le papier en dedans, où on ne la tortille pas.

La colle faite de cette façon, eſt plus ou moins parfaite, ſelon le plus ou moins de ſoin qu'on a pris à la clarifier, & à la conſerver ſans couleur. Elle ſe diſſout totalement dans l'eau ſans y laiſſer aucun marc. *Lettres & Mémoires pour ſervir à l'hiſtoire du Cap Breton, &c. in-12. 1760. p. 89.*

Les ouvriers en ſoie, ſur-tout les rubaniers, l'employent pour luſtrer leurs ouvrages : les manufacturiers de ſerges en collent la chaîne de leurs étoffes, on en blanchit les gazes : elle eſt une des principales drogues qui ſervent à contrefaire les perles fines ; & les cabaretiers s'en ſervent à clarifier les vins blancs, étant effectivement très-bonne à cet uſage, & même à clarifier celui qui a rouſſi.

Coller le vin, c'eſt l'éclaircir ; cette opération ſe fait en Mars & en Avril, huit jours ou environ, avant que de mettre en bouteilles. Pour cet effet prenez de la colle de poiſſon la plus blanche, à-peu-près ſoixante-trois grains par piece, faites-la diſſoudre dans de l'eau ou dans du vin, ou dans de l'eſprit-de-vin, ou dans de l'eau de vie ; maniez-la afin de la bien diviſer ; paſſez ce qu'il y en aura de délayé ; remaniez & paſſez ; quand elle ſera toute délayée, filtrez la encore à travers un linge ; prenez autant de pintes de cette ſolution que vous aurez de tonneaux à coller ; jettez-la dans cette quantité dans le tonneau ; remuez le vin avec un bâton pendant trois ou quatre minutes après l'y avoir jetté, & votre vin ſera éclairci au bout de trois jours au plus tard. Il y en a qui font tremper la colle de poiſſon dans de l'eau, la fondent ſur le feu, & en forment une boulette qu'ils jettent dans le tonneau.

La colle agit plus ou moins promptement, ſelon qu'il fait plus ou moins froid ; ſi elle manque ſon effet, on en rajoute une demi-doſe. *Encycl.*

On fait encore avec la même colle des médailles, & c'eſt peut-être une des jolies manieres d'en avoir une collection facilement, & à très-bon compte.

La colle de poiſſon peut auſſi ſervir à coller les bois, principalement dans la marquetterie, les différentes pieces de rapport, ou les métaux en la faiſant diſſoudre dans de bonne eau-de-vie ; & pour que l'opération ſe faſſe régulièrement, on doit découper la colle en petits morceaux, la mettre dans un vaſe de verre, verſer deſſus de la bonne eau-de-vie qui ſurnage la colle, boucher le vaſe qui ne doit être qu'à moitié plein, & le mettre ſur des cendres chaudes, juſques à diſſolution. Au moyen de cela l'on aura de la colle de poiſſon fondue ou diſſoute en eau-de-

H 2

vie ; au lieu que la maniere ordinaire du commun des ouvriers, eſt de mettre ſimplement dans un pot la colle avec l'eau de-vie ; après qu'elle a trempé quelques heures, ils la mettent ſur le feu pour achever de la réduire en bouillie ; il eſt vrai que de cette maniere ils ont de la colle de poiſſon détrempée dans le phlegme de l'eau, mais non pas en eau-de-vie.

Il y a encore une ſorte de colle de poiſſon pliée en petits livres, qui vient principalement d'Angleterre, & de Hollande ; mais qui n'étant pas bien blanche, ni facile à ſe fondre, a fort peu d'uſage en France. Quelques-uns eſtiment que ce n'eſt que les reſtes, & le moins pur de la colle de poiſſon de Ruſſie. Voyez l'Encycl.

Colle pour dorer ; faites bouillir de la peau d'anguille avec un peu de chaux dans de l'eau ; paſſez l'eau, & ajoutez-y quelques blancs d'œufs. Pour l'employer faites-la chauffer ; paſſez-en ſur le champ une couche ; laiſſez-la ſécher & appliquez l'or enſuite. *Encycl.*

Colle à miel, eſt un eſpece de colle en uſage parmi les doreurs. On la fait en mêlant du miel avec de l'eau de colle & un peu de vinaigre qui ſert à faire couler le miel. On détrempe le tout enſemble ; on en fait une couche qui reſte graſſe & gluante à cauſe du miel qui aſpire l'or, & s'attache fortement au corps ſur lequel on le met.

Où prenez de la gomme arabique, du miel & du vinaigre ; faites diſſoudre la gomme dans de l'eau bouillante ; ajoutez les deux autres ingrédiens, & collez. *Encycl.*

Colle d'Orléans : prenez de la colle de poiſſon blanche ; détrempez-la dans de l'eau de chaux bien claire ; au bout de 24 heures d'infuſion tirez votre colle, faites-la bouillir dans l'eau commune, & vous en ſervez.

Colle à verre : prenez des limaçons, expoſez-les au ſoleil, recevez dans un vaiſſeau la liqueur qui en diſtillera, extrayez le lait du tithymale ; mêlez ce lait & le ſuc de limaçon, collez, & expoſez au ſoleil les verres collés. *Encycl.*

Colle à pierre. Les Marbriers appellent ainſi une eſpece de maſtic, dont ils ſe ſervent pour rejoindre les marbres, qui ſe ſont caſſés ou écornés. Ils la compoſent ordinairement de poudre de marbre bien broyée, de colleforte, & de poix ; en y ajoutant quelque couleur, qui la rende ſemblable aux marbres qu'on veut rejoindre.

Colle. Les Marchands appellent *colle*, pluſieurs eſpeces de machandiſes, ou plutôt des rognures de marchandiſes, qui ſervent à faire de la colle ; les oreilles, ou orillons, & les extrémités des peaux, que les Tanneurs apprêtent. Les rognures des gants

des gantiers, les raclures des velins & parchemins des parchemi-
niers, & quelques autres semblables denrées, ont toutes le nom de
colle dans le commerce qui s'en fait. Ces marchandises se vendent au poids.

Collier. Ornement que les femmes portent au cou. On fait
des colliers de perles, & de toutes sortes de pierres précieuses,
ordinairement fines, mais assez souvent imitées & contrefaites;
elles sont percées & enfilées.

Les Lapidaires & Jouailliers font & vendent les colliers fins;
ce sont les Patenôtriers qui fabriquent les autres, & qui en font
commerce; les colliers de fausses perles de Paris, sont parfaitement beaux, & trompent à la vue, & quelquefois au toucher.

Outre les colliers de perles fines, de diamans, & d'autres pierres, on en fait aussi d'ambre, de jais, de corail, &c. Voyez
perles, & pierreries. Voyez aussi *ambre, Jais, corail.*

Nos marchandes de modes donnent le nom de collier, à un
autre ornement de cou, composé quelquefois d'un seul ruban,
ou d'un tissu de crin garni de ruban, de blonde, de souci-
d'hanneton, &c. Tout collier, comme les autres pieces d'une
parure, doit lui être assorti par la façon & par la matiere. Les
colliers ont des noms dépendans de leurs formes, & le moindre changement dans la forme suffit pour changer le nom.
Ainsi il y a

Le collier à la dauphine; c'est un tour de cou noué par-derriere
avec un ruban, garni par devant d'un nœud de ruban à quatre,
d'un demi-cercle attaché sous le menton, & de deux pendans,
dont deux bouts s'attachent autour, à côté de ceux du demi-cercle,
& les deux autres tombent dans la gorge en se croisant au dessous
de ce demi-cercle. Ces colliers sont de blonde, de ruban, de
guirlande &c.

Le collier en esclavage. Il est composé d'un tour de cou & de
deux ronds par devant, l'un au dessus de l'autre, qui tombent
& couvrent la gorge en partie: au milieu de ces ronds sur le
tour du cou, est un nœud à quatre.

Le collier d'homme est un ruban noir sans façon ni pli,
noué quelquefois d'un nœud à quatre sous le menton, quelquefois d'un nœud simple, les pendans retombant & se cachant dans
la chemise, ce qu'on nomme alors collier à béquille.

Le collier d'homme aux amours, est un ruban noir noué par
derriere aux deux coins de la bourse, orné d'une rose simple,
dont les deux bouts découpés sont froncés à un doigt de leur extrémité, & forment une feuille de la rose simple.

Le collier d'un seul rang, est un tour de cou à l'usage des dames, composé de ruban bouillonné, & en chou, & orné sur le

devant d'un nœud à quatre. Voilà un échantillon de la folie de nos modes. *Encycl.*

Le collier à la reine, c'est un collier de fer couvert de velours, qui embraffe le cou des enfans. Il est garni d'une branche de fer couverte, qui defcend fous le menton, & vient fe fixer fur le bord de leur corps : ce collier leur tient la tête droite. *Encycl.*

COLOCASIE, plante étrangere, efpece d'arum, on de pied-de-veau. Sa principale qualité fe trouve dans fa racine dont on faifoit autrefois du pain, dont les arabes font encore commerce ; de cette fleur & des feuilles du genre d'arum, il naît une fleur ; on ne doute plus que ce n'en foit une efpece. Le nom vulgaire de cul-cas ou colcasqu'elle femble avoir retenu de l'ancien colocafia, doit contribuer à confirmer cette opinion. Cette racine eft charnue, bonne à manger. Cette plante naît dans l'Ifle de Candie, en Egypte & près d'Alexandrie. On la cultive dans nos pays avec beaucoup de peine. Sa racine cuite a approchant le gout de celui de la noifette. on en mange dans les pays où elle croît comme on fait des navets en Allemagne, cette plante n'a point de vertus médicinales. Le chou caraïbe des Américains répond prefque parfaitement à la colocafie d'Egypte. Voyez *l'Encyclopedie.*

COLOGNE. On appelle fil de Cologne, une forte de fil blanc, qui fe fabrique à Morlaix en Baffe Bretagne. On l'appelle auffi *Fil Bas Breton :* il fert à tricoter, & à faire de ces fortes d'étoffes qu'on nomme Spéculations. Les cordonniers en employent auffi beaucoup à coudre les quartiers & les empeignes de leurs fouliers les plus propres & les plus légers.

COLOPHONE ou COLOPHANE. Efpece de gomme, ou plutôt réfine. Ce n'eft que de la térébenthine fine, cuite dans de l'eau jufqu'à ce qu'elle foit réduite en confiftance folide, & non de l'arcançon brun.

Le plus grand ufage de cette drogue, eft pour la guérifon des maladies fecretes, &c. Les Apothicaires en forment des pilules qu'ils roulent dans de la poudre de réglifle, ou qu'ils couvrent de poudre d'or : ils les nomment *Pilules de térébenthine.*

Un autre ufage de la colophone, eft pour les joueurs d'inftrumens à cordes de boyau ; ils en frottent les crins des archets dont ils fe fervent pour en tirer du fon & de l'harmonie des cordes ; ce qui arrive, parce que cette gomme dégraiffant ces crins, & leur communiquant une qualité tenace, les empêche de couler fi vite fur les cordes, & ainfi en s'en détachant plus difficile-

ment , ils caufent ce tremblement qui forme le fon , en frappant
l'air à plufieurs reprifes.

L'enduit de colophone dont fe chargent les crins de l'archet ,
les rend âpres , & les fait prendre plus fortement fur les cordes
qui en deviennent plus fonores fous l'archet.

COLOQUINTE , en latin *colocynthis*. C'eft une plante
que les botaniftes mettent dans la claffe des cucurbitacées ,
c'eft-à-dire des courges. En effet c'eft un genre qui rampe comme la courge , le concombre &c. Ses feuilles reffemblent à celles d'anguria , ou citrouille , c'eft-à-dire melon d'eau , mais plus
découpées en finuofités. Ses fleurs font en cloche , de même que
celles de la courge. Les environs du golfe perfique font remplis
de cette plante ; elle y croît naturellement dans les lieux incultes : elle naît auffi dans les ifles de l'Archipel , & fur les côtes maritimes de l'Orient , & en Amérique.

Les marchands droguiftes & épiciers , font un commmerce affez confidérable de fon fruit , qu'on nomme auffi coloquinte. Ce
fruit eft de la groffeur d'une groffe orange ; fa couleur eft more
doré brun , & il eft rempli au dedans de quantité de pepins qui ,
auffi-bien que fa pulpe , font d'une amertume infupportable.

On cultive de la coloquinte dans plufieurs jardins des environs
de Paris , mais feulement par curiofité ; ceux qui la cultivent dans
nos climats doivent en féparer les graines dans des lits chauds de
terre préparée , & en diriger la culture comme celle des concombres dont on veut hâter la maturité.

La coloquinte vient du levant , principalement d'Alep , par
Marfeille , d'où on l'apporte mondée de fa premiere peau , en forte
qu'elle paroit blanche , de jaune qu'elle étoit.

Il faut en choifir les pommes bien blanches , bien légeres , &
bien rondes , & fur-tout , recommander aux commiffionnaires , de
la bien encaiffer , parce que faute de cette précaution , elle fe caffe , & fe vuide de fes pepins , ce qui caufe un fi grand déchet , (les
pepins n'étant bons à rien ,) que fur 100 livres pefant de coloquinte entiere , il peut y en avoir 60 de perte , fi elle arrive caffée.

Ce fruit eft affez d'ufage dans la médecine , où il doit cependant
être employé avec prudence , étant un purgatif très-violent , &
quelquefois d'une telle force , ou d'une telle malignité , qu'il fait
venir le fang. On en peut voir l'Analyfe chymique par M. Boulduc dans les *Mémoires de l'Académie Royale des Sciences*, *A.* 1701 &
l'*Encyclopédie* par rapport à fes ufages en médecine.

COLSAT. Ce nom vient du Flamand *colfaat* ou *kolzaad* , qui
veut dire femence ou graine de chou. On donne ce nom plus par-

ticuliérement à la plante qui porte cette graine, qui eft une efpece de chou verd ou rougeâtre, fort branchue, qui ne porte que
de petites feuilles clair-femées au milieu de fa tige, & qu'on ne
mange point. On en feme dans les champs dans tous les Pays-
Bas. Cette graine eft d'un bon revenu, à caufe de la grande quantité d'huile qu'on en tire pour divers ufages. C'eft la même
qu'on nomme *huile de navette*. Ce nom françois lui eft venu, à
caufe que la plante reffemble affez à celle de la navette, quand
elle eft en graine. On fait des moulins à vent exprès pour piler
cette graine & pour en tirer l'huile par expreffion. On ne pourroit croire la quantité de moulins de cette forte qu'on voit en Hollande & en Flandres, & que le vent fait tourner, pour faire cette
huile. *Mémoires de* M. Garcin.

Cette graine vaut L. 7. 10. la rafiere, année commune, depuis
10 ans ; elle en vaut aujourd'hui 12, elle pourroit monter
jufqu'à 16, par extraordinaire. La rafiere pefe environ 100 liv.
de marc, la graine étant bien feche, 20 rafieres de graine rendent
année commune 4 tonnes d'huile, chaque tonne pefant 200 livres.
Voyez l'*Encycl.*

COMPES. (*Manufact. en drap.*) Efpeces de droguets croifés, drapés, qui fe fabriquent au treuil-barret, la chafteigneraye,
&c. qui doivent avoir une demi-aune de large fur 40 de long, apprêtés ; ou 3 quarts de large fur 48 de long en toile, au fortir du
métier. La chaîne en eft de 48 portées au moins, & chaque portée de 16 fils, voyez le *réglem. des manufact. tom. III. pag. 15,
Encyclop.*

CONCOMBRE. Plante reptible, qui porte un fruit de même
nom, qui eft une efpece de courge, long & jaune, & dont les
branches & les feuilles, qui font découpées en forme de pam-
pre de vigne, font couvertes d'une efpece de bourre piquante :
on la cultive dans la plupart des potagers.

La graine de concombre eft une des quatre femences froides
majeures : la médecine en fait ufage dans les émulfions, dans les
bouillons de poulet, &c. pour rafraîchir dans les maladies aigues
& ardentes. C'eft auffi avec de petits concombres encore verds
qu'on fait cette efpece de falade, qu'on appelle des cornichons,
qu'on confit au fel & au vinaigre ; on en envoie dans les pays
du Nord : les Chinois en font un grand ufage dans leur achiar,
de même que les Malayes. Voyez *Achiar.*

CONDUITE, terme d'horlogerie ; il fignifie une tringle de fer
qui porte à fes deux extrémités des roues appellées *molettes.* Les

conduites fervent dans les groffes horloges à tranfmettre le mouvement à des diftances de l'horloge trop grandes pour qu'on pût le faire par les moyens ordinaires, comme par exemple, pour faire mouvoir une aiguille qui marqueroit l'heure fur un cadran, êloigné de l'horloge de 10 ou 12 toifes. En général, on appelle dans une groffe horloge, conduite, la partie qui fert à faire tourner des aiguilles qui en font fort éloignées; foit que ces conduites foient faites comme nous venons de le dire, foit qu'elles le foient autrement.

Lorfqu'on veut changer la direction d'un mouvement, on en employe de différentes efpeces. Veut-on, par exemple, changer un mouvement horifontal en un vertical, on met fur la conduite une roue de champ aulieu d'une roue plate; & fituant cette conduite verticalement, on change par-là, la direction du mouvement de celle qui eft horifontale dans laquelle la roue de champ engrene. Quand on veut dans un même plan changer la direction d'un mouvement, tantôt on fait engrener deux molettes enfemble, de façon que leurs axes ou conduites faffent entr'eux un angle droit, & qu'ils foient dans ce même plan; tantôt lorfque l'angle que l'on veut que ces conduites faffent entr'elles eft trop obtus. Pour employer ce dernier moyen, on fe fert d'une machine, dont les mouvemens font femblables à ceux de la lampe de cardan, c'èft-àdire, que le cercle ou globe fe meut fur les pivots, tandis que la queue de la conduite peut auffi fe mouvoir circulairement autour du centre du cercle. Il eft bon de remarquer que lorfque l'angle formé au centre par les deux queues eft de 45 degrés, ou un peu au-deffous; on ne peut guere fe fervir de cette machine. Enfin, c'eft à l'adreffe de l'horloger à imaginer des moyens fimples de changer la direction des mouvemens, qui doivent fe faire toûjours avec le moins de frotement & le moins de jeu qu'il eft poffible. Dans l'horloge des miffions étrangeres, les conduites ont, en place de molettes, d'un côté un petit coude, & de l'autre un autre coude, dans lequel il y a un trou pour recevoir l'extrêmité du coude; par ce moyen on fupprime non-feulement les jeux & les frotemens de leurs dentures, mais encore beaucoup d'ouvrage. *Encyel.*

CONFECTION. Efpece de remede en forme d'électuaire folide.

Il y cinq électuaires qui portent le nom de confection, dont trois, comme parlent les apothicaires, font corroboratifs, & deux purgatifs. Les confections corroboratives font celle d'alkermes, celle d'hyacinthe, & l'anacardine. Les purgatives font la grande & la petite confection hamech, ainfi nommées d'un médecin Arabe, qui en a été l'inventeur.

La grande confection hamech eft compofée différemment, fuivant les difpenfaires : les ingrédiens eſſentiels ſont la coloquinte ,
les myrobolans , le féné , la rhubarbe , l'agaric & la fcamonée ;
outre cela il y entre de la manne , de la pulpe de caſſe & de ta-
marins ; du fuc de fumeterre , des raiſins de damas , des prunes ,
de l'abſinthe , des fleurs ou des femences de violettes , des fommités de thym , de l'épithym , des femences d'anis & de fenouil ,
des rofes rouges , du fucre , &c.

Dans la petite confection hamech , outre une partie des drogues qui compofent la grande , on y fait entrer les febeſtes , l'abſinthe pontique , le calament , le ſtoechas arabique , de l'éponge de rofier bâtard , ou Cynorrhodon ; la régliſſe , le chamæ-
dris , l'ivette , la racine de buglofe. On employe l'une & l'autre
pour purger la mélancolie , & les humeurs aduſtes ; & on les croit
bonnes aux vertiges , aux dartres , à la galle , & au cancer. Elles
ſont purgatives.

La confection d'alkerme a pris fon nom de la principale drogue qui entre dans fa compoſition , qui eſt l'alkerme , ou graine
d'écarlate. Les autres ingrédiens de cette confection , font , la canelle , le fental citrin , ou felon d'autres , le bois d'aloës , la pierre d'azur , ou lapis lazuli , les perles , les feuilles d'or , l'ambre
& le mufc. On la met au nombre des meilleurs cardiaques ; &
on l'employe volontiers pour la palpitation de cœur & la fincope.

La confection d'hyacinthe a à peu près les mêmes vertus que celle d'alkerme ; il y entre pourtant le triple de drogues , dont la
pierre précieuſe qu'on nomme *hyacinthe*, eſt comme la bafe. Les
principales des autres font le corail rouge , le bol d'Arménie , la
terre figillée , la myrrhe , tous les fantaux , los du cœur de cerf ,
la corne de cerf brûlée , le camphre , l'yvoire , la racine de tor-
mentille , la racine & les feuilles de dictame de Créte , les femences de citron , de chardon bénit , d'ofeille & de pourpier , le fafran , les rofes rouges ; enfin le faphir , l'éméraude , la topafe , &
prefque tous les ingrédiens de la confection d'alkerme , le tout
incorporé avec du firop de limon. On prépare de ces deux confections fans ambre , ni mufc.

Il n'y a guere de drogues qui ayent plus de débit que la confection d'hyacinthe. Ses vertus , l'imagination ou la mode , la font
prefque paſſer pour une efpece de panacée. Outre la réputation
qu'elle a à Paris , il a y des provinces en France , particuliérement , le Languedoc & la Provence , où l'on trouve peu de gens ,
pour confidérables qu'ils foient , qui n'ayent en poche la petite boîte , ou le petit pot de confection d'Hyacinthe , comme
un remede toujours prêt pour l'occafion.

Quoiqu'il en foit de fes vertus & de fes propriétés , elle doit être choisie de bonne confistance, nouvelle, & d'un vermeil tirant sur le jaune. Le plus sûr néanmoins, malgré ces marques de bonté, est de n'en point acheter que des marchands droguistes, de probité; n'y ayant guere de composition si facile à sophistiquer, ni qui le soit plus ordinairement. bien des gens estiment beaucoup, & donnent la préférence à celle qui se fait dans le college des Jésuites de Lyon. Voyez *Encycl.* & Lemery.

La confection anacardine se compose principalement avec des anacardes, qui lui ont donné le nom : les autres drogues sont le poivre long, le poivre noir, presque toutes les sortes de myrobolans, le castoreum, le cyperus, le costus blanc, la semence de basilic, les bayes de laurier, & le beurre de vache. Cette confection purge le sang, & est propre aux maladies froides.

CONFIRE. C'est donner à un fruit, à une plante, à une herbe, une sorte de préparation en l'infusant dans du sucre, sirop, eau-de-vie, ou vinaigre, pour leur donner un goût agréable, ou pour les conserver plus long-temps. Anciennement on ne confisoit qu'avec le miel ; mais à present on se sert plus ordinairement de sucre pour confire.

Confire. Se dit aussi de certaines herbes ou légumes, que l'on conserve dans le vinaigre avec du sel, du poivre, & le girofle. On confit de la sorte des cornichons, ou petits concombres, du pourpier, de la percepierre, appellée autrement fenouil marin, des capres, des capucines, du geneft, &c. (ces deux dernieres sont aussi appellées capres, par quelques-uns) dont on se sert en hyver à faire des salades.

Confire des sardines. C'est, après qu'elles ont pris un peu de sel, les faire frire dans la poële, ou rôtir sur le gril, & les mettre dans de petits barils, ou boêtes faites exprès, avec du vinaigre, du laurier, du poivre, du girofle, qui font comme une espece de sausse.

Presque toutes les sardines confites, qui se voyent en France, viennent du pays d'Aunis, & de Bretagne, particuliérement de la Rochelle, du Port-Louis, & de Nantes. Voyez *sardine.*

CONFISERIE, l'art de faire des confitures de toutes les especes plusieurs autres ouvrages en sucre, comme biscuits, massepains, macarons, &c. Il semble que cet art n'ait été inventé que pour flatter le goût en autant de façons qu'il produit d'ouvrages différens. Il n'y a pas de fruits, de fleurs, de plantes, quelque bons qu'ils soient naturellement, à qui il ne puisse donner un goût plus flateur & plus agréable. Il adoucit l'amertume des fruits les plus aigres, & en fait des mets délicieux. Il fournit aux tables des

grands feigneurs leur plus bel ornement. La confiferie peut exécuter en fucre toutes fortes de deffeins , de plans , de figures, &
même des morceaux d'architecture confidérables. *Encycl.*

CONFITURE. Nom qu'on donne aux fruits, aux racines ,
aux herbes, aux fleurs, & à certains fucs quand ils ont été préparés & cuits dans le fucre, ou le miel, pour les pouvoir conferver, ou pour les rendre plus agréables au goût.

Les confitures demi-fucre , font celles où l'on n'a mis que peu
de fucre, pour leur laiffer davantage le goût du fruit. Ces fortes
de confitures doivent être mangées promptement , étant fujettes
à tourner & à s'aigrir.

Le négoce de confitures eft affez confidérable en France , particuliérement à Paris.

Quoique Paris, Tours, Rouen , Orléans , Dijon , Metz, Sedan ,
Bordeaux , & plufieurs autres villes du Royaume , fourniffent
quantité de belles & bonnes confitures, on ne laiffe pas cependant d'en tirer quelques-unes des pays étrangers, particuliérement
d'Italie , de Madére & de quelques endroits des Indes , par les
Hollandois & Portugais.

Les confitures fe réduifent à huit efpeces particuliéres, qui font
les confitures liquides, les marmelades, les gelées, les pâtes , les
confitures féches , les conferves , les candis, & les dragées.

Confitures Liquides.

Les confitures liquides font celles, dont les fruits ou tous entiers , ou en morceaux, ou en grappes , font confits dans un firop
fluide , tranfparent, qui a pris fa couleur de celle des fruits qui y
ont bouilli.

Il y a beaucoup d'art à les bien préparer. Si elles ne font pas
fuffifamment cuites, & trop peu fucrées , elles fe tournent & s'ai-
griffent ; fi elles font trop cuites & trop fucrées , elles font fujettes à fe candir.

Les plus eftimées de toutes les confitures liquides, font les prunes , particuliérement celles appellées mirabelles, qui viennent
de Metz ; & d'autres nommés *moyeux*, qui s'envoyent de Dijon :
l'épine-vinette en grappe, qui fe tire du même endroit : les coins ,
qui viennent d'Orléans ; les noix, qui fe tirent de Rouen : les
abricots, qui fe font à Paris : les cerifes, les verjus & les grofeil-
les en grains, qui font affez communes par-tout, mais plus belles
à Tours qu'ailleurs, les fleurs-d'orange, qui fe tirent particuliérement de Provence & d'Italie : les petits citrons verds , qui viennent de l'ifle de Madere : la caffe verte , qui fe tire du Levant :

ſes ananas qui viennent des iſles : enfin, les myrobolans, le gingembre, le girofle, & la muſcade , qui viennent des Indes, & qui ſont apportées en Europe, & envoyées en France par les Hollandois & par les Portugais.

Marmelades.

Les marmelades ſont des eſpeces de pâtes à demi liquides , faites de la chair des fruits, ou des fleurs qui ont quelque conſiſtance; comme les abricots, les pommes, les poires, les prunes , les coins, les oranges , le gingembre &c. La marmelade de gingembre vient des Indes, par la Hollande. On l'eſtime propre à ranimer la chaleur naturelle des vieillards.

Gelées.

Les gelées ſont faites de jus ou ſucs de fruits où l'on a fait diffoudre du ſucre, & qu'enſuite on a fait bouillir juſqu'à une conſiſtance un peu épaiſſe, de ſorte qu'en ſe refroidiſſant il reſſemble à une eſpece de glu fine, tranſparente.

Il ſe fait des gelées de diverſes ſortes de fruits, mais particuliérement de groſeilles, de pommes; dont la derniere, qui vient de Rouen, eſt d'une beauté & d'un goût ſi exquis, qu'il eſt difficile de l'imiter dans les autres endroits.

Le Cotignac d'Orléans , eſtimé ſi ſouverain pour le cours de ventre , & qui tire ſon nom du jus de coin dont il eſt fait, eſt auſſi une eſpece de gelée un peu plus forte & plus cuite que les autres , faite avec le ſucre royal, & dans laquelle il entre un peu de vin blanc. Cette ſorte de confiture , qui eſt ordinairement de la couleur des plus beaux rubis, eſt envoyée en petites boîtes de ſapin , rondes & plates , de diverſes grandeurs, dont les plus petites s'appellent des *friponnes*.

Il ſe fait encore des gelées de viande de poiſſon , de corne de cerf, &c. mais elles ne ſont pas de garde, étant ſujettes à ſe gâter , outre que les marchands confiſeurs n'en font pas ordinairement : cela étant réſervé aux apothicaires, patiſſiers & traiteurs.

Pâtes.

Les pâtes ſont une ſorte de marmelade épaiſſie par l'ébullition , au point de garder toutes ſortes de formes , lorſqu'après les avoir miſes dans des moules , elles ſont ſéchées au four. Les pâtes de groſeilles , de ver-jus , de coins, de pommes, d'abricots , ſont les plus en uſage. Les meilleurs pâtes d'abricots viennent de Clermont & de Riom en Auvergne.

Il fe fait encore des pâtes de piftaches , qui font fort eftimées ; des pâtes de gingembre , qui viennent des Indes , & que les épiciers François tirent des Hollandois ; des pâtes de fleurs d'orange , de citron & diverfes autres.

Confitures féches.

Les confitures féches font celles , dont les fruits , après avoir bouilli dans le firop , font tirés , égoutés & féchés dans un four.

Celles-ci fe font d'un fi grand nombre de fruits, qu'on ne pourroit les nommer toutes : les plus eftimées font les citrons & l'écorce d'orange , les prunes, les poires , les cerifes , les abricots , les amandes & les noix vertes.

Tout ce qui fe voit de plus beau en confitures féches , eft de Paris & de Tours , & c'eft de cette derniere ville qu'on tire ces délicieufes écorces d'oranges , que par tout ailleurs , on ne peut parfaitement imiter , foit pour le goût , la tranfparence , ou la couleur. Voyez *Orange*.

L'écorce de citron , ou côte , eft une des confitures féches dont on fait le plus de cas ; auffi eft elle regardée comme l'un des principaux objets du négoce des marchands épiciers-confifeurs. Les écorces de citron les plus belles & les plus eftimées , viennent de l'ifle de Madére & de Genes. Voyez *Citron*.

Conferves.

Les conferves font une efpece de confiture féche , faite avec du fucre & des pâtes de fleurs , ou de fruits , &c.

En médecine , & chez les marchands apothicaires , on comprend , fous le titre de conferves , toute forte de confitures , tant féches que liquides , de fleurs , de fruits , de femences , de racines , d'écorces, de feuilles, &c. faites avec le fucre ou le miel pour conferver plus long-temps la qualité & la vertu des fimples , & les rendre en même temps, ou plus agréables , ou plus fupportables au goût.

Les conferves les plus ordinaires font celles d'ache , ou bétoine , de guimauve , de romarin , de capillaire , dont la meilleure vient de Monpelier , de pied-de-chat , de fleur d'orange; de jafmin , de piftaches , de citron ; enfin la conferve de rofes , qu'on appelle ordinairement *conferve de Provins*, parceque c'eft de Provins , petite villle de la province de Brie , que fe tire prefque toute la conferve de rofes, foit rouges ou blanches , féche ou liqnide.

Il fe fait encore une forte de conferve fort en ufage ; c'eft cel-

le de violette. Il faut remarquer, à l'égard de cette derniere, qu'on
y peut être aifément trompé en ce qu'il s'en vend de véritable,
& de fauffe. Il fera facile d'en faire la différence, quand on faura que la véritable n'eft abfolument compofée que de fucre & de
fleurs ; & que la faufle n'eft autre chofe que du fucre, de l'iris,
& de l'indigo mêlés enfemble.

Candis.

Les candis ou plutôt les fruits candits, font ordinairement des
fruits entiers, qui, après avoir bouilli dans le firop, reftent couverts de fucre-candi, ce qui les fait paroitre comme des cryftaux de différentes couleurs & figures felon les fruits qu'ils contiennent. Rien n'eft plus beau que de voir fur une pyramyde des
candis. Les plus beaux viennent d'Italie.

Dragées.

Les dragées font une efpece de confiture féche, faite de petits fruits, ou de graines, ou de petits morceaux d'écorce, ou de
racines odoriférantes & aromatiques &c. recouvertes d'un fucre
fort dur, ordinairement très blanc.

Il fe fait des dragées de tant de fortes, & fous des noms fi différens, qu'il ne feroit pas aifé de les expliquer toutes. On dira
cependant, qu'on met en dragées, de l'épinevinette, dés framboifes, de la graine de melon, des piftaches, du pignon, des avelines, des amandes de plufieurs fortes, des amandes pelées, dont
la peau a été ôtée à l'eau tiede, des amandes liffées à qui l'on
a laiffée la peau, des amandes d'Efpagne, qui font fort groffes
& rougeâtres en dedans, & des pralines, dont le fucre eft roux
& gromeleux, & comme à demi brûlé.

On met encore en dragées la canelle finement coupée, qu'on
appelle *canelas de Milan*; de l'écorce d'orange par petits morceaux, ou lardons qu'on nomme *orangeat*, dont le meilleur vient
de Lyon ; de la Coriandre ; de l'anis, qu'on nomme *anis-reine*,
ou à la reine, qui eft peu couvert de fucre, & propre, à ce
qu'on prétend pour faire fortir les vents du corps ; de l'anis appellé *petit verdun*, qui ne différe du précédent, qu'en ce qu'il
eft plus chargé de fucre, & qu'il a un peu d'odeur de civette ;
d'autres fortes d'anis qu'on nomme *anis couverts*, quoique ce
ne foit que du fenouil chargé de fucre. Les anis couverts fe font
de douze différentes groffeurs, à raifon de tant par demi-once,
& fe diftinguent par des numeros & par des chiffres qui dénotent les nombres, ainfi qu'il fe peut voir ci-après.

Le Nº. 1 a 120 grains d'anis à la demi-once : le Nº. 2 en a 88 : le Nº. 3, 64 : le Nº. 4, 44 : le Nº. 5, 34 : le Nº. 6, 30 : le Nº. 7, 24 : le Nº. 8, 18 : le Nº. 9, 15 : le Nº. 10, 11 : le Nº 11, 7 : & le Nº. 12, 4. Il n'y a que les anis des quatre derniers numeros, qui soient appellés *gros verdun*. Voyez *anis*.

Il se fait encore une sorte de petite dragée qui vient particuliérement de Sedan, qui est aussi menue que de la graine de navette, & quelquefois plus fine, à laquelle on donne le nom de *nonpareille*. Cette derniere espece de dragée n'est autre chose, que de l'iris en poudre, couvert d'un peu de sucre. C'est de cette nonpareille, dont on se sert pour mettre sur certaines pâtisseries, & sur le pain d'épice.

Les bonnes qualités des dragées sont, d'être nouvellement faites : que le sucre en soit pur, sans mélange d'amidon : qu'elles soient dures, séches & aussi blanches dedans que dehors : enfin, que les fruits, graines, ou autres choses qui y sont renfermées, soient récentes & nouvelles.

Par le Ier. article des ordonnances faites sur la profession des maitres confiseurs de Geneve, en 1726, il est dit, que toutes les dragées, tant fines qu'ordinaires, soient faites en toute fidélité, sans y employer aucune farine, amidon ou autre ingrédient de cette nature ; bien entendu que tous les sucres qu'on y employera, seront passés au fin tamis ou par la manche. Par l'art. II. Que toutes sortes de confitures, tant séches que liquides, gelées, pâtes & autres, soient faites fidélement, les nourrissant bien de sucre, avec défense d'y employer aucun miel, sous peine de confiscation & d'amende. Les jurés doivent faire la visite au moins tous les deux mois une fois, pour voir si l'on ne contrevient point à ces ordonnances.

Pour bien conserver les dragées, il faut les tenir dans des lieux secs ; l'humidité leur étant tout-à-fait contraire, en ce qu'elle les rend molles & piquées ; ce qui les met hors d'état d'être vendues.

CONTERIE. Espece de rassade, ou grosse verroterie qui se fait dans les verreries de Venise, d'où elle vient en cordons.

La conterie fait une partie de cette légere mercerie qui sert à traiter avec les sauvages du Canada, & les Négres de Guinée. Les premiers en ornent le bord de leurs capots, & en font avec assez d'adresse & de symétrie, une espece de broderie.

Les Marchands d'Europe portent à Smyrne de trois sortes de conteries ; savoir, la conterie de poids, les grenats de couleur & la conterie de Conto. La premiere paye à la douane de cette ville, les droits d'entrée, à raison de 25 aspres l'ocque. La seconde,

Page Missing in Original Volume

Page Missing in Original Volume

conde, un quart de piaftre auffi l'ocque, & la troifieme, une piaftre les fix maffes. Voyez *Raffade*.

CONTRA-YERVA. Racine qui eft apportée de la nouvelle Efpagne, & qui eft une alexitére, ou contre poifon fouverain ; il en vient auffi du Pérou où elle fe trouve abondamment dans la province de Charcas. Le P. Plumier a trouvé cette plante au mois de Juin, dans l'ifle de S. Vincent ; elle croît auffi au Mexique. Houftoun en a recueilli dans les montagnes, auprès de l'ancienne Carthagene ou Vera-Cruz.

Le mot d'*yerva* veut dire *herbe*, & ne fignifie pas autre chofe en Efpagnol. Il eft bien vrai qu'avec le mot de *ballefta*, comme par exemple *Yerva de ballefta*, ou de *balleftro*, qui veut dire proprement *herbe* d'*arbalete*, ou d'*arbalétrier*, il fignifie l'*ellébore blanc* ; c'eft ainfi que les Efpagnols appelloient anciennement cette derniere plante, parcequ'ils prétendoient que fon fuc préparé d'une certaine maniere, fervoit à empoifonner les fleches. On ne la nomme plus ainfi en Efpagne, depuis que les chofes ont changé ; fon véritable nom eft *verdagambre*. *Contra-yerva* veut dire, fuivant fon origine, *contre-poifon* ; mais il faut fous-entendre ce qu'on a retranché dans le nom, pour en faire une abréviation ; au lieu de *contra-yerva* tout feul, il faudroit dire dans le fens Efpagnol, *contra-yerva venenofa*, contre l'herbe vénimeufe ; telle qu'étoit l'ellébore blanc ou autre plante de cette nature, ou bien *contra-yerva de ballefta*, c'eft-à-dire anti-ellébore. Anciennement les chaffeurs Aragonois & Navarrois s'en fervoient pour faire mourir promptement le gibier bleffé par leurs fléches, & cela long-temps avant la découverte de l'Amérique. Les Efpagnols qui habitent le Pérou, après avoir appris des Péruviens, les vertus de cette racine contre les venins, comprirent de-là, qu'elle devoit être bonne contre le poifon de l'ellébore blanc, & lui donnerent par conféquent le nom de *contra-yerva de ballefta*, & depuis, par abréviation, *contra-yerva*. M. Garcin.

La racine de cette plante reffemble beaucoup aux racines du fceau de Salomon ordinaire, ou de la dentaire ; car elle pouffe plufieurs nœuds qui paroiffent écailleux ; elle s'enfonce obliquement dans la terre, & y répand beaucoup de fibres branchues qui s'étendent de tous côtés ; enfin, elle a un goût brûlant comme eft celui de la pyrethre ordinaire. Il fort de fon fommet fix ou huit feuilles femblables à celles de la berce, quoique beaucoup plus petites, de la longueur de quatre ou cinq pouces, découpées profondément, ou partagées en plufieurs pieces pointues & dentelées, un peu rudes au toucher, & d'un verd brun des deux côtés ; dont les queues ont cinq ou fix pouces. *Encycl.*

Pour l'avoir bonne, il faut qu'elle soit nouvelle, bien nourrie, garnie de longs filamens, pesante, d'un rouge-tan, & d'un goût agréable. On doit choisir la partie tubéreuse de la racine, & rejetter la partie fibreuse, qui est presque insipide & sans odeur.

Le contra-yerva est un bon sudorifique; son odeur, sa saveur vive & piquante, & plus encore l'expérience, nous assurent de cette propriété pour laquelle il a été célebre : mais la vertu alexipharmaque qu'on lui a aussi accordée, en prenant même ce terme dans sa signification la plus étendue, peut lui être contestée avec raison ; 1º. parceque les contre-poisons généraux sont des êtres assez imaginaires ; 2º. parceque les alexipharmatiques sudorifiques, ou proprement dits, avoient été imaginés contre certains venins coagulans dont les observations modernes ont démenti l'existence, ou du moins bien diminué le nombre ; 3º. parceque la maniere de traiter les maladies qu'on appelloit *malignes* ou *véneneuses*, par les sudorifiques, a presque été absolument abandonnée.

Par conséquent on ne peut employer la racine de contra-yerva avec confiance, que dans les cas où les sueurs sont indiquées en général, & point du tout dans les cas des morsures, &c.

On connoit sous ce nom, le *lapis contra-yerva*, principalement parmi les Anglois, qui passe pour un sudorifique & un alexitaire excellent. Voyez l'*Encyclopédie* sur les préparations de cette racine & sur ses usages en médecine.

Il y a aussi une espece de contra-yerva, qui vient de la Virginie, contrée de l'Amérique septentrionale, mais qu'on appelle plus ordinairement *viperine virginienne*, Elle est fort aromatique, & on l'emploie en Angleterre contre les poisons, & les venins, avec le même succès que la véritable contra-yerva du Pérou.

COPAL. La résine copal, que l'on appelle improprement *gomme-copal*, est une résine solide, transparente, de la couleur de l'eau, ou qui tire tant soit peu sur le citrin, odorante, mais moins que l'animé. On l'apporte de la nouvelle Espagne.

Il y a plusieurs arbres qui portent la résine copal. La principale espece est un grand arbre, dont les feuilles sont semblables pour la figure & la grandeur à celles du chêne, mais plus longues : le fruit est arrondi, de couleur de pourpre. Il découle de cet arbre une liqueur blanche, transparente & résineuse, quelquefois d'elle-même, quelquefois en la faisant sortir par des scarifications : elle forme bientôt de petites masses solides, dures & transparentes; son odeur est agréable quand on la brûle. Les Américains avoient coutume de brûler ce parfum en l'honneur de leurs Dieux ; & ils firent la même chose à l'égard de ceux qui s'emparerent les premiers de l'Amérique , les honorant de la même maniere que leurs Dieux.

Ce copal eft très-rare en France : cependant lorfqu'il y en eft apporté quelque partie, il faut le choifir en grands morceaux d'un beau jaune doré , tranfparent, de quelque groffeur qu'ils puiffent être, de l'odeur du vrai oliban , & qu'au feu, ou dans la bouche, il fe liquéfie aifément.

Au défaut de ce copal , il en vient un autre des ifles antilles, qui en approche affez , & qui eft prefque le feul qu'on trouve chez nos marchands épiciers-droguiftes , qui fouvent le vendent pour du karabé ; quoiqu'il s'en faille bien qu'il foit auffi propre à appaifer les vapeurs , n'étant point affez puant , lorfqu'il eft brûlé.

Ce copal des ifles coule fans incifions du tronc , & des groffes branches de certains grands arbres , femblables à nos peupliers noirs. Comme ces arbres ne croiffent gueres que fur le fommet des montagnes , & dans les lieux les plus impraticables, c'eft aux pluyes & aux torrens qu'elles caufent , qu'on doit cette ef-pece de gomme , qui du pied des arbres eft entrainée & charriée dans les rivieres, au bord defquelles on la ramaffe. Elle eft ap-portée des ifles par le retour des vaiffeaux à Nantes , & à la Ro-chelle , d'où nos marchands la tirent. Il faut la choifir en fortes ; mais toujours préférer la plus blanche à celle qui eft rougeâtre , noire ou terreufe.

La plus grande confommation de ce copal des Antilles , eft pour faire du vernis d'efprit de vin.

COPALXOCOTL. Efpece de copal , qui croît dans la nou-velle Efpagne. Les Indiens l'appellent auffi *pompoqua*, & les Ef-pagnols , *cerife gommeufe* , *cerafa gommofa*.

Ce faux copal a des feuilles comme celles du cerifier d'Euro-pe , & fon fruit femblable à celui du pommier. Les pommes qu'il produit font douces, mais aftringeantes ; & il en diftile une efpece de fuc glutineux , dont on fait un remede topique contre la fievre , & qui eft pareillement propre pour les éjections fanguinolentes. Son bois , qui fe coupe aifément, & qui ne fe fend jamais, ap-proche de la fenteur & de la faveur du vrai copal.

COPAU. Voyez *Baume de copahu.*

COPEIA. Arbre qui croît dans l'ifle de St. Domingue. On dit que fa feuille peut fervir de papier , & que les Efpagnols en font des cartes , & qu'il en découle une efpece de poix. *Encycl.*

COPOU. Efpece de toile qui fe fabrique à la Chine , & qui eft une forte de toile d'orties.

I 2

L'herbe dont on le fait, s'appelle *co* , & ne se trouve guere que dans la province de Fokien. C'est un arbrisseau rampant, ou, si l'on veut, une espece de lierre, mais avec des feuilles rondes, molles, vertes par dedans, blanchâtres & cotonnées par dehors, beaucoup plus grandes que celles de notre lierre d'Europe.

Le petit bâton qui en fait le corps, & qui est cotonné comme les feuilles, produit le chanvre, dont font tissus les copoux.

Après qu'on l'a fait pourrir, ou rouïr dans l'eau, on en leve la premiere peau, qui n'est bonne à rien ; la seconde, qui est très-fine, est celle qui sert, en la divisant seulement à la main en de très-petits filets, sans la battre, ni la filer.

La toile qu'on en fait est transparente & assez fine, mais si fraiche & si legere, qu'il semble qu'on ne porte rien. On s'en sert dans les grandes chaleurs avec des sur-touts de cha.

COQ, (*Horlog.*) c'est dans les montres une petite platine vuidée & gravée, qui couvre le balancier.

Les coqs à la françoise font meilleurs que ceux à l'angloise, parceque les premiers ayant deux oreilles ou pattes, ils sont plus solides ; & le pivot du balancier ne peut sortir de son trou par les secousses, comme cela arrive souvent dans les montres angloises.

On appelle *petit coq* dans les montres françoises, une petite piece de laiton ajustée sur le coq au moyen d'une vis & de deux pieds : c'est dans le trou de ce petit coq que roule le pivot du balancier. Les horlogers françois ont adopté cette pratique ; 1°. afin que le régulateur se trouvât plus près du milieu de sa tige ; 2°. afin que le pivot du balancier fût moins sujet à se rompre dans les différentes secousses : 3°. pour éviter la trop grande usure de ce pivot & du trou, dans lequel il roule ; 4°. enfin pour y conserver une plus grande quantité d'huile.

Il y a encore une piece dans les montres françoises, qu'on nomme *petit coq* d'acier ; c'est une espece de griffe de ce métal, qui tient une agathe ou un grenat sur le centre du petit coq de laiton, afin que l'extrêmité du pivot du balancier s'y appuie quand la montre est sur le plat. *Encycl.*

COQUE DE LEVANT, que les apothicaires appellent vulgairement *cocoli di levante.*

C'est une espece de fruit de la grosseur d'un grain de chapelet, demi-rouge, & de la figure d'un petit rognon.

Ce fruit qui tient fortement à la branche de l'arbre qui le produit, par une petite queue, qui est aussi rouge, a au milieu un petit noyau, qui est ce qu'on appelle la coque, fort sujet a se vermoudre ; ce qui rend les coques legeres, & de moindre qualité : aussi les faut-il choisir les plus pesantes qu'il se peut. Leurs autres bonnes qualités sont d'être nouvelles, grosses, & hautes en couleur.

La coque de levant sert à faire mourir la vermine : elle a aussi la vertu (mêlée à un apat, dont la composition est facile) d'enyvrer le poisson, sur-tout dans des eaux dormantes : mais les ordonnances des eaux & forêts le défendent sous des peines séveres, & qui véritablement ne le sauroient être trop, pour punir, ou pour prévenir un crime qui est un véritable larcin, & qui fait encore plus de préjudice à ceux à qui appartient le poisson, que de profit au voleur ; la plupart du poisson mourant caché dans les joncs & les roseaux, dont les eaux dormantes sont toujours remplies.

Coques de vers à soie. Ce sont les cocons de soie, où les vers s'enveloppent à mesure qu'ils filent.

Ces coques, après que la soie a été dévidée de dessus, se lavent, se battent, & se lessivent, pour en ôter une espece de gomme, dont elles sont enduites en dedans, après quoi elles sont propres à être filées.

C'est de ces coques que sont faites une partie des bourres de soie, & des filoselles. On en fait aussi diverses fleurs & bouquets, après les avoir teintes de différentes couleurs.

La coque est une pelote de fil & de glu sous laquelle les vers à soie & certaines chenilles se renferment lorsqu'elles deviennent nymphes. Selon les naturalistes, c'est une enveloppe ou nid de différente texture & figure, formée par les insectes à différens usages.

Les uns se filent des coques de soie, & d'autres font sortir, dans ce dessein, des pores de leurs corps une espece de coton pour les couvrir. Tel est l'insecte du Kermes. Plusieurs fortifient leurs coques en y faisant entrer leurs poils, dont ils se dépouillent ; & ceux qui n'en ont point & qui manquent de soie, rongent le bois & employent les petits fils qu'ils en ont détaché, à affermir l'intérieur & l'extérieur de leur enveloppe. Ils humectent ces fils avec une espece de gomme qui sort de leur corps, & qui est très-propre à durcir leur travail. Si l'on prend une de ces coques séchée, & qu'on la fasse ensuite bouillir dans de l'eau, on la trouvera plus légere qu'elle n'étoit avant cette opération ; elle a donc perdu sa gomme dans l'eau bouillante *Encycl.*

COQUILLAGES. On emploie souvent ce mot dans la même signification que celui de coquille : mais à proprement parler la coquille n'est qu'une partie du coquillage ; un coquillage est un animal revêtu d'une coquille. Les animaux de ce genre sont appellés *teſtacées*, parcequ'ils ſont recouverts d'une matiere ſi différente de la chair & des os des autres animaux, ſi compacte & ſi dure, qu'on l'a comparée à une terre cuite, à un teſt, *teſta*, d'où vient le mot de *teſtacées*.

Les coquillages de mer ſont en un plus grand nombre de genres & d'eſpeces, que ceux de terre. C'eſt leur grande variété, apportée de toutes les parties des mers du monde, qui fait aujourd'hui la richeſſe entre les curioſités naturelles, raſſemblées dans les cabinets des naturaliſtes. C'eſt pour cela que les plus belles & les plus rares coquilles marines, ſont devenues un objet de commerce parmi les marchands droguiſtes du nord, leſquels tâchent de s'en procurer des Indes même, pour en vendre.

On trouve des coquillages dans toutes les parties du monde; on les voit diſpoſées dans les plaines, ſur la ſurface de la terre, ou réunies dans pluſieurs endroits en aſſez grande quantité pour former des terreins très-étendus & fort profonds. On trouvera un excellent article ſur cette partie de l'hiſtoire naturelle dans *l'Encyclopedie. Voy. Buccin, Perles & pinne-marine.*

A cette occaſion nous indiquerons ici le magnifique ouvrage allemand & françois de M. Regenfuſs, intitulé : *choix de coquillages & de cruſtacés peints d'après nature, gravés en taille douce, enluminés de leurs vraies couleurs*, grand in fol. à Copenhague 1758. *Voy. Mercure Danois* Mai & Juin 1759.

COQUILLE DE NACRE. Grande coquille plate, qui a le brillant, la couleur & l'éclat des plus belles perles d'orient. Les ouvrages de laque de la Chine & du japon en ſont ornés, & elles y font un aſſez bel effet. On s'en ſert en France dans la marquetterie, & autres ouvrages de rapport.

On en fait auſſi de belles tabatieres, montées ſur or, & ſur argent, & quantité d'autres ouvrages dans ce gout-là. Voyez *Nacre.*

Coquille. Eſt auſſi un petit inſtrument de cuivre, dont ſe ſervent les lapidaires pour tailler le diamant, & quelques autres pierres précieuſes.

Cette coquille a une queue auſſi de cuivre, qui ſert à la tenir ſuſpendue au-deſſus de la roue de fer doux des diamantaires, par le moyen d'une tenaille de fer, dont pourtant le corps eſt de bois : c'eſt dans le creux de cette coquille qu'eſt ſoudé, avec de la ſoudure d'étain, le diamant qu'on veut tailler : & afin que la pierre appuye plus fortement ſur la roue, on charge la tenaille d'une maſſe de plomb, qui en même temps fait baiſſer la coquille qui y eſt attachée, & approche le diamant de la roue, autant qu'il eſt néceſſaire, pour en former les facettes avec l'huile d'olive,

& la poudre du même diamant. Voyez *diamant*, & *lapidaire*.

Cet inftrument reffemble à un dé à coudre un peu évafé ; & fe termine par une queue de cuivre que l'on plie du côté que l'on veut tailler ou polir le diamant. *Encycl.*

Coquilles, ou or en coquilles, argent en coquilles, métal en coquilles, font toutes marchandifes propres pour les peintres & évantailliftes, & qui viennent d'Augsbourg.

Les Allemands choififfent pour cet effet de très-petites coquilles de moules de riviere qui font blanches, & mettent dans chacune une très-petite quantité de ces marchandifes moulues & réduites en poudre condenfée avec une certaine gomme pour en empêcher la perte.

Si c'eft du fimple métal, c'eft-à-dire, du cuivre ou laiton couleur d'or, ils en mettent dans chaque coquille gros comme un pois : fi c'eft de l'argent, ils n'en mettent que gros comme un grain de vefce : mais fi c'eft de l'or, ils n'en mettent pas plus gros que le plus petit grain de vefce ; la coquille & le papier qui l'enveloppe, liés avec du fil, pefent beaucoup plus que la marchandife qui eft dedans, mais c'eft afin de garantir la matiere qui y eft contenue, de la pouffiere & autres ordures.

CORAIL. Le corail eft une plante marine qui naît fous l'eau, fans feuilles, prefque comme de la pierre, branchue, compacte & folide, fragile, couverte d'une écorce, ou plutôt d'une certaine croute tartareufe, qui eft cependant molle (1). Il eft de différentes couleurs ; car il y en a de couleur de fang, de couleur de chair, de jaune, de blanc, de panaché. Il n'y en a que deux fortes dont on faffe ufage dans les boutiques, favoir le rouge & le blanc.

Le corail rouge fe trouve dans le golfe de la mer méditerranée fur les bords de la Provence, depuis le cap de la Couronne jufqu'à celui de S. Tropez ; dans le golfe d'Efpagne autour des ifles Majorque & Minorque, jufqu'au bord méridional de la Sicile ; & fur les côtes d'Afrique dans la mer méditerranée auprès du baftion de France, & enfin dans l'océan Ethiopien auprès du cap Negre. Les plongeurs qui s'appliquent continuellement à la pêche du corail, rapportent que les petits rameaux du corail ne fe trouvent que dans les cavernes, dont la fituation eft parallele à la furface de la terre, & dont les ouvertures regardent le midi ; ils ajoutent qu'il ne s'attache qu'aux voutes de ces cavernes, & qu'il ne croit que de haut en bas. Mais une grande preuve du

_____

(1) C'eft la plus belle & la plus précieufe de toutes les fubftances que l'on appelle improprement *plantes marines*, fuivant les *Encyclopédiftes*.

contraire, c'eſt que les rameaux du corail ſe trouvent attachés à
des têts de pots caſſés, à des cranes de morts, à des morceaux
de bois, à des inſtrumens de fer, à des coquillages, & à d'autres choſes ſemblables qui vont toutes au fond de la mer, & auxquelles le corail ne peut être attaché, à moins qu'il ne s'éleve de
bas en haut.

Les plongeurs ſe ſervent en provence de deux machines pour
pêcher le corail. L'une qu'ils ont coutume d'employer pour l'arracher des rochers eſcarpés qui ſont dans la mer : c'eſt une croix
de bois fort grande, au centre de laquelle on attache une boule
de plomb très-peſante, afin que cet inſtrument puiſſe aller promptement au fond de l'eau ; il eſt ſoutenu par une groſſe corde &
fort longue. A chaque extrêmité de la croix on attache un filet
orbiculaire. Lorſqu'on a jetté cette machine dans l'eau, & que les
plongeurs ont trouvé un rocher plein de trous où il ſe trouve
beaucoup de corail, celui qui a ſoin de gouverner la machine,
pouſſe une ou deux branches de cette croix dans un des creux ; &
de cette façon le corail qui s'y trouve, eſt embaraſſé dans les filets ; & ceux qui ſont ſur le bord de la felouque, le briſent & le
tirent hors de l'eau.

L'autre machine dont on ſe ſert pour tirer le corail des cavernes les plus profondes, eſt une poutre fort longue, à l'extrêmité
de laquelle eſt attaché un cercle de fer d'un pied & demi de diamêtre, portant un ſac réticulaire avec deux filets orbiculaires placés de côté & d'autre. Cette poutre eſt attachée par deux cordes
fort longues à la proue & à la poupe de la felouque : elle va au
fond de l'eau par le moyen d'une boule de plomb qu'on y attache, & elle eſt dirigée & conduite dans les cavernes profondes,
par le mouvement de la felouque. L'anneau, ou le cercle de fer,
rompt les petits rameaux de corail qui ſont attachés à la voute des
cavernes ; les autres ſont retenus & embaraſſés dans les filets.
Quelquefois, mais très-rarement, on trouve & on pêche de ces
rameaux & arbriſſeaux qui peſent 3 ou 4 livres.

La raiſon pourquoi l'on trouve rarement de grandes branches
de corail, vient de ce que les gens qui pêchent le corail, ont la
liberté de faire leur pêche trop ſouvent, & ne donnent par conſéquent pas le temps aux nouvelles plantes de ce genre, de faire
leur accroiſſement, ce qui demande bien des années. Comme
leur pêche ſe fait à l'avanture, dans les lieux de la mer où ils con-
jecturent qu'il y a du gros corail, ils briſent & détruiſent les jeunes pouſſes qui s'y rencontrent, à force d'y jetter leurs inſtrumens, dans l'eſpérance d'amener de groſſes branches : ce qui ne
répond pas toujours à leur attente. Ils préférent ordinairement
dans leur pêche la quantité de corail quant au poids, à la gran-

deur des pieces; parcequ'ils font d'accord avec leurs maitres, à tant
la livre fur leur pêche. Voilà d'où vient la difette de gros corail.
Paul Boccone a obfervé depuis long-temps un fuc nourricier,
laiteux, caché fous l'écorce dans différentes cellules. Pour les fleurs
elles ont été décrites avec foin par le comte de Marfigli, dans le *Sup-*
plément au Journal des Sçavans pour l'année 1707. & de plus il a
compofé une hiftoire achevée du corail, qui fe trouve dans fon
Hiftoire Phyfique de la mer, publiée en 1725, in-fol, enrichie de
très-belles figures qui repréfentent les fleurs, & la ftructure de
l'écorce, tant dans leur grandeur naturelle, que vûes avec des
microfcopes.

Le corail rouge, eft une plante marine, compofée de deux
fubftances; une intérieure, qui eft compacte comme de la pierre, &
qui n'eft ni poreufe, ni fpongieufe, ni fibreufe; fa fuperficie eft ca-
nelée dans fa longueur, d'un rouge foncé, fans odeur, fans goût; fa
fubftance extérieure eft plus molle, fongeufe, en forme d'écorce,
& remplie d'un fuc laiteux, acre lorfqu'elle eft encore dans l'eau,
d'une couleur verdâtre ou jaunâtre, ou d'un jaune rouge. Le tronc
fe partage en plufieurs rameaux; il n'a ni feuilles ni racines; mais
il eft attaché fur les rochers, les pierres, ou autres corps, par
une bafe large, mince, & formée de la propre fubftance pierreufe qui s'eft étendue. L'écorce qui couvre la bafe, le tronc
& les branches du corail, fe fépare aifément lorfqu'il eft nouvellement tiré de l'eau, mais plus difficillement lorfqu'il eft fec.
Extérieurement elle eft inégale, raboteufe, & parfemée comme
de petits grains qui font percés au milieu d'un petit trou, pour recevoir le fuc nourricier de l'eau, dont le corail eft environné. Il
s'éleve de plus des mamelons, ou de petites glandes parfemées
de côté & d'autre fur la fuperficie de l'écorce, qui font creufés
en dedans, & partagés en plufieurs cellules, qui ont un orifice
que l'on découvre au haut du mamelon, lequel orifice eft tantôt
oblong, tantôt rond, mais qui eft partagé le plus fouvent en fix
fentes, de forte qu'il a la forme d'une étoile &c.

Lorfqu'on retire le corail de l'eau, l'humeur dont les mamelons, les tuyaux & les cellules de l'écorce font remplis, eft lai-
teufe & gluante, d'un goût acre avec quelque aftriction, approchant
du poivre & de la chataigne, qui fe fait fentir évidemment quand
il eft nouvellement pêché, & qui difparoit, lorfqu'il eft fec, fans
qu'il y refte autre chofe que de l'aftriction. Environ fix heures
après qu'on l'a retiré du fein de la mer, cette humeur jaunit à
l'air; elle s'épaiffit & fe durcit enfin, & fe change en une fubftance jaunâtre & friable. C'eft le fuc qui fert pour la nourriture
& l'accroiffement de cet arbriffeau. Mais celui qui eft contenu
dans les capfules arrondies des fleurs, paroit rempli du germe

du corail ; & l'on peut le regarder comme le fruit ou la graine ; puifque les capfules étant tombées des rameaux, fur des cailloux, fur des coquillages, ou fur quelques autres corps, elles s'y attachent, & elles s'y développent peu à peu, germent, & produifent une nouvelle plante de corail.

Le corail blanc n'eft différent du rouge que par fa couleur d'un blanc de lait. On le trouve rarement dans nos mers : & la plupart des auteurs qui ont dit qu'il naiffoit dans la méditerranée, ont défigné à fa place des efpeces de madrepore, autrement dites antipathés. Le comte de Marfigli n'a trouvé aucun corail blanc dans toutes les pêches auxquelles il a affifté, mais comme on trouve des rameaux de corail en partie rouges, & en partie blancs, ne peut-on pas conjecturer de-là, que tout le corail naît avec couleur rouge, & qu'il n'en a point d'autre que lors qu'il a contracté quelque vice, ou lors qu'il eft defféché & fans fuc, à caufe de fa vieilleffe. Je n'oferois pourtant l'affurer, avant que cela ait été confirmé par plufieurs expériences. Cependant M. de Marfigli l'affure des coraux bruns, jaunâtres ou gris, qu'il croit n'être autre chofe que des plantes de corail qui ont été arrachées, & qui font reftées long-temps dans le limon au fond de la mer.

Depuis les obfervations de ce comte, on en a fait d'autres plus heureufes qui renverfent entièrement fa découverte, fi favorable à l'opinion généralement reçue, que les coraux & les madrepores font du nombre des végétaux. M. Peyffonel médecin de Marfeille, qui avoit été préfent aux recherches de ce fçavant Italien, & qui crut d'abord, comme lui, que le corail donnoit des fleurs entreprit, en 1725, à nouveaux fraix d'examiner avec plus d'exactitude ce fait, fur les lieux de la pêche du corail qu'on pratique, fur-tout près des côtes d'Afrique. Il vit plus clairement alors, que ce qu'ils avoient pris pour fes fleurs, étoit une forte d'infecte du genre des orties de mer, reconnues aujourd'hui pour des polypes. Cet infecte marin bâtit fon domicile avec une matiere liquide qui fe pétrifie en forme de croûte, fous laquelle fe forme le corail. L'infecte s'appelle *ortie coralline*.

M. Bernard de Juffieu, profeffeur en botanique dans le jardin royal des plantes de Paris, & de l'Académie royale des Sciences fut en 1742 aux côtes de Normandie, pour obferver des madrepores, fi analogues au corail, le phénomène découvert par M. Peyffonel. Il fut convaincu, en préfence de divers curieux, que ces productions marines de nature pierreufe, & de différentes efpeces, étoient l'ouvrage de plufieurs fortes de polypes très-petits, que M. le Comte de Marfigli avoit toujours pris pour des fleurs dans toutes ces efpeces

Par cette découverte, on ne fera plus embaraffé de comprendre

la raifon de la dureté du corail, ni de celle de ces autres corps
marins qui lui font analogues ; car ces duretés ne pouvoient s'accorder avec la nature d'une plante qui a toujours befoin de vaiffeaux de circulation, pour fa vie & fon accroiffement. D'ailleurs,
la maniere de croître du corail de haut en bas fous des rochers
horifontaux, dont le plan regarde le centre de la terre ne peut
convenir à la végétation d'une plante, de quelque efpece que
ce foit.

M. Donati a fait des obfervations fur le corail, dans fon livre
intitulé : *Della Storia Naturale Marina dell' Adriatico, Saggio*,
Venezia 1750, in-4. C'eft, dit-il, une végétation marine qui
reffemble beaucoup à une branche d'arbriffeau dépouillée de fes
feuilles. Il n'a point de racines, mais il a pour bafe un pied, dont
la forme, fans être conftante, approche le plus fouvent de la ronde &c. l'*Encyclopedie* donne un extrait de cet ouvrage qu'il fuffit
d'indiquer ici. Voyez encore des *remarques & obfervations fur les
corallines & les madrepores* dans le *Journal Économ.* 1759 p. 561,
où l'on verra que M. Ellis étoit auffi du fentiment que les corallines font l'ouvrage des Polypes, &c. L'obfervateur regarde la
chofe comme incroyable, & il foutient que ce font réellement
des plantes marines.

La pêche du corail fe faifant à peu-près de la même maniere
dans toutes les mers où il s'en trouve, il fuffira de rapporter ici
comme elle fe pratique au baftion de France, petite place aux
côtes de Barbarie, dépendante du royaume d'Alger, où il s'en
pêche quantité fous la direction d'une compagnie établie à Marfeille pour cette pêche.

Les pêcheurs ne fourniffent que leur feule perfonne, & celle
de leur monde pour ce travail ; trouvant dans les magafins tout
ce dont ils ont befoin, même jufqu'aux barques & chaloupes à
cet ufage. Ces barques s'appellent des *Satteaux*.

On convient avec eux du prix du corail, qui eft ordinairement
à raifon de 58 fols la livre ; & ils s'engagent, fous peine de pu-
nition corporelle, qu'eux, ni leur monde, n'en détourneront point,
& que tout fera livré aux commis.

Quand la pêche eft achevée, qui va, année commune, à 25
quintaux de corail par fatteau, elle fe partage en 13 parts, fur
chaque fatteau, dont le patron, ou maître corailier en a 4, le
projeét 2 & chacun des fix compagnons une ; la troifieme appartient à la compagnie, pour le payement du fatteau qu'elle a fournit.

La pêche du corail ne fe fait pas fans fatigue ni fans péril.
Les pêcheurs, après avoir lié deux chevrons de bois en croix,
qu'ils appéfantiffent par un poids de plomb, y attachent quantité de chanvre négligemment entortillé autour, à quoi ils mê-

^lent quelques gros filets ; enfuite ils laiffent defcendre cette machine dans des lieux où ils fuppofent qu'il y a du corail, & lorfque le corail s'eft fortement embaraffé dans le chanvre & dans les filets, ils la retirent par le moyen d'une corde qui y tient, & dont ils ont filé autant qu'il a été néceffaire ; employant quelquefois jufqu'à fix chaloupes pour retirer les chevrons : mais fi à caufe de trop grands efforts, la corde vient à fe rompre, les pêcheurs courent rifque de fe perdre.

La plus grande hauteur à laquelle le corail s'éleve, même très-rarement dans la mer Adriatique, eft d'un pied de Paris ou un peu plus. La tige & les branches font communément rondes, néanmoins on en trouve affez fouvent de plates & larges, fuivant M. Donati, cité ci-deffus. Le corail eft un abforbant ou alkali terreux, analogue ou plutôt parfaitement femblable aux yeux d'écréviffes, à la coquille d'huitre, à la nacre de perle, à la craie, &c. auffi donne-t-on prefque indifféremment dans le cas des acides des premieres voyes, & dans différentes maladies qui en dépendent, l'un ou l'autre de ces abforbans terreux.

On tire du corail rouge une teinture, un magiftere, & un fel, & en le broyant fur un marbre, on en fait de petits trochifques, qui eft ce qu'on appelle *corail préparé*, on en fait auffi un firop. Voyez l'*Encycl.* fur les préparations & ufage du corail en médecine.

Ce qui eft certain, c'eft qu'on en employe beaucoup à faire des colliers, des chapelets & d'autres ouvrages précieux, propres à orner les cabinets des curieux, & que plufieurs nations en font une eftime toute particuliere, fingulierement les Japonois qui le mettent au deffus de toutes les pierres les plus précieufes.

Le corail fait une partie du commerce des Marfeillois. Il n'y a même préfentement qu'à Marfeille & à Génes qu'on en faffe des bracelets & des colliers, qui fe débitent affez bien dans tout le levant. Outre le corail rouge, & le corail blanc, qui font les plus ordinaires, il y en a encore de couleur de rofe, de couleur de chair, de moitié rouge & moitié blanc, de feuille-morte, & de lin frifé ; mais ce dernier vient de l'Amérique, les autres étant ordinairement pêchés dans la Méditeranée, le long des côtes de Barbarie.

Le corail travaillé fe vend ordinairement à Marfeille à raifon de 100 fols l'once.

Le corail en olivettes & celui en grains, fe vendoient à Marfeille, en Sept. 1757 favoir.

Corail en olivettes

1 filiere de liv. 2		—	L. 600 la liv.
1 dit — 1. 8 onces			450
1 dit — 1		—	300
2 filieres		—	170
3 ——		—	110
4 ——		—	88
5 ——	à la liv.	—	70
6 ——			56
7 ——		—	46
8 ——		—	38
10 ——		—	30
Les petites		—	24

Corail en grains.

1 filiere de liv. 1	—	320 la Liv.
2 dit. à la liv.	—	185
3 dit	—	125
4 dit	—	100
5 dit	—	85
6 dit	—	70
7 dit	—	56
8 dit	—	46
10 dit	—	36
12 dit	—	30
Les petites	—	28

La longueur de la filiere est de 2 pans 1 quart, mesure de Marseille.

Corail. Il y a une espece de bois, au quel on a donné en Europe le nom de *bois de corail*, à cause de la vivacité de sa couleur, fort approchante de celle du corail.

Ce bois croît dans les isles de l'Amérique, sur-tout dans celles qu'on appelle les *isles du Vent*. Quelques marchands droguistes le substituent au bois de santal ; mais il n'a aucune de ses propriétés, que sa couleur. Le bois de corail est propre aux ouvrages de Tour & de Marquetterie. Voyez *Santal.*

Il y a encore aux isles deux especes d'arbres qui ont ce même nom, qu'on leur a donné, à cause de leurs fruits, qui sont rouges comme du corail, à la réserve d'une petite tache noire à l'endroit où est le germe.

Ce sont ces fruits qu'on appelle chez les marchands épiciers

& droguiftes, *pois rouges* ou *pois de l'Amérique*, qui font extrêmement amers, & que quelques-uns prétendent avoir la propriété, étant trempés dans le citron, de fouder l'or & l'argent, comme le borax.

CORALLINE ou MOUSSE MARINE, en latin, *coralline*, *mufcus marinus.* C'eft une efpece de plante, qu'on trouve attachée aux rochers, aux coquilles, & même au corail. Elle n'a point de tige, mais fes branches fortent immédiatement de la racine. Il n'y a que celle qu'on pêche au baftion de France, qui ait quelque ufage dans la médecine ; encore n'y en a-t-elle guere : on lui croit pourtant la propriété de faire mourir les vers des enfans, étant prife en poudre ou en décoction un peu forte, à la maniere des Efpagnols, qui en font un grand ufage contre les vers : elle fert auffi pour l'ornement des ouvrages de rocaille. Il faut la choifir verdâtre, & la moins remplie de menu qu'il fe pourra. La moins bonne eft celle qui eft comme cendrée, la rouge n'eft guere meilleure. On l'appelle coralline, du corail où s'attache la plus fpécifique, qui eft la verdâtre : ce nom lui vient plutôt de fa forme ; car fes petites branches font difpofées à peu près comme celles du corail, outre qu'elle croît fur les rochers fous l'eau, de même que le corail.

Il y a des corallines qui appartiennent au regne animal, & d'autres qui dépendent du regne végétal. *Voyez* leurs dénominations latines dans *l'Encyclopédie*, d'après Tournefort & Peyffonel.

CORBEILLE. Panier d'ofier, que font les vaniers, qui fert à divers ufages, fuivant fa forme & fa grandeur.

Les corbeilles, qu'on nomme de *defferts*, parcequ'elles fervent à mettre fur table le dernier fervice de fruits & de confitures féches & liquides, à qui l'on donne ce nom, fe font à Paris, furtout au fauxbourg S. Antoine, d'une propreté & d'une élégance extraordinaires. Les unes font dorées ou argentées ; les autres blanches, & peintes de diverfes couleurs ; & d'autres qui font les moindres, de fimple ofier ; mais toutes de tant de formes fi agréables, & fi propres à diverfifier le fervice des defferts ou des collations, que les yeux & le goût ont également de quoi fe fatisfaire, quand elles font chargées de fruits, de glaces, de caramels, de confitures, ou féches, ou liquides, & qu'elles font ingénieufement agencées & fur une table

Le commerce de ces fortes de corbeilles ne fe borne pas à Paris, & aux principales villes du royaume ; il s'en fait auffi des envois confidérables dans les pays étrangers, qui aiment à imiter la magnificence & la bonne chere des François.

On ne doit pas oublier ici les corbeilles des Indes, tiſſues d'un ofier très-fin, peintes, vernies & dorées en dedans, de couleurs très-ſolides, où la mouillure ne fait rien, & qui font un objet de commerce, aufſi bien que celles dont il eſt parlé ci-deſſus.

CORDA ou CORDAT. Eſpece de groſſe ſerge croiſée & drapée, toute de laine, qui n'eſt propre qu'à vêtir les perſonnes de baſſe condition. Quelques-uns lui donnent le nom de Pinchina, quoiqu'elle n'ait qu'un rapport fort éloigné à l'étoffe, qui porte ce nom. Voyez *pinchina*.

L'art. XIII. de l'arrêt du conſeil d'état du Roi, du 27 Avril 1703, ſervant de réglement pour la manufacture des draperies de Romorentin, porte que les ſerges croiſées & les cordats gris de fer, & autres couleurs, feront compoſées de 56 portées de 32 fils chacune, & de 42 aunes d'attache de long, & ſeront fabriquées dans des lames & rêts d'une aune & un démi-quart les lifieres, pour être au retour du foulon, d'une aune de large, & de 20 à 22 aunes de long.

CORDAGE ſignifie en général toutes les ſortes de cordes. Quand on dit qu'un cordage eſt de ſix pouces, cela doit s'entendre que le cordage a ſix pouces de circonférence ou de tour. Un cordage de 60 fils eſt un cordage dont la groſſeur eſt formée de 60 fils de carret.

Le cordage eſt compoſé, pour l'ordinaire, de filaſſe de chanvre : la grande quantité de vaiſſeaux qui ſe conſtruiſent & qui s'arment à Amſterdam, ſoit en guerre, ſoit en marchandiſes, ne peut manquer d'y établir un grand commerce de toutes les ſortes de cordages qui leur ſont néceſſaires. Tous ces cordages ſe vendent au Schippond. de 300 livres. En Juin, 1761, les cordages de chanvre net coûtoient à Amſterdam, le ſchip. de 300 liv. - - - fl. 50. à 52 de chanvre de Ruſſie, - - - - 42. à 46

Le prix des cordages & cables, à St. Péterſbourg, en 1742, étoit de Roube 1 & 20 colpecs le poid de 40 liv. ou 33 poids de marc.

C'eſt une choſe preſqu'inconcevable que la quantité de cordages qu'il faut pour agréer un vaiſſeau. Chaque cordage a ſon nom & ſon uſage particulier.

L'auteur des *Intérêts de la France, mal entendus dans la branche du commerce*, dans l'article de *la marine*, tom. 3me. p. 147, voudroit que l'on perfectionnât les cordages en France. Les Anglois & les Hollandois ont beſoin de moins de monde ſur leurs vaiſfeaux, dit-il, parceque leurs cordages font plus fins, ce qui donne aux mariniers, une grande facilité pour la manœuvre, ainfi ils peuvent faire avec deux hommes ce qu'à peine nous pouvons faire avec trois. Tant qu'on ne pefectionnera pas les manufactures de ce genre, la marine fera toujours dans un état d'inferiorité à la leur.

Si les marchands, négocians & autres qui fe trouvent dans les occafions d'armer ou d'équipper des navires, pour aller en marchandife, ou en courfe, foit pour leur compte, foit pour celui d'autrui, ont befoin de plufieurs grandes lumieres fur cette matiere, ils pourront avoir recours au *Dictionnaire de Marine* du Sr. Aubin, imprimé à Amfterdam en 1702 & 1736 & l'*Encycl.*

CORDE, *ouvrage de cordier.* C'eft un corps long, flexible, réfiftant, rond, compofé de filamens appliqués fortement les uns contres les autres par le tortillement. Il y a des cordes de plufieurs efpeces qu'on diftingue par leur groffeur; leur fabrication, leur ufages & leurs matieres.

On peut faire des cordes avec le lien, le coton, le rofeau & l'écorce d'arbre; les autres matieres ne font pas affez abondantes pour qu'on en puiffe faire toutes les cordes dont on a befoin dans la fociété, quand il feroit démontré par l'expérience que ces cordes feroient meilleures que les autres.

Des cordes de chanvre. On fait avec le chanvre quatre fortes de cordes; les unes qui font compofées de brins, & qu'on ne commet qu'une fois, comme les aufieres à deux, trois, quatre, cinq & fix torons. Il y en a de compofées d'aufieres; & commifes deux fois; on les appelle *grelins.* On peut commettre des grelins enfemble, & la corde qui en proviendra, fera commife trois fois, & s'appellera *archigrelins.* Il y a encore une efpece de corde plus menüe par un bout que par l'autre qu'on appelle, par cette raifon *corde en queue de rat.* Voyez l'*Encyclop.*

Lorfque la corde eft d'une groffeur extraordinaire, on la nomme *cable,* & quand elle eft extrêmement menüe, on l'appelle *ficelle.*

On fait des fangles de corde, dont les tapiffiers, bourreliers & felliers font une très-grande confommation.

Si on veut connoitre la bonté & la force des cordes, on trouvera la maniere exacte de les éprouver par des expériences faites à Breft, par M. du Hamel, dans le *Journal Econom.* Janv. 1758, p. 43.

En Efpagne, en Catalogne, on fabrique des efpeces de fouliers, dont il fe fait un très grand ufage dans le pays, & des envois confidérables dans les Indes, jufqu'à en charger des navires

vires entiers. Cette chauffure eft très-bonne & très-commode pour les habitans des pays chauds qui fatiguent, grimpent ou defcendent les montagnes, & qui pratiquent les chemins pierreux ; les miquelets fur-tout s'en fervoient beaucoup dans leurs courfes, du moins avant l'année 1714, dans le temps que le port des armes étoit permis en Catalogne. Les Efpagnols les nomment *alpargates*, & les Catalans *Efpardilles* : il fe fait encore en Efpagne des Alpargates de foie & de joncs.

Des cordes a boyau ou *faites de boyaux mis en filets tortillés & unis avce la* prefle. Il y en a de deux efpeces ; les unes groffieres qu'on employe, foit à fortifier, foit à mouvoir des machines. Voyez *boyaudier*.

Il faut travailler le boyau le plus frais qn'il eft poffible ; le délai en été le fait corrompre ; en tout temps il lui ôte de fa qualité. Il ne faut jamais dans cette manœuvre employer d'eau chaude ; elle feroit crifper le boyau. Il y a quelque adreffe dans le travail de ces cordes, à eftimer jufte leur longueur, ou ce que le boyau perdra dans fes trois tors. On n'a jufqu'à préfent fait des cordes à boyau que de plufieurs boyaux coufus. Le fieur Petit, boyaudier, qui a fa manufacture au croiffant, rue Mouffetard, prétend en fabriquer de bonnes de toute longueur, & fans aucune couture.

Des cordes à boyau propres à la lutherie. On dit qu'il ne fe fabrique de bonnes cordes d'inftrumens qu'en Italie ; celles qui viennent de Rome paffent pour les meilleures ; on les tire par paquets affortis, compofés de 60 bottes ou cordes, qui font toutes pliées en fept ou huit plis. On les diftingue par numéro, & il y en a depuis le n°. 1 jufqu'au n°. 50. Ce petit art qui contribue tant à notre plaifir, eft un de plus inconnus : les Italiens ont leur fecret, qu'ils ne communiquent point aux étrangers. Les ouvriers de ce pays qui prétendent y entendre quelque chofe, & qui font en effet nos cordes d'inftrumens, que les frondeurs jugeront affez bonnes pour la mufique qu'on y compofe, ont auffi leur fecret qu'ils gardent bien, fur-tout quand ils font confultés. Voici tout ce que nous en avons pû connoitre avec le fecours de quelques perfonnes qui n'ont pû nous inftruire felon toute l'étendue de leur bonne volonté. On fe pourvoit de boyaux grêles de moutons, qu'on nettoye, dégraiffe, tort & féche de la maniere qui fuit. On a un baquet plein d'eau de fontaine, on y jette les boyaux comme ils fortent du corps de l'animal ; on ne peut les garder plus d'un jour ou deux, fans les expofer à fe corrompre : au refte, cela dépend de la chaleur de la faifon, le mieux eft de les netoyer tout de fuite. Pour cet effet, on les prend l'un après l'autre par un bout, de la main droite, & on les fait gliſſer entre le pouce & l'index, les ſerrant fortement. On les vuide de cette maniere ; & à meſure qu'ils ſont vuidés, on les laiſſe tomber dans l'eau nette. On leur réitere cette opération deux fois en un jour, en obſervant de les agiter dans l'eau de temps en temps pendant cet intervalle, afin de les mieux laver ; on les paſſe enſuite dans de nouvelle eau de fontaine, pour y macérer pendant deux ou trois jours, ſelon la chaleur du temps : chacun de ces jours on les racle deux fois, & on les change d'eau trois fois. Pour les racler on les étend l'un après l'autre ſur une planche ou banc incliné au bord du baquet, on a un morceau de roſeau diviſé longitudinalement ; il faut que les côtés de la diviſion ne ſoient pas tranchans, mais ronds. C'eſt avec ce roſeau qu'on les ratiſſe, & qu'on parvient à les dépouiller de l'épiderme graſſe qui les rend opaques ; on les fait paſſer dans des eaux nouvelles à meſure qu'on les ratiſſe : alors le boyau eſt nettoyé, & le voilà en état d'être dégraiſſé. Les ouvriers font un premier ſecret de la maniere dont ils dégraiſſent les boyaux ; mais il eſt conſtant qu'indépendamment de leur ſecret, ſi l'on n'apporte les plus grandes précautions au dégraiſſage des boyaux, les cordes n'en vaudront rien. Il faut préparer une leſſive que les ouvriers appellent *eau-forte*, & qui s'employe au quart forte, au tiers forte, demi-forte, trois quarts forte, & toute forte. Pour la faire, on a un vaiſſeau de grais ou une cuve de pierre contenant demi-barrique, ou le poids de 250 livres d'eau ; on la remplit d'eau, on y jette environ deux livres & demie de cendres gravelées, qu'on y remue bien avec un bâton. N'y met-on que cela ? il y en a qui prétendent qu'il y entre de l'eau d'alun en petite quantité ; mais on ne ſçait, par la maniere dont ils s'expriment, ſi l'eau d'alun ſert avant le dégraiſſage, ſi elle entre dans la leſſive du dégraiſſage, ſi elle y entre ſeule, ou en mélange avec la cendre gravelée, ou ſi cette façon d'eau d'alun ne ſe donne pas après le dégraiſſage même avec la cendre gravelée. Quoiqu'il en ſoit, on a des tinettes ou terrines de grais, qui peuvent tenir environ dix livres d'eau ; ont met les boyaux par douzaines dans ces vaiſſeaux ; on prend dans la cuve environ deux livres & demie de leſſive : quelle que ſoit cette leſſive, on la verſe dans la tinette ſur les boyaux, & on acheve de la remplir avec de l'eau de fontaine : on dit qu'alors les boyaux ſont dans la leſſive au quart, ce qui ſignifie que le liquide dans lequel ils trempent, eſt compoſé d'une partie de leſſive & de trois parties d'eau de fontaine. On les laiſſe blanchir dans cette eau une demi-journée dans un lieu frais ; on les en retire l'un après l'autre, pour leur donner la façon ſuivante. On a à l'index une eſpece d'ongle de fer blanc qu'on met au doigt comme un dé à coudre ; on nom-

me cet inftrument *dégraiffoir*. On applique le pouce contre le
bord de fon calibre, à fon extrêmité, & l'on preffe le boyau
contre ce bord, tandis qu'on le tire de la main droite: on le jette,
au fortir de cette opération, dans une autre tinette ou terrine,
dont la leffive eft au tiers forte, c'eft-à-dire, de deux parties
d'eau de fontaine, fur une partie de leffive. On revient à cette
manœuvre du dégraiffoir quatre à cinq fois, & elle dure deux
ou trois jours, fuivant la chaleur de la faifon. Chaque demi-
journée augmente la force de la leffive. Les boyaux fe dégraif-
fent plus promptement en été qu'en hiver. Les augmentations
de la leffive en hiver font du quart au tiers, du tiers au demi,
du demi aux trois quarts, des trois quarts à l'eau toute forte;
& en été du quart au demi, du demi aux trois quarts, & des trois
quarts à l'eau toute forte. Dans le premier cas, les degrés d'eau
fe donnent en trois jours, & en deux jours dans le fecond; mais
tantôt on abrége, tantôt on prolonge cette opération; c'eft à
l'expérience de l'ouvrier à la déterminer. Il faut avoir grande
attention de ne point écorcher les boyaux avec le dégraiffoir. Le
dégraiffage fe fait fur un lavoir haut de deux pieds & demi, large de deux, & long d'environ dix ou douze, fuivant l'emploi
de la fabrique; il eft profond d'environ fix pouces, & les eaux
peuvent s'en écouler aux deux bouts par les ouvertures, & au
moyen de la pente qu'on y pratique. Après ce dégraiffage, au
fortir des leffives que nous avons dit, on en a une autre qu'on
appelle *double-forte*; elle eft compofée de la même quantité d'eau
de fontaine, c'eft-à-dire, de 250 livres ou environ; mais on
y met cinq livres de cendre gravelée. Je demanderai encore:
n'y met-on que cela? & l'on fera bien fondé à avoir fur cette
leffive double forte, les mêmes doutes que fur la leffive fimple
forte. Au refte, on eft bien avancé vers la découverte d'une
manœuvre, quand on connoit les expériences qu'on a à faire.
On laiffe les boyaux dans cette feconde leffive une demi-journée, une journée entiere, & même davantage, felon la faifon,
& toujours par douzaines, & dans les mêmes tinettes ou terrines de grais. On les en tire, pour paffer encore une fois fur le
dégraiffoir de fer, d'où on les jette dans l'eau fraiche; les
boyaux font alors en état d'être tordus au roüet. On les tire de
l'eau; il eft encore incertain fi cette eau eft pure, ou fi elle n'eft
pas un peu chargée d'alun, & tout de fuite on les double. Les gros
boyaux fervent à faire les groffes cordes, les boyaux plus petits
& plus clairs fervent à faire les cordes plus petites; mais il eft
bon de fçavoir qu'on ne les tord prefque jamais fimples; la plus
fine chanterelle eft un double. On les fait environ de cinq pieds
& demi, ou huit pouces. Chaque boyau en fournit deux. Il peut

arriver que le boyau double n'ait pas la longueur requise pour la corde; alors on en prend d'eux qu'on affemble de la maniere que l'on va dire.

On porte un des bouts à un émérillon du rouet, on paffe le boyau doublé fur une cheville de la groffeur du doigt, qui eft fichée dans un des côtés d'un chaffis, à quelque diftance de l'émérillon, & qui fait partie d'un inftrument appellé le talart ou l'attelier. Il faut obferver que le bout de la corde qui eft à l'émérillon, a auffi fa cheville, & que cette cheville eft paffée dans le crochet de l'émérillon. Si la corde eft trop courte pour cet intervalle, on l'allonge; comme on l'a indiqué plus haut, en affemblant l'un des deux boyaux avec un autre boyau plus long; s'il y a du fuperflu, on le coupe, & l'on tord le boyau en douze ou quinze tours de rouet. La roue du rouet a trois pieds de diametre, & les bobines qu'elle fait mouvoir ont deux pouces. On détache les deux petites chevilles l'une de l'émérillon, l'autre du côté du chaffis, & on les tranfporte dans des trous faits exprès à l'autre extrêmité du talart placé à côté du rouet. Le talart eft un chaffis de bois de fapin long de deux aunes, large de deux; à l'une de fes extrémités il y a vingt trous garnis d'autant de chevilles de la groffeur du doigt, & à l'autre quarante plus petites: ainfi un boyau tord pour un inftrument de mufique, & tendu fur le talart, a fes deux extrémités attachées, l'une à une des petites chevilles des quarante, & l'autre à une des vingt groffes. Il y a un baquet où s'égoutte l'eau; une table avec des rebords qui reçoit l'eau & qui par fa pente & fes goutieres conduit l'eau dans le baquet, des tretaux qui la foutiennent, des rangées de chevilles où l'on attache les cordes quand on les tord; un chaffis oblong de 2 aunes fur une de fes dimenfions, & de deux pieds & demi fur l'autre, auquel il y a des trous pour recevoir les chevilles des cordes, lorfqu'elles font tordues. On tord une corde à l'aide d'une roue & de deux poulies, il y a un crochet auquel on adapte la cheville qui doit remplir un des trous du chaffis quand la corde fera torfe. Mais la manœuvre que nous venons de décrire ne fuffit pas pour donner à la corde l'élafticité convenable, & lui faire rendre du fon; il y a, dit-on, encore un autre fecret. C'eft celui-là fur-tout qu'il faudroit obtenir des ouvriers. Ne confifte-t-il que dans la manœuvre fuivante? nous l'ignorons. Lorfque le talart eft garni de boyaux tords, on les frotte les uns après les autres avec des cordes de crin; on paffe deffus la corde de crin cinq ou fix fois de fuite, ce qui acheve de les dégraiffer & de les dégroffir en les arrondiffant. Lorfque chaque boyau ou corde aura été frottée ainfi à deux reprifes de la corde de crin, & qu'on la trouvera fort nette, on portera le talart tout garni de fes cordes, dans une étuve proportionnée à fa grandeur, c'eft-à-dire d'un peu plus de deux aunes de long, & d'environ une demi-aune pour les autres dimenfions ; on les y laiffera tendues pendant cinq ou fix jours, pour y fécher lentement à la vapeur du foufre, & y prendre de l'élafticité. L'étuve eft échauffée par un peu de feu de charbon, qu'on y introduit dans un réchaud fur lequel on jette deux onces de fleur de foufre. Cet enfouffrement fe donne toujours en mettant le talart dans l'étuve, & fe répete deux jours après. On a foin de tenir l'étuve fermée, afin que la fumée du foufre ne s'échappant point, produife fon effet. Au bout de cinq à fix jours on fort les talarts de l'étuve ; on frotte chaque corde avec un peu d'huile d'olive ; on les plie à l'ordinaire, après les avoir coupées de la longueur de deux aunes aux deux extrêmités du talart. C'eft de la même maniere que fe préparent les groffes cordes à boyau, avec cette différence qu'on apporte un peu moins de précautions pour les dégraiffer, qu'on les tord & les file comme le chanvre ; qu'on y employe les boyaux les plus communs, & qu'on les laiffe plus long-temps à l'étuve. Nous n'avons pu nous procurer des connoiffances plus étendues fur cet objet. Peut-être n'y a-t-il rien de plus à fçavoir, peut-être auffi n'eft-ce là que le gros de l'art, que ce dont les ouvriers ne fe cachent point, & n'avons-nous rien dit des tours de main particuliers, des préparations fingulieres, & des manœuvres requifes pour la perfection des cordes. Au refte, celui qui portera ces inftructions préliminaires dans un attelier, y acquérera d'autant plus facilement les autres, fi en effet il en refte quelques-unes à fuppléer ; car j'ai toujours remarqué que les ouvriers fe livroient facilement aux gens dont ils efpéroient tirer quelque lumiere. Le rouet n'eft qu'un rouet de cordier ; le talart n'eft qu'un chaffis ordinaire, & le lavoir fe connoît affez facilement fur ce que nous en avons dit ; une table commune y fuppléeroit. Ce font les nœuds qu'on fait aux cordes, quand les boyaux font trop courts, qui ordinairement les rendent fauffes, par l'inégalité qu'ils occafionnent. Quand on choifit des cordes d'inftrumens, il faut d'abord prendre les plus claires, les plus rondes & les plus égales, & enfuite faire tendre par quelqu'un la corde de la longueur convenable pour l'inftrument, en la tirant par les deux bouts ; fe placer en face du jour, & la pincer. Si en la pinçant on n'apperçoit dans fes ofcillations que deux cordes, c'eft une preuve certaine qu'elle eft jufte ; fi on en apperçoit trois, cette preuve qu'elle eft fauffe n'eft pas moins affurée. Cette feconde apparence peut venir de ce que toutes les parties de la corde n'arrivent pas en même temps à la fituation horifontale, & qu'elle ofcille en deux temps différens. On tord deux cordes à la fois. *Encycl.*

K 3

Plufieurs ouvriers & artifans fe fervent auffi de cordes de boyau; les horlogers anciennement pour leurs montres; les paumiers, pour leurs raquettes; les couteliers, cordiers, fileurs & fileufes, pour faire tourner leurs roues & rouets; les tourneurs, pour faire aller leurs tours &c.

Les lieux où il s'en fabrique le plus, font, Rome & fes environs, Florence, Touloufe, Lyon & Paris.

Celles de Rome font les plus eftimées de toutes. Elles viennent pour l'ordinaire par paquets affortis de chanterelles & de fecondes, car il ne s'en envoie d'Italie prefque que de ces deux efpeces.

Les cordes de Touloufe viennent par paquets affortis, & les bottes pliées de la même maniere que les romaines, auxquelles elles font néanmoins beaucoup inférieures; n'étant pas même fi eftimées que les foreftieres.

Lyon fournit une quantité prodigieufe de cordes de boyau, afforties pour toutes fortes d'inftrumens de mufique, dont il fe fait une très-grande confommation dans tout le royaume, finguliérement à Paris, & des envois confidérables dans les pays étrangers, particuliérement en Hollande, en Angleterre, en Efpagne, en Portugal, en Allemagne, & dans prefque tout le Nord.

Elles s'envoyent par paquets, compofés d'un certain nombre de plus petits paquets pliés dans du papier huilé pour les mieux conferver; chaque petit paquet contenant une certaine quantité de bottes, ou cordes, fuivant que les marchands les demandent, qui fe diftinguent par numéros; chaque numéro fignifiant le nombre des filets de boyau, dont les cordes font formées; enforte que celles du N°. 1, ne font faites que d'un feul filet; celles du N°. 2, de deux filets, celles du N°. 3, de trois filets; & ainfi des autres cordes, à mefure qu'elles augmentent de groffeur; y en ayant qui vont jufqu'à N°. 50, qui fervent de fixiemes aux baffes de violes, & de dixiemes aux grands téorbes.

Les menues cordes de boyau Lyonnois, deftinées pour les chanterelles, & fecondes, font très-peu eftimées, à caufe qu'on ne peut les monter fur les inftrumens, anfi haut que celles d'Italie, n'étant ni fi fortes, ni fi bien fabriquées.

Il ne s'en fait à Paris que de très-groffes, qui ne peuvent tout au plus fervir qu'à certains artifans, ou à faire des raquettes. On ne laiffe pas cependant d'en faire une affez grande confommation en France, & même quelques envois dans les pays étrangers.

Corde. On appelle *tabac en corde*, le tabac qui eft fait des feuilles de cette plante, un peu humectées d'eau de mer, & tordues enfemble avec un rouet, qui en forme une efpece de corde très-longue, qu'on roule enfuite autour d'un bâton, pour en faire ce qu'on appelle un *rouleau de tabac*. Le meilleur tabac en corde eft

celui de Bréfil. Il y a encore du tabac à l'andouille, du petit
briquet de Dieppe & de Hollande, du tabac de Virginie, de S.
Domingue, de Verine, & quelques autres. Ce dernier eft trèseftimé.

Des cordes de nerfs, ou, pour parler plus exactement, *de tendons ou de ligamens*. Les anciens, qui faifoient grand ufage de ces
cordes dans leurs machines de guerre, défignoient en général
les veines, arteres, tendons, ligamens, nerfs, par le mot de nerf,
& ils appelloient *corde de nerfs*, une corde filée de ligamens. Ils
ont ordonné de choifir entre les tendons, ceux des bœufs, & fur
ces animaux les tendons les plus exercés comme ceux du col dans
les bœufs, & ceux de la jambe du cerf. Mais comme il eft plus
facile de fe pourvoir de ceux-là que de ceux-ci, c'eft de cette
matiere qu'on a fait à Paris les premieres cordes de nerfs, fous
les ordres & la direction de M. le Comte d'Herouville, qui fut
engagé dans un grand nombre d'expériences fur cet objet, par
l'exactitude & l'étendue de fes recherches, fur tout ce qui appartient à l'art militaire. Voici comment ces cordes ont été travaillées. On prend chez le boucher les tendons des jambes, on les fait
tirer les plus entiers & les plus longs qu'il eft poffible. Ils fe tirent de
l'animal affommé, quand il eft encore chaud. On les expofe dans
des greniers; on fait enforte qu'ils ne foient point expofés au foleil, de peur qu'ils ne féchent trop vite, & qu'ils ne durciffent
trop. Il ne faut pas non plus que l'endroit foit humide, & qu'ils
puiffent fouffrir de la gélée en hyver; ces accidens les feroient
corrompre. Il y a auffi un temps propre à prendre pour les battre: quand ils font trop fecs, ils fe rompent; quand ils font trop
froids, on en épure la graiffe. Il faut éviter ces deux extrêmes. Avant
que de les battre, il en faut féparer les deux bouts qui font trop
durs & trop fecs: le refte d'ailleurs s'en divifera plus facilement
fous le marteau. Le nerf ou ligament n'eft fil fin, qu'autant que
fes extrémités fe divifent facilement, ce qui ne peut arriver quand
on lui laiffe les deux bouts qui font durs & fecs comme du bois.

Les outils de cette efpece de corderie fe réduifent à un marteau de fer, une pierre & un peigne. Le bloc de pierre doit être
un cube, dont la furface polie du côté qu'il doit fervir, ait huit à
dix pouces en quarré. Le marteau peut pefer une demi-livre, & le
peigne a huit ou dix dents éloignées les unes des autres d'environ fix
lignes, & toutes dans la même direction. Le ligament ne doit point
être dépouillé de fes membranes; on les bat enfemble jufqu'à ce
qu'on apperçoive que la membrane eft entiérement féparée des
fibres. Sept à huit ligamens battus & fortement liés enfemble,
fuffifent pour faire une poignée; on paffe la poignée dans les
dents du peigne: cette opération en fépare la membrane, & di-

vife les fibres les unes des autres. Le point le plus important dans tout ce qui précéde, eſt de bien battre, c'eſt de-là que dépend la fineſſe du nerf. Si le nerf n'eſt pas aſſez battu, on a beau le peigner ; on l'accourcit en rompant les fibres, ſans le rendre plus fin. Le ſeul parti qu'il y ait à prendre dans ce cas eſt de l'écharpir avec les mains, en ſéparant les fibres des brins qui ont réſiſté au peigne, pour n'avoir pas été ſuffiſamment travaillées ſous le marteau.

Quant au cordelage de cette matiere, il n'a rien de particulier. On file le nerf comme le chanvre, & on le commet ſoit en auſſiere, ſoit en grelin. Voyez Corderie. Avant de ſe ſervir de ces cordes, il faut les faire tremper dans l'huile la plus graſſe : elles ſont très-élaſtiques & très-fortes. Voici l'expérience dans laquelle M. d'Herouville a fait comparer la force d'une corde de chanvre, d'une corde d ecrin & d'une corde de nerfs. On prit le nerf le plus long qu'on put trouver; on le peigna avec beaucoup de douceur; on en fila du fil de carret ; on prit ſix bouts de ce fil, de neuf pieds chacun ; on les commit au tiers, c'eſt-à-dire que ces neuf pieds ſe réduiſirent à ſix dans le commettage. Cette corde ſe trouva de quinze lignes de circonférence, & tout-à-fait ſemblable à une corde de chanvre très-parfaite qui avoit ſervi à quelqués expériences de M. Duhamel ſur la réſiſtance des cordes, & qui avoit été faite de chanvre d'Italie le mieux choiſi. On tint auſſi toute prête une corde de crin de même poids, & commiſe au même point que la corde de nerfs, mais qui ſe trouva de dix-huit lignes de circonférence. On fit rompre ces cordes, & l'on éprouva que la corde de nerfs étoit une fois plus forte que celle de crin, & d'un ſixieme plus que la corde de chanvre la plus parfaite. La corde de nerfs ſoutint 780 livres avant ſa rupture. On remarquera qu'en s'allongeant par les charges ſucceſſives qu'on lui donnoit, les pertes que faiſoit ſon diametre, étoient à peu-près en même raiſon que les accroiſſemens que prenoit ſa longueur, & qu'après la rupture, elle ſe reſtitua exactement à ſa longueur & groſſeur premieres.

On a ſubſtitué ces cordes aux reſſorts des chaiſes de poſte & d'autres voitures, & elles y ont très-bien réuſſi. Elles n'ont pas encore toute la vogue qu'elles méritent & qu'elles obtiendront, parcequ'il en eſt dans ce cas comme dans une infinité d'autres; on conſulte toujours des ouvriers intéreſſés à faire prévaloir les anciens uſages. Ceſt à un ferrurier qui fait des reſſorts à qui on s'adreſſe pour ſavoir ſi les cordes de nerf ſont ou ne ſont pas meilleures que les reſſorts. M. de Lanore, dont M. le Comte d'Herouville s'eſt particuliérement ſervi, ſoit à recueillir ce que les anciens tacticiens grecs & latins avoient écrit des catapultes, ba liftes, & autres machines de guerre auxquelles ils employoient les cordes de nerfs, & à fabriquer les premieres, en a obtenu le privilege exclufif, & il feroit à fouhaiter que les ouvriers allaffent prendre des inftructions chez un homme à qui cet objet eft très-bien connu, ils s'épargneroient auffi à eux-mêmes tout le temps & le travail qu'on perd néceffairement en effais.

On dit que ces cordes font facilement endommagées par l'humidité, mais on peut les en garantir en très-grande partie par des fourreaux : on préfume qu'une leffive, telle que celle que les ouvriers en cordes à boyau, foit pour machines, foit pour inftrumens de mufique, donnent à leurs boyaux avant que de les tordre, pourroit ajouter & à l'eftacité & à la durée des cordes de nerfs, fi on faifoit paffer par cette leffive le nerf, foit avant de le battre, foit après qu'il eft battu & peigné. Pourquoi ne fuppléeroit-elle pas au roüir du chanvre, en féparant la membrane des fibres, de même que le roüir fépare l'écorce de la chenevote. C'eft à l'expérience à confirmer ou à détruire cette idée qui nous a été communiquée par un homme que fa fortune & fon état n'empêchent point de s'occuper de la connoiffance & de la perfection des arts, ainfi qu'il vient de le prouver par quelques vues qu'il a communiquées au public fur le tirage des voitures.

Les cordes qui font le plus en ufage dans les méchaniques, font des affemblages de fils que l'on tire des végétaux, comme le chanvre, ou du regne animal, comme la foie, ou certains boyaux que l'on met en état d'être filés. Si ces fibres étoient affez longues par elle-mêmes, peut-être fe contenteroit-on de les mettre enfemble, de les lier en forme de faifceaux fous une enveloppe commune. Cette maniere de compofer les cordes, eut peut-être paru la plus fimple & la plus propre à leur conferver la flexibilité qui leur eft néceffaire ; mais comme toutes ces matieres n'ont qu'une longueur fort limitée, on a trouvé moyen de les prolonger en les filant, c'eft-à-dire en les tortillant enfemble ; le frottement qui naît de cette forte d'union eft fi confidérable, qu'elles fe caffent plutôt que de gliffer l'une fur l'autre : c'eft ainfi que fe forment les premiers fils dont l'affemblage fait un cordon ; & de plufieurs de ces cordons réunis & tortillés enfemble, on compofe les plus groffes cordes. On juge aifément que la qualité des matieres contribue beaucoup à la force des cordes ; on conçoit bien auffi qu'un plus grand nombre de cordons également gros, doit faire une corde plus difficile à rompre ; mais quelle eft la maniere la plus avantageufe d'unir les fils ou les cordons ? Voyez là-deffus l'article *Corderie* dans *l'Encycl.* & dans *Savary.*

Les cables & autres gros cordages que l'on emploie, foit fur les vaiſſeaux, ſoit dans les bâtimens, étant toujours compoſés de pluſieurs cordons, & ceux-ci d'une certaine quantité de fils unis enſemble, il eſt évident qu'on n'en doit point attendre toute la réſiſtance dont ils ſeroient capables, s'ils ne perdoient rien de leur force par le tortillement ; & cette conſidération eſt d'autant plus importante, que de cette réſiſtance dépend ſouvent la vie d'un très-grand nombre d'hommes.

Mais ſi le tortillement des fils en général rend les cordes plus foibles, on les affoiblit d'autant plus qu'on les tord davantage ; il faut donc éviter avec ſoin de tordre trop les cordes.

Lorſqu'on a quelque grand effort à faire avec pluſieurs cordes en même temps, on doit obſerver de les faire tirer le plus également qu'il eſt poſſible ; ſans cela, il arrive ſouvent qu'elles caſſent les unes après les autres, & mettent quelquefois la vie en danger. Voyez *les leçons Phyſ. expér.* de M. l'abbé Nollet. *Encycl.*

CORDELAT. (*Drap.*) Etoffe qui ſe fabrique en pluſieurs endroits, à Auſch, en Auvergne, A Langogne, en Languedoc, en Romorentin, en Rouergue, dans les vallées d'Aure, à Montauban, Nebouſan, pays de Foix, &c. Elle varie dans ſa longueur, largeur & fabrication, ſelon les endroits. En Languedoc, elle doit avoir, quand elle eſt étroite 28 portées de 32 fils chacune, paſſées dans des lames & rots de 4 pans, meſure de Montpellier, ou 5 6mes. d'aune, meſure de Paris, pour revenir du foulon à la largeur d'une demi − aune priſe entre les liſieres. Quand elle eſt large, elle a 34 portées de 32 fils chacune, paſſées dans des lames & rots de 5 pans de largeur, meſure de Montpellier, ou une aune 1 24me. meſure de Paris, pour revenir du foulon à demi-aune, demi−quart de la derniere meſure entre les deux liſieres. Les cordelats, appellés *redins*, ont 34 portées de 32 fils chacune, & ſont paſſées dans des lames & rots de 5 pans de largeur, meſure de Montpellier, pour revenir au retour du foulon, à demi − aune demi-quart, les liſieres compriſes. Les cordelats qui ſe fabriquent dans les autres manufactures, ſont aſſujettis aux mêmes regles. Il eſt permis de les teindre au petit teint. Les cordelats de Montauban, tant blancs que mêlés, doivent avoir, ſelon les réglemens, 44 portées, de 40 fils chacune, paſſées dans des peignes appellées *dix-huit*, de 4 pans 3 quarts ou 5 6mes. & demi-aune de large, pour avoir au ſortir du métier 4 pans 1 quart ou 5 6mes. d'aune, & au retour du foulon, 3 pans ou demi-aune & un 12me. de large, & lorſque les chaînes ſeront filées plus groſſes, on les pourra fabriquer à 41 portées & demie de 40 fils chacune, dans des peignes appellés *dix-ſept*, leur conſervant toutefois les lar-

geurs ordonnées, tant au fortir du métier qu'au retour du foulon
Les cordelats de Romorentin ont 56 portées de 32 fils chacune,
& 32 aunes d'attache de long, dans des lames & rots d'une aune
& demi-quart, y compris les lifieres, pour être, au fortir du
foulon, d'une aune de large, & de 21 à 22 aunes de long. Il
eft permis au Nébouzan, pays de Foix, &c. de leur donner
telle longueur qu'on voudra, pourvû qu'ils ayent de large 2
pans 1 tiers, mefure du pays. Voyez les *réglemens des manufactures*.
Encycl.

CORDELIERE. Efpece de ferge raze qui fe fabrique dans
quelques endroits de la Champagne, particuliérement a Reims;
elles font partie laines d'Efpagne, & partie laines Françoifes.

Cordelieres, manufacture en drap. Ce font des ferges qui ont 22
aunes de longueur en toile, avec 1 pouce & 1 aune, & trois quartiers un pouce de largeur, pour être au fortir du pot, & avant
que d'être étendues, de 21 aunes 1 quart de long, & demi-aune
& demi-quart de large. Ailleurs, on les ordonne de 3 quarts
un pouce de large, & de 23 aunes de long, à 72 portées au
moins, trois quarts un pouce de large en toile, & 22 aunes
de long. Voyez les *réglemens des manufactures. Encyclop.*

CORDERIE. Efpece d'attelier ou lieu difpofé d'une certaine
maniere, propre & commode pour fabriquer des cables ou
cordes. Dans les villes de terre, les corderies font à découvert,
& pour l'ordinaire fituées fur les remparts le long des murailles,
& dans les villes maritimes ou ports de mer, où il fe fait des armemens confidérables, ce font des bâtimens bas, couverts, longs
& étroits, conftruits près des arfenaux & magafins, dans lefquels
on file & l'on corde les cables, les hanfiers ou hanfieres, &
toutes les autres fortes de cordages, propres pour la manœuvre
des vaiffeaux & bâtimens de mer.

Ce font ces dernieres corderies qu'on appelle d'ordinaire *corderies royales*, à caufe que la plupart font conftruites & entrete-
nues aux dépens du Roi.

La corderie royale de Rochefort eft l'une des plus confidérables qui foit en France.

En Hollande, les corderies, que ceux du pays nomment
Lijn-baan, font très-belles. Celle de l'amirauté d'Amfterdam &
celle de la compagnie des Indes orientales font fituées proche
de la maifon, magafin & attelier de la même compagnie, à Of-
tembourg; elles ont chacune près de 2000 pieds de long, fur
55 pieds de large. Celle de Copenhague eft auffi très-grande
& très confidérable.

Corderie. C'eſt l'art de faire des cordes. une corde eſt un compoſé long, cylindrique, plus ou moins flexible, ou de lin, ou de laine, ou de coton, ou de roſeau, ou d'écorce de tilleul, ou de ſoie ou de chanvre, ou de cheveux, ou d'autres matieres ſemblables, tortillées ou ſimplement ou en pluſieurs doubles ſur elles-mêmes. Si la portion de matiere tortillée ſimplement ſur elle-même eſt menue, elle prend le nom de *fil.* Voyez *Fil.* Il y a encore des cordes de boyaux, de laiton, de cuivre, de fer, &c. mais il ſemble qu'on ne leur ait donné ce nom que par la reſſemblance qu'elles ont pour la flexibilité, la forme & même l'uſage, avec celles de chanvre. Les cordes de chanvre font les ſeules qui ſe fabriquent dans les corderies. Voyez à l'art. *Boyaudier* la maniere de faire des cordes à boyaux; à l'art *Cuivre,* celle des cordes de laiton. Nous avons laiſſé à l'art. *Chanvre* cette matiere toute prête à paſſer entre les mains du cordier. Nous renvoyons à l'*Encycl.* & au grand *Dictionnaire de Commerce* pour l'art de la corderie, tiré de l'ouvrage de M. Duhamel; cet article étant trop étendu pour être placé ici, nous en extrairons ſeulement ce qui ſuit.

Des fileurs. Les filamens de chanvre qui forment le premier brin n'ont que deux ou trois pieds de longueur; ainſi pour faire une corde fort longue, il faut placer un grand nombre de ces filamens les uns au bout des autres, & les aſſembler de maniere qu'ils rompent plutôt que de ſe déſunir, c'eſt la propriété principale de la corde, & qu'ils réſiſtent le plus qu'il eſt poſſible à la rupture, c'eſt la propriété diſtinctive d'une corde bien faite. Pour aſſembler les filamens, on les tord les uns ſur les autres, de maniere que l'extrêmité d'une portion non-aſſemblée, excéde toujours un peu l'extrêmité de la portion dejà tortillée. Si l'on ſe propoſoit de faire ainſi une groſſe corde, on voit qu'il feroit difficile de la filer également, car cette maniere d'aſſembler les filamens s'appelle *filer,* & que rien n'empêcheroit la matiere filée de cette façon de ſe détortiller en grande partie; c'eſt pourquoi on fait les groſſes cordes de petits cordons de chanvre tortillés les uns avec les autres, & l'on prépare ces cordons qu'on appelle *fils de carret,* en aſſemblant les filamens de chanvre, &c.

Le fil, pour être bien filé, doit être uni, égal, ſans mêche & couché en longues lignes ſpirales, Il y a des fileurs qui, après avoir prolongé le chanvre, en prennent une pincée de la main droite, & la fourrent au milieu des filamens. Si on examine comment ce chanvre ſe tortille on trouvera que le chanvre ſe prolongera ſelon l'axe du fil, en ſe tordant par de longues hélices, pendant que la partie ſe roulera ſur l'autre en hélices courtes, comme ſur une mêche. D'autres tiennent tous leurs filamens paralleles, en forment comme une laniere platte entre le pouce & les doigts de la main gauche, & contraignent les filamens à se rouler les uns sur les autres en longues hélices allongées, sans qu'il y ait de mêche. Il est évident que cette derniere façon est la meilleure.

Les expériences ont prouvé que le fil filé à la ceinture étoit plus fort que le fil filè à la quenouille.

On ne peut douter que le plus ou moins de tortillement n'influe sur la force du fil. Pour déterminer ce point, il ne s'agissoit que d'expériences, mais par l'expérience, on a trouvé en général que le tortillement ne peut avoir lieu, sans affoiblir les parties qu'il comprime ; d'où l'on a conclu qu'il étoit inutile de le porter au-delà du pur nécessaire, ou du point précis, en-deça du quel ces filamen , au lieu de rompre, se sépareroient en glissant les uns sur les autres, & que pour obtenir ce point, il falloit déterminer, d'après l'expérience, quel devoit être le rapport entre la marche du fileur & la vitesse du tourneur. Une autre quantité non moins importante à fixer, c'étoit la grosseur du fil. L'expérience a encore fait voir qu'il ne falloit pas qu'il eut plus de trois lignes & demie, ou quatre lignes & demie, observant toutefois de proportionner la grosseur à la finesse, de filer plus gros le chanvre le moins affiné, & de rendre le fil le plus égal qu'il est possible.

Onze fileurs qui employent bien leur temps, peuvent filer jusqu'à 700 livres de chanvre par jour. Il y a du fil de deux, & quelquefois de trois grosseurs. Le plus grossier sert pour les cables, & on l'appelle *fil de cable* : le moyen, pour les manœuvres dormantes & courantes, & on l'appelle *fil de haubant*, & le plus fin pour des petites manœuvres, comme pour les lignes de loch, le lusin, le merlin, le fil à coudre les voiles, &c.

On entasse les tourets chargés de fil les uns sur les autres ; on ménage seulement de l'air entr'eux, on en tient le magasin frais & sec. Il est bon que ce magasin soit à rez-de-chaussée ; que le sol en soit élevé au dessus du niveau des terres ; qu'il soit couvert de terre glaise ; qu'on ait pavé sur la glaise à chaux & à ciment ; que ce pavé soit couvert de planches de chêne, & que des lambourdes soûtiennent les tourets. Il faut encore veiller à ce que les tourets ne touchent pas aux murs. Moyennant ces précautions, le fil pourra rester assez long-temps, mais non plusieurs années, dans les magasins, sans depérir.

Du lusin. Le lusin est un vrai fil retors ; il se fait de deux fils de premier brin simplement tortillés l'un avec l'autre & non commis ; c'est le goudron qui l'empêche de se détorde. On s'en sert pour arrêter les bouts des manœuvres coupées quand elles ne sont pas grosses ; quand elles sont grosses on y employe le merlin. On ne conserve que peu de merlin en blanc.

Du fil de voile. Ce n'est qu'un bon fil retors. Pour le faire, on prend du chanvre le mieux peigné & le plus fin : on étend deux longueurs de vingt brasses chacune ; on les attache à une molette du roüet, mais disposée de maniere que la corde la fait tourner en un sens opposé à celui qu'ont les molettes, quand l'ouvrier file à l'ordinaire. Ces deux fils sont peu commis, puisqu'ils ne se raccourcissent que de quatre brasses. Quand ce fil est fait on le lisse, afin qu'il passe mieux quand on s'en servira à assembler des lés de toile à voile.

Noms & usages des différens cordages. 1°. *Des lignes.* On distingue quatre sortes de lignes ; sçavoir, 1° les lignes à tambour ; 2° les lignes de sonde ou à sonder ; 3° les lignes de loc ; 4° les lignes d'amarrage. Les lignes à tambour sont ordinairement faites avec six fils fins & de bon chanvre, qu'on commet au roüet & qu'on ne goudronne point. Il n'est pas besoin de dire que leur usage est de rendre la peau sonore des caisses ou des tambours. Les lignes à sonder ont ordinairement un pouce & demi de grosseur & 120 brasses de longueur. Les lignes de loc sont faites avec six fils, un peu plus gros que le fil de voile : on ne les goudronne point, afin qu'elles soient plus souples, & qu'elles filent plus aisément quand on jette le loc. Les deux dernieres especes de lignes sont à l'usage des pilotes. Les lignes d'amarrage sont, de même que les trois précédentes, de premier brin ; mais comme elles servent à beaucoup d'usages différens, sçavoir, aux étropes des poulies, aux ligatures, aux haubans, aux étais, &c. il en faut de différente grosseur ; c'est pourquoi on en fait à six fils & à neuf. On les commet toutes en blanc, mais on en trempe une partie dans le goudron, & l'autre se conserve en blanc, suivant l'usage qu'on en veut faire.

2°. *Des quaranteniers.* Il y a des quaranteniers de six & de neuf fils, qui ne different des lignes d'amarrage que parce qu'ils sont du second brin : car tous les quaranteniers sont de ce brin ; mais il y en a qui ont 18 fils, & même davantage. On les commet tout goudronnés : ils n'ont point d'usage déterminé ; on les emploie par-tout où l'on a besoin de cordage de leur grosseur & qualité. On distingue les pieces par leur longueur en quaranteniers simples qui ont 40 brasses, & quaranteniers doubles qui en ont 80 ; & on distingue leur grosseur, en disant, un quarantenier de six, de neuf, de quinze fils, &c.

3°. *Des ralingues.* Les ralingues sont destinées à border les voiles, où elles tiennent lieu d'un fort ourlet, pour empêcher qu'elles ne se déchirent par les bords. Il y a des corderies où l'on commet toutes les pieces de ralingues de 80 brasses de longueur, & dans d'autres on en commet depuis 35 jusqu'à 100, & on leur donne depuis un pouce jufqu'à fix de groffeur, diminuant toujours par quart de p^uce. On les fait avec du fil goudronné, premier brin, & on les commet un peu moins ferreés que les autres cordages, afin qu'étant plus fouples, elles obéiffent aifément aux plis de la voile. Suivant l'ufage ordinaire, on ourdit les fils à un quart plus que la longueur de la piece, plus encore un cinquieme de ce quart : ainfi pour 80 braffes, il faut ourdir les fils à 104 braffes : en virant fur les torrons, on raccourcit d'un cinquieme ou de vingt braffes ; & en commettant, on réduit la piece à 80 braffes. Nous croyons qu'il les faut commettre au quart. Si donc l'on veut avoir une ralingue de 80 braffes, nous l'ourdirons à 100 braffes ; & comme il eft important que les hélices foient très allongées, afin que le toupin aille fort vîte, nous raccourcirons les torrons de 15 braffes, & le refte du raccourciffement fera pour commettre. Si par hafard on employe une piece de ralingue à quelque manœuvre, il n'y a point de matelot qui ne fçache qu'elle réfifte beaucoup plus qu'une autre manœuvre de même groffeur avant que de rompre. N'eft-il pas furprenant après cela qu'on fe foit obftiné fi long-temps à affoiblir les cordages à force de les tortiller ?

4° *Cordages qui fervent aux carenes du port.* Les cordages qui fervent aux carenes du port, pourroient être fimplement nommés du nom générique d'auffiere, qu'on diftingueroit par leur groffeur en auffiere de deux ou trois pouces, &c. néanmoins, on leur donne des noms particuliers ; les uns fe nomment des *francs funins*, les autres des *prodes*, des *aiguillettes*, des *pieces de palans*, &c. On commet toujours ces différens cordages en pieces de cent vingt braffes, & on s'affujettit aux groffeurs que fournit le maitre d'équipage. Néanmoins les francs funins ont ordinairement fix pouces de groffeur, les prodes & les aiguillettes cinq, & les pieces de palans deux pouces & demi jufqu'à trois & demi ; ce qui fouffrira beaucoup d'exceptions ; car ordinairement les francs funins qu'on deftine pour les grandes machines à mâter, ont cent trente braffes de longueur. Pour que ces manœuvres roulent mieux dans les poulies, on ne les goudronne point, ce qui n'eft fujet à aucun inconvénient, puifqu'on peut ne les pas laiffer expofées à la pluie ; & comme elles doivent fouffrir de grands efforts, on les fait toutes de premier brin. Il y a des ports où on fait les francs funins moitié fil blanc & moitié fil goudronné : cette méthode eft très-mauvaife.

Les pieces fervant aux manœuvres des vaiffeaux. Outres les différens cordages que nous venons de nommer, on commet dans les corderies des pieces qui n'ont aucune deftination fixe, qui fervent tantôt à une manœuvre & tantôt à une autre, felon le rang des vaiffeaux. Elles ont toutes 120 braffes de longueur, elles font toutes faites avec du fil goudronné, & on ne les diftingue que par leur groffeur : on en fait depuis dix pouces jufqu'à deux. Il y a des maîtres d'équipage qui font un grand ufage des auffieres à trois torons. Ceux-là demandent des pieces de haubans, des tournevires, des itagues, des driffes, des guindereffes, des écoutes de hune, &c. pour lors on s'affujettit aux proportions qu'ils donnent, & fuivant les méthodes indiquées dans l'*Encycl.* & *Savary*.

Il y a des ports où l'on emploie peu d'auffieres à quatre torons; dans d'autres, on en fait quelquefois des pieces de haubans depuis fix pouces jufqu'à d.x, des tournevires depuis fix pouces jufqu'à onze, des itagues de grande vergue depuis fix pouces jufqu'à onze, des auffieres ordinaires fans deftination précife, des francs-funins, des garants de caliorne, des garants de palants, des rides, &c. depuis un pouce jufqu'à dix.

Noms & ufages des grelins. Il y a des maîtres d'équipage & des officiers de port qui employent beaucoup plus de cordages en grelin les uns que les autres ; & on doit conclure de ce qui vient d'être dit, qu'il eft à propos d'employer beaucoup de grelins. Il y a, à la vérité, plus de travail à faire un grelin qu'à faire une auffiere ; mais on fera bien dédommagé de cette augmentation de dépenfe par ce qu'on gagnera fur la force de ces cordages.

Des cables. Tous les cables pour les ancres, & les guménes pour les galeres, depuis 13 pouces de groffeur jufqu'à 24, font commis en grelin ; ils ont ordinairement 120 braffes de longueur ; ils font goudronnés en fil ; on ne les roue point ; on les porte au magafin de la garniture & aux vaiffeaux. ou fur l'épaule, ou fur des rouleaux. Il y en a qui prétendent qu'il faut commettre les cables les plus longs qu'il eft poffible . mais ce n'eft pas l'avis de M. Duhamel; il penfe que le tortillement a trop de peine à fe faire fentir dans une piece d'une grande longueur. Ces cables feroient donc plus tortillés par les bouts que par le milieu, ce qui feroit un grand défaut.

Pieces en grelin. On commet auffi des pieces en grelin depuis trois pouces de groffeur jufqu'à treize, dont les ufages ne font point déterminés, que les maîtres d'équipage employent à diffé-rens ufages. On en commet de goudronnées en fil & en blanc pour le fervice des ports.

Haubans. On commet quelquefois en grelin des pieces pour les haubans, depuis 80 braffes de longueur jufqu'à 130, & depuis 5 pouces de groffeur jufqu'à 10 ; elles font toutes goudron-nées en fil. Il eft inutile que les haubans foient fouples & flexibles, mais ils doivent être forts & ne doivent pas s'allonger ; c'eft le cas où on les pourroit faire en grelin commis trois fois.

Tournevires.

Tournevires. La plupart des tournevires font commis en grelin ; on en commet depuis 40 braffes jufqu'à 67 de longueur, & depuis 7 pouces jufqu'à 12 de groffeur : quelques-uns font mal-à-propos les tournevires en auffieres, difant qu'ils s'allongent moins & qu'ils font plus fouples ; mais on peut procurer aux grelins ces avantages en ne les tordant pas trop, & en multipliant les torons, alors ils feront bien meilleurs que les auffieres.

Itagues. On commet des itagues de grandes vergues en grelin, qui ont depuis 7 jufqu'à 12 pouces de groffeur, & depuis 26 jufqu'à 44 braffes de longueur.

Driffes & écoutes. On commet auffi en grelin toutes les driffes & les écoutes de grande voile & de mifene, depuis 3 jufqu'à 7 pouces de groffeur, & depuis 49 jufqu'à 110 braffes de longueur.

Guindereffes. On commet en grelin toutes les guindereffes de grand & de petits mâts de hune, & on en fait depuis 4 jufqu'à 8 pouces, qui ont depuis 40 jufqu'à 75 braffes.

Orins. On fait des orins en grelins, qui ont depuis 4 jufqu'à 8 pouces de groffeur, & 90 braffes de longueur.

Etais. On fait des étais en grelins, qui ont depuis 4 jufqu'à 15 pouces de groffeur, & depuis 25 jufqu'à 36 braffes de longueur.

Des cordages en queue de rat. On donne ce nom à un cordage qui ayant moins de diametre à l'une de fes extrêmités qu'à l'autre, va toujours en diminuant ou en groffiffant.

Ufage des cordages en queue de rat. On fait des écoutes en queue de rat à quatre cordons, & les cordons à trois torons deux fois commis, ou en grelin ; on en fait depuis quatre jufqu'à neuf pouces de groffeur, & depuis dix-huit jufqu'à trente braffes de longueur. On fait des écoutes de hune en auffieres à quatre torons depuis trois jufqu'à huit pouces de groffeur, & depuis dix-huit jufqu'à trente-quatre braffes de longueur ; on en commet auffi en grelin fur ces mêmes proportions.

Des cordages refaits & recouverts. Quand les cordages font ufés, on en tire encore un bon parti pour le fervice ; car comme on a toujours befoin d'étoupes pour calfater les vaiffeaux, on les envoye à l'attelier des étoupiéres, qui les charpiffent & les mettent en état de fervir aux calfats ; mais quelquefois un cable neuf, ou prefque neuf, aura été endommagé dans une partie de fa longueur, pour avoir frotté fur quelque roche dans un mauvais mouillage ; ou bien dans les magafins ou dans les vaiffeaux un cable fe fera pourri en quelques endroits pour des caufes particu-lieres, pendant que le refte fe trouve très-fain, alors ce feroit dommage de charpir ces cables, on en peut tirer un meilleur parti : pour cela on défaffemble les torons, on fépare les fils, on les étend de nouveau, & l'on en fait de menus cordages qui

Tome II. L

fervent à une infinité d'ufages. Il y a des cordiers qui croyant beaucoup mieux faire, font retordre les fils au rouet comme on feroit des fils neufs; mais, après ce que nous avons dit, il eſt évident qu'ils en doivent être moins forts : néanmoins il y a des cas où il convient de le faire. Suppoſons que les fils, affez bons d'ailleurs, (car quand ils ne valent rien, il vaut mieux les envoyer aux étoupieres,) foient endommagés feulement dans quelques endroits; pour remédier à ces défauts, on fera très-bien de les mettre fur le rouet, & de rétablir les endroits défeCtueux avec du fecond brin neuf; alors des petits garçons fuivront les fileurs pour leur fournir du chanvre, ou pour leur donner le bout des fils quand ils font rompus. Il y a des cordiers qui recouvrent entiérement les vieux fils dont nous venons de parler, avec du fecond brin ou de l'étoupe ; ce qui fait de gros fils qui paroiffent tous neufs, mais qui ne valent pas grand chofe. On pourroit paffer ces fils dans le goudron avant que de les commettre; mais ordinairement on les commet en blanc, on les étuve enfuite, & on les paffe dans le goudron. Comme les fils ainfi réparés font fort tortillés, pour en tirer un meilleur parti on fera bien de ne les commettre qu'au quart tout au plus : ces fortes de cordages qu'on appelle recouverts, ont l'air de cordages neufs, & les cordiers les vendent fouvent pour tels. On fait de ces cordages recouverts ou non recouverts, de diverfes longueurs & groffeurs; ce qui eſt indifférent, puifqu'ils ne doivent pas fervir pour la garniture des vaiffeaux ni pour aucun ouvrage de conféquence : mais on s'en fert à plufierns ufages, pour les conftruCtions des vaiffeaux, pour les bâtimens civils, ou pour amarrer les canots & les chaloupes; de cette façon il épargnent beaucoup des cordages neufs. C'eſt dans cette même intention & pour de pareils ufages, qu'il faudroit faire des cordages d'étoupes, Voyez *cordages*, *goudron*. *Encycl.*

Les cordiers, en faifant leurs cordes, font obligés le plus fouvent de marcher en arriere; & c'eſt ce qui a donné lieu de dire par maniere de raillerie, qu'ils gagnent leur vie à reculons.

Dans les arfenaux de marine, on appelle maitre cordier, celui qui a l'intendance, ou la direCtion de la corderie.

Il n'y a point d'art qui exigeroit de meilleurs ftatuts & de plus rigoureufement prefcrits; car on ne fent que trop combien il eſt important dans la marine d'avoir de bons cordages : mais auffi ces réglemens ne pourroient guere être faits que par un phyficien très-habile, & qui auroit étudié la fabrique à fond. Je dis, ne pourroient, car il n'y en a de faits que ceux qui augmentent les droits d'apprentiffage, & qui ne méritent que le nom de vexations. Il y a des vifites ordonnées aux jurés, un chef-d'œuvre prefcrit au récipiendaire, quatre ans d'apprentiffage, deux jurés annuels,

&c. avec tout cela les cordiers font dans le cas de beaucoup d'autres ouvriers ; ils travaillent comme ils le jugent à propos. *Encycl.*

CORDILLAT, ce font des draps qui fe fabriquent à chabeuil, de fleurs ou prime laine du pays, & qui font compofés de 46 portées au moins de 32 fils chacune, pour revenir du foulon & de l'apprêt à une aune. Il y en a de peignés qui fe fabriquent à Creft, ils font de 28 portées de 40 fils chacune : d'autres appellés enverfins ou communs, fabriqués auffi à Creft, fur 25 portées de 32 fils chacune. Ceux de cette derniere forte, & ceux de chabeuil, doivent avoir 24 portées de 32 fils chacune, 2 tiers de large fur le métier, & 2 aunes après le foulon & l'apprêt. Ces étoffes doivent être aunées par le dos, & non par la lifiere. Voyez les *Réglem. des manufaȼt.* & *l'Encycl.*

CORDONNER, c'eft, en terme de boutonnier & paffementier, tortiller enfemble plufieurs poils de chevre, pour en former un cordon propre à faire des boutonnieres fur des habits d'hommes & autres, &c. Quoique ce foit-là proprement ce qu'on appelle cordonner, & du cordonné ou cordonnet, les boutonniers en font de foie & même d'or pour leurs différens enjolivemens. Il n'y a pour la premiere efpece qu'à fçavoir retordre dans le degré qu'il faut, puifque le trop nuiroit à l'ouvrage, comme le trop peu ; mais dans les cordonnés ou cordonnets, que l'on pourroit nommer façonnés, c'eft-à-dire que l'on fait de différentes couleurs, & qu'on veut affortir à un habit de foie, il faut être au fait des nuances pour faifir l'effet que telle couleur produit auprès de telle autre. On cordonne au rouet ou à la mollette. Le cordonné ou cordonnet s'applique fur une infinité d'étoffes & d'ouvrages ; on s'en fert à border, on s'en fert auffi à terminer les deffeins : le cordonné ou cordonnet en forme les contours : on le coud à l'aiguille, &c. *Encycl.*

CORDOUAN. Efpece de marroquin. Cuir de bouc ou de chevre paffé en tan ; ce qui le diftingue du marroquin paffé en galle. On en fait des deffus de fouliers. Voyez *marroquin.*
Les cordouans rouges d'alep font eftimés 37 livres la douzaine.
Les cordouans blancs : 24 liv.
Les cordouans de fmirne : 30 liv.
Les cordouans de chypre : 38 liv.
Les cordouans de fatalie : 30 liv.
Les cordouans en bafane : 20 liv.
Et les cordouans jaunes d'alep : 28 liv.

L 2

Les cordouans du pays valoient à Amsterdam en Juin 1759, 31, 32 à 33 sols ou stuivers la livre, en 1761. 28 à 30 s.

CORIANDRE. C'est tout ensemble le nom d'une graine, & de la plante qui la porte.

La tige de la coriandre est mince, & branchue, & s'éleve au plus haut de deux pieds. Les feuilles qui croissent au bas sont plus larges que celles du haut, qui sont très-étroites. Sa fleur est blanchâtre, & disposée en ombelle comme celles du persil & du cerfeuil : sa graine est sphérique & sillonnée très-légérement de petites côtes, atteignant presque la grosseur d'un grain de poivre.

Il est surprenant que cette graine ait un goût si agréable, & d'une si bonne odeur, étant produite par une plante, qui en a une très-mauvaise, & qui sent fortement la punaise.

Il croit de la coriandre en abondance aux environs de Paris, sur-tout à Aubervilliers, d'où les marchands épiciers-droguistes tirent presque toute celle qu'ils vendent.

Outres les dragées de coriandre que l'on fait, & dont les meilleures viennent de Verdun en Lorraine, cette graine a quelque usage dans la médecine, dans les décoctions pour les lavemens carminatifs, & les brasseurs l'employent aussi pour donner du goût à la biere double. Ce dernier usage est néanmoins peu commun en France : mais il l'est beaucoup en Angleterre, & en Hollande.

Cette graine entre dans l'eau de mélisse composée, l'eau de miel royale, l'eau générale, & le clairet des six graines.

Il faut choisir la coriandre nouvelle, blonde, bien nourrie, très-grosse, très-nette, & sur-tout très-seche ; cette derniere qualité lui est absolument nécessaire, sans quoi elle se moisit, & se gâte aisément.

Il faut aussi la serrer soigneusement dans des lieux où les rats & les souris ne puissent aller ; ces animaux l'aiment beaucoup, & en font un grand dégât en peu de temps.

La manne ou le pain que les Israëlites recueillirent au désert étoit comme de la semence de coriandre. *Exod. VI. 31. Nomb. XI. 7.*

CORMIER. Grand arbre qui produit les cormes, & qui se plante ordinairement dans les terres à bled. Cet arbre est si connu, qu'on se contentera d'en parler par rapport à la qualité de son bois & à la maniere de le débiter, aux choses auxquelles il peut être propre, & au négoce qui s'en fait.

Le bois de cormier est très-dur & très-serré ; il s'emploie ordinairement à faire des chevilles & des fuseaux pour les rouets & les lanternes des moulins, les menuisiers s'en servent aussi pour leurs outils. Celui qui eft deftiné pour les chevilles & les fufeaux, doit fe débiter par morceaux de 3 à 4 pouces en quarré, fur 16 ou 18 pouces de largeur ; & celui pour les outils des menuifiers, doit être mis en poteaux de 3 ou 4 pouces en quarré, & en membrures de 2 ou 4 pouces d'épaiffeur fur 6 pouces de largeur, & 6, 9 & 12 pieds de longueur. Ce bois ainfi débité, fe vend très-bien en France, particuliérement à Paris, où il s'en fait une confommation affez confidérable. Quelques-uns prétendent que le bois de cormier mis dans un tas de bled, eft capable d'en chaffer toute forte d'infectes.

Le fruit du cormier eft aftringent & refferrant; il eft bon dans tous les flux de fang & d'humeur ; lorfqu'il eft mûr, il eft agréable au goût & bienfaifant à l'eftomac ; il aide la digeftion, & empêche les alimens de paffer avec trop de rapidité dans les inteftins. Quelques praticiens l'ont recommandé dans les fievres accompagnées de diarrhées.

On en fait du cormé, efpece de boiffon faite avec de l'eau & des cormes pour les domeftiques de la campagne. Voyez l'*Encycl.*

CORNALINE, autrement *Sardoine.* Pierre précieufe, ordinairement rouge, tirant fur l'orange; elle eft très-peu tranfparente. Les lapidaires la taillent de maniere qu'on y voit trois couleurs, la couleur de chair, le blanc & le gris. La cornaline eft facile à graver, & prend un beau poli : les plus belles gravures de l'antiquité font fur cette pierre. Elle eft aujourd'hui plus connue fous le nom de cornaline, que fous celui de Sardoine, dont elle diffère un peu.

La cornaline eft une pierre précieufe, tranfparente, mais que l'on diroit être couverte de graiffe. Elle eft de différentes couleurs; car il y en a quelques-unes de couleur de fang bilieux & prefque noir; d'autres de couleur de chair, & marquées d'une petite portion de fang; enfin il y en a de couleur d'un jaune de fang. On en apporte auffi de blanches ou de couleur de lait, dans lefquelles il y a quelques taches de bleu. Celle qui a la couleur de chair eft appellée par les Lapidaires carnéole & par corruption cornéole. On diftingue les cornalines en orientales, & en occidentales ou d'Europe. Les premieres font beaucoup plus dures que les autres.

Les plus belles fardoines font celles qui viennent des environs de Babylone, celles de Sardaigne ont le fecond rang. On en trouve près de Sainte-Maure en Albanie, qui ne font pas méprifables, non plus que celles des Indes ; les moindres de toutes font celles des environs du Rhin, de la Bohéme & de la Siléfie. Pour donner plus d'éclat à ces pierres, on met deffous une feuille d'argent quand on les monte.   L 3

La plus belle efpece, dit un auteur, vient de Surate, & de la mer rouge ; on en fait de petites taffes à thé dans les pays d'où on la tire, comme auffi plufieurs autres petits uftenfiles ; favoir, des pommeaux de canne, des boutons de vefte, mais principalement des pierres à cachet, dont il y en a de rondes & d'ovales. On trouve de celle-ci en grande quantité toutes taillées dans cette grande ville des Indes : on en trouve auffi pour des cachets à trois faces : on y fait même avec cette pierre des bagues en grande quantité.

CORNE. Partie dure, que quelques animaux ont à la tête & aux pieds.

On a remarqué qu'il n'y a que les bêtes à pied fourchu, c'eft-à-dire, celles qui ont les pieds fendus en deux, qui ayent des cornes à leur tête ; tels font les bœufs, les vaches, les bufles, les beliers, les boucs, les chevres, &c. *Voyez* les divers ouvrages que l'on fait des cornes de quelques-uns de ces animaux, aux articles qui en parlent plus particuliérement ; favoir, aux articles *corne de bœuf, bœuf, vache, bufle, cerf, corne de walrus, corne de narvahl, corne de cheval marin, corne de licorne, de chevre & de mouton* ; voyez auffi *lanternes*.

Corne de bœuf. C'eft cette partie double, éminente contournée, pointue, noirâtre, qui défend la tête du bœuf. On en fait grand ufage dans les arts ; on en fait des manches de différens inftrumens. On tire de l'extrêmité qui eft folide, des cornets d'écritoire. On la dreffe au feu, on l'amollit, on la lime & polit ; alors on y remarque des marbrures très-agréables. On nomme *tabletiers-cornetiers* ceux qui employent cette matiere. Pour l'amollir, la mouler, & lui donner telle forme que vous voudrez, ayez de l'urine d'homme gardée pendant un mois ; mettez-y de la chaux vive & de la cendre gravelée ou de la lie de vin : le double de chaux, la moitié de cendres ; ajoutez fur une livre de chaux & une demi-livre de cendres quatre onces de tartre & autant de fel ; mêlez bien le tout ; laiffez bouillir & réduire un peu le mêlange, paffez-le, gardez cette leffive bien couverte. Quand vous voudrez amollir la corne, laiffez la repofer dedans pendant une huitaine de jours.

Ou, ayez des cendres de tiges & têtes de pavots ; faites-en une leffive, & faites-y bouillir la corne.

Ou, ayez de la cendre de fougere, autant de chaux vive ; arrofez-le tout d'eau, faites le bouillir ; réduifez un peu le mêlange, laiffez-le enfuite repofer & fe clarifier ; tranfvafez, ayez enfuite des raclures de cornes, jettez-les dans cette leffive, laiffez-les y pendant trois à quatre jours, oignez-vous les mains d'huile, paitriffez la corne & la moulez.

Ou, ayez du jus de marrube blanc, d'ache, de mille-feuilles, de raifort, de chelidoine, avec du fort vinaigre ; mettez la corne tremper là-dedans, & l'y laiſſez pendant huit jours.

Ou, ayez cendre gravelée & chaux vive, faites-en une forte leſſive, mettez-y de la raclure de corne, faites bouillir la raclure dans la leſſive, elle ſe mettra en pâte facile à mouler. On pourra même, en ajoutant de la couleur, teindre la pâte.

M. Papillon, graveur en bois, de qui nous tenons ces préparations, prétend qu'elles réuſſiront non-ſeulement ſur la corne, mais même ſur l'ivoire. Il ajoute que pour amollir les os, il faut prendre les portions creuſes de ceux des jambes, avoir du jus de marrube, d'ache, de mille-feuilles, de raifort, avec du fort vinaigre, en parties égales, en remplir les os, bien boucher les ouvertures, enſorte que la liqueur ne puiſſe ſortir, les enterrer en cet état dans le crotin, & les y laiſſer juſqu'à ce qu'ils ſoient mous.

Pour l'ivoire & les os, on dit qu'il ſuffit de les faire bouillir dans du fort vinaigre.

Ayez auſſi du vitriol romain, du ſel réduit en poudre : arroſez-le de fort vinaigre, diſtillez. On ajoute que le réſultat de cette diſtillation amollira l'os & l'ivoire qu'on y laiſſera ſéjourner, & que ſi on fait paſſer de-là ces ſubſtances dans le ſuc de bette, elles s'attendriront tellement, qu'elles prendront des empreintes de médailles qu'on rendra durables en mettant d'abord les pieces imprimées dans le vinaigre blanc, & enſuite dans de l'eau de puits fraiche.

Nous ne garantiſſons aucun de ces effets ; nous les publions afin que quelqu'un les éprouve, & voye ſi ſur ce grand nombre, il n'y en auroit pas un qui tint ce qu'on en promet. *Encycl.*

CORNET, (*Orfévre.*) opération de l'éſſai de l'or, la derniere forme que l'on donne à la plaque préparée pour faire l'eſſai. Quand on l'a rendue auſſi mince qu'il convient, on la tourne ſur un arbre de fer en forme de cornet ; c'eſt ſous cette forme qu'on la met dans l'acide nitreux. C'eſt un terme tellement conſacré à cette opération, que quand on en parle, on dit : le cornet eſt beau, bien ſain, ou il eſt détérioré. *Encyclop.*

CORNOUILLER. Il y a différentes eſpeces de cet arbre qui eſt petit, aſſez commun dans les bois & dans les haies.

Le bois du cornouiller eſt compacte, maſſif, des plus durs, d'un grain très-fin, & ſans aubier. Il eſt excellent, & fort recherché pour quantité de petits uſages où il eſt beſoin de force, de ſolidité, & de durée, le volume de ce bois ne permettant pas de l'employer en grand , autant que celui du cormier qu'il égale pourtant à peu près en qualité. Voyez *l'Encyclopédie.*

CORROYER UN CUIR , (*Corroyeur.*) opération qui con-fifte à donner aux cuirs, en fortant des mains du tanneur , des façons qui les rendant plus liffes , plus fouples , plus agréables à la vue , les difpofent aux ufages du ceinturier , du fellier , du bourrelier , & d'autres ouvriers. On donne ces façons au bœuf, à la vache, au veau & au mouton, mais rarement au bœuf. Au refte , le travail du bœuf ne différant point de celui de la vache, on pourra lui appliquer tout ce que nous allons dire de ce dernier.

Travail de la vache noire, ou, comme on dit , *retournée.* Le corroyeur, en recevant la peau tannée , commence par l'humeêter à plufieurs reprifes; il fe fert pour cela d'un balai qu'il trempe dans l'eau. Il roule la peau humeêtée, puis il la jette fur la claie, & la foule aux pieds. Cette manœuvre s'appelle le *défoncement.* La claie eft un affemblage de bâtons flexibles , entrelacés dans des traverfes emmortoifées fur deux montans. Le défoncement fe donne ou à pied nud , ou avec un foulier qu'on appelle *l'efcarpin*, qui ne différe du foulier ordinaire que par des bouts de cuir-fort dont il eft revêtu au bout & au talon. On appelle ces garnitures *contreforts.* La peau pliée d'abord de la tête à la queue , & les pat-tes dans le pli , eft arrêtée avec un pied, & frappée fortement avec le talon de l'autre. Ce travail s'appelle le *refoulement.* On donne à la peau des refoulemens en tout fens ; on la change de face , & on la tient fur la claie, & fous les pieds ou l'efcarpin, tant qu'on y apperçoit des inégalités un peu confidérables. Alors on la déploie, pour être écharnée ou drayée : on fe fert in-diftinêtement de ces deux mots.

Lorfque la peau eft drayée ou écharnée on la met à l'effui.

Quand elle eft à moitié féche, on l'humeête comme au dé-foncement , & on la refoule fur la claie pendant deux ou trois heures plus ou moins, felon que les foffes qu'on y remarque, & qu'il faut effacer, font plus ou moins confidérables. Cette ma-nœuvre , qu'on appelle *retenir*, fe donne fur la peau pliée & dé-pliée en tout fens , comme au défoncement. La peau retenue fe remet à l'effui ; mais on la laiffe fécher entiérement, pour l'ap-pointer , c'eft-à-dire, lui donner un dernier refoulement à fec.

Cela fait, on la corrompt. Ce travail s'exécute avec un inftru-ment de bois , d'un pied ou environ de longueur fur , fix pouces de largeur, plat d'un côté , arrondi de l'autre, traverfé à fa fur-face arrondie felon fa largeur de rainures parallèles qui for-ment comme des efpeces de longues dents, & garni à fon côté plat d'une manicle de cuir. On appelle cet inftrument une *pomel-*

te. Il y en a de différentes fortes, felon les différentes manœuvres. L'ouvrier paſſe la main dans la manicle, place la peau fur un établi, & conduit la pomelle en tout fens fur la peau, en long, en large, de chair, & de fleur. Il faut obferver que la peau dans cette manœuvre n'eſt pas couchée à plat, & que la portion que l'ouvrier corrompt, eſt toujours comme roulée de deſſous en deſſus; de cette maniere la pomelle en agit d'autant mieux fur le pli.

Lorſque la peau a été corrompue & tirée à la pomelle, on la met en ſuif. Pour cet effet, on a du ſuif dans une grande chaudiere, on le fait chauffer le plus chaud qu'on peut, on en puiſe plein un petit chauderon : on a de la paille, on y met le feu: on paſſe la peau à pluſieurs repriſes au deſſus de ce feu, afin de l'échauffer, d'ouvrir ſes pores, & de la diſpoſer à boire mieux le ſuif. On prend une eſpece de lavette faite de morceaux d'étoffes de laine; on appelle cette lavette *paine* ou *gipon.* On la trempe dans le chauderon de ſuif, & on la paſſe de fleur & de chair fur toutes les parties de la peau. Ce premier travail ne ſuffit pas pour mettre la peau convenablement en ſuif; on le réitere en entier, c'eſt-à-dire, qu'on la repaſſe fur un nouveau feu de paille, & qu'on l'imbibe de rechef de ſuif avec le gipon. On la met enſuite tremper dans un tonneau d'eau froide, du foir au lendemain, c'eſt-à-dire, environ dix à douze heures. On la tire de ce bain pour la refouler, & en faire fortir toute l'eau : elle eſt pliée dans ce travail, comme au défoncement. Lorſqu'on s'apperçoit qu'elle eſt aſſez foulée, on la crépit. Pour la crépir, on tourne la fleur en haut, & le côté de chair eſt poſé fur la table; on prend la pomelle, & on la conduit fur toute cette furface, puis on la rebrouſſe. Rebrouſſer, c'eſt mettre le côté de chair en haut, & paſſer la pomelle fur le côté de la fleur. Pour bien entendre cette manœuvre, il faut fe rappeller que pour fe fervir de la pomelle on roule la partie fur laquelle on travaille, de deſſous en deſſus, & par conſéquent il faut que le côté qu'on veut travailler, foit toujours appliqué contre la table, & l'autre côté en haut.

Quand la peau eſt crépie de chair & rebrouſſée de fleur, on l'étend fur la table; on l'eſſuie fortement avec des écharnures, ou les pieces de chair qui ont été enlevées de la peau avec la drayoire, puis on l'étire. On a pour cette manœuvre un morceau de fer plat, épais de cinq à fix lignes, & large par en bas de cinq à fix pouces; la partie étroite forme la poignée, & la partie large & circulaire eſt en plan incliné, & arrondie par fon tranchant. On conduit cet inſtrument, à force de bras, de fleur fur toute la peau, pour l'unir & l'étendre; alors la peau eſt prête à recevoir le noir.

Le noir eſt compoſé de noix de galle & de ferrailles, qu'on

fait chauffer dans de la biere aigre; ou bien on laisse le tout tremper dans un tonneau pendant un mois en été, & deux en hiver,
à moins qu'on ne tienne le tonneau à la cave. On donne le noir à
la peau avec une brosse ordinaire, ou un gipon; on la trempe
plusieurs fois dans la teinture, & on la passe sur la peau de fleur,
jusqu'à ce qu'on s'apperçoive que la couleur a bien pris : si le noir
graissoit, ce seroit parcequ'il seroit trop épais; alors on y jet-
teroit un ou deux seaux d'eau. Quand ce premier noir est donné
& que la peau est éssorée ou à demi seche, on la retient : la retenir dans ce cas-ci, c'est l'étendre sur la table & y repasser de
fleur & fortement l'étire, jusqu'à ce qu'on s'apperçoive que la
peau est bien unie, & que le grain est bien écrasé : c'est le
terme.

Alors on donne un second noir, appellé *noir de soie*; c'est un
mélange de noix de galle, de couperose, & de gomme arabique;
on a soin d'étendre bien également la couleur; on fait sécher entiérement la peau. On la remet seche sur la table. On a de la
biere aigre, on en charge la peau avec un morceau d'étoffe, on
la plie de patte en patte; on prend une moyenne pomelle de
bois, on la passe sur la fleur qui touche par conséquent la table,
puis on rebrousse sur la fleur avec une pomelle de liege : cela s'appelle *corrompre des quatre quartiers*, & *couper le grain*.

Après l'avoir rebroussée, on la charge encore de biere, qu'on
chasse avec une torche de crin bouilli dans de la lie de chape-
lier, après quoi on prend le valet, on serre par son moyen la
peau sur la table, du côté de la tête : ce valet est un morceau
de fer recourbé, dans la courbure duquel la table & le cuir peuvent être reçus; il a un pouce de largeur, sur environ un pied de
long. On acheve de nettoyer la peau avec l'étire, d'abord du
côté de la fleur, ensuite du côté de la chair; avec cette différence
que l'étire qui sert du côté de chair est un peu tranchante. On
l'essuye de fleur & de chair, après ce travail; on se sert pour
cela d'un vieux bas d'estame, qu'on appelle le *bluteau*; après
quoi on l'éclaircit.

Cette façon se donne seulement de fleur : on se sert pour cela du suc de l'épine-vinette, qu'on a laissé macérer & fermenter pendant 24 heures, après l'avoir écrasé. On lustre le côté de
fleur seulement, avec ce suc.

Quand la peau est lustrée, il ne reste plus qu'à lui donner le
grain : on entend par le grain, ces especes de gersures qu'on
apperçoit à la peau. Pour les commencer, on plie la peau la
fleur en dedans, & on la presse à l'étire en plusieurs sens, comme nous l'avons dit plus haut; & pour les achever, on la dresse
on la plie la fleur en dedans, après son premier lustre : 1° de

quatre faux quartiers, c'eſt-à-dire, des quatres coins, mais un peu de biais ; 2° de travers, c'eſt-à-dire en long, œil contre œil ; 3° en large, ou de queue en tête : on fixe le grain en preſſant fortement la peau avec l'étire, fleur en dedans, dans tous ces ſens ; puis on paſſe la peau au ſecond luſtre qui ſe compoſe de biere, d'ail, de vinaigre, de gomme arabique, & de colle de Flandre, le tout bouilli enſemble, mais appliqué à froid. Ce luſtre appliqué, on la plie, & on la pend la fleur en dedans, en faiſant paſſer la cheville dans les deux yeux.

Travail des veaux noirs à chair graſſe. On les mouille d'abord, puis on les boute ſur le chevalet juſqu'à la tête ; le boutoir eſt un couteau à deux manches, droit, peu tranchant : c'eſt pourquoi on l'appelle auſſi *couteau ſourd.* Après avoir bouté la partie de la peau qui doit l'être, on travaille la tête avec la drayoire, ce qui s'appelle *dégorger.* La chair étant un peu plus épaiſſe à la tête qu'ailleurs, on ſe ſert du couteau à revers ou de la drayoire pour cette partie, & du couteau ſourd pour le reſte. Ces deux opérations nettoyent la peau de la chair que le tanneur peut y avoir laiſſée. Après cela, on la fait ſécher entiérement, & on la ponce, c'eſt-à-dire qu'on paſſe une petite pierre forte & dure ſur tout le côté de la chair, afin d'achever de le nettoyer. Ce travail eſt ſuivi de la manœuvre par laquelle on corrompt ; on corrompt la peau de quatre quartiers, on la rebrouſſe de queue en tête, on la met en ſuif, & on l'acheve comme la vache.

Travail des moutons noirs. On commence par les ébourrer à l'étire : ce travail les nettoye du tan qui y eſt reſté attaché ; on les mouille, on les foule & roule ſur la claie ; on leur donne l'huile du côté de la fleur ſeulement ; on les met au bain d'eau fraîche, on en fait ſortir l'eau à l'étire, ce qui s'appelle écouler ; on leur donne le noir ; on les repaſſe ; on les retient ; on les ſéche entiérement ; on les corrompt ; on les rebrouſſe, & on les pare à la lunette. Le paroir eſt un chevalet qui n'eſt pas plus difficile à concevoir que celui du travail des vaches noires, quoiqu'il ſoit fort différent. La peau eſt fixée à la partie ſupérieure ſur un rouleau, ou ſur une corde au défaut de rouleau ; l'ouvrier paſſe autour de lui la liſiere qui correſpond aux deux branches de ſa tenaille : cette liſiere deſcend au bas de ſes feſſes qui la tirent ſuffiſamment pour que la tenaille morde ferme l'extrêmité de la peau, l'approche de lui, & la tende ; la peau lui préſente la chair. Sa lunette eſt un inſtrument de fer, ſemblable à un palet, d'un pied de diametre ou environ, percé dans le milieu, & tranchant ſur toute ſa circonférence, les bords du trou ſont garnis de peau. L'ouvrier paſſe la main dans cette ouverture qui a ſix ou ſept pouces de diametre, & conduit le tranchant de la lunette ſur-toute la furface de la peau, pour en enlever le peu de chair qui a pu échapper à l'étire. Le reste du travail s'expédie comme à la vache noire.

Travail du cuir lisse. Il n'y en a que de bœufs & de vaches. On les mouille, on les foule, on les tire à la pomelle, on les rebrousse, on les boutte; on en continue le travail, comme aux vaches noires, jusqu'au suif qu'on donne très-fort & à plusieurs reprises de fleur & de chair. On les met au bain à l'eau fraîche; on continue, comme nous l'avons prescrit pour la vache retournée, jusqu'au second lustre, après lequel on les met en presse entre deux tables pour les applatir. Pendant tout ce travail, on n'a ni corrompu ni dressé.

Mais le noir n'est pas la seule couleur que les corroyeurs donnent aux peaux; ils en fabriquent en jaune, rouge, verd & blanc. Le jaune se compose de graine d'avignon & d'alun, demi-livre de chacun sur trois pintes d'eau, qu'on réduit au tiers. Le rouge, du bois de bresil, deux livres sur quatre seaux d'eau : réduisez le tout à moitié par l'ébullition, tirez au clair, remetrez sur le bresil même quantité d'eau que la première fois, reduisez encore à moitié par une ébullition de six heures, rejettez la premiere teinture sur cette seconde, & laissez-les toutes deux environ deux heures sur le feu. Le verd, de gaude; mettez une botte de gaude sur six seaux d'eau, laissez bouillir le tout pendant quatre heures à petit-feu, ajoutez ensuite quatre livres de verd-de-gris. Le blanc ne demande aucune préparation particuliere, c'est la couleur même du cuir passé en huile; couleur qui est d'autant plus belle, que le jaunâtre en est plus éclatant. Pour passer ces peaux en blanc, on les commence comme pour les autres couleurs, ensuite on les passe en huile, ou au dégrais des chamoiseurs. Quand elles sont seches, on les refoule à sec, on les corrompt, on les rebrousse des quatre quartiers, on les repare à la lunette, on les refoule à sec encore une fois, on les ponce, on les corrompt derechef & rebrousse des quatre quartiers; & pour les redresser de grain, on les corrompt de travers, & de queue en tête. On n'apprête ainsi que des vaches & des veaux, qu'on appelle façon d'Angleterre.

La différence des teintures n'en apporte point aux travaux; il faut seulement observer que celles qu'on destine à être passées en jaune, ne se passent point en alun, parcequ'il en entre dans leur teinture. Voyez l'article *chamoiseur*, sur la maniere de passer les peaux en couleur jaune. Voici le travail qu'il faut donner aux peaux qu'on veut teindre. On commence par les brosser du côté de la fleur avec des brosses ni molles ni rudes; on les trempe dans l'eau; on les defonce au sortir de l'eau; on les draye, boute, ou ébourre, felon leur qualité; on les féche, on les remet au bain pour peu de temps; on les refoule dans ce bain, on les écoule à l'étire, on leur donne une huile légere du côté de chair feulement, on les met eftorer; on les retient avec une étire de cuivre, on les féche entiérement; on les humecte avec le gipon d'une eau d'alun, faite d'une livre de cet ingrédient fur trois pintes d'eau, on les met eftorer; on les défonce, au moins pendant deux à trois heures; on continue le travail, crépiffant des quatre quartiers, rebrouffant de travers, & féchant entiérement jufqu'au moment où il faut les teindre: alors on leur donne de fleur la couleur qu'on fouhaite, d'abord de queue en tête, puis de travers. On les met fécher, on leur donne la feconde couleur quand elles font toutes feches, on les rebrouffe, & on les finit comme les vaches retournées. Cela fait, on les décraffe au couteau de revers fur le chevalet; on les ponce, on les retire des quatre quartiers & de travers: on leur donne leur luftre avec le blanc d'œuf battu dans une pinte de la couleur; on les féche entiérement, ou on les eftore feulement; on a une liffe de verre, & on la paffe fur-toute la peau. La liffe des corroyeurs n'eft pas différente, ni pour la matiere, ni pour la forme de celle des lingeres; elle eft feulement plus pefante & plus forte.

Travail des vaches étirées. Après qu'elles ont été mouillées, on les rebrouffe avec une pomelle à larges dents, fans les avoir foulées ni défoncées; on les draye au chevalet, on les rebrouffe des quatre quartiers & de queue en tête; on les mouille de fleur & de chair, avec un gipon de ferge, mais le mouillage eft léger de chair; on les étend fur la table, on les retient avec l'étire de cuivre, puis on les preffe à demi feches entre deux tables.

Travail des cuirs gris. Ils fe fabriquent comme les liffés; mais on ne les paffe point en teinture, & on ne les liffe point. *Encycl.*

Corroyer fe dit encore de l'action d'un forgeron qui de plufieurs barres de fer qu'il foude enfemble, n'en fait qu'une. Si l'union de ces barres eft bien intime & bien faite, on dit de la barre entiere qu'elle eft bien corroyée. *Encycl.*

C'eft non-feulement battre à chaud ces métaux, les replier, &c. mais ce qu'on entend par corroyer l'acier ou le fer, c'eft redoubler à chaud ces métaux, les fouder l'un fur l'autre, & enfuite les forger jufqu'à ce qu'ils ayent acquis la figure à laquelle ils font deftinés. Cette opération eft néceffaire en de certaines occafions, & très-nuifible en d'autres; elle eft néceffaire, par exemple, fi un taillandier veut faire un inftrument taillant, & que pour y parvenir, il foit obligé d'employer un acier difficile à travailler, pour lors, au moyen du corroyage, il le ramene au point néceffaire pour faire ce qu'il fouhaite. Un habile ouvrier connoîtra facilement s'il faut corroyer fon acier ; un ignorant au contraire, qui fe contente de ce qu'il a ouï dire qu'il faut corroyer, le fait fans aucun difcernement. Il y a un moyen infaillible pour fe conduire & fçavoir fi l'on doit corroyer l'acier qu'on veut employer : il eft tout fimple. Un taillandier qui a par exemple une lame de couteau à faire, doit choifir un morceau d'acier, le chauffer fimplement rouge de couleur de cerife, le replier enfuite fur lui-même à coups de marteau ; fi cet acier fe laiffe ainfi recourber fans qu'il y paroiffe aucune crevaffe, fente ou gerfure, il peut hardiment l'employer fans le corroyer, & ce feroit même le gâter que d'en agir autrement : fi au contraire le morceau d'acier qu'il a replié, a de la peine à fe replier encore, s'il paroit à fon coude des gerfures, ou des crevaffes, c'eft une marque que cet acier eft difficile à travailler, qu'il eft extraordinairement empreint de parties fulphureufes & falines, & ce fera par le corroyage qu'on chaffera la trop grande abondance de ces matieres. Si l'on procéde à cette opération d'une maniere convenable, on ramenera cet acier au point de celui qui s'eft laiffé recourber fans fe crever ni gerfer. Si l'on pouffe ce travail trop loin, on le gâtera totalement ; le point néceffaire ne fera que difficilement attrapé par un ignorant ; de forte que nous confeillons toujours de n'employer de ces derniers aciers que lorfqu'on n'en trouvera pas de ceux qui fe laiffent recourber, comme nous l'avons dit, fans qu'il paroiffe à l'endroit où ils ont été recourbés aucune crevaffe, ou gerfure ; & quand on en aura de tels, il fera affez inutile, & même nuifible, de les corroyer ; ils fe corroyent affez par le travail qu'on eft obligé de faire en les foudant fur un morceau de fer pour en faire la lame de couteau, ou de quelqu'autre inftrument taillant ; & dans le moment de cette opération, fuppofé que cet acier foit encore trop chargé de parties fulphureufes, ou falines, elles auront bien occafion d'en fortir, par la grande action du feu, qui doit agir d'une violence extraordinaire pour le joindre au morceau de fer, de maniere qu'il ne faffe plus qu'un corps avec lui.

Je dis qu'il feroit inutile & même nuifible, de corroyer des aciers qui fe laiffent recourber. Cet article eft un des plus importans des arts ; fi l'on ne fait pas faire un bon inftrument, on n'avancera guere dans leur travail. Des aciers qui fe laiffent recourber avec facilité, ont précifément le point de perfection que l'art defire, moyennant qu'ils foient durs, ce qu'on reconnoit à la lime. Ces aciers n'ont que la quantité fuffifante de foufres & de fels qui leur font néceffaires pour être acier, ce qui les diftingue du fer. Si par le corroyage vous leur enlevez une partie de ces foufres & de ces fels qui leur font abfolument néceffaires, ils deviennent fer, & par conféquent nullement propres à ce à quoi on les destine ; car personne du métier ne contestera qu'au moyen de cette opération du corroyage , on affoiblit l'acier : pourquoi l'affoiblir , s'il n'a de force qu'autant qu'il lui en faut ? Qu'on veuille bien l'essayer, & l'on reconnoîtra l'importance de la remarque que nous venons de faire.

COSSAS. Toile de mousseline unie & fine que les Anglois rapportent des indes orientales ; elle a 16 aunes de long sur 3 quarts de large.

Il y a aussi des torps, des seers cossas , des doms cossas & des bords cossas qui sont des mousselines de diverses fabriques , mais de même aunage que les simples cossas.

COSSE. Gousse qui enveloppe les pois , le féves & les autres légumes.

Les légumes secs, dont on fait commerce en France , soit avec les étrangers, soit dans l'intérieur du royaume , doivent être dépouillés de leurs cosses. Il faut au contraire que ces sortes de légumes , qu'on destine pour ensemencer les terres nouvellement défrichées , sur-tout dans les colonies de l'Amérique , soient conservés dans leurs gousses ou cosses , l'expérience ayant fait connoître qu'ils germent & produisent plus difficilement , & que souvent ils ne germent point du tout , mais qu'ils pourrissent inutilement dans la terre , lorsqu'ils sont transportés sans leurs cosses , ce qu'on a aussi observé à l'égard du froment & du seigle qui ont été tirés des capsules de leur épi , y ayant apparence que la seve a plus de peine à se conserver dans les légumes & dans les bleds, lorsqu'ils sont exposés à l'air & hors des enveloppes que la nature leur avoit données pour l'entretenir

On a cru devoir faire cette remarque en faveur des compagnies qui entreprennent des habitations dans des terres nouvellement découvertes , & particuliérement des François qui vont cultiver les vastes & fécondes campagnes de la Louisiane , qui , faute de faire cette attention , ne recevoient pas de leurs peines le fruit qu'ils en esperoient , comme il est déja arrivé a plusieurs , attribuant à la mauvaise disposition du sol ou du climat , ce qui ne vient que de manquer d'employer des semences convenables.

Cosse. C'est aussi une espece de fruit qui se trouve dans quelques lieux des côtes de Guinée, particuliérement sur les bords de la riviere de Serre-Lionne, & dont il se fait un assez bon négoce.

Ce fruit est de la figure d'un maron d'Inde , & a même un peu de son amertume, mais seulement autant qu'il en faut pour piquer légérement le palais, & non pas pour trop l'irriter. Il y en a de deux fortes, de rouge & de blanc, également estimés des négres, & des Portugais.

C'est avec ce fruit que ces derniers qui le transportent bien avant fur la riviere de Serre-Lionne, où il n'en croît point, font une partie de leur négoce avec ces barbares, de qui ils tirent en échange des pagnes ou tapis qu'ils troquent, en descendant, avec d'autres négres pour des marchandises du pays, comme de la cire, du miel, de la gomme, &c. ou qu'ils vendent même aux autres Portugais qui ne font pas ce commerce.

COSTUS. C'est un nom que l'on attribue à différentes racines qu'ils est très-difficile de distinguer. Les auteurs Grecs & Latins qui ont écrit quelque chose depuis 500 ans fur la matiere médicale, font mention de deux genres de costus dont l'un est doux & l'autre amer. Le poëte Macer s'exprime ainsi : il y a deux fortes de costus ; l'un est rouge, pesant & fort amer ; il s'appelle *Indien*. L'autre est léger, doux & d'une couleur blanche. On voit par-là que cette forte de costus qui est le seul employé pour le vrai costus depuis quelques siecles, n'est pas de la même nature que le costus des anciens.

Nous ne reconnoissons point cette odeur si excellente & si forte dont parlent Dioscoride, Gallien & Pline, dans le costus de nos boutiques ; c'est pourquoi nous croyons qu'il est entièrement différent de celui des anciens Grecs. Les parfumeurs même ne conviennent pas entr'eux du vrai costus, puisqu'on en trouve dans leurs boutiques de trois especes fous les noms d'*arabique*, d'*amer* & de *doux* que Pomet décrit ainsi : le costus arabique, dit-il, est une racine oblongue, pesante, de couleur cendrée ou blanchâtre en dehors, rougeâtre en dedans, difficile à rompre, d'une odeur agréable, d'un goût aromatique & un peu amer. Le costus amer est une grosse racine, compacte, dure, ligneuse, légere, brillante qui ressemble plutôt à un morceau de bois qu'à une racine. Le costus doux est au contraire une petite racine jaune qui ressemble assez par sa couleur, sa figure & sa grosseur, à la racine de Curcuma. Mais ou ces descriptions ne font pas exactes, ou elles ne conviennent pas au costus dont on se sert aujourd'hui dans les boutiques des apothicaires ; car on y trouve fouvent une autre racine, & c'est presque la seule qu'on y trouve qui est remarquable par fon odeur agréable qui ressemble à celle de l'Iris ou de la violette, que tout le monde prend ou emploie pour le costus d'Arabie ou le vrai costus.

C'est une racine coupée en morceaux oblongs, de l'épaisseur du pouce, légers, poreux, & cependant durs, mais friables, un peu résineux, blanchâtres, & quelquefois d'un jaune gris d'un

goût

goût âcre aromatique & un peu amer, & d'une odeur agréable qui approche de celle de l'Iris de Florence ou de la violette. Dale croit, d'après Commelin, que ce costus est la racine d'une plante appelé *tsjana kua*. La racine de cette plante, lorsqu'elle est récente & verte, est blanche, tubéreuse, rampante, fongueuse & pleine d'un suc aqueux, tendre & fibrée : celle qui est plus vieille & brisée, paroit parsemée de plusieurs petites fibres, comme sont les toiles d'araignées, d'un goût doux, aqueux comme le concombre, d'une odeur aussi foible que le gingembre. Il nait en différens endroits des racines plusieurs rejettons qui s'élevent à la hauteur de 3 ou 4 pieds, & qui deviennent gros comme le doigt, cylindriques, de couleur de sang, luisans, semblables aux tiges de roseaux, noueux, simples, verds en dedans & aqueux.

Cette plante croit dans les forêts du Malabar, du Brésil & de Surinam. Linnæus, dans sa description du Jardin de M. Cliffoud, en a détaillé fort au long la tige, la fleur, l'embryon & la graine. *Encycl.*

On l'emploie pour le costus des anciens dans la thériaque, le mithridate, &c.

Les apothicaires ont encore coutume de substituer d'autres racines à la place du vrai costus. Les uns emploient la plante appellée *pseudo-costus*, les autres l'angélique, les autres la zédoaire, les autres une écorce qu'on appelle *canelle blanche*, & que quelques-uns nomment *costus corticosus*, dont nous avons parlé sous *canelle blanche*.

M. Geoffroi (*Mém. de l'Acad.* 1708 p. 98.) pense que l'*aunée* est une racine fort approchante du costus, car étant choisie bien nourrie, séchée avec soin, & gardée long-temps, elle perd cette forte odeur qu'ont toutes celles de ce nom que nos herboristes nous apportent des montagnes, & elle acquiert celle du costus. *Encycl.*

COTE DE BALEINE. C'est proprement ce qu'on appelle *fanons de baleine*, avant qu'ils aient été dépecés ; en voici la description tirée de la relation d'un voyage fait en 1671 au Spitzberg & en Grœnland.

L'auteur de cette relation qui ne rapporte que ce qu'il a vu, & qui paroit le plus exact de tous ceux qui, devant ou après lui, ont parlé de la baleine, dit en faisant la description de la tête & de la gueule de cet énorme poisson, qu'au dedans de sa babine supérieure se trouve ce qu'on nomme la *côte*, c'est-à-dire une matiere solide à peu-près comme de la corne, qui occupe & traverse en forme de sillons, toute la partie qui lui tient lieu de palais. Cette côte est ordinairement brune, noire ou jaune.

Tome II. M

tre dans les vieilles baleines , & gros bleu ou bleu clair dans les jeunes avec quelqu'autre mélange de couleurs qui y forment des rayes ou une efpece de marbrure ; en vieilliffant elles deviennent toutes prefque également brunes ou noires.

On dit ailleurs que ces côtes fervent comme de dents à cette efpece de baleine qui n'en a point. Voyez *Baleine*.

C'eft donc dans la gueule qu'eft la côte garnie par-tout de longs poils affez femblables à du crin de cheval , qui tombent en forme de franges fur fa langue qui en eft toute couverte. A quelques baleines la côte eft un peu courbée & repréfente affez bien la courbure des épées qu'on nomme des *cimeterres*, ou une *faulx* ; dans d'autres elle forme une efpece de croiffant.

La plus petite côte & la plus courte eft fur le devant de la gueule ; celle du milieu eft la plus groffe & la plus longue , & il s'en trouve quelquefois de ces dernieres qui ont 15 à 16 pieds de long. On compte ordinairement jufqu'à 500 côtes dans chaque baleine , moitié d'un côté & moitié de l'autre , non compris les plus petites que l'on néglige de tirer , à caufe de la difficulté qu'il y a de les couper , l'endroit où les deux babines fe joignent étant trop étroit pour le faire commodément.

Ces côtes font par leur arrangement les unes près des autres , une enfonçure en forme de fillon , qui eft un peu courbée en dedans , & qui s'arrondit en demi-cercle vers les babines ; leur largeur eft inégale, l'endroit par où elles tiennent à ces babines étant beaucoup plus large que l'autre. C'eft à cet endroit qui eft comme la racine de la côte, que fe trouvent ces nerfs durs & blancs que les pêcheurs trouvent bons à manger , & dont ils ufent comme de fromage lorfqu'ils font encore nouveaux.

Dans les endroits les plus larges de la côte, c'eft-à-dire vers la racine, il croît d'autres petites côtes, mais qui ne font pas de la même nature, & qui n'ont point de franges comme les grandes.

La véritable côte eft de même épaiffeur d'un bout jufqu'à l'autre , mais étroite & pointue par le bas , ayant au dehors une cavité qui reffemble à une goutiere.

Il y a une fcience particuliere à couper les côtes de baleine , & il faut pour cela une grande quantité de différens inftrumens de fer.

Quand on dépece la baleine , & qu'on en a enlevé la graiffe d'un côté ; avant de la retourner, on coupe la côte toute entiere, & elle eft toute feule fi pefante, que tout l'équipage d'un vaiffeau a fouvent affez de peine pour la guinder à bord. Après qu'elle y eft montée, les découpeurs la débitent en longs morceaux tels qu'on les voit au retour des vaiffeaux, & avant que les ouvriers les ayent réduits en baguettes longues & étroites qui fervent dans la mercerie à la fabrique de divers ouvrages.

La côte appartient aux propriétaires du vaisseau, & à ceux de l'équipage qui sont payés à leurs risques & fortunes.

COTIGNAC que quelques-uns appellent aussi *codignac*. C'est une espece de confitures ou gelée, plus solide que les gelées ordinaires qui se fait avec le sucre, le jus de coing, & un peu de vin blanc.

On le fait de la maniere suivante : Prenez une douzaine de coings, s'ils sont petits; sept ou huit, s'ils sont gros; coupez-les par petits morceaux; faites-les bouillir dans cinq à six pintes d'eau, jusqu'à la réduction de deux pintes; passez ces deux pintes restantes dans un linge blanc; jettez cette décoction dans une poële à confitures; ajoutez quatre livres de sucre jusqu'à ce que le tout soit en gelée suffisamment cuite : versez le chaud dans des boîtes ou pots. S'il n'étoit pas assez rouge, vous y mêleriez, pendant qu'il cuit, un peu de cochenille préparée. Voyez *Coing.*

Il y a un autre cotignac qu'on tire du moût : on prend du moût; on le met dans un chauderon; on le réduit sur un feu clair au tiers; on a des poires de certeau toutes pelées & coupées par quartiers; on les jette dans le moût; on fait bouillir le tout jusqu'à ce que les poires soient cuites, & que le sirop ait une bonne consistance; alors on remplit des pots de cette confiture. *Encycl.*

Le cotignac d'Orléans, soit en grandes, soit en petites boîtes qu'on appelle des *fripponnes*, est fort estimé & il s'en fait par les confiseurs de cette ville, un commerce assez considérable. Voyez *Confiture*, Tome II, p. 122.

COTON. Sorte de laine végétale, blanche & propre à être filée, laquelle est fort connue par le grand commerce qu'on en fait par-tout. Il y en a de diverses sortes, & autant que le genre de plante qui les produit comprend d'especes de cotonniers. On en connoît dix ou douze especes qui différent dans leur grandeur & dans la figure de leurs feuilles. Les plus grands cotonniers sont des arbres aussi hauts & aussi gros que des sapins, dont le coton est très-fin & surpasse la soie; mais il est si court qu'il n'est pas propre à filer. Sa couleur est luisante & approche beaucoup de celle de la soie crue, c'est-à-dire d'un blanc-jaunâtre, ou couleur de paille. C'est ce qu'on nomme aux Indes *capoc*, & au Levant, *ouatte*. Voyez ces Articles & *Byssus*, & *l'Origine* des *Loix*, Tom. I. Liv. II. ch. II.

Les cotonniers croissent tous dans la Zone-Torride qui est leur propre climat; mais on cultive, en deça du Tropique & dans le Levant ceux qui donnent le meilleur coton à filer. Ils donnent cependant du coton infiniment meilleur au royaume de Bengale, & fur la côte de Coromandel, que par-tout ailleurs. On en cultive, dit-on, auffi dans la Sicile & dans la Pouille.

Les bons cotonniers font les plus petites efpeces de ce genre. Ce font des arbuftes, ou fous-arbriffeaux, qui ne croiffent qu'à la hauteur de deux ou trois pieds, ou quelquefois tout au plus 4. Ceux qui croiffent de la grandeur du pêcher, ne donnent qu'un coton de médiocre qualité, parceque ce font des efpeces différentes. Les feuilles des petits cotonniers font fort différentes de celles des grands, dans leur forme, & dans leur difpofition : elles font petites à proportion de l'efpece, mais toujours façonnées en cinq pointes comme celles de la vigne, cependant plus obtufes. Celles qui naiffent aux extrêmités des rameaux, font les plus-petites de la plante, & alors elles n'ont que trois divifions, mais plus pointues. Les plus grandes de la petite efpece, ont deux pouces de diametre, & quelquefois un peu plus, prifes dans la circonférence de leurs lobes. Celles des plus grands cotonniers, que l'on nomme ordinairement *capoquiers*, parcequ'ils donnent le *capoc*, ou *kapoc*, ainfi que l'écrivent les Hollandois, font plus longues qu'un demi-pied, unies, fans aucune divifion, pointues par les deux bouts, larges dans le milieu d'environ deux pouces. Elles font portées plufieurs en femble au nombre de 7 ou 8, & quelquefois de 9 ou 10, fur un long pédicule de même longueur qu'elles. Leur difpofition reffemble à une étoile, ou à des rayons autour d'un centre formé par le bout de ce pédicule.

Le fruit des petites efpeces, qui renferme le bon coton, eft une coque ovale, groffe comme une bonne noix en coquille, & entourée du calyce. Il eft divifé intérieurement en 4 cellules ou loges, quelquefois en trois, qui renferment chacune 2, 3 à 4 femences toutes fort couvertes de beau coton. Quand la coque du fruit eft mûre, elle eft brune ou noire par dehors; le coton qui la remplit alors eft fi fort, qu'il la fait ouvrir en 3 ou 4 quartiers par fon propre reffort, plus puiffamment que ne fait la chaleur du foleil, ainfi que plufieurs voyageurs l'ont cru, ce qui donne du large à la matiere du coton pour s'étendre en diametre au double de ce qu'il étoit. C'eft alors que l'on fait diligence pour le cueillir à mefure que les coques s'ouvrent fur la plante.

Celui des capoquiers, ou des grands arbres cotonniers, eft d'une ftructure un peu différente du précédent : fa forme approche de celle d'un petit concombre, de 4 pouces de longueur & de 2 pouces d'épaiffeur; il eft toujours divifé intérieurement en 5 loges, remplies de beaucoup de femences de la groffeur du poivre, & fort entourées de capoc, ou coton foyeux, très-fin & court, Voyez *Capoc*.

Il eſt rare que la plus petite eſpece de cotonnier rampe ſur la terre. Elle eſt très-différente, au reſte, de celle qu'on cultive en Amérique, qui eſt d'une plus grande eſpece. Le même nombre de ſemences ſoit de ſix, ſoit de douze, ſe peut trouver également dans le cotonnier de l'un & de l'autre de ces deux endroits ; car cela dépend de la même eſpece, de la ſaiſon & du Terroir. *Mémoires de* M. Garcin.

Il vient du coton de S. Thomas, iſle qui appartient au roi de Dannemarck, qui eſt à peu-près comme celui de S. Domingue.

Le cotonnier de Sainte-Catherine ne différe de celui des Antilles, que par ſes grandes feuilles, qui ont cinq pointes ; par la groſ-ſeur de ſon fruit, qui approche de celle d'un petit œuf de poule ; & par le nombre de ſes graines qui vont ordinairement juſqu'à douze. Comme la ſemence du coton eſt mêlée dans le fruit avec le coton même, on a inventé de petites machines conſtruites avec tant d'art & d'invention, qu'au mouvement d'une roue qui les fait jouer, le coton tombe tout net d'un côté, & la graine de l'au-tre. Nous en parlerons ci-après.

Paſſons maintenant à d'autres conſidérations ſur le coton, re-latives à ſa récolte, à ſon filage, & aux opérations qui précé-dent ſon emploi. Cet emploi eſt très-étendu ; mais le ſeul qui puiſſe ſinguliérement piquer notre curioſité, c'eſt celui qui ſe fait en mouſſelines & autres toiles qui nous viennent des Indes, & qui nous étonnent par leur fineſſe. Ce détail ſe trouve dans l'*Encycl.* & *Savary* ; voici ce qu'il y a de plus important. M. Jore, habi-tant de Rouen, a employé ſon temps & une partie de ſon bien à perfectionner le filage du coton, & il eſt parvenu à en faire des ouvrages auſſi beaux que ceux qui nous viennent de l'Inde.

Les iſles françoiſes de l'Amérique fourniſſent les meilleurs co-tons qui ſoient employés dans les fabriques de Rouen & de Troyes. Les étrangers, nos voiſins, tirent même les leurs de la Guadeloupe, de Saint-Domingue, & des contrées adjacentes. Ils ont différentes qualités. Celui qu'on appelle *de la Guadeloupe* eſt court ; la laine en eſt groſſe ; & la maniere de filer le coton ne lui convient point. Celui de Saint-Domingue peut être filé ; lorſqu'il eſt bien beau, on peut le mêler avec d'autres cotons plus fins, & en faire certains ouvrages. Mais tous ces endroits en fourniſſent une autre eſpece qu'on appelle de *Siam blanc à graine verte*, pour le diſtinguer d'un autre de la même qualité, mais d'une couleur différente. Celui-ci eſt rouge, l'autre eſt blanc ; ſa laine eſt fine, longue, & douce ſous la main : ſa graine eſt plus petite que celle des autre cotons, & la laine y eſt ſouvent adhé-rente : cette graine eſt noire & liſſe, quand le coton a bien mûri. Si au contraire la culture & la récolte ont été mal conduites, la

laine y demeure attachée , & ses extrêmités qui en ont été sé=
parées font vertes , fur-tout lorfque le coton a été nouvellement
recueilli. Cette efpece n'eft point cultivée en Amérique, quoiqu'on convienne de fa fupériorité , parceque fa graine étant petite , s'engage entre les cylindres du moulin , s'y écrafe , tache la
laine , & la remplit d'ordures , défaut confidérable qui en diminue beaucoup le prix : d'ailleurs ce coton eft trop léger pour les
fileufes des fabriques de Rouen , &c. il leur faudroit beaucoup
plus de temps pour en filer une livre , que pour une livre de tout
autre ; ainfi elles ne l'eftiment point, & fur leur mépris intéreffé,
on l'a abandonné. Ce même coton eft cultivé au Miffiffipi,
climat qui ne lui convient pas comme les ifles de l'Amérique :
auffi il n'y mûrit pas ; la laine en eft courte & fortement attachée
à la graine, enforte qu'il n'eft pas poffible d'en faire un bon ufage.

   L'arbriffeau qui donne les cotons, dont nous venons de parler,
à l'Amérique, eft vivace. Sept ou huit mois après avoir été planté
de graine, il donne une récolte foible. Il continue de rapporter
de fix en fix mois pendant dix années. Celui des Indes & de
Malte eft annuel. Il y a auffi quelque différence pour la qualité.
Celui de l'Amérique paroît plus foyeux.

   De l'emballage du coton. Lorfque le coton eft féparé de la graine, on le met dans de grands facs de toile forte, longs d'environ
trois aunes ; on les emplit à force & à grands coups de pinces de
fer. On commence par les mouiller ; puis on les fufpend en l'air
la gueule ouverte, & fortement attachée à des cordes paffées dans
des poulies fixées aux poutres d'un plancher. Un homme entre
dedans, & range au fond une premiere couche de coton, qu'il
foule avec les pieds & avec un pilon. Sur cette couche il en met
une autre qu'il enfonce & ferre avec fa piece de fer ; il continue
de cette maniere jufqu'à ce que le fac foit entiérement plein. Pendant ce travail, un autre homme a foin d'afperger de temps en
temps le fac à l'extérieure avec de l'eau, fans quoi le coton ne
feroit point arrêté, & remonteroit malgré les coups de pince.
On coud le fac avec de la ficelle, on pratique aux quatre coins
des poignées pour le pouvoir remuer plus commodément : ce fac
ainfi conditionné s'appelle une *balle de coton* ; il contient plus ou
moins, felon qu'il eft plus ou moins ferré, plus ou moins foulé ;
cela va ordinairement à 300, 320 livres.

   De la fabrique des toiles de coton fines, appellées mouffelines. Elle
fe divife naturellement en deux parties : le filage des cotons fins,
& la fabrique des toiles & autres ouvrages, dans lefquels on emploie ce fil.

   *Du filage, ou de la maniere de peigner le coton, de l'étouper, de
le luftrer, d'en mêler diverfes fortes pour différens ouvrages, de former*

le fil, de le devider, &c. Lorfque l'on fe propofera de ne fabriquer que des mouffelines fines, des bas fins, il faudra féparer à la main le coton d'avec la graine; cela facilitera le travail de l'ouvriere qui doit le filer : mais dans une fabrique plus étendue, il feroit à propos de recourir à une machine précife. Lorfqu'on doit filer, on ouvre les gouffes pour en tirer les graines avec les doigts ; on charpit le coton en long, obfervant de ménager & de ne pas rompre les filamens qui compofent fon tiffu, & l'on en forme des flocons gros comme le doigt.

Peigner le coton. Quoique cette opération fe faffe avec des cardes, cependant il ne faut poin carder. *Carder le coton*, c'eft le mêler en tout fens & le rendre rare & léger. Les opérations du peignage tendent à féparer les uns des autres les filamens & à les difpofer felon leur longueur, fans les plier, les rompre, ni les tourmenter par des mouvemens trop répétés. Sans cette précaution, il deviendroit mou & plein de nœuds qui le rendroient mauvais & fouvent même inutile. Cette opération eft la plus difficile à apprendre, & la plus néceffaire à bien favoir. C'eft elle qui conduit les ouvrages en coton à leur perfection On y réuffit rarement d'abord, mais on prend l'habitude de la bien faire, & quand on l'a, elle ne fatigue plus. Elle confifte dans la maniere de fe fervir des cardes, & de faire paffer le coton d'une carde à l'autre en le peignant à fond.

Le coton eft alors fi facile à filer, que la manœuvre du filage devient une efpece de devidage: & le fil qui proviendra du coton ainfi préparé, fera propre pour toute forte de toiles. L'écheveau pefera depuis 20 jufqu'à 30 grains, felon l'adreffe de la fileufe. Au demeurant, il eft à propos de favoir qu'un écheveau de coton contient toujours 200 aunes de fil, que le numéro qu'il porte eft le poids de ces 200 aunes; ainfi que quand il s'agira d'un fil pefant 10 grains, il faudra entendre un écheveau de 200 aunes de ce poids; d'où l'on voit que plus le poids de l'écheveau eft petit, la longueur du fil demeurant la même, plus il faut que le fil ait été filé fin ; pour l'obtenir très-fin, il faut étouper le coton.

Les ouvrages faits avec les cotons dont nous avons parlé, font mouffeux, parceque les bouts des filamens du coton paroiffent fur les toiles ou eftames qui en font faites : c'eft cette efpece de mouffe qui a fait donner le nom de *mouffeline* à toutes les toiles de coton fines qui nous viennent des Indes, qui en effet ont toutes ce duvet. Pour reformer ce défaut, qui eft confidérable dans les eftames & dans les mouffelines très-fines, il faut féparer du coton tous les filamens courts qui ne peuvent être pris en long dans le tors du fil, qui lui donnent de la groffeur fans lui donner de la liaifon. C'eft ce qu'on appelle *étouper*.

M 4

Etouper le coton. Choisissez les plus belles gousses du coton blanc de Siam qui ayent la soie fine & longue ; charpissez-les & les démêlez sur les cardes au point d'être mises sur les quenouilles ; que votre coton soit partagé entre vos deux cardes ; alors vous tournez les deux cardes du même sens & vous posez les dents de l'une sur les dens de l'autre, les engageant légérement & de maniere que les bouts du coton qui sortent des cardes se réunissent. Fermez la main droite, saisissant entre le pouce & l'index tous ces bouts de coton que vous tirerez hors de la carde, & sans lâcher prise, portez ce que vous aurez saisi sur la partie de la grande carde qui restera découverte, afin seulement d'en peigner les extrêmités en les passant dans les dents. Posez ensuite ce coton sur quelque objet rembruni qui vous donne la facilité de le voir & de l'arranger ; continuez cette opération jusqu'à ce que vous ayez tiré tout le coton qui vous paroîtra long ; peignez de rechef ce qui restera dans les cardes, & recommencez la même opération. Après cette seconde reprise, ce qui ne sera pas tiré sera l'étoupe du coton, & ne pourra servir à des ouvrages fins.

Lustrer le coton. Voulez-vous approcher encore davantage de la perfection, & donner du lustre à votre coton, faites de ce coton tiré des cardes dans l'étoupage, de petits flocons gros comme une plume, rassemblant les filamens longitudinalement, & les tordant entre les doigts assez fortement, en commençant par le milieu, comme si vous en vouliez faire un cordon : que ce tors se fasse sentir d'un bout à l'autre du flocon. Quand vous viendrez ensuite à le détordre, vous vous appercevrez que le coton se sera allongé, & qu'il aura pris du lustre comme la soie. Si vous voulez charpir un peu ce coton, & le tordre une seconde fois, il n'en sera que plus beau. Pour le filer, on le met sur les quenouilles comme le coton non lustré, observant de les charger peu, si l'on veut filer fin. Le fil du coton ainsi préparé sert à faire des toiles très-fines, & des bas qui surpassent en beauté ce qu'on peut imaginer ; ils ont l'avantage d'être ras & lustrés comme la soie. Le fil sera filé fin, au point que l'écheveau pourra ne peser que huit ou dix grains ; mais il y a plus de curiosité que d'utilité à cette extrême finesse.

Un gros de coton suffit pour occuper une femme tout un jour, & la faire subsister ; une once fait une aune de mousseline qui vaut depuis 12 liv. jusqu'à 24 liv. suivant la perfection ; une paire de bas pesant une once & demie à deux onces, vaut depuis 30 livres jusqu'à 60 & 80 livres. Il n'y a nul inconvénient pour la fileuse à employer deux heures de son temps à préparer le coton qu'elle peut filer en un jour, puisque c'est de cette attention que

dépendent la folidité du fil, la célérité dans les autres opérations,
& la perfection de tous les ouvrages qu'on en peut faire. L'habitude rend cet ouvrage très-courant.

Mêler des cotons de différentes fortes. On a dit que le beau coton
de Saint-Domingue pouvoit être employé à certains ouvrages, &
fur-tout qu'on le mêloit avantageufement. Employé feul, on en
fileroit du fil pefant 72 grains qui fervi̇roit en chaîne pour des
toiles qu'on voudroit brocher fur métier ou pour des mouchoirs
de couleur. En le mêlant par moitié avec des cotons fins, le fil
pefera 50 grains, & fera propre à tramer les toiles & mouchoirs dont nous venons de parler, & à des toiles fines qu'on
pourra peindre. En mêlant trois quarts de coton fin avec un quart
de coton de Saint-Domingue bien préparé & luftré, on en pourra faire les rayures des mouffelines rayées, des moufelines claires & unies, & le fil en pefera 30 à 36 grains. Ce mêlange fe
fait dans la premiere opération, lorfque le fil eft en flocons; on
met fur la carde tant de flocons d'une telle qualité, & tant
d'une autre, fuivant l'ufage qu'on en veut faire. Les Indiens ne
connoiffent point ces mêlanges. La diverfité des efpeces que la
nature leur fournit, les met en état de fatisfaire à toutes les fantaifies de l'art; au refte les préparations qu'ils donnent à leurs cotons, n'ont nul rapport avec ce qui vient d'être dit ci-deffus.
Voyez la vingt-dexieme des *Lettres édifiantes.* Leur coton recueilli, ils le féparent de la graine par deux cylindres de fer
qui roulent l'un fur l'autre; ils l'étendent enfuite fur une natte &
le battent pendant quelque temps avec des baguettes, puis avec
un arc tendu ils achevent de le rendre rare, en lui faifant fouffrir les vibrations réitérées de la corde, c'eft-à-dire, qu'ils l'arçonnent.

Filer les cotons fins. Le rouet étant préparé, & la fileufe ayant
l'habitude de le faire tourner également avec le pied; pour commencer, elle fixera un bout de fil quelconque fur le fufeau d'ivoire; elle le fera paffer fur l'épinguey & dans le bouton d'ivoire;
de-là elle portera l'extrêmité de ce fil qui doit avoir environ
quatre pieds de long, fur la grande carde qui doit fervir de
quenouille; elle le pofera fur le coton, à la partie la plus voifine du
manche: elle tiendra ce manche dans fa main gauche, faifant enforte d'avancer le pouce & l'index au-delà des dents de la carde,
vers les bouts du coton où elle faifira le fil à un pouce près de
fon extrêmité, fans prendre aucun filament du coton entre fes
doigts. Tout étant en cet état, elle donnera de la main droite le
premier mouvement au rouet qui doit tourner de gauche à droite.
Ayant entretenu ce mouvement quelques inftans avec fon pied,
le ferin étant fuffifamment tendu, l'on fent le fil fe tordre jufques

auprès des doigts de la main gauche qui le tiennent proche du coton, fans lui permettre d'y communiquer ; prenez alors ce fil de votre droite entre le pouce & l'index, à fix pouces de diftance de la main gauche, & le ferrez de façon que le tors que le rouet lui communique en marchant toujours, ne puiffe pas s'étendre au-delà de votre main droite. Cela bien exécuté, il n'y a plus qu'un petit jeu pour former le fil ; mais obfervez qu'il ne faut jamais approcher de la tête du rouet, plus près que de deux pieds & demi à trois pieds,& que les deux mains foient toujours à quelque diftance l'une de l'autre.

Une fileufe bien habile peut filer chaque jour mille aunes de fil du numéro 16, & apprêter fon coton pour les filer Il eft prefqu'inutile de filer plus fin. Elle n'en fileroit pas plus d'un fil plus gros, parcequ'il lui faudroit apprêter plus de coton ; mais elle n'en fileroit pas 400 aunes des numéros 8 & 10 qui n'ont été filés que par curiofité. On donnne le nom de *coton en laine* au coton au fortir de la coque, par oppofition au coton au fortir des mains de la fileufe, qu'on appelle *coton filé*.

Devider le coton filé. Le fil de coton ne s'emploie facilement, qu'autant qu'il eft bien filé, & qu'on ne l'a pas fatigué par trop de travail. Il eft donc à propos de le manier le moins qu'il eft poffible. Ainfi le mettre en écheveaux, puis le devider enfuite pour en ourdir les chaines, eft un travail inutile & nuifible qu'il convient d'éviter, & c'eft en même temps une économie confidérable pour le fabriquant, tant à caufe du devidage, que parceque dans cette manœuvre on ne pourroit manquer de perdre beaucoup de fil de coton. Les Indiens ont fenti cet inconvénient ; ils ourdiffent leur toile du fufeau même fur lequel le fil a été filé ; mais comme il eft effentiel de fe rendre compte de ce que peut devenir un établiffement avant que de former aucune entreprife, M. Jore qui étoit dans ce cas, s'eft fervi d'un devidoir à afpe pour mefurer la longueur des écheveaux auxquels il a donné deux cents aunes ; il a comparé ces écheveaux par poids & longueur avec les mouffelines fabriquées aux Indes, & leur rapport lui ayant paru favorable, il a pouffé fes effais jufqu'à faire fabriquer des mouffelines unies & rayées, caladaris & mouchoirs imités des Indes ; enfin il a fait fabriquer des bas aux métiers les plus fins qui foient à Paris ; mais fon avis eft que dans la pratique il faut ourdir à l'indienne.

Une femme qui commence à filer fe donne bien de la peine les premiers jours, fans pouvoir faire un bout de fil qui foit propre à quelque chofe, tant il eft tors & inégal, mais elle parvient en huit jours à filer paffablement.

De l'ouvrage, ou des moyens de mettre le fil de coton en œuvre.

& des instrumens qu'on y emploie. Avant que d'aller plus loin, il ne sera pas inutile d'expofer fommairement ce qu'on pratique en Normandie dans la fabrication des pieces de toile de coton qui s'y font. La fileufe forme du coton qu'elle a filé, des écheveaux dont la longueur eft indéterminée; on blanchit & l'on teint ces écheveaux de toutes couleurs; on les devide enfuite fur des fufeaux appellés *rochets*, pour en ourdir des chaînes fur un moulin à ourdir femblable à celui fur lequel on ourdit les chaînes des toiles de toute autre matiere. Trente ou quarante fils, & même un plus grand nombre, fe devident à la fois fur le moulin. Si la toile eft de diverfes couleurs en chaîne, l'ouvrier en difpofe le deffin, de forte que la chaîne ourdie contient le deffin des rayures. On obferve vers les extrêmités de la chaine de croifer, en ourdiffant, les fils qui la compofent fur des chevilles qui font au moulin, & cela pour conferver l'ordre dans lequel ces fils ont été placés fur le moulin. On appelle ces fils ainfi croifés, *les encroix de la chaîne.* Après plufieurs tours du moulin, la chaîne ayant le nombre de fils convénable, fur une longueur de 80 à 100 aunes, l'on paffe des fils dans les deux bouts de cette chaîne, au lieu & place des chevilles; ces fils paffés maintiennent les encroix dans l'ordre qu'ils ont été formés fur le moulin. Cette chaîne étant ôtée de deffus le moulin, ou lui donne l'apprêt, c'eft-à-dire, qu'on la trempe en entier dans une colle legere faite de ligamens, nerfs, & cartilages de bœufs : lorfqu'elle en eft bien imbibée, l'ouvrier la porte dans un champ, l'étend fur des chevalets felon toute fa longueur; il remet l'ordre dans les fils au moyen des encroix qui font obfervés au bout de la chaîne; il empêche que ces fils ne fe collent en féchant. Cette manœuvre n'eft pas trop-longue; & avec quelque négligence qu'on la faffe, elle fuffit.

Un fecond apprêt fe donne fur le métier, lorfque la chaîne eft montée, à mefure que l'ouvrier la trame. Cet apprêt eft une colle faite de farine de froment, long-temps pourrie & aigrie par la force du levain. L'ouvrier étend cette colle fur les fils de la chaîne avec de fortes vergettes de bruyere, & il ne ceffe de frotter que tous les fils ne foient fecs.

Ourdiffage du fil de coton fin par la fileufe même. Les pieces de mouffeline ont ordinairement feize aunes; on en peut ourdir deux à la fois, qui font trente-deux aunes. Comme il y a toujours de la perte fur les longueurs des chaînes, il faut leur en donner au moins trente-quatre.

Le fabriquant pourvu d'un nombre de chaînes, provenant de diverfes fileufes qu'il peut avoir à fon fervice, en difpofe pour les différentes opérations de fon métier. Il deftine pour la trame le fil qui eſt le moins parfait, & aſſortit les autres ſuivant leurs qualités & fineſſes. Celui qu'on deſtine à la teinture, eſt levé ſur trois quarts d'aune de tour, pour ne former de toute une chaîne qu'une ſeule piece. Mais comme cette longue piece ſeroit encore ſujette à ſe mêler dans l'opération, on paſſe en encroix des fils de coton très-gros, en tous les tours, pour les partager entr'eux comme on a fait pour partager les portées. Après cette précaution, le coton peut ſupporter toute ſorte de teinture ſans ſe mêler, ſe trop crépir, ou même recevoir aucun dommage conſidérable. On peut même le blanchir. Ces cotons étant ou teints ou blanchis, on déplie les chaînes, & on les étend aux chevilles de l'ourdiſſoir, pour les dreſſer, les allonger, & les remettre au même état où elles étoient avant ces différentes opérations.

Premier apprêt. On peut y employer trois ſortes de colles; l'une eſt faite de cartilages & de ligamens de bœuf, mais la meilleure eſt celle qui ſe prépare avec la pâte de froment longtemps pourrie, & aigrie par la force du levain. Cette colle eſt très-gluante, & l'expérience a prouvé qu'elle étoit préférable à celle qui ſe tire de la pâte du ris, & dont les Indiens font uſage. Les apprêts que l'on donne avec cette derniere colle, ſont trop ſecs. Pour les mieux faire, on met cette colle de froment dans une eau douce, comme celle de pluie, de riviere ou de mare, en quantité ſuffiſante, pour que l'eau ſoit un peu gluante ſous le doigt. Cette eau étant bien chaude, on en imbibe la chaîne de coton, tendue ſur l'équarri, avec deux eſpeces de pelottes de pluche de laine qui ſervent de vergettes: elles reſſemblent à celles dont les chapeliers luſtrent leurs chapeaux: elles ſont remplies de crin friſé, & couvertes de pluche. Un ouvrier en tient une à chaque main: l'une pour donner l'apprêt en deſſus, & l'autre pour donner l'apprêt en deſſous. Il faut au moins quatre perſonnes pour donner cet apprêt, deux à chaque liſiere de la toile. Les deux premiers imbiberont la chaîne de cette colle, ſans aucun ménagement; ils en doivent mettre par-tout avec abondance, de maniere pourtant qu'il n'y ait que peu ou point de ſuperflu qu'ils ne puiſſent enlever d'abord avec la main ou leurs vergettes. Les deux autres ouvriers ſuivront les premiers de très-près avec leurs vergettes; & frottant continuellement la chaîne juſqu'à ce qu'elle ſoit ſeche, ils empêcheront les fils de ſe coller enſemble en ſéchant.

Il faut obſerver 1° de donner tous les apprêts de même ſens, 2° que conſéquemment, lorſque l'on aura pouſſé la vergette à une certaine diſtance, il faut la relever pour la porter où il eſt beſoin, en ſorte que la vergette ne ſoit jamais mûe à contre-ſens ſur la chaîne : 3° que l'apprêt soit donné également en dessus & en dessous : 4° qu'il faut faire avancer & reculer les baguettes de quelques pouces en donnant l'apprêt, afin que les vergettes enlevent la colle qui pourroit s'attacher aux baguettes, & qu'ils empêchent les fils de coton d'y prendre & de se coller les uns aux autres, sur-tout aux encroix.

On comprend facilement que ces vergettes, ou plutôt ces pelotes couvertes de pluche, sont très-propres à passer entre les fils de la chaine, les séparer les uns des autres, & les enduire de colle ; & qu'en continuant de les frotter avec de nouvelles vergettes moins humides que les premieres, jusqu'à ce qu'ils soient secs, ces fils ne peuvent plus se coller les uns aux autres. Il faudra encore veiller sur-tout à ce qu'ils ne s'attachent aux encroix & aux baguettes.

Second apprêt. Le second apprêt ne peut se donner sans changer la chaîne de position. Ce second apprêt se commencera comme le premier ; c'est la même colle employée seulement beaucoup plus forte, il n'y faut ajouter que peu d'eau. On l'applique de la même maniere, avec les mêmes vergettes que la premiere, mais avec beaucoup plus de ménagement ; la trop grande quantité rendroit le fil cassant : les vergettes de pluche la distribueront également & avec œconomie. On aura soin de faire sécher les fils sous la vergette, & de mouvoir les baguettes avec encore beaucoup plus de soin qu'au premier apprêt.

Ces deux apprêts rendent le coton si beau, si uni, qu'il ressemble à de longs cheveux. Il faut veiller, en les donnant, à ne pas fatiguer le coton à force de le frotter : il séchera très-vite. L'adresse dans ce travail est de prévenir le moment où il va sécher, & dans cet instant un coup de vergettes sépare les uns des autres tous les fils qui en sont touchés. Un second les humecte trop, & les colle derechef.

Les Indiens enduisent alors leurs cotons d'huile ; mais j'estime qu'il faut abandonner ce soin au tisserand qui le fera à mesure qu'il tramera sa toile. L'huile qui séjourne sur les apprêts, paroit les affoiblir ; c'est pour cette raison qu'il faut lui préférer le suif neuf qui les assouplit & ne les affoiblit point.

Du métier. Le métier différe peu de celui où l'on fait la toile, excepté que les parties qui le composent, sont proportionnées à la foiblesse du fil de coton qu'on y travaille. On s'en sert, comme de tous les autres métiers à faire de la toile, excepté que l'ensuple de derriere est retenue avec deux contrepoids, suivant la méthode des ouvriers en soie ; & qu'au contraire celle de devant est retenue aux deux chevilles, suivant l'usage des toiliers. Il a paru à l'usage, que les contrepoids faisoient une résistance

plus égale, & qu'on en proportionnoit facilement l'effort au be=
foin ; les enfuples font de fapin ; elles ont quelque groffeur,
parce qu'il eft effentiel que tout ce qui réfifte au coton, ait l'a-
vantage de lui réfifter fans le rompre. La chaîne fe peut monter
avec deux, quatre ou fix lames, fuivant la fineffe de la toile qu'on
veut fabriquer.

On fuppofe que la moulTeline qu'on veut fabriquer, ait une
aune de large, & qu'elle foit en compte de quarante ; elle aura
quatre mille fils dans la chaîne, de la largeur d'une aune, fuivant
l'ufage des fabriques de Normandie. Si on ne met que deux fils
par chaque dent du peigne, le métier n'aura que deux lames, &
chaque portion deux mille fils. Lorfque le métier travaillera,
deux mille fils baiffieront fur une feule ligne, & deux mille mon-
teront fur une même ligne ; mais comme un fi grand nombre de
fils caufe de l'embarras dans une chaîne de coton très-fine, on fe
fert de quatre lames au lieu de deux : ainfi chacune d'elles aura
mille fils fur une même ligne. Ces lames étant les unes devant les
autres, diminuent l'embarras de moitié dans le jeu de la chaîne,
& par conféquent auffi l'effort que le coton avoit à fupporter.

Mais comme une moulTeline fine faite en quarante, ne feroit
pas fuffifamment garnie en chaîne, fi on n'y mettoit que quatre
mille, dans un compte en quarante, les Indiens ont imaginé de
mettre trois fils en chaque dent du peigne ; par-là ils font entrer
fix mille fils dans un peigne de compte en quarante ; & pour les
faire agir fans autres grands embarras, ils ont recours à fix lames, dont trois baiffent tandis que les trois autres levent. Chacune
d'elles fait mouvoir mille fils ; par ce moyen on n'eft point obligé
d'avoir des peignes de compte en 60, qui feroient fi ferrés que
le coton ne pourroit y agir fans fe fatiguer, & même fans fe brifer ;
il eft par conféquent de tout avantage de faire toujours ces peignes plus vuides que pour quelqu'autre ouvrage que ce puiffe
être ; quand ils en devroient être plus foibles.

De la trame. On a dit ci-devant que l'on choififfoit le fil de
coton le moins parfait pour tramer la toile. Pour l'employer on
le met fur l'ourdiffoir, fans lui donner aucun apprêt : une femme
ou un enfant en prend le bout, pour en former des canettes. Cette
opération confifte à faire précifément ce qu'a fait la fileufe en
ourdiffant la chaîne.

Il eft bon de travailler ces toiles, fur-tout lorfqu'elles font fines,
dans des endroits un peu humides, & où la chaleur du foleil
ne pénétre pas. Lorfque le tifferand reprend fon ouvrage,
après l'avoir quitté quelques momens, il doit paffer un linge humide ou une éponge, ou autre chofe femblable, fur fon ouvrage
à l'endroit où il a ceffé de travailler, pour affouplir les apprêts en

ëet endroit. Il doit auffi tenir fur fon métier, pendant fon abfence, un linge humide par la même raifon.

Lorfque la toile eft fabriquée, on la fait tremper vingt-quatre heures, & on la lave à l'eau chaude pour en faire fortir les apprêts; on lui donne enfuite une légere leffive, puis on la met environ un mois fur l'herbe pendant l'été : elle fe trouve alors fuffifamment blanche, fi elle eft fine; fi elle eft commune, on lui donne une feconde leffive, & on la met encore quelque temps fur l'herbe, jufqu'à ce qu'elle foit fuffifamment blanche. Lorfque la faifon ne permet pas de mettre les toiles fur l'herbe, il faut toujours en faire fortir les apprêts qui les pourroient endommager en peu de temps, & qui les expoferoient à être rongées par les rats.

Il refte à dire quelques chofe des mouffelines rayées, comme celles qui nous viennent des indes. Ces rayures fe font avec deux fils au lieu d'un, paffés enfemble en liffe & en peigne, de forte que quatre de ces fils vont dans la même dent. Ces fils doivent encore être plus gros que les autres qui compofent le refte de la chaîne; mais fi ces fils étoient roulés tous enfemble fur la même enfuple, il arriveroit que leur grande difproportion de groffeur formeroit des monticules fur l'enfuple, qui feroient tirer certains fils & relâcheroient les autres. Pour prévenir cet inconvénient, on met la chaîne qui doit former les rayons fur une enfuple particuliére; c'eft pour cette raifon qu'on voit la place de trois au métier, fçavoir deux derriere pour les deux chaînes, & l'autre devant pour recevoir l'ouvrage fabriqué.

On fe fert d'un temple, ou comme on dit dans les manufactures de Lyon, tempia, pour maintenir la largeur de la toile égale à la largeur du peigne, dans l'endroit où on la trame, ainfi que le pratiquent les autres tifferands.

Les mouffelines fines font bien les ouvrages les plus délicats & les plus beaux qui fe faffent avec le coton filé, mais ce ne font pas les feuls qu'on en faffe; nous avons déja parlé des bas; il nous refte à en achever en partie l'énumération, en nommant les camifoles, couvertures, tapifferies, futaines, autres toiles que les mouffelines, une infinité d'étoffes où le coton fe trouve tiffu avec la foie, le fil, & d'autres matieres.

Il fe fait un très-grand commerce de coton en laine, & de coton filé.

Le coton en laine fe tire ordinairement de Chipre, de S. Jean d'Acre, & de Smirne. Le meilleur, & le plus eftimé, eft celui qui eft blanc, long & doux. Ceux qui l'achetent en balle, doivent prendre garde qu'elles n'ayent point été mouillées; l'humidité étant très-contraire à cette forte de marchandife.

La récolte du coton eſt très-conſidérable aux environs de Smyrne, & plus qu'en aucun lieu du Levant. On en ſeme la graine en Juin, & on la recueille en Octobre. Le ſol y eſt ſi propre, qu'on en peut ſemer juſqu'à trois fois dans la même année ; & ſi les premieres plantes ne viennent pas bien, on ne fait point de difficulté de les arracher, dans l'eſpérance d'une ſeconde, ou troiſieme récolte.

Le meilleur coton en laine eſt celui de la plaine de Darnamas, étant le plus beau & le plus blanc de tous ceux qui ſe vendent à Smyrne. Le prix de ce coton augmente ou baiſſe, ſelon que le débit du coton filé eſt plus ou moins conſidérable.

On en peut tirer de Smyrne, année commune, juſqu'à 10000 balies, quoiqu'il s'en employe pour le moins encore autant dans les manufactures du pays.

Les cotons en laine d'Alep, ſe vendent à la rotte de 720 dragmes ; ceux de Seyde, à l'acre, qui revient à 6 liv. poids de Marſeille ; & ceux de Chypre, à l'ocos de 400 dragmes.

Des cotons filés, ceux de Damas, qu'on appelle *cotons d'once*, & ceux de Jéruſalem, qu'on nomme *bazas*, doivent être préférés à tous les autres, auſſi-bien que les cotons des iſles Antilles. Il les faut choiſir blancs, fins, unis, très-ſecs, & le plus également filés qu'il ſe pourra.

Les autres cotons filés ſont, les demi-bazas, ou moyens, les cotons rames, les cotons beledin, & gondezel ; les payas & moutaſin, les geneguins, ou genequins ou Janequins, les baquiers, les joſſelaſſars, dont il en y a de deux ſortes ; les cotons de l'Echelle-neuve, & ceux de Conſtantinople ; mais rarement les marchands de France ſe chargent-ils de ces ſortes de cotons qui ne ſont pas d'un ſi bon débit, que ceux dont il eſt parlé ci-devant.

Les cotons filés des indes orientales, connus ſous les noms de Tutucorin, Java, Bengale & Surate, ſe diviſent en 4 ou 5 ſortes qui ſe diſtinguent par les lettres A, B, C, &c. Les cotons filés de Java, ſont les plus chers.

A l'égard du coton ordinaire, il croît avec abondance dans toute la Perſe, & la plupart des campagnes en ſont preſque couvertes. C'eſt un fruit gros comme une tête de pavot, mais plus rond : dans chaque fruit il ſe trouve ſept petites graines ou feves noires qui en ſont la ſemence.

On ne peut rien dire de fixe du prix auquel le coton ſe vend aux iſles ; cela dépend de l'abondance ou de la rareté de cette marchandiſe, & encore de la preſſe que les marchands de France ou leurs commiſſionnaires y mettent.

En 1756. Il eſt arrivé en France, de la Martinique, & des autres iſles lb. 757000 de coton, & il valoit la même année &

en

en 1757. L. 200 à L. 215 de france, le quintal, à Bordeaux &
à Nantes ; & à Rouen
    en 1758.   en 1761.
   L. 225 à L. 235 de la Guadeloupe, L. 245 à 255.
    245 à - 250 de Saint Domingue,   250 à 260.
    320 - - - de Cayenne.   270 à 275.
à Copenhague le coton de S. Thomas &c. valoit 26 à 28 fch. la
liv. en 1760, ce qui revient à L. 130 de France le quintal, poids
de marc.

On a tiré des liftes des prix courans des marchandifes, qui
s'impriment toutes les femaines à Amfterdam , la table fuivante,
par laquelle on pourra juger des différentes qualités des cotons,
tant en laine, que filés.

Les cotons en laine fe vendoient à Amfterdam à la livre, favoir:

			en Juillet 1759.	en Juin 1761.
	St. Thomas, . 22 à 26 den.			
	Barbades *blanc*, 24 à 25			
	dito *jaunes* , . 20 à 24			
	Curaçao , . . 22 à 26			
Les	Chypre, . . . 16 à 18		14 à 15	
cotons	Acre , ... 15 à 18		14 à 15	
en laine	Smyrne, . . . 12 à 15		12 à 15	19 . . . .
de	de Guadeloupe			
	& Martinique, ...		30 à 36	33 à 36
	d'Ifle , ...		26 à 31	26 à 33
	de Surinam , ...		. . 44	
	de Berbice , ...		47 à 48	42 à 43

   à Londres en 1758.
de la Jamaïque, des Barbades , & des ifles fous le vent, 1 fchel-
   ling Sterl. la liv.
de Smyrne ,   .   .   1 f. 9 den.
de Chypre ,   .   .   8
d'Acre ,   .   .   .   8 ½
Cotons filés. Voyez *Fil de Coton.*

Cotons qu'on tire du Levant par la voie de Marfeille.

Il vient à Marfeille de toutes les Echelles du Levant jufqu'à
30 efpèces de cotons.
   Alexandrie en fournit de quatre fortes , Smyrne neuf , Seyde
onze , Alep cinq , & Chypre deux.
   Les cotons d'Alexandrie font le coton fin d'once , le rifti , le
damoudri , & le coton en laine.
   Smyrne fournit le caragach , le montaffin , le joffelaffar , celui

Tome II.   N

d'Echel'e-neuve, l'escalemberg ou coton de montagne, le gene-quin, le baquiers, le coton en laine, & le coton en laine de Constantinople.

De Seyde on tire le coton fin d'once, trois sortes de baza, savoir, la premiere sorte, l'ordinaire & le moyen baza, le fin Jérusalem, le moyen du même lieu, le moyen Napouloufe, le fin de Rame, le moyen de Rame, & le coton en laine d'Acre.

Les cotons qui viennent d'Alep, sont le fin beledin, le coton fin d'once, l'escart d'once, le villau, l'adenos & le coton de Marine.

Enfin les cotons de Chypre sont le coton filé & le coton en laine.

Tous ces divers cotons différent de prix, y en ayant de 120 livres & plus le quintal, comme le coton fin d'once d'Alep, & d'autres seulement de 25 à 26 livres le quintal; comme le coton en laine d'Alexandrie.

En Juillet 1759, le coton en laine d'Acre valoit, le quintal   L. 70 à 80] en Mai 1761. L. 98 à 103
de Smyrne   60 à 78]
de Salonique   65 à 75   .   .   85 à 90

De la teinture du coton.

On a trouvé à Leyde & à Darnetal, près de Rouen, le secret de teindre le coton en aussi beau rouge que celui de Larissa & d'Andrinople même; ce qui a fait tomber entiérement, depuis quelques années, les achats du fil de coton rouge dans le Levant. *Remarques sur plusieurs branches de commerce & de navigation, 2e. partie, & Journal de Commerce*, Mars 1759. p. 161.

Manière de teindre la soie ou le coton en écarlate avec le bois de Fernambouc.

Prenez 3 livres d'alun, 3 onces d'arsenic & 3 onces de céruse: faites-y bouillir votre soie ou coton pendant une heure; ensuite ôtez-les & les rincez dans de l'eau claire; après quoi, faites une lessive de 8 livres de garance, & de 2 onces de sel ammoniac; faites y tremper la soie ou le coton toute la nuit; le lendemain faites-le bouillir un peu dans de l'eau claire, & mettez-y une once de potasse, ensuite versez-y un peu de lessive, à mesure que vous en verserez, la couleur deviendra plus foncée, de manière que vous pourrez lui donner telle nuance que bon vous semblera. *Journal Econom.* 1759. p. 314.

Selon les nouvelles publiques du mois d'Octobre 1749, on

compte que la Hongrie produira affez de coton pour pouvoir fe
paffer de celui qu'on tire de la Turquie, & en fournir en même-
temps à toutes les provinces héréditaires de l'Impératrice-Reine
de Hongrie.

Du coton de Siléfie.

On trouve aux environs de Hirfenberg, & fur-tout auprès de
Grieffenberg, une nouvelle efpèce de coton. On m'en a envoyé
un échantillon affez confidérable, avec une defcription très-am-
ple : mais on ne doit pas le mettre au rang du vrai coton par
plufieurs raifons : 1°. parcequ'il différe totalement du vrai cotonnier, appellé *goffypium herbaceum*, qui croit en abondance
dans l'Afie, l'Afrique & l'Amérique, auffi-bien qu'en Europe,
& fur-tout dans l'île de Malte où le *goffypium herbaceum*, ainfi que le cotonnier ordinaire, reffemble à la vigne par fes feuilles & fes branches, à l'exception qu'il eft plus bas, n'ayant que
deux pieds de hauteur & qu'on le feme tous les ans au mois de
Juin dans une terre préparée pour cela, en obfervant d'en arrofer
la graine avec de l'eau & de la cendre, pour empêcher que les
vers ne la mangent ; au lieu que le *goffypium arboreum* eft un
arbre véritable qui dure plufieurs années ; on ne le trouve en
Egypte que dans les jardins, & il rapporte moins que *l'herbaceum*
dont on trouve la figure dans Profper Alpin. 2°. Il ne croit point
dans une coque, comme le vrai coton qui eft renfermé dans une
efpèce de noix de la groffeur des nôtres, laquelle eft placée au
haut de la tige. & quis'ouvrant en cinq ou fix endroits quand elle
eft mûre, laiffe voir le coton qu'elle contient. 3°. Le véritable
coton porte avec lui fa femence. 4°. Le vrai coton différe de
celui de Siléfie en ce qu'il eft auffi long qu'un cheveu & auffi
fort qu'un fil.

Le coton de Siléfie, au contraire, eft le produit d'un arbriffeau, & vient dans des fommités foutenues fur une longue
tige ; ces fommités font de la longueur du petit doigt, rondes &
environnées de deux follicules pointues à peu près comme un épi,
avec cette différence que l'épi fupérieur de ce calice eft prefque
droit, aulieu que l'inférieur eft renverfé. Le coton fort du milieu
en filets extrêmement courts ; il eft porté fur une femence plus
petite que la graine de pavot ; il couvre exactement les étamines
& les calices, & toutes ces parties réunies reffemblent à une fou-
ris blanche. Ce coton eft auffi fin que la foie, blanc comme la
neige, velouté & fort court ; fon peu de longueur eft caufe
qu'on ne peut le filer ; mais il eft excellent pour faire des ouates.
Il eft beaucoup plus fouple & plus léger que le coton & même
que la foie, fur-tout quand on a foin de le bien battre & de le car-

der ; de plus , il produit abondamment , & il a l'avantage de
n'avoir pas befoin de culture ; il eft commun , fur-tout dans les
lieux marécageux , mais il dégénére au bout de 5 ou 6 ans. Ce
coton ne craint point l'eau ; il reprend fa couleur quand on a
eu foin de le faire très-bien fécher ; fa fubftance s'améliore &
fe raffermit, ce qui le rend fort propre à faire des ouates. J'ai
cru d'abord qu'on pouvoit l'employer à la fabrique des chapeaux,
& plufieurs chapeliers m'ont affuré que la chofe étoit fort poffible. J'examinerai dans la fuite cette plante plus en détail , afin
d'en découvrir la propriété , tant par rapport au commerce, que
par rapport à la médecine. Je ne fçais fi c'eft de cette production
naturelle que Tannerus a voulu parler , quand il dit que le coton
croît auffi dans la Bohême. Quoiqu'il en foit , comme il fe détache aifément des arbres , qu'on ne peut paffer deffous quand
il fait du vent , fans en être tout couvert , & même que le vent
l'emporte au loin à caufe de fa légéreté naturelle ; il y a lieu de
croire que la pluie de coton qui tomba en Pologne , l'an 1571 ,
dont Paulin de Spengenberg a parlé , n'avoit point d'autre caufe.
Tout le monde fçait que le *gramen tomentofum* dont on trouva
une fois une fi grande quantité dans une prairie des environs de
Halle , produit une pareille laine , mais beaucoup plus longue ,
& qu'on trouve un duvet femblable fur le peuplier & autres arbres. Enfin je laiffe à d'autres à décider fi l'*efula rara judica* qui
produit la foie blanche , & qui croît en Moravie , fuivant M. Her-
todts , a quelque rapport avec la plante en queftion. *Journal
Econom.* 1753. Septembre , p. 164. Voyez l'art. *Goffampin.*

　　Rouen eft la ville de l'Europe où il fe fabrique le plus de
toiles de coton de toutes qualités & aux meilleurs prix.

　　Il y a une variété infinie dans les qualités , dans les deffins &
dans les prix des cotonnades. On en fait avec des bouquets de
laine & de foie , bon teint , & avec des deffins courans , d'une demi-aune de large , depuis 3 jufqu'à 10 & 12 livres l'aune.

Note des cotonnades , fabrique de Rouen , & de la variation des prix.

Prix de l'aune de 4 pieds 8 pouces

	Prix avant la guerre.	Prix aƈuel.
Les fiamoifes ¾ ordinaires ,	30 à 32 f.	26 à 28 f.
Les fines à proportion.		
Les fiamoifes ⅞ . .	37 à 40	34 à 36
Les fiamoifes ¼ en fond blanc	49 à 52	44 à 48
dito ¼ rembrunies ordinaires ,	52 à 54	46 à 50

Les fines n'ont	Prix avant la guerre.	-- Prix actuel.
point varié & font de	58 à 70 f.	
Les toiles de ½ à carreaux		
tout fil en bleu	19½ à 20 ——— --	18½
Les toiles fil & coton de ½		
à carreaux bleus	24 à 25 ——— --	22
Les plus fines, fuivant		
leur qualité.		
Les toiles de coton de ½		
fond blanc . -	23 à 24	
Dito rembrunies, . .	25 à 26 & 28	
Cet article n'a point varié.		
Les toiles de ⅝ fans varia-		
tion de . .	36 à 37 & 38	
Dito en petit teint tombées,		
fans demande, . .	à 32	
Les toiles de coton de ½ à		
mouches ordinaires, .	33 à 34 ———	31 à 32
Les plus fines à proportion.		
Les fiamoifes ¼ à meubles,		
chinées, . .	33 à 36 ———	29 à 35

Suivant la qualité & le deffin.

Journal de Commerce, Juillet 1759, p. 168.

Siamoifes ¼ en coton fil & foie L. 4 6 à 8 f. l'aune.

——— à bouquets fur fond blanc ou de couleur de ¾ de large depuis 36 à 55 f.

——— dites en guirlandes pour meubles L. 2. 15 f. à L. 4. à 5 f.

——— à meubles ½ de large 29 à 35 fols.

dit 7/8 38 à 45

dit ¾ 55 f. à L. 3

COTONNIER. On dit que la tige de celui qu'on cultive à Malte & en plufieurs endroits du levant, & qui eft défigné dans les auteurs de botanique par *xilon herbaceum* ; J. B. ou *cotonnier commun*, s'élève environ à trois ou quatre pieds; qu'elle eft droi- te, velue, ligneufe & prefque toujours branchue, fes feuilles al- ternes & femblables au haut de la plante, à celles du petit éra-

N 3

ble, moins fermes, plus velues & plus blanchâtrès, au bas arrondies & échancrées en quelques endroits ; ses fleurs placées aux extrêmités des branches, de la grandeur & de la figure de celles de la mauve ordinaire, jaunes sur les bords & purpurines au fond, & que son pistil devient, quand la fleur est passée, un fruit gros comme une petite noix, & divisé en plusieurs cellules pleines d'une filasse blanche qu'on appelle *coton*, attachée à plusieurs graines. Ce cotonnier est annuel. Le xilon arboreum ou arbre cotonnier, est commun aux Indes & n'est point annuel ; il a la tige haute de plusieurs pieds, les branches longues, ligneuses, couvertes de feuilles alternes, & peu différentes de celles du riceri, excepté par la couleur & la consistance, la fleur jaune & de l'étendue de celle de la mauve appellée *rose d'outre-mer*, le fruit plus gros que celui du cotonnier précédent, & le coton & la graine tout-à-fait pareils à son coton & sa graine.

On peut diviser ce dernier en trois espèces qu'on distingue par la finesse de la laine & de la disposition des graines dans la gousse. La première donne un coton commun dont on fait des matelats & des toiles ordinaires : la seconde un coton très-blanc & extrêmement fin, propre aux ouvrages déliés, & la troisième un très beau coton qu'on appelle à la Martinique *coton de pierre*, parceque les graines, au lieu d'être éparses dans sa gousse, comme elles le sont aux autres, sont ammoncelées & si serrées les unes contre les autres, qu'on a de la peine à les séparer, ensorte que toutes ensemble occupent le milieu du floçon.

On cultive aux Antilles une quatrième espece de cotonnier, plus petite que les précédentes, quoique leur ressemblant à-peu-près par sa tige & ses feuilles; le coton en est très-fin & d'une belle couleur de chamois ; on l'appelle *coton de Siam*. On fait de sa laine des bas d'une extrême finesse. La couleur en est recherchée. Les plus beaux se font dans l'isle de la Guadeloupe.

Le *coton de fromager* se tire d'une gousse de la grosseur d'un bon œuf, & cette gousse est produite sur un des plus gros & des plus grands arbres que la nature ait fait croître aux Antilles. Ce coton est d'une extrême finesse ; il est doux comme la soie ; la couleur en est brune, tirant sur celle d'olive, il se pelote facilement : les parties qui le composent sont si courtes, qu'il ne peut être filé; il est presqu'aussi combustible que l'amadou ; les Négres & les chasseurs l'emploient au même usage que l'amadou; pour cet effet, ils le portent dans de petites calebasses. On prétend qu'on en pourroit fabriquer de beaux chapeaux. Les habitans ne le mettent qu'en oreillers & en coussins.

Coton de Mahot ; il est beaucoup plus fin que les précédens ;

fa couleur eſt tannée; la foie eſt moins luiſante; rien n'eſt plus doux au toucher, mais étant auſſi court que celui de Fromager, il eſt impoſſible de le filer. L'arbre qui le produit, croît le long des rivieres; la fleur en eſt groſſe, jaune, en cloche, & découpée : la gouſſe qui lui ſuccède eſt longue d'un pied, ronde, de 15 à 14 lignes de diamètre, cannelée, un peu veloutée, & s'ouvrant d'elle-même, quand elle eſt mûre, enforte que le coton qui s'échappe d'entre les cannelures recouvre la gouſſe en entier. On pourroit tranſporter ce coton dans les climats froids pour en oüetter les vêtemens. Il reſte dans le pays, où on ne l'emploie qu'aux mêmes uſages que celui de Fromager. *Encycl.*

COTONNINE. Groſſe toile, dont la chaîne eſt de coton, & la trame de chanvre. On en fait quequefois des voiles pour les vaiſſeaux & galères du roi.

ATLAS COTONNIS. Les couvertures cotonnis, font des couvertures de ſatin des Indes, d'environ 2 aunes & un quart de large, ſur 2 aunes & demie de long.

COUDRIER, COUDRE, ou NOISETIER. Arbriſſeau qui porte des noiſettes, dont il y a ſept eſpeces, en comptant les cultivées & les ſauvages. Parmi les cultivées, il y a la petite noiſette ronde & blanche; la grande noiſette longue & rouge; & la groſſe ronde qui eſt la plus eſtimée. Celle-ci eſt plus particuliérement nommée *Avelline*, d'*Avellino*, ville du royaume de Naples, aux environs de laquelle il en croît abondamment. Les ſauvages diffèrent des cultivées, en ce qu'elles ſont moins grandes, & moins délicates; il y en a une qui eſt extrêmement petite, & qui eſt enveloppée d'un calice à longues racines fort menues, dures, & hériſſées de poils fort rudes. On la nomme la *bizantine*, parcequ'il en vient beaucoup près de Conſtantinople. La tige qui la porte n'a pas plus d'un pied de hauteur. Les cultivées ſont entiérement couvertes de leur calice fort barbu ou frangé, & les ſauvages ordinaires n'en ſont couvertes qu'à moitié.

Le bois de coudrier, bien différent de celui des autres arbres, a plus d'utilité quand il eſt d'un petit volume, que lorſqu'il a plus de groſſeur. Quoiqu'il en ſoit, il n'eſt propre qu'à de petits uſages qui ne méritent pas un détail. On l'emploie ſurtout à faire des cerceaux pour les futailles, parcequ'il eſt droit, ſouple, & ſans nœuds; mais ce bois a ſi peu de ſolidité & de durée, qu'on ne s'en ſert que faute de mieux. Cependant on s'eſt aſſuré par pluſieurs expériences faites à Montbard en Bourgogne, que ce bois duroit trois fois davantage, lorſqu'il avoit été coupé dans le temps de la chûte des feuilles, que celui qui avoit été abattu pendant l'hiver, ou au commencement du printemps *Encycl.*

Des chymistes Allemands font encore aujourd'hui la fameuse huile Héracline de Rulandus, avec ce bois, en le distillant avec le retorte à feu couvert. Son usage est contre l'épilepsie, la douleur des dents, & les vers. D'autres se servent encore mieux de la poussiere ou farine des chatons, ramassée au printems avant la fortie des feuilles, contre la première de ces maladie, de même que pour les cours de ventre. Voyez *Geoffroi*, Tom. III.

COULEUR, suivant les physiciens, est une propriété de la lumière par laquelle elle produit, selon les différentes configurations & vitesses de ses particules, des vibrations dans le nerf optique, qui étant propagées jusqu'au *sensorium*, affectent l'ame de différentes sensations.

La couleur peut être encore définie, une sensation de l'ame excitée par l'action de la lumière sur la rétine, & différente suivant le dégré de réfrangibilité de la lumiere, & la vitesse ou la grandeur de ses parties *Encycl.*

Dans le commerce, le mot de couleur se prend plus simplement ; & l'on nomme couleurs, les drogues, dont les peintres, les teinturiers & les vernisseurs se servent, aussi-bien que les teintes que produisent ces drogues diversement mêlées & employées, soit pour coller des étoffes, soit pour peindre des tableaux. On va d'abord parler des couleurs des teinturiers, ou plutôt, des teintes qu'ils font avec les diverses drogues dont ils se servent, & qui résultent de leur mélange. On traitera ensuite des couleurs des peintres ; c'est-à-dire, des émaux, des terres, des bols, des cendres, ou autres choses semblables, dont on se sert dans la peinture.

Couleurs des teinturiers.

Combien de tentatives n'aura-t-on pas fait avant que de parvenir au point d'appliquer convenablement les couleurs sur les étoffes, & de leur donner cette adhérence, & ce lustre qui font le principal mérite de l'art du teinturier, un de ses plus agréables effets, mais en même temps un des plus difficiles qu'on connoisse.

On parvient à colorer les étoffes par le moyen des chaux, des sels, des eaux, des lessives, des fermentations, des macérations, &c. Voyez *Origine des Loix, des Arts & des Sciences*, in-12. 1758. Tom. I. Liv. II. Art. I. p. 270. & Tom. II. Liv. II. chap. 2. p. 185 à 209.

Par rapport à la teinture, il y a cinq fortes de couleurs fimples, dont le mêlange produit toutes les autres : on les appelle auffi *couleurs premières* , & *couleurs matrices*. Ces couleurs font
le bleu, le rouge, le jaune, le fauve, & le noir, qui feront
expliquées chacune à leur article, où l'on peut avoir recours.

De ces couleurs diverfement mêlées les unes avec les autres,
les teinturiers en compofent les couleurs fuivantes.

Bleu & Rouge.

De la nuance du bleu, & de celle du rouge écarlate de France,
fe fait la couleur de roi, la couleur de prince, l'amarante, le violet,
& la couleur de penfée.

De la même nuance du bleu, & du rouge cramoifi, fe compofent le colombin, le pourpre, l'amarante cramoifi, la penfée, & le violet cramoifi.

On en fait auffi, en laiffant moins bouillir les étoffes dans l'a-
lun & dans le tartre, le gris argenté, le gris de lin, le gris violet,
le gris vineux, & enfin toutes les fortes de gris cramoifi, ou
autres couleurs cramoifies, où il entre du fauve, comme gris-
lavande, gris de fauge, gris de ramier, gris plombé, couleur
d'ardoife, pain bis, & triftamie. Il faut obferver qu'on nomme
cramoifi, toutes les couleurs qui fe font avec la cochenille.

Du bleu & du rouge de garance, fe compofent encore la couleur de roi, la couleur de poivre & minime, le tanné, l'amarante,
& la rofe fèche.

Le même bleu avec le rouge demi-graine, fait le paffe-velours,
l'amarante, & la rofe fèche.

Le bleu, & le demi-rouge cramoifi, compofent l'amarante,
le tanné, la rofe fèche, la penfée, le paffe-velours, le gris brun
& furbrun.

La nuance du bleu, & celle du rouge de bourre produifent
les mêmes couleurs que le bleu & le cramoifi; mais cette compofition de couleurs que produifent le bleu & la bourre, n'eft
permife que pour les étoffes au deffous de 20 f. l'aune.

On ne compofe point de nuances de la couleur du bleu &
de l'écarlate, façon de Hollande, tant à caufe de la cherté de la
couleur, que parceque les nuances fe font plus facilement avec
le rouge de garance, & le rouge cramoifi.

Bleu & Jaune.

Ces deux nuances mêlées enfemble, compofent le verd-jaune,
le verd naiffant, le verd gai, le verd d'herbe, le verd de laurier, le verd

molequin, le verd brun & le verd obfcure, auffi-bien que le verd de mer, le verd-céladon, le verd de perroquet, & le verd de choux: mais ces quatre dernières couleurs doivent être moins bouillies que les premieres.

Bleu & Fauve.

On ne compofe point de nuances du mêlange feul de ces deux couleurs ; mais il s'en fait plufieurs, en ajoutant le rouge de co-chenille, ou de garance.

Rouge & Jaune.

Toutes les nuances qui fe compofent de ces deux couleurs, comme jaune d'or, aurore, couleur de fouci, orange, nacarat, fleur de grenade, ponceau, couleur de feu &c. fe font avec le jaune, & le rouge de garance; le rouge écarlate de France n'y étant pas fi propre, & coutant beaucoup plus cher.

Il en eft de-même des autres rouges, du moins pour la diffi-culté de la compofition, à la réferve du rouge de bourre, dont le mêlange fe fait facilement avec le jaune, fi c'eft du jaune de gaude, comme pour les ifabelles, les couleurs de chamois, & le nacarat de garance.

Rouge & Fauve.

De ces deux couleurs, fe compofent la couleur de canelle, la couleur de chataigne, la couleur de mufc & de poil d'ours; même la couleur de roi, fi le rouge eft un rouge de garance.

Jaune & Fauve.

Les nuances qu'on tire de ces deux couleurs, font toutes les nuances de feuilles mortes & de couleur de poil.

Jaune & Noir.

On ne compofe point de nuances de ces deux couleurs ; mais le jaune de gaude fert feulement pour rabattre la rougeur de quelques gris, & pour en verdir quelques autres, comme le gris d'eau, le gris verd, fiente d'oie, &c.

Il faut remarquer que, quoiqu'on dife qu'il ne fe tire point de nuances de certaines couleurs, ce n'eft pas qu'il ne s'en puiffe tirer, mais on entend par-là qu'elles fe compofent plus facilement du mêlange des autres.

On n'a point parlé de toutes les nouvelles nuances auxquelles la

mode & l'habitude des teinturiers ont donné cours, parcequ'elles
ne font pour l'ordinaire que les mêmes, ou qu'elles font plus
chargées, ou plus aftoiblies.

Des cinq couleurs fimples ou matrices, le bleu, le rouge, &
le jaune, ont été laiffés aux teinturiers du grand teint, à l'exclufion
de teinturiers du petit teint. Les autres font communes. Voyez l'art.
Teinture.

Couleur blanchâtre.

Si on mêle dans une certaine proportion de la couleur rouge avec
du jaune, du verd, du bleu & du violet, on formera une couleur compofée qui fera blanchâtre, (c'eft-à-dire à peu-près femblable à celle qu'on forme en mêlant du blanc & du noir) & qui
feroit entiérement blanche, s'il ne fe perdoit & ne s'abforboit pas
quelques rayons. On forme encore une couleur approchante du
blanc, en teignant un rond de papier de différentes couleurs, &
en le faifant tourner affez rapidement pour qu'on ne puiffe diftinguer aucune des couleurs en particulier. *Encycl.*

Nouvelles découvertes fur les couleurs à teindre, & fpécialement fur l'écarlate.

Cette écarlate finguliére, demande un travail extrêmement long
& pénible, & des fommes confidérables. Voici les propriétés que
lui attribue M. Duval Defmaillets qui a découvert ce fecret.

Elle s'appliquera fur toutes fortes d'étoffes & de toiles de quelque nature qu'elles foient, & cela à froid ou à chaud, fi on veut.
Rien ne pourra la tacher. La leffive la plus répétée, l'eau forte,
l'eau régale, ni les mordans les plus corrofifs, ne pourront l'altérer en rien. Elle pénétrera l'étoffe la plus épaiffe, avec la même
vivacité de couleur, tant au centre qu'à la fuperficie. Enfin, pour
comble de merveilles, lorfque l'étoffe, fur laquelle cette couleur
aura été appliquée, fera entiérement ufée, on pourra l'en détacher en la mettant dans un creufet, au dernier feu, & *ainfi la faire
fervir mille & mille fois, fans qu'elle ceffe d'être la même.* Le prix de
cette teinture fera de 24 liv. la livre. Une livre peut teindre 50
aunes d'étoffes.

La couleur écarlate n'a pas feule occupé le génie inventif & laborieux de M. Defmaillets, il a encore travaillé à perfectionner
le bleu, le verd, &c. Il a trouvé un attrament qui rend les couleurs plus parfaites & inaltérables. Il entend par le mot *attrament*, une matière quelconque, qui renferme plus que toute autre
les propriétés de fe charger parfaitement des atômes colorans,

de les fixer fur l'étoffe d'une manière inaltérable ; qui la pénètre en entier, & qui lui donne un éclat folide. *Journal de Commerce,* Nov. 1759. p. 197.

Couleurs des Peintres.

Les peintres appliquent les couleurs, ou fur la toile ou fur le bois, ou fur le verre, ou fur les autres corps tranfparens ; ou fur l'ivoire, ou fur d'autres corps folides & opaques, ou fur l'émail, ou fur la porcelaine, ou fur la fayance, ou fur la terre. Voyez la préparation & l'emploi de ces couleurs aux articles *peinture, émail, fayance, porcelaine, poterie de terre, verre, vernis. Encycl.*

Les principales couleurs & celles dont il fe fait un plus grand commerce, font le blanc de plomb, ou cérufe & la craye, les ocres jaunes & rouges, les maficots de diverfes efpèces, plufieurs fortes de terres, comme la terre d'Ombre, la terre de Cologne, la terre de Verone, la terre noire d'Allemagne, &c. l'orpin, la mine de plomb, le cinabre ou vermillon, la laque, les cendres bleues & vertes, le ftil de grain, l'indigo, le verd-de-gris, le noir de fumée, le noir d'os, celui de lie de vin brûlée, le jaune de Naples, le jaune obfcur & l'ocre de ruth ; enfin, l'émail, l'outre-mer & le carmin. Voyez ces articles.

Il y a d'autres couleurs qui ne font que des extraits de plantes & de fleurs.

Des couleurs que vendent les épiciers, quelques-unes s'emploient à l'huile, d'autres feulement à frefque, d'autres en détrempe, & d'autres à la miniature.

Les groffes couleurs fe réduifent en poudre dans un mortier avec le pilon & puis fe broient fur le marbre avec la mollette, en y mêlant de l'huile ou feulement de l'eau, felon les fortes d'ouvrages qu'on veut entreprendre.

Les épiciers, qui les vendent toutes préparées, débitent à la livre celles qui font propres aux Imprimeurs à huile & celles qui conviennent aux peintres, enfermées dans des veffies de différens poids.

Les couleurs pour la détrempe fe vendent ordinairement comme les marchands les reçoivent, en pierre, en pain, ou en poudre, & ce font les peintres qui les préparent eux-mêmes.

Pour celles en miniatures, qui font toujours les plus belles, & les plus fines de toutes les efpèces, elles fe débitent au gros, ou à l'once, fuivant qu'elles font précieufes ; les unes, comme les blancs, le noir, l'inde, les maficots, la terre d'ombre, &c. broyées avec un peu d'eau gommée, & réduites en petits morceaux de la groffeur d'un pois, ou d'une lentille ; les autres, comme le carmin, le vermillon, l'outremer, &c. en poudre impalpable. D'autres encore se vendent telles que la nature les produit, comme le verd de vessie & la pierre de fiel, aussi-bien que la gomme qui sert à préparer l'eau des peintres en miniatures.

Méthode de faire des fonds polis de peindre & orner des figures d'or & d'argent, des tables, des encoignures, des boites, des toilettes, des chambres & cabinets boisés, & même des murailles toutes nues, & la composition des couleurs pour la menuiserie, extraite du Journal Economique 1752. Septempre. p. 116 &c.

Fonds polis.

Calcinez de la céruse. Pour cette opération on concasse la céruse en morceaux gros comme de fortes noisettes : on la met ensuite sur le feu dans une poële de fer & on la remue comme on a coutume de remuer le caffé que l'on brule. Lorsqu'elle prendra une couleur jaune, ce sera la marque qu'elle sera suffisamment calcinée. Vous la tirerez donc de dessus le feu & la broierez sur votre pierre de porphire ou de marbre avec de l'huile grasse, dont je vous enseignerai plus bas la composition, & ainsi préparée à l'huile grasse, vous l'emploierez avec de l'huile de thérébentine. Ceci doit servir de règle générale ; tout ce qui a été broyé à l'huile grasse doit être employé à la thérébentine dont la propriété est d'étendre & de faire couler la couleur que la premiere huile rend trop épaisse.

Donnez trois ou quatre couches de cette céruse sur ce que vous voulez peindre, comme tables, boisures ou murailles, & ayez attention d'en bien couvrir la surface : on ne donne une nouvelle couche que lorsque la précédente est sèche ; ce que l'on connoît aisément en y portant le doigt qui ne doit s'y attacher en aucune façon. Vos couches ainsi mises & bien séchées, vous aurez de la pierre ponce réduite sur votre marbre en poudre impalpable, & en prendrez avec un linge mouillé que vous tiendrez en forme de tapon ou de mollette d'une grandeur convenable : vous en frotterez avec modération votre ouvrage & le polirez entièrement. N'épargnez point l'eau dans cette opération ; vous pouvez être assuré qu'elle ne gâtera rien.

C'est après ce premier fond poli, qui porte aussi le nom d'*apprêt dur*, que l'on met à son gré la couleur ; mais avant de parler des couleurs, il convient d'enseigner à faire l'huile grasse dont on consomme une assez grande quantité, & que les marchands ne fournissent pas toujours bonne.

Compoſition de l'huile graſſe.

Premiere façon. Ayez un pot de terre verniſſé qui ſoit neuf ; mettez-y la moitié de ce qu'il pourra contenir d'huile de noix, & à ſon défaut, d'huile de pavot. Si le pot tient quatre pintes, vous n'y mettrez que deux pintes d'huile. Prenez ſix onces de litarge, deux onces de blanc de plomb à l'écaille, que vous broyerez à ſec ſur votre marbre, en poudre très-fine, & une once & demie de vermillon : mettez le tout dans un linge dont vous ferez un nouet que vous ſuſpendrez dans votre huile en l'attachant avec une ficelle qui tiendra à un petit bâton mis en travers ſur le pot. Alors vous jetterez un bon verre d'eau dans le pot ſur votre huile & mettrez enſuite le pot ſur des cendres chaudes ou petite braiſe pour le faire cuire très-doucement pendant vingt-quatre heures. Pour connoître ſi l'huile eſt aſſez cuite, on en prend avec un pinceau que l'on paſſe ſur une vitre, & ſi elle ſéche auſſi-tôt, c'eſt une preuve infaillible qu'elle a le dégré de cuiſſon requis. On ôte pour lors le pot de deſſus le feu, on retire le nouet de litarge, de blanc & de vermillon qu'on jette, parce qu'il ne peut plus ſervir, & on laiſſe refroidir & repoſer l'huile au moins pendant vingt-quatre heures, après quoi on pourra la tirer au clair pour la mettre dans des bouteilles. Ce qui reſte d'épais au fond du pot n'eſt point abſolument inutile, on s'en ſert pour le mettre dans de groſſes couleurs.

Seconde façon. Dans deux pintes d'huile de noix ou de pavot que vous aurez miſes dans une bouteille de verre, mettez une livre de plomb coupé par morceaux les plus petits qu'il vous aura été poſſible. Expoſez cette bouteille à l'ardeur du ſoleil l'eſpace de trois mois, au bout deſquels vous éprouverez votre huile comme ci-deſſus ; & lorſque vous la trouverez parfaite, tirez-la au clair dans d'autres bouteilles. Le même plomb pourra vous ſervir pluſieurs fois. Cette ſeconde méthode eſt ſans doute beaucoup plus longue que la premiere & a encore le déſavantage de ne pouvoir être ſuivie que dans la plus belle ſaiſon ; mais auſſi elle eſt moins diſpendieuſe, & l'huile graſſe eſt infiniment meilleure, elle n'a point ce petit œil rouſſâtre de la premiere qui ternit toujours la vivacité des couleurs, ſa clarté leur conſerve leur éclat tout entier.

Compoſition des couleurs.

Blanc. Broyez à l'huile graſſe de la céruſe dans laquelle vous mettrez une pointe de bleu afin de ſoutenir le blanc que le temps fait toujours jaunir lorſqu'il eſt ſeul.

Verd. Sur deux livres de cérufe mettez une livre de verd de gris fimple. Cette couleur fe pofe ordinairement fur une impreffion blanche ; mais elle réuffira mieux, fi l'impreffion ou le fond poli eft d'un gris fort clair.

Second verd. Prenez du verd de montagne dans lequel vous ne mettrez de cérufe qu'autant qu'il conviendra pour le faire clair ou foncé, felon que vous le défirerez. Vous broyerez l'un & l'autre à l'huile graffe ; & l'impreffion fera en gris clair.

Troifieme verd. Employez pour ce verd qui fera plus beau que les autres, du verd de gris calciné que vous tremperez à votre gré avez la cérufe. On peut le broyer à la térébenthine comme à l'huile graffe ; & alors on l'emploie au vernis ; mais en ce cas, la cérufe veut être auffi préparée à la térébenthine. L'impreffion fera toujours d'un gris clair.

Gris de lin. Broyez féparément de la laque, du bleu de Pruffe & du blanc de cérufe ; après quoi vous compoferez avec ces trois couleurs tel gris de lin qu'il vous plaira. L'impreffion fera encore en gris clair.

Bleu. Cette couleur fe fait avec le bleu de Pruffe & de la cérufe plus ou moins, felon que l'on veut la nuance du bleu, broyée à la térébenthine & employée au vernis, elle fera beaucoup plus belle. On fe fouviendra que toutes les couleurs fe broient féparément & que ce n'eft qu'après avoir été ainfi préparées qu'on les mêle pour faire la teinte L'impreffion fera en gris.

Couleur de bois de chêne. De l'ocre de rut & de la terre d'ombre font cette couleur qui fera plus claire ou plus foncée felon que l'ocre de rut dominera plus ou moins. On broiera à l'huile graffe,

Couleur de bois de noyer. Prenez du blanc de cérufe, de l'ocre de rut & une pointe de noir, broyez le tout à l'huile graffe.

Couleur de maron. Le rouge d'Angleterre & le noir d'ivoire font le maron foncé ; il fera plus clair fi l'on met du jaune à la place du noir, & plus clair encore fi on fe fert d'ocre de Berry ; broyez à l'huile graffe.

Jaune. Cette couleur fe fait avec de l'ocre de Berry, que l'on dégrade autant que l'on veut avec du blanc de cérufe, broyez toujours à l'huile graffe, & employez à la térébenthine.

Jonquille. Prenez de l'orpin que l'on mêle avec de la cérufe. Il y a trois fortes d'orpin dont les nuances font différentes, ainfi l'on peut choifir ; mais il eft bon d'avertir de deux chofes : l'une que l'orpin ne fe broie qu'à la térébenthine pour s'employer au vernis, car autrement il auroit trop de peine à fécher ; l'autre que toute couleur broyée à la térébenthine veut être employée fur le champ ; c'eft une règle fans exception fur laquelle on doit prene dre ses mesures pour ne préparer de couleurs que ce dont on peut faire usage dans le jour même.

Rouge imitant celui de la Chine. On le fait en tempérant le rouge d'Angleterre avec du vermillon; en fait de teintes, il est impossible dans leur composition de déterminer la quantité des couleurs qui y entrent : leur perfection dépend du goût & de l'œil sain de l'artiste.

Couleur d'or. On la compose avec les trois sortes d'orpin dont il a été parlé ci-dessus, avec un peu de blanc de céruse & une pointe de vermillon. Toutes ces couleurs seront encore broyées séparément, & le coup d'œil réglera le mélange pour attraper la véritable couleur de l'or.

Nous ne pousserons pas plus loin le détail de la composition des couleurs ; nous en avons dit assez pour dégrossir les idées : nous ajouterons seulement que le noir de fumée calciné est plus léger & plus gracieux que le noir d'ivoire. Au reste, en achetant les couleurs, on connoîtra leurs différentes espèces qu'il seroit trop long de rapporter, & en travaillant, on apprendra à les rompre les unes par les autres pour former toutes sortes de teintes.

Application des couleurs.

Lorsque vous aurez choisi votre couleur & fait votre teinte, vous en donnerez deux ou trois couches sur votre fond poli, de sorte qu'il en soit bien couvert. Ces couches ne se donneront les unes après les autres, que lorsqu'elles seront sèches. On polira ensuite la couleur avec la pierre ponce, comme on a fait le fond poli ou apprêt dur, & l'on passera dessus trois ou quatre couches de vernis blanc ou brun. Quand le vernis est sec on le polit avec la pierre ponce.

Comme il a été recommandé de laisser bien sécher chaque couche de fond poli ou d'apprêt dur & de couleur, & que cette attention indispensable ne peut qu'emporter beaucoup de temps, nous donnerons ici le moyen de rendre l'un & l'autre plus dessicatifs en faveur de ceux qui seront pressés de voir la fin de leur ouvrage. Il ne s'agit pour cet effet que de mettre de la couperose calcinée dans la céruse & les couleurs, & elle fera sécher l'apprêt dur & les couleurs deux fois plus vîte. On calcine la couperose en la mettant sur le feu dans une poële de fer, elle y fond toute seule & bout ; lorsqu'elle a cessé de bouillir, elle est suffisamment calcinée. On la broie alors exactement en poudre impalpable, & on en met un peu dans ce que l'on veut employer : l'expérience seule en peut régler la quantité.

Figures

Figures & deffins en or & argent.

Le deffin n'eft ni commun ni familier : cependant prefque tous ceux qui s'occuperont à mettre en couleur leurs petits meubles comme boîtes, encoignures, cabarets & autres chofes, défireront de pouvoir les orner en or & en argent ; il convient donc de leur en faciliter les moyens afin de leur donner une inftruction complette.

On prendra des papiers dorés & argentés que l'on choifira, felon fes idées & fon goût, il en eft de toutes fortes ; foit qu'on laiffe les feuilles entières, foit qu'on les découpe par morceaux pour faire des compartimens ou une fuite de figures & d'ornemens tels qu'on l'imaginera, on mettra le papier tremper dans du vinaigre l'efpace d'un quart d'heure, & pas plus longtemps. Alors mettez une couche de vernis fur votre ouvrage dans la place où vous voulez que foit l'or ou l'argent ; appliquez deffus votre papier trempé, l'or ou l'argent en deffous, cela doit fe comprendre, & paffez par-deffus fort légérement le manche d'un canif ou autre morceau de bois femblable. Enfuite enlevez le plus doucement qu'il vous fera poffible votre papier, & vous verrez avec une agréable furprife que les figures & deffins d'or & d'argent feront reftés attachés au vernis tel qu'ils étoient fur le papier, & qu'ils conferveront le même brillant. Lorfque le tout eft fec, on le couvre de deux couches de vernis que l'on peut polir avec la pierre ponce, felon la méthode ci-deffus indiquée.

Couleur d'eau. C'eft un brillant ou couleur tirant fur le violet qu'acquiert du fer ou de l'acier bien poli, quand il a paffé au feu jufqu'à un certain dégré de chaleur.

On met l'acier en couleur, en le limant ; premièrement en le poliffant avec des limes douces, & en le bruniffant avec le bruniffoir : en cet état, on le fait chauffer dans des cendres qu'on a auparavant paffées au fas ; il y paroit d'abord couleur d'or, enfuite couleur fanguine, puis violet, après bleu, & enfin couleur d'eau qui eft celle où il faut qu'il refte, & qu'il perdroit, fi on ne le retiroit pas auffi-tôt avec des pincettes. Voyez *Acier.*

Couleurs qui réfultent du mélange de différentes liqueurs ou de l'arrangement de différens corps. Lorfqu'on fait infufer, pendant un court efpace de temps, des rofes rouges avec de l'eau-de-vie, & qu'on verfe fur cette infufion encore blanche, quelqu'efprit acide de fel, comme l'efprit de vitriol, de foufre, de fel marin, de nitre, ou de l'eau-forte, mais en fi petite quantité, qu'on ne puiffe même y remarquer l'acide, l'infufion blanche deviendra d'abord d'un beau rouge-couleur de rofe. Si on verfe fur

cette teinture rouge quelque fel alkali diffous, comme de la leffive de potaffe ou de l'efprit de fel ammoniac, elle fe changera en un beau verd ; mais fi on verfe fur l'infufion de rofes
du vitriol diffous dans l'eau, il en naîtra d'abord une teinture
noire, comme de l'encre. Muffch. *eff. de phyf.*

Si on fait infufer pendant peu de temps des noix de galle dans
l'eau, enforte que cette infufion demeure blanche, & qu'on y
verfe du vitriol commun, ou qui ait été calciné au feu jufqu'à
ce qu'il foit devenu blanc, ou qu'on l'ait réduit en colcothar
rouge, on aura d'abord une teinture noire. Si on verfe fur cette teinture quelques gouttes d'huile de vitriol ou d'eau-forte,
toute la couleur noire difparoîtra, & la teinture reprendra fon
premier éclat ; mais fi on verfe fur cette liqueur quelques gouttes de leffive de potaffe, tout ce mélange deviendra d'abord
fort noir, & pour lui faire perdre cette noirceur, il fuffira de
verfer un peu d'efprit acide.

Si on met fur du papier d'un bleu obfcur, un morceau de papier
blanc qui ait été auparavant légérement frotté d'eau-forte, le bleu
deviendra roux, & enfuite pâle. La même chofe arrive auffi lorfqu'on a écrit fur du papier bleu avec le phofphore urineux. Si on
éclaircit du firop violat commun avec de l'eau, & qu'on le verfe
dans deux différens verres, le firop avec lequel on mêlera une
liqueur acide deviendra rouge, & celui auquel on ajoutera une
liqueur alkaline ou de fel, deviendra verd ; fi on mêle enfuite
enfemble ces deux firops ainfi chargés, on aura un firop bleu,
fuppofé qu'on ait employé autant d'acide que d'alkali ; mais fi
l'alkali domine, tout ce mélange fera verd, & fi l'acide s'y trouve en plus grande quantité, le mélange deviendra rouge. Lorfqu'on verfe un peu de leffive de fel de tartre fur du mercure fu-
blimé diffous dans l'eau, ce mélange devient rouge, épais &
opaque : mais fi on verfe fur ce mélange un peu d'efprit urineux
ou de fel ammoniac, il redevient blanc.

Si on diffout auffi un peu de vitriol bleu dans une grande quantité d'eau, enforte que le tout refte blanc & tranfparent, & qu'on
verfe enfuite dans cette liqueur un peu d'efprit de fel ammoniac,
on verra paroître, après que ce mélange aura été fait, une belle
couleur bleue ; mais fi on y verfe un peu d'eau-forte, la couleur
bleue difparoîtra fur le champ, & l'eau deviendra claire & blanche ; enfin fi l'on y joint encore de nouvel efprit de fel ammoniac, la couleur bleue reparoîtra de nouveau. Lorfqu'on verfe
une infufion de thé-bou fur de l'or diffous dans de l'efprit de vin
éthéré, il s'y forme une chaux de couleur pourprée, qui fe précipite au fond. Lorfqu'on diffout de l'étain dans l'eau régale,
& qu'après avoir éclairci cette folution avec de l'eau, on y verfe

quelques gouttes d'or également fondu dans l'eau régale , on voit paroître une belle couleur de pourpre fort agréable à la vue. Ceux qui veulent voir un plus grand nombre d'expériences fur le changement des couleurs, doivent confulter la chimie de Boer-have : on peut auffi en trouver d'autres dans l'ouvrage des phi-lofophes de Florence : enfin on ne fera pas mal de confulter en-core fur cette matière les *Tranfactions. philofoph.* n°. 238 , § vj. Muffch. *ibid.*

L'infufion de noix de galle, verfée fur la folution de vitriol, pro-duit un mêlange dont les parties abforbent toute la lumière qu'el-les reçoivent , fans en réfléchir que fort peu ou point du tout , d'où il arrive que cette teinture paroît noire ; mais nous ignorons quel eft l'arrangement de ces parties. Lorfqu'on verfe fur cette teinture quelques gouttes d'eau forte , elle redevient auffi claire que l'eau , & la couleur noire difparoit, parceque l'eau-forte attire d'abord à elle, avec beaucoup de violence, le vitriol qui fe fépare des noix de galle, lefquelles nagent alors dans l'eau com-me elles faifoient auparavant, en lui laiffant toute fa clarté & fa tranfparence. Dès qu'on verfe enfuite fur ce mêlange quelques gouttes de leffive de potaffe qui , étant un fel alkali , agit for-tement fur l'acide , elles attirent fur le champ les parties acides de l'eau-forte qui , de fon côté, fe fépare du vitriol qu'elle avoit attiré , de forte que le vitriol trouve encore par-là le moyen de fe réunir avec les parties des noix de galle , & de produire la même couleur noire qu'auparavant.

Les parties de la furface d'un papier d'un bleu violet, ont une épaif-feur & une grandeur déterminées ; mais auffitôt que l'eau-forte les rend plus minces ou qu'elles fe féparent un peu des autres parties, il faut qu'elles écartent les rayons de lumière qui ont une couleur dif-férente de celles des premiers , ce qui fait que la couleur bleue fe change en une couleur rouffâtre , & comme les particules du papier deviennent chaque jour plus minces , & qu'elles font com-me rongées par l'humidité de l'air qui fe joint aux parties de l'eau-forte , il faut qu'elles rompent continuellement d'autres rayons co-lorés , & par conféquent qu'elles faffent paroître le papier d'une autre couleur. *Voyez* Muffch. *eff. de Phyf. pag.* 556 *& fuivantes ,* d'où ceci eft extrait. Encycl.

Couleur , en terme de bijoutier , eft un mêlange de différens acides qui , appliqués fur l'or & mis au feu avec lui , détruifent l'effet des vapeurs noires que l'alliage y excite lors de la cuiffon , & lui reftitue la couleur jaune ou matte qui lui eft na-turelle. C'eft une opération indifpenfable dans les ouvrages gra-vés ou cifelés, pour donner aux ornemens & figures , ce beau mat qui les détache du fond de l'ouvrage, quand ce fond eft poli,

ou qui détache le fonds des ornemens, quand celui-ci eſt pointillé, & que les reliefs ſont polis. Il y a deux ſortes de mêlanges
d'acide, connus ſous le nom commun de couleur. Le premier,
qu'on appelle *tire-poil*, eſt compoſé de ſel marin ou commun, de
ſalpêtre & d'alun; le ſecond, de ſel commun, de verd-de-gris &
de vinaigre, & ne s'emploie que ſur les ouvrages qui ne pourroient ſoutenir un grand dégré de chaleur, ſans être riſqués : on
nomme celui-ci *verdet*.

Pour faire l'opération du tire-poil, on ſaupoudre la pièce du
mêlange de ce nom; après l'avoir bien fait dégraiſſer, on la poſe
ſur un feu vif; on l'y laiſſe juſqu'à ce que le mêlange, entiérement
fondu, ſe ſoit réduit en croûte : alors on la retire, on la laiſſe refroidir, & l'on détache la croûte avec une broſſe & de l'eau bien
chaude.

L'opération du verdet diffère peu de celle du tire-poil; on
enduit la pièce de ce mêlange délayé dans le vinaigre; on l'expoſe à un feu doux, juſqu'à ceque le mêlange ſoit ſéché : alors
on lave la pièce avec de l'urine. Cette couleur eſt aſſez belle,
mais elle ne dure pas. On l'emploie principalement dans les
ouvrages émaillés, où la force des acides du tire-poil, & la violence du feu qu'il exige, pourroient faire éclater l'émail. Quand
on eſt forcé de mettre des pièces émaillées au tire-poil, on les
étouffe avec précipitation au ſortir du feu : cette opération eſt
périlleuſe, & s'achève rarement ſans que l'émail ait ſouffert.
Encyclopédie.

COULEUVRE, (*bois de*). Le bois de couleuvre, ou le bois
couleuvre, en latin *lignum colubrimum*, des boutiques, eſt un bois
des Indes orientales, ou plutôt une racine ligneuſe, dure, compacte, peſante, de la groſſeur du bras, d'un goût âcre & amer,
ſans aucune odeur. Cette racine eſt couverte d'une écorce de
couleur de fer, parſémée de taches cendrées; on nous l'apporte
des iſles de Soloo & de Timoo : il eſt bon de la connoître.

Commelin aſſure que la noix vomique & le bois de couleuvre prennent naiſſance du même arbre; mais Herman prétend
au contraire que cette noix tire ſon origine d'une toute autre
plante. Lequel faut-il croire ? Peut-être qu'ils diſent vrai tous
les deux, & qu'on nous apporte diverſes eſpèces de noix vomi-
ques plus ou moins groſſes, qui viennent d'arbres différens

Quelques louanges que certains auteurs aient donné à ce bois
contre la morſure des ſerpens, les vers & la fièvre quarte, le
docteur Antoine de Heyde a découvert par ſes obſervations,
qu'il avoit une vertu ſomnifère, affectant les nerfs, cauſant le
tremblement & la ſtupeur, qualités très-vénéneuſes dans un vé-

gétal , qui doivent en faire rejetter l'ufage. En vain , répondroit-
on qu'il ne faut s'en fervir que lorfqu'il eft vieux ; le meilleur
eft de ne s'en point fervir du tout, & de le bannir de la pharmacie , comme un remède dangereux , parceque le plus grand
bien qu'on puiffe en attendre , eft que par fa vétufté il ne
produife aucun mauvais effet : la pratique de la médecine court
affez d'autres hafards fans celui-là *Encycl.*

COULILAVAN. Ecorce aromatique d'un arbre des ifles Molucques , dont l'odeur tire fort fur le girofle & la canelle tout
enfemble. Elle eft, depuis peu d'années, très-en ufage en Hollande pour la médecine , & même dans les cuifines pour l'affaifonnement. C'eft une nouvelle efpèce d'épicerie, ou du moins qui
en approche affez , & dont les droguiftes Hollandois font préfentement pourvus. Ils la vendent environ 40 fols de Hollande
la livre.

Cette écorce eft groffe & épaiffe , brune en dehors & claire en
dedans ; elle fe broie affez facilement dans le mortier, & donne alors une agréable odeur, qui eft affez forte pour fe faire un
peu fentir de loin. Il y a apparence que plus on la connoîtra &
plus fon ufage augmentera , de tous côtés, de même que celui de la
cannelle & du giroffe. Les Indiens en ufent beaucoup dans leur Bo-
bori , qui eft une forte de bouillie aromatique qu'ils compofent fouvent avec des aromates, pour s'en oindre le corps , tant pour la
bonne odeur, que pour fe garantir ou fe guérir des douleurs qui
leur furviennent par la fraicheur des nuits , & auxquelles ils
font fouvent fujets lorfqu'ils dorment au ferein , foit qu'ils y
foient obligés , ou non. Ils s'en fervent auffi quelquefois dans
leurs viandes, & dans des breuvages pour remède.

Les Pharmaciens en Hollande l'emploient quelquefois dans
des compofitions, aulieu de caffe ligneufe, parcequ'elle en approche beaucoup , par fa nature, fa forme, fon goût, & fon
odeur.

Dans le laboratoire Chimique , établi à Amboine pour le fervice de la compagnie Hollandoife , on tire de cette même écorce,
une huile diftillée , & pénétrante, qui a l'odeur du girofle, laquelle on apporte en Hollande par ordre de la même compagnie ,
pour le commerce des droguiftes, & pour fervir à la place de celle
du girofle, puifqu'elle en a toutes les qualités. On la diftribue
dans toute la Hollande même fous le nom *d'huile de girofle* , mais
à beaucoup meilleur marché, puifqu'elle n'y coute que 12 à 13
florins la livre, aulieu que la véritable huile de girofle vaut autant que celle de canelle qui s'y vend 12 à 13 florins l'once. Les

particuliers des ifles Molucques n'ont pas la liberté de faire cette huile, quoique l'écorce de Coulilavan y foit fort commune ; la compagnie a établi une amende de 500 Rykfdaalders contre ceux qui en diftilleroient. Cette huile eft le meilleur remède qu'on ait découvert contre les rhumatifmes, fi l'on en oint les parties fouffrantes, en la faifant entrer par des frictions.

L'arbre qui donne cette bonne écorce eft grand, & fon tronc eft fort droit, & quelquefois fi gros par le bas, qu'un homme ne pourroit l'embraffer entiérement. Sa touffe eft haute, mais peu épaiffe & étendue. Ses feuilles font larges vers leurs bafes, & pointues à leur extrémité ; elles font traverfées, chacune, de trois côtes en long, de la même manière que celles des efpèces de canelle, auxquelles elles reffemblent beaucoup ; cependant fes fleurs & fon fruit en différent confidérablement. Il croît fur les montagnes des ifles Molucques affez abondamment, mais furtout dans celle de Ceram.

La racine de cet arbre nommé *coulilavan* par les Molucquois, fent fortement le faffafras, & en a la dureté & la couleur. Auffi les chirurgiens de la compagnie, tant à Batavia, que fur les vaiffeaux, s'en fervent depuis l'année 1676 en place & fous le nom de *faffafras*, & peut-être en fait-on de même en Hollande, car on ne fauroit y trouver de la différence.

Il y a une autre efpèce d'arbre qui croît dans les ifles de la Sonde, & jufques à Malacca, qui femble affez approcher de celui de Coulilavan par fon écorce, & qui y fert aux mêmes ufages ; fon écorce cependant eft plus amère, plus dure, plus épaiffe, & plus brune. On l'y appelle *findoç*. C'eft cette même écorce qui entre dans la compofition des pillules madurines que j'ai mis en ufage dans le public, depuis l'année 1744, avec fuccès.

Le mot de coulilavan eft quelquefois corrompu par quelquesuns. On voit dans certaines liftes d'Amfterdam, aux prix des drogues, qu'il y eft écrit *culilaban*. L'ufage dans toutes les Indes eft de prononcer coulilavan. *Mémoires de* M. Garcin.

COUPELLE D'ESSAI. Sorte de vaiffeau dont fe fervent les Chymiftes pour purifier l'or & l'argent des différens métaux avec lefquels ils peuvent être alliés.

La coupelle eft faite d'une matière qui a la propriété de tenir en fufion tous les métaux parfaits & imparfaits tant qu'ils confervent leur état métallique, & de les abforber ou de les boire, pour fe fervir du terme de l'art, dès qu'ils font vitrifiés.

Or, tous les métaux, excepté l'or & l'argent, fe vitrifiant très-aifément avec le plomb que l'on emploie à cet effet, le fondement de l'opération que l'on exécute par le moyen des coupelles, est très-évident. Voyez *Affinage*.

Pour faire des coupelles, il faut choisir une matière qui résiste au feu le plus violent, sans se fondre, & qui ne se vitrifie pas facilement avec le corps vitrescible, par exemple, avec le plomb; il faut que cette matière ait assez de cohésion, & qu'elle fasse une masse poreuse.

On a trouvé que la terre qui reste après la combustion des os de tous les animaux, à l'exception de quelques-uns qui y sont moins propres que les autres, étoit ce qu'il y avoit de mieux pour cet usage. La terre que l'on retire des végétaux brûlés n'est pas moins bonne, & on fait de très-excellentes coupelles avec le spath. M. Stahl indique même que l'on en pourroit faire de fort bonnes avec la chaux. Voyez *Cendrée*.

Les cendres d'os & celles de bois, étant préparées comme il a été exposé au mot *Cendrée*, Schlutter veut qu'on prenne, pour les coupelles communes, trois parties de cendres de bois & une partie de cendres d'os. Si on veut les faires meilleures, dit-il, il faut deux parties des premières & une partie des autres; on les mêle bien ensemble, en les humectant avec autant d'eau claire qu'il en faut pour qu'elles puissent se peloter sans s'attacher aux mains; alors on en fait des coupelles de telle grandeur qu'on veut. Il faut, pour cela, prendre la partie inférieure du moule, la remplir de cendres que l'on presse avec la main; on retranche avec un couteau les cendres qui excèdent le moule, puis on pose la partie supérieure du moule sur son inférieure, & l'on frappe dessus, d'abord à petits coups, jusqu'à ce qu'on soit sûr qu'elles se rencontrent exactement, ensuite on frappe trois coups forts avec le marteau ou maillet de bois qui, selon quelques-uns, doit être du même poids que les deux moules ensemble. Il faut que le moule inférieur soit posé sur un gros billot fort stable, & qui n'ait point de ressort, sans quoi les coupelles seroient sujettes à se refendre horisontalement. Ce moule inférieur qui reçoit les cendres se nomme en Allemagne, *la nonne*: le supérieur qui forme le creux arrondi de la coupelle s'appelle, *le moine*. Après qu'on a retiré ce moule supérieur, on met sur la coupelle une couche très-mince de claire (voyez *Claire*), en la saupoudrant à travers un petit tamis de soie; on l'y étend uniment avec le petit doigt, ensuite on y replace le moine qu'on a bien essuyé, & l'on frappe dessus deux ou trois petits coups : cela étant fait, on presse le fond de la coupelle, qui est encore dans le moule, sur un morceau de drap attaché exprès sur le billot où l'on travaille, ce qui la détache; on la renverse sur la main gauche pour la poser sur la planche ou sur l'ardoise où elle doit sécher : on conti-

nue ainſi juſqu'à ce qu'on en ait fait la quantité que l'on ſou-
haite. Il eſt bon de faire obſerver qu'avant de les mettre ſous la
moufle, il faut qu'elles aient été ſéchées exaƈtement à l'air.

On fait aiſément avec les cendres de bois ſeules, ou avec les mêlanges précédens, des coupelles aſſez grandes pour paſſer juſqu'à
deux onces de plomb; mais ſi on les vouloit beaucoup plus grandes, il faudroit avoir des cercles de fer de différens diamètres,
& de hauteur proportionnée à la quantité de cendres dont on a
beſoin pour paſſer depuis trois onces juſqu'à un marc de plomb.
On les remplit exaƈtement de cendres de bois ſeules, ou d'un
mêlange de parties égales de ces cendres & de chaux d'os exactement mêlées & humeƈtées, juſqu'à ce qu'elles ſe pelotent en les
preſſant, ſans s'attacher aux doigts : on poſe le cercle de fer ſur une
pierre plate, unie, & qui ſoit très-ſtable ; on frappe les cendres
avec un moule en demi-ſphère, ſi le cercle de fer n'a que trois
ou quatre pouces de diamètre, mais s'il eſt plus grand, on les
bat verticalement avec un pilon de fer arrondi, juſqu'à ce qu'elles aient acquis aſſez de fermeté pour que le doigt n'y faſſe aucune impreſſion ; enſuite, avec un couteau courbe on y forme
un creux en ſeƈtion de ſphère, & on le perfeƈtionne avec une
boule d'ivoire. On ne retire point les cendres de ce cercle de
fer comme des moules de cuivre précédens; mais après qu'elles
ſont exaƈtement ſèches, on le met ſous la moufle avec les cendres qu'il contient.

Quand on fait des coupelles de cendres de bois ſeules, il faut
y joindre quelque choſe de glutineux, ſans quoi elles conſervent
fort difficilement la forme que le moule leur a donnée. Les uns y
mêlent de l'eau gommée, d'autres du blanc d'œuf battu dans
beaucoup d'eau, d'autres un peu de terre glaiſe; mais ce qui m'a
paru réuſſir le mieux, c'eſt d'humeƈter les cendres avec de la
bière, juſqu'à ce qu'en les preſſant elles ſe pelotent ſans s'attacher aux doigts. D'autres y ajoutent un peu de terre glaiſe purifiée par le lavage, & ſéchée. Quant à moi, après avoir eſſayé
tous les mêlanges décrits par les auteurs, je m'en ſuis tenu à
faire mes coupelles de cendres d'os de veau & d'os de mouton,
lavées & calcinées deux fois, puis porphyriſées à ſec en poudre impalpable ; par-là je ne ſuis point obligé d'y mettre de
claire pour en boucher les pores ; quoiqu'elles paroiſſent à la vue
très-compaƈtes, l'eſſai y paſſe auſſi vite que dans les coupelles
faites de cendres d'os ſimplement paſſées au tamis de ſoie : elles
boivent beaucoup moins de fin que ces dernières. M. Cramer
préfère les coupelles de chaux d'os à celles de cendres de bois ;
l'eſſai, dit-il, dure plus long-temps, mais il ſe fait avec plus d'exactitude. Le plomb vitrifié avec l'alliage, pénètre lentement la ma-

tière compacte des cendres d'os. Mais de ce léger inconvénient, il résulte un avantage ; c'est qu'il n'est point à craindre que la coupelle s'amollisse au feu, & y devienne rare & spongieuse, ni qu'elle boive autant de fin que les coupelles de cendres des végétaux. Il est vrai qu'il faut gouverner le feu du fourneau autrement qu'avec ces dernières. De plus, les coupelles d'os, ainsi que celles qui font faites avec un spath bien choisi, n'ont presque pas besoin d'être recuites sous la moufle ; & comme on n'emploie que de l'eau pour les humecter, on n'a pas à craindre, comme dans celles qui font faites de cendres humectées de bière ou de blanc d'œuf, un phlogistique ressuscitant la litarge en plomb à mesure qu'elle entre dans le corps de la coupelle.

Il y a plusieurs espèces de spath qui font très-propres à faire d'excellentes coupelles, & même meilleures que celles dont nous venons de parler ; mais parceque tout spath n'est pas propre à ce dessein il faut, selon M. Cramer, avant de le préparer, essayer si celui dont on va se servir, est de la bonne espèce, ou non : pour cela, on en fait calciner une petite quantité dans un vaisseau fermé, à un feu médiocre : il se fait une légère décrépitation qui, lorsqu'elle cesse, annonce que la calcination est achevée : on retire le creuset du feu, & on trouve le spath raréfié, & devenu si friable, qu'il peut très - facilement être réduit en une poudre très-subtile. On formera, avec cette poudre humectée d'une dissolution de vitriol, une coupelle dont on se servira pour faire un essai, par lequel on s'assurera que le spath dont on s'est servi, est de la bonne espèce, & pour lors on pourra en préparer une quantité suffisante pour faire des coupelles de toutes sortes de grandeurs, qui auront les mêmes avantages que celles qui font faites d'os & qui même, selon M. Cramer, leur font préférables.

M. Stahl dit avoir essayé de faire des coupelles avec l'ardoise ordinaire dont on couvre les maisons, avec la craie, avec le gyps ; & il ajoute qu'il a observé divers phénomènes qu'il ne détaille pas, & qu'il abandonne aux curieux. Voyez Stahl opuscul. pag. 824. *Encycl.*

COUPEROSE. Minéral qui se trouve dans les mines de cuivre, & qui proprement est une espèce de vitriol.

La couperose se purifie, & se prépare à peu-près comme l'alun & le salpêtre ; en passant par plusieurs lessives jusqu'à ce qu'elle soit réduite en cristaux.

Il y a de la couperose de Pise, d'Angleterre, d'Allemagne de Chypre, de Hongrie, & d'Italie, qui ne diffèrent que par la couleur & la bonté étant toutes un même minéral.

La couperose blanche est la couperose d'Allemagne calcinée & mise ensuite dans l'eau, puis filtrée & réduite en sel, & dont on forme, lorsqu'elle commence à se coaguler, des pains de 40 ou 50 livres, tels qu'on les apporte de Goslar en Saxe. Cette couperose de Saxe, avant que d'être blanchie, est d'un verd-bleuâtre, claire, & transparente.

La couperose de Pise est verdâtre, & en petits morceaux; celle d'Angleterre est d'un beau verd clair; celle de chypre, & de Hongrie sont d'un bleu céleste, en morceaux taillés en pointe de diamant; & celle d'Italie, d'un verd-céladon, aussi transparente que le verre.

On a établi à védier, proche de la ville de Namur, une manufacture de couperose qui a parfaitement réussi au jugement des connoisseurs. Elle est entièrement épurée de toute matière étrangère ou nuisible; sa couleur est d'un beau transparent, & les épreuves qui en ont été faites de toutes les façons, la mettent de pair avec celle d'Angleterre, & semblent même lui donner la préférence. On la vend 14 escalins, ou fl. 4. 18 sols, argent courant de Brabant, les 102 livres pesant, libres de tous droits de sortie, de tonlieu & 60me. Il y aura 2 livres de rabais sur la dite quantité pour le prompt paiement. On peut s'adresser au S. Darret receveur de la société à l'exploitation des mines de plomb, à Namur. *Journal de Commerce.* Février, 1756. p. 204.

Un Anglois a établi au chateau de Surmont, à une lieue de Bruxelles, une fabrique d'huile de vitriol, & d'eaux fortes de toute espèce; il fait faire aussi la vraie couperose d'Angleterre, ou le vitriol verd, ayant trouvé dans le pays, des pyrites semi-métalliques, ou pierres d'or, qui sont une partie des ingrédiens de la couperose.

Les Anglois en exportent annuellement pour les pays étrangers, plusieurs millions de livres, quoiqu'ils soient obligés de faire chercher leurs pyrites, à grands frais, dans l'Essex, l'Hamshire, & vers l'Est de l'Angleterre. Le prix de la meilleure couperose est actuellement en Angleterre de cinq schellings, à Amsterdam & à Roterdam de 70 à 76 sols. L'Anglois dont on a parlé ci-dessus, pourra donner son vitriol à 20 pour cent meilleur marché. On a voulu composer dans ce pays-ci la couperose, mais on ne l'a faite que mauvaise & peu utile pour les couleurs noires. *Journal de Commerce*, Juin, 1761, p. 148.

La couperose est d'un usage très-commun dans la préparation de plusieurs marchandises; mais sur-tout elle est absolument nécessaire à la teinture, où on la met parmi les drogues communes aux teinturiers du grand & du petit teint, qui ne peuvent s'en passer dans les noirs.

Les chapeliers s'en servent, particuliérement pour la teinture de leurs chapeaux; & c'est avec la couperose & la noix de galle, que les marchands merciers & papetiers composent leur encre à écrire. Voyez *Vitriol*.

COUPON, espèce de toile d'ortie qui se fait à la Chine, d'une plante appellé *co*, qui ne se trouve guère que dans la province de Fokien. C'est une espèce de lierre, dont la tige donne un chanvre qui sert à la fabrique du coupon. On la fait rouir, on la tille; on laisse la première peau, qui n'est bonne à rien; on garde la seconde, qu'on divise à la main, & dont, sans la battre ni filer, on fait une toile très-fine & très-fraîche. N'aurions-nous point dans nos contrées de plantes qu'on pût dépouiller d'une première peau, sous laquelle il y en eût une autre propre à l'our-dissage? Cette recherche ne seroit pas indigne d'un botaniste. *Encycl.* Voyez *Ortie.*

COURBARIL, genre de plante, dont la fleur est papillona-cée. Il s'élève du fond de son calice un pistil qui devient dans la suite un fruit ou une silique dure, composée d'une seule capsule qui renferme des semences dures, arrondies, environnées de fa-rine & de fibres. Plumier, *nova plant. Amer. gener.* Voyez *Plante.*

Le *courbaril*, autrement *courbary*, est un grand arbre des pays chauds de l'Amérique, dont le bois est rouge, dur, pesant, ayant le fil mêlé, très-propre à faire d'excellens ouvrages de charpente: on l'emploie à la construction des arbres & des rôles qui servent aux moulins à sucre; il sert aussi à faire de grandes roulettes d'une seule pièce, tant pour les chariots que pour les affuts de canon. Le courbaril porte un fruit de forme à peu-près ovale, long de 5 à 6 pouces, large de 2 ou 3, épais de 15 à 18 lignes, & atta-ché à une forte queue. On en fait peu d'usage.

Lorsque l'arbre est vieux, il sort de son tronc, de gros mor-ceaux d'une très-belle résine d'un jaune-clair, solide, trans-parente, & de bonne odeur; elle brûle comme le camphre; elle n'est pas soluble dans les esprits ardens, non plus que dans les huiles essentielles ni dans les grasses. Cette résine ressemble tellement à la gomme copale, qu'il n'est pas aisé de les distinguer: on peut, au moyen d'un procédé particulier, les employer égale-ment dans les vernis transparens. *Voyez* ANIMÉ. *Encycl.*

COURTEPOINTES DE LA CHINE. Les courtepointes qui viennent de la Chine, sont ordinairement de taffetas; il y en a néanmoins quelques-unes de satin. On les appelle dans les fac-tures des commis de la compagnie Françoise, *courtepointes figurées* à caufe des broderies d'or & d'argent qui font deffus, & qui repréfentent diverfes figures de fleurs, d'oifeaux & d'animaux.

Il y a auffi des couvertures de lit, qu'on tire des Chinois : celles-ci font prefque toutes de fatin brodé en foie : la feule différence qu'il y ait entr'elles & les courtepointes, confifte dans la largeur & la longueur ; les couvertures étant plus longues & plus larges que les courtepointes.

COUTEAUX. On appelle à Conftantinople, *premiers couteaux*, les peaux de bœufs ou de vaches, qu'on lève de deffus ces animaux, depuis le mois de Juin jufqu'au mois de Novembre. Ce font les meilleurs de tous ; auffi fe vendent-ils communément 25 pour cent plus que les paftremens, qui font les peaux qui fe font en Novembre & en Décembre. Les moindres de toutes ces peaux font celles du printemps.

Le prix ordinaire des premiers couteaux eft d'une piaftre & demie, ou d'une piaftre trois quarts, la peau. Les peaux de bœufs de cette efpèce ne fe vendent jamais feules ; & il faut toujours prendre dix peaux de vaches fur cent, au même prix que celles de bœufs. Voyez *Bœuf*.

COUTELLERIE. C'eft l'art de faire des couteaux, & le lieu où on les vend. Il y a à Paris la rue de la coutellerie, ainfi nommée du grand nombre de maitres couteliers, qui y ont leurs boutiques.

Ce terme comprend en foi toutes les fortes d'ouvrages, qui fe font par les couteliers, comme cifeaux, couteaux, rafoirs, &c. La coutellerie ne laiffe pas d'être un objet affez confidérable dans la marchandife de mercerie, où elle eft comprife fous le titre de *Quincailles*.

La plus belle & la plus fine coutellerie fe fait à Paris, à Moulins, à Chatelleraud, (a) à Cône & à Langres : celle de Paris eft la plus eftimée ; il en vient auffi de très-bonne d'Angleterre.

Il fe fabrique de fort bons couteaux, rafoirs & lancettes à Genève. Voyez *Quincaille*.

COUTELINE. Groffe toile blanche, ou bleue, faite toute de fil de coton, qui vient des indes orientales, particuliérement de Surate, dont les pièces contiennent 14 aunes de long, fur 3 quarts à 5 6mes. de large.

COUTIL, ou COUTIS. Groffe toile très-forte, & très-fer-

(a) Elle eft affez confidérable, par avis du mois de Juillet 1759.

rée, ordinairement de fil de chanvre, dont le principal usage est pour enfermer de la plume, pour faire des lits, des traversins, & des oreillers. On s'en sert aussi à faire des tentes pour l'armée, des just-au-corps &.des guêtres pour la chasse.

Le Réglement du 7 Avril 1693, Article 1, veut que les coutils soient composés d'une même nature de fil, de pareille filure, sans aucune altération ni mêlange, & sans que les ouvriers y puissent employer au chef ni à la queue, au milieu ni aux lisiéres, en la chaîne ni en la trame, du fil plus gros ou gâté, ni de moindre qualité ou valeur.

Les provinces de France où il se fabrique le plus de coutils, sont la Normandie & la Bretagne.

Les coutils de Normandie, auxquels on donne communément le nom de *coutils de Coutance*, parceque c'est la ville de cette province où il s'en manufacture le plus, & d'où l'on prétend même qu'ils ont pris originairement leur noms, sont ou en pièces, ou en demi-pièces ; les pièces contenant depuis 122 jusqu'à 130 aunes ; & les demi-pièces, depuis 62 jusqu'à 70 aunes. Il y en a de deux largeurs ; les uns de 2 tiers & les autres de 3 quarts d'aune.

Les coutils de Bretagne sont par pièces de 20 aunes de long & leur largeur est de 2 tiers, 3 quarts & 7 8es.

Il vient aussi de Flandre certains coutils plus fins, & plus estimés que les autres, qu'on appelle coutils de *Bruxelles* qui est la ville du pays où il s'en fabrique davantage. Ils sont ordinairement en petites pièces, ou coupons de 5 aunes, de 4 aunes & demie, & de 4 aunes ; dont les largeurs sont de 2 aunes, d'une aune 3 quarts, & d'une aune & demie.

On tire encore de Flandre une autre espèce de coutils en pièces de 10 aunes, sur une aune & demie de large, qui sont particuliérement propres à faire des oreillers.

On appelle *coutils de brin*, ou *grains grossiers*, ceux dont on se sert pour garnir les chaises, & autres meubles.

Les vaisseaux de la compagnie des indes orientales de France, apportent quelquefois à leur retour, certaines manières de coutils que l'on nomme *Bolzas*, qui se tirent ordinairement de Bengale ; les uns de fil de coton, blancs & rayés ; & d'autres à rayes jaunes, de fil de coton écru ; dont les pièces contiennent pour l'ordinaire, 8 aunes de long, sur 7 8es. de large.

Il faut observer que les longueurs & largeurs des coutils, dont il est parlé en cet article, sont toutes réduites sur le pied de l'aune, mesure de paris.

COUVERTE ; (*Fayance & porcelaine*) c'est une substance particulière, blanche, vitreuse, ou facilement vitrescible, qu'on

applique fur la matière dont les pièces de porcelaine font faites ;
& qu'on appelle le *bifcuit* : c'eft fur la couverte qu'on peint.
Ce n'eft pas une découverte facile que celle d'une bonne couverte ; il y en a qui prétendent que la pâte ou le bifcuit d'une
bonne porcelaine ne doit point contenir de fels, & qu'une bonne
couverte ne doit point être métallique. *Encycl.*

COUVERTURE. Ouvrage d'ourdiffage, qu'on étend fur les
draps de lit pour fe garantir du froid pendant la nuit. Les couvertures font ordinairement blanches. Elles fe fabriquent au même métier que le drap, mais elles font croifées comme la ferge.
On exécute aux coins, des couronnes ; & aux bords, des barres. On les foule ; au fortir du foulon on les peigne au chardon.
On en fait à Montpellier une infinité de fortes, diftinguées
par des noms, marques & poids. Il y a les grand-marchands,
blancs & roux, marquées de 3 barres & demie, & du poids de fix
livres au moins, & de 7 au plus, au fortir des mains du pareur,
& prêtes à être tondues. Les paffe-grand-marchands, tant blancs
que roux, marquées de 4 barres & demie, & du poids de 9
livres au moins & de 10 au plus. Les reforme-marchands, blancs
& roux, marquées de 5 barres & demie, & du poids de 11 livres au moins & de 12 au plus. Les extraordinaire-marchands,
blancs & roux, marquées de 6 barres & demie, & du poids
de 13 livres au moins, & de 14 au plus. Les grands-fins, blancs
& roux, marquées de 4 barres, & du poids de 6 livres au moins,
& de 7 au plus. Les paffe-grands-fins, blancs & roux, marquées
de 5 barres, & du poids de 9 liv. au moins, & de 10 au plus. Les
reforme-fins, blancs & roux, marquées de 6 barres, & du poids
de 11 livres au moins, & de 12 au plus. Les extraordinaire-fins,
blancs & roux, marquées de 7 barres, & du poids de 13 livres
au moins, & de 14 au plus. Les paffe-extraordinaire-fins, blancs
& roux, marquées de 8 barres, & du poids de 15 livres au
moins, & de 16 livres & demie au plus. Les repaffe-extraordinaire-fins, blancs & roux, marquées de 9 barres, & du poids
de 17 livres au moins, & de 18 livres & demie au plus. Les grand-
repaffe-extraordinaire-fins, blancs & roux, marquées de 10 barres, & du poids de 19 livres au moins, & de 21 au plus. Les
paffe-grand-repaffe-extraordinaire-fins, blancs & roux, marquées
de 11 barres, & du poids de 23 livres au moins, & de 25 au
plus. Les grandes-fines, blancs & roux, marquées de 12 barres,
& du poids de 23 livres au moins, & de 25 au plus. Les grandes-fines, blancs & roux, marquées de 13 barres, & du poids
de 25 livres au moins, & de 27 au plus. Les grandes-fines, marquées de 14 barres, & du poids de 27 livres au moins, & de

29 au plus. Les grandes-fines marquées de 15 barres, & du poids de 29 livres au moins, & de 31 au plus. Les grandes-fines, tant blancs que roux; marquées de 16 barres, & du poids de 31 livres au moins, & de 32 au plus. Les grandes-fines, marquées de 17 barres, & du poids de 33 liv. au moins, & de 35 au plus : il n'y a point de couvertures au dessus de ce poids. Des peignées, façon d'Angleterre, marquées de 2 croix, & du poids de 10 livres au moins, & de 12 au plus; elles sont de laines fines du pays, ou de laine refin d'Espagne. Des peignées, façon d'Angleterre, marquées de 3 croix, & du poids de 12 livres au moins, & de 14 au plus. Des peignées fines, façon d'Angleterre, marquées de 4 croix, & du poids de 14 livres au moins, & de 16 au plus : elles sont de laine refin du pays ou refin d'Espagne. Des peignées très-fines, façon d'Angleterre, marquées de 5 croix, & du poids de 16 livres au moins, & de 18 au plus. Les mêmes, marquées de 6 croix, & de 18 livres au moins, & de 20 livres au plus. Des couvertures, façon de Rouen, fabriquées de laine de Constantinople, marquées de barres comme les autres & de même poids. Des grises, de poids à la discrétion du marchand, parce qu'elles sont de bas-prix.

Il est ordonné, par *les Réglemens des Manufactures*, que toutes les couvertures soient de bonne laine & de bon poil ; de ne laisser courir aucun fil ; que les peselles en soient retirées par le marchand, en les payant aux tisserands ; qu'elles soient bien foulées, nettoyées, dégorgées, afin qu'elles aient le corps capable de soutenir le garnissage du pareur; que les pareurs les épaississent, les nettoient, en coupent les nœuds avant que de les garnir ; qu'on veillera à ce que les ouvriers n'en tirent aucune suite, bout ou fil de long; que les pareurs les garnissent doucement & sans les effondrer ; qu'elles soient visitées, afin qu'il n'y reste ni trou ni invaladure, ni autre défaut; que les pareurs n'emploient point de cardes de fer, mais seulement des chardons ; & que si on les teint, elles soient teintes en bon teint, sans garance. *Encyclop.*

Il se fabrique quantité de couvertures de laine à Paris & dans quelques Provinces du Royaume, particuliérement en Normandie, en Auvergne & en Languedoc.

Des couvertures de Normandie, celles de Darnetal, proche de Rouen, sont les meilleures & les plus fines ; les couverturiers y mêlant des laines d'Angleterre & d'Espagne avec des laines du pays.

Les couvertures de Vernon, autre ville de Normandie, où il s'en fait aussi beaucoup, sont moins estimées, parce qu'il n'y entre aucune laine étrangère.

Les couvertures de Darnetal fe débitent à Rouen & à Paris ; & pendant la paix dans les pays étrangers : celles de Vernon, à Beauvais, & dans les petites villes d'alentour.

Outre les couvertures de laine qui fe font en France, on en tire auffi quantité des pays étrangers ; entr'autres, de Catalogne, d'Efpagne, de Flandre & d'Angleterre.

Celles de Catalogne, qui font très-belles & très-fines, ont confervé le nom du lieu de leur fabrique. Quelques-uns néanmoins prétendent, que le mot de *Caftalogne*, vient de *Caftalana*, qui fignifie en latin, la *laine des agnelins*, dont on fuppofe que ces couvertures font fabriquées.

On fait auffi des couvertures de lit avec divers plocs ou poils d'animaux, comme du poil de chèvre, du poil de chien & autres.

CRABBE, efpèce d'écrévifle de mer, dont le corps eft orbiculaire, couvert d'une groffe écaille, & qui n'a point de queue. Il s'appelle *cancre* ou *chancre* ; mais ces noms ne font guère plus d'ufage ; celui de *crabbe*, qui dérive également de l'Anglois & du Hollandois, a prévalu, depuis quelque temps, fur les anciens. Il y en a beaucoup près des côtes de Hollande, d'Angleterre & du Dannemarck, où l'on en mange fréquemment dans les bonnes tables. Il y en a de beaucoup d'efpèces dans les mers des Indes, tant orientales qu'occidentales ; mais celles de nos mers du Nord font les meilleures, & leur groffeur tient le milieu entre toutes les efpèces de ce genre ; on en trouve fréquemment dans les marchés, ou les poiffonneries des villes maritimes du Nord. Voy. *l'Encycl.* où toutes les efpèces font défignées.

Crabbes pétrifiés. C'eft une efpèce de corps marin, qu'on trouve fur le rivage de la mer, à certains endroits des côtes du Japon, de la Chine, de l'ifle de Hainan, de quelques-unes des Moluecques, & de la partie méridionale de la côte de Coromandel. C'eft proprement un cadavre de crabbe farci de marne qui, par fucceffion de temps, s'eft durcie ou pétrifiée par les fucs lapidifiques dont l'eau mariné fe trouve remplie.

La rareté de ces crabbes rend le commerce, qui s'en fait dans les Indes, affez lucratif. Les grandes vertus que plufieurs leur attribuent, dans ces pays-là, les y fait affez rechercher. Ils tiennent que c'eft un fpécifique dans les fièvres ardentes, & qu'il en diminue promptement la violence, en corrigeant de plus la caufe prochaine qui les produit. Ils l'eftiment encore bon pour l'afthme ou l'oppreffion, pour les cours de ventre, &c. Je crois qu'on doit feulement le regarder bon dans les cas qui ont befoin d'abforbans ; il peut fervir comme les bézoards. Il eft facile de le broyer & de le prendre, n'ayant rien de dégoûtant. Ce

remède

remède simple a échappé, fans doute, à la plume de M. Lemery. *Mémoires* de M. Garcin.

CRABE ; forte de bois qui vient de l'Amérique, dont on fait
un aſſez bon commerce à la Rochelle. On n'a pu le trouver
parmi les diverſes fortes de bois, dont le Père Labat a parlé
dans ſa relation des iſles Françoiſes, à moins que ce ne ſoit le
bois caraïbe, dont le nom feroit un peu corrompu.

CRAMOISI, rouge cramoiſi. C'eſt une des ſept couleurs rouges de la teinture. Le demi-cramoiſi eſt auſſi une de ces ſept
couleurs. Voyez *rouge* & *couleur.*
      Ce mot vient de l'arabe *kermeſi*, qui a été fait de kermès,
qui ſignifie *rouge.* Les bollandiſtes inſinuent que cramoiſi vient
de *cremone*, & eſt mis pour *crémonois.* Voyez *kermès* & *cochenille.*
      Les étoffes qu'on veut teindre en cramoiſi, après avoir été
dégorgées de leur ſavon & alunées fortement, doivent être miſes
dans un bain de cochenille, chacune ſelon ſa couleur. Voyez
pourpre & *teinture. Encycl.* Voyez auſſi *l'O'rigine des loix, des arts &*
des ſciences, Tome II, pag. 205. in-12.

CRAPAUDINE. C'eſt une pierre précieuſe ou une forte de
pierre qui ſe trouve, à ce qu'on dit, dans la tête des vieux
crapauds. Quelques naturaliſtes veulent que ce ſoit effectivement
un os de ſa tête qui ſe pétrifie : les uns croient qu'elle ſe trouve
dans la tête du crapaud marin, & non du crapaud terreſtre.
      Les anciens médecins l'eſtiment excellente contre les poiſons ;
mais comment ne pas douter de cette vertu, puiſque bien des
gens doutent même de ſon exiſtence ? Quoiqu'il en ſoit, pluſieurs apothicaires, peu inſtruits, ſe vantent d'en avoir, & elle entre même dans le catalogue des drogues de quelques épiciers-
droguiſtes : mais les plus ſincères ne répondent ni de leur vérité, ni de leurs prétendues propriétés contre le mauvais air.
      Les pierres que nous appellons aujourd'hui *crapaudines*, &
qu'on trouve en France dans des montagnes & dans des champs,
ne ſont autre choſe, ſuivant les ſavantes obſervations de M. de
Juſſieu (*a*), que des dents pétrifiées qui viennent d'un poiſſon
du Bréſil, appellé le *grondeur.* Quand on compare les crapau-
dines avec les dents de ce poiſſon, on les trouve tout-à-fait ſemblables dans leurs parties. On met ces dents pétrifiées au rang
des pierres précieuſes du ſecond ordre, & on leur a attribué des
vertus chymériques ; & cela d'autant plus qu'on a cru pendant

(*a*) Voyez les *Mémoires de l'Acad. des Sciences*, ann. 1723.
Tome II.   P

long-temps qu'elles naiſſoient dans les têtes des crapauds. Il ſemble, ſur ce qu'en dit Lemery, qu'il a cru qu'elles étoient produites dans le terrein même, où on les trouve. M. Garcin.

CRAVATES. Il vient des Indes orientales, particulièrement de Bengale, certaines mouſſelines ou toiles de coton blanches, appellées *cravates*, parce qu'on s'en ſert ordinairement à faire des cravates.

Ces mouſſelines ſont de deux ſortes ; les unes brodées de fil de coton blanc ; les autres rayées auſſi de fil de coton blanc.

Les brodées ſont de 8 cravates à la pièce ; chaque cravate longue d'une aune 3 8mes., & large de 7 16mes.

Les rayées ſont de 10 cravates à la pièce ; chaque cravate d'une aune 1 tiers, d'une aune 1 quart, & d'une aune 3 8mes. de long, ſur diverſes largeurs, depuis 6 16mes. Voyez *Mouſſeline.*

En Novembre, 1748, la compagnie de Hollande a vendu 47 ſols la pièce des cravates de Bengale.

CRAYE, *creta* ; c'eſt une pierre calcaire, plus ou moins friable, qui s'attache à la langue, colore les mains ; ſa couleur eſt blanche, cependant elle varie quelquefois en raiſon des matières minérales étrangères qui y ſont jointes. Les parties qui compoſent la craye, ſont comme farineuſes, & faciles à détacher les unes des autres.

De tous les ſentimens ſur la formation de la craye, il n'y en a point qui approche plus de la démonſtration, que celui de ceux qui ne regardent la craye que comme formée des débris de coquilles. En effet, pour peu qu'on conſidère les parties qui la compoſent, on y découvrira toujours des veſtiges de coquilles qui en forment le tiſſu. Quelques auteurs ont rejetté ce ſentiment, fondés ſur ce qu'il n'étoit point poſſible d'imaginer que des coquilles euſſent pu former des montagnes auſſi conſidérables que le ſont celles qu'on trouve remplies de craye ; mais ſi on fait attention à l'énorme quantité de coquilles qui ſont renfermées dans le ſein de la terre & aux couches immenſes qu'on en trouve, la ſurpriſe ceſſera, & l'on verra qu'il n'y a rien de plus naturel que la formation que nous venons d'aſſigner à la craye. Cela poſé, la craye doit ſon origine à la terre animale.

Les principales propriétés de la craye ſont de faire efferveſcence avec tous les acides, & d'être changée en chaux par l'action du feu ; propriétés qui lui ſont communes avec toutes les terres ou pierres calcaires qui ont d'ailleurs la même origine, & c'eſt à ces deux qualités que l'on doit reconnoître la craye ; c'eſt par elles qu'on la diſtinguera d'une infinité d'autres ſubſtances argilleuses & talqueuses , &c. à qui les naturalistes ont donné mal-à-propos le nom de craye , à cause d'une ressemblance légère & extérieure qu'elles ont avec la craye véritable dont nous parlons. M. Wallérius compte huit espèces de craye : 1°. la craye blanche ; 2°. la craye d'Angleterre qui fait une effervescence considérable avec l'eau froide : 3°. la craye d'un blanc-sale ; 4°. le lait de Lune ; 5°. le guhr ou la craye coulante ; 6°. la craye en poussière ; 7°. la craye rouge ; 8°. la craye verte ; mais toutes ces différentes espèces ne diffèrent entr'elles que par le plus ou le moins de liaison de leurs parties , par la couleur & par d'autres qualités purement accidentelles.

Quoique la craye n'ait pas beaucoup de solidité , on ne laisse point que de s'en servir avec succès pour bâtir , & tout le monde sait que presque toute la ville de Reims en champagne est bâtie de cette espèce de pierre.

Personne n'ignore les usages de la craye pour le dessin , pour la fertilisation des terres , & l'on trouvera dans la lithogéognosie de M. Pott , p. 17 & suiv. les différens effets qu'elle produit dans le feu , lorsqu'on la fait entrer en fusion avec des matières vitrifiables. *Encyclop.*

La craye qui vient de Champagne , dont elle porte le nom , n'est connue chez les marchands épiciers & autres qui la vendent , que sous celui de *craye de Champagne.*

Il y a des carrières de craye en Angleterre , à Kent , à Surrey , à Essex , à Hartford , à Bark , à Extort & à Wilt.

La craye sert à blanchir la vaisselle , les cuirs , les étoffes de laine. Quantité d'ouvriers l'emploient aussi à marquer ou à dessiner leurs ouvrages.

Craye de Briançon ; c'est une pierre talqueuse , grasse au toucher , qui paroît composée de petites lames ou de feuillets , ce qui ne l'empêche point d'être assez solide & compacte. Sa couleur est ou blanche ou tirant sur le verd ; elle est réfractuaire au feu & ne se dissout point dans les acides.

Les tailleurs se servent de la craye de Briançon pour tracer des lignes légères sur les étoffes.

Quelques médecins ordonnent la craye de Briançon , comme absorbant ou comme astringent ; Mais il paroît qu'elle ne peut nullement remplir ces vues , puisque c'est une substance talqueuse , insoluble dans les acides des premières voies , & incapable , par conséquent , de passer dans l'économie animale , en s'unissant aux humeurs. *Encycl.*

Cette craye se tire de quelques carrières des environs de briançon , ville de Dauphiné , d'où elle a pris son nom.

Craye rouge. Espèce de bol Arménien commun , mais , en tout , inférieur au véritable bol d'Arménie, étant très-frêle & très-aifé à rompre. La meilleure croît en Egypte & autour de Carthage : on en trouve aux Indes occidentales, mais la plus grande partie de celle qui en vient, n'eft que de l'ochre brûlé & converti en craye.

Les charpentiers & autres ouvriers en bois fe fervoient anciennement de craye rouge, pour marquer les différentes pièces des affemblages auxquels ils travailloient, & c'eft de-là que cette craye s'appelloit en latin *rubrica fabrilis.* Préfentement ces ouvriers n'emploient plus à cet ufage que la pierre noire & la craye blanche.

CRAYON; c'eft un nom générique par lequel on défigne plufieurs fubftances terreufes, pierreufes, minérales & colorées dont on fe fert pour tracer des lignes, deffiner, peindre au paftel; telles font la craye, la fanguine ou hématite, la pierre noire. Voyez ces mots & *Paftel.*

On donne plus particulièrement le nom de crayons à la *blende*, ou *mine de plomb*, *molybdena*, qui eft un minéral contenant quelquefois du zinc, & qui réfifte très-fort à l'action du feu. Voyez *Blende.* On coupe la mine de plomb en morceaux quarrés, longs & menus, pour les revêtir de bois & en faire les crayons ordinaires, ou bien on les taille & on leur donne une forme propre à être mis dans un porte-crayon : cette fubftance fe trouve en plufieurs endroits de l'Europe; cependant il y a du choix. Les meilleurs crayons font ceux qui nous viennent d'Angleterre; on les fait avec une efpèce de blende, ou mine de plomb très-pure, non-mêlée de fable ou de matières étrangères; elle fe taille aifément, & quand on l'a taillée, elle reffemble à du plomb fraîchement coupé; celle qui n'a point ces qualités, n'eft pas propre à faire de bons crayons. La mine qui fournit le bon crayon d'Angleterre, eft dans la province de Cumberland, à peu de diftance de Carlile : elle eft unique dans fon efpèce, & le gouvernement en a pris un foin tout particulier. L'exportation de cette mine eft défendue fous des peines très-rigoureufes, avant que d'être employée en crayons. Perfonne n'ignore l'ufage du crayon dans le deffin, &c.

Crayon rouge : ce n'eft que de la fanguine ou de l'ochre rouge. Voyez ces articles. *Encycl.*

Les marchands de crayons préparent & compofent les divers crayons, qui fervent à peindre en paftel, & qui ne font autre chofe que divers bois, ou terres de couleurs pulvérifées & réduites en pâte, avec un peu d'eau gommée.

CREME DE TARTRE, qu'on nomme auffi *Cryftal de tartre.*

C'eft du tartre préparé de certaine manière, mais différente, fuivant que cette drogue doit fervir, ou à la médecine, ou à la teinture. Les teinturiers du grand teint la mettent au nombre de drogues non colorantes. Voyez *Tartre.*

CRÊPE ; étoffe non croifée, très-claire & très-légère, en forme de gaze, compofée d'une chaîne, & d'une trame d'une foie greze ou grège ; c'eft-à-dire, telle qu'elle a été levée de deffus les cocons des vers qui l'ont produite ; fi ce n'eft qu'elle a été torfe fur le moulin, ou rouet, avant que d'être mife en œuvre.

Les crêpes fe fabriquent avec la navette fur un métier à deux marches, de même que les gazes, les étamines, & autres femblables étoffes qui n'ont point de croifure.

Il y a des crêpes crêpés, & des crêpes liffés ou unis ; les uns doubles, & les autres fimples.

La foie deftinée pour les crêpes crêpés, eft toujours plus torfe que celle qui s'emploie pour les liffés, n'y ayant que le plus ou le moins du retors de la foie, & particulièrement de celle de la chaîne qui produife le crêpage ; ce qui fe fait, lorfqu'au fortir du métier, on trempe l'étoffe dans l'eau claire, & qu'on la frotte avec un morceau de cire fait exprès ; ce qui s'appelle lui donner le crêpe, ou la crêper.

Les crêpes, foit crêpés, foit liffés, fe blanchiffent ou fe teignent en noir fur l'écru à froid, & s'apprêtent enfuite avec de l'eau gommée.

Les uns & les autres fervent à marquer le deuil qu'on porte de la mort de quelqu'un ; les liffés pour les petits deuils, & les crêpés pour les grands deuils ; en obfervant que les blancs ne s'emploient que pour les jeunes perfonnes du premier âge, ou qui font vouées à la Ste. Vierge; ce qui s'appelle vulgairement, *vouées au blanc.*

L'invention des crêpes vient de Bologne en Italie. Elle fut apportée en France vers l'an 1667 par le nommé Bourgev, ou, comme prétendent d'autres, par Jacques Dupuis, qui en fit fabriquer le premier à Lyon, ville de fa naiffance, en conféquence d'un privilège exclufif, qui lui fut accordé par le roi pour un certain temps. Mais à l'expiration de ce privilège, il fut permis à tous les ouvriers en draps d'or, d'argent & de foie, d'en faire, non-feulement à Lyon, mais encore à Paris & à Tours. Cependant ç'a toujours été la ville de Lyon qui a confervé en France le fort de la fabrique & du négoce de cette forte de marchandife, ne s'en faifant que très-peu dans les autres villes du Royaume.

Les crêpes, tant crêpés que liffés, doubles ou fimples, ont des largeurs différentes, qui fe diftinguent par des numéros, qui

P 3

vont toujours en augmentant de deux en deux pour les longueurs, & d'environ 1 32me. d'aune de Paris pour les largeurs par chaque numero ; & cela depuis N°. 2 jusqu'à N°. 36, ce qui fait 18 fortes de numéros ; fçavoir :

N°. 2, qui eft le plus étroit, N°. 4, N°. 6, N°. 8, N°. 10, N°. 12, N°. 14, N°. 16, N°. 18, N°. 20, N°. 22. N°. 24, N°. 26, N°. 28, N°. 30, N°. 32, N°. 34, N°. 36, qui eft le plus large.

Il ne fe fait guère de crêpes doubles qu'en grande largeur ; leur deftination étant pour faire des voiles, des écharpes, des capes & des coëffes pour les femmes qui font obligées de porter le grand deuil.

Quoiqu'il fe fabrique à Lyon une très-grande quantité de crêpes de toutes les façons, même d'une très-grande beauté, & dont on fait affez d'eftime ; il faut cependant avouer que les véritables Bolognes ont toujours confervé fur eux la préférence, foit à caufe de leur grande fineffe, foit auffi pour l'apprêt que les ouvriers Lyonnois ne peuvent parfaitement imiter.

En Italie, les crêpes fe vendent au poids, fur le pied de tant, l'once : ils fe pefent avant que d'être teints ou blanchis, crêpés & gommés ; enforte que ces différens apprêts fe paient féparément du poids.

Pour ce qui eft de ceux de Lyon, ils fe vendent par numéros ; comme N°. 2, deux fols l'aune ; N°. 4, quatre fols l'aune, & ainfi en augmentant toujours de deux fols, jufqu'au N°. 36, ce qui fe dit feulement par proportion, & pour fervir d'exemple ; les crêpes augmentant ou diminuant de prix comme les autres étoffes, fuivant la rareté ou l'abondance de la foie.

Les crêpes crêpés, tant doubles que fimples, fe mefurent en écru ; c'eft-à-dire, au fortir du métier, & avant que d'être teints ou blanchis, crêpés & gommés, & fe vendent par les marchands groffiers de France fur ce premier aunage, qui eft marqué fur un petit plomb que le fabricant a appliqué à l'un des bouts de la pièce : ce qui fe fait à caufe que la teinture, le blanchiffage, & les autres apprêts en diminuent beaucoup la longueur.

Les crêpes fimples contiennent environ 32 aunes, mefure de Paris, & les doubles environ 38 aunes, auffi mefure de Paris. Les uns & les autres fe coupent en deux, & s'envoient roulés par paquets de deux demi-pièces liées enfemble, couverts d'un papier blanc, fur lequel eft marqué le nom du fabricant, avec la marque, le numéro & l'aunage. Les mêmes chofes s'obfervent à l'égard des crêpes liffés, tant doubles que fimples.

Les ouvriers Lyonnois, pour faire mieux valoir leurs crêpes, font dans l'ufage de mettre fur les paquets, au lieu de leurs véritables noms, ceux des plus fameux fabricans de Bologne : ce qui, en bonne police, ne devroit point être toléré.

Il y a auffi à Lyon certains marchands qui, fous des noms empruntés de fabricans, tirent de Bologne des crêpes en écru, qu'ils font teindre ou blanchir, crêper & gommer eux-mêmes par une efpèce de ménage, pour les revendre enfuite avec plus de profit, fous le titre de crêpes de Bologne, quoique la teinture, le blanchiffage & les apprêts n'en foient ni fi bons, ni fi beaux que ceux qui fe donnent en Italie. C'eft encore une efpèce de tromperie qu'on ne devroit point fouffrir.

Il fe fabrique à Lyon & à Avignon des efpèces de crêpes liffés, entièrement de foie, larges de 5 8mes. d'aune ou d'une demie aune jufte, fur 80 à 82 aunes de longueur, mefure de Paris, dont les femmes fe fervent auffi pour le deuil. On leur donne plus ordinairement le nom d'*Etamine de foie*.

CREPINE, ouvrage du métier de paffementier. C'eft un ouvrage à jour par le haut, & pendant par le bas en grands filets ou franges, qui fe travaille avec l'aiguille, le crochet, la brochette, les pinces & le fufeau à liffer.

Il fe fait des crépines de différentes couleurs, nuances & façons : de grandes & de petites, de doubles & de fimples.

Les matières les plus ordinaires qu'on y emploie font l'or, l'argent, la foie, le fleuret, la laine, le lin & le chanvre filé : on y fait auffi entrer du fil de fer ou de laiton.

Leur ufage eft pour enrichir les ornemens d'églife, les meubles, les carroffes, les chaifes roulantes & à porteurs, &c.

On les cloue ou on les coud fur les étoffes, de manière que les filets ou franges tombent toujours perpendiculairement.

CREPON, étoffe crêpée non croifée, toute de laine, dont celle de la chaîne eft filée plus torfe que celle de la trame ; ce qui en fait la crêpure.

Le crépon fe fabrique fur un métier à deux marches, ainfi que les étamines & autres pareilles étoffes, qui n'ont ni façons, ni croifures.

Il fe tire des crépons de divers endroits, tant de France que des pays étrangers, & leurs longueurs & largeurs font différentes, fuivant les lieux où ils ont été fabriqués.

Ceux de Zurich en Suiffe, qui font les plus forts de tous, & dont il fe faifoit autrefois un négoce & une confommation affez confidérable en France, ont 3 8mes. d'aune de large, fur environ 26 aunes de longueur, mefure de Paris. Ils viennent prefque tous, ou en blanc, ou en noir, ordinairement bon teint.

Les blancs, qui se teignent en diverses couleurs, comme rouge, couleur de feu, violet, bleu, &c. s'emploient à faire plusieurs vêtemens pour les cardinaux, les évêques, les gens de palais & les femmes : les noirs servent à faire des habits pour les gens d'église, des robes de palais, des habits de veuves, &c.

Les uns & les autres se tirent presque tous de Lyon ; quelques marchands Suisses, qui y sont établis, les faisant venir en gros de Zurich, & en faisant des magasins, pour les revendre ensuite aux négocians, soit de Lyon même, soit des autres provinces, ou des pays étrangers.

Il se fait à Amiens des crépons blancs, de laine rayée de fil, dont la chaîne doit être de 35 portées de 12 fils ou buhots, chacune, d'une demi-aune un pouce de largeur, & de 22 aunes de longueur, conformément à l'Art. 9 de l'arrêt du Conseil d'Etat du 17 Mars 1717, portant réglement pour les manufactures d'Amiens.

Le Languedoc, & particulièrement la ville de Castres, fournit certains petits crépons fort légers & peu crêpés, qui sont d'une demi-aune juste ou de 11 24mes. d'aune de large, mesure de Paris, dont les femmes se font des habits pour l'été. Ces sortes de crépons, qui se teignent en différentes couleurs, étoient autrefois en vogue, & il s'en consommoit beaucoup à Paris & dans le reste du Royaume ; mais à présent la mode en est presque passée.

Il se fabrique en Flandres, & sur-tout à Turcoing & à Lille, quantité de petits crépons fort légers, de différentes couleurs, les uns pleins ou unis, & les autres rayés qui sont presque tous destinés pour l'Espagne.

Ceux de Turcoing sont fort fins, & ont pour l'ordinaire 3 8mes. d'aune de large, sur environ 48 aunes de longueur, mesure de Paris : & ceux de Lille, qui sont beaucoup plus communs, ont, les uns 3 8mes., & les autres 7 16mes. sur la même longueur que ceux de Turcoing.

On appelle *crépon d'Angleterre*, ou *Etamines jaspées*, certaines espèces d'étamines un peu crêpées, en soie & en laine, qui se manufacturent pour l'ordinaire à Alençon, à Angers & à Amiens.

On donne encore le nom de *crépon* à une sorte de petite étoffe crêpée très-légère, toute de soie torse, tant en chaîne qu'en trame, teinte sur l'écru, dont les meilleures viennent de Naples en Italie. Ceux du pays l'appellent *ritorti*. Il ne s'en voit guère en France de cette espèce, la consommation en étant peu considérable.

Le réglement de l'année 1667, fait pour les manufactures de draps d'or, d'argent & de soie, des villes de Paris, de Lyon & de

Tours, porte que les crapaudailles feront, tant en chaîne qu'en trame, de bonne & pure soie.

Il vient aussi des Indes Orientales quelques crépons de soie, qui ne sont pas beaucoup estimés, & dont il ne se fait qu'un très-médiocre débit. Les crépons de la Chine sont plus beaux & de meilleure qualité : il y en a de blancs & d'autres rayés de bleu : les rayés de bleu se nomment *souches* ou *souffies*.

CRES, toile de lin qui se fabrique à Morlaix en Bretagne & aux environs. Il y en a de communes qu'on appelle *Rosconnes*, *Gratiennes*, *Pedernecqs*, *Landernaux*, *Plougastel*, *Saint-Paul*, *Plouvigneaux*, *Prats*, & qui ont une demi-aune de Paris de largeur. Les autres sont ou de 2 tiers justes, ou de 3 quarts justes. *Encycl.*

Il s'en fait aussi en Flandres, & les Anglois en portent beaucoup aux isles Canaries.

CRESEAU, étoffe de laine croisée, qui est une espèce de grosse serge à deux envers, & à poil des deux côtés.

Les creseaux se tirent presque tous d'Angleterre & d'Ecosse, où ils sont aussi appellés *Kersey*. Cette étoffe se fabrique particulièrement dans la province de Kent. Leur largeur la plus ordinaire est de 5 8mes d'aune, les pièces contenant les unes 17 à 18 aunes, & les autres 22 à 24 aunes, le tout mesure de Paris. Il y en a de gros & de fins, quelquefois blancs, & quelquefois teints en différentes couleurs. La Hollande en consomme beaucoup, sur-tout de celle qui est bleue, pour l'habillement de leurs troupes ou milices. Les Hollandois la nomment *Karsay*, de Kersey en Anglois.

Il s'en fait aussi en France & en Hollande, particulièrement à Leyde. Les Kerseys d'Angleterre ne peuvent entrer en Hollande qu'en blanc ou teintes en laine ; celles apprêtées ou teintes, après avoir été levées du métier, y étant du nombre des marchandises de contrebande. Les pièces en blanc sont de 15 à 16 aunes de long, ou de 30 à 32 ; & celles teintes en laine depuis 16 jusqu'à 17 aunes, ou de 32 jusqu'à 34. Les Kerseys d'Ecosse sont de 12 aunes mesurées en doubles ; & celles de Leyde de 30 aunes.

CRETONNE. Sorte de toile blanche qui se fabrique en Normandie du côté de Lizieux. Les cretonnes, ainsi appellées du nom de celui qui en a fabriqué le premier, ont la chaîne de chanvre & la trame de lin.

Leurs largeurs ordinaires, sont de 2 tiers, de 7 8mes, d'une

aune, d'une aune 1 8me., d'une aune un quart, & d'une aune
& demie. La longueur des pièces eſt depuis 70 juſqu'à 84 aunes, meſure de Paris.

Il s'en fait de fines, de moyennes & de groſſes, qui s'emploient
en draps, ſerviettes & napes, & en chemiſes pour hommes &
pour femmes. Elles ſe conſomment preſque toutes en France,
mais particulièrement à Paris.

CREUSET. Le creuſet eſt un vaiſſeau de terre, dont la forme la plus ordinaire eſt celle d'un gobelet, qui eſt employé par
les chymiſtes pour exécuter diverſes opérations qui demandent un
feu violent, & des vaiſſeaux ouverts, ou, qu'on n'eſt pas obligé
de fermer très-exactement. Les opérations qui s'exécutent dans
les creuſets ordinaires, ſont la fuſion & la calcination des ſels,
la fixation du nitre par différentes matières, la fuſion, la calcination, la réduction, la cimentation & l'alliage des ſubſtances
métalliques, la vitrification de leurs chaux, la préparation des
régules, la combinaiſon du ſoufre avec les ſubſtances alkalines,
la formation du ſoufre artificiel, la fuſion des terres & des
pierres, &c.

Les creuſets employés dans quelques arts chymiques, qui s'occupent de quelqu'une des opérations que nous venons d'indiquer,
ſont des creuſets de cette eſpèce ; tels ſont les creuſets des verreries, ceux dont on ſe ſert pour la préparation du cuivre jaune, &c.

On donne des formes particulières aux creuſets qu'on emploie dans les eſſais des mines, & qu'on appelle, à cauſe de cet
uſage, *creuſets d'eſſai*.

Les qualités eſſentielles d'un bon creuſet, ſont celles-ci : il doit
réſiſter au plus grand feu, ſans ſe caſſer & ſans ſe fendre ; il ne
doit rien fournir aux matières que l'on traite dedans ; & enfin
il ne doit pas être pénétré par ces matières, ni les laiſſer échapper à travers ſes pores, ou à travers des trous ſenſibles qu'elles
ſe pratiquent dans leurs parois & dans leur fond.

La matière la plus propre à former des creuſets qui réuniſſent,
dans le plus grand nombre de cas, les trois conditions que nous
venons d'aſſigner, eſt une excellente terre glaiſe, purifiée de
toute terre calcaire, & mêlée d'un peu de ſable. Cette matière
étant bien préparée, & cuite avec ſoin, prend une dureté conſidérable, & ſes parties ſe lient par une ſorte de demi-vitrification.

La terre cuite réduite en poudre, celle des fragmens de vieux
creuſets, par exemple, mêlée à de la bonne argille, fournit un
mélange très-propre à donner de bons creuſets.

Mais ce n'eſt proprement qu'à l'expérience aveugle & au ta-

tonnement qu'on doit les meilleurs creufets qu'on emploie dans
les laboratoires, & ce n'eft prefque que par ce moyen que l'on
peut encore raifonnablement tenter de les perfectionner.

On prévient facilement l'inconvénient qui pourroit dépendre
de ce qu'un creufet feroit fujet à caffer ou à fe fendre, en l'é-
chauffant & le laiffant refroidir avec précaution ; ce n'eft que dans
un petit nombre de cas qu'il peut nuire, comme fourniffant quelque principe aux matières qu'il contient (je ne connois guère de
changement effentiel obfervé, qui dépende de cette caufe, que la
réduction du plomb, opérée par la craye dans une expérience de
M. Pott, d'après laquelle cet habile chymifte a condamné la
prétention de quelques auteurs qui avoient écrit qu'un morceau
de craye creux, étoit un excellent creufet pour tenir en fonte le
verre de plomb); mais le grand défaut des creufets ordinaires,
c'eft d'être entamés, pénétrés, & percés par certaines fubftances,
entre lefquelles le fel marin, l'alkali fixe ordinaire, & le verre
de plomb font les plus connues ; enforte que tenir long-temps le
fel marin, le fel de tartre, & le verre de plomb en fonte, c'eft-
là l'éloge éminent pour un creufet.

Les creufets d'Allemagne, & fur-tout ceux de Heffe, ont été
long-temps fameux parmi les chymiftes de toutes les nations ;
nous ne nous en fervons prefque plus en France, parceque nous
en avons de meilleurs. Les creufets ordinaires des fournaliftes de
Paris font généralement bons pour toutes les opérations ordinaires ; mais ils ne tiennent pas long-temps les fels & les verres de
plomb, épreuve que les creufets d'Allemagne ne foutiennent pas
non plus. Les meilleurs creufets d'Allemagne n'ont pu réfifter à
certains mélanges très-fufibles, que M. Pott a traités dans ces vaiffeaux ; il y a apparence que les nôtres ne feroient pas plus propres aux mêmes expériences.

M. Rouelle a éprouvé, depuis quelques années, que les petits
pots de grès dans lefquels on porte à Paris le beurre de Bretagne, & qu'on trouve chez tous les potiers, fous le nom de *pots
à beurre*, étoient les plus excellens creufets qu'on pût employer,
& qu'ils pouvoient remplir les défirs de plufieurs chymiftes, qui
ayant des prétentions fur le verre de plomb, fe font plaints de
n'avoir point de vaiffeaux qui le puffent long-temps tenir en
fonte.

Quelques chymiftes ont employé des creufets doubles, c'eft-
à-dire, un creufet emboîté jufte dans un autre creufet, pour expofer à un feu long-temps continué, des mélanges difficiles à
contenir ; M. Pott a eu recours avec fuccès à cet expédient.
Voyez *la Lithogéognofie*.

On fait une efpèce de *defcenfum* en plaçant l'un fur l'autre deux creufets, dont le fupérieur a le fond percé de plufieurs trous, & adapté exactement à l'ouverture de l'inférieur; cet appareil eſt principalement employé à retirer l'antimoine de ſa mine. Voyez *Antimoine.*

On ſe ſert très-commodément d'un creuſet comme d'une capfule à bain de ſable, dans plufieurs opérations, par exemple, dans la fublimation en petit. *Encycl.*

Les creufets de terre, qui ſervent au monnoïage, & dans lefquels on peut feulement mettre l'or en fuſion, parcequ'il s'aigriroit dans ceux de fer, tiennent depuis 100 jufqu'à 400 marcs; quoique pourtant on ne ſe ſerve que de ceux de 100, qu'on n'emplit pas même entièrement, tant pour la commodité du braſſage, que pour celle du fondeur, quand il eſt obligé de les verſer dans les moules; comme auſſi pour éviter la perte d'une matière ſi précieuſe, ſi le creuſet venoit à ſe caſſer. *Encycl.*

Voici une autre manière de faire des creufets, qui n'eſt pas indiquée dans l'*Encycl.*

Qu'on prenne, ſi l'on veut faire des creufets, des teſſons de pots de grès, qu'on les pulvériſe, qu'on les paſſe au travers d'un tamis de ſoie très-fin, & le plus fin qu'il ſe pourra; qu'on humecte enſuite cette poudre fubtiliſée, avec de l'eau; & pour la lier ſeulement, qu'on y ajoute de la terre glaiſe, autant qu'il en faudra pour donner corps aux teſſons de grès pulvériſés; moins on en mettra, & meilleurs ſeront les creufets.

Mais ſi l'on veut faire d'excellens creufets, qui ſurpaſſent même ceux d'Allemagne, ſi l'on veut faire des pots qui ſervent à la fabrique des glaces & aux verreries, voici un moyen d'en faire, dont, par manière de parler, on ne verra jamais la fin.

Pour procéder régulièrement à une opération ſi importante pour toutes les perſonnes qui ont à travailler avec le feu, nous dirons d'abord, qu'il faut choiſir une bonne terre glaiſe franche, & nullement mélangée; qu'enſuite cette terre doit être lavée, & toute paſſée au travers du crible, pour en ſéparer les pierrettes, ſuppoſé qu'il y en ait, & qu'enfin on la doit dépoſer dans des auges, conſtruites à cet uſage, qui doivent être couvertes, afin qu'aucune ſaleté ne s'y incorpore.

Dans les pays où l'on eſt à portée des carrières où ſe taillent les meules à émoudre les dites pierres de grès, on n'a qu'à faire ramaſſer les écailles qu'on fait ſauter des rochers d'où l'on tire ces pierres, les faire briſer ou pulvériſer, & laver, pour en faire ſortir tout ce qui n'eſt pas grès; & cela ſe fait très-facilement, en mettant ce qui a été pilé dans des baquets pleins d'eau, qu'on braſſe enſuite & qu'on fait découler pour la jetter: en réitérant cette opération jufqu'à ce que l'eau ſoit claire, on ſera aſſuré d'avoir du grès parfaitement net & fans aucun mélange de terre : on laiſſera ſécher ce grès paſſablement pulvériſé, & on le réduira en poudre auſſi fine qu'il ſera poſſible, qu'on tamiſera au travers d'un tamis de ſoie très-fin, obſervant de ne pas perdre la fine pouſſière qui eſt ce qu'il y a de meilleur; & pour cela, on fera cette dernière opération dans un endroit à l'abri des vents. On prendra enſuite de cette poudre, qu'on liera avec de la terre glaiſe apprêtée, obſervant de n'en mettre qu'autant qu'il en faut pour lier toutes les petites particules de grès; moins on en mettra, & meilleurs ſeront nos pots & nos creuſets : on en mettra pourtant ſuffiſamment pour former une eſpèce de pâte qui ſe puiſſe façonner ſur le tour à Potier, de manière à en former des creuſets, & pour cela il ſera néceſſaire d'en mettre encore une aſſez grande quantité, ce qui ne portera aucun préjudice pour des creuſets ordinaires, qui n'ont pas à ſoutenir une grande violence de feu; mais pour ceux qui, au contraire, doivent être expoſés à des feux d'une longue durée, il faut, dans la compoſition, en retrancher conſidérablement la terre glaiſe; & comme alors ils ne ſe pourroient pas travailler au tour, ou que la pâte n'auroit pas aſſez de conſiſtance pour pouvoir ſe laiſſer contourner, on les formera dans des moules de bois auxquels on aura donné la forme des creuſets que l'on déſire avoir. Si cette dernière opération eſt un peu plus longue, elle eſt auſſi préférable pour la bonté des creuſets à ceux qui ſont fabriqués au tour; & quant à la manière de former les creuſets & les pots pour les verreries, on compoſera des pâtes qu'on roulera de la même manière qu'on roule la pâte pour la pâtiſſerie, on la coupera enſuite par bandes d'une grandeur & d'une figure proportionnées aux vaſes à conſtruire, qu'on collera & joindra enſemble avec le même mélange de terre dont les creuſets ſeront compoſés. On les laiſſera enſuite ſécher à l'ombre, & après qu'ils ſeront parfaitement ſecs, on les fera cuire dans un four à potier, juſqu'à ce qu'ils aient acquis une couleur blanchâtre; & pour s'aſſurer qu'ils ſont parvenus au point de cuiſſon néceſſaire, on ménagera dans le four à potier une petite porte par laquelle on pourra retirer des eſſais des pâtes qu'on y aura mis à portée, pour en pouvoir être retirés au bout d'un certain temps de cuiſſon, & au moyen de l'examen qu'on en fera, l'on connoîtra ſi l'ouvrage entier eſt cuit ou non : on aura ſoin de caſſer ces morceaux d'eſſai qu'on tirera, pour s'aſſurer ſi l'intérieur de la caſſure eſt de la même couleur que l'extérieur; car ſi le dehors étoit blanc, & que l'intérieur fût encore rougeâtre, il faudroit continuer le feu juſqu'à ce que, tirant encore une autre pièce d'eſſai, l'on voie, tant en dehors qu'en dedans, une même couleur blanchâtre, ce qui dénotera la perfection de la cuiſſon.

Si l'on obferve, avec exactitude, ce que nous venons de rapporter, fi l'on choifit des terres glaifes d'une nature à pouvoir
déja foutenir par elles-mêmes un certain degré de feu, comme
celle, par exemple, dont on fait de bonnes briques ou tuiles ;
qu'on l'épure parfaitement par différentes lotions ; qu'on choi-
fiffe après de bonnes pierres de grès, qu'on les prépare avec foin,
qu'on faffe les mêlanges comme nous l'avons indiqué, qu'on
cuife ces mêlanges avec attention, on peut efpérer d'avoir des
pots & des creufets à l'épreuve de quel feu que ce foit : rien ne
les vitrifiera, quelqu'activité que l'on donne au feu.

Si ces mêlanges font propres à la conftruction des pots &
des creufets, quels ufages n'en tirera-t-on pas pour la conftruction
des fourneaux à fondre de l'artillerie, ou pour telle autre chofe
qu'on défirera ? On fera des briques avec ces mêmes mêlanges,
& l'on en formera des parois, des voûtes, & des coupelles à
contenir le métal en fonte : on n'aura jamais à craindre aucune
vitrification. Rien n'eft plus fimple que l'opération que nous venons de décrire ; mais elle demande d'être faite avec beaucoup
de foin, fi l'on veut retirer le fruit attendu de fon travail.

Si on avoit foin d'enduire les creufets de fer dont on fe fert
dans les hôtels des monnoies pour fondre l'argent, le billon & le
cuivre, fi l'on avoit foin de les enduire du mêlange ci-deffus,
on les conferveroit infiniment ; fi l'on prend ce parti, on aura
foin de les enduire, après les avoir fait un peu chauffer ; ils feront d'abord fecs, & l'on pourra s'en fervir une heure après les
avoir paffés. Il feroit encore convenable d'enduire de même les
cuilliers dont on fe fert pour puifer dans ces grands creufets le
métal fondu ; c'eft une économie qu'on peut faire, fans qu'il en
coûte ni grands foins, ni grands fraix.

Les creufets de fer font faits en manière de petits feaux fans
anfes, d'un fer bien forgé & bien battu : on y fond l'argent, le
billon & le cuivre dans les hôtels des monnoies, & il n'y a guère
que là où ils foient en ufage ; il y en a qui contiennent jufqu'à
1500 marcs de métal, & même quelquefois 1700. Voyez ci-
deffus.

On ne déplace pas ces fortes de creufets de deffus les fourneaux,
quand on veut couler les lames, mais on y prend le métal avec
de longues cuilliers, dont le cuilleron eft de fer, d'un demi-
pied & plus de diamètre, & prefque d'autant de profondeur,
avec un manche de bois de fix pieds de long, du côté par où
on le prend.

A l'égard des creufets dont fe fervent les orfèvres & les
fondeurs en fable, ils approchent beaucoup des creufets des mon-
noïeurs ; pour ceux des chymiftes & des autres ouvriers, ils font

de toutes grandeurs, fuivant la qualité des fontes qu'ils entreprennent.

Les doreurs fur métal fe fervent auffi de creufets pour amalgamer l'or moulu avec le vif argent. Voyez *Dorure au feu.*

CRIN ; long poil qui croît au cou & à la queue des chevaux ou jumens, & qui leur fert d'ornement.

Quoiqu'il femble que le crin foit un petit objet pour le commerce, on ne laiffe pas d'en faire à Paris, dans plufieurs provinces du royaume & ailleurs, un négoce, & une confommation très-confidérable par rapport aux différens ufages auxquels un fort grand nombre d'ouvriers & artifans l'emploient.

Le crin plat, c'eft-à-dire celui qui eft encore tel qu'il a été tiré du cheval & de la jument, dont celui de la queue eft le plus eftimé, étant le plus fort & le plus long, s'emploie à fabriquer une forte de toile très-claire qu'on nomme *rapatelle* dont on fe fert pour faire des tamis ou fas.

Ce crin fert auffi à faire des hères qui font des efpèces de tiffus ou étoffes très-groffières, les unes propres aux religieux & les autres utiles aux braffeurs de bière.

Les perruquiers en font pareillement entrer dans la monture de leurs perruques : les luthiers en mettent aux archets de leurs inftrumens, pour en faire réfonner les cordes de boyaux ; & les pêcheurs en font des lignes pour prendre le poiffon.

On en fait auffi de très-beaux boutons, des leffes & des cordons de chapeaux, des braffelets, des bagues, des aigrettes de chevaux, des broffes à peignes, des vergettes & autres femblables ouvrages, pour plufieurs defquels il fe teint en différentes couleurs, comme brun, rouge, verd, bleu, &c.

Enfin les cordiers en font des cordes, en le mêlant avec du chanvre, defquelles on fe fert pour l'ordinaire à faire des licous de chevaux, ou pour étendre du linge pour le faire fécher.

Quand le crin à été crêpi, c'eft-à-dire cordé & bouilli pour le faire frifer, ce qui eft encore l'ouvrage des cordiers, il fert aux tapiffiers à faire des fommiers, des matelats & des couffins, à rembourrer des chaifes, des fauteuils, des tabourets, des formes ou banquettes & autres femblables meubles ; aux felliers pour mettre dans leurs carroffes, felles & couffinets ; aux bourreliers, pour rembourrer les bâts des chevaux & mulets, & les fellettes des chevaux des chaifes roulantes & charettes.

Crin. On appelle auffi crin, certains longs poils qui fe trouvent vers le bout de la queue des bœufs & vaches.

Cette forte de crin, quoique de beaucoup inférieur en qualité à celui des chevaux & jumens, ne laiffe pas cependant, quand il a été bien cordé, crêpi & préparé, d'être employé par les tapissiers & autres ouvriers & artisans qui le mêlent avec du crin de cheval ou de jument.

Les crins, soit plats ou frisés, se tirent de tous les pays où il y a des chevaux & des jumens, des bœufs & des vaches ; mais quoique la France soit féconde en ces sortes d'animaux, elle ne laisse cependant pas de faire venir beaucoup de crin des pays étrangers. L'Irlande est l'endroit de l'Europe qui en fournit le plus. Il s'en tire néanmoins considérablement de Hollande ; ce pays étant regardé comme le magasin principal de cette sorte de marchandise.

Le crin véritable de Hollande est fort estimé. Il égale, même en qualité, celui d'Irlande, quoique ce dernier passe ordinairement pour le meilleur de tous ; mais pour celui de Russie, dont les Hollandois font un assez grand négoce, il n'est pas à beaucoup près comparable aux premiers.

Les crins noirs & blancs font estimés les meilleurs, parce qu'ils font tous de cheval, ou de jument, sans mêlange d'autres crins.

Pour ce qui est des crins gris, c'est-à-dire, ceux qui font mêlés de blanc, de noir, de gris, & de rouge, ils font de beaucoup inférieurs en qualité aux noirs & aux blancs, n'étant pour l'ordinaire que de bœufs ou de vaches, mêlés avec quelques mauvais crins de chevaux & de jumens.

Paris & Rouen font les lieux où le crin se frise le mieux ; mais sur-tout Paris. Il en vient cependant beaucoup de tout frisés de Dublin en Irlande ; mais comme la frisure en est trop grossière, & qu'on ne l'a pas fait assez longtemps bouillir, cela est cause que, nonobstant sa bonne qualité naturelle, on l'estime bien moins que celui qui se prépare à Paris & à Rouen, de quelqu'endroit qu'il puisse avoir été tiré.

Il vient aussi d'Allemagne quantité de crins frisés qui, en apparence, valent mieux que ceux de France ; mais dans le fond, ils ne font pas, à beaucoup près, si bons, étant extrêmement courts, mêlés de soies ou poils de porc ; ce qui les rend plus durs & moins propres à conserver leur frisure.

On vend à Amsterdam deux sortes de crin ; du crin de Russie & du crin du pays.

CRYSTAL, CRYSTAUX ou CRYSTALLISATIONS, (*Hist. nat. min.*). Dans l'histoire naturelle on nomme crystal ou crystaux, toutes les substances minérales qui prennent d'elles-mêmes, & sans le secours de l'art, une figure constante & déterminée : il y a donc autant de différentes espèces de crystaux, qu'il y a de substances qui affectent une figure régulière : un grand nombre

bre

bre de pierres calcaires , gypfeufes, vitrifiables , réfraꞔaires de métaux , de demi-métaux ; les pyriftes , le foufre , &c. font dans ce cas , & prennent une forme diftinꞔive à laquelle il eft aifé de les reconnoître.

La figure des cryftaux varie confidérablement dans le règne minéral , & il feroit trop long d'en faire ici l'énumération. En parlant de chaque fubftance fufceptible de cryftallifation , on indiquera la figure que ces cryftaux affeꞔent le plus ordinairement. Les Naturaliftes ont été partagés fur la caufe de ces variétés. M. Linneus a prétendu que les criftaux en étoient redevables aux différens fels qui entroient dans leur compofition , & qui , felon lui , en déterminent la figure. Sur ce principe , il appelle chaque cryftal du nom du fel avec lequel il a le plus d'analogie. C'eft ainfi , par exemple , qu'il nomme le cryftal de roche (*nitrum quartzofum album*) à caufe de la conformité de fa figure avec celle des cryftaux de nitre.

Ce fyftême eft réfuté par M. Wallérius qui foupçonne que c'eft la bafe, c'eft-à-dire la fubftance terreufe ou métallique à laquelle l'acide s'eft uni, qui détermine la figure des cryftaux. Il s'appuie , dans fa conjeꞔure , fur ce que la plupart des métaux mis en diffolution dans les différens acides , donnent conftamment des cryftaux d'une figure uniforme , & propres au métal avec lequel l'acide a été combiné. Ce même naturalifte fe fonde encore fut ce qu'un grand nombre de métaux affeꞔent toujours dans leur minéralifation une figure certaine & déterminée. C'eft ainfi que le plomb dans fa mine prend toujours une forme cubique , l'étain une forme polygone , &c. Voyez la *minéralogie de* Wallérius , tom I , pag. 228 , & fuiv.

Sans entrer dans la difcuffion de ces différens fentimens , il paroît qu'on n'a point encore fait affez d'obfervations pour décider la queftion ; il fuffit de remarquer qu'il y a lieu de croire que c'eft fouvent l'une de ces caufes , fouvent l'autre, quelquefois toutes les deux à la fois , quelquefois enfin des accidens qui femblent concourir à la figure des différens cryftaux.

De même que les cryftaux diffèrent les uns des autres par la figure , on y remarque auffi une grande variété par les couleurs. Les naturaliftes appellent communément , *fluores* , les cryftaux colorés de quelque nature qu'ils foient ; c'eft ainfi qu'ils appellent les cryftaux de fpath colorés , *fluores fpathici* , &c. Il n'eft point douteux que les couleurs, que nous voyons dans les différens cryftaux, ne viennent des fubftances métalliques mifes en diffolution dans le fein de la terre, & entraînées par les eaux, ou élevées, en forme de vapeurs, qui font venues fe joindre à la matière encore liquide dont les cryftaux doivent être formés

Tome II. Q

En effet, la chimie fuffit pour nous convaincre que la plupart des métaux fourniffent des couleurs qui leur font propres : c'eft ainfi que le cuivre diffous dans quelques diffolvans, donne du verd, & du bleu dans d'autres ; le plomb donne du jaune, le fer donne du rouge, &c. Souvent la couleur pénètre entièrement les cryftaux ; quelquefois elle n'y eft attachée que fuperficiellement, & elle forme une efpèce d'enduit qui les couvre; d'autres fois, n'ayant pas été en quantité fuffifante pour colorer tout le cryftal, il y en a une partie qui eft reftée blanche & tranfparente, tandis qu'une autre eft parfaitement colorée. Souvent on trouve des pyrites & des particules terreufes ou métalliques attachées à la furface des cryftaux ; il y a lieu de croire que ces fubftances font venues s'y joindre après que les cryftaux ont été tous formés, ou avoient déja acquis une confiftance trop folide pour que les parties colorantes puffent pénétrer jufque dans leur intérieur.

Par ce qui vient d'être dit dans cet article, on voit qu'il y a autant de cryftaux différens qu'il y a de pierres & de fubftances minérales propres à prendre une figure régulière & déterminée. Ces cryftaux confervent toujours les propriétés des pierres de leur genre. C'eft ainfi que, par exemple, les criftaux calcaires ont la propriété de fe changer en chaux par la calcination, & de fe diffoudre dans les acides; les pierres gypfeufes cryftallifées font changées en plâtre par l'action du feu, & ainfi des autres efpèces. La cryftallifation leur fait prendre feulement une figure déterminée, fans rien changer à leurs qualités effentielles.

Les différentes efpèces de cryftaux fe forment dans prefque toutes les parties de la terre, & particulièrement dans les mines, dans les cavités des montagnes, où la matière, dont ils ont été formés a été entrainée par les eaux qui ont trouvé paffage par les fentes de la terre; on en rencontre dans les creux de quelques pierres qui en font quelquefois entiérement tapiffées ; dans les cornes d'Ammon & autres coquilles foffiles, dont fouvent ils rempliffent la capacité, &c. Quelquefois les cryftaux font folitaires, mais, plus ordinairement, il y en a plufieurs qui forment un grouppe & partent d'une bafe ou racine commune : quelquefois il y en a deux ou plufieurs qui fe confondent, & préfentent par-là une figure extraordinaire qui leur eft purement accidentelle. *Encycl.*

Cryftal d'Iflande. On donne ce nom à une efpèce de fpath calcaire, tranfparent comme du cryftal de roche; dont la figure eft rhomboïdale : c'eft un parallélipipède compofé de 6 parallélogrammes & de 8 angles folides, dont 4 font aigus & 4 obtus; & à quelque dégré de petiteffe qu'on réduife les parties de cette pierre, on y remarque conftamment cette figure à l'aide d'un microfcope. Le cryftal d'Iflande paroît formé d'un affemblage de lames ou de feuillets, femblables à ceux du talc ou de la pierre fpéculaire; il fe diffout dans l'eau-forte & les autres acides. Quand on le calcine dans un creufet, il pétille & fe divife en une infinité de petits rhomboïdes; après quoi il s'échauffe avec l'eau comme toutes les pierres calcaires, après qu'elles ont été calcinées à un feu violent. Après fa calcination il fait phofphore, & répand une odeur *d'hépar fulphuris* affez fenfible. Mais la propriété la plus remarquable du cryftal d'Iflande, c'eft de faire paroître doubles les objets qu'on voit au travers.

Cette pierre eft nommée *cryftal d'Iflande*, parcequ'elle fe trouve en plufieurs endroits de cette ifle, & fur-tout au pied d'une montagne proche de Roer-Floerde au 61e. dégré de latitude. C'eft Érafme Bartholin qui l'a fait connoître le premier, en en donnant un traité particulier. Quelques auteurs ont cru que c'étoit une pierre talqueufe, à caufe de fon tiffu feuilleté; d'autres l'ont regardé comme une efpèce de félénite : ce qu'il y a de conftant, c'eft que le vrai cryftal d'Iflande eft un fpath calcaire; & il ne faut point le confondre avec d'autres fubftances qui lui reffemblent par la figure rhomboïdale & par la tranfparence, mais qui en diffèrent par d'autres propriétés. *Voyez la continuation de la Lithogéognofie de* M. Pott pag. 226 *& fuiv.* Encycl. & *Mercure Danois, Mai,* 1753, *p.* 325. Voyez auffi le *Journal Écon.* 1759, p. 53.

CRYSTAL DE ROCHE, *cryftallus montana* ; on nomme *cryftal de roche* ou *cryftal* par excellence, une pierre figurée, tranfparente, non colorée, qui a la forme d'un prifme à fix côtés, terminé à fes deux extrémités par une pyramide exagone, quand la formation eft parfaite.

Dans la définition du *cryftal de roche*, nous venons de dire que c'étoit un prifme ou une colonne à fix côtés, terminée par deux pyramides : cependant cette règle fouffre des exceptions. En effet, il y a du cryftal de roche dans lequel on ne remarque que la pyramide fupérieure, fans qu'on apperçoive de prifme ou de colonne. On en voit d'autre qui n'eft compofé que de deux pyramides qui fe réuniffent par la bafe fans prifme ni colonne intermédiaires : on en trouve très-fréquemment qui a le prifme & une pyramide exagone, fans qu'on puiffe appercevoir la pyramide inférieure, qui fouvent eft cachée & confondue dans la pierre qui lui fert de matrice ou de bafe. Quand on remarque dans le cryftal de roche, une autre figure que celle d'un prifme exagone, il y a lieu de croire que cela vient de ce que deux

ou plusieurs crystaux sont venus à se joindre, & se sont confondus dans leur formation.

Il y a des crystaux de roche dont les parties sont si étroitement unies, qu'il est impossible d'en remarquer le tissu, tandis
que dans d'autres on peut voir distinctement qu'ils sont composés de lames ou de couches, qui ont été successivement appliquées les unes sur les autres, en conservant la régularité de leur
figure.

En général, c'est toujours le quartz qui sert de base ou de matrice au crystal de roche, & c'est dans cette pierre qu'il se forme
constamment ; d'où l'on pourroit conjecturer avec beaucoup de
vraisemblance que le crystal de roche n'est autre chose qu'un
quartz plus épuré qui, par différentes circonstances qui concou-
rent à la crystallisation, a été disposé à prendre une figure régulière & déterminée.

Le crystal de roche se trouve dans toutes les parties du monde :
en Europe c'est la Suisse, & sur-tout le mont Saint-Gothard qui
en fournit la plus grande quantité. Suivant le rapport de Scheuchzer, il s'y est trouvé des crystaux qui pesoient jusqu'à 250 livres.
Ce sçavant Naturaliste observe que plus le lieu d'où on le tire est
élevé, plus le crystal est parfait, pur, & précieux. Voici, suivant lui, les signes auxquels ceux qui recueillent le crystal en
Suisse, reconnoissent les endroits où ils pourront en trouver. 1°.
On fait attention aux veines de quartz blanc qui, si on les suit,
conduisent à des roches dont les cavités sont remplies de crystaux. 2°. Les grosses roches, ou pierres remplies de bosses, en
contiennent très-fréquemment. 3°. Les ouvriers font attention
au son que rendent ces roches ou pierres creuses, lorsqu'on les
frappe avec le marteau ; ce son est différent de celui des pierres
pleines & sans cavités. 4°. On reconnoit encore à la simple vue,
les pierres qui contiennent du crystal de roche ; elles sont blanchâtres, très-dures, & ne sont jamais calcaires.

On trouve quelquefois du crystal de roche en pleine campagne, & presque à la surface de la terre ; mais ce n'est point le
lieu de sa formation : il y a été porté par les torrens ou par d'autres accidens ; dans ce cas, très-souvent on n'y remarque plus de
figure régulière, & il ressemble pour la forme aux caillous ordinaires. On en a vu de cette espèce en Angleterre, qui étoient
d'une dureté extraordinaire. On en trouve encore dans le lit des
rivières ; celui-là est quelquefois arrondi, parceque le roulement
& le mouvement des eaux lui ont fait prendre cette figure. Les
caillous de Médoc paroissent être dans ce cas. Le crystal de roche varie extrêmement pour la grandeur ; quelquefois il est en
colonnes détachées, d'autres fois il est en grouppes, & ne pré-

fente qu'une infinité de pyramides exagones, placées les unes à côté des autres. Souvent, en brifant des caillous, on y trouve des cavités remplies de cryftaux : d'autres fois on rencontre des prifmes exagones, ou des pyramides détachées ; mais il y a tout lieu de croire que c'eft par quelque accident qu'elles ont été féparées de la matrice dans laquelle elles ont été formées. Il fe trouve de grandes maffes de cryftal de roche dans l'ifle de Madagafcar ; (à Sumatra &c.) fi l'on en croit les relations de quelques voyageurs, on en a tiré des morceaux de fix pieds de long, de quatre de large, fur autant d'épaiffeur. *Voyez l'hiftoire générale des voyages, tom. VIII. p. 620.* Il y a lieu de penfer, fi ce fait eft vrai, que ces maffes ne font autre chofe que du quartz tranfparent dans lequel les colonnes de cryftal fe font formées. On peut dire la même chofe du cryftal de roche, dans lequel quelques auteurs difent qu'on rencontre une cavité exagone, qui y a été faite par une colonne de cryftal exagone, qui en ayant été arrachée par quelque accident, y a laiffé fon empreinte. Le cryftal que Langius appelle *cryftallus cariofa*, & qui eft rempli de trous, n'eft probablement que du quartz qui a fervi de bafe à des cryftaux.

Pour que le cryftal de roche foit parfait, on exige qu'il foit clair & tranfparent comme de l'eau, & qu'il n'ait ni couleur, ni taches, ni crevaffes : celui qui a toutes ces qualités étoit trèseftimé des anciens qui en faifoient différens vafes dont le prix étoit très-confidérable. Aujourd'hui l'ufage en eft moins commun parmi nous ; cependant on admire encore les beaux luftres de cryftal de roche : mais ceux que l'on fait à préfent, font ordinairement de verre de Bohême. On leur donne la préférence, à caufe que le prix en eft moins haut. *Encycl.*

Celui du Bréfil, qui nous vient fous la forme de dez à jouer, n'eft pas moins eftimé. On fait pareillement cas du cryftal de Briftol en Angleterre & de celui de Madagafcar. Il nous en vient de Valdajox dans les Vofges ; du mont de la Quarre, près de Remiremont, en Lorraine ; de la Salle de S. Pierre, près du château de Cavoyac, dans le comté d'Alais ; de la paroiffe de Saudras, au même pays ; de Durbans, près de Narbonne, &c. Les diamans d'Alençon font de vrais cryftaux qui fe trouvent dans une pierre nommé *Artrey*, du nom d'un village voifin, où font les carrières qui les produifent. *Journ. Econom.* 1759, p. 52.

Les curieux en hiftoire naturelle recherchent, par préférence, pour orner leurs cabinets, des morceaux de cryftal de roche, accompagnés d'accidens, c'eft-à-dire, qui renferment des corps étrangers, tels que du bois, des plantes, des gouttes d'eau, &c. *Encycl.*

Q ꝫ

M. Bourguet eſt le premier qui a découvert la figure des molécules cryſtallines, leſquelles ſont toujours triangulaires. Il a expliqué le méchaniſme de leurs arrangemens & de leur union en cryſtaux. Voyez *ſes Lettres Philoſophiques ſur la formation des ſels & des cryſtaux.* Voyez auſſi ce qu'en a dit M. de Reaumur dans *l'Hiſtoire de l'Académie*, ann. 1721.

Le cryſtal ſe taille & ſe grave de la même manière, avec les mêmes inſtrumens, & par les mêmes ouvriers, que le diamant & les autres pierres précieuſes.

Un grand nombre de naturaliſtes ont cru que le cryſtal de roche étoit la baſe des pierres précieuſes; & ce ſentiment n'a rien que de très-probable, puiſque réellement il n'en diffère que par la dureté: d'ailleurs, il eſt ſuſceptible de recevoir, comme elles, différentes couleurs dans le ſein de la terre. Quand le cryſtal de roche eſt coloré, on lui donne ſouvent le nom de *fauſſe pierre précieuſe* (*pſeudo-gemma*,) ou bien, on l'appelle du nom de la pierre précieuſe à laquelle il reſſemble par la couleur, en y ajoutant l'épithète de faux; c'eſt ainſi qu'on nomme *faux rubis* le cryſtal de roche rouge; *faux ſaphir*, celui qui eſt bleu; *fauſſe émeraude*, celui qui eſt verd, &c. Il y a auſſi du cryſtal brun & noir; ce dernier eſt aſſez rare: mais tous ces cryſtaux ne diffèrent du cryſtal de roche ordinaire que par la couleur qui leur eſt purement accidentelle.

On peut auſſi colorer le cryſtal de roche par art: en voici le procédé, ſuivant Néri. On prend deux onces d'orpiment & autant d'arſenic blanc, une once d'antimoine crû & autant de ſel ammoniac; on pulvériſe ces matières, on les mêle bien exactement, & on les met dans un creuſet aſſez grand; on place pardeſſus ce mêlange des morceaux de cryſtal de roche; on couvre le creuſet d'un autre creuſet renverſé, au fond duquel eſt une petite ouverture pour laiſſer paſſage à la fumée qui eſt dangereuſe; on les lutte avec ſoin; enſuite on place le creuſet qui contient les matières dans un fourneau au milieu des charbons; on laiſſe le feu s'allumer peu à peu; & quand il ſera une fois allumé, on le laiſſera continuer juſqu'à ce qu'il s'éteigne de lui-même: on laiſſera refroidir le tout; pour lors on retirera du creuſet les morceaux de cryſtal qui ſeront de différentes couleurs, de topaſe, de rubis, de chryſolite, &c. mais Kunckel prétend avec raiſon que cette couleur ne pénètre point le cryſtal, & ne s'y attache que ſuperficiellement. Voyez *l'Art de la Verrerie*, pag. 167.

Les propriétés du cryſtal de roche ſont les mêmes que celles de toutes les pierres qu'on nomme *vitrifiables*, c'eſt-à-dire, de donner des étincelles, lorſqu'on les frappe avec un briquet d'a-

cier , & d'entrer en fufion lorſqu'on y mêle une certaine quantité d'alkali fixe : on s'en eſt quelquefois fervi pour imiter les
pierres précieuſes ; pour lors on y joint deux ou trois parties de
plomb , pour en faciliter la fufion , avec quelques fubſtances métalliques propres à donner au mêlange la couleur qu'on demande.

Bécher prétend avoir connu un diſſolvant , au moyen duquel
il réduiſoit le cryſtal en une maſſe gélatineuſe, tranſparente , propre à recevoir toutes fortes de formes comme la cire. Voyez
Becheri *Phyſica ſubterranea* , pag. 65. L'art de la verrerie nous
fournit les moyens d'imiter , par art, le cryſtal de roche. Voyez
l'article fuivant.

Cryſtal factice. Pour faire un beau cryſtal , qui n'eſt proprement qu'un beau verre blanc , il eſt important de commencer
par bien purifier la potaſſe qu'on veut y faire entrer ; ce qui
ſe fait , en la diſſolvant , dans de l'eau bien claire , en laiſſant
tomber au fond du vaſe , où l'on fait diſſoudre ce ſel , toutes
les ſaletés qui peuvent s'y trouver : on décante enſuite l'eau , on
la filtre , on la met enſuite évaporer à ſiccité , on caſſe en morceaux le ſel qui reſte , & on le fait calciner doucement ; on le
diſſout de nouveau dans l'eau , qu'on filtre de nouveau ; plus
on réitère ces opérations, plus le cryſtal qu'on veut faire ſera
blanc & clair ; mais lorſqu'on veut donner une couleur au cryſtal , une ſeule purification ſuffira.

L'on prend enſuite des caillous , (les meilleurs ſont les pierres
à fuſil noires,) on les fait rougir au fourneau , & lorſqu'elles
ſont bien rouges , on les éteint dans l'eau froide : cette opération les rend plus tendres & plus friables , on la fait donc à pluſieurs repriſes , après quoi on les réduit en une poudre impalpable dans un mortier de marbre , car ceux qui ſont de métaux ne valent rien pour cet uſage , parce qu'il ſe détache toujours quelques particules métalliques qui contribuent à ternir
l'éclat & la blancheur du cryſtal : par la même raiſon , le pilon
doit être de bois. Lorſque les caillous calcinés ſont réduits en
une poudre bien fine , & nettoyés de toute ſaleté par de fré-
quentes lotions , on met cette poudre ſécher , en obſervant de la
ranger à l'abri de toute ordure.

Les choſes ainſi diſpoſées , on prend 60 livres de ces caillous en poudre , & 46 livres de ſel alkali fixe purifié , comme il
a été dit ci-deſſus ; on les mêle enſemble bien exactement ſur
une table de marbre , & on les met en fuſion dans un creuſet
ou pot placé au fourneau de verrerie : plus le mêlange y reſte ,
plus le cryſtal devient beau ; cependant , en général , quatre
jours ſuffiſent , pourvu que le feu ſoit violent ; & au bout de
ſe temps , le cryſtal eſt en état d'être travaillé.

Q 4

Outre cette méthode qui eſt de Néri , dans ſon *Art de la Verrerie*, le célèbre Kunckel en donne quelques autres dans ſon commentaire ſur le même ouvrage ; on a crû les devoir joindre ici. Voici la première.

Prenez 150 livres de ſable blanc très-fin & bien purifié , ou , ce qui vaut encore mieux , de caillous préparés , comme on l'a dit ci-deſſus, 100 livres de po aſſe bien pur fiée , 20 livres de craie , 5 onces de bonne maganeſe : on mêle exactement ces matières , on les laiſſe long-temps en fuſion ; on aura par ce moyen un cryſtal très-beau. Si les matières dont on s'eſt ſervi ont été bien purifiées , le cryſtal ſera toujours fort blanc & tranſparent. On peut s'en ſervir pour contrefaire toutes ſortes de pierres précieuſes tranſparentes , en y portant les matières colorantes propres à chaque pierre précieuſe qu'on veut imiter.

Si on veut préparer un cryſtal propre à contrefaire les pierres précieuſes non tranſparentes , telles que les turquoiſes , les agates , les jaſpes, &c. voici la méthode que Kunckel indique.

On prendra 60 livres de ſable ou de caillous blancs pulvériſés & préparés , comme nous avons dit , 40 livres de potaſſe , 10 livres d'os ou de corne de cerf calcinée ; on aura ſoin de bien mêler ces différentes matières , qu'on mettra en fuſion : ce cryſtal au ſortir du fourneau eſt clair & tranſparent ; mais lorſqu'on l'a travaillé , ſi on le remet au feu, il devient opale ou d'un blanc de lait , à proportion du plus ou du moins de corne de cerf ou d'os calcinés qu'on y aura fait entrer, & ſuivant qu'on le remet au feu plus ou moins ſouvent.

Voici une autre manière qui eſt plus coûteuſe , mais qui fournit un cryſtal encore plus beau : c'eſt de prendre 130 livres de caillous blancs ou de pierres à fuſil, calcinés & préparés , 70 livres de ſalpêtre purifié & pulvériſé , 12 livres de borax , 12 livres de tartre purifié , 5 livres d'arſenic , 15 livres d'os ou de corne de cerf , plus ou moins à volonté : c'eſt-à-dire , que ſi on ne veut qu'une couleur opale , 12 livres ſuffiront ; ſi on veut le cryſtal d'un blanc d'ivoire ou de lait, on peut y en faire entrer davantage ; c'eſt à chacun à en faire l'épreuve en petit. Cette dernière manière eſt la meilleure pour contrefaire toutes ſortes de pierres précieuſes non tranſparentes : ces différentes recettes ſont tirées de *l'Art de la Verrerie* de Néri , Merret , & Kunckel , p. 100 , & ſuiv. & pag. 149. *de la traduction françoiſe.* Encycl.

Les plus beaux cryſtaux factices ſe tirent de Veniſe. Le négoce en étoit autrefois conſidérable , ſoit pour les glaces de miroirs , ſoit pour les verres dont on ſe ſert pour boire , & il s'en conſommoit en France pour de grandes ſommes. Mais depuis l'établiſſement de la manufacture des glaces, en France , dont le volume est si extraordinaire, on ne fait plus d'état de celles de Venise, quoique certainement plus fines & plus claires, mais aussi moins sûres pour bien rendre les objets.

A l'égard des verres, les fins gourmets s'étant imaginés que le vin étoit plus fin & plus délicieux dans de la simple fougère, à peine sçait-on en France ce que c'est que des verres de Venise.

Il y a à Paris une manufacture de cryftaux gravés & ciselés, dont on parle ailleurs. Voyez *Glace*, *Miroir*, *Verre*, & *Graveur sur pierres précieuses*. Voyez aussi *Uftariz*, Théorie & prat. du commerce & de la marine, ch. LXII.

Cryftal, (*Horlog.*) signifie aussi *un petit verre circulaire & bombé qui s'ajuste dans la lunette d'une boîte de montre ou de pendule*. Il doit être approchant d'égale épaisseur par-tout, afin qu'il n'y ait point de réfraction. Avant qu'on eût pensé à en faire, les boîtes de montres avoient deux fonds, & l'on étoit obligé d'ouvrir la boîte pour voir l'heure. On a commencé à en faire vers la fin du siècle passé ; les meilleurs viennent d'Angleterre : on prétend qu'ils se percent sur le touret des graveurs en pierres fines. Voyez *Gravure en pierres fines*. Encycl.

CRYSTALIN. C'est une espèce de verre, qu'on fait avec de la soude d'alicante & du sablon vitrifiés ensemble. Les orfèvres & rocailleurs s'en servent comme de corps & de matière, pour faire les émaux clairs & les verres brillans qu'ils soufflent à la lampe, pour les mêler avec les émaux faits d'étain. Voyez *Email*.

CUBEBE, qu'on nomme autrement *poivre à queue*. Les cubébes sont des fruits ou des grains desséchés, sphériques, semblables au poivre, quelquefois un peu plus gros, qui ont un pédicule long & mince, dont l'écorce est d'un gris brun, ridée, quelquefois sans rides, & unie avec une coque mince, fragile qui, dans sa cavité, contient une graine arrondie, noirâtre en dehors, & blanche en dedans, d'une faveur agréable, aromatique, moins âcre que le poivre, vive cependant, & qui attire beaucoup de salive.

On nous apporte deux espèces de cubébes ; les unes sont mûres ; les autres sont cueillies avant la maturité. Celles qui ne font pas mûres, sont légères, ridées, leur noyau est petit & flasque. Celles qui font mûres, ont la superficie égale ; leur noyau est gras, c'est pourquoi elles sont plus pesantes. On les apporte de l'isle de Java : celles qui font récentes, grosses & pesantes, font les meilleures. La plante qui porte les cubébes est sarmenteuse, grimpante.

Les Indiens font un grand usage des cubébes macérées dans

le vin, pour s'exciter à l'amour, & les peuples de l'isle de Java pour échauffer l'estomac.

Suivant l'*Encyclopédie*, la plante des cubébes n'est pas encore bien connue, & les Indiens les font bouillir avant que de les vendre, afin qu'on ne puisse les semer.

Leurs propriétés dans la médécine se trouve dans Geoffroi *mat. medica* & l'*Encycl.*

Les cubébes se vendoient à Amsterdam depuis 65 jusqu'à 70 f. la livre. On tare les caisses: les déductions sont de deux pour cent pour le bon poids, & d'un pour cent pour le prompt paiement. En 1748, le prix en a été de 11 & 1 quart à 14 sols & demi, la livre, & en 1759 à 1761. 20 sols, & la compagnie en a reçu 3400 liv.

CUIR FOSSILE. C'est une espèce d'amiante fort légère : les fibres ou filets qui composent cette pierre sont flexibles, & s'entrelacent de manière qu'ils forment comme des feuillets. M. Wallerius en distingue deux variétés; la première est le *cuir fossile grossier*: la seconde est le *cuir fossile fin* : ce dernier est composé de feuillets fort minces qui le font ressembler à du papier gris, ce qui fait qu'on le nomme aussi *papier fossile* (*papyrus montana.*) Voy. *la minéralogie de* Wallerius, *tome I. pag.* 266, & *suiv.* Encycl.

Cuir. C'est la peau des animaux différemment préparée, suivant les divers usages à quoi elle peut être destinée ; comme pour faire des meubles, des bottes & bottines, des souliers & pantoufles, des harnois de chevaux, des baudriers, ceinturons & bandoulières, des seaux pour puiser de l'eau; pour couvrir des livres des coffres, des malles, des carrosses, des chaises roulantes, & à porteurs, &c. Voyez *Peau.*

Les cuirs ont divers noms, qu'ils prennent, ou de l'état actuel où ils sont, ou de leurs différentes espèces, qualités & apprêts, ou des pays d'où ils viennent, ou dont la fabrique a été imitée: c'est ce qui se trouvera ci-après expliqué.

Cuir verd, qu'on nomme aussi *cuir crud*, ou *cuir frais*, est un cuir qui n'a reçu aucune préparation, étant encore tel qu'il a été levé par le boucher de dessus le corps de l'animal.

Cuir salé. C'est un cuir verd, qu'on a salé avec du sel marin, & de l'alun, ou avec du natron qui est une espèce de salpêtre, ou soude blanche, pour empêcher qu'il ne se corrompe, soit en le gardant trop long-temps dans les caves, soit en le transportant dans les tanneries éloignées, pendant les grandes chaleurs.

Cuirs secs à poil. Ce sont pour l'ordinaire des peaux de bœufs, de vaches, ou de bufles, soit privés, ou sauvages, qu'on a fait sécher, sans en avoir ôté le poil, ou bourre, après qu'ils ont été levés de dessus le corps de ces différens animaux.

Prefque tous les cuirs fecs à poil, qui fe voient en France, font des pays étrangers, d'où ils font envoyés fans tête, fans jambes, & fans queue, pliés en deux fur leur longueur, le poil en dehors.

Les endroits qui en fourniffent le plus, font le Pérou, l'ifle St. Domingue, la Barbarie, le Cap Verd, le Sénégal, la Ruffie, l'Irlande & l'Ifle de Cuba en Amérique, appartenant aux Efpagnols.

Ceux de ce dernier endroit font les plus eftimés ; on les nomme *cuirs de la Havane*, du nom de la capitale de l'Ifle, où on les porte, afin d'être embarqués pour l'Efpagne, d'où ils paffent dans les autres royaumes de l'Europe.

Ils s'apprêtent au Port-au-Prince, ville champêtre, au milieu des prairies, où les Efpagnols ont quantité de *hatos*, qui font des lieux où ils nourriffent des bêtes à corne, pour en avoir le fuif & les cuirs ; & des *materias*, qui font des endroits, où les boucaniers, ou chaffeurs, fe retirent pour tuer des bêtes fauvages, & y faire fécher les cuirs.

Cuir tanné, eft un cuir verd, ou falé, ou fec, dont on a fait tomber le poil dans le plain, par le moyen de la chaux détrempée avec de l'eau, & qui a été enfuite mis dans la foffe au tan. Voyez *Tanner*

. *Cuir plaqué*, eft un cuir fort, ou gros cuir qui, après avoir été tanné, a été féché à l'air, & nettoyé de fon tan.

Les tanneurs mettent ces fortes de cuirs dans des lieux ni trop humides, ni trop fecs, bien étendus & empilés les uns fur les autres, avec de groffes pierres, ou poids pardeffus pour les bien redreffer & applatir, & c'eft cette dernière façon qui leur a fait donner le nom de *cuirs plaqués*. Voyez *Tanner*.

Cuir fort. Ce font de gros cuirs tels que ceux de bœufs, de vaches, d'orignal, & autres qui ont été préparés dans le plain avec la chaux, & enfuite dans la foffe avec le tan. On les appelle forts, pour les diftinguer des autres cuirs plus foibles, comme ceux de veaux, de moutons, d'agneaux, de chèvres, & autres femblables.

Les cuirs de vaches, tannés en fort, font ceux qu'on n'a pas paffés en coudrement, mais qui ont été tannés à la manière des cuirs forts. Voyez *Tanner. Encycl.*

Cuir coudré, ou *Cuir paffé en coudrement*. C'eft un cuir de vache, de cheval ou de veau, qu'on a étendu dans une cuve, où l'on a jetté de l'eau chaude, & du tan pardeffus, pour le rougir, ou coudrer, & pour lui donner le grain.

On ne donne cet apprêt au cuir qu'après l'avoir fait paffer par le plain, & avant de le mettre dans la foffe avec le tan. Voyez *Tanner.*

Cuir en croute, eſt un cuir de vache, de cheval ou de veau ; qui a été plané, coudré & tanné, & qu'on a fait ſécher, après avoir été tiré de la foſſe au tan.

Cuir corroyé, eſt un cuir qui, après avoir été pelé, coudré & tanné, a paſſé par les mains du corroyeur, artiſan qui lui a donné les dernières préparations, pour le diſpoſer à être employé par ceux qui le mettent en uſage.

Le corroyeurs font de deux ſortes d'apprêts. Le premier en vache graſſe, blanche ou noire, qui eſt celui de France : & le ſecond en vache ſèche, blanche ou noire, qu'ils ont tiré des Anglois : ce qui les fait appeller, *Vaches façon d'Angleterre*.

Il faut remarquer que l'apprêt de la vache graſſe blanche, eſt le même que celui de la vache graſſe noire, n'y ayant de différence que la couleur noire qu'on donne à l'une & qu'on ne donne point à l'autre. Il en eſt de même de la vache ſèche blanche, & de la vache ſèche noire. Ces divers apprêts des corroyeurs vont être ci-après expliqués.

Apprêt de la vache graſſe.

Quand le cuir de vaches a été tiré des mains du tanneur, on jette d'abord de l'eau deſſus avec un balai, pour l'imbiber peu à peu; après, on le foule aux pieds & au maillet, puis on le met ſur le chevalet, où il eſt écharné avec un couteau, dont le tranchant eſt un peu renverſé, qui s'appelle couteau à revers, afin qu'il ne morde point trop, en obſervant de ne point toucher du côté de la fleur, c'eſt-à-dire du côté où le poil a été.

Enſuite, on le fait ſécher & on le remouille, & refoule de nouveau avec les pieds & le maillet, & on le tire à la pomelle ſur une longue table. Voyez *Pomelle*.

Si l'on veut noircir le cuir, on fait de la couleur avec de la bière ſure, ou aigre, dans laquelle on jette des morceaux de vieille féraille, ce qu'on appelle du noir de rouille : & avec une eſpèce d'éponge faite de l'aine, nommée *gipon*, on prend de cette couleur, dont on donne trois couches au cuir. Après qu'on lui a donné la première & la ſeconde couche, on le remouille & refoule, comme il a déja été dit; puis on lui donne la troiſième couche, & on le tire encore à la pomelle pour le dreſſer, le rendre plus doux, & en faire paroître le grain : c'eſt ce que les corroyeurs appellent crêpir le cuir; & c'eſt ce grain qu'on apperçoit ſur toute la ſuperficie des cuirs de vaches du côté de la fleur, qui les fait quelquefois nommer cuirs, ou peaux de vaches en grain.

Enſuite on met le cuir en ſuif, dans lequel il en peut entrer 4, 5 ou 6 liv. ſuivant ſa grandeur & ſa force : ce qui ſe pratique de cette manière.

C U I R.

On fait fondre du fuif dans une chaudière, & après avoir flambé le cuir fur le feu pour le préparer à le recevoir, on l'imbibe de ce fuif tout chaud, par le moyen de cette éponge de laine, appellée gipon, dont on a déja fait mention. Après on le reflambe encore, & on le foule aux pieds, pour faire mieux entrer le fuif dans le cuir; & lorfqu'on s'apperçoit qu'il eft bien incorporé, on prend le boutoir, qui eft une efpèce de grand couteau, à peu près femblable à une plane de charon, avec lequel on ratiffe le cuir fur le chevalet du côté de la chair, pour en ôter la fuperficie de la graiffe; puis on le tire de nouveau à la pomelle, pour le bien redreffer. Après cela, on le roule aux pieds, & on l'étend fur une table avec un inftrument de fer plat, nommé étire, pour en ôter tous les plis. Enfuite on prend le couteau à revers, avec lequel on le ratiffe proprement fur le chevalet, ce qui achève de le mettre en état de pouvoir être employé.

Quelquefois les cordonniers prennent des mains des corroyeurs les cuirs de vaches en blanc, fe contentant de le noircir eux-mêmes, avec une certaine compofition qu'ils font de cire, de fuif, & de noir de fumée.

Apprêt de la vache fèche.

L'apprêt de la vache fèche fe commence comme celui de la vache graffe, c'eft-à-dire, qu'on jette de l'eau fur le cuir, qu'on le foule aux pieds & au maillet, qu'on l'écharne fur le chevalet, qu'on le fait fécher, & qu'on le remouille & foule de nouveau.

Ces premières façons données, on le met dans un baquet où on le foule dans l'eau à pied nuds, puis on en fait fortir toute l'eau fur le chevalet par le moyen du boutoir, & on l'imbibe d'huile, de même qu'on fait la vache graffe avec le fuif, à l'exception que l'huile ne fe met qu'à froid.

L'huile dont on fe fert pour cette préparation, eft cette efpèce de lie, qui fe trouve dans le fond des bariques, que l'on nomme ordinairement *faiffe d'huile*, dont celle de poiffon eft eftimée la meilleure.

Le cuir ayant reçu fon huile, on le foule encore aux pieds après l'avoir fait fécher, & on le tire à la pomelle; après quoi on le met fur le chevalet, pour le parer avec le couteau à revers, & on le tire de nouveau à la pomelle, enfuite on le pare à la lunette; puis on le tire encore à la pomelle, & on le frotte avec une pierre ponce du côté de la chair; ce qui s'appelle *poncer le cuir*: & enfin on le roule pour le bien redreffer, & c'eft la dernière façon que le corroyeur lui donne.

L'apprêt en vache graffe, blanche & noiré, & en vache féche blanche & noire, fe fait par les corroyeurs, de la même manière que fur les cuirs de veau.

Les corroyeurs abattent quelquefois le grain de la vache graffe noire, par le moyen de l'étire, après l'avoir fuperficiellement frottée du côté du grain, avec du jus de citron, ou d'épine-vinette. En cet état elle eft appellée *vache graffe liffée*, & s'emploie par les felliers dans les harnois des chevaux, & par les boureliers, pour couvrir les foupentes des carroffes.

Les corroyeurs apprêtent encore des peaux de vaches, qu'ils ne paffent ni en fuif, ni en huile, ni en couleur, qu'ils appellent *vaches étirées*, qui fervent aux cordonniers à faire des pâtons & premieres femelles de fouliers, même des femelles de pantoufles & d'efcarpins. Voyez *corroyer*.

Cuir de Hongrie, ainfi nommé de ce qu'on tient des Hongrois la manière de le fabriquer. C'eft un cuir qui a été préparé d'une certaine manière propre à recevoir la graiffe ou plutôt le fuif dont il eft imbibé.

On prétend qu'il n'y a guère plus de 110 ans que la manufacture des cuirs de Hongrie a été établie en France, & que ce fut Henri IV. qui en ordonna l'établiffement.

Manière de fabriquer les cuirs de Hongrie.

Les cuirs, deftinés pour cette fabrique, ne doivent point avoir été falés. Sitôt qu'ils font fortis de la main du boucher, on les coupe en deux, de la tête à la queue, puis on les lave à la rivière dans laquelle, néanmoins, ils ne doivent guère féjourner, de crainte que le gravier ne s'y attache, fe contentant feulement de les retourner dans l'eau cinq ou fix fois avec une longue pince de fer, pour ôter le plus gros du fang qui peut être dedans, & huméctér en même temps le poil que l'on rafe à froid fur un chevalet avec un grand couteau dont le tranchant eft tout droit, en prenant garde de ne point enlever la fleur du cuir.

Lorfque les cuirs ont été ainfi rafés, on les met dans l'eau pendant 2 ou 3 jours, quelquefois moins, fuivant le temps, car quand il fait bien chaud, on ne les y laiffe tout au plus qu'un jour, & cela pour en faire fortir le refte du fang, ce qui s'appelle les *deffaigner*. Après quoi on les tire de l'eau pour les faire égouter pendant 3 ou 4 jours.

Quand les cuirs ont été ainfi bien deffaignés & égoutés, on prend 2 livres de fel, & 5 à 6 livres d'alun, pour chaque cuir de bœuf, & ainfi des autres à proportion, fuivant qu'ils font plus ou moins forts.

Ces drogues que l'on fait fondre fur le feu dans une chaudière avec de l'eau, fe verfent enfuite dans une efpèce de cuvier long en forme de baignoire, dans lequel on foule les cuirs avec les pieds, les uns après les autres, pendant une heure ou une heure & demie, quelque fois plus, quelquefois moins, fuivant leur force.

Les cuirs étant bien foulés, on les plie, le plus droit qu'il eft poffible, en quatre ou fix, felon qu'ils font plus ou moins grands, & on les arrange dans une cuve de bois que l'on remplit de l'eau qui a fervi à les fouler, dans laquelle on les laiffe tremper l'efpace de 2 ou 3 jours, ce qui s'appelle *mettre les cuirs en retraite pour prendre nourriture.*

On les tire enfuite de la cuve pour les faire égouter & fécher à l'air, & quand ils font à demi-fecs, on les étend tous de leur long fur le plancher, les uns fur les autres, pour les paffer à la baguette qui eft un long morceau de bois rond qui va toujours en diminuant de groffeur, depuis le milieu jufques aux deux extrêmités, en manière de fufée, fur lequel on roule les cuirs avec le pied pour les rendre parfaitement unis.

Quand les cuirs ont été paffés à la baguette, on leur donne avec une broffe, une légère couche de noir d'encre du côté de la fleur, pour les rendre grifâtres, ce qui s'appelle la *couleur de Hongrie*, puis on les met dans une étuve pour achever de les fécher, & lorfqu'ils font bien fecs, & encore tous chauds de l'étuve, on les met en fuif.

Pour cet apprêt, on fait fondre dans un chaudron du fuif qu'on prend avec cette forte d'éponge faite de laine, qu'on appelle *gipon*, les en imbibant par-tout, les uns après les autres, tant deffus que deffous, & obfervant de leur en donner tout autant qu'ils en peuvent prendre; car outre qu'ils en font meilleurs, le manufacturier y trouve mieux fon compte, le cuir fe vendant beaucoup plus la livre que le fuif, dont il peut entrer dans chaque cuir de bœuf environ 8 livres, & dans les autres plus foibles, à proportion.

Il faut bien prendre garde de ne pas leur donner le fuif trop chaud, la trop grande chaleur de la graiffe étant capable de les racornir en les brûlant.

A mefure qu'on imbibe de fuif les cuirs, on les étend les uns fur les autres à plat fur une table où on les laiffe refroidir, & lorfqu'ils font froids, on les met par rouleaux; alors ils font en état d'être vendus aux artifans qui les emploient.

Plus les cuirs de Hongrie font blancs à la coupe, plus ils font eftimés.

Cuir de Ruffie qu'on nomme par corruption, *cuir de Rouffi.* C'eft un cuir de peau de vache, apprêté d'une manière particulière , qui n'eſt connue que des ſeuls Ruſſiens , peuple d'une contrée de Pologne appellée *Ruſſie* , d'où il ſe tire. Voyez *Vache de Ruſſie.*

Cuir de poule. C'eſt un nom que les gantiers donnent à une ſorte de petit cuir très-mince & très-léger , qu'ils emploient à faire des gants de femme pour l'été. On l'appelle plus ordinairement *canepin.* Voyez *canepin.*

Cuir bouilli. C'eſt du cuir fort de vache ou de bœuf qu'on a fait bouillir dans de la cire mêlée de quelques gommes , réſines ou colles qui ne ſont bien connues que de ceux qui les emploient , & dont ils font même un ſecret.

Des cuirs ſecs de Buenos-Ayres.

Parmi les cuirs ſecs que les marchands François ſont obligés de faire venir des pays étrangers (les cuirs du dedans ne ſuffiſant pas , à beaucoup près , pour la conſommation du royaume) ceux qui ſe tirent de Buenos-Ayres , ont toujours eu la réputation d'être les meilleurs , & l'expérience que nos ouvriers en ont faite , tant que la compagnie Françoiſe de l'Aſſiente a ſubſiſté & en a apporté directement dans le royaume , les a , pour ainſi dire , dégoutés de tous les autres , même de ceux des Indes , du Perou & de la Barbarie.

Prix des Peaux & Cuirs à Amſterdam , en Juillet 1759 *à* 1761.

		Sols.
Peaux de bœuf de Caraques de 26 à 28 liv. la liv.		$6\frac{1}{2}$ $\frac{3}{4}$ à $7\frac{1}{4}$,
dites	de 22 à 24 .	$6\frac{1}{4}$. $6\frac{1}{2}$ $\frac{3}{4}$ à $7\frac{1}{4}$.
dites de vache. . .	de 18 à 22 . . .	$6. 6\frac{1}{4}$ $\frac{1}{2}$ à 7.
du bréſil coupé. . . .	de 36 à 38 . .	$8\frac{1}{2}$ $\frac{3}{4}$ à 9.
de la havane. . .	de 36 à 38 .	7. $7\frac{1}{8}$ à $7\frac{1}{4}$.
dits	de 26 à 28 .	7. $7\frac{1}{4}$ à $7\frac{1}{4}$.
dits	de 22 à 23 .	$6\frac{1}{4}$ $6\frac{1}{2}$ à $6\frac{3}{4}$.
dits de vache. .	. .	$5\frac{1}{2}$ $\frac{7}{8}$ à 6. $6\frac{1}{8}$.
de St. Domingue. .	de 36 à 38 .	$5\frac{3}{4}$ 6. $6\frac{1}{4}$. à $6\frac{1}{2}$.
dits . .	de 26 à 28 .	. $5\frac{1}{2}$ $\frac{3}{4}$ $\frac{7}{8}$ à 6.
dits de vache. .	. .	$5. 5\frac{1}{4}$ à $5\frac{1}{4}$.
de la banq. de Dantſick d'été.		
dits d'automne.		
de Pologne d'été & d'automne.		

de

	livres.	sols.
de Dannemarck. . . .		$4\frac{1}{4}$ $\frac{1}{8}$ à $4\frac{1}{4}$ $\frac{1}{2}$.
de bœufs falés du pays. de 65 à 70 .		. $2\frac{3}{4}$ 3 à $3\frac{1}{4}$.
dits de vaches . de 60 à 65		. . $2\frac{1}{2}$ $\frac{3}{4}$ $\frac{7}{8}$.
Cuirs marroquins. . . .		33. 35 à 36.
Cordouan du pays. . . .		31. 32. 33.
Cordouan à femelles des dos du pays. .		9. $9\frac{1}{2}$ $\frac{3}{4}$.
dits d'Angleterre		$8\frac{1}{4}$. $9\frac{1}{4}$ $\frac{1}{2}$.

Cuirs de veaux de Colchefter & de Londres
Cuirs tous fains & choifis forte. de 7 à 8 . . 12 à $12\frac{1}{2}$.
de 9 à 10 . . $11\frac{1}{2}$. $11\frac{3}{4}$.
de 13 à 14 . . $11\frac{1}{4}$.
nouveau déchargé, fain, moindre fain & rebut. $8\frac{1}{2}$. à 9.

Cuir doré. On appelle ainfi une efpèce de tapifferie faite de cuir où font repréfentées en relief diverfes fortes de figures grotefques relevées en or, en argent, en vermillon ou en différentes autres couleurs.

Cette tapifferie eft compofée de plufieurs peaux de moutons paffées en bafanes, coupées en feuilles quarrées qu'on a coufues les unes avec les autres, après leur avoir donné une nouvelle préparation qui les a difpofées à recevoir le relief, l'or, l'argent, les couleurs & le vernis, dont les ouvriers les enrichiffent.

Les lieux de France où il fe fabrique le plus de tapifferies de cuir doré, font Paris, Lyon & Avignon; il en vient auffi beaucoup de Flandres qui fe manufacturent prefque toutes à Lifle, à Bruxelles, à Anvers, & à Malines, dont celles de cette derniere ville font les plus eftimées de toutes.

Plufieurs prétendent que les premières tapifferies de cuir doré, qui fe font vues en France, venoient d'Efpagne, & que ce font les Efpagnols qui en ont inventé la fabrique; cependant il ne s'en voit plus en France de leur manufacture, foit qu'ils l'aient difcontinuée, ou qu'ils l'aient tranfportée en Flandres.

CUIVRE. C'eft un métal imparfait, d'un rouge éclatant, très-fonore, très-dur, ductile, & malléable. Il paroît compofé d'une fubftance terreufe rouge, & de beaucoup de phlogiftique ou de principe inflammable.

Le cuivre diffère des autres métaux, non-feulement par fa couleur, mais encore par le fon qu'il poffède à plus haut dégré que tous les autres. Son poids eft à celui de l'or, comme 4 eft à 9. Il eft moins pefant que l'argent; il n'y a que le fer qui foit plus dur &

plus difficile à fondre que lui. Il rougit long-temps au feu avant que d'entrer en fufion ; il donne à la flamme une couleur qui tient du bleu & du verd : un feu violent & continué pendant long-temps, diffipe une portion de ce métal fous la forme de vapeurs ou de fumée, tandis qu'une autre partie eft réduite en une chaux rougeâtre qui n'a plus fa forme métallique ; c'eft ce qu'on appelle *chaux de cuivre*, ou *æs uftum*.

Si on frotte le cuivre avec les mains, il répand une odeur défa-gréable qui lui eft particulière, & étant mis fur la langue, il y impri-me une faveur ftiptique, auftère, & capable d'exciter des naufées : expofé à l'air, il fe couvre d'une rouille verte. Tous les diffol-vans, tels que l'eau, les huiles, les acides, les alkalis, les fels neutres, les réfines, &c. agiffent fur le cuivre, & il les colore en verd ; c'eft à cette couleur verte qu'il eft facile de reconnoître la préfence du cuivre. Les alkalis volatils changent cette cou-leur verte en bleu. Quand ce métal eft en fufion, le contact de la moindre humidité ou d'une goutte d'eau, lui fait faire une explofion très-confidérable & très-dangereufe pour ceux qui voudroient en tenter l'expérience.

La nature ne nous préfente que rarement, & en petite quantité, le cuivre fous fa véritable forme ; il faut, pour cela, qu'il foit tiré de fa mine, féparé d'une infinité de fubftances étrangères qui contribuent à le mafquer, tant qu'il eft dans le fein de la terre : ce-pendant il fe trouve quelquefois tout formé, comme nous le dirons plus bas, mais il n'eft point fi pur que celui qui a paffé par les travaux de la métallurgie.

Il y a des mines de cuivre dans toutes les parties du monde connu ; il s'en trouve en Europe, en Afie, & en Amérique : celles de l'ifle de Chypre étoient les plus riches que les anciens connuffent. Aujourd'hui la Suède, la Norvége & l'Allemagne font les pays qui fourniffent le plus de cuivre. Il s'en trouve auffi en France que l'on travaille avec affez de fuccès. Le cuivre qui vient du Japon eft fort eftimé ; il eft en petits lingots affez min-ces : fon mérite confifte à être extrêmement pur ; mais il n'a d'ail-leurs aucun avantage fur le cuivre de rofette d'Europe, qui a été bien purifié.

Le cuivre eft, de tous les métaux, celui dont les mines font les plus variées, foit pour les couleurs, foit pour l'arrangement des parties : quelquefois on le trouve par fillons, quelquefois par couches dilatées, d'autres fois par morceaux détachés répandus dans la terre. Nous allons donner une defcription fuccincte des différentes efpèces de mines de cuivre qui font connues. Il y a,

1°. *Le cuivre natif.* C'eft du cuivre tout formé qui fe trouve attaché à des pierres de différentes efpèces, & fur-tout à de l'ar-

doife, fans affecter de figure déterminée : on ne le trouve pas ordinairement par groffes maffes ; mais il eft ou par petites paillet=
tes, ou par feuillets minces, ou par petits grains. Ce cuivre n'eft
pas tout-à-fait fi pur que le cuivre de rofette.

2º. *Le cuivre précipité.* Il eft très-pur ; il a été précipité, ou naturellement, ou par art, des eaux vitrioliques cuivreufes.

3º. *Le verd de montagne* ou *chryfocolle verte.* Cette mine reffem=
ble à du verd-de-gris ; c'eft du cuivre qui a été mis en diffolution dans le fein de la terre, & qui, en fe précipitant, s'eft uni à
différentes efpèces de pierre ou de terre ; c'eft ce qui fait que la
chryfocolle varie pour la confiftance & pour l'arrangement. On
la trouve, ou compacté, ou en globules ; quelquefois elle préfente de petites cryftallifations en bouquets ou en houpes foyeu-
fes. La mine verte de cuivre de la Chine, qui eft fi recherchée
des curieux, eft de cette efpèce.

4º. *Le bleu de montagne* ou *chryfocolle bleue.* C'eft du cuivre
qui a été diffous naturellement, qui par le concours d'un alkali
volatil a pris une couleur bleue, & qui de même que le verd de
montagne s'eft attaché à quelques fubftances terreufes ou pierreufes : fon bleu eft plus ou moins éclatant. Le *lapis lazuli* eft
une mine de cuivre de cette efpèce.

5º. *La mine de cuivre azurée.* Elle eft d'un tiffu qui la fait reffembler à du verre dans l'endroit où elle a été rompue. Elle
eft d'un bleu plus ou moins mêlangé : ce n'eft vraifemblablement
qu'une variété de la mine qui précède.

6º. *La mine de cuivre vitreufe.* La couleur de cette mine eft affez
variée ; elle reffemble à du verre, ce qui lui a fait donner le
nom qu'elle porte.

7º. *La mine de cuivre grife.* Elle eft d'un gris plus ou moins foncé. Il eft affez difficile, au fimple coup-d'œil, de la diftinguer
vec une mine de fer.

8º. *La mine de cuivre hépatique.* Elle eft d'un rouge mat ou
d'un brun-jaunâtre qui la fait reffembler à du foie : c'eft la quantité de parties martiales qu'elle contient qui lui donne cette couleur. Elle contient auffi du foufre.

9º. *La mine de cuivre blanche.* Cette blancheur n'eft que réla-
tive ; c'eft proprement un gris clair qui tire un peu fur le jaunâtre.
Cette mine contient du fer, de l'arfenic, & même un peu d'argent.

10º. *La pyrite cuivreufe,* ou *mine jaune de cuivre.* C'eft la moins
riche & la plus commune des mines de cuivre ; elle contient,
outre le cuivre, ou fer, du foufre & de l'arfenic. Cette mine eft
quelquefois d'un jaune d'or très-éclatant, entre-mêlé de différentes
couleurs très-brillantes, rouges, violettes, bleues, vertes, gorge
de pigeon, &c. Quelquefois cette mine eft d'un jaune pâle, ou

d'un jaune tirant fur le verdâtre ; mais ces deux dernières mines ne font que des pyrites cuivreufes, à qui plus ou moins d'arfenic & une moindre quantité de cuivre ont fait prendre une nuance plus claire.

11°. *Les mines de cuivre figurées.* On peut nommer ainfi les mines de cuivre dans lefquelles on remarque une figure étrangère au règne minéral. Ces mines de cuivre fe trouvent toujours dans de l'ardoife. Il y a une mine de cette efpèce à Mansfeld, en Thuringe, dans laquelle on trouve des empreintes de poiffons ; dans d'autres on voit des empreintes de végétaux.

12°. *La mine de cuivre terreufe.* Elle eft de différentes couleurs, comme grife, jaune, brune &c. C'eft du cuivre uni avec de l'ochre ou avec de la terre de différentes efpèces. On reconnoît fouvent la préfence du cuivre dans ces terres, par l'enduit du verd-de-gris qu'on y remarque. L'ochre de Goflar paroît être de cette nature; on la mêle avec de l'huile de lin; on en forme des globules qu'on met en diftillation dans une cornue bien lutée ; on donne un très-grand feu, enfuite on écrafe les globules, on les paffe au travers d'un tamis, & fur la poudre qui eft paffée, on verfe de l'eau pour en faire le lavage ; on fépare la partie la plus légère d'avec la plus pefante qui va au fond; on mêle cette dernière avec deux parties de flux noir, & on la fait fondre dans un creufet : on obtient par-là du cuivre. *Voyez* Juncker, *de cupro*, *tab. xxxv. pag.* 905. C'eft-là ce que quelques chymiftes ont appellé *cuivre artificiel.*

Outre les mines dont on vient de faire l'énumération, il fe trouve encore des parties cuivreufes mêlées avec les mines des autres métaux; il y a auffi des portions de ce métal unies avec une grande quantité de terres & de pierres : en général, on a lieu de foupçonner fa préfence dans la plupart de celles où l'on remarque du verd ou du bleu ; cependant cette règle n'eft point fans exception, attendu que le fer peut auffi quelquefois produire les mêmes couleurs. Il eft certain néanmois que le cuivre eft ce qui donne le bleu & le verd à un grand nombre de fubftances minérales, telles que l'émeraude, le faphir, la turquoife, le lapis-lazuli &c. Glauber prétend avoir trouvé du cuivre dans les tourbes de Hollande, & fur-tout dans celles qui font le plus profondément fous terre. Si l'on veut un détail plus circonftancié fur les mines de cuivre, on peut confulter *la Minéralogie de* Wallerius, *Tom. I. pag.* 495.

Les différentes opérations en ufage, pour tirer le cuivre de fa mine, font un chef-d'œuvre de la métallurgie : il n'y a point de métal plus difficile à traiter : on en pourra juger par le détail abrégé de ces opérations qu'on trouvera dans l'*Encyclopédie.*

Ces difficultés viennent des matières étrangères, martiales, sulphureuses, arsenicales, terreuses ou pierreuses, &c. qui font quelquefois étroitement unies avec le cuivre dans sa mine. Les fondeurs Suédois distinguent trois espèces de mines de cuivre : 1°. les mines de cuivre simples; ce sont celles qui sont dégagées des parties terreuses & pierreuses : 2°. les mines de cuivre dures; ce sont celles qui sont unies avec des pierres vitrifiables, telles que le quartz, ce qui en rend la fusion difficile : 3°. les mines de cuivre réfractaires; ce sont celles qui sont mêlées avec des pierres qui résistent à l'action du feu, telles que le talc, l'amiante &c. *Ibid. p.* 517, *& suiv.*

La manière de traiter la mine de cuivre, est une suite de différentes opérations, dont on trouvera le détail le plus exact dans l'*Encycl.* & *Savary*, que l'on ne peut donner ici. Ces opérations ne sont pas absolument les mêmes par-tout; elles varient selon la qualité des mines : mais c'est à l'expérience à instruire de la nature & du besoin de ces variétés.

C'est de l'alliage de la pierre calaminaire avec le cuivre de rosette, qu'on fait le cuivre de laiton. Voyez *cet article* & *Calamine*, *Cadmie*, & *Zinc*.

Il arrive souvent que la mine contient du cuivre & de l'argent & du cuivre, du plomb & de l'argent; telle est la qualité de celle de Sainte-Marie-aux-Mines; alors elle demande à être traitée d'une manière particulière.

Ceux qui seront curieux de s'instruire à fond sur cette matière, pourront consulter le *Traité de la fonte des mines d'André Schlutter*, publié en François par M. Hellot de l'Académie des sciences, & *Schwedenborg de cupro*, ouvrages dans lesquels on a recueilli presques toutes les manières de traiter les mines de cuivre, pratiquées par différens peuples de l'Europe.

Quand le cuivre a passé par les différens travaux, il est pur, dégagé de toutes matières étrangères, & on l'appelle *cuivre de rosette*, ou simplement *cuivre* : c'est alors qu'il a les propriétés indiquées dans la définition que nous avons donnée au commencement de cet article, & qu'il présente d'autres phénomènes qui sont indiqués dans les ouvrages déja cités.

Les usages du cuivre dans les arts & métiers sont très-connus; on en fait un grand nombre de vases & ustensiles, des canons, des planches pour la gravure, des cordes pour les clavecins; il en entre dans les caractères d'Imprimerie. En trempant le cuivre & le travaillant au marteau, on peut le rendre presque aussi dur que l'acier, & en faire toutes sortes d'instrumens tranchans, comme avec le fer : il y a des preuves que les anciens se servoient de couteaux de sacrifices, des haches &c. de cuivre.

R 3

On en fait de la monnoie , & l'on allie une petite portion de cuivre aux espèces d'or & d'argent, pour leur donner plus de consistance, & pour empêcher qu'elles ne s'usent trop promptement : on en fait des statues & des ornemens. Il seroit fort heureux qu'onse bornât là ; mais, par un aveuglement impardonnable , on ne se sert que de cuivre pour faire la batterie & presque tous les ustensiles de cuisine : malgré les inconvéniens qui en résultent journellement, on continue toujours à se servir d'un métal dont les dangers sont reconnus de tout le monde. On se croit en sûreté par l'étamage , sans faire attention qu'il y a de la témérité à ne mettre entre la mort & soi qu'une lame très-mince d'une composition métallique très-dangereuse par elle-même : en effet , l'étain & le plomb qui servent à étamer les casseroles & les autres morceaux de batterie de cuisine , ne se dissolvent-ils point par les sels, les acides des plantes, le vinaigre &c., & pour lors ne sont-ils point de vrais poisons. Joignez à cela qu'il faut un degré de feu si léger pour fondre l'étain & le plomb, qu'il est presqu'impossible de préparer un ragoût ou une sauce sans que l'étamage n'entre en fusion, ce qui donne aux matières grasses la facilité d'agir & de dissoudre le cuivre qui en est recouvert.

Un abus pour le moins aussi dangereux & contre lequel tout bon citoyen devroit s'élever , c'est l'usage que font quelques apothicaires de mortiers de bronze pour préparer leurs médicamens & piler des drogues ; on sent aisément que presque toutes les substances résineuses, grasses &c. agissant sur le cuivre & , d'ailleurs , les coups redoublés des pilons pouvant détacher des particules métalliques d'un pareil mortier , il résulte des dangers évidens de l'usage interne des médicamens ainsi préparés ; c'est de-là qu'on voit souvent des remèdes opérer d'une façon tout-à-fait contraire au but que s'est proposé celui qui les a ordonnés , & produire dans les malades des vomissemens , des spasmes , des nausées & d'autres accidens fâcheux auxquels on n'avoit point lieu de s'attendre , & qui peuvent se terminer par la mort.

Il seroit donc bien à souhaiter que ceux qui sont dépositaires de l'autorité publique prissent ces abus en considération , & cherchassent à y remédier efficacement. Quiconque pourroit venir à bout de produire un changement si favorable à l'humanité , mériteroit qu'on lui élevât , du métal qu'il auroit fait proscrire, une statue au pied de laquelle on mettroit, *ob cives servatos* ; inscription mille fois plus glorieuse que celle qu'on pourroit graver sur la statue d'un conquérant dont les armes victorieuses n'auroient fait que désoler une portion de l'univers.

On sait que le cuivre fait une partie considérable du commerce des Suédois ; cette confidération , quelqu'importante qu'elle paroiffe au premier coup-d'œil , n'a point empêché le gouvernement de profcrire l'ufage du cuivre dans tous les hôpitaux & établiffemens qui font de fon reffort ; un exemple auffi généreux doit-il n'être point fuivi par des nations moins intéreffées que la Suède au commerce du cuivre ? *Encycl.*

On peut voir dans le *Journal Econom.* de Juillet, 1753 , une lettre fur le cuivre & le verd-de-gris où l'on prouve par divers exemples , qu'il faut abandonner l'ufage des fontaines de cuivre & des uftenfiles de cuifine de même métal , à caufe du danger imminent d'être empoifonné par le verd-de-gris qui en eft la diffolution , & qu'on doit fe fervir d'uftenciles de fer battu &c.

Dans le même *Journal* de Novembre , 1754 , p. 133 , M. Zimerman propofe des moyens pour bien féparer le fer du cuivre. Le fer rend le cuivre caffant & friable. L'expérience prouve que le fer eft ce qui fait que le cuivre eft plus ou moins malléable , felon qu'il en eft plus ou moins mêlé. L'un & l'autre reftent caffans & intraitables après leur première purification. Le cuivre n'eft alors qu'un métal noir & imparfait , mais quand il eft néttoyé de toute fcorie , comme le fer , il femble changer de nature , & prend un tout autre extérieur ; mais ils ne ceffent d'être caffans qu'après qu'ils ont été affouplis par le marteau. Auffitôt donc qu'ils font bien purifiés de tous corps étrangers , ces deux métaux ne fympathifent plus enfemble : l'un nuit à l'autre. Le cuivre, quelque purifié qu'il foit , contient toujours beaucoup d'acide , comme le prouve fa couleur rouge , laquelle ne peut être tempérée & changée en jaune que par la cadmie qui abforbe tous les acides.

Pour purifier le métal, l'ouvrier n'a que deux chofes à faire , entretenir le feu & bien diriger l'air des foufflets. Un feu vif & violent hâte la fufion des métaux ; un feu couvert à propos les tient plus long-temps en cet état. Un feu long & lent confume le minéral. Le feu doit donc être d'abord dans fa plus grande force pour faire couler le métal. En effet , rien n'eft moins propre à féparer le fer du minerais de cuivre , qu'un feu foible & lent, ou qu'un feu fort & long , car le fer eft le premier fur lequel il agit , d'où il réfulte un rôtiffement qui ne vaut rien pour l'effet en queftion , non plus que les fourneaux trop hauts. Au contraire , un feu prompt & violent fait d'abord fon effet & met le métal en fufion ; mais il faut le couvrir dès que le métal eft tout-à-fait fondu, afin qu'il fe maintienne quelque temps en fufion fans fe confumer.

A l'égard de l'air qui fort des foufflets de forge , il faut fe fouvenir qu'il eft pouffé dans le fourneau horizontalement de forte qu'il paffe par deffus la matière fufible , ce qui me paroît mal imaginé , car l'air n'agit pas immédiatement fur cette matière , mais par le moyen des parties de feu qu'il pouſſe contre elles. Il faut donc , pour cela , qu'il ſoit pouſſé en ligne courbe & en penchant ſur l'horizon , car alors il agit de manière qu'il preſſe en bas les vraies parties métalliques & que les parties légères , telles que les ſcories , ſurnagent & ſont plus aiſées à ſéparer , parcequ'elles ne ſe confondent point avec le métal. C'eſt ce que beaucoup de fondeurs ſçavent très-bien , quoiqu'ils en ignorent la raiſon phyſique. Toute cette opération dépend beaucoup de la manière dont le ſouflet eſt dirigé. J'ai travaillé , dit M. Zimerman , depuis quelques années , à un ſouflet de nouvelle invention que je peux diriger à ma fantaiſie ; car c'eſt ici le point principal dans la fonte des métaux.

Je crois en avoir aſſez dit pour mettre au fait un habile officier de forges de la manière dont il doit s'y prendre pour opérer la ſéparation abſolue du fer avec le cuivre. *Ibid.*

Le plus grand commerce , & la plus grande conſommation de cuivre qui ſe faſſe en France , eſt de celui de Suède. Il y entre ordinairement, preſque tout, par Rouen & par Marſeille , auſſi bien que celui qui vient de Hambourg.

Le cuivre , qui vient de cette ville anſéatique , eſt préparé , & à demi-façonné pour divers ouvrages.

Il y en a en chauderons non bordés , qu'on appelle *cuivre en fourrure* , parce qu'ils ſont fourrés les uns dans les autres , depuis la plus grande ſorte juſqu'à la plus petite. Les aſſortimens ſont depuis une livre juſqu'à 20 livres : ils viennent dans des bannes , qui ſont des eſpèces de grandes mannes quarrées , longues & profondes , faites de menus morceaux de bois entrelaſſés. Ces chauderons s'emploient en marmites, fontaines & cuvettes.

Les cuivres en fonds , aſſortis depuis une livre juſqu'à 50 livres , ſont propres à faire des caſſeroles , des couvercles de marmites , & autres ſemblables uſtenſiles de cuiſine.

Les cuivres en plaques ou en planches , ſont de 3 pieds & demi de large ſur 4 pieds de long. On en fait des chaudières pour les teinturiers & braſſeurs de bière , des baignoires & des planches pour graver des tailles-douces. Leurs aſſortimens ſont depuis 12 , 15 , 20 , 30 , 40 , 50 , 60 , 70 , juſqu'à 80 livres.

Les cuivres , qu'on appelle *monnoies de Suède* , ſont de petites planches ou pièces quarrées , & épaiſſes de trois écus blancs , & du poids de 5 livres & demie , aux quatre coins deſquelles eſt gravée une couronne.

Ce cuivre eſt le meilleur , le plus doux , & le plus malléable de tous les cuivres rouges ; auſſi s'en ſert-on ordinairement dans les ouvrages de chauderonnerie qu'il faut emboutir.

Le cuivre en rofette, qui eft en grands pains ronds, d'environ un pouce & demi d'épaiſſeur, s'emploie communément dans les monnoies pour les alliages des autres métaux, & pour en fabriquer des liards & deniers. Il s'en conſomme auſſi beaucoup dans les arſenaux, & les fondeurs en font pareillement entrer dans pluſieurs de leurs ouvrages.

La rofette de Norvége (a) étant plus dure que les autres cuivres, eſt auſſi plus propre pour la fonte des pièces d'artillerie : elle ne tient pourtant que le milieu, pour la bonté, parmi les cuivres d'Europe ; entre leſquels ceux de Hongrie (b) & de Suède ſont les meilleurs, & ceux d'Italie & de Lorraine les moindres.

On peut mettre ceux de France, de Savoie & du Tirol, au même rang que les cuivres de Norvége pour les ouvrages ordinaires.

L'Afrique a auſſi quelques mines de cuivre, & il en vient de Salé en pains plats du poids environ de dix livres. Il ſe tiennent ordinairement deux à deux, à peu près comme ce que, dans l'artillerie marine, on appelle des *boulets à deux têtes*.

C'eſt au Pérou, & particuliérement dans la province de Lima, que ſont les mines de cuivre les plus abondantes de l'Amérique. Celui qui paſſe en Europe ſur les gallions d'Eſpagne, eſt en groſſes maſſes ou ſaumons, du poids à peu près de 150 livres.

Ce cuivre n'eſt pas extrêmement purifié, & ne peut guère être employé qu'après avoir été bien épuré par pluſieurs refontes ; mais alors il n'y en a point de meilleur, & il eſt ſi peſant qu'il approche aſſez du poids de l'or même ; c'eſt cependant cet avantage qui empêche les ouvriers de l'employer, à cauſe qu'il en entre trop dans leurs ouvrages.

Il y a du cuivre en Perſe, même en aſſez grande quantité ; mais il eſt moins eſtimé que celui de Suède & du Japon ; il ne s'emploie qu'aux ouvrages les plus groſſiers dans le pays, & il ne s'en fait aucun commerce avec les étrangers.

Le cuivre de la Chine eſt auſſi beaucoup moins bon que celui du Japon, étant trop caſſant & preſque point ductile. Le cuivre blanc de la Chine n'eſt qu'un alliage de cuivre rouge avec l'arſenic. Les eſſais qu'on en fit, en 1703, dégoûtèrent d'en faire venir davantage.

(a) On en peut tirer 3 à 4 mille ſchippondt de Drontheim, à 70 Rixd. le ſchippondt environ, ou fl. 140 à 150 de Hollande, ce qui revient à près de fl. 50, le quintal.

(b) On a établi, en 1750, un bureau à Vienne, en Autriche, pour le débit du cuivre & autres minéraux, provenans des pays de S. M. Impériale la Reine de Hongrie.

Le bon cuivre rouge doit être battu , & non en rofette ; quand on l'emploie à faire des ftatues ; il fe forge également à chaud & à froid. Pour le cuivre jaune , il ne fe forge que froid , & fe met en pouffière fi on le bat à chaud.

On appelle *cuivre en mitraille* , ou *mitraille de cuivre* , toutes fortes de vieux chauderons , chaudières , poëlons , fontaines , cuvettes , marmites , platines , chandeliers & autres pièces de batterie ou uftenfiles de cuifine , rouges ou jaunes , rompus , brifés & coupés par morceaux , même les rognures provenant des ouvrages de chauderonnerie.

Le cuivre en mitraille n'eft propre qu'à refondre , ou à faire de la foudure pour brafer , ou fouder plufieurs ouvrages.

Les lieux de France d'où il vient le plus de cuivre en mitraille , font Abbeville , Amiens , Reims , Troyes & Beauvais.

Cuivre tombac. C'eft une compofition d'or & de cuivre , que quelques peuples d'Orient , particuliérement les Siamois , eftiment au prix de l'or pur. Voyez *Tombac.*

Cuivre de Tintenaque. Métal qui approche du cuivre , & qui eft fort eftimé dans les Indes. On le tire de la Chine , où on l'emploie en uftenfiles & batteries de cuifine. On le nomme *fpiaulter* en Hollande. Voyez *Tintenaque.*

Cuivre de Corinthe , (*Métallurgie* : en latin *æs Corinthiacum* , & par Virgile , *Ephyreia æra.* C'eft cette fameufe & précieufe compofition métallique fi vantée pour fa beauté , fa folidité , fa rareté , &c. qu'on préféroit à l'or même.

Il ne faut pas fe perfuader , avec quelques modernes , fur le témoignage de Florus & autres hiftoriens , que ce fût un alliage de cuivre , d'or & d'argent qui fe fit accidentellement , lors de l'embrafement de Corinthe par l'armée Romaine , l'an de Rome 607 , & 147 ans avant Jefus-Chrift : c'eft une pure fable qui ne mérite aucune croyance. Le cuivre de Corinthe étoit réellement une compofition d'un mêlange de cuivre , d'or & d'argent fait par art , & l'orichalque factice des anciens étoit , fuivant toute apparence , une efpèce de cuivre de Corinthe ; mais le fecret de cette compofition étoit déja perdu , un fiècle avant la deftruction d'éphyra par les Romains. L'interprête Syriaque de la Bible prétend que les vafes que Hiram donna à Salomon pour le temple étoient de cuivre Corinthien. Il femble qu'on peut recueillir de cette opinion , que le cuivre de Corinthe étoit en ufage lorfque Salomon bâtit le temple , c'eft-à-dire , plus de 900 ans avant la ruine de cette malheureufe ville.

Sa rareté femble avoir été la principale caufe de ce que fon prix devint exorbitant. On en faifoit un fi grand cas , qu'il paffa en proverbe que ceux qui vouloient paroître plus habiles que les autres fur les arts, flairoient la pureté du cuivre de Corinthe; C'eft le fujet d'une des jolies épigrammes de Martial :

Confuluit nares an olerent æra Corinthum,
Culpavit flatuas, & Polyclete, tuas,

» Mon cher Polyclète, il a condamné vos ftatues, parcequ'el-» les n'ont point à fon nez l'odeur du cuivre de Corinthe «.

Savot a parlé plus exactement de ce cuivre, que divers Naturaliftes. Il en établit, comme Pline, de trois efpèces ; l'une où l'or étoit le métal dominant ; l'autre où l'argent prédominoit ; & la troifième où l'or, l'argent & le cuivre fe trouvoient par égales portions. Nous imiterions peut-être fort bien ces diverfes efpèces de cuivre de Corinthe, fi nous voulions nous donner la peine d'allier ces trois métaux.

Les médailles qu'on nous donne aujourd'hui pour être de cuivre de Corinthe, n'en font fûrement pas, fuivant la remarque de Swedenborg. Celles qu'on connoît même pour être du temps d'Augufte, & qu'on range parmi le moyen bronze, font de cuivre rouge. Il y en a auffi de cuivre jaune, parmi le grand & le moyen bronze. *Encycl.*

CULTURE DES TERRES & AGRICULTURE. On a réuni, dans la nouvelle édition du *Dict. de Com. de Savary*, ces deux articles analogues, les plus importans de l'*Encyclopédie*, puifqu'ils concernent le premier des arts & le premier objet de commerce. Nous voudrions pouvoir les placer ici, mais ils font trop longs, & il feroit peu utile d'en donner un abrégé. Nous renvoyons donc les curieux à ces dictionnaires. Nous dirons feulement que l'agriculture eft fi utile à tous les hommes, que la principale attention des fouverains & des cultivateurs doit être continuellement tournée fur les moyens d'améliorer les terres. Elle eft la véritable foutien des Etats, la feule culture pouvant les enrichir. Plus donc l'agriculture eft perfectionnée, plus les récoltes font abondantes, & le commerce des grains eft étendu & confidérable. La population, toutes les branches de commerce, la marine s'en reffentent & s'augmentent. Le débit de cette denrée eft toujours affuré lorfque le commerce en eft libre. Le débit anime le travail & l'induftrie du cultivateur. La Pologne ne fubfifte prefque que par fon commerce de grains. Depuis que l'Angleterre en a permis l'exportation & gratifié ceux qui en vendent aux étrangers, fa profpérité a toujours augmenté. La France a auffi ouvert les yeux fur cet objet ; depuis 1754, ce commerce a été rendu libre dans l'intérieur du Royaume & au dehors. Le

Dannemarck ne permettoit que dans les années d'abondance
l'exportation de ses riches moissons ; mais depuis l'année 1759 ,
le roi , véritable père de ses peuples , l'a permise , & elle produira , sans doute , d'heureux effets.

CUMIN. C'est la graine d'une espèce de petit fenouil du
Levant , qui porte communément le nom de cumin. On le cultive beaucoup depuis un certain temps dans les isles de Malte
& de Sicile , pour en faire commerce , en en fournissant à presque toute l'Europe. On y en sème de grands champs , à peu
près comme le bled.

Cette semence ou graine ressemble à celle du fenouil , aussi-
bien que le reste de la plante ; mais elle est plus cannelée , plus
grosse , plus brune , & son odeur plus forte , qui n'est désagréable qu'en l'odorant en trop grande quantité. Sa feuille est lasci-
viée , & la fleur en ombelle , blanche & petite. Cette fleur fait
place à des semences oblongues , cannelées légèrement sur le
dos , blanchâtres ou cendrées , & d'une odeur & d'un goût aromatiques. On la regarde dans les pays où on la cultive , comme
une espèce d'anis : c'est pourquoi elle y est appellée , à cause
de sa forte odeur , *anis âcre* , pour la distinguer de l'anis ordinaire qui est plus doux. La plante qui la donne est cependant un véritable fenouil , mais fort petit , ne croissant guère plus
d'un pied de haut ; sa racine est annuelle , c'est-à-dire , qu'elle ne
dure qu'une année , ou meurt encore plutôt ; c'est pour cette raison qu'on est obligé de la semer tous les ans , comme le bled ,
différant par sa nature du fenouil ordinaire , qui a sa racine vivace.

On en fait usage en médecine , mais moins en France que dans
les pays du Nord , parcequ'elle est échauffante & résolutive. Les
Hollandois en consument beaucoup dans leurs ménages. Ils en
mettent la semence entière , dans un certain pain , & un certain
fromage qu'ils font , & qu'ils nomment pour cette raison *Komynd-
Brood* , & *Komynde Kaas* , *pain de Cumin* , & *fromage de Cumin*.
Celui-ci est fort en usage , & il s'en fait un grand commerce dans
tout le Nord. Ils mettent de cette graine dans des ragoûts , & dans
de la soupe aux pois. Enfin elle y est estimée bonne contre les
vents de l'estomac & des entrailles. On en use dans des cataplas-
mes & dans des lavemens. On en compose un emplâtre chez les
apothicaires , en Hollande & en Angleterre , dont on se sert beaucoup pour les tumeurs , les douleurs & les contusions.

Les maréchaux & d'autres particuliers s'en servent dans plusieurs maladies des chevaux , & des autres animaux domestiques ,
où il est besoin de ranimer leur chaleur naturelle.

Les pigeons en font très-friands ; ce qui fait que plusieurs s'en servent pour peupler leurs colombiers, en l'incorporant dans une forte de terre naturellement salée, ou dans quelque autre terre qu'on a imbibée d'urine, ou de saumure.

Il y a bien des endroits où le débit du cumin est défendu, à cause du mauvais usage qu'on en peut faire.

On tire par expression de cette semence, de même que de l'anis ordinaire, une forte d'huile estimée souveraine pour les rhumatismes, pourvu qu'elle ne soit employée qu'avec précaution, & en petite quantité.

Le cumin doit être choisi nouveau, verdâtre, bien nourri, d'une odeur forte un peu désagréable, sur-tout qu'il ne soit point piqué, ou vermoulu, à quoi il se trouve très-sujet.

Ceux qui n'ont pas de la semence de cumin, y substituent celle de carvi, qui a les mêmes vertus ; plusieurs même l'estiment meilleure que celle de cumin ; & en Suisse, où le carvi est commun dans les montagnes, il n'y est connu que sous le nom même de cumin.

Les 100 livres de cumin de Malte se vendoient 15 à 16 florins, & d'Alicante 14 fl. à Amsterdam, en 1761.

Le cumin de Dannemarck ne coûtoit que 4. Rixd. le baril, ou tonne à Copenhague en 1759, mais depuis il a augmenté, & vaut 3 à 6 Rixd.

CUPOLO (*Métallurg*). Les Anglois donnent ce nom à un fourneau à réverbère dont on se sert pour faire refondre les mines de plomb. On emploie le charbon de terre dans ces fourneaux ; on s'en sert aussi à Kongsberg en Norwége pour traiter des mines de cuivre. Voici comme ce fourneau est construit. Le minérais se met sur un plan couvert d'une voûte ovale, oblongue : le foyer où se mettent les charbons, est à l'un des bouts de cette voûte avec qui il communique par une ouverture : le métal fondu va se rendre dans un creux qui est à côté. On peut en voir une description dans la Métallurgie de Schlutter, *chapitre xiij*. Encycl.

CURCUMA, ou **TERRA-MERITA**, comme encore *Safran*, ou *Souchet des Indes*, *de Malabar*, & de *Babylone*, est une racine dont il y a deux espèces, l'une longue, & l'autre ronde.

Le *long Curcuma* est une petite racine oblongue, tubéreuse, coudée comme celle du gingembre, de la grosseur du doigt, noueuse, avec quelques fibres un peu grosses qui naissent de côté & d'autre de chaque nœud, pâle en dehors & un peu rude, jaune ou de couleur de safran en dedans, & à la suite du temps tirant sur le pourpre, donnant la couleur jaune aux liqueurs dans lesquelles on l'infuse, pesante, solide, & d'une substance compacte en manière de suc jaune bien condensé, d'un goût huileux, âcre & amer, d'une odeur agréable, approchante de celle du gingembre, mais plus foible. Cette racine est apportée des Grandes Indes; elle croît en abondance sur la côte de Malabar, & dans l'isle de Ceylan; il en vient aussi quantité de l'isle de S. Laurent ou de Madagascar: il en croît dans toutes les isles de la Sonde & des Molucques, & sur les autres côtes de la terre ferme des Indes.

Mr. Linnæus, Professeur en médecine & en Botanique, dans l'université d'Upsal en Suède, en a établi les vrais caractères sous le même nom de *curcuma*; ne pouvant point, par sa structure particulière, se ranger sous d'autres.

Les teinturiers & plusieurs autres artisans appellent sa racine *terra-merita*; ils en font un grand usage pour teindre en jaune, ou en couleur d'or. Les ouvriers lui ont donné ce nom, par la raison qu'elle est pesante, & qu'elle ressemble à une terre compacte & endurcie.

La racine de curcuma mûrit, & se retire de la terre, après que ses fleurs se sont séchées. Cette plante est si familière aux Indiens, qu'à peine peut-on trouver un jardin en Orient où on ne la cultive pour en tirer du profit. Il faut la choisir grosse, nouvelle, résineuse, difficile à casser, pesante, point vermoulue & sans pourriture.

Bien des gens s'imaginent qu'il y a de la *terra-merita* rouge; ce qui n'est pas vrai, n'y en ayant que d'une sorte: mais la cause de leur erreur est que cette racine en vieillissant brunit, & que réduite en poudre, elle paroît plus rouge que la nouvelle.

Les gantiers & parfumeurs se servent de la terra-merita pour mettre leurs gants en couleur, & les fondeurs pour donner une couleur d'or au métal; mais sur-tout elle est d'un grand usage chez les teinturiers.

Elle est du nombre des drogues colorantes qui appartiennent aux teinturiers du grand teint, à l'exclusion des teinturiers du petit teint. Il est vrai que cette drogue ne fait pas un jaune aussi assuré que celui de la gaude; mais il n'y en a point de plus propre pour faire jaunir, éclaircir, ou tirer sur le nacarat, les couleurs qui se font rouges, soit avec le vermillon, comme les écarlates de France, soit avec la cochenille, comme le rouge cramoisi, soit avec la garance, comme le nacarat de garance: l'eau-forte fait néanmoins le même effet sur la cochenille aux écarlates façon d'Hollande.

Les Indiens s'en servent beaucoup dans leur cuisine, pour asfaisonner leurs viandes, & leur donner le goût & la couleur de cette racine, que la coutume leur fait trouver fort agréable. Elle donne à leurs mets une couleur jaune, approchante du safran. C'est pourquoi les Portugais Indiens la nomment *safran de terre*. Les Indiens s'en servent aussi avec des fleurs odorantes pour faire des pommades, dont ils se frottent tout le corps. Ils l'emploient aussi pour la teinture.

Les Malayes l'appellent *Bori-Bori*, & aussi *cuning*, ou *cunyet*. Il est certain que c'est un bon stomachique, & qui a plusieurs autres bonnes vertus. Les médecins n'en font pas l'expérience qu'ils en devroient faire, pour les mieux reconnoître, & s'en servir dans le besoin. Mr. Lemery en rapporte assez de belles vertus; cependant l'usage qu'on en fait en Europe dans la médecine, est aujourd'hui bien peu de chose; ce qui ne peut venir que d'un défaut d'expérience. *Mémoires de Mr. Garcin*.

Le rond que les Portugais appellent *Raiz de safrao*, ne se trouve pas dans les boutiques. C'est une racine tubéreuse, un peu ronde, plus grosse que le pouce, compacte, charnue, chevelue au dehors, jaune, laquelle étant coupée transversalement a différens cercles jaunes, rouges, de couleur de safran, & imite le safran & le gingembre par son goût & son odeur, qui sont cependant plus foibles que dans le curcuma long.

Les 100 livres de curcuma se vendent ordinairement en Hollande 36 florins : en 1748. flor. 50 à 55. en 1759. fl. 50. en 1760. fl. 30 à 36, & en 1761. fl. 28 à 30.

Il est arrivé à Amsterdam

en 1757 lb 15000 de curcuma de la Chine.
en 1760--12478   dit   dit
en 1760 lb 81200 de curcuma de Java.
en 1761--137000   dit   dit
----------- 1860   dit de la Chine.

CURIOSITÉS NATURELLES.

C'est un assemblage curieux & instructif de tout ce que la nature produit dans les trois règnes de créatures, qui sont les minéraux, les végétaux, & les animaux, que l'on conserve dans des cabinets chez les Naturalistes qui s'appliquent à en découvrir l'origine, la nature, & l'utilité. Cette science fait aujourd'hui tant de progrès dans le Nord, que plusieurs marchands droguistes des principales villes de ces pays, font venir des autres parties du monde quantité de ces curiosités, pour les vendre aux curieux, entr'autres diverses sortes de coquillages, des madrepores, des astroïtes, des coralloïdes, des lithophytes, & autres productions marines; des fruits secs, & des semences de plantes les plus rares; des serpens, des lézards & d'autres reptiles conservés dans l'esprit de vin : des poissons, & des oiseaux desséchés; des peaux, des os, des dents, des cornes &c. de plusieurs grands animaux : des pétrifications, ou pierres figurées, des corps testacés & autres raretés que la mer produit, & que l'on trouve ensevelies dans des montagnes, dans des rochers, dans des marbres, &c.

Les Hollandois passent pour la nation la plus curieuse de ces sortes de raretés. Les cabinets d'histoire naturelle sont plus riches & plus nombreux chez eux, que par-tout ailleurs. Feu M. Seba, fameux Naturaliste d'entre leurs sçavans, en possédoit le plus beau, lequel n'étoit guère moins riche que celui de M. Sloane, président de la société royale d'Angleterre, dont il est fait mention dans l'Article *Cabinet*, & qui est estimé 100000 livres sterl. On a la description de celui de M. Séba, en Latin, en plusieurs volumes, avec beaucoup de figures. On peut juger, par l'extrait qu'on en a donné dans la *Bibliothèque raisonnée* T.ᵉ XII. p. 361, combien ces curiosités abondent en Hollande, y sont estimées, & leur commerce y est considérable.

M. Linnæus ayant publié en 1759, le *Musæum Regium* ou *description du Cabinet de S. M. le Roi de Suède*, il fait voir dans sa préface l'utilité & la beauté de ces sortes de collections des trois règnes, animal, végétal & minéral. Cette préface se trouve ne entier dans les *Mémoires sur la littérature du Nord*, 1ere partie, p. 11 à 57. Copenhague 1759.

CUSCUTE, est un genre de plante qui n'a ni racine, ni tige, ni feuilles. Elle croît en forme de filamens rougeâtres sur différentes plantes, comme le lin, l'ortie, le houblon, le thym, la lavande, &c. sur lesquels elle prend sa nourriture en y demeurant attachée, ou même entortillée autour de leurs tiges : on l'appelle *cuscute* lorsqu'elle prend sa nourriture sur le lin.

Sa fleur est monopétale, ayant la forme d'un petit godet évasé, & divisé en quatre lobes. Elle est suivi ensuite d'une capsule qui renferme deux semences.

Ce genre comprend deux espèces, l'une grande & l'autre petite. La première vient dans les pays froids sur des plantes qui n'ont point d'odeur, & d'où par conséquent elle n'en acquiert point non plus; aussi l'on n'en fait presque point d'usage. La petite croît dans les pays chauds sur des plantes aromatiques, & en particulier sur le thym : c'est pour cette raison que plusieurs l'ont appellée *épithymum*; elle est odorante, plus recherchée pour la médecine, & les droguistes en font commerce.

La cuscute des boutiques est de deux sortes, l'une nous vient de Crête & l'autre de Venise.

La

La cuscute indigène, *nostras*, qui est celle du lin, est absolument rejettée comme étant de nulle valeur.

CUVE, (*Teinture*) grand vaisseau dont les teinturiers se servent pour teindre les étoffes. On appelle cuve d'inde, une cuve composée d'indigo sans pastel, dans laquelle on teint à froid ; cuve en œuvre, celle qui n'a ni trop peu de chaux, & à qui il ne manque que d'être chaude pour travailler ; cuve garnie, celle qui a tous les ingrédiens, mais qui n'est pas assez formée ou qui n'a pas assez fermenté pour travailler ; cuve rebutée, celle qui ne jette du bleu que quand elle est froide ; cuve qui souffre, celle qui n'a pas assez de chaux ; cuve usée, celle qui avoit trop de chaux, & dont on n'a pu se servir que la chaux n'en fut usée ; cuve sourde, celle qui commence à faire du bruit, & à faire connoître par des pétillemens qu'elle se forme. On dit asseoir ou poser une cuve, pour y mettre les ingrédiens dont elle doit être composée ; pallier la cuve, pour remuer ou crouiller le marc ou la pâtée de la cuve, & le mêler avec le fluide ; heurter la cuve, pour pousser brusquement & avec force la surface du bain jusqu'au fond de la cuve, & y donner de l'air par cette manœuvre ; dégarnir la cuve, pour y mettre du son & de la garance à discrétion, pour qu'elle soit moins chargée ; rejailler une cuve, pour la remplir d'eau chaude deux ou trois jours après qu'elle a travaillé, & qu'elle se trouve trop diminuée ; réchauffer la cuve, pour remettre le brevet ou le bain sur le feu quand la cuve commence à se refroidir ; ouvrir la cuve, pour y jetter la première mise de la laine ou de l'étoffe quand elle est neuve ; retrancher la cuve, pour la pallier sans lui donner de chaux. *Encycl.*

CYGNE, oiseau qui pèse jusqu'à vingt livres, quand il est un peu avancé en âge. Il a quatre pieds trois pouces de longueur, depuis la pointe du bec jusqu'à l'extrêmité de la queue ; quatre pieds cinq pouces jusqu'au bout des pattes, & plus de sept pieds d'envergure. Tout le corps est couvert de plumes très-fines & très-douces au toucher, qui sont blanches comme la neige quand le cygne est vieux ; dans les jeunes, elles sont au contraire de couleur cendrée. Les tuyaux des grandes plumes des ailes sont plus gros dans le cygne privé, que dans le sauvage. Le bec est de couleur livide, & terminé par une appendice en forme d'ongle. Il y a une marque noire à côté des narines, & entre les yeux & le bec, un espace triangulaire de la même couleur & dégarni de plumes ; la base de ce triangle est du côté du bec, & la pointe du côté des yeux. Quand les cygnes sont plus avancés en âge, le bec devient rougeâtre, & l'ongle qui est à l'extrêmi-

Tome II. S

té , prend une couleur noirâtre. Ils ont auffi à la bafe du bec une tumeur charnue , noire, élevée , & recourbée en avant & en bas. La langue eft comme hériffée de petites dents , les ongles font noirâtres & les pattes de couleur livide, & dégarnies de plumes jufqu'au deffus du genou.

On prétend que le cygne vit très-long-temps. Il fe nourrit de plantes aquatiques & d'infectes; il pond cinq ou fix œufs, qu'il couve pendant près de deux mois.

Il y a des cygnes fauvages; ils font moins grands & moins pefans que le cygne domeftique ; toutes leurs plumes ne font pas blanches, ils en ont de couleur cendrée & de rouffes; la bafe du bec eft recouverte par une peau jaune &c. Willughby , *Ornith.* Rai , *finop. meth. avium.* Le duvet du cygne fert à remplir des couffins & des oreillers; & fa peau, garnie du duvet , eft préparée chez les fourreurs , & fait une fourrure fort chaude. *Encyclopédie.*

Quelques-uns croient auffi cette peau fouveraine contre les rhumatifmes , en la mettant du côté du duvet fur la partie affligée. Prefque toutes ces fortes de marchandifes, qui fe tirent du cygne, s'envoient de Hollande.

CYPRÈS ; c'eft un arbre des pays chauds, dont la touffe, qui eft toujours verte , belle & pyramidale, fait qu'on le recherche pour l'ornement des grands jardins. Ses feuilles font petites & écailleufes, affez femblables à celles de la Sabine. Son origine vient des montagnes de Candie, & de la Natolie. Il croît dans la plupart des ifle de l'Archipel. Il donne de la réfine, mais feulement dans fon propre climat, qui en fort par des incifions faites fur fon tronc. Cette réfine eft liquide comme la thérébentine, odorante & fort âcre au goût. Elle eft propre à entrer dans la compofition des baumes, ou onguens vulnéraires. Son bois eft incorruptible , ayant une bonne odeur, étant auffi odoriférant que le bois de cèdre; il conferve cette odeur quelque vieux qu'il foit, c'eft pourquoi l'on en fait des tables, des coffres, des boîtes & autres meubles, dans les lieux où il abonde. Les vers ne s'y mettent jamais.

Il eft extrêmement dur, affez compact; d'une grande folidité & d'une très-longue durée. Il eft d'une couleur jaunâtre , il n'a point d'aubier; il eft plutôt léger que pefant.

Ce bois reçoit un poli parfait, il eft propre à faire des échalas qui durent très-long-temps.

Ses cones, pommes, ou noix, ainfi nommés différement felon les pays, font le fruit qui répond dans fa ftructure à celui du Pin. Il eft mis au rang des drogues, & fait, par conféquent, par tie du commerce des marchands droguiftes, dans les pays éloignés de celui où fe trouve cet arbre. Il eft rond, écailleux, & de la groffeur d'une noix, renfermant de très-petites femences. On l'emploie avec fuccès dans la médecine en qualité de vulnéraire aftringent ; dans la chirurgie fur-tout, contre lles Hernies, les hémorrhagies &c. On en mêle dans les fomentations, les cataplafmes & les poudres aftringentes qu'on applique contre toutes fortes de pertes des fluides du corps. Les anciens fe fervoient beaucoup de fon bois de fes feuilles, & de fon fruit ; & plus qu'on ne fait aujourd'hui. Ils en mettoient des portions de l'un ou de l'autre, parmi les étoffes, les grains & autres matières, pour les garantir de la vermine & autres infeétes nuifibles.

Pour multiplier cet arbre il faut en femer la graine au mois d'Avril.

Fuller & Bochart croient que l'Arche de Noé fut conftruite avec du bois de Cyprès, appellé *Gopher*, (*Gen. VI*. 14. *bible de la Haye in-4to.*) dont l'Affyrie & fur-tout les lieux voifins de Babylone abondent, felon le témoignagne d'Arrien & de Strabon. Ce bois eft d'ailleurs très-propre à la conftruétion des vaiffeaux, & n'eft nullement fujet à fe pourrir, ni à fe gerfer ; ce qui fait croire à ces favans que l'Arche fut faite dans le territoire de Babylone. Du temps d'Alexandre, il y avoit encore une fi grande quantité de cyprès dans les bocages & dans les jardins, que faute d'autre bois, ce prince en fit conftruire une flotte entière.

CYTISUS, eft un genre de plante papillonacée, dont il y a un grand nombre d'efpèces, qui font prefque toutes des fous-arbriffeaux. Leurs feuilles font portées de trois en trois fur chaque pédicule. Les fleurs font légumineufes, & le fruit eft une filique.

Cet article n'eft rapporté ici, qu'en confidération d'une feule efpèce qui croît dans la terre ferme des Indes Orientales, & dont la graine ou petit pois donne un excellent manger. C'eft auffi la feule efpèce de ce genre qui foit bonne pour la table. Les Européens qui voyagent aux Indes, s'en accommodent très-bien, & en font affez fouvent provifion pour leurs vaiffeaux. Ce légume eft de couleur jaunâtre, doux & délicat. Il n'eft guère connu que fous le nom de *Kiffery*, lequel vient de l'Indoftan. On l'y nomme quelquefois, quoiqu'improprement, *Cayang* ; mais ce nom appartient à un autre légume qui n'eft pas fi bon à beaucoup près. Voyez *Kiffery* & *Cayang*.

On vend à Surate beaucoup de ce légume dans les marchés,

& l'on en trouve aſſez ſur les côtes de Malabar & de Coromandel , de même qu'à Bengale. Mr. Burmannus , Profeſſeur en Botanique au jardin de médecine d'Amſterdam , en a donné en 1737
une figure exacte dans ſon *Theſaurus Zeylanicus*, ſous le nom de
Cytiſus folio molli , incano , ſiliquis Orobi contortis , & acutis. Mémoires de M. Garcin.

Voyez l'*Encyclopédie* ſur les différentes eſpèces de ces arbriſſeaux dont on ne retire que très-peu d'utilité. Le plus grand , le
plus beau & le plus utile des cytiſes , c'eſt le faux ébenier , ou
le cytiſe des Alpes. Son bois eſt fort dur , & il ſe noircit dans le
cœur en veilliſſant , ce qui lui a fait donner le non d'*ébenier* : on
s'en ſert à faire des païs & des échalas qui durent très-long-
tems.

D.

DAIM. Bête fauve plus petite que le cerf, & dont le poil est plus blanc & plus grand que celui du chevreuil. Il se tient volontiers dans les hauts pays où il y a des vallées & des petites montagnes. Sa chair est nourrissante, sur-tout celle des jeunes daims. Cet animal fournit au commerce les mêmes marchandises que le cerf. Sa peau est assez estimée, après qu'elle a été passée en huile chez les chamoiseurs ou en mégie chez les mégissiers ; on en fait des gants, des culottes & autres ouvrages semblables. Voyez *cerf & chamoiseur.*

Le chevalier Robert Southwell, président de la société royale de Londres, a donné au public la méthode des Indiens de la Virginie & de la Caroline, pour préparer les peaux de daims. Elle est dans les *Transactions philosophiques*, ann. 1691 num. 194, art. 1.

Le grand commerce que font les Hollandois des peaux de daims & de buffles sauvages, qu'ils tirent de Siam, prouve qu'il y a dans ce royaume une grande quantité de ces animaux, selon l'*Histoire des Indiens.* Tom. III 1756., p. 177.

DALLE ou DAIL, signifie une sorte de pierre grise & dure, dont les remouleurs, les faucheurs, les cordonniers & savetiers se servent pour aiguiser, les uns leurs tranchets, les autres leurs faulx & les autres les couteaux, ciseaux & autres outils de fer & d'acier, après qu'ils les ont passés sur la meule.

Les meilleurs dalles viennent du Lyonnois, de l'Auvergne & du Piémont Voyez *Pierre à aiguiser.*

DAMARAS, taffetas des Indes. C'est une espèce d'armoisin ou taffetas léger que l'on tire des Indes. Ses desseins sont imprimés avec des planches de bois.

DAMAS (*Manufact. en soie*). M. Savary définit le damas, une étoffe en soie dont les façons sont élevées au dessus du fond, une espèce de satin moiré, une moire satinée, dans la quelle ce qui a le grain par dessus, l'a de moire par-dessous, dont le véritable endroit est celui où les fleurs sont relevées & satinées, & l'autre côté n'est que l'envers, & qui est fabriquée de soie cuite, tant en traine qu'en chaîne. On verra bientôt par la fabrication de cette étoffe, ce qu'il peut y avoir de vrai & de défectueux

dans cette définition. Nous nous contenterons feulement d'obferver ici : 1°. que la feule définition complette qu'on puiffe donner d'une étoffe , & peut-être d'un ouvrage de méchanique en
général , c'eft d'expofer tout au long la manière dont il fe fait :
2°. que le damas n'eft point un gros-de-tours ; car pour faire le
gros-de-tours , ou le grain de cette efpèce , il faut baiffer la moitié
de la chaîne , aulieu qu'on n'en lève ou baiffe au damas que la cinquième partie ; le grain du damas feroit plutôt grain de ferge ;
mais il n'eft ni grain de ferge ni gros-de-tours. Les damas de Lyon
ont tous 11 24mes. d'aune de large.

On diftingue les damas en damas ordinaires pour robes , en damas pour meubles , en damas liférés , & en damas brochés.

Tous les damas en général font montés fur cinq liffes de fatin
& cinq de rabat , auxquels il en faut ajoûter cinq de liage quand
ils font liférés ou brochés.

Les damas ordinaires pour meubles , liférés & brochés , font fixés
en France par les réglemens à 90 portées. A Turin , ceux pour
meubles , à 96 , & à Gènes à 100 , & ils font plus étroits que les
nôtres.

Les armures de fatin à cinq liffes font une prife & deux laiffées , comme dans les fatins à huit liffes.

Les cinq liffes de rabat contiennent la même quantité de mailles
que les cinq liffes de fatin , de manière que chaque fil de chaîne
paffé fur une liffe de fatin , eft paffé fous une de rabat , afin de
baiffer après que la tireufe a fait lever la foie.

La diftribution des fils doit être telle que celui qui paffe fur la
première liffe du fond , paffe auffi fur la première liffe du rabat ,
& ainfi des autres.

Le damas n'a point d'envers , fi ce n'eft le côté qui repréfente le deffin : ce qui fait damas d'un côté , fait fatin de l'autre , & réciproquement. Quand il arrive que la figure du damas
eft trop pefante , pour lors on tire le fond & le damas fe touve
deffus ; & quand on a lié la figure , le damas fe trouve deffous ,
d'où l'on voit que l'on n'a , de quelque côté qu'on envifage le
damas , que fatin & damas ; mais qu'en travaillant on a deffus
ou deffous le fatin ou le damas à difcrétion.

Il n'eft pas poffible que le rabat du damas foit armé autrement
qu'on le voit dans l'*Encyclopédie*, parceque dans le cas où on voudroit en varier l'armure , il arriveroit que la liffe du rabat feroit
précifément celle qui répondroit à la liffe du fatin , & qui par
conféquent feroit baiffer les mêmes fils que la liffe de fatin leveroit,
ce qui ne produiroit rien , l'une des liffes détruifant ce que l'autre liffe feroit. On voit que l'armure du rabat eft précifément celle
du fatin , c'eft-à-dire une prife & deux laiffées.

Quant au liage, il n'eſt pas néceſſaire de ſuivre un autre ordre, en le paſſant, que de cinq & ſix, & comme il faut deux coups de navette ou deux marches pour une de liage, & qu'il faut deux courſes de ſatin pour une courſe de liage, il faut néceſſairement commencer à faire baiſſer la liſſe du milieu ou la troiſième, enſuite la quatrième, puis la cinquième, la première, & finir par la ſeconde, ſans quoi il arriveroit au fil qui auroit levé au coup de navette d'être contraint de baiſſer, ce qui occaſionneroit un défaut dans l'étoffe, qui la rendroit mauvaiſe & non marchande, toutes les parties liées par un fil de cette eſpèce étant totalement ouvertes & éraillées.

Cette étoffe travaillée à cinq marches de ſatin & à cinq de liage, demande que la courſe complette ſoit enduite, comme on l'expoſe dans l'*Encycl.* & dans le *Dict. de Commerce.*

Obſervations ſur le damas. Toutes les manufactures de damas qui ſont en Europe, ne le fabriquent pas de même. La ſoie qu'elles y emploient eſt différente, ſoit en quantité, ſoit en qualité, ſur-tout dans les chaines. Nous allons entrer là-deſſus dans quelque détail, & examiner notre main-d'œuvre & nos réglemens. Nous exhortons nos fabricans à réfléchir ſur ce qui ſuit, & à achever de remporter ſur l'étranger, par la bonté de l'etoffe & la perfection du travail, un avantage qu'ils ont déja obtenu par le goût du deſſin.

Le réglement du 1 Octobre 1737 ordonne, article 68, que les damas ne pourront être faits à moins de 90 portées de chaine, & chaque portée de 80 fils, & l'article 1 du réglement du 8 Avril 1724, pour la manufacture de Turin, veut : 1°. que les damas ſoient faits avec une chaine de 96 portées, & chaque portée de 80 fils, dans un peigne de 24 portées, afin qu'il ſe trouve 8 fils par dent ; 2°. qu'il ne ſoit employé à l'ourdiſſage de ces étoffes que les organſins du poids de ſix octaves au moins chaque ras, étant teints, ce qui revient au poids d'une once & demie chaque aune de chaîne de ceux qui s'ourdiſſent en France.

D'où l'on voit que la quantité de ſoie ordonnée par notre réglement, devroit être plus conſidérable, & que, d'un autre côté, on n'y parle point de la qualité qu'il n'étoit pas moins important de fixer que la quantité.

La fixation du poids ſeroit inutile, ſi le nombre des portées n'étoit pas déſigné, parcequ'on pourroit diminuer le nombre des portées, augmenter la groſſeur de l'organſin, ſi ſa qualité n'étoit déterminée, afin que le poids ſe trouvât toujours le même à la chaîne, ce qui donneroit lieu à un défaut d'autant plus conſidérable, que ce n'eſt ni le fil le plus gros ni le plus peſant qui fait la plus belle toile, mais le plus fin & le plus léger, comme

tout le monde fçait , la quantité néceffaire étant fuppofée complet-
re. Les Piémontois ont eu l'attention de fixer & le nombre des
portées & la qualité de la foie , & le poids & le peigne.

Les Génois font de 100 portées leurs moindres damas pour meubles. Leur peigne eft de 25 portées , & ils ont 8 fils par dent ; ce
qui doit donner une étoffe plus parfaite que fi elle n'étoit que de
90 portées.

Si ces étrangers ont fixé le poids des chaînes, c'eft qu'ils ont
craint, d'un autre côté , qu'un organfin trop fin ne garniffant pas
affez la qualité de l'étoffe , comme difent les ouvriers, ne fût
altérée. Il faut que le filage de la matière foit proportionné à la
nature de l'ouvrage.

Les Génois ont encore des damas pour meubles de 120 portées , & faits avec 30 portées de peigne , pour avoir encore 8 fils
par dent, On ne diftingue ces damas des autres que par la lifière
ou cordon qu'ils appellent *cimoffe*,

Cette lifière eft faite en gros-de-tours , non en taffetas , c'eft-
à-dire que les deux coups de la navette dont la trame fert à former l'étoffe , & qui font paffés à chaque lac , paffent auffi par
le cordon fous un même pas , & font un parfait gros-de-tours ,
& une lifière très-belle & très-particulière. La façon de travailler cette lifière ou cordon du damas en gros-de-tours , ainfi que
la cordeline , eft fi ingénieufe, qu'on peut affurer que , des dix
mille fabricans qui rempliffent nos manufactures , il n'y en a
peut-être pas dix qui puffent fur le champ en entendre & démontrer la manœuvre , peut-être même quand on leur laifferoit le
tems de l'étudier ; ce font cependant des payfans très-groffiers
qui en ont été les inventeurs, qui l'exécutent tous les jours , &
qui font les plus beaux damas & les plus beaux velours.

Les chaînes des étoffes façonnées qui fe fabriquent à Lyon ,
ne reçoivent l'extenfion forte qu'elles doivent avoir pendant la
fabrication, que d'une groffe corde qui eft arrêtée par un bout
au pied du métier ; qui fait trois ou quatre tours fur le rouleau qui
porte la chaîne , & a fon autre bout paffé dans un valet ou une
efpèce de bafcule de la longueur d'un pied & demi, plus ou
moins, dont une partie enveloppe le rouleau. On fufpend à
fon extrêmité un poids d'une groffeur proportionnée à la longueur de la bafcule ; on tient la toile tendue en tournant le rouleau oppofé, fur lequel l'étoffe fe plie, à mefure qu'on la travaille , au moyen d'une roue de fer & d'une gachette dont
l'extrêmité entre dans les dents de la roue : quand on a forcé
le rouleau de derrière à fe devider, on tient la chaîne toujours
tendue,

Cette manière de tendre la chaîne des étoffes façonnées eft très-commode, fur-tout pour les étoffes riches, dont la chaîne eft continuellement chargée d'une quantité de petites navettes ; mais n'eft-elle pas fujette à un inconvénient, en ce que les grandes fecouffes que les cordes donnent à la chaîne pendant le travail de l'étoffe, jointes aux coups de battant, & à la liberté que la bafcule accorde au rouleau de derrière de devider , font à cha-que inftant lâcher un peu plus ou un peu moins la chaîne qui, perdant de fon extenfion, la fait perdre également à l'étoffe fa-briquée, d'où naît le déraut qu'on remarque à certains damas qui paroiffent froiffés en quelques endroits, lorfqu'ils font levés de deffus le rouleau , ce qui s'appelle en manufacture *griper* ; gri-pure qui n'a point lieu quand on s'y prend autrement pour tendre la chaîne.

Les Génois n'ont ni corde, ni bafcule, ni chien, ni gachette pour tendre les chaînes ; ils n'emploient à cela que deux che-villes de bois ; l'une , de deux pieds de longueur ou environ, entre dans un trou de deux pouces en quarré, fait au rouleau de de-vant qui eft percé en croix en deux endroits de part en part, & attaché par le bout à une corde qui tient au pied du métier. Le rouleau de derrière eft percé de même : & quand il s'agit d'étendre la chaîne, on fiche dans une des quatre ouvertures des deux trous qui traverfent de part en part le rouleau & qui fe croifent, une cheville longue de trois pieds & demi au moins, à l'aide de laquelle on donne l'extenfion qu'on veut à la chaî-ne , en attachant le bout de la cheville à une corde placée au-deffus de l'endroit où répond le bout de la cheville. Des manu-facturiers habiles m'ont affuré que cette façon de tenir la chaîne tendue , n'étoit fujette à aucun inconvénient : qu'on ne donnoit à la chaîne que ce qu'elle demandoit d'extenfion ; que la féche-reffe & l'humidité n'avoient plus d'action qu'on ne pût réparer fur le champ ; qu'on n'appercevoit plus dans l'étoffe ni froiffe-ment, ni gripure ; que l'effet des fecouffes étoit autant anéanti qu'il étoit poffible ; & que ce moyen donnoit même lieu à une efpèce d'apprêt que la chaîne recevoit pendant la fabrication, & qu'on ne remarquoit qu'aux damas de Gènes & autres fabriqués de la même manière.

Cela fuppofé, il ne faudroit pas attribuer feulement la diffé-rence des damas de Gènes & de Lyon, à la différence des foies : nous pouvons avoir, & nous avons même d'auffi bonnes foies ; nos ouvriers ne le cèdent en rien aux leurs ; nous avons plus de goût ; il ne s'agit donc que de conformer nos métiers aux leurs, tant pour le velours que pour le damas. Quelque légère que puif-fe paroitre cette obfervation fur l'extenfion des chaines, il faut confidérer qu'elle a lieu depuis le commencement du travail juf-qu'à la fin.

Nous n'avons fait aucune mention jufqu'à préfent du nombre de brins dont l'organfin doit être compofé ; mais on conçoit bien que les damas faits avec des organfins à trois brins, doivent être plus beaux que ceux qui ne font fabriqués qu'avec des organfins à deux brins.

Outre les damas dont nous avons parlé ci-deffus, il y en a encore d'autres fortes dont nous allons dire un mot.

Il y a le damas caffart, étoffe qui imite le vrai damas, dont la trame eft ou poil, ou fleuret, ou fil, ou laine ou coton, & qui fe fabrique de différentes largeurs. Le damas de la Chine ou des Indes ; il y en a de toutes couleurs ; ils font meilleurs que les nôtres ; ils confervent leur beauté après le dégraiffage, les nôtres la perdent ; ils prennent auffi beaucoup mieux la teinture. Le damas d'Abbeville, qui fe travaille comme le damas de foie, qui a fond & fleur, mais dont la chaîne & la trame font fil. Le damas de Caux, qui ne diffère du damas d'Abbeville qu'en ce qu'il eft à raies & non à fleurs. Il y a encore le damas de Hollande, qui n'eft qu'une étoffe en foie plus légère que nos damas. *Encycl.*

Le meilleur damas de la Chine qu'on tranfporte ordinairement en Ruffie, & qu'on nomme *gol* eft de 18 arfchins de long, fur 14 verfchokt de large. Ceux qui viennent en Europe ont 7, 11 & 12 aunes de France de long, fur 3 8mes & 7 16mes de large

Il fe fabrique en France, particuliérement à Châlons en Champagne, & en quelques lieux de Flandres, comme à Tournai, & aux environs, des damas entiérement de laine, tant en chaîne, qu'en trame. Ceux de Tournay ont 3 8mes. de large, & 20 aunes de long. Voyez Damaffin.

Commerce du damas à Amfterdam.

Les damas qu'on vend le plus ordinairement à Amfterdam, font ceux des Indes, ceux du pays & ceux de Luques.

Les damas du pays fe vendent à l'aune, depuis 50 jufqu'à 70 fols l'aune.

Les damas de Luques fe vendent auffi à l'aune, depuis 8 jufqu'à 9 fols de gros l'aune.

Les damas des Indes, d'une couleur, valoient, en 1757, à Amfterdam la pièce de 24 aunes　37 à 41. flor.

2 dits.　.　.　.　.　.　$39\frac{3}{4}$ à $43\frac{3}{4}$.

à meubles, 1 coul.　.　.　$50\frac{3}{4}$ à 57.

Damas, ou *grand caen* ; nom qu'on donne à une forte de linge ouvré, qui fe manufacture dans la Baffe - Normandie. Voyez *linge*.

Damas. On appelle *acier de damas*, un acier extrêmement fin dont, dans quelques lieux du Levant, particuliérement à Damas de Syrie, d'où il a pris son nom, on fait des lames d'épées & de fabres, desquelles la trempe est admirable. Aujourd'hui toutes les lames d'épées ou de fabres, dont la trempe est excellente, font des damas.

Quelques auteurs prétendent que cet acier vient du Royaume de Golconde, dans les Indes orientales, & que c'est là où l'on a inventé la manière de le tremper avec l'alun, que les Européens n'ont pu encore imiter. Voyez *Acier.*

DAMASQUETTE. Espèce d'étoffe qui se fabrique à Venise, & qui est propre pour être débitée dans le Levant, particuliérement à Constantinople.

Il y en a de deux fortes ; des damasquettes à fleurs d'or, & des damasquettes à fleurs de foie : les pièces ont 18 aunes de longueur. Celles à fleurs d'or se fabriquent à peu près comme les toiles d'or & d'argent, qu'on faisoit autrefois à Lyon.

DAMASQUINER, (*Cifel.*) c'est l'art d'enjoliver le fer ou l'acier &c. en lui donnant une façon qui consiste à le tailler ou graver, puis à remplir les raies qu'on y fait d'un fil d'or ou d'argent. C'est une espèce de mosaïque ; aussi les Italiens lui donnent-ils le même nom *taufia*, qu'à la marqueterie. Cette forte de travail a pris son nom de la ville de Damas, où il s'est fait quantité de beaux ouvrages dans ce genre, aussi-bien qu'en plufieurs autres endroits du Levant. Les anciens s'y font beaucoup appliqués. C'est un assemblage de filets d'or ou d'argent, dont on fait des ouvrages plats ou des bas-reliefs fur du fer. Les ornemens dont on les enrichit font arabesques, morefques ou grotefques.

Il se trouve encore des anneaux antiques d'acier avec des figures & des feuillages travaillés de cette manière, & qui font parfaitement beaux. Mais dans ces derniers tems on a fait des corps de cuirasse, des casques damasquinés, enrichis de morefques & d'arabesques d'or, & même des étriers, des harnois de chevaux, des masses de fer, des poignées & des gardes d'épées, & une infinité d'autres chofes d'un travail très-exquis. Depuis qu'on a commencé à faire en France de ces fortes d'ouvrages (c'est fous le regne d'Henri IV), on peut dire qu'on a furpassé ceux qui s'en font mêlés auparavant. Curfinet, fourbisseur à Paris, qui est mort, il y a environ cent ans, (en 1660 a fait des ouvrages incomparables dans cette forte de travai tant pour le deffein que pour la belle manière d'appliquer l'or & de cifeler pardeffus.

Quand on veut damasquiner sur le fer, on le met au feu pour lui donner le passe-violet, qui est ce qu'on appelle *couleur d'eau*; puis on dessine légèrement dessus ce qu'on veut figurer, & on le taille avec un couteau à tailler de petites limes; ensuite avec un fil d'or ou d'argent fort délié, on suit le dessin, & on remplit de ce fil les endroits qu'on a marqués pour former quelques figures, le faisant entrer dans les hachûres avec un petit outil qu'on nomme *ciseau*, & avec un matoir on amatit l'or.

Si l'on veut donner du relief à quelques figures, on met l'or & l'argent plus épais, & avec des ciselets on forme ce qu'on veut dessus.|

Mais quand on veut mêler avec la damasquinure un travail de rapport d'or ou d'argent, alors on grave le fer profondément en dessous & à queue d'aronde, puis avec le marteau & le ciselet on fait entrer l'or dans la gravure; après en avoir taillé le fond en forme de lime très-déliée afin que l'or y entre, & y demeure plus fortement attaché.

Cet or s'emploie aussi par filets, & on le tourne & manie comme en damasquinant, suivant le dessin qu'on a gravé sur le fer.

Il faut avoir attention que les filets d'or soient plus gros que le creux qu'on a gravé, afin qu'ils y entrent par force avec le marteau. Quand l'or ou l'argent est bien appliqué, on forme les figures dessus, soit avec les burins ou ciselets, soit par estampes avec des poinçons gravés de fleurons, ou autres objets qui servent à imprimer ou estamper ce que l'on veut. Voyez *Ciselure*, *Encycl.*

Cet article est tiré du *Dictionnaire des principes de l'architecture, peinture & sculpture* de M. Felibien. On n'y a rien changé, parce qu'il nous a paru contenir, disent les *Encyclopédistes*, ce qu'il y avoit d'essentiel à remarquer sur cet art, plus difficile à pratiquer qu'à entendre.

DAMASSÉ, ou PETITE VENISE. On donne ce nom à une sorte de linge ouvré, qui se fabrique en Flandres. Il est ainsi nommé, à cause qu'il est façonné de grandes fleurs assez semblables à celles de cette espèce d'étoffe de soie, qu'on appelle ordinairement *damas*, où l'on remarque un fond & un dessin. Cette sorte de linge ne s'emploie guère que pour la table. On appelle un *service damassé*, une nappe & une douzaine de serviettes, faites de cette toile. Voyez *Linge*.

DAMASSIN, espèce de damas à fleurs d'or ou d'argent, ont il est parlé dans le réglement de 1667. Il doit avoir de largeur 11 2 ,mes. d'aune, & être fait en chaîne & en trame, de bonne & fine foie cuite, & non crue. Il eft moins garni de chaîne & de trame que le damas ordinaire. Voyez *Damas*.

DARIABANIS, toile de coton blanche qui vient de Surate.

DARIDAS, forte de taffetas des Indes qui eft fait avec de la foie qu'on tire des herbes, ou avec les filamens d'une plante. C'eft une étoffe légère, dont les deffins font joliment imprimés avec des planches de bois, felon le *Dictionnaire du Citoyen*, in-8°. 1761. Voyez *Taffetas d'herbe*.

DARINS, toiles de chanvre ordinaires qui fe fabriquent en Champagne.

DARNAMAS; on appelle *coton darnamas*, la meilleure forte de coton qui vienne de Smirne. Il eft ainfi nommé d'une plaine près de cette ville, où il s'en cultive en fi grande quantité, qu'on en peut enlever, année commune, jufqu'à 10000 balles, quoiqu'il s'en confomme du moins encore autant dans les manufactures du pays. Voyez *Coton en laine*.

DATTE. Les dattes font des fruits cylindriques, de la groffeur du pouce, de la longueur du doigt, de la figure d'un gland, ou affez approchante de celle des prunes, compofés d'une pellicule mince, rouffâtre, dont la pulpe ou la chair eft graffe, ferme, bonne à manger, douce, & qui environne un gros noyau cylindrique, dur & creufé d'un fillon dans fa longueur. Il y a auffi des dattes fans noyau.

Il faut toujours choifir les dattes groffes, jaunâtres, peu ridées, tendres, pleines de pulpe, un peu dures en dedans, blanchâtres près du noyau, rougeâtres vers la peau, d'un goût vineux, & qui étant fecouées, ne fonnent point du tout ou très-peu. Il faut, au contraire, rejetter celles qui font flafques, dures, fans chair, percées, vermoulues ou cariées. Les meilleures font celles que l'on nous apporte de Tunis. Celles qui naiffent en Efpagne ne font jamais bien mûres; & celles qui viennent de Salé fe corrompent facilement, & font bientôt remplies de vers, ou bien elles fe deffèchent.

Les dattes font le fruit du palmier de la grande efpèce. Cet arbre eft célèbre par bien des endroits: les poëtes l'ont confacré aux héros & à la victoire; il eft un des plus heureux & des plus agréables fymboles pour les devifes, & pour les emblêmes: il a fervi de vêtement & de nourriture aux faints & aux folitaires, qui ont fi long-temps habité les déferts de l'Egypte, où il croît en abondance.

Le palmier eft toujours terminé par une feule tête, quoique Théophrafte affure que dans l'Egypte il y en a quelquefois plufieurs; fçavoir, lorfqu'autour de cette tête, il croît, contre l'ordinaire, un ou deux rejettons qui groffiffent & fe fortifient par la négligence du propriétaire de ces arbres. La tête, felon les différens états de l'arbre, eft compofée au moins de 40 branches feuillées, & de 80 au plus, qui font un bel effet, & qui font placées en rond; ce qui n'arrive pas aux autres arbres. Car au fommet de ce tronc fe trouve un grand bourgeon conique, de deux coudées de longueur, grêle, terminé en pointe, & compofé de branches feuillées prêtes à fe développer, dont celles qui font à l'intérieur, & qui ne font pas encore totalement épanouies, l'entourent immédiatement, & font de la même longueur; au deffous defquelles font plufieurs autres branches feuillées qui ont acquis leur longueur naturelle, difpofées alternativement, & qui s'écartent de plus en plus du bourgeon; de forte que les dernières & les plus anciennes font courbées en arc vers l'horizon; au deffous de ces dernières il y en a fouvent de vieilles qui font fanées & pendantes, fi l'on a négligé de les couper. Des aiffelles des branches feuillées fortent des grappes branchues, qui ont chacune leur fpathe ou enveloppe, & qui portent des fleurs dans le palmier mâle, & des fruits dans le palmier femelle.

Une forêt de palmiers s'étend à trois lieues de longueur, depuis le bord oriental de la rivière à Ellmotghara jufqu'à Sanuada, entre le Caire & Girge. *Voyage* de Norden, en Egypte, dans les *Voyages Mod.* Tom. I, pag. 264, & Tom. II, pag. 16.

Le palmier qui naît des racines d'un autre, comme dans fon fein maternel, commence ordinairement à donner des fruits quatre ans après qu'on l'a tranfplanté, lorfque le terroir eft fertile; & fix ou fept ans après, s'il fe trouve dans un lieu ftérile; mais celui qui vient d'un noyau, eft bien plus long-temps à donner du fruit. Le palmier ne porte des fruits qu'au haut de fon tronc, aux aiffelles des branches feuillées, qui font garnies de grandes grappes en forme de balais, lefquelles étant encore jeunes, font renfermées & enveloppées chacune dans une gaîne prefque coriace.

On ne fçauroit diftinguer, par l'extérieur, la grappe du palmier mâle d'avec celle du palmier femelle, lorfqu'elles font encore cachées dans leurs gaînes; car ces gaînes ont la même figure; & ce qu'elles contiennent alors, eft très-blanc intérieurement, liffé & luifant extérieurement de toute part, & formé

une efpèce de truffe folide, de la figure d'une gaîne ; lequel
corps folide eft compofé de petits bourgeons & de leurs pédicules encore fort tendres, charnus & bons à manger.

Les palmiers, foit mâle, foit femelle, gardent l'ordre fuivant
dans la production de leurs différentes fleurs. Au commencement de Février, & peut-être plutôt, ces arbres pouffent leurs
boutons dans les aiffelles des branches feuillées ; fçavoir, des
fpathes droites appuyées fur le tronc par leur face applatie, mais
encore cachées fous le réfeau, ou enveloppées des branches
feuillées ; d'où ces fpathes fortent & croiffent peu à peu, &
groffiffent tellement par la quantité de fleurs qu'elles portent,
que le mois fuivant elles s'entrouvrent dans leur longueur, &
laiffent fortir ce corps folide qui reffemble à une truffe par cette
fente qui eft à l'un des côtés, & rarement dans tous les deux ;
lequel étant ainfi dégagé de fon enveloppe, prend bientôt la
figure d'une grappe compofée d'un très-grand nombre de pédicules, qui foutiennent les petites fleurs dans le mâle, & des
efpèces de petites prunes dans le palmier femelle, placées dans
toute la longueur, fans ordre & féparément. Les fleurs fervent
à rendre féconde le palmier femelle, dont les fruits mûriffent
lentement & feulement dans l'efpace de cinq mois. Les fpathes
durent peu de temps ; elles fe fanent & fe sèchent, & doivent
être retranchées par ceux qui cultivent foigneufement ces arbres, & qui veulent leur conferver une forme agréable. Les jeunes arbres, & ceux qui font fort vieux, ne donnent qu'un petit
nombre de grappes ; mais ceux qui font dans leur vigueur en donnent 8 ou 10.

La grappe mâle eft parfemée d'un grand nombre de petites
fleurs : elle porte 200 pédicules, dont les plus courts fupportent
40 petites fleurs, les moyens 60, les plus longs 80. Ces petites
fleurs font moins grandes que celles du muguet, oblongues, à
trois pédales, d'une couleur blanchâtre tirant fur le jaune-pâle,
& d'une odeur défagréable ; elles n'ont point de pédicule propre,
mais un principe charnu de couleur herbacée. Les pédales de
ces petites fleurs font droits, oblongs, concaves, terminés en
pointes émouffées, pleins de fuc, charnus, fermes. Les étamines
font velues, roides, très-courtes, blanchâtres, terminées par de
petits fommets remplis de pouffière très-fine.

Sur la fin de Février & au commencement de Mars les fpathes fe rompent, les grappes femelles paroiffent d'abord ; & peu
de jours après, ayant quitté leurs enveloppes, elles font nues,
portant les embryons des fruits enveloppés de deux petites membranes ou petits calices, dont l'un eft extérieur & plus court,
& l'autre eft intérieur, qui enveloppe immédiatement le fruit

presque tout entier. L'un & l'autre calice ont un bord inégal &
une superficie un peu rude. Ces embryons sont en très-grand
nombre sur une grappe ; ils ressemblent aux grains de poivre pour
la grosseur & la rondeur ; leur superficie est luisante & blanche ;
leur goût est acerbe. Dans le mois de Mai ces fruits acquièrent
la grosseur de nos cerises, & ils sont d'une couleur herbacée. Au
commencement de Juin, ils ressemblent à des olives pour la figure
& la grosseur : leurs osselets se durcissent, & leur chair perd de
son humidité & devient plus solide ; mais le goût & la couleur
n'en sont point changés. Ils mûrissent dans le mois d'Août : ils
ne s'amollissent pas dans toute leur substance, mais ils acquièrent d'abord, le plus souvent à leur extrêmité, une tache molle
comme celle d'une pomme qui se pourrit : cette tache s'étend
peu à peu, & toute la substance qui étoit verte, se change en
peu de jours en une pulpe fort douce.

Ces fruits mûrs, ou ces dattes, ont le plus souvent la figure des
glands de chêne, mais elles sont ordinairement plus grosses, &
sont revêtues d'une pellicule mince, transparente, luisante, de différentes couleurs, selon celle de la pulpe. Elles contiennent beaucoup
de chair grasse, pulpeuse, d'un goût vineux, très-douce, peu attachée à son noyau, dont elle est séparée par une petite membrane blanchâtre, tendre, molle comme de la soie, & divisée
en plusieurs pédicules. Le noyau est solide comme de la corne,
dur & ferme ; sa superficie est de la couleur des pepins de raisins,
ou d'un gris plus ou moins délayé. Intérieurement, la substance
est panachée à peu près comme la noix-muscade, de figure longue, & quelquefois en toupie recourbée, convexe d'un côté, &
égale & partagée de l'autre dans sa longueur par un sillon. La
face convexe est marquée d'une petite ligne superficielle qui s'é-
tend dans la longueur mitoyenne, au mileu de laquelle on voit
un point ou une espèce de nombril, qui contient un cartilage
blanc, lequel pénétre jusqu'au milieu de la substance du noyau,
& est la plantule. La moëlle, qui est dans ce noyau, n'est pas
telle que Rai l'a cru, ni telle qu'il s'est persuadé, savoir qu'on
pouvoit la retirer lorsqu'on l'a amolli dans la terre.

Le palmier se plait dans les pays brûlans & dans une terre sabloneuse & limoneuse, légère & nitreuse. Il s'élève du noyau
ou des racines d'un autre palmier. Lorsqu'on seme des noyaux,
il en naît des palmiers mâles & femelles ; mais, lorsqu'on plante
des racines, les palmiers qui naissent, suivent le sexe de leur mère
racine. Il aime les plaines arrosées par l'eau de fontaines, ou par
l'eau de puits, au défaut de la première, que l'on détourne, &
que l'on fait venir dans les rangs de ces arbres, lorsqu'il est à
propos.

Lorsque

Lorfque les dattes font mûres, on en diftingue trois claffes, felon leurs trois dégrés de maturité. La première eft de celles qui
font prêtes à mûrir, ou qui le font à leur extrêmité : la feconde
contient celles qui font mûres jufqu'à environ la moitié : la troifième renferme celles qui font entiérement mûres. On doit cueillir ces trois claffes en même-tems, de peur qu'elles ne fe meur-
triffent en tombant d'elles-mêmes ; on ne peut différer de cueillir celles qui font entiérement mûres, & les autres tomberoient en 2 ou 3 jours, fi on n'avoit pas foin d'en faire la récolte. On fait la récolte des dattes en automne en 2 ou 3 fois, jufqu'à ce qu'on les ait toutes recueillies dans l'efpace de trois
mois.

On fait trois claffes de ces fruits, felon les dégrés de leur maturité, & on les expofe au foleil fur des nattes faites de feuilles
de palmier, pour achever de les fécher. De cette manière elles
deviennent d'abord molles, & fe changent en pulpe : bientôt
après, elles s'épaiffiffent de plus en plus, jufqu'à ce qu'elles ne
foient plus fujettes à fe pourrir. Leur humidité abondante fe diffipe ; fans quoi on ne pourroit les conferver fi facilement; au
contraire elles fe moifiroient & deviendroient aigres.

Voici la manière de conferver les dattes. Après qu'elles font
féchées, ou on les met au preffoir pour en tirer le fuc mielleux,
& on les renferme dans des outres de peaux de chèvres, de
veaux, de moutons, dans de longs paniers faits de feuille de
palmiers fauvages en forme de facs ; ces fortes de dattes fervent
de nourriture au peuple : ou bien après en avoir tiré le fuc, on
les arrofe encore avec ce même fuc avant que de les renfermer ;
ou enfin on ne les preffe point, & on les renferme dans des cru-
ches avec une grande quantité de firop. Tous ces différens fruits
s'appellent par les Arabes *tamar*, & par les médecins latins *Ca-*
ryotæ ; par où ils les diftinguent des dattes qui font fèches & ridées, que l'on apporte de Syrie & d'Egypte en Europe ; lefquelles ont été féchées fur l'arbre même, ou que l'on a cueillies lorfqu'elles étoient prêtes à mûrir, que l'on a percées, enfilées &
fufpendues, pour les faire fécher.

Après avoir fait la récolte de ces dattes, & les avoir féchées
de la manière que nous venons de le dire, on en tire par expreffion un firop qui tient lieu de beurre, étant gras &
doux, & qui fert de fauce & d'affaifonnement dans les nourritures.

Les payfans qui habitent les lieux où viennent les palmiers,
font avec leurs troncs des pieux & des poutres, pour foutenir le
toit, & fervir de charpente à leurs chaumières : ils ferment tout
le refte groffiérement avec des branches feuillées de palmier,

Tome II.   T

fans clous, fans règle, fans art & fans induftrie. Le palmier leur fournit encore les meubles nécefaires. Ils font des fagots avec les branches feuillées, des balais avec les grappes, des vafes & des plats avec les fpathes ou enveloppes, auxquels ils donnent la figure qu'ils veulent ; & ils font des cordes très-fortes pour leur marine avec les hampes des grappes, & même des chauflures.

On prépare différentes fortes de nourriture des différentes parties du palmier. La moëlle de fon fommet, & même les tendres branches feuillées, qui font en forme de cone au fommet des jeunes palmiers, fourniffent une nourriture très-délicate. Les jeunes grappes mâles ou femelles de la longueur d'une palme, ne font pas moins bonnes à manger, & ne le cèdent point aux autres confitures. On peut manger toutes ces parties ou crues ou cuites avec du mouton. Je ne parlerai point des confitures que l'on en peut faire ; mais les dattes elles-mêmes furpaffent toutes ces préparations, & elles fourniffent une diverfité de mets qui font fort agréables. Car dans l'été les dattes prefque vertes & récentes , & dans les autres faifons les dattes fèches & dont on a exprimé le fuc , fervent à raffafier le peuple, qui les aime à caufe de leur douceur onctueufe, de leur molleffe, de leur couleur, de leur goût & de leurs autres qualités, foit naturelles, foit celles qu'on leur donne par les différens dégrés de ficcité, & les différentes manières de les confire & d'en exprimer le fuc. Elles fourniffent un aliment qui ne charge pas l'eftomac par le poids ou par le long féjour, & qui ne trouble point la tête par une vapeur qui enyvre : c'eft une nourriture très-falutaire & fort tempérée pour ceux qui ne boivent que de l'eau ; mais lorfqu'elles font fèches, elles font plus fermes & difficiles à digérer. On fait bouillir les offelets pour les amollir, & ils fervent de nourriture aux bœufs qui ne travaillent pas. Le peuple fe fert du firop de dattes , en guife de beurre pour la pâtifferie, & pour affaifonner le ris & la fine farine, lorfqu'on veut fe régaler dans les feftins, & les jours de fête.

Les anciens, felon le témoignage de Strabon & de Diofcoride , jettoient de l'eau fur les dattes pour les faire fermenter & en tirer du vin ; ce que l'on fait encore dans la Natolie, rarement à la vérité & fecrétement, parceque cela eft févérement défendu par la religion de Mahomet ; mais on en diftille plus fouvent un efprit ; & quoiqu'il foit auffi défendu, on le fait paffer fous le nom de remède pour foulager les crudités & les coliques d'eftomac ; & afin de mieux guérir ces maux , les gens riches y ajoutent, avant la diftillation , de la fquine , de l'ambre & des aromates ; mais le commun du peuple y met de la racine de réglife & de l'abfynthe de Perfe, ou de la petite racine du vrai jonc odorant , ou de la fementine de Turquie ou de Perfe.

Le palmier dattier vient de lui-même dans l'Afrique, où il produit beaucoup d'excellens fruits, aussi-bien que dans la Judée, la
Syrie & la Perse. On le cultive dans la Grèce, dans l'Italie &
dans les provinces méridionales de la France : mais il y produit
rarement des fruits; & ceux qu'il y produit ne mûrissent jamais,
ce qui vient peut-être de ce qu'il n'y a pas de palmier mâle.

Cet arbre est d'une grande utilité dans les pays les plus chauds
& les plus arides, tels que sont ceux de l'Afrique & de l'Asie,
situés aux environs du Tropique, sçavoir entre le 20e. & le 35e.
dégré de latitude septentrionale. Ces pays sont de tous les lieux
du monde les plus secs, les plus brûlés du soleil, les plus sablo-
neux, où la pluie tombe le plus rarement, & par conséquent où
les terres sont les plus dépourvues de fontaines & de rivières. Il
n'y a point d'arbre qui résiste plus à l'ardeur des climats brûlans
que celui-là. Aussi c'est dans ces lieux si chauds qu'il abonde le
plus, donnant lui seul par son fruit, la principale nourriture aux
habitans : car c'est une chose certaine, que plus le pays est chaud
& sec, & plus son fruit est excellent. C'est le même qui porte le
nom de *datte.* La bonne espèce est peu connue en Europe, car
l'on n'en voit chez les droguistes que de la moindre. Les meilleures dattes se conservent long-tems avec leur suc, quand elles
sont bien préparées, réduites en masse cimentée par ce même suc
qui est glutineux, & mises dans des cabas à la manière des figues
ou des prunes de brignole. Ces dattes en cabas sont sans noyaux,
de couleur brune, molles, applaties & glutinées les unes aux
autres, de manière qu'elles semblent comme confites, douces,
tendres, agréables à manger & fort nourrissantes. On les mange sur les lieux en guise de pain, sur-tout dans ceux où les grains
sont rares.

Le pays en particulier où les palmiers abondent le plus, & y
fournissent à ses habitans cette espèce de pain, c'est le *Biledulgé-
rid*, qui est une grande contrée de l'Afrique au midi de la Barbarie. C'est d'où vient son nom, car il signifie la terre aux palmiers.
Les naturels en font un bon commerce. Toutes les terres qui environnent le golfe Persique, en sont aussi fort remplies. Ce pays-
là est le plus sec de tous ceux que j'ai vus, dit M. Garcin, aussi
les voyageurs qui y ont passé, n'ont pas oublié de parler dans
leurs relations de cette circonstance qui est si sensible.

Sans cet arbre, la plupart des pays les plus chauds seroient
tout-à-fait déserts, & il n'y habiteroit personne. Ce qui montre
que la providence y a pourvu, en fournissant des moyens à l'homme pour habiter dans les lieux les plus difficiles de la terre ; sçavoir, des plantes & des animaux propres & utiles à ces endroits
si rudes, tandis qu'ils ne pourroient subsister dans d'autres, ni y

être d'aucun fervice. Le fruit du palmier y fert de pain, & le lait & la chair du chameau y font le refte de la nourriture.

Ce fruit ne mûrit jamais fi parfaitement dans les Ifles près de la Martinique, qu'il fait en Afrique, en Afie, & même à St. Domingue; les dattes, à caufe de cela, y retiennent toujours une certaine âpreté.

Si, dans ces ifles, les dattiers pouvoient y être bien fécondés par leurs mâles, ces arbres profiteroient mieux. 1°. Leurs fleurs n'y tomberoient pas tant de la moitié, ce qui donneroit par conféquent la moitié plus de fruit. 2°. Ce fruit feroit beaucoup meilleur, doux & fucré, par la raifon que la fécondation de fon noyau l'auroit mis en état d'atteindre à une plus parfaite maturité, laquelle n'arrive jamais fans cela. Cette fécondation eft trop difficile dans ces parages, parceque les vents y font trop fréquens & trop violens, & les pluies trop abondantes. Ces injures du tems font très-nuifibles aux fleurs du palmier mâle; ce font des obftacles qui empêchent que fes étamines ne puiffent élaborer leur poudre fpermatique comme il faut, & encore plus celle-ci, de pouvoir fe répandre avec liberté fur les dattiers, afin d'y communiquer fa vertu prolifique.

Les amours des palmiers, pour me fervir de cette expreffion ufitée par les anciens, ne fe font jamais bien au deffous du 20e. dégré de latitude; c'eft par cette raifon que les dattes mûriffent mieux à St. Domingue, fuivant la remarque du P. Labat, qu'elles ne font à la Guadeloupe & à la Martinique. Les climats, depuis le tropique du cancer jufqu'au 32e. dégré de latitude Nord, font les plus favorables aux palmiers, parceque les injures de l'air, excepté la chaleur, y font moindres que par-tout ailleurs.

Plus les mâles font près des femelles, & mieux l'opération réuffit. Cependant s'ils étoient trop près jufqu'à fe toucher, ils fe nuiroient d'une autre façon. La providence a eu fes raifons d'en féparer les fexes.

Au refte, les Botaniftes ont été bien embarraffés jufqu'ici pour connoître ce genre, l'établir par fes vrais caractères, & pour fçavoir enfin à quelle claffe le ranger. Ils ont rencontré la même difficulté à l'égard des autres arbres palmacés qui font de différens genres, comme le cocotier, l'arequier &c.

Enfin le dattier fe divife en beaucoup d'efpèces, par rapport à fon fruit, qui varie tant dans fa grandeur, dans fa couleur, & dans fa folidité, que dans fon goût, ou fa qualité & bonté.

Les dattes de Tunis font employées ou extérieurement en cataplafme pour amollir, ou intérieurement avec les figues, les jujubes, les raifins fecs, dans les décoctions pectorales &c.

DAUCUS ; plante dont la graine feule eft médicinale. Ce genre eft de la claffe des ombélifères, c'eft-à-dire des plantes qui portent des fleurs à ombelles. Toutes les efpèces de paftenacles, ou panets à feuilles menues, autrement appellées *carottes*, font de ce genre. Il en croit en Allemagne & dans les Alpes. La graine de celui qui vient de l'ifle de Candie ou de Créte, eft la plus eftimée en médecine ; c'eft delà qu'on appelle en latin, la plante qui la donne, *daucus creticus*. Sa tige s'élève jufqu'à un pied & demi de haut, & pouffe quantité de branches qui portent à leurs fommités des fleurs blanches ; les graines qui fortent de ces fleurs font d'un verd-pâle, velues, longuettes, & affez approchantes de celles du cumin, à l'exception qu'elles font d'une odeur moins forte, & d'un goût plus agréable.

Les anciens ont eftimé la graine de daucus, un remède excellent pour la pierre ; c'eft pourquoi ils l'ont mife au nombre des *lithontriptiques*, qui veut dire *brife-pierre*.

Cette graine, fur-tout celle de Créte, eft généralement en ufage dans diverfes compofitions de pharmacie, mais principalement dans les eaux, les teintures, & les efprits carminatifs fort ufités dans les pays du Nord, dans la thériaque, le mithridate, le diaphenix, le *philonium romanum*, l'électuaire des baies de laurier, le firop d'armoife, l'eau hiftérique &c. Cette femence eft une des quatre petites femences chaudes. Il y a des François qui nomment la plante de *daucus*, *carotte fauvage*, & d'autres *chyronis*, mais c'eft une autre efpèce.

DAUPHIN ; poiffon de mer, célèbre par l'inclination qu'on dit qu'il a pour les hommes. Quelques-uns le traitent de poiffon chimérique, & d'autres le confondent avec le thon & l'efturgeon. Quoiqu'il en foit, il en eft parlé dans les ordonnances de la marine ; & celle de 1685, le met au nombre des poiffons royaux, le titre 6 du livre 5 de cette ordonnance réglant le droit du roi fur ceux qui font trouvés échoués fur le bord de la mer. Voyez *Thon* & *Efturgeon*, & *l'Encycl.*

Les Hollandois qui voyagent fur mer, donnent le nom de dauphin à la *dorade*, poiffon ainfi nommé par les Portugais, lequel eft très-bon à manger. Voyez *Dorade*.

DAUPHINE. Efpèce de petit droguet très-léger, tout de laine, non croifé, imperceptiblement jafpé de diverfes couleurs, qui fe fabrique fur un métier à deux marches, de même que les étamines, les camelots, & autres femblables étoffes qui n'ont point de croifure.

Les dauphines fe font à Reims, & font teintes en laine ; c'eft à-dire, que les laines dont elles font compofées, font teintes & mêlangées, avant que d'êtr e cardées, filées & travaillées fur le métier; ce qui en fait la jafpure. Leur largeur eft d'une demi-aune, & les pièces contiennent depuis 35 jufqu'à 45 aunes, mefure de Paris. Elles s'emploient ordinairement à faire des habits, dont les hommes fe fervent l'été, & les femmes l'hiver. Il s'en confomme beaucoup à Paris.

Il fe fait auffi à Amiens des étoffes nommées *dauphines*. Elles doivent avoir de longueur, hors de l'eftille, 23 aunes de roi, pour revenir, tout apprêtées, à 20 aunes & un quart ou 20 aunes & demie de roi.

Plufieurs prétendent que ces étoffes ont pris leur nom de dauphines, de ce qu'un Dauphin de France en a porté des premiers. Quelques autres veulent que ce foit parceque l'origine de fa fabrique vient de quelqu'endroit de la province de Dauphiné; & d'autres difent, que c'eft à caufe d'un ouvrier Dauphinois, qui le premier en a trouvé l'invention à Reims. Quoi qu'il en foit, il eft certain que cette étoffe n'eft pas d'une ancienne fabrique, & que la mode en eft affez moderne. Voyez *Etamines*.

DÉ ; petit cylindre d'or, d'argent, de cuivre, ou de fer, d'ivoire, ou de corne, piqué tout autour avec fymmétrie, qui fert aux ouvriers & ouvrières qui travaillent en couture, à appuyer la tête de leur aiguille, pour la pouffer plus facilement, & fans fe piquer les doigts, à travers les étoffes ou autres matières qu'ils veulent coudre enfemble.

Il y a deux fortes de dés ; les uns, qu'on appelle proprement *dés*, qui ont un cul, c'eft-à-dire, un petit morceau de la même matière dont eft fait le dé, un peu voûté, qui couvre le bout du doigt; les autres, qu'on nomme *deaux*, qui font ouverts par le bout. Ceux-ci font les plus forts, & ne fervent qu'aux tailleurs, aux bourreliers, aux felliers, aux tapifiers, aux boutonniers, aux cordonniers, & aux autres artifans, qui travaillent en gros ouvrages, auffi font-ils toujours faits de fort cuivre, ou de fer.

Les dés d'or, d'argent, & de cuivre doré, qui fe font à Blois, font extrêmement eftimés ; & il s'en fait de grands envois, nonfeulement à Paris, mais encore dans les pays étrangers. Ceux d'Angleterre font parfaits.

Dé à embourtir; c'eft un cube de cuivre à fix faces, fur chacune defquelles font pratiqués des trous de forme & grandeur différentes, dans lefquels s'emboutiffent les fonds des chatons, en frappant deffus avec des morceaux de fer appellés *bouteroles*.

Chez les groffiers, ce n'eft qu'un morceau de bois avec des

trous de diverses grandeurs, dans lesquels ils enfoncent au marteau les pièces d'argent qu'il faut retraindre. *Encycl.*

Dé, petit instrument à jouer, de figure cubique, ayant six faces quarrées & égales, marquées de points noirs, depuis un jusqu'à six. Il y en a de grands & de petits, dont les uns sont d'ivoire, & les autres d'os. Les Chinois sont les plus grands joueurs de dés qui soient au monde; mais ils jouent fort différemment des Européens, & ne se servent jamais de cornet. Leurs dés sont très-petits, ayant leurs angles saillans, allongés & aigus : ils se servent de six à la fois, qu'ils jettent à promptes reprises dans une jatte de porcelaine, dont le fond les rassemble, pour compter plus vîtement leurs points : ils les en sortent d'un seul coup de main, avec une promptitude & une adresse admirables; ils jettent cinq coups, pour deux des Européens. Consultez l'*Encyclopédie* sur l'origine de ce jeu chez les anciens, & sur sa combinaison.

DÉBIT DU BOIS; (*Économ. rust.*) c'est l'art de connoître sa destination, & de le couper, tailler, façonner en conséquence. On débite le bois ou pour la charpente, ou pour le sciage, ou pour le charronnage, ou pour le four à charbon. Le taillis peut donner la falourde, le fagot, du charbon, du cotteret, de la bourée, rarement des pièces de fente, de sciage ou de charpente : c'est des futayes qu'on les tire. Le tronc des arbres de haute futaye se débite en bois de fente, de sciage & de charpente, sa tige en falourdes, bois de corde, bois de cotteret, bois de charbon, bourées; & les grosses branches, quelquefois en bois d'équarrissage, de fente, &c. Il y a des échantillons auxquels il faut s'assujettir, de quelque manière qu'on débite le bois; sans cette attention il ne seroit pas de vente. Il faut aussi consulter la consommation; c'est cette connoissance qui déterminera en tel endroit & en telle circonstance à débiter son bois d'une manière; & dans un autre endroit & dans une autre circonstance, à le débiter autrement. *Encyclopédie.*

DÉBOUILLI; épreuve qu'on fait de la bonté ou faucetté d'une couleur, ou teinture, en faisant bouillir les étoffes dans l'eau avec de certaines drogues, suivant la qualité des teintures qu'on veut éprouver. Si la couleur soutient le débouilli, c'est-à-dire, si elle ne se décharge point, ou très-peu, & que l'eau n'en reste point colorée, la teinture est jugée de bon teint.

Les débouillis se font différemment, soit par rapport aux matières, soit par rapport aux couleurs, soit encore par rapport aux eaux & aux drogues dont on se sert pour les faire.

Débouilli des soies de couleur cramoisie.

Les débouillis des soies de couleur cramoisi doivent se faire, sçavoir pour le rouge cramoisie, avec de l'alun du poids de la soie ; pour l'écarlate cramoisi, avec du savon, approchant le poids de la soie ; & pour le violet-cramoisi, avec de l'alun aussi pesant que la soie, ou bien du jus de citron, environ une chopine, mesure de Paris, pour une livre de soie, plus ou moins à proportion.

Ces ingrédiens doivent être mêlés, & mis dans l'eau claire, quand elle commence à bouillir ; ensuite on y met les soies, & après que le tout a bouilli environ un demi quart d'heure, si les teintures sont fausses, le bouillon de la soie rouge-cramoisi sera violet, en cas qu'elle ait été teinte avec de l'orseille, & fort rouge, si c'est avec du brésil ; celui de l'écarlatte-cramoisi, s'il y a du rocou, deviendra comme couleur d'aurore, & s'il y a du brésil, il sera rouge ; & celui du violet-cramoisi, s'il y a du brésil ou orseille, sera de couleur tirant sur le rouge ; mais si au contraire, ces trois cramoisis sont de bonne teinture, l'eau de leur débouilli aura très-peu de changement.

On peut connoître avec encore plus de certitude, si les soies cramoisies ont été bien ou mal teintes, en mettant dans le débouilli un échantillon de la couleur matrice, qui doit être gardé au bureau des maîtres teinturiers, parcequ'ayant été teint dans les règles, la comparaison qu'on en fait avec celui qui est soupçonné de faux, est un indice indubitable de la bonne ou mauvaise teinture.

Couleurs communes.

Pour connoître si les couleurs communes, c'est-à-dire, celles qui ne sont point cramoisies, ont été engallées, la soie doit être mise dans de l'eau claire & bouillante avec de la cendre gravelée ou du savon, environ le poids de la soie ; &, après que le tout a bouilli un bouillon, il faut retirer la soie du vaisseau où elle a bouilli, & alors si elle a été surchargée de galle, toute la couleur se trouvera évanouie, & il n'y restera que celle de la galle qui est comme une espèce de couleur de bois ou de feuille morte.

L'engallement de la soie se peut encore connoître, en la mettant dans de l'eau bouillante, avec un demi-septier de Paris de jus de citron, après quoi il la faut tirer & laver dans de l'eau-froide, puis la passer dans la teinture noire ; si la soie a été engallée, elle deviendra noire ; & si au contraire elle ne l'a point été, elle se trouvera de couleur de pain bis ou tristamine.

Noir.

Pour connoître fi les foies teintes en noir n'ont point été trop engallées, & furchargées de galle, de limaille de fer ou mou-lée de taillandier, le débouilli s'en doit faire dans de l'eau claire avec deux fois autant pefant de favon que de foie ; & après avoir bouilli un bouillon, fi elle a été furchargée, elle doit fe trouver rougeâtre, & fi elle ne l'a point été, elle confervera fa couleur.

Débouilli des étoffes de laine en noir.

Pour conoître fi les draps noirs ont été bien guêdés, & mis en bleu, il faut couper un échantillon de la pièce, dont la teinture eft en conteftation, & un morceau de l'échantillon-matrice, qui doit être au bureau des marchands drapiers & des teinturiers ; puis prendre de l'alun de Rome, auffi pefant que les deux échantillons, avec femblable poids de tartre de Montpellier, l'un & l'autre mê-lés enfemble ; mettez enfuite fur le feu, dans un poëlon, de l'eau fûre, dont fe fervent les teinturiers, à proportion des échantil-lons & des drogues, & lorfqu'elle commence à bouillir, il faut auffi les y mettre pour y bouillir pendant une demi-heure, & après, en tirer les échantillons, & les confronter l'un à l'autre.

Par ce débouilli, l'échantillon noir qui aura été feulement guê-dé, deviendra bleuâtre, tirant fur le verd-brun ; s'il a été guêdé & garancé il deviendra minime : & s'il n'a été ni guêdé ni ga-rancé, il ne verdira point, mais il deviendra d'une couleur entre le jaune & le fauve.

Sur-brun ou minime.

Le débouilli des draps teints en fur-brun ou minime, doit fe faire de la même manière que les noirs.

Couleur haute.

Pour fçavoir fi les draps de haute couleur ont été teints avec la pure cochenille, il faut les faire débouillir avec une once d'alun, par livre de drap.

Autres couleurs.

A l'égard des débouillis des draps d'autres couleurs, particu-liérement des verds, ils fe doivent faire comme ceux des noirs & des minimes.

DÉBRUTISSEMENT, signifie l'art d'adoucir ou de polir, jusqu'à un certain point, la surface d'un corps solide, & sur-tout les glaces, miroirs &c. Voyez *Miroir*.

Suivant la nouvelle méthode de faire de grandes glaces en les jettant, pour ainsi-dire, en moule, à peu près de la même manière que l'on jette le plomb & d'autres métaux, leur surface demeurant inégale & raboteuse, elles ont besoin d'être débruties & polies.

Pour cet effet, la pièce de glace se met horizontalement sur une pierre en forme de table, & on la scelle en plâtre ou en mastic, afin de l'assurer davantage, & qu'elle ne branle & ne se déplace point par l'effort de l'ouvrier, ou de la machine dont il se sert pour la débrutir. On met autour une forte bordure de bois, qui soutient la glace, & qui est d'un pouce ou deux plus haut qu'elle. Le fond ou la base de la machine avec laquelle on débrutit, est une autre glace brute qui a environ la moitié des dimensions de l'autre : on y attache une planche avec du ciment : on charge cette planche d'un poids nécessaire pour faciliter le frottement, & on lui donne du mouvemement par le moyen d'une roue : cette roue qui a au moins 5 ou 6 pouces de diamètre, est faite d'un bois fort dur & fort léger ; elle est maniée par deux ouvriers qui sont placés l'un vis-à-vis de l'autre, & qui la poussent & la tirent alternativement, desorte, cependant, qu'ils la font tourner quelquefois en rond, suivant que l'opération le demande : par ce moyen, il y a une attrition constante & réciproque entre les deux glaces, laquelle est facilitée encore par l'eau & le sable que l'on y emploie. A mesure que l'ouvrage s'avance, on se sert de sable plus menu, & enfin, on prend de la poudre d'éméri.

Il n'est pas nécessaire d'ajouter que la petite glace supérieure venant à se polir par dégrés par l'attrition, il faut en prendre de tems en tems une autre plus brune ; mais il faut observer que l'on ne débrutit ainsi par le moulin, que les plus grandes pièces de glace, car pour ce qui est des pièces de la moyenne & de la petite espèce, on les travaille à la main, & pour cet effet, on attache aux coins de la planche, qui couvre la glace supérieure, quatre anses de bois que les ouvriers emploient pour lui donner les mouvemens nécessaires. Voyez *Chambers & l'Encyclop.*

DÉCHET, en terme de commerce, est : 1°. une déduction que l'on fait pour le dégat, ou pour la poussière qui se trouve mêlée avec certaines marchandises : 2°. une perte, une diminution de prix, de valeur ou de quantité, arrivée par quelque révolution que ce soit : 3°. une diminution des marchandises sujettes à cou-

1er, comme les huiles ; ou de celles dont la mode n'a pas coutume de durer, comme de certaines étoffes, & les ouvrages de pure curiosité. *Encycl.*

Déchet, (*Orfèvr.*) se dit proprement des pertes indispensables que fait l'orfèvre, en élaborant les matières d'or & d'argent, causées par la fonte, la menue limaille, le poliment, & toutes les opérations successives par lesquelles il est obligé de les faire passer pour les tirer de leur premier état & les conduire à perfection. De quelqu'attention & propreté que l'ouvrier soit capable, il ne lui est jamais possible d'éviter cette perte ; & c'est une des causes qui enchérit les façons des ouvrages, & surtout des ouvrages d'or, les plus petits objets sur cette matière étant toujours de grande valeur. *Encycl.*

Déchet (*Ruban.*) c'est la perte qui se fait sur la soie par différentes causes ; comme lorsque l'humidité dans laquelle elle a été achetée, cessant, & la soie devenant ainsi plus légère, le déchet est tout pour l'acheteur. On appelle encore déchet, toute dissipation volontaire ou involontaire qui se fait dans cette marchandise, par la négligence ou peut-être par la fripponnerie de ceux entre les mains de qui elle passe. *Encycl.*

DÉCRUSEMENT. (*Manufact. en soie, & Teinture.*) Les diverses couleurs de soies crues, c'est-à-dire, qui n'ont point passé par l'eau chaude, & qui sont telles que les vers les ont filées, disparoissent à leur décrusement : ce qui fait que les devideurs ne les séparent pas par couleurs, pour les filer & mettre en écheveaux. Voyez *Soie*.

Décrusement, est aussi un terme de teinturiers en soie, & la première préparation qu'ils leur donnent pour les disposer à la teinture.

Ce décrusement consiste à faire bouillir ou, comme on dit, à cuire la soie avec du bon savon, la bien laver & la dégorger dans de l'eau de rivière ou de fontaine, & de la laisser tremper dans un bain d'alun à froid. C'est de cet apprêt que dépend le beau lustre des soies ; & c'est pour cela qu'il est défendu si expressément par l'article V *des Statuts de* 1669, communs aux teinturiers en soie, laines & fils, de teindre aucunes soies en quelque couleur que ce soit, sans exception, qu'après en avoir fait le décrusement. Voyez *Teintures en soies*.

DÉGORGER, (*Manuf. en soie & laine, & Teinture.*) il se dit de toute étoffe de laine qu'on fait fouler à l'eau claire, pour la dégager de la terre, du savon, de l'urine, & de toutes les autres impuretés qui lui restent du dégraissage.

On dégorge la foie, en la battant dans de l'eau claire, pour la débarrasser du favon & de l'alun qu'elle contient.

On donne le même nom, dans la teinture à la foule, aux piè-ces des étoffes nouvellement teintes, ou à leur fimple lavage dans la rivière, pour les décharger de ce qu'elles ont de teinture fuperflue.

On dégorge les foies & les laines décrufées, en les battant & lavant dans de l'eau claire, pour en ôter le fuperflu qui y refte du décreufement. *Encycl.*

DÉGRAISSER UNE ÉTOFFE DE LAINE ; c'eft la faire fouler avec la terre & l'urine, pour en ôter toute la graiffe ou l'huile ; il fe dit de même à l'égard des laines qu'on fait paffer par un bain d'eau chaude, mêlée d'urine.

Les falpêtriers ont coutume de dégraiffer leur falpêtre avec de la colle forte d'Angleterre. Il y en a quelques-uns qui fe fervent de fel ammoniac, de blancs d'œufs, d'alun & de vinaigre ; mais la meilleure recette pour le raffinage eft la colle ; il en faut 12 onces ou 8 onces, fuivant la quantité de falpêtre qu'on veut dé-graiffer. Voyez *Salpêtre.*

Dégraiffer le vin, (*Économ. ruftiq.*) Il y a des vins qui tournent à la graiffe en vieilliffant. Pour leur ôter cette mauvaife qualité, lorfqu'ils l'ont contractée, on prend deux onces de la meilleu-re colle de poiffon, on la met en morceaux, on la diffout à froid dans une chopine de vin blanc, on paffe la diffolution dans un linge, & on la jette par la bonde dans un tonneau de vin qu'on remue fortement à deux ou trois reprifes avec un bâton, au bout duquel on a attaché une ferviette. Cela fait, on le laiffe repofer.

Mais cette recette n'eft pas la feule qu'on emploie ; il y en a qui fe fervent de bled grillé fur le feu, & arrofé d'eau-de-vie ; d'autres, de cire jaune fondue & jettée chaude dans le ton-neau ; quelques-uns, d'alun blanc pulvérifé & fricaffé bien chaud avec du fable ; quelques autres, de bled & de fable rôtis en-femble, ou d'un fachet de fel commun, de gomme arabique & de cendre de farment qu'ils attachent au bout d'un bâton, & qu'ils remuent dans le vin. *Encycl.*

DEMI-HOLLANDE. On donne ce nom à certaines *toiles de lin blanches & fines* qui fe ne fabriquent point en Hollande, mais bien en France, dans la province de Picardie, particuliérement à Beauvais, à Compiégne, à Bulle & aux environs de ces endroits.

Ces fortes de toiles, qui fe blanchiffent prefque toutes à Chauni & à Beauvais, fe vendent à la pièce, & chaque pièce a d'ordinaire 15 aunes de long, sur trois quarts de large, mesure de Paris. Elles viennent pliées en bâtons ou rouleaux couverts de papier brun, liés d'une menue cordelette.

Il se fait encore à Beauvais, & aux environs de cette ville, une espèce de toile de lin blanche, appellée *truffette*, demi-Hollande, qui a quelque rapport pour la qualité aux véritables demi-Hollandes. Voyez *Truffette*.

DEMITTES ou **DAMITES**, sorte de toiles de coton qui se tirent de Smyrne & d'Égypte; elles se vendent ordinairement jusqu'à 10 temins la pièce; elles se fabriquent à Menemen, & aussi dans l'isle de Chypre où elles font un objet de commerce.

La largeur ordinaire des demittes est de 2 tiers de pieds.

DEMITTONS; ce sont des toiles de coton dont il se fait un grand négoce à Smyrne; elles sont moins larges & moins serrées que les demittes.

DENDROCHATES ou **DENDRITES**; c'est une espèce d'agate qui ne diffère pas beaucoup de la pierre d'onix, dans la substance de laquelle se trouvent représentées, par un phénomène inexplicable, des plantes rameuses qui ont la forme d'arbre.

Les plus belles espèces d'agate se trouvent dans les montagnes de Guzurate, belle province du Mogol, mais sur-tout les dendrochates, qui y sont magnifiques, & plus belles qu'en aucun autre endroit de la terre, quoiqu'en dise le Père Labat dans son *Voyage en Italie*. Leur substance est blanche, un peu transparente, approchante de la couleur du blanc d'œuf cuit dur ou à moitié dur. On voit à travers & en plusieurs endroits de ces pierres, des figures noires très-déliées, qui représentent des plantes fines & branchues avec leur feuillage, lesquelles approchent assez de la bruière ou *erica*, & cela souvent d'une manière si délicate, qu'un peintre auroit de la peine à les imiter. On les taille dans ce pays-là en forme de plaques de différentes grandeurs & figures dont la plupart sont rondes & ovales. On en fait sur-tout des boutons plats montés sur de l'or ou sur de l'argent.

La terre ne donne rien, dans toute son étendue, de si curieux pour l'ornement des cabinets d'histoire naturelle, que cette espèce de pierre. Enfin, ce qu'il y a de singulier dans ces dendrites, c'est que leurs figures vont toujours changeant très-insensiblement dans leur forme & dans leur étendue. La différence, quand on l'a bien remarquée, se trouve assez sensible de dix ans en dix ans, ce que bien des curieux ignorent en Europe.

Le nom d'agate vient d'Achates, rivière de Sicile, fur les bords de laquelle on a trouvé autrefois cette pierre. Dendrochates, vient de *dendron*, mot grec qui veut dire arbre, & d'Achates, pierre agate, comme fi l'on vouloit dire *agate figurée d'arbres*.

Il y a plufieurs fortes d'agates, qui prennent différens noms fuivant leur couleur. Voyez *Agate*, *Mém. de* M. Garcin. Voyez aussi *Wallerius*, *Tom. I*, *pag. 171*.

DENRÉES, eft le nom qu'on donne aux plantes propres à notre nourriture, comme artichaux, carottes, navets, panets, choux. On peut diftinguer de groffes & de menues denrées : les groffes, comme le bled, le vin, le foin, le bois &c. : les menues, comme les fromages, les fruits, les graines, les légumes. Ce font ordinairement les Regrattiers qui vendent les menues denrées. Pour les groffes, ce font des marchands confidérables qui en font le négoce. La France fournit beaucoup de fes denrées à la Hollande, comme, vins, eaux-de-vie, fruits, &c.

DENT ; os très-dur, le plus compacte de tous ceux du corps humain, enchaffé dans les mâchoires, & couvert en partie des gencives. Les dents fervent aux animaux à mâcher, à brifer les alimens, & à mordre. Quelques poiffons ont des dents auffi-bien que les animaux terreftres.

Il fe fait un affez grand négoce des dents de divers animaux, foit de terre, foit de mer, qui s'emploient par les mêmes ouvriers, & aux mêmes ouvrages que l'ivoire.

On remplace les dents naturelles qui manquent à l'homme par des dents artificielles. On les fait ordinairement d'ivoire ; mais comme l'ivoire jaunit bientôt dans la bouche, Fabricius confeille de les faire de l'os de la jambe d'un jeune taureau, qui conferve fa couleur blanche. Nos dentiftes fe fervent des dents de cheval marin.

La coutume de porter des dents d'ivoire, & de les attacher avec un fil d'or, eft fort ancienne ; Lucien & Martial en parlent comme d'une chofe pratiquée parmi les Romains.

Guillemeau nous donne la compofition d'une pâte pour faire des dents artificielles qui ne jauniffent jamais : c'eft de belle cire blanche fondue avec un peu de gomme élémi, où l'on ajoûte une poudre de maftic blanc, de corail, & de perle. *Encycl.*

Dent de wallrus, *dent de narhual*, *dent de cheval marin*. Le premier & le dernier nom fignifient la même chofe. Car ce font les dents de cet Amphibie, que les Hollandois & les Hambourgeois nomment *wallrofs*, les François, *cheval ma-*

in, & les Ruſſes, *morſch*. Il a la figure d'un chien marin; conſequemment ce n'eſt pas un poiſſon. Mais le narval eſt un poiſſon. C'eſt celui d'où vient la prétendue licorne, qu'il ne faut pas confondre avec les dents de wallroſſ. On trouve des dents de wallroſſ ſur la côte de la mer glaciale aux environs des embouchures des rivières Meſen & Petſchora. Depuis l'Obi juſqu'au fleuve Kolyma, on n'en voit preſque jamais. Les plus grands, & conſequemment les meilleurs, viennent d'Anadirsk. Il y en a dont trois peſent un poud, (poids de 40 livres qui font 32 de marc,) rarement deux. Ceux qui ſont ſi petits, que huit ne peſent pas un poud, ſont négligés dans le commerce de Sibérie, à cauſe du long tranſport. Mais à Archangel on en a de bien moindres. Voyez *Cheval marin. Walrus* & *Narval.*

Dent de béhemot ou mamout. Les habitans du pays nomment ces dents, *os de mammont*, comme ſi l'animal, duquel elles viennent, étoit d'une eſpèce particulière. Dans la même perſuaſion quelques-uns ont cru découvrir en cet animal le *behemot* de Job. Mais, en comparant des os de mammont avec ceux d'éléphant, on y a trouvé tant de reſſemblance, qu'il ne reſte preſqu'aucun doute qu'ils ne ſoient d'un même animal. On en déterre dans quelques lieux de la Sibérie. *Ces deux articles ſont tirés d'un nouveau Mémoire d'un Académicien de Péterſbourg de* 1758.

Dent d'éléphant. Lorſque les dents d'éléphant ſont en morceaux, ou travaillées de la main de l'ouvrier, on leur donne le nom d'*ivoire*; & quand elles ſont encore toutes brutes, & telles qu'elles ont été arrachées des mâchoires de l'animal, on les nomme *morſil.* Voyez *Ivoire.*

Les défenſes de l'éléphant ſont appellées *dents* par quelques auteurs; mais on peut dire que l'origine & la ſituation de ces défenſes décident la queſtion & ne laiſſent aucun doute ſur ce ſujet; car l'os dont elles ſortent eſt diſtinct & ſéparé de celui d'où ſortent les véritables dents: leur ſubſtance a auſſi beaucoup plus de rapport à celle des cornes qu'à celle des dents; car l'ivoire qui n'eſt autre choſe que les défenſes de l'éléphant, eſt aiſé à couper & à travailler, & il s'amollit au feu, de même que la corne; au lieu que les dents ne s'amolliſſent point au feu, & qu'elles ſont d'une ſi grande dureté que les burins les plus tranchans n'y ſçauroient mordre: le ſeul rapport que ces défenſes ont avec les dents, eſt qu'elles ſe nourriſſent de la même manière. *Encycl.*

Dent de loup, petit inſtrument de buis, dont ſe ſervent les cordonniers & ſavetiers. Il eſt plus petit que celui qu'ils nomment *bouis*, & ſert preſque au même uſage. Il a ordinairement à un bout un petit outil, qui s'appelle un *régloir.*

Dent de rat, (*Ruban.*) petit ornement qui fe forme fur les lifières de plufieurs ouvrages : il reffemble affez à la denture d'une fcie ; mais l'ufage eſt de le nommer *dent de rat.* Voici comment on l'exécute. Il y a fur les deux extrémités des ouvrages à dent de rat, de chaque côté, un fer ou un bout de fil de laiton droit, fixé au bout d'une ficelle qui elle-même eſt arrêtée aux bouts en dedans des potenceaux. Ces fers viennent paffer à travers le peigne, dont on a ôté une dent de chaque côté, pour leur donner le paffage ; ils aboutiſſent ainſi à la poitrinière. J'ai dit plus haut qu'il falloit qu'ils fuſſent droits, pour pouvoir facilement fortir de l'ouvrage après avoir fait leur effet, qui conſiſte à lever fur certaines marches, & à recevoir par ces levées la trame : d'autres marches enfuite ne levant pas ces fers, la lifière fe travaille à l'ordinaire, & ainſi de même alternativement. Chaque fois que l'ouvrier tire fa tirée, les fers qui font fixés, ainſi qu'il a été dit, gliſſent dans l'ouvrage, ou plutôt fortent de l'ouvrage où ils font comme engaînés, & cédant à cet effort, l'ouvrage s'en trouve dégagé, & la dent de rat faite. *Encycl.*

DENTALÉ, en latin *dentalium*, *lapis dentalis.* C'eſt une efpèce de coquillage, que les apothicaires broient, & mettent dans quelques-uns de leurs remèdes, le croyant un excellent alkali.

Le vrai dentalé, décrit par M. de Tournefort, eſt en forme de tuyau ou de cône, d'environ trois pouces de long, d'un blanc luifant & verdâtre, creux, léger, & partagé dans fa longueur par quantité de lignes parallèles, qui montent du bas en haut comme des cannelures. Il n'eſt guère plus gros qu'un gros tuyau de plume, & a quelque reſſemblance à une dent de chien.

Ce dentalé eſt très-rare ; c'eſt pourquoi on lui fubſtitue ordinairement un autre petit coquillage de diverſes couleurs, qui fe trouve fur la grève parmi le fable, quand la mer eſt retirée, mais qui n'eſt pas cannelé comme le véritable dentalé ; quelquefois même on fuppofe pour lui l'os de la tête d'un poiſſon de mer, blanc & dentalé tout autour, qui a un peu de la figure d'un cloporte. Voyez *Miner.* de Wallerius, tom. II, pag. 79.

DENTELLE, ouvrage en fil d'or, d'argent, de foie ou de lin, &c. qui fe fait fur un couſſin avec un grand nombre de petits fufeaux, un deſſin tracé fur du papier ou conçu d'imagination, & deux fortes d'épingles, & qu'on peut regarder comme un compofé de gaze, de toile & de broderie ; de broderie, avec laquelle il a un grand nombre de points communs ; de toile, parcequ'il y a des endroits où il y a proprement chaîne

&

& trame, & où le tiſſu eſt le même que celui du tiſſerand ; de gaze, parcequ'on y exécute des deſſins, & que les fils qu'on peut regarder comme chaîne & trame, ſont ſouvent tenus écartés les uns des autres par des croiſemens. Voyez *Gaze.*

Une faiſeuſe de dentelles, ſelon qu'elle aime ſon art, a ſes outils plus recherchés ; ſon couſſin eſt plus élégant, ſes fuſeaux plus délicats, ſes ciſeaux plus jolis.

Une ouvrière a toujours l'une de ces trois choſes à faire ; ou compoſer & travailler une dentelle d'idée, ce qui ſuppoſe de l'imagination, du deſſin, du goût, la connoiſſance d'un grand nombre de points, & la facilité de les employer, & même d'en inventer d'autres ; ou remplir un deſſin donné ſur le papier ſeulement, ou copier une dentelle donnée, ce qui demande peut-être moins de talent, que pour faire d'imagination, mais ce qui ſuppoſe la connoiſſance de l'art, la plus étendue.

L'ouvrière qui copie fidellement une dentelle donnée, fait quelques opérations dont ſont diſpenſées celles qui exécutent un deſſin tracé ſur le papier, & celles qui travaillent d'imagination ; & ces dernières n'ont aucune manœuvre à laquelle la première ne ſoit aſtreinte.

Après les préparations néceſſaires, il s'agit de piquer ; c'eſt l'opération la plus difficile de l'art de faire la dentelle : nous allons tâcher d'en donner une définition très-claire. Pour cet eſſet, il faut ſçavoir qu'on entend par un point en broderie & en dentelle, une figure quelconque régulière, dont les contours ſont formés, ſoit avec le fil, ſoit avec la ſoie. Soit cette figure un triangle. Il eſt évident ; 1°. qu'on ne formera jamais avec des fils flexibles les contours d'un triangle, ſans trois points d'appui : il en faut un à chaque angle ; les contours d'un quarré, ſans quatre points d'appui ; ceux d'un pentagone, ſans cinq points d'appui, & ainſi de ſuite. Il eſt encore évident que ſi les fils n'étoient pas arrêtés par des nœuds, ou autrement, autour de ces points d'appui, ces points d'appui ne ſeroient pas plutôt écartés, que les contours de la figure ſe déformeroient, & que, les fils ſe déplaçant & ſe relâchant, ou ne renfermeroient entr'eux aucun eſpace, ou ne produiroient aucun deſſin. Une dentelle eſt un compoſé de différens points, tantôt entremêlés, tantôt ſe ſuccédant ; & piquer une dentelle, c'eſt diſcerner, en la regardant attentivement, tous les points d'appui de ces différens points, & y ficher des épingles qui paſſent à travers la dentelle, le papier verd, ou le vélin qui eſt deſſous, & qui entrent dans le couſſin. Il eſt évident, 2°. que tous les trous de ces épingles formeront ſur la liſière de vélin la figure de tous les points, & par conſéquent le deſſin de la dentelle donnée ; & voilà très-préciſément ce que c'eſt que piquer. C'eſt tracer ſur un morceau de vélin , placé ſous une dentelle , le deſſin de cette dentelle , par des trous faits avec une épingle qu'on fait paſſer dans tous les endroits qui ont ſervi de points d'appui , dans la formation des points dont elle eſt compoſée , enſorte que quand on travaillera à remplir ce deſſin au fuſeau , on emploiera les mêmes points d'appui , & l'on formera par conſéquent les mêmes figures.

Ce ſont des épingles qui ſervent de points d'appui aux faiſeuſes de dentelles , & elles ne prennent leurs liſières de vélin de couleur bleue , que pour ménager leurs yeux.

Quand l'art de faire la dentelle ſeroit perdu , ce que je viens de dire ſuffiroit ſeul pour qu'il fût très-facile de le retrouver (1).

On pique le deſſin ſur deux ou trois liſières de vélin différentes qu'on fait ſuccéder les unes aux autres , à meſure qu'en travaillant , ces liſières ſe couvrent d'ouvrage. Lorſque le deſſin eſt piqué , on ôte la dentelle de deſſus la liſière , & on l'attache ſur le patron : le vélin piqué reſte ſur le couſſin.

L'ouvrière , en comptant les points d'appui de ſon ouvrage , ſçait bientôt combien il lui faut de fuſeaux ; elle a ces fuſeaux tous prêts , au nombre de ſoixante , quatre-vingts , cent-cinquante , deux cents , & plus ou moins ; ſelon la largeur de la dentelle & la nature des points qui la compoſent : ils ſont chargés du fil le plus fin & le meilleur.

Manière fort ſimple d'apprendre à faire la dentelle la plus compoſée , en très-peu de tems.

Il faut prendre une habile ouvrière , qui connoiſſe la plus grande partie des points d'uſage ; pour tous , cela n'eſt pas poſſible : on en peut inventer d'une infinité de façons , mais la plupart de ces points ne s'exécutent guère qu'à quatre ou à huit fuſeaux ; encore , quand on travaille à huit fuſeaux , fait-on communément aller les fuſeaux toujours deux à deux , & c'eſt comme ſi l'on travailloit à quatre , à cela près qu'il ſe trouve deux fils accolés où il n'y en auroit qu'un , & que l'ouvrage en eſt plus fort.

On fait exécuter à cette ouvrière tous ces points les uns après les autres , de manière qu'ils forment un long bout de dentelle , dont le premier pouce ſoit , tant en largeur qu'en hauteur , d'une ſorte de point , le ſecond pouce d'une autre ſorte , le troiſième pouce d'une troiſième ſorte , & ainſi de ſuite.

On obſervera à chaque point comment il ſe commence , ſe continue & ſe ferme. Il faut bien ſe garder de s'en rapporter ici à la mémoire. Il faut écrire , & la manière d'écrire la façon d'un

_____

(1) Voyez ci-après *Inſtr. ſur les dentelles* , p. 308 & ſuivantes.

point eſt très-facile. Soient, par exemple, quatre fuſeaux employés à faire un point : il faut les déſigner dans chaque poſition inſtantanée par les nombres 1, 2, 3, 4 ; enſorte que quelque ſoit la poſition qu'ils aient dans le courant de la formation du point, 1 ſoit toujours le premier fuſeau en allant de la gauche à la droite, ou de la droite à la gauche ; 2, le ſecond ; 3, le troiſième : & 4, le quatrième. Ne faites jamais changer de place qu'un fuſeau à la fois ; & ne regardez comme une poſition nouvelle de fuſeaux, que celle où un fuſeau du premier ou ſecond, ou troiſième, ou quatrième qu'il étoit, eſt devenu ou troiſième, ou ſecond, ou premier &c. ; mais comptez tout autant de poſitions différentes, qu'il y aura de fois de déplacemens d'un fuſeau. Ecrivez ſucceſſivement tous ces déplacemens de fuſeaux de quatre en quatre, ou d'un plus grand nombre en un plus grand nombre, ſi la dentelle le comporte, & vous aurez non-ſeulement la manière dont chaque point ſe forme, mais celle encore dont ils ſe ſuccèdent les uns aux autres, tant horizontalement que verticalement. Vous apprendrez en même-tems la façon de la couronne ou picot, & celle du pied de la dentelle. Habituez-vous, ſur-tout dans les commencemens, à tenir de l'ordre entre vos fuſeaux. Ayez, en travaillant, votre écrit ſous les yeux. Bientôt cet écrit vous deviendra inutile ; vous acquerrerez la connoiſſance des points, & l'habitude de manier, de ranger & de retrouver vos fuſeaux, &, en moins de huit jours, le merveilleux de la dentelle diſparoîtra pour vous ; c'eſt du moins ce qui eſt arrivé à l'auteur de cet article.

On peut faire ſuccéder la toile ou l'entoilage au point de couture. L'entoilage ſe commence du côté même où l'on a terminé le point de coutume ; ainſi ſi c'eſt à gauche, on laiſſe les deux premiers fuſeaux : on prend les quatre fuſeaux ſuivans, on les tord deux à deux, c'eſt-à-dire qu'on paſſe de deſſus en deſſous & de deſſous en deſſus les fils dont ils ſont chargés ; puis les nommant de gauche à droite, 1, 2, 3, 4 ; on met le 1 ſur le 3, le 2 ſur le 1, le 4 ſur le 3, & le 2 ſur le 3, & le point d'entoilage eſt fait : pour continuer, on ne tord point ; mais des quatre fuſeaux employés, on laiſſe les deux qui ſont le plus à gauche : on prend les deux reſtans, auxquels on aſſocie les deux qui les ſuivent immédiatement, en allant de gauche à droite ; puis on met le 2 ſur le 3, & l'on continue, comme on a fait précédemment. Il n'y a que le premier mouvement qui diffère, car dans le premier cas on a mis le 1 ſur le 3, & dans celui-ci, c'eſt le 2. Cette obſervation eſt la ſeule qu'il y ait à faire.

Les dentelles ſont des ornemens très-beaux & très-précieux ; celles en fil, au linge des hommes & des femmes ; celles en or

& en argent, aux habits & aux meubles. Elles font partie du commerce des merciers & des lingères. Il y a des garnitures de femmes qui vont au-delà de deux milles écus. *Encycl.*

Les dentelles d'or & d'argent, tant fins que faux, se fabriquent
presque toutes à Paris, à Lyon, & en quelques endroits des environs de ces deux grandes villes. Il s'en fabrique aussi beaucoup
à Genève de toutes qualités.

Celles de soie, les plus fines, se font à Fontenay, à Puisieux,
à Morgas, & à Louvre en Parisis : pour ce qui est des communes & grossières, elles se manufacturent presque toutes à St. De-
nis en France, à Montmorency, à Villiers-le-Bel, à Cercelle,
à Ecouan, à S. Brice, à Groslait, à Gisors, à S. Pierre-ès-
Champs, à Estrepagny, à Doumesnil, & en quelques autres
lieux voisins de ces petites villes, bourgs & villages.

C'est particuliérement à Louvre en Parisis où se manufacturent
la plupart des hautes dentelles de soie noire, destinées pour les
écharpes des femmes.

Cette fabrique fournit abondamment à celles des modes & à
des envois immenses chez l'étranger, sur-tout de dentelles de soie
noire.

Plusieurs marchands de Paris tiennent des magasins bien assor-
tis de gazes & de dentelles de soie de toute sorte & de toutes
couleurs ; eux seuls connoissent les fabriques & en dirigent le goût
& la mode. C'est à eux que les étrangers doivent s'adresser,
parcequ'ils ne peuvent les tirer directement des fabriques. *Journal de Commerce, Octobre, 1761. pag. 153.*

Les hauteurs ordinaires des dentelles de fil, sont depuis 4 lignes en augmentant imperceptiblement jusqu'à 4 pouces de roi;
les pièces contenant depuis 3 aunes & demie de longueur jusqu'à 8.

A l'égard de celles destinées pour les toilettes, les aubes, &
les surplis, elles se font depuis un quart d'aune de haut jusqu'à 2
tiers; chaque pièce contenant 4, 5 ou 7 aunes de long, le tout
mesure de Paris.

La plus grande partie des dentelles tant d'or, d'argent & de soie,
que de fil, se consomment dans le royaume. Il n'y a guère que
celles de soie, particuliérement les noires, dont il se fasse des
envois considérables en Espagne, en Portugal, dans les Indes
Espagnoles, en Allemagne, & en Hollande &c.

Instruction sur les dentelles.

On fabrique des dentelles de plusieurs façons & de diverses qualités : à réseau, à bride, à grandes fleurs, à petites fleurs : de communes, de moyennes & de fines, de lâches & de serrées, de très-

hautes & de moins hautes, de baffes & de très-baffes ; les unes toutes de fil d'or, ou d'argent & de foie de différentes couleurs, &
d'autres de fil de lin très-blanc. Il ne s'agit ici que de ces dernières.

Les premières dentelles de fil de lin, pour la fineffe, le goût,
la variété, l'éclat & la beauté du deffin, font celles de Bruxelles.
C'eft cette fabrique de dentelles fingulière & unique, qui n'eft
prefque bien connue que des fabricans, & que par le commerce
qui s'en fait, qui eft le principal objet de cette inftruction. Nous ne
négligerons pas cependant les dentelles de Malines, de Valenciennes, la fauffe Valenciennes, le point d'Angleterre & celui
d'Alençon.

On s'eft borné dans le *Dictionnaire Encyclopédique* uniquement
à expliquer la méchanique du fufeau (dont nous avons a donné
ci-deffus un extrait). Il femble que l'auteur de cet article, n'a
connu que les dentelles qui fe fabriquent toutes d'une pièce & d'un
même fil. Il n'a pas fçu que les dentelles de Bruxelles fe divifent
dans la fabrique en différentes parties qui exigent la main de différentes ouvrières dont aucune n'eft capable de travailler à la
dentelle entière ; qu'on diftingue la dentelle de Bruxelles, qui eft
faite au fufeau, du point de Bruxelles qui eft fait à l'aiguille.
Ainfi ce qu'avance cet auteur, que quand l'art de faire de la
dentelle feroit perdu, ce qu'il a dit fuffiroit feul pour qu'il fut
très – facile de le retrouver, ne fçauroit s'entendre de la dentelle, ni du point de Bruxelles, ni même du point d'Alençon. Car
il eft certain que fi l'art de fabriquer ces trois fortes de dentelles,
qui font les plus recherchées, étoit perdu, on ne le retrouveroit
point avec le feul fecours de l'article *dentelle* de l'*Encyclopédie*.
On a entiérement négligé dans cet article la partie la plus effentielle, qui eft le deffin, le goût & la direction du fabricant fans
laquelle la fabrique ne fçauroit fubfifter. On a également omis tout
ce qu'il y a de plus intéreffant fur cette matière pour lecommerce.

Le deffin eft le premier objet de l'attention du fabricant. Il
le varie à l'infini & n'emploie prefque jamais deux fois le même
deffin, que lorfqu'il lui eft demandé. Il doit en détacher les fleurs,
& les piquer d'un millier d'épingles, pour les diftribuer aux différentes ouvrières, qui ne fçauroient travailler, fi le deffin ne
leur étoit rémis ainfi préparé. Sans cette intelligence & cette attention du fabricant, les ouvrières ne feroient point en état de lire
le deffin, & ne pourroient l'exécuter avec goût & avec exactitude. Il diftribue également les différens fonds & le refeau à
d'autres ouvrières ; car toutes ne fçavent pas faire les mêmes
fonds, & celles, qui fçavent travailler aux fonds ou au réfeau,
ignorent le travail des fleurs. C'eft le fabricant qui choifit toujours les différentes qualités de fil qui conviennent aux diffé-

V 3

rentes fleurs, aux différens fonds, au réseau, & à l'enfemble de fon deffin, & qui raffemble enfuite les fleurs, les place & dirige en conféquence le travail des ouvriéres des fonds & du réfeau. Il eft obligé d'employer au moins 3 fortes d'ouvrières, fouvent 4 & quelquefois jufqu'à 6, qu'il doit diriger féparément, de façon que de l'enfemble du travail réuni de chaque ouvrière, réfulte l'exécution parfaite du deffin.

On ne fait point de dentelle à bride, à moins qu'elle ne foit commandée ; ancienement on employoit la bride au lieu du réfeau, on ne l'admet plus aujourd'hui que dans le dedans des fleurs où elle tient lieu de réfeau. Elle confifte en quatre fils réunis, & 2 ou 3 œillets de perles, fuivant que l'exige le vuide des fleurs. Outre le réfeau, le fabricant, pour rendre toute la beauté du deffin, emploie différens fonds, des fonds de Malines fans yeux des écailles avec des yeux, des écailles fans yeux &c. qu'on appelle *ouvrages de mode*, & qu'il varie à l'infini.

C'eft le fabricant qui juge des différentes fortes de fonds qu'exigent les fleurs de fon deffin, pour les faire fortir, & donner à la dentelle l'éclat &, fur-tout, une certaine nuance fort fine, fort délicate & très-difficile à faifir, mais néceffaire à la perfection de la dentelle, & qui n'échappe point aux yeux des connoiffeurs ; enforte que la beauté des dentelles dépend uniquement de l'ordonnance du fabricant, de fon goût, de fon affiduité, de fes foins & de fon intelligence. Il veille avec une égale attention à ce que l'ouvrage foit folide. Il fçait que la bonté concourt avec la beauté pour foutenir la fabrique, & que lorfque l'ouvrage n'eft pas folide, toutes les fleurs fe détachent à l'eau en fort peu de tems, fur-tout lorfque le toilé eft clair ; ce qui donne à la vérité beaucoup d'éclat à la dentelle, mais ce n'eft qu'un faux éclat, un brillant féduifant, mais trompeur. Il faut que le toilé foit ferré pour être de durée. Il eft moins brillant, mais plus folide.

Le même deffin en d'autres mains que celles du bon fabricant ne produit qu'un ouvrage imparfait, une dentelle défectueufe à tous égards, & mife cependant dans le commerce au même prix que l'ouvrage porté au gré de perfection dont il eft fufceptible.

De là on conçoit qu'il y a du choix parmi les dentelles qui paroiffent d'une beauté égale, ou qui font d'un prix égal, & qu'il arrive même fouvent aux fabricans qui fe piquent de donner à chaque qualité de dentelles le plus haut dégré de perfection, de ne pas l'obtenir toujours exactement de chaque ouvrière ; ils ne peuvent cependant établir des prix différens dans les mêmes qualités, à moins qu'il ne s'y trouve des défauts effentiels.

Les *dentelles de Malines* font les plus belles, après celles de Bruxelles, & font un peu plus de durée. Elles différent en ce qu'on les fabrique toutes d'une pièce au fuseau. Mais on y emploie, comme aux dentelles de bruxelles, différens fonds, suivant le goût du deſſin, pour faire ſortir les fleurs & leur donner la nuance & l'éclat qui réſulte de la variété des fonds. On en fabrique beaucoup à Anvers, à Malines & à Bruxelles. C'eſt dans ces trois villes qu'eſt le ſiège de cette fabrique.

Les *dentelles de Valenciennes* ſont faites de même toutes d'une pièce au fuſeau, mais d'un même fil & d'un ſeul réſeau ; ce qui les rend néceſſairement un peu inférieures pour le goût & la beauté à celles de malines. Elles ſont cependant plus chères, quoique moins belles, parce qu'elles ſont plus ſolides. Elles péchent ſurtout par la couleur, qui eſt un blanc roux, & ne prennent jamais un beau blanc. On fait à Gand la même ſorte de dentelles, mais moins ſerrées & moins chères, qu'on nomme par cette raiſon de fauſſes valenciennes, & qui ſont à-peu-près égales en beauté.

La demoiſelle Rapaillet a formé depuis peu à Mons une fabrique de dentelles de valenciennes, qui occupe actuellement 150 ouvrières par jour. Ces nouvelles valenciennes, non-ſeulement ſoutiennent la concurrence des anciennes, mais elles prennent même la ſupériorité : on les préfère aux autres, pour leur beauté, à Paris, à Lyon & dans les autres villes de France. Cette fabrique eſt d'autant plus précieuſe à l'Etat, qu'elle occupe de petites filles de 9 à 10 ans, qui gagnent juſqu'à 11 & 12 ſols par jour, argent de Brabant. Un commencement ſi heureux annonce de grands progrès.

On fait beaucoup dans tous les Pays-Bas & dans la Flandre françoiſe, d'autres dentelles au fuſeau & d'une ſeule pièce, groſſières & uniquement propres au commerce des Indes Eſpagnoles, qu'on expédie pour Cadix, par aſſortimens, comme on en uſe en France pour celles du Pui. Les fabricans de Bruxelles dirigent encore cette fabrique, & dans ce genre groſſier, celles de Brabant conſervent un dégré de ſupériorité.

Des étrangers ont tenté très-ſouvent d'enlever la fabrique de dentelles de Bruxelles ; mais inutilement & infructueuſement, comme on peut le voir dans le journal cité ci-après.

Nous ne diſons rien ici des différens points de dentelles de Bruxelles, d'Alençon & d'Angletterré. Voyez l'article *Point*.

La fabrique de dentelles de Bruxelles occupe plus de 10000 ouvrières.

L'Angleterre eſt parvenue à imiter très-imparfaitement la dentelle de Bruxelles. On n'y travaille point à l'aiguille ; on y fait de la dentelle au fuſeau dans le goût de celle de Bruxelles, pour le deſſin, mais on ne peut y donner de la ſolidité au cordon, ou bordure des fleurs, qui ſe détachent très-promptement des fonds qui ne ſont pas plus ſolides. C'eſt cependant cette den-

V 4

telle que les Anglois ont nommé *point d'Angleterre*, & pour soutenir ce titre, ils ont vendu, pendant un grand nombre d'années, à toute l'Europe les dentelles de Bruxelles, comme faites en Angleterre. Les Anglois tirent aujourd'hui fort peu de dentelles de Bruxelles, parce qu'on s'est enfin apperçu que c'étoit la dentelle de Bruxelles que les Anglois vendoient sous le nom de *point d'Angleterre*. Cette erreur, qui est encore assez générale, se trouve dans le *Dictionnaire Encycl*; où il n'est pas dit un mot de la fabrique des dentelles de Bruxelles.

L'étendue du détail, les soins dans l'exécution, les difficultés dans le choix, & l'attention qu'un bon choix exige, ont autorisé les négocians de Bruxelles, à porter leur droit de commission dans cette branche de commerce, à 5 jusqu'à 10 p $\frac{o}{o}$, suivant les différens endroits.

La manière de donner les ordres aux fabricans de Bruxelles, est de leur prescrire le prix qu'on veut mettre à la dentelle, soit de point, soit de Bruxelles ou de Malines, pour chaque qualité de dentelles.

La guerre a fait baisser les prix des dentelles, en général, d'environ 35 p $\frac{o}{o}$ Voyez le *Journal de commerce*, Sept. 1759, p. 164 à 189. Avril, 1761, p. 136; & Août, p. 139.

On fabrique beaucoup de dentelles a Binsch, à Beaumont, à Chimay, villes du Hainaut, & à Marche en Famene, province de Luxembourg. *Ibid*. Avril, 1761, pag. 137.

DÉPART. (*métall.*) Le départ est une opération ou plutôt un procédé, une suite d'opérations par lesquelles on sépare l'or de l'argent.

L'opération principale, ou le premier moyen de séparation, est fondée sur la propriété, qu'ont certaines menstrues, d'attaquer l'argent sans toucher à l'or, ou de s'unir à ce dernier métal en épargnant le premier.

Le départ, par le moyen des menstrues qui attaquent l'argent, est celui que l'on emploie le plus ordinairement.

Il y a deux sortes de départs de cette classe; celui qu'on appelle, par la voie humide, & le départ par la voie sèche ou par la fonte. Nous allons d'abord traiter du premier : cet usage des acides minéraux a été découvert & mis en usage à Venise peu de tems après la découverte de ces acides vers l'an 1400.

L'argent est soluble par l'eau-forte; il ne perd point cette propriété, lorsqu'il est mêlé à l'or en une certaine proportion : cette proportion est telle que l'argent doit être presque le triple de l'or dans la masse à départir, & cette proportion est la plus exacte qu'il est possible, c'est-à-dire la plus avantageuse pour le succès, pour la perfection & pour l'élégance de l'opération, fi le mêlange eft compofé de trois parties d'argent & d'une partie d'or. L'avantage fingulier que cette proportion procure eft que, fi l'on ne brufque pas trop la diffolution de l'argent tenant or, la chaux d'or, reftée après cette diffolution, retient la figure qu'avoit l'argent tenant or, avant l'opération, ce qui fait qu'on ne perd aucune portion de cette chaux, aulieu que fi l'or eft contenu en moindre proportion dans l'argent aurifère, il n'eft pas poffible de lui conferver de la continuité, & que, dans cet état de poudre fubtile, on en perd néceffairement quelque partie.

C'eft le départ d'une maffe, formée par l'or & l'argent mêlés dans la proportion que nous venons d'affigner, qui s'appelle proprement inquart *quartatio* : ce nom fe donne auffi affez communément à tout départ par l'eau-forte.

L'acide vitriolique très-concentré & bouillant diffout l'argent, mais n'attaque point l'or. Quelques départeurs fe fervent de cet acide pour féparer l'or de l'argent; mais cette méthode eft beaucoup moins ufitée que celle où l'on emploie l'eau-forte. Nous allons rapporter cette dernière méthode,

On commence par granuler ou grenailler la maffe d'argent tenant or, propre à être départie par l'eau-forte, c'eft-à-dire contenant au moins trois parties d'argent fur une d'or. Voyez *Granulation*. Si l'on veut départir par l'eau-forte un alliage où l'argent ne domine pas affez pour que l'eau forte puiffe l'attaquer, on n'a qu'à ajouter à cette maffe une quantité fuffifante d'argent, pour qu'il en réfulte un nouveau mêlange, dans lequel les deux métaux fe trouvent en proportion convenable. Pour approcher autant qu'il eft poffible de la proportion la plus exacte, on peut effayer, par la pierre de touche & les aiguilles d'effai, la maffe à laquelle on veut ajouter de l'argent; on fond enfuite cette maffe avec fuffifante quantité d'argent; on braffe exactement le mêlange, & on le réduit en grenailles, comme il a été dit ci-deffus.

Ce qui fuit a été extrait du *Traité de la fonte des mines*, &c. de Schlutter, publié en François, par M. Hellot.

On prend enfuite des cucurbites coniques ou des matras, qu'on place fur des bains de fable; il faut que ces vaiffeaux aient été bien recuits au forneau de verrerie, & que le fourneau où on les a mis à recuire, fe foit refroidi de lui-même, avant qu'on les en ait retirés : fi l'on n'a pas eu cette attention dans la verrerie, il eft rare de trouver de ces vaiffeaux qui ne fe fêlent pas, même à froid, en les faifant égoutter après les avoir rincés. C'eft felon la quantité d'argent tenant or qu'on veut départir, qu'on choifit les cucurbites. Je fuppofe que le départ foit fort, cependant je compte qu'il faut prendre, tout au plus, fix marcs d'argent par cucurbite ; ainfi fi l'on a beaucoup d'argent , on le diftribue dans plufieurs de ces vaiffeaux , car on en peut mettre jufqu'à dix en œuvre , s'il eft néceffaire , ce qui fait une diffolution de 60 marcs à la fois. Si l'on veut aller doucement, on ne verfe que 4 livres d'eau-forte dans chacun des vaiffeaux contenant 6 marcs de gre-nailles d'argent; mais quand il s'agit d'accélérer le départ , on peut d'abord en verfer 6 livres ; car on compte ordinaire-ment une livre d'eau-forte pour un marc d'argent ; c'eft de l'eau-forte , précipitée & purifiée par l'argent, qu'on doit employer.

La cucurbite ne doit être remplie qu'aux deux tiers par ces fix marcs d'argent , & fix livres d'eau-forte. C'eft ce qui détermine fur le choix des cucurbites ; car il doit toujours y refter un vuide , parceque l'eau-forte fe gonfle , quand elle commence à agir.

On place enfuite toutes les cucurbites fur le bain de fable qui doit être froid ; on allume deffous un feu modéré pour que le fa-ble s'échauffe peu-à-peu , quoique l'eau-forte , quand elle eft bonne , & que les grenailles ont été rougies , commence auffi-tôt à agir fur l'argent : cependant la chaleur facilite la diffolution , & la liqueur devient blanche : de forte qu'il faut prendre garde qu'elle ne foit trop échauffée dans le commencement, parcequ'el-le monteroit facilement , fur-tout quand les capfules des bains de fable font de fer , ou que les cucurbites font placées fur la plaque de fer du bain de fable commun ; car le fer s'échauffe davantage & garde plus long-tems fa chaleur que des capfules de terre. S'il arrivoit, cependant, que la liqueur montât trop haut , le meil-leur remède feroit d'ôter le feu auffi-tôt , & enfuite le fable qui eft autour du vaiffeau , pour le mêler avec du fable froid, & le remettre , car il ne faut jamais y mettre du fable froid feul , il feroit fêler la cucurbite ; & même, pendant l'opération , il ne faut pas toucher ce vaiffeau avec les mains froides , ou en appro-cher quoique ce foit de froid. Lorfque la première chaleur eft paffée , la diffolution commence à être plus calme ; & quand la liqueur n'eft plus blanché ni écumeufe , on peut augmenter mo-dérément le feu ; néanmoins , la chaleur du vaiffeau doit être telle qu'on puiffe le prendre & le lever avec un linge.

Quand on veut fçavoir s'il refte au fond de la cucurbite de la grenaille d'argent , qui ne foit pas encore diffoute , on y fonde avec une baguette de bois blanc, bien nette : dans la fuite on fe fert toujours de la même baguette , parce qu'elle s'imbibe de la dif-folution de l'argent. Lorfqu'elle a long-tems fervi , on la brûle , & l'argent qu'elle donne fe fond enfuite avec d'autre. Si l'on ne fent plus de grenaille , & que l'eau-forte ne paroiffe plus tra-vailler , la diffolution de cette partie d'argent eft achevée ; mais pour en être plus certain, on ôte la cucurbite de deffus le fable. Si l'on remarque encore dans la liqueur des filets, des globules qui partent du fond, & si cette liqueur n'est pas parfaitement limpide, c'est une marque que l'eau-forte travaille encore sur un reste d'argent ; par conséquent, il faut remettre le vaisseau sur le sable chaud. Si cependant ces filets de petits globules d'air sont accompagnés de grosses bulles d'air, & que la dissolution soit claire, l'eau-forte a suffisamment dissous, & l'on ne doit pas s'embarrasser que cette liqueur, qui est saturée d'argent, soit de couleur verte. Mais si, malgré la proportion employée d'une livre d'eau-forte par marc d'argent, il restoit encore quelques grenailles non dissoutes, il faudroit décanter cette eau-forte & en remettre de la nouvelle ; car souvent la livre d'eau-forte ne suffit pas, quand l'argent contient peu d'or.

Lorsqu'on a dessein de précipiter l'argent de cette dissolution dans une bassine de cuivre, on peut verser cette eau-forte soulée d'argent & toute chaude, dans cette bassine, où l'on aura mis auparavant de l'eau de rivière bien pure. On pose ensuite la cucurbite contenant la chaux d'or, sur un rond ou valet de paille, un peu chauffé ; mais si l'on veut précipiter l'argent dans des vaisseaux de verre ou de grès, par le moyen des lames de cuivre, ou si l'on veut faire la reprise de l'argent par la distillation de l'eau-forte, on peut la verser par inclinaison dans d'autres vaisseaux, & la garder jusqu'à ce qu'on la distille. Il faut observer que si c'est dans des vaisseaux de verre qu'on décante cette dissolution, on ne peut le faire que lorsqu'elle est froide ; car, quand même on les chaufferoit auparavant, il y auroit toujours risque de les rompre.

Quand tout est refroidi, & que l'eau-forte, soulée d'argent, est décantée, on remet de nouveau six marc d'argent, en grenaille, & recuit dans les mêmes cucurbites, avec six livres d'eau-forte ; on les replace sur les bains de sable ; on rallume le feu dans le fourneau, & l'on procède, comme on a dit ci-dessus. Si l'on se sert de la bassine de cuivre, dont on parlera dans un moment, on avance beaucoup les opérations, parce qu'on y verse les dissolutions d'argent à mesure qu'elles finissent. Les cucurbites sont bien plutôt froides, quand il n'y reste que la chaux d'or, que lorsqu'on y laisse l'eau-forte chargée d'argent ; & aussi-tôt qu'on a décanté ces dissolutions, on y remet de l'argent en grenaille & de nouvelle eau-forte : on ôte le sable chaud des capsules pour y en mettre du froid, & l'on replace les cucurbites sur ce sable, qui est bientôt échauffé par la capsule de fer & par le feu qui est dessous ; par ce moyen, les opérations se suivent presque sans interruption.

Après que tout l'argent, qu'on avoit mis en grenaille, est dif-

fous, & qu'il y a tant de chaux d'or accumulée dans les cucurbites, qu'il faut ceffer, on fonde avec la baguette de bois blanc;
& fi l'on y fent encore quelques grenailles, on remet de l'eau-
forte par deffus, ce qu'il faut répéter non-feulement jufqu'à ce
qu'on ne fente plus de grenailles, mais même jufqu'à ce que regardant avec une bougie la furface de la liqueur, on n'y apperçoive plus le moindre petillement, ni la plus petite bulle d'air.

Lorfque la dernière eau-forte ne travaille plus, on la décante
comme la précédente, & l'on édulcore la chaux d'or. Pour aller
plus vîte, il faut avoir de l'eau de fontaine chauffée au même
dégré de chaleur que la cucurbite, & la verfer fur cette chaux
auffi-tôt qu'on a vuidé l'eau-forte. Si l'on a fait le départ dans plufieurs cucurbites à la fois, & que cependant il n'y ait pas beaucoup d'or dans chacune, on peut réunir toutes ces petites parties
de chaux dans une feule cucurbite, afin que l'édulcoration ne
foit pas fi embarraffante. Il faut verfer de l'eau chaude nouvelle
jufqu'à trois fois, au moins, fur cette chaux, agitant le vaiffeau à
chaque fois, & laiffant bien dépofer l'or au fond, avant que de
décanter l'eau, à chaque fois qu'on la change. A la quatrième ou
cinquième lotion, on pofe la cucurbite avec l'eau dans le fable
chaud, & on la fait bien chauffer, pour mieux enlever l'acidité
de la chaux d'or. Cette dernière eau ayant été verfée par inclinaifon, on remplit la cucurbite d'eau tiède, pour faire fortir la
chaux & rincer le vaiffeau : on met cette chaux d'or dans un
vaiffeau de verre, ou dans une jatte de fayance ou de porcelaine.

Comme l'eau des lotions de la chaux d'or contient beaucoup
d'argent, il n'en faut rien perdre; & fi l'on a deffein de retirer
l'eau-forte de deffus l'argent, par diftillation, il ne conviendroit
pas d'y mêler cette eau des lotions, parceque ce feroit en augmenter inutilement le volume; mais il faut la verfer dans un
chauderon ou baffine de cuivre rouge, ou dans un autre vaiffeau
où l'on aura mis des lames de cuivre.

Après avoir bien égoutté la chaux d'or raffemblée au fond de
la jatte de fayance; on la verfe dans un creufet de heffe, ayant
foin de n'en rien perdre : on le couvre d'un couvercle de terre:
on conftruit fur le foyer un fourneau avec des briques, fans terre
& fans grille; on place le creufet au milieu fur un morceau de
brique, on l'entoure de charbon qu'on allume par deffus, afin
que le feu defcende peu à peu, & faffe évaporer l'humidité de
la chaux d'or, à un feu très-doux; car un feu violent & fubit pourroit en faire fauter quelques parties en l'air. Auffitôt que l'or eft
féché, on le fait rougir, autant qu'il eft néceffaire, pour lui faire
reprendre fa couleur naturelle. La raifon pourquoi on ne met pas
le creufet au fourneau à vent, c'eft que le feu y defcend trop vîte

& devient trop violent, ce qui pourroit faire fondre l'or ; & comme outre cela, les creufets mouillés fe fendent aifément lorf-qu'on les expofe à un feu trop fubit, [on courroit rifque de perdre l'or.

La chaux d'or ayant rougi, fi l'on ne veut pas que ce métal foit à un plus haut titre que celui où il eft forti du départ, on le met dans un creufet de heffe, & on le place devant la tuyere du fouf-flet, ou au fourneau à vent : on jette autour du charbon non al-lumé, & par-deffus des charbons ardens. Auffi-tôt que le feu a defcendu, on fouffle, fi l'opération fe fait devant le foufflet ; mais il eft mieux de faire cette fonte au fourneau à vent, fur-tout quand il y a beaucoup d'or. Après que le feu a fait rougir l'or, on jette deffus un peu de borax, pour aider la fufion : dès qu'il eft bien en fonte, & qu'il affine ou circule, il eft fuffifam-ment fondu. Alors on fort le creufet, & l'on verfe l'or dans une lingotière, ou bien on le laiffe figer dans le creufet, quand il y a beaucoup d'or, & l'on caffe enfuite ce creufet, pour l'avoir en culot. Soit qu'on veuille avoir un lingot ou un culot, on chauffe affez fort la lingotière, ou le cone, fi l'on en fait ufage, pour qu'on puiffe à peine les tenir avec la main, car il ne faut jamais verfer de l'or, de l'argent, ou d'autres métaux en fufion, dans des vaiffeaux froids, autrement on rifque de les faire pétiller & fauter.

Le départ fe fait en Hongrie par la voie humide. Comme les départs font confidérables en ces pays-là, on y a établi un très-bon ordre. Entr'autres laboratoires de Hongrie & de Tranfylva-nie deftinés pour les départs des matières d'or & d'argent, il y en a un très-beau à Schemnitz. Comme on n'y paffe pas l'or à l'antimoine pour le porter au plus haut titre, on règle le départ de façon que ce métal en forte au titre des ducats; ainfi le marc contient fouvent jufqu'à 23 karats 10 grains de fin.

Le bon ordre, l'économie, & la plus grande perfection de cette opération, confiftent 1º. en ce qu'on exécute toutes les manœuvres particulières avec toute l'exactitude poffible : par exemple, qu'on réduit l'argent en grenailles très-menues & tranf-verfalement creufes. 2º. Qu'on prend toutes les précautions né-ceffaires contre les inconvéniens de la fracture des vaiffeaux & de la perte de l'eau-forte, en lutant exactement les cucurbites dans lefquelles on fait les diffolutions, & en y adaptant un cha-piteau avec fon récipient, dans lequel on a mis fuffifante quan-tité d'eau de fontaine, afin de ne pas perdre les vapeurs acides qui s'échappent de la diffolution. 3º. En appliquant fucceffive-ment des eaux-fortes diverfement concentrées; de façon qu'après avoir décanté l'eau-forte foulée d'argent, on verfe une meilleure eau-forte fur la matière non diffoute, jufqu'à ce qu'on en vienne au diffolvant le plus actif, appellé *eau-forte double*, qui, lorfqu'il a agi un quart-d'heure fur cette matière, l'a dépouillée affez exactement de l'argent, pour que la chaux d'or foit reftée au titre ci-deffus énoncé. On verra dans la fuite de cet article, ce que c'eft que cette eau-forte double.

Comme on ne paffe point cet or à l'antimoine, ainfi qu'il a été obfervé, après l'avoir bien lavé ou édulcoré, féché, & rougi au feu dans un creufet, on le fond dans un nouveau creufet avec le flux noir.

Schlutter a donné une méthode de procéder au départ par la voie humide, qui diffère de la méthode ordinaire, en ce que cet artifte fe fervoit de vaiffeaux de verre à fond plat & large, dont les parois fe rapprochoient en s'élevant, enforte que leur ouverture étoit comme celle d'une bouteille, & qu'il chauffoit ces vaiffeaux au bain-marie dans un chauderon de cuivre, fur une petite croix de bois, pour empêcher que le verre ne touchât le fond du chauderon. Ici finit l'extrait de Schlutter.

Nous avons expofé jufqu'à préfent la manière d'appliquer l'eau-forte à l'argent aurifère ou tenant or, d'en féparer la chaux d'or, de laver cette chaux & de la fondre; il nous refte à retirer l'argent du départ, c'eft-à-dire, à féparer ce métal de la menftrue à laquelle il eft uni. On procède à cette féparation par deux moyens, fçavoir, par la précipitation & la diftillation.

Pour retirer l'argent du départ par le premier moyen, on fe fert du cuivre qui a plus d'affinité avec l'eau-forte que l'argent, & qu'on fçait par expérience être le précipitant qu'on peut employer dans ce cas avec le plus d'avantage.

Cette manière de retirer l'argent de l'eau-forte, eft la plus fûre & la plus courte, quoique peut-être la plus chère, parce qu'on perd communément toute l'eau-forte par cette méthode. La précipitation de l'argent fe fait ou à 'chaud dans des baffines de cuivre, ou à froid dans des vaiffeaux de verre ou de grès, avec des lames de cuivre.

Ce qui fuit eft encore tiré de l'ouvrage de Schlutter.

La précipitation à chaud eft la plus expéditive, elle rend beaucoup d'argent en un jour; car avec un chauderon ou baffine contenant la diffolution de vingt marcs, on peut faire trois précipitations par jour, & par conféquent, précipiter foixante marcs en vingt-quatre heures. Les chauderons qui font les plus forts en cuivre, & en même-tems les moins profonds, font les meilleurs; ils doivent être de bon cuivre rouge & battu, d'une égale épaiffeur, afin qu'il ne s'y faffe point de crevaffes, autrement on ne s'en ferviroit pas long-tems : je n'en ai jamais vu de plus grand que pour la précipitation de vingt marcs. Un chauderon de cette forte a deux pieds & demi de diamètre en haut; fa profondeur doit être d'un pied, & il pèse cinquante-cinq à foixante livres : on peut y mettre environ quarante-cinq pintes de liqueur : on y verfe l'eau-forte chargée d'argent, de deux cucurbites, ou de deux vaiffeaux imaginés par Schlutter, dont nous avons parlé.

Enfin, lorfqu'on s'en fert, il faut qu'il y ait à-peu-près fix à fept fois autant d'eau douce que d'eau-forte foulée d'argent. On place ce chauderon ou baffine avec fon trépied, fur un foyer muré de briques; on y fait du feu pour faire bouillir l'eau & la diffolution. Auffi-tôt qu'elle a commencé à bouillir, l'argent fe dépofe fur le cuivre, puis s'en détache par floccons qui furnagent d'abord; mais lorfque l'argent tombe au fond, & que l'eau, qui eft de couleur verte, s'éclaircit & devient limpide, c'eft une marque que la précipitation eft prefque finie. Pour être affuré qu'il ne refte plus d'argent à précipiter, on jette quelques grains de fel dans l'eau du chauderon; fi elle blanchit, & que ces grains de fel, en fe diffolvant, faffent des filets blancs, c'eft une marque que tout l'argent n'eft pas précipité : ainfi il faut encore faire bouillir l'eau jufqu'à ce qu'elle ne donne plus la moindre teinte de blanc avec le fel dont les grains doivent tomber au fond fans changer la couleur de l'eau. Enfuite on y jette par furcroît une ou deux petites poignées de fel, & on ôte le chauderon de deffus le feu.

Il faut autant de tems pour la précipitation d'une quantité quelconque d'argent, qu'il en a fallu pour la diffoudre; ainfi auffi-tôt que la précipitation de la première mife eft finie, on peut verfer dans la baffine de cuivre la diffolution d'une autre quantité d'argent qui vient d'être achevée. On y ajoute en même-tems l'eau chaude du bain-marie où l'on avoit mis le vaiffeau contenant cette diffolution; obfervant feulement que la baffine fervant à précipiter ne foit pas trop remplie, afin qu'il y ait de la place pour la diffolution, ou eau-forte chargée d'argent. Si l'on fe fert fouvent d'un vaiffeau de cuivre pour précipiter l'argent, il faut le vifiter, pour voir s'il ne s'affoiblit point trop dans quelques endroits, & s'il ne laiffe pas tranfpirer de la liqueur; ce qui ne peut manquer d'arriver tôt ou tard, puifqu'il y a érofion de cuivre à chaque précipitation : ainfi pour prévenir les accidens, il faut toujours avoir une autre baffine toute prête, dans laquelle on puiffe recevoir ce qui fuit par quelque trou de la première. On s'en apperçoit, avant qu'elle foit percée tout-à-fait, par des petites gouttes d'eau qui fe forment ordinairement au dehors de la baffine : alors il eft tems d'empêcher qu'une partie de la précipitation ne fe perde dans les cendres.

Quand le chauderon eft retiré du feu, & que la chaux d'argent s'eft totalement dépofée, l'eau s'éclaircit, & l'on voit le fond de ce vaiffeau; alors il faut verfer l'eau par inclinaifon, & prendre garde qu'elle n'emporte de l'argent avec elle; ce qui cependant arrive rarement, parceque cette chaux eft affez pefante. Si l'on veut continuer de précipiter, il faut ôter cette chaux, & la mettre dans une autre baffine de cuivre où l'on verfe de l'eau claire pardeffus. On remet, comme auparavant, de l'eau douce dans le chauderon à précipiter; on y ajoute l'eau-forte chargée d'argent avec l'eau chaude du bain-marie, & l'on procède comme on vient de l'enfeigner.

On peut mettre la chaux d'argent de quatre précipitations dans la même baffine, pour l'édulcorer toute à la fois.

A l'égard de la précipitation à froid, elle ne coûte pas tant, mais elle demande plus de tems, & n'eft guère commode dans les départs en grand, parcequ'il faut beaucoup de place & un grand nombre de vaiffeaux : ainfi elle n'a fon utilité que dans les petits départs. Il faut, pour cette précipitation, des vaiffeaux de verre, ce font les meilleurs, ou des terrines de grès bien cuites & prefque vitrifiées; celles d'un grès poreux ou tendre ne réfiftent pas long-tems, & font bientôt percées. On remplit ces vaiffeaux d'eau douce, de manière, cependant, qu'il y ait de la place pour une feptième partie, qui eft l'eau-forte chargée d'argent, qu'on doit y verfer auffi. Dès que ces deux liqueurs y font, on y fufpend avec une ficelle des lames de cuivre rouge qui ne foient ni fales ni graffes : on les laiffe en repos dans le même endroit, jufqu'à ce que tout l'argent foit précipité, ce qui n'arrive qu'au bout de fept à huit jours, fur-tout quand on ménage le cuivre, & qu'on ne veut pas y en mettre beaucoup à la fois. Il eft bon auffi de profiter du petit avantage qui peut réfulter de la chaleur de la diffolution de l'argent, en la verfant toute chaude dans l'eau des terrines, laquelle par ce moyen prendra un degré de chaleur incapable de les caffer. Mais il faut avoir attention de verfer cette eau-forte prefque bouillante, au milieu de l'eau, & non vers les bords du vaiffeau, parce que la grande chaleur le feroit caffer. Cette chaleur douce accélérera un peu la précipitation de l'argent fur les lames de cuivre.

On effaie par les grains de fel, fi tout l'argent eft précipité, comme on l'a enfeigné ci-devant; & fi la précipitation eft achevée, on décante l'eau des terrines. Quant à la chaux d'argent qui refte attachée aux lames de cuivre, on la fait tomber dans l'eau douce avec une gratte boffe, ou avec une broffe de poil de fanglier fort court, puis on les lave avec l'eau verte de la précipitation

pitation. En cas qu'on ne pût pas en détacher tout l'argent, on les garde pour une autre opération.

On met toute la chaux d'argent, qu'on a précipitée par l'une ou l'autre méthode, dans une baffine de cuivre de capacité proportionnée ; on y verfe de l'eau commune, & on la fait bouillir pour en enlever toute l'acidité. Le chauderon ou baffine de cuivre, dont on s'eft fervi pour la précipitation à chaud, peut être employé à l'édulcoration d'environ cent marcs d'argent. Quand la chaux a refté affez long-tems dans l'eau bouillante, on ôte le vaiffeau du feu, pour la laiffer dépofer, puis on verfe l'eau par inclinaifon : on répète trois ou quatre fois la même chofe, en changeant d'eau à chaque fois, afin d'enlever toute l'acidité du diffolvant. Plus on a foin de laver cette chaux pour l'adoucir, plus elle devient légère ; ainfi, vers la fin des lotions, on ne doit pas fe preffer de décanter l'eau, que cette chaux ne foit bien dépofée. Ces lotions étant finies, on met la baffine de côté, afin que le peu d'eau qui refte fe raffemble, & que l'argent foit mieux égoutté. On fait des pelotes de cette chaux, & l'on met fur un filtre ce qui en refte de trop humide. Ce filtre fe fait, comme on fçait, avec des plumes à écrire, qu'on raffemble en forme de cone avec un fil d'archal, & on le garnit de papier à filtrer. Comme la matière que l'on met deffus eft pefante, on place le filtre dans un entonnoir de verre ; on met de petits brins de bouleau ou de paille entre deux, afin que l'eau filtre mieux. Cet entonnoir étant ainfi préparé, on le pofe fur un vaiffeau de verre ou de terre. Si l'on a beaucoup d'argent à deffécher de cette manière, on peut ôter celui qui eft au milieu du filtre, pour faire place à d'autre ; mais il faut prendre garde d'endommager le papier. Lorfque l'eau du filtre eft écoulée, on met auffi cette chaux d'argent en pelotes, & on les fait fécher au foleil ou dans un lieu chaud. Si l'on veut aller plus vite, on les fait fécher dans un creufet à petit feu, puis on fait fondre l'argent au fourneau à vent ; mais il faut en conduire le feu doucement, pour donner le tems à l'argent de rougir avant que de fondre : lorfqu'il eft bien fondu, on le coule dans un cone ou dans une lingotière de fer, chauffée & graiffée avec du fuif ; auffi-tôt qu'il eft coulé, on jette deffus du pouffier de charbon tamifé. Le marc d'argent fondu, provenant de la chaux précipitée par le cuivre, contient ordinairement, depuis fept onces & demie & fix grains, jufqu'à fept onces & demie & douze grains de fin. Si l'on veut porter cet argent à un plus haut titre, on y réuffit par le raffinage.

Le départ eft proprement fini, lorfque l'on a féparé l'or & l'argent, & qu'on a ramaffé chacun de ces métaux en culôt ou en lingot, comme nous venons de l'enfeigner. Il eft cependant une opération d'économie que le départeur doit sçavoir exécuter, sçavoir, la reprise du cuivre, qui se fait ordinairement par sa précipitation avec le fer. Cette méthode est fort simple ; on n'a qu'à jetter dans des baquets de bois, à demi remplis de vieilles ferrailles les moins rouillées qu'il est possible, la dissolution de cuivre décantée de dessus la chaux d'argent, encore chaude, si on le peut commodément, & à mesure que l'on en a. Cette dissolution de cuivre s'appelle *eau seconde* ou *verte*, dans le langage des ouvriers. On doit laisser cette eau verte dans les baquets, jusqu'à ce qu'un morceau de fer poli, trempé dedans pendant quelques minutes, ne se couvre d'aucune particule de cuivre. Alors on décante cette liqueur qui est une dissolution de fer, on la rejette comme très-inutile, & l'on sépare le cuivre du vieux fer par le moyen de l'eau commune qu'on jette dans le baquet, dans laquelle on lave ce fer en le roulant fortement dans cette eau qu'on verse sur le champ à grand flots, en agitant toujours : on ramasse ensuite le cuivre qu'elle a entraîné & qui s'est déposé par le repos, & on le fond selon l'art.

Dans ces reprises de l'argent & du cuivre toute l'eau-forte est perdue. On trouve dans les *Mém. de l'Acad. Royale des Scienc. ann.* 1728, un moyen de la conserver, qui avoit été communiqué à M. Dufay par Antoine Amand, & qui consiste à retirer, par la distillation, une partie de l'eau-forte, de l'eau seconde ou de l'eau verte. Voyez Schlutter, *tom. I, pag.* 368.

Voici comme on s'y prend pour retirer immédiatement une partie de l'eau-forte de la dissolution d'argent, en même tems qu'on retire l'argent.

Cette opération demande beaucoup d'attention ; pour éviter que les cucurbites ne se cassent ; parceque l'argent dissous s'étant répandu, il faut le chercher dans les débris des fourneaux. Cette distillation se fait en Allemagne dans des cucurbites de verre dont le ventre n'est enduit que d'argille préparée. Aussitôt que cette terre est sèche & sans fissure, la cucurbite peut servir. On choisit ces vaisseaux plus ou moins grands, selon la quantité d'eau-forte chargée d'argent qu'on a à distiller, ou suivant celle qu'on veut y mettre à la fois. Si d'abord on y met beaucoup, c'est un moyen d'accélérer le travail, & l'on peut prendre une cucurbite dont le ventre contienne trois à quatre pintes. On pourra y mettre l'eau-forte chargée de 10 à 12 marcs d'argent. Si l'on ne veut pas tant hasarder à la fois, on prend une cucurbite plus petite ; on place cette cucurbite avec la liqueur dans un bain de sable ; on y adapte un chapiteau & un récipient de verre, & on lute bien les jointures ; après quoi on couvre la cucurbite avec une chappe de terre pour la défendre de l'air extérieur : quand le tout eſt ajuſté, on commence par un feu modéré de bois ou de charbon, pour mettre la diſtillation en train. On continue le même dégré de feu, juſqu'à ce qu'on ait fait diſtiller la moitié, ou environ, de l'humidité : alors on laiſſe diminuer le feu, & l'on ôte promptement le chapiteau ; on met à la place ſur la cucurbite un entonnoir de verre qu'on a chauffé, pour introduire, par ſon moyen, de nouvelle eau-forte chargée d'argent, mais de manière qu'elle tombe au milieu & ne touche point les parois du vaiſſeau, qui pourroit facilement ſe fêler ſi quelque choſe de froid y touchoit. Mais, pour moins riſquer, il eſt à propos de chauffer un peu l'eau-forte chargée d'argent avant que de la verſer par l'entonnoir. On remet enſuite le chapiteau & le récipient, & on lute les jointures pour recommencer la diſtillation. Lorſque cette ſeconde miſe d'eau-forte ſoulée d'argent a donné ſon flegme, on découvre de nouveau & on en remet d'autre ; ce qu'on continue de faire juſqu'à ce qu'il y ait vingt à ving-cinq marcs d'argent dans la cucurbite. Lorſqu'on ajoute ainſi à différentes fois l'eau-forte chargée d'argent, il ne faut pas attendre pour découvrir le vaiſſeau juſqu'au moment que l'eſprit acide monte, parce qu'alors il ſeroit trop tard pour la verſer. Quand la dernière eau-forte chargée d'argent eſt dans la cucurbite, on peut y faire tomber une demi-once de ſuif pur ; les ouvriers croient qu'il empêche les eſprits acides d'emporter l'argent. On continue enſuite de diſtiller, de manière qu'on puiſſe compter les nombres 1, 2 & 3 entre deux gouttes. Il faut modérer un peu le feu avant que l'eſprit monte, afin qu'il ne vienne pas trop rapidement ; mais quand il a diſtillé quelque tems, on peut augmenter le feu juſqu'au plus fort dégré, afin de faire paſſer tout cet eſprit acide. On le diſtingue aiſément par la couleur rouge dont le chapiteau ſe remplit. Comme on a dû mettre dans le récipient les flegmes acidules des opérations précédentes, il leur communique, en ſe mêlant avec eux, aſſez d'acidité nitreuſe pour en faire de très-bonne eau-forte. S'il arrivoit cependant qu'elle ne fût pas aſſez active, ce ſeroit une marque qu'on auroit trop mis dans le récipient de flegme acidule. On peut corriger ce défaut à la première repriſe de l'eau-forte, en laiſſant moins de ces flegmes dans le récipient. Si l'eſprit nitreux monte trop abondamment, ce qui n'arrive que trop ſouvent, il eſt bon d'avoir un récipient qui ait un petit bec ou cou par le côté, auquel on puiſſe adapter un autre récipient où il y aura un peu d'eau commune, pour condenſer une partie des vapeurs rouges acides qui ſortent avec trop de rapidité. L'eau acidulée de ce second récipient s'emploie dans la suite aux mêmes usages que les flegmes acides dont il a été parlé ci-devant.

Si l'on veut avoir de l'eau-forte double telle qu'on l'emploie en Hongrie, on change le premier récipient, dans le tems que l'argent est comme en gelée ou sirop dans la cucurbite, & on en remet un autre avec environ vingt livres d'eau-forte ordinaire, & l'on y fait passer le reste de cet esprit concentré, après avoir bien luté les vaisseaux, & adapté le second récipient au bec du côté du premier.

Pour connoître si tout l'esprit est monté, on prend un bâton que l'on brûle & qu'on réduit en charbon par un bout; on l'éteint ensuite : si ce charbon ne se rallume pas aussi-tôt par la vapeur acide nitreuse qui monte & qui le touche, c'est une marque que tout l'esprit est passé; mais si ce charbon prend feu, il ne l'est pas encore. Quand l'opération est finie, on laisse éteindre le feu & refroidir les vaisseaux, afin de pouvoir les démonter. On bouche les récipiens; on casse la cucurbite; on sépare le verre de l'argent autant qu'il est possible, après quoi on met l'argent dans un baquet où on le coupe avec une hache : on le rassemble dans un creuset, & on le fond dans un fourneau à vent. Les petits morceaux de verre qui peuvent s'y trouver surnagent; on les retire, puis on jette ce métal en culot ou en lingot.

Le départ par l'eau régale est encore un excellent moyen de séparer l'or de l'argent, & même d'avoir un or d'une très-grande pureté & bien mieux séparé de l'argent & même du cuivre, que par la méthode ordinaire qui emploie l'eau-forte & l'antimoine, parceque ces opérations laissent toujours l'une & l'autre un peu d'argent avec la chaux d'or. On emploie cette méthode lorsque la masse à départir est un or de bas titre, ou que l'argent n'en constitue pas les trois quarts, & qu'on ne veut point ajouter de nouvel argent à cette masse; autre moyen de la départir en employant l'eau-forte dont nous avons parlé ci-dessus.

Pour faire le départ dont il s'agit à présent, prenez de la bonne eau régale préparée avec l'esprit de nitre ordinaire & le sel marin. Grenaillez l'or de bas titre qui contient de l'argent & même du cuivre, puis les mettez dissoudre dans un matras, d'abord sans feu, ensuite sur le sable chaud jusqu'à ce que le dissolvant n'agisse plus : il faut dix parties de cette eau régale pour une partie de matière aurifère. Décantez la liqueur claire qui contient l'or & le cuivre, s'il y avoit de ce dernier métal dans le mélange, & l'argent se trouvera en poudre ou chaux au fond du matras. Edulcorez cette chaux & la faites sécher, puis imbibez-la d'huile de tartre ou de nitre fixe en *deliquium*. Mettez un peu de borax dans un bon creuset ou bien du sel de tartre; & quand l'un ou l'autre sera en fusion liquide, jettez-y votre argent précipité en chaux; tenez-le en fusion pendant quelques minutes, & vous aurez de l'argent pur, sans alliage, & de la plus grande finesse : quant à la dissolution de l'or, versez-y de l'huile de tartre par défaillance; édulcorez la matière qui se précipitera par plusieurs lotions, puis la jettez peu à peu dans un creuset où vous aurez mis en fusion du borax fixe ou calciné, ou du sel de tartre, & vous aurez de l'or de la plus grande pureté.

Départ par la voie sèche ou par la fusion, qui s'appelle aussi *départ concentré* ou *séparation par la voie sèche*. Voyez dans les *Mém. de l'Acad. des Sciences de Berlin*, 1747, *pag. 3. & suiv.* le mémoire très-étendu que M. Eller a donné sur cette matière. *Encycl.*

DERIBANDS ; toiles blanches de coton, qui viennent des Indes Orientales. Il y en a d'étroits & de larges ; plus de la première sorte, que de l'autre. La longueur des pièces des deribands étroits est de 9 aunes, & leur largeur de 5 8es.

DESSIN, terme de l'art de peinture. Le mot dessin regardé comme terme de l'art de peinture, fait entendre deux choses : il signifie en premier lieu la production qu'un artiste met au jour avec le secours du crayon ou de la plume. Dans une signification plus générale, dont cette première dérive sans doute, il veut dire l'art d'imiter par les traits, les formes que les objets présentent à nos yeux.

C'est dans ce dernier sens qu'on emploie le mot dessin, lorsqu'on dit que le dessin est une des parties essentielles de la peinture. Il s'est élevé des disputes assez vives, dans lesquelles il s'agissoit d'établir des rangs & une subordination entre le dessin & la couleur. L'imitation générale de la nature, qui est le but de la peinture, consiste dans l'imitation de la forme des corps, & dans celle de leurs couleurs. Vouloir décider lequel du dessin ou de la couleur est le plus essentiel à l'art de peindre, c'est vouloir déterminer lequel de l'ame ou du corps de l'homme contribue plus à son existence.

Pour parvenir à bien dessiner, il faut avoir de la justesse dans les organes qu'on emploie, & les former par l'habitude, c'est-à-dire, en dessinant très-fréquemment.

C'est par le dessin qu'on commence à s'initier dans les mystères de la peinture; & ceux qui s'y dévouent, consacrent, pour en acquérir la connoissance, l'âge dans lequel la main docile se prête plus aisément à la souplesse qu'exige ce genre de travail. L'usage a, en quelque façon, prescrit une méthode qu'il est bon de faire connoître. C'est celle que prennent les jeunes élèves, lorsque

d'habiles maîtres daignent diriger leurs premiers pas, & qu'ils suivent, en continuant leurs études à l'académie royale de peinture,
lorsqu'ils ont mérité d'être admis à son école.

Les premiers essais se bornent ordinairement à tracer des lignes
parallèles, en tous sens, pour apprendre à faire usage d'un crayon
de sanguine qu'on enchasse dans un porte-crayon. Ce porte-
crayon, long d'environ un demi-pied, est un tuyau de cuivre,
du diamètre d'une grosse plume; il est fendu par les deux bouts
de la longueur d'un pouce & demi, pour qu'il puisse se prêter
aux différentes grosseurs des crayons qu'on y adapte, & qu'on y
fait tenir, en faisant glisser deux petits anneaux qui resserrent chaque bout du porte-crayon, & qui contiennent, par ce moyen, le
petit morceau de pierre rouge qu'on y a inséré. On aiguise cette
pierre avec un canif, & l'on tient le porte-crayon, comme on
tient une plume, à cela près, que les doigts sont placés vers le
milieu, au lieu que l'on tient la plume presqu'à son extrêmité. De
plus, comme les traits, qu'on doit former, ont des dimensions plus
grandes que celles qui constituent les lettres de l'écriture, on ne
doit pas se borner à ce que peut donner d'étendue au crayon,
le développement des jointures des doigts, en supposant le poignet arrêté, mais il faut que le poignet, devenu mobile, glisse
lui-même sur le papier, & parcoure, en se portant d'un côté &
d'autre, sans roideur, l'étendue des traits que l'on se propose de
former. Cette façon de dessiner est d'autant plus essentielle que
l'on doit avoir grand soin de commencer par copier des dessins,
dont la grandeur des parties développe la main.

Les premiers dessins qu'on imite, sont ordinairement ceux
qu'un habile maître a faits lui-même d'après la nature. On dessine chaque partie du corps, en particulier, avant que d'en dessiner
un entier; & l'on dessine ces parties forts grandes, afin d'en connoître mieux les détails. Après avoir étudié le développement
de chaque partie de la tête, par exemple, on en forme un ensemble, c'est-à-dire qu'on assigne à ces parties leur juste place &
leur proportion dans une tête entière. On la dessine dans différens
points de vûes, afin de connoître les changemens qui arrivent
dans les formes, lorsqu'on regarde la tête de face, de trois quarts
de face, de profil, ou lorsqu'on la voit par en haut, ou par dessous: ensuite on fait la même étude sur les autres membres. Les
pieds & les mains (quelquefois trop négligés dans ces premières études) ajoutent beaucoup de grace & d'expression, si l'on
sçait les dessiner avec force, avec élégance, & sur-tout si on les
rend avec vérité. S'est-on suffisamment exercé à dessiner les parties détaillées? on entreprend une figure entière, & c'est cette
sorte de figure ou d'étude qu'on nomme *Académie*.

C'eſt dans ces premiers eſſais , que, pour ſe former une idée plus préciſe, plus juſte, & plus profonde des formes, il ſeroit à ſouhaiter que les jeunes gens deſſinaſſent l'oſtéologie du corps humain d'après de bons anatomiſtes, ou encore mieux d'après la nature même. Ce ſont les os qui décident en partie les formes extérieures ; lorſqu'on connoît bien la ſtructure des os, leurs em-manchemens & la façon dont ils ſe meuvent, on eſt bien plus ſûr de leur aſſigner leur place & leur proportion. L'étude des muſcles qui les ſont agir, & dont la plupart ſont extérieurs, eſt une ſuite de cette obſervation. J'en rappellerai encore l'application, en parlant bientôt du deſſin qu'on fait d'après le modèle.

Il y a trop de différence entre copier, ſur une ſurface plate, ce qui eſt tracé ſur une ſurface ſemblable, ou deſſiner ſur cette même ſurface ce qu'on voit de relief, pour qu'on puiſſe paſſer tout d'un coup de la façon de deſſiner que l'on vient de décrire à celle avec laquelle on deſſine d'après la nature. On a trouvé un milieu qui aide à paſſer de l'une à l'autre, & c'eſt ce qu'on appelle *deſſiner d'après la boſſe*. La boſſe n'eſt autre choſe qu'un objet modélé en terre, ou jetté en moule, ou taillé en plâtre d'après nature ; ou bien c'eſt une ſtatue de marbre, de bronze &c., ou un bas relief. Ces objets qui ont la même rondeur que la nature, ſont privés de mouvement ; & l'élève, en ſe tenant bien juſte dans le même point de vûe, voit toujours ſa figure ſous le même aſpect, au lieu que le moindre mouvement involontaire & preſqu'inſenſible dans le modèle vivant embarraſſe le jeune artiſte en lui préſentant ſouvent des ſurfaces nouvelles & des effets de lumière différens.

Il faut au reſte faire un uſage modéré de cette étude de la boſſe : un jeune homme qui n'en connoît point encore le danger, y puiſeroit peut-être un goût ſec & froid, dont il pourroit ſe faire une habitude. L'uſage trop fréquent de la boſſe eſt auſſi dangereux pour ceux qui veulent bien deſſiner la figure, que le ſecours du manequin (lorſqu'on en abuſe) l'eſt pour ceux qui veulent bien drapper : il faut donc que l'élève paſſe le plutôt qu'il lui ſera poſſible à l'étude de la nature, alors il recommencera à étudier, ſuivant l'ordre qu'il a déja ſuivi. Il deſſinera chaque partie ſur la nature même ; il la comparera avec les premiers deſſins de ſes maîtres, & même avec la boſſe, pour mieux ſentir la perfection que la nature offre à ſes yeux. Il mettra enſemble une tête : il la conſidérera ſous divers aſpects : l'imitera dans tous les ſens ; enſuite allant par dégrés, & ſe fixant à chaque partie, il parviendra enfin à deſſiner une figure entière. C'eſt alors que les réflexions ſur l'anatomie lui deviennent encore plus néceſſaires il eſt tems de comparer la charpente avec l'édifice ; de voir l'a-

auprès de l'autre les os, & l'apparence extérieure de ces os, les muſcles à découvert, & les effets de ces muſcles, tels qu'ils paroiſſent ſur le modèle, en le mettant dans différentes attitudes. Ces images rapprochées, comparées, reſteront à jamais dans la mémoire, & feront une baſe ſolide ſur laquelle s'appuiera la ſcience du deſſin.

Lorſque l'artiſte eſt parvenu à bien deſſiner une figure nue, il pourra la drapper ; enſuite la joindre avec une autre, ce qui s'appelle *groupper;* mais il faut ſur-tout qu'il répète cet exercice longtems pour acquérir de la réputation, & long-tems encore pour ne la pas perdre après l'avoir acquiſe. C'eſt cet uſage de deſſiner continuellement la nature, qui donne & qui conſerve à un artiſte, ce goût de vérité qui touche & intéreſſe machinalement les ſpectateurs les moins inſtruits. Le nombre des parties du corps humain, & la variété que leur donnent les divers mouvemens, forment des combinaiſons trop étendues pour que l'imagination ou la mémoire puiſſent les conſerver & ſe les repréſenter toutes. Quand cela ſeroit poſſible, les autres parties de la peinture y apporteroient de nouveaux obſtacles. Comme les parties de cet art ſont moitié théoriques & moitié pratiques, il faut que la réflexion & le raiſonnement ſervent principalement pour acquérir les premières, & que l'habitude réitérée aide à renouveller continuellement les autres.

On vient de regarder juſqu'ici le deſſin, comme ayant pour but d'imiter les contours & les formes du corps humain, parce que c'eſt en effet, dans l'art de peinture, ſon objet le plus noble, le plus difficile, & que celui qui le remplit ſe trouve avoir acquis une facilité extrême à imiter les autres objets ; cependant quelques-uns de ces autres objets demandent une attention ſingulière.

Les animaux veulent un ſoin particulier pour être deſſinés correctement, & avec la grace & le caractère qui eſt propre à chacun d'eux ; ce ſont des êtres animés ſujets à des paſſions, & capables de mouvemens variés à l'infini : leurs parties différenc des nôtres dans les formes, dans les jointures, dans les emmanchemens. Il eſt néceſſaire qu'un peintre faſſe, ſur-tout, des études d'après les animaux qui ſe trouvent plus liés avec les actions ordinaires des hommes, ou avec les ſujets qu'il a deſſein de traiter. Rien de plus ordinaire aux peintres d'hiſtoire que l'obligation de repréſenter des chevaux : on trouve cependant aſſez ſouvent à déſirer ſur ce point dans leurs plus beaux ouvrages. Il eſt à ſouhaiter que les jeunes artiſtes apprennent à en connoître bien l'anatomie ; alors des réflexions ſur les mouvemens des parties qui les compoſent, leur fourniront aſſez de lumières pour ne pas bleſſer la vraiſemblance, & pour ne pas donner lieu de déourner, par une critique légère, l'attention qu'on doit au ſujet qu'ils traitent.

Le payſage eſt encore une partie eſſentielle de l'art de deſſiner. La liberté que donnent les formes indéterminées, pourroit faire croire que l'étude de la nature ſeroit moins néceſſaire pour cette partie; cependant il eſt ſi facile de diſtinguer dans un deſſin & dans un tableau un ſit pris ſur la nature de celui qui eſt compoſé d'imagination, qu'on ne peut douter du dégré de perfection qu'ajoute cette vérité qui ſe fait ſi bien ſentir; d'ailleurs, quelqu'imagination qu'ait un artiſte, il eſt difficile qu'il ne ſe répète, s'il n'a recours à la nature, cette ſource inépuiſable de variétés.

Les diaperies, les fleurs, les fruits, tout enfin doit être deſſiné, autant qu'on le peut, d'après la nature.

On ſe ſert de différens moyens pour deſſiner qui ſont tous bons, quand ils rempliſſent l'objet qu'on s'eſt propoſé. On deſſine avec la ſanguine, avec la pierre noire, avec la mine de plomb, avec la plume & l'encre de la Chine. On ſe ſert pour ombrer du pinceau & de l'eſtompe: on fait ainſi des deſſins plus ou moins rendus, plus ou moins agréables, ſur les fonds qu'on croit plus propres à ſon objet. Les paſtels, même de différentes couleurs, ſervent à indiquer les tons qu'on a remarqués dans la nature. *Cet article eſt de* M. Watelet, *receveur général des finances, & honoraire de l'Académie Royale de peinture.* Encycl. Voyez l'origine du deſſin, dans l'*Origine des Loix, des Arts & des Sciences*, in-12 tom. I. 1758. *Liv. II. ch. V. p.* 338. *& Tom. II. liv. II. ch. V. p.* 417.

Deſſins pour faire ornemens, ou ſur fleurs naturelles, comme ſur des roſes, des giroflées ou autres fleurs. Prenez du ſel ammoniac & le broyez avec du vinaigre & un peu de ſucre-candi, & le gardez en un petit vaiſſeau de terre, puis prenez la fleur que vous voudrez enjoliver, & attachez-en les feuilles artiſtement l'une ſur l'autre avec un peu de cire rouge afin qu'elles ſoient plates; enſuite, avec un pinceau que vous tremperez dans la liqueur ſuſdite, faites deſſus telles armes, cœur enflammé, chiffres, ou autres choſes à votre volonté, & laiſſez ſécher cela environ une ou deux heures, après quoi poſez deſſus de l'or ou de l'argent en feuilles, le preſſant légèrement avec du coton; ce qui ne ſera point attaché s'en ira, & l'ouvrage reſtera net & beau ſur la fleur, dont vous ôterez adroitement la cire rouge que vous y aurez miſe. *Encycl.*

Deſſin, terme de gazier, ce ſont les figures dont l'ouvrier enrichit ſon étoffe, & qu'il copie d'après le peintre.

Quand on travaille des gazes brochées, il faut, avant que d'a-

voir lancé le premier coup de navette, que le deſſin ſoit repré-
ſenté ſur les fils de la chaîne, non pas à la vérite avec des couleurs, mais avec une quantité prodigieuſe de petites ficelles qui,
pouvant lever les fils de la chaîne à meſure qu'on en a beſoin, indiquent au fabricant quelle eſpèce de ſoie il doit y mettre avec
l'eſpoulin. Cette manière de préparer l'ouvrage, s'appelle *lire*
un deſſin ou *lire la figure* : voici comment cela ſe pratique.

On prépare un papier beaucoup plus large que l'étoffe qu'on
veut monter, & d'une longueur proportionnée à ce qu'or y veut
deſſiner. On le diviſe, dans ſa longueur, en autant de lignes noires qu'il doit y avoir de fils à la chaîne, & on le traverſe enſuite
dans ſa largeur par d'autres lignes qui forment avec les premières de petits quarrés à angles égaux. Ce papier ainſi diſpoſé, le
deſſinateur deſſine ſes figures, & y emploie les couleurs convenables; & quand le deſſin eſt achevé, un ouvrier le lit tandis
qu'un autre le met ſur le ſimblot ou ſemple.

Lire le deſſin, c'eſt nommer à celui qui monte le métier le
nombre de lignes noires, c'eſt-à-dire, de fils compris dans l'eſpace qu'il lit, en expliquant ſi c'eſt de fonds ou de la figure.

Mettre ſur le ſimblot ou ſemple ce qui a été lu, ceſt attacher
à chaque ficelle qui répond aux liſſes, de petits cordons qui doivent lever les fils qu'on a nommés; ce qui ſe continue juſqu'à
ce que le deſſin ſoit entiérement lu.

Comme chaque pièce d'étoffe eſt compoſée de pluſieurs ré-
pétitions du même deſſin; lorſque tout le deſſin eſt tiré, le tireur, pour recommencer, pour ainſi dire, à deſſiner de nouveau le deſſin ſur la chaîne, n'a qu'à remonter au haut du ſimblot les ficelles à nœuds coulans qu'il avoit fait deſcendre en-bas;
ce qu'il doit faire autant de fois qu'il eſt néceſſaire juſqu'à ce que
la pièce ſoit entiérement fabriquée.

Après que le deſſin eſt lu, & le métier tout-à-fait remonté,
il ne faut pas un habile ouvrier pour le tirer; une femme, un
enfant ſuffit : car il ne s'agit plus que de tirer, les unes après
les autres, les ficelles du ſimblot à meſure qu'elles ſe préſentent,
& que le tiſſeur le commande. *Encycl.*

Deſſin. Les *tiſſutiers-rubaniers* ont auſſi un deſſin, pour monter leur métier, mais bien plus ſimple que celui des ouvriers de
la grande navette. Ce deſſin, de même que l'autre, eſt tracé
ſur un papier où pluſieurs lignes, qui ſe coupent à angles égaux,
repréſentent les fils de la chaîne & de la trame; mais au lieu des
divers traits qui font les façons dans le premier, celui-ci n'a que
des points noirs que l'on place dans quelques-uns des petits
quarrés que forme la ſection des lignes, ſelon les figures que l'ouvrier veut donner à ſon tiſſu.

Ces points noirs qui, en termes du métier, s'appellent des *pris*, marquent les fils de la chaîne qui doivent se lever; & les espaces qui restent blancs, qui se nomment des *laissés*, désignent les fils qui restent dans leur première situation. C'est au milieu de ces fils, pris ou laissés, que passe la navette pour faire la figure.

Quand l'ouvrier veut monter son métier, un compagnon lui nomme son dessin; c'est-à-dire, lui dit combien il y a de pris, & combien de laissés, afin qu'il attache aux hautes-lisses, qui doivent lever les fils de la chaîne qui sont pris, de petits bouts de ficelles à nœuds coulans, pour les tirer quand il est nécessaire, dans le courant de l'ouvrage; n'en mettant point aux laissés qui doivent rester dans leur situation naturelle. Le reste se fait comme pour le dessin des ouvriers de la grande navette. Voyez *ci-dessus*.

DEVIDER, (*Ruban.*) c'est l'action de mettre les soies, fils, filoselles & autres, sur les rochets en bobines, qui étoient auparavant en bottes. La botte contient plusieurs pantines, la pantine plusieurs écheveaux; c'est d'un de ces écheveaux qu'il est question pour le devidage. On prend un écheveau, &, après avoir passé les deux mains dedans pour le secouer à plusieurs reprises, ce qui sert à le décatir, c'est-à-dire, à détacher les brins d'ensemble que souvent l'humidité fait attacher; après ce décatissage, l'écheveau est mis sur les tournettes où étant, s'il se trouve trop gros, & que la soie soit extrêmement fine, il aura beaucoup de peine à souffrir le tour de la tournette: il faut en ce cas le diviser, autant qu'il est possible, en plusieurs petites écagnes, ce qui se fait en cette manière. Après avoir dénoué ou cassé la centaine, on prend une portion ou petite quantité de cet écheveau, & à force de chercher, on parvient à cette division, en essayant à plusieurs reprises ce partage avec les doigts de la main droite, pendant que la gauche fait mouvoir ou tourner lentement la tournette, tantôt d'un côté, tantôt de l'autre; par ce moyen, on parvient à se faire jour en écartant ce qui s'y oppose, rejettant sur une partie & reprenant une autre, selon qu'on le juge à propos, & tâchant de ne casser de ces brins que le moins qu'il est possible: car plus il y a de ces brins cassés, plus il est à craindre que la confusion ne s'y mette, ce qu'il est très-nécessaire d'éviter. Cette opération faite, & les écagnes ainsi séparées, il en reste une sur les tournettes; les autres, après avoir été nouées séparément & avec soin, sont mises dans un linge blanc pour attendre leur tour. Cette précaution est nécessaire, tant pour empêcher que l'air agissant sur les couleurs tendres n'en altère l'éclat, que parceque ce même

air rend les foies (toujours dans la fuppofition d'une même
fineffe) bien plus caffantes. Pour les foies rondelettes, on peut
prendre moins de précaution ; quand on juge que l'écheveau
fouffrira le tour des tournettes, la divifion dont on vient de
parler n'eft pas néceffaire ; c'eft toujours autant de tems gagné,
car cette divifion ne laiffe pas d'en prendre confidérablement :
il eft vrai que cette perte eft bien réparée par la facilité avec
laquelle on vient à bout de devider ces petites parties ; car
moins une tournette eft chargée, plus facilement tourne-t-elle :
fi l'écheveau eft donc refté entier, on en trouve les bouts au
moyen de la centaine où ils font attachés : après avoir fait choix
de l'un d'eux, & l'avoir fixé, au moyen de plufieurs tours, à
l'entour du rochet ou bobine, on le devide, & en voici la manière. On a une broche de fer quarrée, menue, longue de quatorze, quinze ou feize pouces, très-menue par les bouts, &
qui va en s'élargiffant imperceptiblement jufqu'au milieu où elle
a environ trois lignes fur chaque face. Il y en a qui fe fervent
de broches rondes, d'autres qui fe fervent de broches tournées
en fpirale, feulement à l'endroit de la main : ceux-ci prétendent
avoir plus de facilité à tourner cette broche par le fecours de
cette fpirale ; chacun a fa méthode particulière : cette broche,
telle qu'elle foit, eft mife dans le trou du rochet où environ
un tiers de la longueur de la broche doit demeurer fixé, les
deux autres tiers fervant pour la faire tourner. Si le trou du rochet ou bobine fe trouvoit trop grand, on le rempliroit d'autant de papier qu'il en feroit befoin, ou l'on prendroit une broche plus groffe. Il s'agit à préfent de démontrer la façon de la
faire agir ; c'eft avec la main droite : mais il y a différentes pofitions de cette main. Lorfqu'on devide à la main (ce que l'on
eft fouvent obligé de faire quand les foies font très-fines ou l'é-
cheveau embrouillé), la pofition eft différente de celle où l'on fe
fert du canon : en devidant à la main, les quatre doigts font
pliés de manière que l'intérieur de la main forme une cavité arrondie dans toute la longueur de la paume ; l'auriculaire & l'an-
nulaire touchent, par l'extrémité, à cette éminence qui eft au
bas du pouce, appellée *mufcle thénar ;* le doigt mitoyen forme
une portion de cercle le plus étendu, & l'index de cette même main eft prefque tout étendu : cette pofition formant à peu-
près un cone renverfé, la broche eft mife dans ce cone, & l'extrémité porte vers l'angle poftérieur & externe de la paume ;
& lorfqu'il s'agit de la faire tourner, cette action lui eft communiquée par un mouvement demi-circulaire que forme le poignet du dedans en dehors ; la broche, par ce moyen, roule
fur le doigt mitoyen & l'index, à l'extrémité defquels étant ar-

rivée, elle est rechassée par le même mouvement du poignet vers l'articulation de la première phalange du doigt index, pour continuer toujours de même à tourner du dehors en dedans, lorsqu'on se sert de l'instrument appellé *canon à devider*. Ce canon, qui est passé dans la ceinture de la devideuse, sert à la soulager, puisque son bras droit peut être appuyé le long de son côté ; le bout inférieur de la broche est mis dans le trou du canon, & pour lors la main droite est plus ouverte, & les doigts plus étendus que dans le devidage à la main : la main cependant formant toujours un demi—cercle, le mouvement est communiqué à la broche par celui des quatre doigts qui renvoie la broche contre l'articulation de la première phalange du doigt index, d'où elle descend, en roulant, le long de ces quatre doigts, à l'extrémité desquels étant parvenue, elle est de nouveau rechassée au lieu d'où elle vient, & toujours de même de quelque manière que l'on devide : le bout de soie qui s'enroule sur le rochet doit être tenu ferme entre les doigts de la main gauche, pour le conduire uniquement sur le rochet, sans souffrir que le devidage soit lâche ou mou ; ce qui étant, lorsqu'on emploieroit la soie de dessus ce rochet, le bout de soie étant violemment tiré, se logeroit dans la quantité molle des tours qui sont sous lui, & pourroit tout mêler ; au lieu qu'étant devidée ferme, ce bout ne trouvant point de place sous lui, est obligé de se dérouler tout naturellement. Il faut encore éviter que le rochet ne soit tortu ou en bosse, d'où il arriveroit que lorsque la soie du bas de la butte seroit employée, celle qui forme l'éminence seroit en danger d'ébouler & de tout gâter. Il faut aussi prendre garde à ne devider qu'un seul bout à la fois, ou, s'il n'importoit pas qu'elle fût double, avoir grand soin de faire un nœud où ce double commence, & un autre où il finit ; il arrive, par l'omission de ces nœuds, sur-tout de celui où finit le double, que l'un de ces deux bouts déroulant par le tirage, l'autre s'enroulant sur le rochet, fait casser celui que l'on emploie, ou empêche que le bon bout ne puisse aller & venir au besoin le long de ce rochet. Cette soie ainsi enroulée sur le rochet, se nomme *chapeau*, qu'il faut ôter si-tôt que l'on s'en apperçoit, ce que l'on fait en soulevant ce chapeau au moyen d'un bon bout : ce soulevement fait hausser la partie du chapeau que le bon bout tire à lui ; on introduit une épingle dans l'espace ainsi détaché du reste, & l'on casse toute la soie qui formoit ce chapeau. On voit qu'il faut de grandes précautions pour éviter tous ces divers inconvéniens, & que dans cette opération, comme généralement dans toutes celles de ce métier, on n'en sçauroit trop prendre ; la perte du tems, la perte de la matière toujours très-chère, doivent engager les différens ouvriers, qui travaillent, à ménager le bien du maitre qui les emploie, comme le leur propre. Lorsque la foie est assez grosse & ailée, ou que c'est du fil que l'on devide, on se sert du rouet; ce qui avance bien plus vite, & devide plus serré *Encycl.*

DEVIDOIR ou *Rouet à dévider la foie.* Cette machine est composée d'une table de bois de trois pieds de long sur deux pieds environ de large, à la hauteur d'environ trois pieds : aux quatre coins de la table, sur son plat, se trouvent debout quatre bâtons ronds, portant chacun un guindre tournant sur son pivot. Sur le devant de la table est une rainure large d'environ un pouce & demi dans toute la longueur de la table, qui sert à recevoir un bois quarré taillé exprès d'entrée dans cette rainure : ce bois est percé de plusieurs trous à la distance d'un pouce chacun ; on met dans ces trous des bois pointus servant à porter des crochets de verre tournés : à un bout de ce bois est une poulie sur laquelle est une ficelle qui aboutit à un crochet qui est derrière la grande roue, & qui, par le-tour de la roue, fait aller & venir ce bois dans la chanée au moyen d'un contre-poids qui est attaché à l'autre bout. Il y a de plus, du même côté sur le devant de la table, deux morceaux de bois attachés fermes, dans chacun desquels est incrusté un morceau de nerf de bœuf percé qui sert à recevoir, à chaque bout, une broche de fer à laquelle sont enfilés quatre roquets : à côté de la table se trouve une grande roue avec une manivelle dans le milieu; que l'on fait tourner par le moyen d'une lisière, qui est attaché à une marche de bois que l'on fait remuer avec le bout du pied sous la table.

On distribue sur chaque guindre, un écheveau de foie, & on en passe les bouts chacun séparément dans les crochets de verre ; chaque bout est ensuite distribué par la manœuvre de la grande roue sur les roquets, en observant de changer de trou les crochets de verre, pour que le roquet se garnisse également *Encycl.*

DIAMANT, *adamas*, (*Hist. nat. Minéral.*) De toutes les matières dont les hommes sont convenus de faire la représentation du luxe & de l'opulence, le diamant est la plus précieuse : les métaux les plus purs, l'or & l'argent, ne sont que des corps bruts en comparaison du diamant. Il réunit les plus belles couleurs de l'hyacinthe, de la topafe, de l'émeraude, du saphir, de l'amétiste, du rubis &c., & il surpasse toutes ces pierres par son éclat. Non-seulement il est plus brillant que toute autre matière minérale, mais il est aussi plus dur. Sa dureté & sa pesanleur fpécifiques font font vrai caractère diftinctif pour les Naturaliftes. Sa dureté & fa tranfparence font la caufe du poli vif dont il eft fufceptible, & des reflets éclatans dont il frappe les yeux. Le diamant poffède toutes ces qualités à un degré fi éminent que dans tous les fiècles, & chez toutes les nations policées, il a été regardé comme la plus belle des productions de la nature dans le règne minéral : auffi a-t-il toujours été le figne le plus en valeur dans le commerce, & l'ornement le plus riche dans la fociété.

Il y a très-peu de mines de diamans. Il femble que la nature foit avare d'une matière fi parfaite & fi belle. Jufqu'à ce fiècle on ne connoiffoit des mines de diamant que dans les Indes Orientales ; mais on en a trouvé depuis en Amérique, dans le Bréfil : cette découverte donne lieu d'efpérer que dans la fuite on en pourra trouver encore d'autres.

Toutes les mines de diamant connues en Afie, font dans les royaumes de Vifapour, de Golconde, de Bengale, fur les bords du Gange, dans l'ifle de Borneo. On dit qu'il y en a auffi dans le royaume de Pégu.

La mine de Raolconda eft dans la province de Carnativa, à cinq journées de Golconde, & à huit ou neuf de Vifapour. Dans ce lieu, la terre eft fabloneufe, pleine de rochers, & couverte de taillis. Les roches font féparées par des veines de terre d'un demi-doigt, & quelquefois d'un doigt de largeur ; & c'eft dans cette terre qu'on trouve des diamans. Les mineurs tirent la terre avec des fers crochus ; enfuite on la lave dans des vaiffeaux convenables pour en féparer les diamans. On répète cette opération deux ou trois fois jufqu'à ce qu'on foit affuré qu'il n'en refte plus.

Les mineurs font abfolument nuds, à la réferve d'un très-petit linge qui les couvre par devant. Outre cette précaution des diamantaires, ils ont encore des infpecteurs, pour empêcher qu'on ne leur cache quelque pierre, ce qui, malgré leur attention & leurs foins, ne laiffe pas quelquefois d'arriver. Ces mineurs, quand ils ne font pas bien obfervés, en avalent fouvent d'une groffeur raifonnable.

On pèfe les diamans à cette mine par mangelins, le mangelin pefant un carat 3 quarts de carat, c'eft-à-dire 7 grains. Le payement s'en fait en pagodes neuves, qui tantôt valent trois roupies, & tantôt trois roupies & demie.

Depuis que le Mogol a fait la conquête du royaume de Vifapour, les mines de diamans lui appartiennent. On payoit autrefois au Roi de Golconde une pagode d'or pour avoir le droit d'y fouiller pendant une heure, foit qu'il fe trouvât des diamans, foit qu'il ne s'en trouvât point; préfentement le Mogol les afferme, à l'exception d'une feule qu'il s'eft réfervée, qui eft affez abondante ; mais comme il y fait travailler plus de 6000 ouvriers, les fraix emportent la plus grande partie du profit, outre que, malgré toutes les précautions qu'on prend, ces travailleurs ne manquent pas d'adreſſe pour détourner les plus belles pierres qu'ils vendent enſuite aux étrangers.

Les Marchands qui achetent ces pierres, font des banians de Cuzarate qui, depuis quelques générations, ont quitté leur pays pour faire ce trafic, & qui y ont ſi bien réuſſi, qu'ils s'en ſont entiérement emparés : ces gens font la correſpondance avec leur compatriotes de Surate, de Goa, de Golconde, de Viſapour, d'Agra, de Dillée & d'autres cantons de l'Inde, & leur revendent ces diamans. A Golconde, toutes les pierrres au deſſous du poids d'une pagode, c'eſt-à-dire, de 9 carats, font pour le propriétaire ; mais tous ceux de ce poids & au deſſus font pour le Roi.

Lorſque ceux qui travaillent aux mines ont trouvé une groſſe pierre, ils la cachent avec ſoin juſqu'à ce qu'ils trouvent la commodité de ſe retirer avec leurs femmes & leurs enfans dans le royaume de Viſapour, où ils font en ſureté & fort bien traités ; auſſi les mines y font-elles plus peuplées & mieux exploitées que celles de Golconde. Quoique toutes les pierres qui paſſent une certaine peſanteur doivent appartenir au Roi ; cependant quand on eſt arrivé dans la métropole de ces deux royaumes, c. a. d. à Golconde & à Viſapour, il n'y a plus de recherches à craindre. & toutes les pierres font d'un commerce libre. *Jour. Écon.* Août 1756. p. 188.

La mine, qui eſt à 7 journées de Golconde, fut découvert, il y a environ 120 ans par un pauvre homme qui, travaillant à la terre, trouva une pointe naïve de 25 carats.

C'eſt où s'eſt trouvée cette fameuſe pierre d'Aureng-zeb, empereur du Mogol, qui avant d'être taillée, peſoit 907 ratis, qui font 793 carats, & 5 8es de carat.

Les Pierres n'y font pas nettes, & leur eau y tient ordinairement de la qualité du terroir où elles ſe trouvent ; noire, s'il eſt marécageaux ; rougeâtre s'il tire ſur le rouge ; & quelquefois verte, ou jaune, s'il eſt jaune, ou verd. Un autre défaut encore aſſez conſidérable, eſt une eſpèce de graiſſe, qui paroît ſur le diamant, quand il eſt taillé, & qui en ôte une partie de l'éclat.

Les mines de diamans font près des montagnes qui s'étendent depuis le Cap Comorin juſque dans le royaume de Bengale : il y a ſur ces montagnes, dit l'auteur, un peuple appellé *Hundus*, gouverné par de pétits ſouverains qui portent le nom de *raſacs* ; ce peuple ne travaille qu'à un petit nombre de mines, & avec précaution, dans la crainte d'attirer les noirs qui ſe font déja emparés de la plaine. Les rois de Golconde & de Viſapour ne fon

travailler

travailler que certaines mines particulières, pour ne pas rendre les diamans trop communs, & encore se réservent-ils les plus gros; c'est pourquoi il y a en Europe très-peu de diamans d'un grand volume.

Il y avoit du tems de tavernier en 1677, vingt-trois mines ouvertes dans le royaume de Golconde.

La mine de Muddemurg surpasse les autres pour la beauté des diamans : quoiqu'il s'en trouve quelques-uns qui aient des veines, on les reconnoît à peine, tant leur figure & leur eau sont belles. La plupart ne pèsent pas plus de 24 ou de 28 grains, cependant il y en a aussi de gros. La terre est rougeâtre. Cette mine est aisée à exploiter; ses veines sont peu profondes & fort abondantes; mais le pays est très-mal sain, sur-tout pour les étrangers, parce-qu'il est couvert de bois, & que les eaux y sont mauvaises; c'est pourquoi elle est peu fréquentée.

La mine de Melwillée fut découverte en 1670 : la terre en est rouge, & s'attache à la croûte du diamant : ils sont en grand nombre & d'une belle figure, & pèsent jusqu'à 60 grains; il y en a même de plus gros : la plupart ont l'écorce épaisse & matte; leur eau est jaunâtre, & a peu de vivacité; ils paroissent blancs au sortir de la mine, mais ils deviennent jaunes sur la meule; d'ailleurs on les croit moins durs que ceux des autres mines; aussi sont-ils moins recherchés & à moindre prix.

On ne doute pas que les mines du royaume de Visapour ne renferment des diamans aussi gros & aussi beaux que ceux du royaume de Golconde; mais la politique du Roi de Visapour est de ne permettre l'exploitation que des mines où il ne se trouve que de petits diamans : il y a moins de fraix à faire, & moins de risques à courir dans ces mines que dans celles de Golconde; mais aussi il y a moins à gagner. Il y avoit du tems de tavernier quinze mines ouvertes dans le royaume de Visapour.

Dans toutes les mines, tant du royaume de Golconde que de celui de Visapour, les diamans sont cachés dans la terre, de façon qu'on en apperçoit rarement en la creusant; il faut la tenir à la main. Dans la mine de Melwillée ils sont encroûtés de sable, & on ne peut les distinguer des graviers qu'après les avoir frottés contre une pierre. Pour l'ordinaire, on lave la terre de la mine; ce lavage finit à dix heures, afin de pouvoir faire la recherche des diamans qui restent dans le gravier au fond du puits, dans le milieu du jour, à la plus grande lumière du soleil : on étend ce gravier sur un terrein bien uni; & lorsqu'il est sec, les ouvriers les plus expérimentés sont employés pour en retirer les diamans. *Transact. philos. ann.* 1678.

Il y a dans le royaume de Bengale, une rivière appellée *gouel* où on trouve des diamans : elle fort des montagnes qui font du côté du midi, & va perdre fon nom dans le Gange. Quoique la mine de diamans foit dans cette rivière, on ne lui a cependant pas donné le nom de *gouel*; on l'appelle *mine de foumelpour*, qui eft le nom d'un gros bourg fitué affez près de l'endroit de la rivière où l'on trouve les diamans. Cette mine a été découverte avant toutes les autres.

On n'y peut travailler que fur la fin de Janvier & au commencement de Février, lorfque les grandes pluies, qui tombent ordinairement au mois de Décembre & auparavant, font écoulées, & lorfque les eaux de la rivière font éclaircies. Alors les ouvriers qui habitent tous dans le bourg de Soumelpour & quelques villages voifins, remontent la rivière jufqu'aux montagnes d'où elle fort, au nombre d'environ huit mille, de tout fexe & de tout âge. Les eaux font affez baffes pour qu'on puiffe diftinguer le fable au fond du lit de la riviere, & en reconnoître la qualité. Les ouvriers les plus expérimentés prétendent que les endroits les plus abondans en diamans font ceux où l'on voit de ces pierres que nous appellons *pierres de tonnerre* ou *de foudre*; c'eft une marcaffite, & quelquefois une échinite. Lorfque les ouvriers ont choifi les endroits où ils veulent travailler, ils en détournent l'eau, en faifant une digue avec de la terre, des fafcines & des pierres : enfuite ils tirent le fable jufqu'à deux pieds de profondeur, & ils le portent fur le bord de la rivière dans un lieu entouré de murs : alors ils arrofent ce fable pour le laver, ils le vannent, & enfin ils cherchent les diamans, comme on le fait dans la mine de Coulour.

A cette mine de Soumelpour, on pèfe les diamans par ratis; le ratis n'étant que de 7 8mes. de carat, c'eft-à-dire de 3 grains & demi; les payemens fe font en pagodes neuves.

On ne connoît prefque que le nom d'une rivière de l'ifle de Borneo, où on trouve des diamans : elle eft appellée *Succadan*; on fçait feulement que les endroits de cette rivière où eft la mine de diamans, font plus avancés dans les terres que Sambas & Succadana, qui font les lieux où les habitans du pays apportent les diamans pour les vendre. Ces habitans font féroces & cruels; les Portugais n'ont jamais pû établir un commerce ftable & affuré avec eux : d'ailleurs les fouverains du pays ne veulent pas laiffer fortir les diamans de chez eux; ceux que l'on en tire font vendus en fraude par les ouvriers qui les volent dans la mine malgré toute la vigilance des furveillans. *Tavernier, voy. des Indes liv. II, ch. xvij.*

On a découvert une mine de diamans dans les montagnes du royaume de Siam, mais elle attira fi peu l'attention du miniftère, qu'on ne daigna pas même accorder une récompenfe à ceux qui l'avoient découverte, felon l'*Hifloire des Indiens*. Tom. III. 1756. pag. 211.

On a trouvé au Bréfil, dans ce fiècle, des diamans & d'autres pierres précieufes, comme des rubis, des topafes, des péridots &c. Ces pierres du Bréfil font belles; on les vend affez cher; mais on craint qu'elles ne baiffent de prix, parce que la mine eft fort abonbante.

C'eft de là qu'on tire à préfent la plus grande partie des diamans. Dans la province de *Serro do Frio*, dans le même gouvernement où font les mines d'or, & proche la capitale, il y a un endroit appellé par les habitans *Cay de Merin*, & une petite rivière nommée *do milho verde*, au fond de laquelle on avoit depuis long-temps trouvé de l'or parmi le fable. En ramaffant cette poudre d'or ou rencontroit fouvent des petites pierres qu'on avoit coutume de jetter comme n'étant d'aucune valeur, lorfqu'en 1728 les habitans les reconnurent pour être de vrais & bons diamans. Tout le monde accourut pour en chercher, & bien-tôt après, on découvrit les mines précieufes. On établit en 1734 une compagnie pour les exploiter, & en même tems, pour empêcher que le prix des diamans ne diminuât trop, il fut défendu aux particuliers d'en chercher davantage. On régla qu'il ne feroit employé dans ces mines que cinq ou fix cent efclaves au plus (1), & que l'on n'en tireroit ou vendroit qu'autant de diamans qu'il conviendroit de répandre dans le public à la fois, pour ne point courir le rifque d'en faire tomber le prix. Il fut ordonné à tous les particuliers qui poffédoient de ces diamans de les porter à la monnoie pour en recevoir la valeur, felon l'eftimation, foit en actions de la compagnie, ou argent comptant; & en cas de défobéiffance leurs diamans étoient déclarés fujets à être confifqués. Le Roi de Portugal, comme fouverain du pays, fe réferva le dixième du produit de ces mines.

Malgré des réglemens auffi fages, la flotte de Rio de Janeiro apporta dans cette même année en Europe 1146 onces de diamans de différentes fortes, & dans le nombre, il y en avoit un pefant 115 carats & demi. Une abondance auffi grande d'une marchandife fi précieufe occafionna un nouveau réglement,

_____

(1) On dit 800, dans le *Voyage d'Anfon*, Liv. I. Chap. V. & pour qu'aucun des autres fujets de la couronne de Portugal n'empiétât fur l'octroi de la compagnie, S. M. a dépeuplé une grande ville & un grand diftrict tout alentour, & a obligé les habitans, au nombre de plus de 6000, à aller s'établir dans une partie du pays; car cette ville étant dans le voifinage des diamans, il n'y auroit jamais eu moyen d'empêcher un peuple fi nombreux de chercher des diamans & d'en faire un commerce de contrebande,

& il fut défendu, fous peine de la vie, de chercher des diamans fans l'ordre exprès du Roi.

Ce qui eft étonnant, c'eft l'énormité d'un des diamans fortis de ces mines, & dépofé dans les tréfors du Roi de Portugal. Il pèfe 1680 carats, ou 12 onces & demie, & eft évalué à 224 millions de livres Sterlings. *Journal économ.* Juillet, 1751. p. 141, où on voit la figure de la grandeur & de la forme de ce diamant.

Cette mine eft la plus riche mine de diamans qui foit au monde, mais le Roi qui en eft le maître, & qui a accordé de nouveau en 1740 la ferme de cette mine à la compagnie de Rio de Janeiro pour 13800 Cruzades, y a mis des bornes convenables, par les précautions dont on a parlé ci-deffus.

Le diamant, au fortir de la mine, eft revêtu d'une croûte obfcure & groffière, qui laiffe à peine appercevoir quelque tranfparence dans l'intérieur de la pierre; de forte que les meilleurs connoiffeurs ne peuvent pas juger de fa valeur : ainfi encroûté, on l'appelle *diamant brut.* Dans cet état, il a naturellement une figure déterminée comme le cryftal de Spath. Mais cette figure n'eft pas la même dans tous les diamans, & nous avons peu de defcriptions fatisfaifantes fur ce fujet. M. Wallerius, dans fa *Minéralogie*, tom. I. p. 211 à 233, diftingue quatre efpèces de diamans, qu'il caractérife par la figure. 1°. Le diamant octahèdre en pointe : fa figure ne diffère de celle du cryftal exhagone, qu'en ce qu'il eft terminé en pointe à huit côtés. Les diamans des Indes & de l'Arabie font de cette efpèce ; lorfque la pointe n'en eft pas bien formée, les jouaillers font dans l'ufage de la retrancher & d'en faire de fort belles tablettes. 2°. Les diamans plats : ceux-ci ne font pas terminés en pointe ; au contraire, ils font abfolument plats ; il y en a de différentes figures & de différentes épaiffeurs. C'eft avec des diamans plats que les jouaillers font des diamans-rofes, des pendeloques &c., en leur donnant d'autres figures femblables. 3°. Le diamant cubique : il paroît être compofé de plufieurs cubes ; il s'en trouve qui font fphériques, quoiqu'on y diftingue des cubes brillans. Les diamans de Malacca font de cette efpèce ; les jouaillers s'en fervent pour faire de très-belles tablettes quarrées. La quatrième efpèce ne mérite en aucune façon, le nom de diamant, parceque ce n'eft que du cryftal ; de même que les pierres qui paffent fous le nom de *diamans d'Alençon*, de *diamans de Canada* &c. ne font que de faux diamans.

En Europe, les jouaillers examinent au jour l'eau des pierres brutes, les pointes qui y peuvent être, & leur netteté. Aux Indes, c'eft pendant la nuit qu'on fait ces obfervations : les diamantaires faifant dans un mur un trou d'un pied en quarré, où ils mettent une lampe avec une grosse mèche, à la clarté de laquelle ils jugent de la pierre qu'ils tiennent entre leurs doigts. L'eau qu'on nomme *céleste* est la pire de toutes, & se découvre difficilement dans un diamant brut : cependant le secret infaillible pour en juger, est de l'examiner à l'ombre de quelque arbre touffu.

On appelle *diamant foible*, celui qui n'est pas épais ; *diamant gendarmeux*, celui qui n'est pas net ; *diamant brillant*, celui qui est taillé en facettes dessus & dessous, & dont la table, ou principale facette du dessus est plate ; *diamant en rose*, celui qui est tout plat dessous, & taillé dessus en diverses petites faces ordinairement triangulaires, dont les dernières d'en haut se terminent en une pointe ; *diamant en table*, celui qui a une grande facette quarrée pardessus, & quatre biseaux qui l'environnent. Quand les diamans en table ont de l'épaisseur, ils sont, pour l'ordinaire, taillés dessous comme dessus ; & lorsqu'ils sont minces & foibles, le dessous en est plat sans biseaux.

L'expérience a convaincu que rien ne peut amollir la dureté de cette pierre précieuse : mais aussi sa dureté n'est pas telle qu'on n'en casse sur l'enclume, & sous le marteau, autant qu'on en voudroit essayer.

La première opération de la taille du diamant, est celle par laquelle on le décroûte ; mais cette matière est si dure, que l'on n'en connoît aucune autre qui puisse la diviser par le frottement, c'est-à-dire, en terme d'art, qui puisse mordre dessus ; en effet, lorsqu'on frotte un diamant avec la meilleure lime, on use la lime, tandis que le diamant reste dans son entier ; la poussière du grès, du caillou, du crystal, &c. est réduite sous le diamant en poudre impalpable, sans y laisser la moindre impression : il a donc fallu opposer le diamant au diamant même pour le travailler. On les frotte les uns contre les autres pour les user, c'est ce qu'on appelle *égriser les diamans*. On les mastique chacun au bout d'un petit bâton en forme de manche, que l'on peut aisément tenir à la main pour les frotter avec plus de facilité ; par ce moyen, les diamans mordent l'un sur l'autre, & il s'en détache une poussière que l'on reçoit dans une petite boîte nommée *égrisoir* ; cette poussière sert ensuite à les tailler & à les polir. Pour leur donner le poli, il faut suivre le fil de la pierre, sans cette précaution on n'y réussiroit pas, au contraire le diamant s'échaufferoit sans prendre aucun poli, comme il arrive dans ceux qui n'ont pas le fil dirigé uniformément : on les appelle *diamans de nature* : les diamantaires les comparent à des nœuds de bois, dont les fibres sont pelotonnées de façon qu'elles se croisent en différens sens.

La taille du diamant ne doit fon origine qu'à un coup du hafard. Louis de Berquen, de Bruges, eft le premier qui l'ait mife en pratique, il y a près de 300 ans (en 1476). A l'aide de certaines roues de fer qu'il inventa, il parvint, par le moyen de la poudre de diamant, à polir parfaitement les diamans, & à les tailler de la manière qu'il jugeoit à propos. Voyez *l'Origine des Loix, des Arts & des Sciences*, in-12 1758, tom. II, liv. II, chap. II, art. III, pag. 215.

Lorfque le diamant eft décroûté, on peut juger de fa tranfparence & de fa netteté. Dans le commerce on entend par *eau*, la tranfparence du diamant. Un diamant d'une eau sèche & d'une eau cryftalline, eft un diamant d'une belle tranfparence. Les défauts qui fe trouvent dans la netteté des diamans, font les couleurs fales & noirâtres, les glaces, les points rouges ou noirs, les filandres, les veines. On a exprimé les défauts par différens noms, comme *tables, dragoneaux, jardinages &c.* ; en général, ils ne viennent que de deux caufes ; fçavoir, des matières étrangères qui font incruftées dans le diamant, de-là les points, les filandres, les veines &c. ; la feconde caufe eft le vuide qui eft dans les fèlures qui arrivent au diamant lorfqu'on le tire de la mine, parceque les mineurs caffent les rochers à coup de maffe, le coup retombant fur les diamans qui touchent par hafard au morceau de roche, les étonne, c'eft-à-dire, les fèle. Les deux principales qualités du diamant font la tranfparence & la netteté ; mais il y en a une troifième, qui n'eft pas moins effentielle à la beauté de la pierre, & qui dépend naturellement des deux premières, mais qui a befoin du fecours de l'art pour être perfectionnée ; c'eft l'éclat & la vivacité des reflets.

Un diamant d'une eau pure & nette doit avoir des reflets vifs & éclatans, fi la pierre eft taillée dans de juftes proportions. Il y a différentes façons de tailler le diamant & les autres pierres précieufes (*a*). La taille qui produit le plus grand effet, eft la taille en brillant : pour l'exécuter, on forme 33 faces de différentes figures, & inclinées fous différens angles, fur le deffus de la pierre, c'eft-à-dire, fur la partie qui eft hors de l'œuvre : on fait 25 autres faces fur la partie qui eft dans l'œuvre, auffi de différentes figures & inclinées différemment, de forte que les faces du deffus correfpondent à celles du deffous dans des proportions affez juftes pour multiplier les réflexions, & pour donner en même tems quelque apparence de

(*a*) La defcription de cet art & du moulin dont on fe fert, fe peuvent voir dans l'ouvrage de M. Phélibien le père, où il traite de l'architecture, peinture & fculpture, & des arts qui en dépendent.

réfraction à certains afpects ; c'eft par cette méchanique que l'on donne des reflets au diamant, & des rayons de feu qui font une apparence de réfraction dans laquelle on voit en petit les couleurs du fpectre folaire , c'eft-à-dire du rouge , du jaune, du bleu, du pourpre &c. Peut-être y auroit-il moyen, par des expériences réitérées, de perfectionner la taille des brillans ; mais, pour cela , il faudroit avoir des pierres d'une très-grande étendue , & rifquer de les gâter ; car on eft toujours obligé de faire un grand nombre de tentatives avant que d'arriver au but que l'on s'eft propofé.

Le brillonet ou demi-brillant peut réfulter d'une pierre foible , dont la table , de quarrée qu'elle étoit, a été réduite à huit pans, & les faces coupées en facettes. Cette pierre n'ayant pas de deffous, a été nommée pour cette raifon *demi-brillant*. Les brillans fouffrent, à proportion de leur étendue & de leur configuration, diverfes formes , dont les plus recherchées font la ronde , l'ovale , la poire & la pendeloque. Ces deux dernières façons s'appellent à l'*indienne*, parceque les pendans d'oreille font fort ufités chez les Indiens. Plus il y a de facettes triangulaires fur la pendeloque de diamant , plus le jeu en eft vif. Elle eft percée par le bout fupérieur , pour y inférer un fil d'acier qui fert à la fufpendre. En cet état elle renvoie la lumière de tous les côtés. Les petites parcelles de diamans qui fervent à faire des entourages , c'eft-à-dire, à entourer des diamans plus gros & plus précieux, s'appellent des *carats* , parce qu'ils n'excèdent guère le poids d'un carat. Ce paragraphe eft extrait du *Dict. du Citoyen* , in-8°. 1761.

Quelquefois au lieu de fcier le diamant, on le clive, fur-tout quand il y a de grandes glaces. Cliver une pierre, c'eft la fendre. Les Européens n'ofent guère le rifquer, crainte de la brifer ; les diamantaires Indiens le font hardiment & heureufement.

La couleur du diamant varie à l'infini : on en trouve de toutes les couleurs & de toutes les nuances de couleur. Je ne fçais cependant pas , quoiqu'en difent nos jouailliers, fi on a jamais vu des diamans d'un auffi beau rouge , d'un auffi beau pourpre que le rubis, d'un auffi bel orangé que l'hyacinthe, d'un auffi beau verd que l'éméraude, d'un auffi beau bleu que le faphir &c. Le diamant verd , lorfque la couleur eft d'une bonne teinte, eft le plus rare ; il eft auffi le plus cher (a). Le diamant couleur de rofe & le bleu font très-eftimés , même le jaune. Les diamans roux ou noirâtres ne font que trop communs ; ces couleurs paffent pour un

(a) On en voit un dans le cabinet d'hiftoire naturelle à Drefde.

détaut qui en diminue beaucoup le prix ; en effet, elles offufquent la pierre.

On pèfe le diamant au carat. Le carat eft de 4 grains, un peu moins forts que ceux du poids de marc, & chacun de ces grains fe divife en demies, en quarts, en huitièmes, en feizièmes &c.

Les plus beaux diamans que l'on connoiffe font celui du Grand-Mogol, du poids de 279 & 9 16mes de carats. Tavernier l'a eftimé 11723278 livres 14 fols 9 den. On y remarque un feul défaut, c'eft une petite glace qui fe trouve fur fon tranchant d'en bas.

Le diamant du grand duc de Tofcane, qui pèfe 139 carats; Tavernier l'a eftimé 2608335 livres. Il eft d'une eau fort nette, & taillé à facettes de tous les côtés, mais fa couleur tire un peu fur le citron.

Le grand fancy qui fait partie des diamans de la couronne, qui pèfe 106 carats; on croit que c'eft par corruption de la prononciation du nombre cent fix qu'on l'a appellé *fancy*; d'autres prétendent que c'eft parcequ'il a appartenu autrefois à quelqu'un de la maifon de Harlay de Sancy. Suivant le *Dictionnaire du Cit.* il ne pèfe que 56 carats & demi, & n'a coûté que 600000 livres; fon eau eft parfaite, fa figure eft oblongue, & fa forme, une double rofe.

Le pitt que M. le duc d'Orléans acquit pour le Roi pendant fa régence, pèfe 547 grains parfaits; il coûta 2500000 livres : c'étoit le nom d'un gentilhomme Anglois, de qui on acheta cette belle pierre. Il eft de forme quarrée taillé en brillant; & fes angles font émouffés de 4 lignes & demie, de forte qu'il furpaffe tout ce qu'il y a de plus parfait en ce genre. Auffi eft-il eftimé beaucoup plus qu'il n'a coûté. Voyez *Pierres Précieufes.* Encycl.

Celui du Roi de Portugal eft le plus confidérable de tous. Voy. *ci-deffus*, p. 340.

Les diamans d'une beauté, d'une groffeur, ou d'un prix extraordinaires, fe nomment *Parangons.* Ainfi l'on dit : un *Diamant Parangon*; pour dire un diamant excellent, qui n'a pas fon pareil.

Voyez à l'article des *Pierres précieufes* les prix des diamans bruts & en rofes. Nous ajouterons ici, en faveur de ceux qui fe mêlent du commerce de diamans, les *difficultés fur l'eftimation des pierres précieufes, propofées* par M. Jeffries, dans le *Journal Économ.* Juillet, 1754. p. 134 à 139.

La proportion que la nature affecte dans fes productions, doit être celle de leur valeur. Cette règle fert de fondement à une manière d'eftimer la valeur des pierreries que Tavernier avoit depuis long-tems propofée, & que M. Jeffries travaille à renouveller. Rien de plus fimple que fon principe, ni au premier coup d'œil de plus fatisfaifant que fa conclufion. C'eft fuivant les quar-

rés des poids que les diamans doivent être évalués ; une pierre de
deux carats vaut quatre fois celle d'un carat, & cette dernière ne
vaut que la dix-millième partie d'un diamant de cent carats. Le
prix moyen du carat peut être fixé à deux livres sterlings ou à
deux louis ; si la pierre est plus ou moins parfaite, il faudra hausser ou baisser ce prix, & s'en servir dans l'évaluation qu'on veut
faire. Comme la taille des brillans fait perdre aux pierres environ
la moitié de leur poids, leur prix est celui des diamans bruts d'un
poids double. Le brillant d'un carat vaut huit louis, en supposant
que le diamant non taillé du même poids & de la même qualité
en vaille deux; celui de dix carats vaut 800 louis, & celui de quinze 1800, ainsi de suite.

Cette règle me paroit sujette à diverses difficultés, que je propose en forme de doutes.

1°. La suite qui exprime le nombre des diamans de divers poids
suit-elle la règle qu'on nous donne pour les évaluer ? Y-a-t-il,
par exemple, quatre fois plus de pierres d'un carat qu'il n'y en a
de celles de deux ; neuf fois plus que de celles de trois ; dix milles fois plus que de celles de cent ? On sçait simplement qu'il y a
plus de petits diamans que de gros ; mais tant qu'on ignore la vé-
véritable échelle de la nature, la loi du quarré ne sera-t-elle pas
aussi arbitraire que celle du cube ou de quelque autre puissan-
ce des poids.

2°. pour que la suite en question eut une loix constante, ne de-
vroit-elle pas s'étendre régulièrement à l'infini ? S'il y a un terme que les diamans ne passent point ; si à mesure qu'ils en apro-
chent, ils deviennent beaucoup plus rares qu'ils ne devroient
être pour répondre à la loi du quarré ou à quelqu'autre loi que
ce soit, les règles applicables aux diamans médiocres le seront-
elles à ce diamant unique du Grand-Mogol qui pèse 279 carats 9
16es. à celui du grand duc de Toscane qui en pèse 139 & demi,
& à celui de Pitt, qui est de 136 & un quart ? Tavernier & mon
Auteur le prétendent ; qu'ils me permettent d'en douter.

3°. La difficulté de trouver des acheteurs, ne doit-elle pas diminuer la valeur des diamans extrêmement gros ? comme ils ne peuvent être acquis que par un petit nombre de Princes ou par quelques particuliers aussi riches qu'eux, le débit ne sçauroit en être
ni aussi prompt ni aussi sûr que celui des diamans médiocres. Ne
fut-ce pas cette raison qui empêcha Tavernier d'acheter le diamant
de 242 carats 5 16mes qu'on lui offrit à un prix beaucoup plus mo-
dique, que celui qu'il eut dû avoir suivant sa proportion ? D'ailleurs, si le nombre des gros diamans augmente peu-à-peu, ne
perdront-ils pas de leur valeur, en perdant de leur singularité ?

4°. Ne seroit-il pas aussi essentiel que curieux, de déterminer la proportion annuelle de l'or & de l'argent aux diamans & aux autres pierres précieuses? si les diamans multiplioient sans que les moyens de les acquérir augmentassent également , conserve-roient-ils leur valeur ? si le Bréfil n'en fourniffoit plus , ceux des Indes ne deviendroient-ils pas beaucoup plus chers ?

5°. L'Auteur remarque lui-même que des goûts ou des ufages particuliers , font ou tomber ou renchérir des pierres d'un certain ordre. Où en fommes-nous, fi tous les ans c'eft au caprice à mo-difier la règle ?

6°. Tous les défauts d'un gros diamant peuvent-ils être fenfi-bles dans un petit ? Vous m'offrez une pierre de 50 carats, qui n'a d'autres défauts qu'une petite glace ; comment, pour l'eftimer, trouverai-je le diamant d'un carat qui lui répond ?

7°. Enfin des diamans bruts perdent-ils également à être tail-lés ? Vous convenez que non ; vous m'apprenez que la forme de certaines pierres approche naturellement de celle que l'art leur donne. Ne feroit-il pas injufte & infenfé d'exiger le même prix du diamant , qui perd la moitié de fon poids à être brillanté , que de celui qui n'en perd que le tiers ?

Comme ce n'eft point l'envie de critiquer , mais fimplement le défir d'acquérir de nouvelles lumières , qui m'a fuggéré les ré-flexions qu'on vient de voir , je conviendrai que , malgré ce ce qu'elles peuvent avoir de folide , il vaut peut-être mieux avoir une règle équivoque que de n'en avoir aucune. Si M. Jeffries penfe que ces règles font généralement établies , ou que fon li-vre fuffira pour les introduire, il n'importera pas beaucoup qu'el-les foient entièrement fondées fur la raifon. Dans tous les fujets qui dépendent de la fantaifie , c'eft à une convention reconnue qu'il fuffit d'en appeller.

Les détails dans lefquels M. Jeffries s'engage fur la manière de tailler les brillans font fort inftructifs pour les ouvriers. Les figu-res dont ils font accompagnés , ne font pas moins utiles à ceux qui poffèdent des pierreries , & qui veulent fçavoir fi l'art ne pour-roit pas leur donner un nouveau prix. On y voit la repréfenta-tion de 55 brillans depuis le poids d'un carat jufqu'à celui de cent, & l'on apprend ainfi qu'elle doit être , pour chacun, la proportion de fa furface à fon poids.

Cette difcuffion eft importante. On croit ne rien rifquer en jugeant d'un diamant fur fon eau & fur fon poids. Mais l'effet des pierreries , eft la véritable mefure de leur valeur. Si un brillant eft trop épais ; fi fes facettes ne font pas affez inclinées ; fi fon contour eft trop maffif , il aura moins d'éclat qu'il ne devroit avoir , & le feul moyen de lui en donner , fera de retrancher ce qu'il avoit de trop , & qui pouvoit aller au quart & même au tiers de ſon poids. Ce quart ou ce tiers doit donc être ôté de la peſanteur actuelle du brillant, avant que d'en déterminer la valeur, & il faut même faire une autre diminution pour les fraix de la réduction. Un brillant de ſix carats vaudroit, par exemple, 288 livres ; mais il eſt trop épais ; il lui manque du feu ; ſon contour eſt ſimplement égal à celui d'un brillant de quatre carats, qui ne vaut que 128 liv. Je dois donc retrancher de cette ſomme ce qui m'en coutera pour le transformer en un brillant de ce prix.

Le ſecret que M. Jeffries vient de communiquer au public, & qui, dit-il, lui a été juſqu'ici ſoigneuſement caché, mérite, ſans doute, ſa reconnoiſſance, & préviendra des fraudes, peut-être, trop ordinaires. Le dirai-je cependant ? j'ai encore ici quelques ſcrupules. L'exemple qu'allègue notre Auteur ne regarde que des brillans médiocres. Prenons-en de plus gros. Suppoſons qu'un brillant de 60 carats n'ait que la ſurface d'un brillant de 40, au lieu de valoir 28800 livres, ne devra-t-il pas même être évalué à 12800 livres ? J'ai de la peine à le croire. L'art de cliver & même de ſcier les diamans, eſt connu ; ainſi les 20 carats qu'on retranchera du brillant, mériteront d'entrer en ligne de compte, & devront même être différemment eſtimés, ſuivant les endroits où ſe trouvera l'excès. Une lame entière de ce poids, vaudra plus que diverſes rognures détachées ; mais le moins qu'elles vaudront, ſuffira pour dédommager des fraix. J'ajoute que, ſi l'excès de l'épaiſſeur eſt ſi nuiſible, celui de la longueur ne paroît pas devoir l'être également. Le brillant, qui auroit la forme d'un quarré-long, ſeroit moins eſtimé qu'un quarré parfait, de la meſure de ſon plus grand côté ; mais devroit l'être plus que le quarré de la meſure du plus petit. C'eſt-à-dire que s'il n'avoit point d'autres défauts, il devroit être eſtimé par ſon poids.

M. Elliot a donné un mémoire dans les *Tranſactions Philoſ. de la Société Royale de Londres*, Ann. 1745 ſur la gravité ſpécifique des diamans, dont le climat, la groſſeur & la transparence différoient. Ces différences n'en produiſent pas ſur la gravité, une d'un 146 me. La gravité ſpécifique des diamans du Breſil, eſt à celle des diamans de l'Orient comme 3513 eſt à 3517. Voyez auſſi Wodward, *diſtributions des foſſiles*, p. 328.

Suivant le *Dictionnaire du Citoyen*, les diamans du Breſil ne paſſent pas pour avoir la même dureté que ceux des Indes Orientales, par conſéquent ils ne peuvent recevoir le même poli ; ainſi le prix des diamans du Breſil baiſſe, dit-il, de jour en jour, & cela doit être, étant une marchandiſe qui ſe répand ſans ſe conſommer.

On appelle *diamans de Baſſu* d'aſſez belles pierres qui ſe trouvent dans les montagnes du voifinage de Baffa , gros bourg ou petite ville de l'ifle de Chypre : elles font affez eftimées , & peuvent aifément paffer pour de véritables diamans, quoique les connoiffeurs y trouvent quelque différence.

Il y a quelques mines à l'occident de Baffa où on trouve des pierres tranfparentes , qui reffemblent affez à celles qu'on rencontre dans les montagnes, à l'oueft & au nord de l'Ecoffe , mais elles ne font pas à beaucoup près fi bonnes. Les lieux où on les trouve , font appellés *mines de diamans*. Depuis quelque tems , un gouverneur trompé par ce nom , a dépenfé beaucoup d'argent pour les faire exploiter ; mais il n'a eu que fon travail de refte pour fes peines. Il a cependant affermé ces mines à des chrétiens , & fes fucceffeurs en ont toujours exigé la rente avec la plus grande rigueur, fuivant le voyage d'Alexandre Drumond , Conful Anglois à Alep, en Chypre & en Syrie, en 1744 , dans les *Voyageurs Modernes* , Tom. IV. 1760 , p. 32.

L'art, qui imite la nature en tant de chofes, a voulu auffi imiter cette admirable production, mais il ne l'a fait qu'imparfaitement ; les faux diamans, qu'on appelle en France *diamans du temple*, à caufe du temple de Paris , où s'en eft fait la meilleure fabrique , n'approchent nullement des véritables : auffi ne font-ils de prefque aucun prix. Il s'en fait pourtant un affez grand négoce pour les habits de mafque , & particuliérement pour ceux des acteurs des opéra , tragédies , & comédies.

Les diamans d'Alençon font encore une autre forte de faux diamans : ils fe font de pierres, ou de cryftaux, qui fe trouvent près d'Alençon, ville de Normandie. Le village où ils croiffent, & qui eft à deux lieues de cette ville, fe nomme Hertré ; le terroir eft plein de fable luifant, & de roches dures & grifes. Il y a de ces diamans fi nets, & fi brillans , que quelques-uns s'y font trouvés trompés.

Il fe rencontre auffi fur les côtes de Médoc , certains cailloux durs & tranfparens, lefquels étant taillés comme il faut , ne laiffent pas de fe diftinguer parmi les diamans faux, s'en trouvant de très-durs , & de très-brillans.

Diamant dont fe fert le peintre en émail ; ce n'eft qu'un petit éclat de diamant bien pointu, que l'on fait fortir au bout d'un petit bâton avec une virole de cuivre ou d'argent.

Les émailleurs fe fervent du diamant pour crever les petits œillets qui fe forment fur l'émail en fe parfondant. *Encycl.*

Diamant. On fe fert du diamant fin dans les manufactures des glaces , pour les équarrir ; & chez les vitriers pour couper leur verre.

Ces diamans font néanmoins montés diverfement , & ont différensnoms,

Le diamant pour les glaces, qui fert auffi au verre de Lorraine, fe nomme *diamant à rabot* : celui des vitriers s'appelle *diamant à queue*. L'un & l'autre font enchaffés dans une virole de fer de deux pouces de longueur, & de 2 ou 3 lignes de diamètre. De l'étain fondu remplit le creux de la virole, & y affermit le diamant. Quand au bout de cette virole, il y a un manche de buis, ou d'ébéne, environ de fix pouces de long, on l'appelle *diamant à queue* ; s'il n'y a point de manche, & que la virole traverfe un morceau de buis, en forme de petit rabot, doublé par deffous d'une plaque de cuivre, il prend le nom de *diamant à rabot*. On fe fert de tous les deux, en les appuyant fur la glace, ou fur le verre, le long d'une régle de fer, ou de bois. Voyez *Glace*.

On ne fe fervoit autrefois que d'émeril ; & comme il ne pouvoit pas couper les plats ou tables de verre épais, on y employoit une verge de fer rouge. *Encycl.*

DIAMANTAIRE. C'eft un lapidaire, ou ouvrier, qui taille les diamans, qui s'y connoît, & qui en fait trafic.

Les diamantaires Indiens font fort adroits à cacher les défauts de leurs diamans ; & les Européens, qui vont aux mines, doivent être toujours fur leur garde avec eux. S'il y a quelque glace, quelques points, ou quelque petit fable noir ou rouge, ils couvrent toute la pierre de petites facettes, ils la font brûler, pour faire noircir les points qui font rouges, ces derniers la rendant plus défectueufe ; & ont encore mille autre inventions pour tromper les étrangers.

Pour ce qui eft du poids, on n'y peut être trompé, à moins qu'on ne les achète en cachette ; les princes dans les états defquels font les mines de diamans, y ayant établi des officiers à leurs gages, qui les pèfent avec grande fidélité.

Ce commerce caché, dans lequel on peut être furpris au poids par le vendeur, eft défendu fous de grandes peines, ne fe faifant que de pierres, qu'on a cachées aux commis du prince, ou que les mineurs ont eu l'adreffe de mettre à part, fans être apperçus. Mais le profit eft fi confidérable, que les Européens font ce commerce de contrebande autant qu'il leur eft poffible ; les Indiens de leur part fe fiant plus au fecret des étrangers, qu'à celui de leurs propres compatriotes.

DICTAME ou DICTAMNE, plante médicinale. C'eft, felon M. de Tournefort, une efpèce d'origan, qui a les feuilles rondes & couvertes d'un velu blanc.

On trouve fous ce nom, dans les boutiques, des feuilles arrondies, de la longueur d'un pouce, tirant fur le verd, couvertes de duvet & d'un poil épais, soutenues souvent sur de petites tiges, du sommet desquelles pendent des espèces d'épis formés de feuilles en manière d'écaille, de couleur de pourpre, d'une odeur pénétrante & agréable, d'un goût âcre, aromatique, brûlant. On les apporte de l'isle de Crête, où cette plante vient d'elle-même parmi les fentes des rochers. Il faut choisir celles qui sont récentes, bien nourries, entières, qui ne sont point moisies, également velues, d'un goût brûlant, & qui sont odorantes.

Il n'est pas bien sûr qu'il s'en trouve encore présentement en Candie ; voici néanmoins la description que les auteurs ont faite du dictame ou dictamne de Crête.

Cette plante a quantité de tiges entassées, & couvertes d'un coton fort blanc & touffu ; ses feuilles, qui sont aussi cotonneuses, sont rondes & épaisses ; ses fleurs, qui ne paroissent qu'au sommet des tiges, sont purpurines, & semblables aux violettes, mais d'un violet plus clair ; sa semence se trouve dans le calice de la fleur, quand elle est passée.

Le dictame des modernes, qu'on nomme *dictame blanc* ou *fraxinelle*, à cause de ses feuilles semblables à celles du frêne, appellé en latin *fraxinus*, n'est guère moins estimé, ni moins précieux que celui des anciens. Il se trouve dans les forêts de Provence & de Languedoc. Sa racine, dans laquelle réside toute sa vertu, n'est guère plus grosse que le doigt ; quelquefois elle est branchue, & divisée en quantité de petits rameaux ; sa couleur est blanche ; son goût amer ; son odeur forte, & sentant le bouquin ; elle pousse des tiges de deux pieds de haut, rougeâtres, & chargées de feuilles, comme on l'a dit, semblables à celles du frêne ; au haut des tiges s'élève la fleur, en manière d'épi, de couleur approchant d'un gris de lin, mêlé de pourpre ; au milieu de ces fleurs est placé un pistille chargé de cinq petites têtes, où se trouve la semence, qui est noire, luisante, ovale & pointue par un bout.

La racine de ce dictame est estimée fort excellente contre la morsure des bêtes vénimeuses, contre les vers qui s'engendrent dans le corps humain, contre la colique &c. Il faut choisir cette racine blanche dedans & dehors, sans fibres, & bien mondée.

L'écorce de cette racine, dont on fait principalement usage, est un peu épaisse, blanche, roulée comme la canelle, d'un goût un peu amer, avec une légère âcreté ; d'une odeur agréable, & forte, lorsqu'elle est récente.

Le P. Labat dit que cette plante, de même qu'une infinité d'autres médicinales, croît en abondance & en perfection dans la Calabre.

Suivant les Encyclopédistes, la fraxinelle & le dictamne blanc font la même plante, & les racines du dictame de Crête ne font d'aucun usage.

Il y a encore plusieurs sortes de dictames, mais moins estimés, & de peu d'usage; comme le dictame bâtard, qui a la feuille plus petite; le dictame sauvage, qui ne porte ni fleurs, ni fruits; & un autre dont les feuilles font semblables au *sisymbrium*, & les fleurs à l'origan.

Dictame de Virginie. Voyez *Serpentaire de Virginie.*

DIMITE. C'est une des deux espèces de toile de coton, qui se fabriquent dans l'isle de Siphanto ou Sophanti, une des isles de l'Archipel : elle est croisée & d'un très-bon usage. C'est vraisemblablement la même que *Demite.*

On fabrique ces étoffes à Ménémen & Scio; mais celles de Ménémen ont le plus grand débit, quoique celles de Scio soient infiniment plus belles. Celles de Ménémen coûtent environ une piastre la pièce de 20 endayés de long, & 3 quart de large.

L'endayé est une mesure plus courte que le pic de 3 100mes. Toutes les étoffes de coton se vendent à l'endayé. Voyez *Remarques sur diverses branches de commerce*, in-8vo. 1758. *pag.* 215.

Les dimites de Chypre valoient à Marseille, en 1757. L. 4 à 5 la pièce, celles d'Alexandrie, L. 2. 10.

DINANDERIE, marchandise de cuivre ouvré, qu'on appelle plus communément *chauderonnerie*, parcequ'elle consiste en chaudières, chauderons & autres semblables ustensiles qui se fabriquent par les chauderonniers.

Cette marchandise a pris son nom de dinanderie, de dinant, ville du pays de Liège, qui s'est rendue riche & fameuse par la grande quantité de chauderonnerie qui s'y manufacture, & dont il se fait des envois considérables dans presque tous les endroits de l'Europe. Il en vient beaucoup à Paris.

DISTILLATEUR ; celui qui distille, qui travaille à cette partie de la Chymie qui, par le moyen du feu poussé à certain dégrés, sépare & tire des mixtes, les eaux, les esprits, les essences & les extraits.

Les médecins & les apothicaires ne peuvent se passer de la plupart des opérations chymiques, qui se font par la distillation; & beaucoup d'artisans ont besoin, pour leurs ouvrages, des huiles, des eaux fortes, & de diverses autres drogues qui se distillent par l'alembic.

La distillation, si utile pour la santé & pour le commerce,

peut-être néanmoins, très-contraire à l'un & à l'autre, par le mauvais usage qu'il est aisé d'en faire ; & si c'est elle qui fournit d'excellens remèdes pour la conservation de la vie, & des drogues pour beaucoup de manufactures, c'est elle pareillement qui sert à préparer les poisons qui tuent, & les eaux régales qui altèrent les monnoies qui sont comme la base de tout le négoce.

Pour prévenir les mauvaises suites d'une opération d'ailleurs si nécessaire, les Ordonnances des Rois, les Arrêts des Cours des monnoies, & les Réglemens des officiers de police, y ont diversement pourvu, sur-tout pour la ville de Paris, où il n'est permis à qui que ce soit, d'avoir chez lui des fourneaux, des alembics, des cornues, des récipiens & autres vases & instrumens propres à cette partie de la Chymie, qu'il n'en ait obtenu des lettres du Roi, ou des permissions des magistrats, ou enfin qu'il ne soit reçu maitre dans la communauté des distillateurs, qui y est établie.

On trouvera la théorie de la distillation dans l'*Encycl.*

Les végétaux sont détruits ou décomposés par la fermentation; alors ils donnent une liqueur qui, par la distillation, fournit de l'esprit ardent; mais pour cela, il ne faut prendre que le suc récemment tiré des végétaux; car quand les végétaux ou les plantes sont séches, il faut y joindre de l'eau commune. Voyez *Introd. à la minéralog. par* Henckel, *ch. I. Sect. III. p.* 13.

DOCIMASIE, & plus exactement, quoique contre l'usage, DOCIMASTIQUE, (*Chym. & Métallurg.*) La docimasie est cette branche de la Chymie qui comprend l'art de faire des essais, ou d'évaluer par les produits du travail en petit, c'est-à-dire, d'un procédé exécuté sur une petite quantité de matière, les produits & les avantages du travail en grand ; c'est-à-dire, du même procédé exécuté sur une grande quantité de matières semblables. C'est-là la définition la plus générale qu'on puisse donner de la docimasie. Cet art considéré dans cette étendue comprendroit tous les essais qu'on pourroit faire dans les différens travaux de la Halothecnie, de la Zimothecnie &c.; mais on ne donne pas communément au mot *docimasie* un sens si général. En le prenant donc dans son acception la plus ordinaire, nous la définirons l'art d'examiner par des opérations chymiques une matière minérale composée quelconque, afin de connoître exactement l'espèce & la proportion des différentes substances dont elle est composée, & de déterminer les moyens les plus avantageux de les séparer.

» Cette partie de la Chymie est d'une nécessité indispensable » dans le travail des mines & dans les fonderies, si l'on veut
» les

» les exploiter avec avantage ; car c'est par l'essai du minéral
» qu'on a tiré de terre, qu'on sçait quels sont les métaux & les
» matières hétérogènes qu'il contient, combien, par exemple,
» un cent pesant de ce minéral peut donner au juste de métal,
» & s'il convient de faire des dépenses pour l'exploitation d'une
» pareille mine & pour la construction d'une fonderie, & de tous
» les autres bâtimens qui en dépendent.

» La docimasie indique aussi si l'on opère bien ou mal dans
» une fonderie, & fait connoître si la fonte des mines en grand
» rend tout ce qu'elle doit produire. Souvent il ne se trouve pas
» pour un seul métal dans une mine ; l'or, l'argent, le cuivre,
» le plomb, y sont quelquefois confondus. C'est donc en l'exa-
» minant par des essais, qu'on sçait la quantité de chacun ; & par
» cet examen préliminaire, on s'assure de ce qu'on doit faire
» dans le travail en grand, pour les séparer les uns des autres
» sans déchet.

» Outre l'examen des mines par les essais de la docimasie,
» il est question souvent de séparer l'un d'avec l'autre, les mé-
» taux qu'on en a tirés par ces essais ; & quelquefois pour faire
» exactement cette sparation, il faut les unir avec d'autres. Or
» ces mélanges ne peuvent se faire sans un essai préliminaire.

» Les essais sont pareillement la base du travail des monnoies :
» sans eux elles ne seroient presque jamais au titre prescrit par
» le souverain. L'affinage des matières d'or & d'argent, & le
» départ ou la séparation de ces deux métaux, sont aussi du res-
» sort de la docimasie ; car sans un essai qui précède l'affinage,
» on ne peut sçavoir combien l'argent a de cuivre dans son allia-
» ge, ni par conséquent combien il faudra mettre de plomb sur
» la coupelle pour détruire ou scorifier cet alliage. C'est aussi
» par l'essai qu'on juge s'il y a assez d'argent joint à l'or dans
» le mélange de ces deux métaux, pour que l'eau-forte puisse
» en faire la séparation «. M. Hellot sur Schlutter.

Les objets particuliers sur lesquels la docimasie s'exerce, sont
les mines proprement dites, les substances métalliques mêlées
entr'elles ou à quelques matières étrangères, telles que le soufre, les pyrites, les pierres ou terres alumineuses, nitreuses, &c.

Les principales opérations que la docimasie emploie, sont le
lavage, le grillage, la scorification, l'affinage par la coupelle,
la fusion, & la préparation des régules ou des culots métalliques, la liquation, la réduction, l'amalgamation, le départ par
la voie sèche, la distillation, la sublimation, la solution par les
menstrues humides qui comprend l'inquart, & les différens départs par la voie humide.

Les instrumens pour exécuter toutes ces différentes opérations, font tous indiqués dans l'*Encyclopédie* & dans le grand *Dictionnaire de Commerce.*

Il ne fuffit pas à l'effayeur d'être en état d'exécuter les opérations que nous avons défignées plus haut, & dont il fera traité dans quelques articles particuliers; il ne fuffit pas même qu'il fçache former un procédé régulier de l'exécution fucceffive d'un certain nombre de ces opérations, procédé dont on trouvera un exemple au mot *effai*; il faut encore qu'il foit au fait d'un certain calcul, au moyen duquel il détermine la proportion dans laquelle étoient entr'eux, les différens principes qu'il a féparés, & le rapport de ces produits avec ceux du travail en grand. Ce calcul a été heureufement rendu très-fimple, au moyen de l'ufage des poids fictifs, repréfentans, ou idéaux, divifés dans des parties proportionnelles aux parties des poids réels, qui font en ufage dans chaque pays. Un petit poids quelconque étant pris, par exemple, pour repréfenter le quintal de 100 liv. qui eft le plus communément en ufage parmi nous, on divifera ce poids fictif par livres, onces, gros &c., & comme il n'eft jamais queftion dans la réponfe du docimafifte de déterminer des quantités abfolues mais toujours des quantités relatives, qu'on ne lui demande jamais combien d'argent, par exemple, contient un morceau de mine qu'on lui préfente, mais combien une pareille mine contient d'argent par quintal, le poids réel de fon quintal fictif lui eft abfolument inutile à connoître. Celui qui eft le plus en ufage en France pèfe pourtant ordinairement un gros réel.

Les petites portions du quintal fictif, telles que les gros, étant de très-petits poids réels, on conçoit combien il importe à l'exactitude de l'art que les poids & les balances de docimafie foient juftes.

Les feuls auteurs originaux de docimafie que reconnoiffe M. Cramer, excellent juge en cette partie, font le célèbre George Agricola qui le premier en a donné un traité méthodique dans le 7me. livre de fon ouvrage *De re metallicâ*, achevé avant l'année 1550; Lazare Ercker qui a fuivi Agricola de très-près dans un ouvrage écrit en Allemand, & intitulé *Aula fubterranea*, & Modeftin Fachs qui a auffi écrit en Allemand, & qui a peu ajouté aux connoiffances qu'il a puifées dans fes deux prédéceffeurs.

Stahl & Henckel nous ont donné les connoiffances les plus exactes & les plus philofophiques fur la nature des minéraux, & fur la théorie des changemens que l'art leur fait éprouver; le premier dans plufieurs de fes ouvrages, & fur-tout dans fa differtation intitulée, *Differtatio métallurgiæ pyrotechnicæ, & docimafiæ metallicæ fundamenta exhibens*, dont les derniers chapitres con-

tiennent un traité abrégé & scientifique de docimasie, & Henckel dans sa pyritologie, son *flora saturnisans* &c.

La bibliothèque du docimasiste doit être grossie aujourd'hui
des *Élémens de docimasie* de M. Cramer, & du *traité de la fonte des
mines de Schlutter*, augmenté de plusieurs procédés & observations, & publié par M. Hellot. *Encycl.*

DOMINO, sorte de papier, dont le trait, les dessins, & les
personnages sont imprimés avec des planches de bois grossiérement faites, puis les couleurs mises dessus avec le patron, comme on le pratique pour les cartes à jouer. Le domino se fabrique
particuliérement à Rouen & en d'autres villes de province. Il ne
peut servir qu'aux paysans, qui en achètent pour garnir le haut
de leurs cheminées. Tous les dominos sont sans goût, sans correction de dessins, encore plus mal enluminés, & patronnés de couleurs dures. *Article de* M. Papillon. *Encycl.*

La dominoterie consiste principalement dans la fabrique & le
négoce de ce papier qu'on appelle *papier marbré*, & dans l'impression en toutes sortes de couleurs simples de tout autrre papier.
Voyez *papier marbré*.

DONGRIS; toiles de coton qui viennent des Indes Orientales, par les vaisseaux de la compagnie de Hollande qui en ont
apporté 4480 pièces en 1740, & 1397 en 1739.

DORADE des Antilles; poisson excellent à manger, ainsi nommé par les Portugais, & qui fait les délices des vaisseaux des
compagnies d'Europe, qui traversent la Zone Torride. Son nom
vient de ce qu'il a des nuances dorées vers le dos & les côtés

Il ne faut pas confondre la dorade de l'Océan avec un autre
poisson de même nom, qu'on pêche dans la Méditerranée. Voy.
Dauphin.

DOREAS; mousseline ou toile de coton blanche qu'on
apporte des Indes Orientales, particuliérement de Bengale. Il y
en a des grosses, des fines, des rayées & à carreaux.

La longueur de la pièce est ordinairement de 16 aunes de France, sur 7 8mes. de large. Ce qui fait en Cobidos ou coudées,
suivant la mesure des Indiens, 40 de longueur, & 2 & 1 quart de
largeur, ou bien en aunes d'Amsterdam, 28 aunes de long &
une & demie de large, & 30 aunes de Dannemarc. La valeur est d'environ 16 à 20 florins la pièce des ordinaires, & 25 à
30 florins la pièce de celles qui sont à fleurs, ou à rayes. Ce
qu'on peut voir dans *Ricard, Neg. d'Amst.*

A préfent elles valent beaucoup plus, s'étant vendues en 1759 à la compagnie Afiatique de Coppenhague, 16 à 20 Ricksd. les ordinaires, & 25 à 40 Ricksd. les fines, & à Amfterdam 44 à à 60. fl. & à fleurs de 14 aunes, 30 à 38. fl. Voyez *Moufſeline*.

Les François l'écrivent ainfi ; mais les Hollandois écrivent *Dourias*, au fingulier, & *Douriaſſen*, au pluriel.

DOR-EMUL. Moufſeline à fleurs que les Anglois apportent des Indes Orientales ; elle porte 16 aunes de long fur 3 quarts de large.

DORER, c'eft en général couvrir d'or. On applique l'or fur les métaux, le bois le papier, & prefque fur toutes fortes de fubſtances âcres. On l'applique ou à colle ou à huile, ou avec des feuilles d'or, ou avec de l'or moulu, ou, enfin, en amalgamant ce métal avec le mercure, de manière qu'il s'ufe plutôt qu'il ne s'enlève.

On dore en or moulu & en or en feuilles. Pour dorer de la première façon la pièce cifelée, recuite, dérochée dans de l'eau feconde, pour en ôter toute la craffe, on l'avive ; enfuite on la fait fécher au feu ; on la gratte-boeffe ; on la fait revenir ; on la met en couleur, c'eft-à-dire, qu'on la frotte avec une broffe trempée dans une couleur préparée exprès ; on la fait fécher une feconde fois, & on la brunit.

Pour dorer de la feconde manière, il ne faut que gratter, polir & nettoyer fa pièce, & y appliquer l'or à chaud. L'on ne fe fert que de la fanguine pour brunir les pièces dorées d'or en feuilles. Voyez *Dorure. Encycl.*

Dorer, *en terme de tireur d'or*, c'eft appliquer plufieurs couches d'or en feuilles fur un lingot d'argent ; ce qui fe fait après avoir bruni l'argent à force de bras avec le bruniffoir. On applique enfuite l'or fur autant de couches qu'on le juge à propos ; on met le lingot ainfi chargé dans un grand feu, pour y attacher plus étroitement l'or ; on le foude avec la pierre fanguine, qui fe polit parfaitement, & l'incorpore fur l'argent on ne peut pas mieux. Si dans cette dernière opération, on trouve fur le lingot des gonfles, on les ouvre avec un couteau fait pour cela : on fait la même chofe à l'égard des moules. *Encycl.*

Dorer fur cuir, eft l'art d'appliquer l'or fur cette matière, & d'en fabriquer des tapifferies ; ce qui fe fait en les imprimant d'abord entre une planche de bois gravée en creux, comme les cachets ou les poinçons des médailles ; & une autre contre une planche enduite de ciment, auquel on a fait prendre la forme de la gravure, en l'imprimant deffus : enforte que la planche de ciment

rapporte en relief le deſſin de celle qui eſt gravée en creux, comme l'empreinte d'un cachet. On imprime la peau de cuir entre la
planche de bois gravée en creux, & entre celle de ciment qui eſt
en relief, ce qui lui fait prendre la même forme. On ſe ſert pour
imprimer, d'une preſſe ſemblable à celle des Imprimeurs en tail-
le-douce.

Après que les cuirs ſont imprimés, on dore ou argente les endroits qui doivent être dorés ou argentés, ſoit les fonds ou les reliefs, & on peint à l'huile ceux qui doivent être peints. Les couleurs doivent être à l'huile, auſſi-bien que les aſſiettes de l'or &
& de l'argent ; des couleurs en détrempe ne tenant point ſur le
cuir. Pour argenter, on prend les feuilles d'argent avec des pincettes d'ébène, à la tête deſquels eſt attaché un morceau de queue
de renard, dont on ſe ſert pour étouper, c'eſt-à-dire, pour preſ-
ſer les feuilles d'argent ſur l'aſſiette à laquelle elle doit s'attacher.
L'ouvrier liſſe la peau avec le bruniſſoir. Il pare le cuir ſur une
pierre à parer, ou à eſcarner. Les batteurs d'or tranſmettent les
feuilles d'argent ſix à ſix dans le livret. Il faut un couteau à dé-
tirer, c'eſt-à-dire à étendre les peaux ſur une table de pierre, &
une planche de bois gravée en creux pour imprimer les cuirs ; un
fer à ciſeler, c'eſt un poinçon dont la partie inférieure eſt gravée, & qu'on imprime ſur les cuirs dorés ou argentés. On frappe
ſur le poinçon avec le maillet qui eſt un morceau de bois quarré
& arrondi par un bout, qui ſert de poignée. *Encyclopédie.* Voyez
Cuir doré.

DORONIC ROMAIN, en latin *doronicum romanum*. Genre
de plante à fleurs radiées, dont le diſque eſt compoſé de pluſieurs
fleurons. La couronne eſt formée par des demi-fleurons qui tiennent tous à des embryons, & qui ſont entourés par un calice fait
en forme de baſſin découpé par les bords. Les embryons deviennent dans la ſuite des ſemences garnies d'aigrettes, & attachées
à la couche. Les fleurs paroiſſent avant les feuilles. Tournefort,
Inſt. rei herb.

Cette plante croît ſur les montagnes, en Suiſſe, proche de
Genève, en Allemagne, en Provence, en Languedoc, d'où on
nous apporte ſes racines ſèches & mondées de leurs fibres. Elles
doivent être choiſies groſſes comme de petites noiſettes, charnues, jaunâtres en dehors, blanches en dedans d'un goût douceâtre, & aſtringentes : elles contiennent beaucoup d'huile & de ſel
eſſentiel.

Elles ſont propres pour réſiſter au venin, pour fortifier le cerveau & le cœur, & pour chaſſer, par la tranſpiration, les humeurs peccantes.

Z 3

On dit que Gefner périt pour avoir pris le matin à jeun un peu de doronic. Matthiole prétend qu'il n'a rien de venimeux. *Chambres. Encycl.*

DORURE, (*Manuf. en foie*,) on appelle ainfi les matières or ou argent, propres à être employées dans les étoffes riches. Il y en a de plufieurs fortes. Il y a l'or lis de deux efpèces ; l'or frifé de deux efpèces, l'un très-fin, l'autre moins fin ; le clinquant ; la lame ; la canetille, & le forbec. Le clinquant eft une lame filée avec un frifé ; la lame eft le trait ou battu ou écaché fous le moulin du Lympier ; la canetille eft un trait filé fur une corde à boyau, qu'on tire enfuite ; le forbec eft une lame filé fur des foies de couleur. *Encycl.*

On fabrique à Lyon quantité d'étoffes en dorure ; le commerce en eft fort confidérable, de même qu'en galons d'or & d'argent. Les manufactures de Genève en galons ne le cèdent point à celles de Lyon.

La dorure eft un article qui pourroit devenir très-confidérable dans les Échelles du Levant, fi on s'attachoit aux moyens d'en augmenter la confommation. Mais il paroît qu'on n'a pas fait à cette branche de commerce, toute l'attention qu'elle mérite : fuite naturelle de la fixation des maifons dans les Échelles, & de l'induftrie refferrée.

La dorure va généralement à Smyrne à l'adreffe des réfidens François qui la reçoivent des négocians de Marfeille, leurs commettans, & ceux-ci l'achètent par fpéculation des fabricans de Lyon & de Paris. Les réfidens la vendent enfuite quelquefois aux boutiquiers leurs affociés, qui la débitent pour le compte des réfidens & le leur. Les réfidens qui n'ont aucun intérêt dans les boutiques, la vendent auffi quelquefois aux Arméniens, en troc de fil de chèvre, & d'autres marchandifes, & alors ils fe relâchent confidérablement fur le prix, par l'efpoir qu'ils ont de s'en dédommager par l'avantage qu'ils fe flattent de trouver fur les marchandifes de retour dont ils traitent. Ils font par-là un tort fenfible aux boutiquiers qui vendent en détail, parceque les Arméniens qui ont acheté des parties de dorures à bon marché, & qui d'ailleurs ont déja gagné fur la marchandife de retour dont ils ont fait troc, vendent à un prix plus modéré, & empêchent par-là les boutiquiers de débiter la leur. Il feroit facile de remédier à ces inconvéniens, fi nos négocians avoient la liberté indéfinie d'établir des maifons dans les Échelles, pour vendre, foit en gros, foit en détail. N'eft-il pas fenfible qu'un homme de Paris ou de Lyon, élevé dans le commerce de la dorure & des étoffes de foie, qui iroit s'établir en boutique à Smyrne, par exemple, & qui travailleroit pour son compte, pourroit faire ce que ne peut pas faire le résident qui, vendant le plus souvent pour le compte d'autrui, n'a pas le même intérêt à se donner la peine de bien vendre ? Ce marchand détailleur approfondiroit ce commerce, il étudieroit les goûts, rechercheroit tous les moyens d'augmenter la consommation des dorures & des étoffes de soie, & du moins tout le bénéfice qui résulteroit de ce commerce entreroit tôt ou tard dans l'État.

Le peu de dorure que nous envoyons dans les Echelles, passe principalement à Smyrne ; on y en envoie aussi de Constantinople & de Venise ; celle-ci est très-imparfaite, de mauvais or, chargée de soie, & mal travaillée, de mauvais goût, & ternit très-aisément ; mais le bon marché auquel on la vend, fait que beaucoup de gens en achètent, & elle nuit considérablement à la nôtre.

Il ne faut en dorures, pour les Échelles, que des dentelles, de petits agrémens, & franges de toutes espèces.

Constantinople fait passer à Smyrne une quantité considérable de galons de très-basse qualité, en façon de ruban d'or & d'argent, qui servent aux gens du bas peuple, pour garnir de petites vestes extrêmement courtes, qu'ils nomment *ielcks*, & aux femmes qui n'ont pas de quoi se fournir de beaux galons. Ces rubans sont fabriqués à Constantinople, même par des Grecs qui les envoient à Smyrne, &c. à d'autres Grecs leurs correspondans, qui quelquefois aussi en font venir pour leur compte.

La consommation de notre dorure à Smyrne, n'a pas excédé jusqu'ici 12 à 15000 piastres ; les Vénitiens n'en vendent, année commune, que pour pareille somme. *Remarques sur diverses branches de commerce & de navigation*, in-8°. 1758, pag. 177.

Dorure, se dit aussi de l'art d'employer l'or en feuilles, & l'or moulu, & de l'appliquer sur les métaux, le marbre, les pierres, le bois & diverses autres matières.

Cet art n'étoit point inconnu aux anciens ; mais ils ne l'ont jamais poussé à la même perfection que les modernes. Comme ils ignoroient la peinture à l'huile, qui est une invention des derniers tems, ils n'avoient pas non plus la manière de se servir de cette liqueur, pour employer l'or, qui est bien plus belle & bien plus durable pour les ouvrages qui sont exposés à l'air, que le blanc d'œuf, & la colle dont ils se servoient pour la dorure des corps qui ne pouvoient souffrir le feu, ni résister à l'eau, de sorte qu'ils bornoient la dorure aux endroits qui étoient à couvert de l'humidité de l'air.

Les doreurs modernes emploient des feuilles de différentes épaisseurs ; mais il y en a de fines, qu'un millier ne pèse pas qua-

Z 4

tre ou cinq dragmes. On se sert des plus épaisses pour dorer sur le fer & sur divers autres métaux, & les autres pour dorer sur le bois. *Encycl.*

Il y a de deux sortes de dorures, dont se servent les doreurs, & une troisième qui est propre aux doreurs sur cuivre, & sur divers métaux. Les deux premières sont, la dorure à l'huile & la dorure en détrempe ; la troisième est la dorure au feu.

Manière de dorer à l'huile.

La base ou la matière sur laquelle on applique l'or dans cette méthode, n'est autre chose, suivant M. Félibien, que de l'or-couleur ; c'est-à-dire, ce reste des couleurs qui tombe dans les pinceliers ou godets dans lesquels les peintres nettoient leurs pinceaux.

Cette matière qui est extrêmement grasse & gluante, ayant été broyée & passée par un linge, sert de fond pour y appliquer l'or en feuilles qui a été préparé par les batteurs d'or. Elle se couche avec le pinceau comme les vraies couleurs ; après qu'on a encolé l'ouvrage, &, si c'est du bois, lui avoir donné quelques couches de blanc en détrempe.

Quelque bonne que puisse être cette méthode, les doreurs Anglois aiment mieux se servir d'un mélange d'ochre jaune broyée avec de l'eau, qu'ils font sécher sur une pierre à craie, après quoi ils le broient avec une quantité convenable d'huile grasse & desficative, pour lui donner la consistance nécessaire.

Ils donnent quelques couches de cette composition à l'ouvrage qu'ils veulent dorer ; & lorsqu'elle est presque sèche, mais encore assez onctueuse, pour retenir l'or, ils étendent les feuilles pardessus, soit entières, soit coupées par morceaux, se servant, pour les prendre, de coton bien doux & bien cardé, ou de la palette des doreurs en détrempe, ou même simplement du couteau avec lequel on les a coupées, suivant les parties de l'ouvrage qu'on veut dorer, ou la largeur de l'or qu'on veut appliquer.

A mesure que l'or est posé, on passe pardessus une brosse ou gros pinceau de poil très-doux, ou une patte de lièvre pour l'attacher & comme l'incorporer avec l'or-couleur ; & avec le même pinceau, ou un autre plus petit, on le ramende, s'il y a des cassures, de la même manière qu'on le dira de la dorure qui se fait avec la colle.

C'est de la dorure à l'huile qu'on se sert ordinairement pour dorer les dômes & les combles des églises, des basiliques & des palais, & les figures de plâtre & de plomb, qu'on veut expofer à l'air, & aux injures du tems. C'eft auffi à l'huile qu'on dore les ornemens des plafonds, les corniches, les moulures des lambris, & d'autres femblables ouvrages, foit de peinture, foit de ftuc, foit de bois, dont on embellit les galleries, les fallons & les autres riches appartemens des bâtimens confidérables.

Dorure en détrempe.

Quoique la dorure en détrempe fe faffe avec plus de prépara-tifs, & pour ainfi dire, avec plus d'art que la dorure à l'huile, il n'en eft pas moins conftant qu'elle ne peut être employée en tant d'ouvrages, que la première; les ouvrages de bois & de ftuc étant prefque les feuls qu'on dore à la colle; encore faut-il qu'ils foient à couvert, cette dorure ne pouvant réfifter ni à la pluie, ni aux impreffions de l'air qui la gâtent, & l'écaillent aifément.

La colle dont on fe fert pour dorer, doit être faite de rognures de parchemin ou de gants, qu'on fait bouillir dans l'eau jufqu'à ce qu'elle s'épaiffiffe en confiftance de gelée.

Si c'eft du bois qu'on veut dorer, on y met d'abord une cou-che de cette colle toute bouillante, ce qui s'appelle *encoller le bois*. Après cette première façon, & lorfque la colle eft fèche, on lui donne le blanc, c'eft-à-dire qu'on l'imprime à plufieurs reprifes d'une couleur blanche détrempée dans cette colle, qu'on rend plus foible ou plus forte avec de l'eau, fuivant que l'ouvrage le demande.

Ce blanc eft de plufieurs fortes: quelques doreurs le font de plâtre bien battu, bien broyé, & bien tamifé; d'autres y emploient le blanc d'Efpagne, ou celui de Rouen. Il y en a qui fe fervent d'une efpèce de terre blanche qu'on tire des carrières de Sève près de Paris, qui n'eft pas mauvaife quand elle eft affinée.

On fe fert d'une broffe de poil de fanglier pour coucher le blanc. La manière de le mettre, & le nombre des couches font différens, fuivant l'efpèce des ouvrages. A ceux de fculpture, il ne faut que fept ou huit couches; aux ouvrages unis, il en faut jufqu'à douze. A ceux-ci, elles fe mettent en adouciffant, c'eft-à-dire en traî-nant la broffe par deffus; aux autres, on les donne en tappant, c'eft-à-dire, en frappant plufieurs coup du bout de la broffe, pour faire entrer la couleur dans tous les creux de la fculpture. Il faut obferver aux unes & aux autres de n'en point donner de nou-velles que la précédente ne foit bien fèche.

L'ouvrage étant extrêmement fec, on l'adoucit; ce qui fe fait en le mouillant avec de l'eau nette, & en le frottant avec quelques morceaux de groffe toile, s'il eft uni, & s'il eft de fculpture, en fe fervant de légers bâtons de fapin, auxquels font attachés quelques lambeaux de cette même toile, pour pouvoir plus aisément suivre tous les contours, & pénétrer dans tous les enfoncemens du relief. (L'adoucissement se fait quelquefois avec de la prêle, mais le plus souvent avec de la toile neuve.)

Le blanc étant bien adouci, on y met le jaune : mais si c'est un ouvrage de relief, avant de le jaunir, on le repare, on le recherche, on le coupe, & on le bretelle ; toutes façons qui se donnent avec de petits outils de fer, comme les fermoirs, les gouges, & les ciseaux, qui sont des instrumens de sculpteurs ; ou d'autres qui sont propres aux doreurs, tels que sont le fer quarré, qui est plat, & le fer à retirer, qui est crochu.

Le jaune qu'on emploie est simplement de l'ochre commun bien broyé, & bien tamisé, qu'on détrempe avec la même colle qui a servi au blanc, mais plus foible de la moitié. Cette couleur se couche toute chaude ; elle supplée dans les ouvrages de sculpture à l'or qu'on ne peut quelquefois porter jusques dans les creux, & sur les revers des feuillages & des ornemens.

L'assiette se couche sur le jaune, en observant de n'en point mettre dans les creux des ouvrages de relief. On appelle *assiette* : la couleur, ou composition sur laquelle doit se poser & s'asseoir l'or des doreurs ; elle est ordinairement composée de bol d'Arménie, de sanguine, de mine de plomb, & d'un peu de suif : quelques-uns y mettent du savon, & de l'huile d'olive ; & d'autres du pain brûlé, du bistre, de l'antimoine, de l'étain de glace, du beurre, & du sucre candi. Toutes ces drogues ayant été broyées ensemble, on les détrempe dans de la colle de parchemin toute chaude, & raisonnablement forte ; & l'on applique sur le jaune jusqu'à trois couches ; les dernières ne se donnent que lorsque les premières sont parfaitement sèches.

La brosse, pour coucher l'assiette, doit être douce, mais quand elle est couchée, on se sert d'une autre brosse plus rude, pour frotter tout l'ouvrage à sec ; ce qui enlève les petits grains qui pourroient être restés, & facilite beaucoup le brunissement de l'or.

Lorsqu'on veut dorer, on a trois sortes de pinceaux ; des pinceaux à mouiller, des pinceaux à ramender, & des pinceaux à matter ; il faut aussi un coussinet de bois, couvert de peau de veau, ou de mouton, & rembourré de crin, ou de bourre, pour étendre les feuilles d'or battu au sortir du livre ; un couteau pour les couper ; & une palette, ou un bilboquet, pour les placer sur l'assiette. La palette est faite d'une queue de petit gris emmanchée de bois, qui porte à l'extrêmité de son manche, un pinceau de même poil. Le bilboquet est un instrument de bois plat par dessous, où est attaché un morceau d'étoffe, & rond par dessus, pour le prendre, & manier plus aisément.

On fe fert d'abord des pinceaux à mouiller, pour donner de l'humidité à l'affiette, en l'humeftant d'eau, afin qu'elle puiffe afpirer & retenir l'or; on met enfuite les feuilles d'or fur le couffinet, qu'on prend avec la palette, fi elles font entières, ou avec le bilboquet, ou le couteau même, dont on s'eft fervi pour les couper, fi on les emploie par morceaux; & on les pofe & les étend doucement fur les endroits de l'affiette que l'on vient de mouiller.

Lorfque l'or vient à fe caffer en l'appliquant, on le ramende en bouchant les caffures avec de petits morceaux d'or qu'on prend au bout des pinceaux à ramender, & avec les mêmes pinceaux, ou de femblables, mais un peu plus gros, on l'unit par-tout, & on l'enfonce dans tous les creux de la fculpture, où on le peut porter avec la palette, ou avec le bilboquet.

L'or en cet état, après qu'on l'a laiffé parfaitement fe fécher, fe brunit, ou fe matte.

Brunir l'or. C'eft le polir & le liffer fortement avec le bruniffoir, qui eft ordinairement une dent de loup, ou de chien, ou bien un de ces cailloux, qu'on appelle *Pierre de fanguine*, emmanchés de bois; ce qui lui donne un brillant & un éclat extraordinaire. Voyez *Brunir.*

Matter l'or. C'eft paffer légèrement de la colle, ou détrempe, dans laquelle on délaie quelquefois un peu de vermillon, fur les endroits qui n'ont pas été brunis; on appelle auffi cela *repaffer*, ou *donner couleur à l'or.* Cette façon le conferve, & l'empêche de s'écorcher, c'eft-à-dire de s'enlever, quand on le manie. On nomme *pinceaux à matter*, ceux qui fervent à donner cette efpèce de glacis de colle.

Enfin pour dernière façon, on couche le vermillon dans tous les creux des ornemens de fculpture, & l'on ramende les petits défauts & gerfures avec de l'or en coquille; ce qui s'appelle *boucher d'or moulu.*

La compofition, à laquelle on donne le nom de *vermeil*, eft faite de gomme gutte, de vermillon, & d'un peu de brun rouge broyés enfemble, avec le vernis de Venife & l'huile de térébenthine. Quelques doreurs fe contentent de laque fine, ou de fang de dragon en détrempe, ou même à l'eau pure. C'eft cette drogue qui donne du feu à l'ouvrage, & ce brillant qui approche de celui qu'on remarque dans l'orfévrerie.

On appelle *dorer d'or verd*, lorfqu'on brunit l'affiette avant que d'y pofer l'or, & qu'enfuite, fans brunir de nouveau l'or qu'on a appliqué, on fe contente de le repaffer à la colle, comme on fait pour matter.

On fe fert ordinairement de cette manière de dorer pour le vi-

fage, les mains & les autres parties nues des figures en relief. Cet
or n'eſt pas ſi brillant que l'or bruni; mais il l'eſt beaucoup plus
que celui qui n'eſt que ſimplement matté.

Quand on dore des ouvrages, où l'on conſerve des fonds
blancs, on a coutume de les recampir, c'eſt-à-dire, de coucher du blanc de céruſe détrempé, avec une légère colle de poiſſon, dans tous les endroits des fonds, ſur leſquels le jaune, ou
l'aſſiette ont pû couler ou bavocher, comme on parle en termes
de l'art. Pour que ces fonds puiſſent être bien, il eſt mieux de les
repaſſer tous à la céruſe.

Si c'eſt un ouvrage de ſtuc qu'on veuille dorer en détrempe,
il faut d'abord le blanchir pour le rendre uni, puis l'encoller deux
fois avec la colle toute pure, ſoit de gants, ſoit de parchemin ;
& enſuite, y coucher le jaune ou l'aſſiette : le reſte ſe fait comme
à la dorrure ſur bois.

On dore auſſi avec des fuilles d'argent, ſoit fines, ſoit fauſſes, ſur
leſquelles on met un vernis qui lui donne la couleur d'or. Cette
manière n'eſt ni de durée, ni de beaucoup d'éclat. Le vernis eſt
fait de carabé, de ſang de dragon, de gomme gutte, & d'huile
de térébenthine.

Il y a encore une autre ſorte de dorure, qui ſe fait en mêlant
du miel avec de l'eau de colle, & un peu de vinaigre pour le
rendre plus facile à employer. On ne s'en ſert guère que pour
donner des rehauts ſur les ouvrages de peinture en détrempe,
ou à freſque, où il n'eſt guère poſſible d'appliquer l'or avec
l'huile, ou pour faire des filés ſur du ſtuc. Cet or ſe gerſe & ſe
fond fort aiſément : on appelle cette manière *colle à miel* ou *battura*.

Enfin, ſi l'on veut repréſenter des eſpèces de relief, comme
des feuillages & d'autres ornemens ſur des bordures ou des vaſes de bois, qui ſont unis, on n'a qu'à doubler, & même tri-
pler les couches du premier blanc des doreurs ; & quand il eſt
ſec, y deſſiner, tracer & entailler les figures & feuillages qu'on
y veut repréſenter, avec les outils qui ſervent à la ſculpture ;
& enſuite y mettre le jaune & l'aſſiette, pour les dorer. Il faut
être un peu ſculpteur pour entreprendre ces ſortes d'ouvrages.

Manière de dorer au feu ſur divers métaux.

Les principaux des outils des doreurs ſur métal, ſont le gra-
teau, le poliſſoir de fer, le poliſſoir de pierre de ſanguine, que les
ouvriers nomment plus communément *pierre à dorer*, l'avivoir,
les gratte-boettes, le couteau à hacher, le crochet, la grille ou
le panier à dorer, le creuſet & le braſſelet.

Dorure d'or moulu.

La dorure d'or moulu se fait avec de l'or réduit en chaux par les orfèvres ou affineurs, qu'on met amalgamer sur le feu dans un creuset avec du vif argent, en certaine portion, qui est ordinairement d'une once de vif argent, sur un gros d'or.

Pour cette opération, on fait d'abord rougir le creuset, puis l'or & le vif-argent y ayant été mis, on les remue doucement avec le crochet, jusqu'à ce qu'on s'apperçoive que l'or soit fondu & incorporé au vif-argent, après quoi on les jette ainsi unis ensemble dans de l'eau, pour les épurer & laver ; d'où ils passent successivement dans d'autres eaux où cet amalgame, qui est presque aussi liquide que s'il n'y avoit que du vif-argent, se peut conserver très-long-tems en état d'être employé à la dorure. On sépare de cette masse le mercure qui n'est point uni avec elles, en le pressant avec les doigts à-travers un morceau de chamois ou de linge.

Pour préparer le métal à recevoir cet or ainsi amalgamé, il faut dérocher, c'est-à-dire, décrasser le métal qu'on veut dorer; ce qui se fait avec de l'eau-forte, ou de l'eau seconde, dont on frotte l'ouvrage avec la gratte-boesse ; après quoi le métal ayant été lavé dans l'eau commune, on l'écure enfin légèrement avec du sabion.

Le métal bien déroché, on le couvre de cet or mêlé avec du vif-argent, que l'on prend avec la gratte-boesse fine, ou bien avec l'avivoir, l'étendant le plus également qu'il est possible, en trempant de tems en tems, la gratte-boesse dans l'eau claire; ce qui se fait à 3 ou 4 reprises ; ce qu'on appelle *parachever*.

En cet état, le métal se met au feu ; c'est-à-dire, sur la grille à dorer, ou dans le panier, au dessous desquels est une poële pleine de feu, qu'on laisse ardent jusqu'à un certain dégré, que l'expérience seule peut apprendre. A mesure que le vif-argent s'évapore, & qu'on peut distinguer les endroits où il manque de l'or, on répare l'ouvrage, en y ajoutant de nouvel amalgame, où il en faut.

Enfin, il se gratte-bosse avec la grosse bosse de laiton ; & alors, il est en état d'être mis en couleur, qui est la dernière façon qu'on lui donne & dont les ouvriers qui s'en mêlent, conservent le secret avec un grand mystère ; ce qui pourtant ne doit être guère différent de celui de la manière de donner de la couleur aux espèces d'or.

Une autre méthode, c'est de faire tremper l'ouvrage dans une décoction de tartre, de soufre, de sel, & autant d'eau qu'il en faut pour le couvrir entièrement, & de l'y laisser jusqu'à ce qu'il ait acquis la couleur qu'on défire, après quoi on le lave dans l'eau froide. Pour rendre cette dorure plus durable, les doreurs frottent l'ouvrage avec du mercure & de l'eau-forte, & le dorent une feconde fois de la même manière. Ils réitèrent cette opération jufqu'à trois ou quatre fois, pour que l'or qui couvre le métal foit de l'épaiffeur de l'ongle.

Lorfque c'eft de l'argent qu'on a doré d'or moulu, on l'appelle *vermeil doré*; quelquefois même, on nomme de la forte, le cuivre doré de cet or. Voyez *Vermeil*.

Dorure au feu avec de l'or en feuilles.

Pour préparer le fer ou le cuivre à recevoir cette dorure, ce qui s'entend des autres métaux, qui peuvent être dorés de la forte, il faut les bien gratter avec le gratteau, & les polir avec le poliffoir de fer, puis les mettre au feu pour les bleuir, c'eft-à-dire, pour les échauffer, jufqu'à ce qu'ils prennent une efpèce de couleur bleue. Lorfque le métal eft bleui, on y applique la première couche d'or, que l'on ravale légèrement avec un poliffoir, & que l'on met enfuite fur un feu doux.

On ne donne ordinairement que trois couches, ou quatre au plus; chaque couche étant d'une feule feuille d'or dans les ouvrages communs, & de deux dans les beaux ouvrages & à chaque couche qu'on donne, on les remet au feu. Après la dernière couche, l'or eft en état d'être bruni clair, ce qui fe fait avec le poliffoir de fanguine, ou pierre à dorer,

Lorfque c'eft de l'argent qu'on a deffein d'employer la préparation des métaux qu'on veut argenter, eft la même que celle pour les métaux qu'on deftine à dorer; avec cette feule différence qne chaque couche d'argent, eft de trois feuilles, & qu'on en donne depuis quatre jufqu'à dix couches, & même plus, fuivant les ouvrages. Une autre différence encore, mais qui regarde la cuiffon, ou chauffage, c'eft que l'argent fe met fous les cendres, fans courir rifque de fe gâter; & qu'au contraire, l'or fe met fur une grille, ou dans un panier à dorer, parceque ce métal fe ternit aifément : quelquefois, pourtant, on le pofe fur des charbons, mais jamais dans les cendres.

Dorure d'or haché.

L'or haché fe fait auffi avec des feuilles d'or battu; mais il ne s'emploie guère que fur des ouvrages unis.

Quand le métal qu'on veut dorer de la forte a été graté & poli, de la manière qu'on l'a dit ci-deffus, on le hache avec le couteau à hacher, c'est-à-dire, qu'on y fait de légères entailles de divers sens, assez semblables à celles qui sont sur les limes les plus fines. Les hachures étant faites, on bleuit l'ouvrage, on y met les couches d'or, on les ravale, on les recuit; & après la dernière couche, on les brunit à clair; mais ce qui fait une grande différence pour la beauté & le prix de l'ouvrage, c'est que dans la dorure hachée, il faut jusqu'à 8, 10 & 12 couches à deux feuilles d'or par couche, & qu'il n'en faut que 3 ou 4 pour la dorure unie, c'est-à-dire, celle qui se fait sans hachure sur le métal.

Manière de dorer sur l'argent, le cuivre, l'airain & le fer.

Si vous voulez dorer de l'argent, prenez de l'amalgame, frottez-en bien par-tout la pièce que vous avez dessein de dorer, afin qu'elle puisse recevoir l'or sur toute sa surface, ensuite tenez cette pièce sur un feu de charbon, ou posez-la dessus: le vif-argent s'en séparera, après quoi vous pourrez relever la couleur, avec la cire à dorer, dont on donnera ci-après la composition. *Journ. Économ. Avril* 1754, p. 170.

Secret particulier pour dorer l'argent de la manière la plus parfaite.

Prenez du *crocus veneris* ou saffran de vénus (a) & du vinaigre; ajoutez-y du vif-argent, & faites-les bouillir ensemble jusqu'à ce qu'ils acquièrent la consistance d'une pâte; frottez-en l'argent que vous voulez dorer, il deviendra d'une couleur d'or rougeâtre, ce qui n'arrive point quand on fait cette opération avec du vif-argent seulement; car alors la dorure paroît pâle: c'est un secret fort curieux. On peut dorer sur cette pâte avec de l'or en feuille, au lieu que sans cela, il faudroit qu'il fût broyé: elle fait paroitre la dorure forte, & d'une couleur foncée.

Autre façon avantageuse de dorer sur l'argent.

Prenez une partie de tartre, & deux parties de sel, versez de l'eau pardessus, ajoutez-y un peu de limaille d'acier; faites bouillir l'argent dans ce mélange jusqu'à ce qu'il devienne rougeâtre: avec cette précaution il ne faudra que le tiers de l'or qu'on y auroit employé sans cela.

(a) Prenez des rognures de cuivre, & après les avoir fait rougir, trempez-les dans de l'urine, & répétez la même opération jusqu'à ce qu'elles se pulvérisent aisément, & mettez à part la poudre que vous trouverez au fond de l'urine, afin de vous en servir au besoin.

Méthode particulière de dorer, ce qui se fait dans l'instant beaucoup mieux qu'avec le vif-argent.

Prenez de l'or le plus fin, faites-le diſſoudre dans de l'eau régale préparée avec le ſel (a), faites évaporer l'eau régale juſqu'à moitié ; enſuite mettez le verre dans un cellier humide ſur le ſable pendant la nuit ; l'or formera des cryſtaux que vous tirerez & ferez diſſoudre enſuite dans du vinaigre diſtillé. Mettez-le encore ſur le feu, & faites-en évaporer la moitié ; après quoi reportez encore le vaſe dans le cellier, comme auparavant dans du ſable humide ; l'or ſe changera encore en cryſtaux : faites diſſoudre ces cryſtaux dans de l'eau de pluye, & évaporez-la à moitié ; cet or ſe changera encore en cryſtaux. Cela fait, prenez les cryſtaux d'or, écraſez-les en poudre avec la lame d'un couteau, mettez cette poudre dans le blanc d'un œuf dur dont on aura ôté le jaune : mettez-le dans un lieu humide & frais, le tout ſe changera en huile : prenez la pièce d'argent que vous voulez dorer, frottez-la légèrement de cette huile, & la laiſſez ſécher doucement ; elle ſera dorée parfaitement & d'une très-belle couleur.

Façon de dorer à la manière des Grecs.

Prenez du mercure ſublimé (1) & du ſel ammoniac bien clair

(a)La préparation de cette eau régale ne diffère d'avec la ſuivante, qu'en ce qu'on y emploie le ſel ammoniac : voici la manière ordinaire de faire l'eau forte.
Pulvériſez 4 onces de ſel ammoniac, mettez cette poudre dans un matras, ou dans un autre vaiſſeau de verre de bonne grandeur, verſez-y 16 onces d'eſprit de nitre ; placez le vaſe dans du ſable un peu chaud, juſqu'à ce que le ſel ammoniac ſoit entièrement diſſous ; mettez cette diſſolution dans une bouteille que vous boucherez avec de la cire, & vous aurez de bonne eau forte.
(1) Le mercure ſublimé, ou ſublimé corroſif, eſt un mercure imprégné d'acides que le feu a exalté au ſommet du matras ou de tout autre vaiſſeau.
Mettez dans un matras une livre de mercure revifié & du cinabre, verſez par-deſſus 18 onces d'eſprit de nitre ; mettez le tout ſur un ſable chaud, & l'y laiſſez juſqu'à ce qu'il ſoit diſſous ; tranſvaſez cette diſſolution dans un vaiſſeau de verre ou de terre, mettez-le ſur le ſable chaud pour en évaporer toute l'humidité, il ne reſtera plus qu'une maſſe blanche ; réduiſez-la en poudre dans un mortier de verre, mêlez-y une livre de vitriol blanc calciné, & autant de ſel décrépité ; mettez ce mêlange dans un matras qui ſoit aux deux tiers vuide, placez ce matras ſur le ſable, donnez-lui d'abord une chaleur douce pendant trois heures ; augmentez enſuite le feu en y remettant du charbon, il s'élevera un ſublimé au haut du matras : cette opération ſe fait en ſix heures de tems. Quand le matras eſt refroidi, caſſez-le, mais précautionnez-vous contre une eſpèce de pouſſière légère qui s'élève dans l'air quand on remue cette matière ; vous aurez une livre & plus de bon ſublimé corroſif.

de

de chacun une once; faites-les fondre dans l'eau-forte, enfuite faites-y diffoudre de l'or fin battu en lames fort minces : faites évaporer cette diffolution fur un feu de charbon jufqu'à ce qu'elle fe change en huile : trempez-y enfuite un fil d'argent; s'il en fort noir, & qu'en le recuifant au feu il devienne doré, la diffolution eft bonne, & on pourra s'en fervir pour dorer tout ce qu'on voudra fur argent.

Véritable manière de dorer à l'italienne.

Prenez quatre onces de vitriol commun, deux onces d'alun, une once de vitriol blanc, une once de blanc de plomb, deux poignées de fel, & une pinte d'eau de rivière; faites bouillir le tout & le réduifez à moitié : laiffez-le repofer dans cet état & s'éclaircir, vous pourrez vous en fervir enfuite.

Manière d'amortir le vif-argent pour dorer.

Prenez du vif-argent net, & fans aucun mêlange de plomb, mettez-le dans un matras, & jettez-y une poignée de bon fel blanc : fecouez le tout enfemble, & le laiffez en cet état pendant deux jours; verfez enfuite du vinaigre fort pardeffus; enfin laiffez-le repofer un jour, & vous aurez un vif-argent pour dorer, qui fera bon, & à bon compte.

Pour rendre l'argent bien blanc.

Faites d'abord recuire votre argent fur un feu de charbon, jufqu'à ce qu'il devienne un peu rougeâtre : enfuite, l'ayant fait bouillir dans une chaudière avec de l'eau & avec une quantité égale de fel & de tartre en poudre, pendant l'efpace d'un quart-d'heure, ôtez-le, & broffez-le fortement dans de l'eau claire; puis prenez de bon tartre, liez-le fortement dans un papier, & mettez-le dans le feu, jufqu'à ce qu'il foit brûlé & qu'il ne fume plus; broyez-le enfuite, & le réduifez en une poudre très-fine que vous détremperez avec de l'eau claire, jufqu'à confiftance de pâte; frottez votre argent avec cette pâte, &, après l'avoir fait recuire de nouveau, trempez-le dans de l'eau froide, broffez ce qui refte de noir avec une broffe de poil de fanglier, & enfuite faites-le bouillir deux minutes dans de l'eau de tartre, puis rincez-le dans de l'eau claire : après l'avoir effuyé avec un linge fec, votre ouvrage fera fait.

Poudre d'or.

Prenez la quantité de feuilles d'or, où de tout autre or battu bien mince, du poids d'un fol, ou de telle autre pefanteur que vous voudrez; faites-la diffoudre dans deux fois autant d'eau régale;

Tome II. A a

faites-en évaporer la moitié fur un feu de fable; enfuite prenez des chiffons de linge fec, imbibez-les du refte de la liqueur, féchez-les à une chaleur douce, & brûlez-les fur un feu lent dans un creufet : la poudre qui en proviendra reftera au fond, & fera d'une couleur jaunâtre : c'eft avec cette poudre que vous ferez la dorure.

Autre poudre pour dorer à froid.

Prenez une demi-livre d'eau-forte, jettez-y deux onces de fel ammoniac blanc, & réduit en poudre, faites diffoudre le tout fur le feu, & filtrez-le à travers un papier : mettez le tout dans un matras avec autant d'or battu qu'il en faut pour la pefanteur de deux fols. Mettez ce matras fur un feu lent, afin de diffoudre l'or dans l'eau régale. Cela fait, ajoutez-y deux onces de fel-gemme net & en poudre fine ; laiffez-le diffoudre fur le feu ; puis prenant des chiffons de linge fin, du poids d'environ un quart d'once chacun, trempez-les dans cette liqueur jufqu'à ce qu'ils aient pris toute la diffolution ; & après les avoir féchés, faites les brûler & réduire en une poudre que vous réferverez pour l'ufage. Quand vous voulez dorer quelque chofe avec cette poudre, faites bouillir & ratiffez le métal que vous voulez dorer, afin qu'il foit net ; humeétez un morceau de linge avec de la falive ou de l'eau, fervez-vous-en pour prendre de cette poudre, frottez-en les endroits du métal que vous voulez dorer, jufqu'à ce qu'ils foient jaunes ; après quoi il faut les broffer & les polir : on peut prendre au lieu de linge un cuir mollet & doux, lié au bout d'un bâton.

Autre méthode.

Prenez de l'or le plus fin, du poids de deux fols, & faites-le diffoudre dans de l'eau régale : ajoutez à la diffolution le même poids de falpêtre raffiné que vous laifferez pareillement diffoudre ; enfuite trempez-y un petit chiffon de linge fin, jufqu'à ce qu'il ait imbibé le tout. Séchez-le doucement, puis brûlez-le, & le réduifez en poudre, vous dorerez votre argent avec de cette poudre & de l'eau fraîche, en le frottant avec un morceau de Liège, ou un cuir attaché au bout d'un bâton.

Autre poudre pour dorer.

Prenez de l'or raffiné ; battez-le bien mince ; roulez les feuilles ; jettez les dans de l'eau régale, & mettez le tout dans un matras fur un feu lent, jufqu'à ce que tout l'or foit diffous, & que la diffolution foit d'une couleur jaune : enfuite jettez y petit à petit un peu de falpêtre cryftallin, tant qu'il en pourra confommer : prenez alors quelques bandes longues & étroites de vieux linge

fin ; paffez les à travers cette liqueur , & quand elles feront bien
humectées , fufpendez-les en l'air , pour fécher au deffus d'un vafe
de verre ou d'une bouteille caffée , & lorfqu'elles feront entiérement fèches , approchez-en un charbon allumé , & réduifez-les
en cendres fans flamber. Vous pourrez dorer avec ces cendres ,
en frottant l'argent avec un morceau de liège.

Ou bien.

Prenez de l'or , du poids d'un fol , avec pareille quantité de
falpêtre , & autant de fel ammoniac : mettez le tout dans un matras avec trois demi-feptiers d'eau-forte. Enfuite , après avoir
fait chauffer l'or fortement , jettez le dans cette compofition , &
fitôt qu'il fera diffous , prenez quelques chiffons de linge fec ,
faites-les tremper, & enfuite fécher, puis réduire en cendres au feu
d'une chandelle , après quoi vous mettrez cette cendre à part ,
comme on l'a dit ci-deffus , pour vous en fervir au befoin.

Eau pour dorer.

Prenez une once de vif argent , & autant d'eau-forte ; mettez-
les enfemble dans un verre , & , après que le vif argent fera diffous , ajoutez y cinq onces d'eau fraîche ; faites chauffer le tout
& vous-vous en fervirez pour dorer.

Ou bien.

Prenez une once d'eau forte , mettez la dans un matras , ajoûtez-y
un quart d'once de mercure, & faites-le diffoudre : enfuite prenez
de l'eau de rivière , mêlez la avec le refte dans le verre , & faites la
tiédir ; puis laiffez repofer le tout après l'avoir bouché , & vous
aurez une eau excellente pour dorer.

Autre eau pour dorer fur l'argent.

Prenez des lames de cuivre ; verfez de bon vinaigre par deffus ;
ajoûtez-y de l'alun & du fel en égale quantité ; mettez le tout
bouillir fur le feu , & quand le vinaigre eft réduit au quart , jettez-y le métal que vous voulez dorer, il prendra une couleur de
cuivre. En le faifant bouillir encore plus long-tems , il acquerra
une belle couleur d'or : c'eft un fecret pour dorer fur argent qui
eft très-utile aux orfèvres ; car cette liqueur , dans laquelle on fait
bouillir l'argent , donne à la dorure une couleur riche & belle.

Eau qui donne à l'argent une couleur d'or.

Prenez une égale quantité de foufre & de falpêtre , & , après les
avoir broyés , mettez-les dans un vafe de terre non verni , que vous
aurez foin de couvrir & de luter exactement ; mettez-les enfuite
fur un feu lent pendant vingt-quatre heures, & jettez ce qui reftera

après cette opération, dans un creuset fort, & faites-le diffoudre ; verfez la diffolution dans une phiole : tout argent que vous en frotterez, acquerra une couleur d'or.

Ou bien.

Prenez une demi-livre de foufre, & trois quarterons de falpêtre, &, après les avoir mêlés & broyés enfemble, procédez comme ci-deffus, ou mettez-les vingt-quatre heures fur des cendres chaudes. Pour lors, tirez-les du feu, & broyez-les de nouveau; prenez un tiers de cette poudre, mêlez-la bien, & délayez-la dans trois poiffons d'eau courante, vous aurez une eau rouge comme du fang qui teindra l'argent, le cuivre ou l'airain d'une belle couleur d'or, après avoir été dix jours deffus.

Donner à l'or, à l'argent, ou à l'airain, des ornemens en émail.

Prenez de l'émail de Venife en poudre, de quelque couleur que vous voudrez ; broyez-le fur une pierre ; détrempez-le dans l'huile, enfuite mettez-le fondre dans un cercle entouré d'un feu de charbon clair : il deviendra fin & beau, fur-tout fi les ornemens font bien deffinés.

Différens fecrets pour relever la couleur de l'or & des ouvrages dorés.

L'or, auffi bien que l'argent doré, n'ont pas, à beaucoup près, par eux-mêmes, l'éclat & le brillant que nous leur voyons dans la boutique des orfèvres : il faut différentes opérations pour les amener à ce point. On en rehauffe la couleur par le moyen de la cire à dorer, par les couleurs qu'on y ajoute, & par le poli. Chacune de ces opérations fera expliquée féparément ci-après.

Cire à dorer dont on fe fert pour l'or ou les ouvrages dorés.

Prenez quatre onces de cire vierge ; trois quarts d'once de verd de terre, une demi-once de plaque de cuivre, une demi-once de craie rouge, & un quart d'once d'alun ; fondez la cire, jettez-y les autres ingrédiens bien pulvérifés, & remuez bien le tout enfemble : enfuite laiffez refroidir le mêlange, & formez-en des bâtons ronds, comme les bâtons de cire à cacheter : quand vous aurez befoin de vous en fervir, faites d'abord chauffer votre or, & frottez-en toute la furface avec cette cire ; enfuite faites-le recuire au feu, & paffez-le promptement à travers de l'eau bouillante & du tartre : votre or acquerra une couleur foncée.

Pour donner à l'or une couleur forte.

Prenez une livre de cire vierge, une once & demie de fa-fran de Vénus, du fel ammoniac, du verd de terre fin & de l'alun, de chacun une once, une demi-once & un gros de craie rouge, du fafran de mars & de la tutie, de chacun une demi-once, & deux dragmes de falpêtre ou de fel de pierre : mêlez enfemble tous ces ingrédiens, & après les avoir pulvérifés, remuez le tout & y verfez votre cire fondue. Cette compofition étalée fur l'ouvrage doré que l'on fait recuire, comme il a été dit ci-deffus, donnera à l'or une beauté furprenante.

Ou bien.

Prenez deux livres de cire, une livre de craie rouge, une livre de vitriol blanc, & quatre onces d'airain brûlé.

Ou bien.

Prenez huit onces de cire vierge, une once & demie de verd de terre, de l'airain brûlé & de la craie rouge, de chacun une once, & une demi-once d'alun : faites fondre la cire, & après y avoir ajouté tous ces ingrédiens, laiffez-la refroidir, & for-mez-en des bâtons femblables à ceux de la cire d'Efpagne. Pour s'en fervir, on fait chauffer le métal doré que l'on frotte de cette cire ; puis on le remet au feu pour la faire brûler, l'or devient d'une couleur foncée.

Manière de raffiner l'airain pour la dorure.

Faites diffoudre du fel ammoniac dans du vinaigre de vin blanc ; frottez-en votre ouvrage, il fera propre à recevoir le mercure.

Des différentes couleurs d'or, par le moyen defquelles on peut donner à l'or & aux ouvrages dorés la couleur qui leur eft propre, après en avoir relevé la couleur naturelle avec la cire à dorer.

Couleur pour l'argent doré.

Prenez une once de verd-de-gris, une once de falpêtre, une once de vitriol, une demi-once de fel ammoniac & une demi-once de borax : broyez-les bien enfemble, & le faites bouil-

lir dans un demi-feptier d'urine, jufqu'à ce qu'elles foient réduites à moitié ; enfuite frottez votre ouvrage avec une broffe
trempée dans cette liqueur , mettez-le fur un feu de charbon
clair , & quand vous le verrez noircir , ôtez-le du feu , & le
trempez dans l'urine.

Couleur d'or verte.

Prenez deux onces de falpêtre, deux onces de vitriol , deux
onces de verd-de-gris & une once de fel ammoniac ; broyez-
les enfemble , & mêlez-les avec du vinaigre.

Ou bien.

Prenez quatre onces de verd-de-gris , quatre onces de fel ammoniac, deux onces de vitriol , deux onces d'airain brûlé , &
une once de falpêtre ; broyez le tout & le mêlez avec du vinaigre , puis fervez-vous en pour colorer votre or.

Couleur d'or à la Françoife.

Prenez quatre onces de fel , deux onces d'alun , deux onces
de fel ammoniac , deux onces d'airain brûlé , une once de falpêtre , broyez le tout avec du vinaigre.

Ou bien.

Prenez quatre onces de fel ammoniac , quatre onces de verd-
de-gris , deux onces de falpêtre , une once & demie de rognures
de cuivre ; broyez le tout avec du vinaigre.

Pour une belle couleur d'or.

Prenez du falpêtre fondu, & du vitriol noir, de chacun une
égale quantité ; faites-les bouillir dans un vaiffeau bien net , jufqu'à ce qu'ils foient réduits à moitié.

Autre couleur d'or.

Prenez une once de verd-de-gris , une once de fel ammoniac , une once de craie rouge , une once de fel fin ; broyez le
tout enfemble , & faites le bouillir dans du vinaigre.

Ou bien.

Prenez une once de falpêtre , une once de verd-de-gris , une
once de vitriol , une once de fel ammoniac ; broyez chacun de
ces ingrédiens féparément dans un mortier net ; enfuite les ayant
mêlés enfemble , mettez-les dans un vaiffeau net avec de l'eau,
& faites-les bouillir pendant près d'une demi-heure.

Belle couleur d'or à la Françoise.

Prenez quatre onces de fel ammoniac, quatre onces de verd-de-gris, deux gros de falpêtre, & broyez-les dans du vinaigre.

Couleur blanche pour l'or.

Prenez deux onces de falpêtre, une once d'alun, une once de fel que vous pulvériferez & mêlerez bien enfemble ; enfuite prenez un morceau de creufet ou de moufle caffé ; mettez-le au feu, & faites-le rougir ; humectez l'ouvrage que vous voulez colorer, & entourez-le de cette poudre ; puis mettez-le fur un morceau rouge de ce creufet, la couleur bouillera ; & lorfqu'elle fe fondra, il faudra retourner votre pièce travaillée avec des pincettes ; & quand la couleur fera tout-à-fait fluide & jaune, tirez la pièce du feu, & mettez-la fur une brique nette, ou fur une enclume jufqu'à ce qu'elle foit refroidie ; enfuite prenez un pot de terre non verni, ou un grand creufet, rempliffez-le prefqu'entierement d'eau claire, jettez-y une poignée de fel, & gros comme une noifette de tartre broyé, & fix ou huit gouttes d'eau forte : faites bouillir le tout, puis trempez votre ouvrage dans cette compofition ; faites-la bouillir jufqu'à ce que les impuretés de la couleur blanche en foient ôtées, & nettoyez l'ouvrage avec une broffe.

Pour colorer une vieille chaîne d'or & la rendre comme neuve.

Prenez de l'urine, faites-y diffoudre du fel ammoniac, & faites bouillir dans cette compofition la chaîne d'or ; elle reprendra une couleur vive & brillante.

Couleur verte pour les chaînes d'or.

Prenez quatre onces de fel ammoniac, quatre onces de verd-de-gris, une once & demi de falpêtre, une demi-once de vitriol blanc, réduifez le tout en poudre, délayez cette poudre avec du vinaigre, & faites-y bouillir votre chaîne.

Pour donner à l'or une couleur belle & foncée.

Prenez trois onces de vitriol rouge calciné, deux onces de fel ammoniac, & une once de verd-de-gris, broyez le tout enfemble, & le tenez bien féchement ; quand vous voudrez colorer votre or, humectez-le, jettez de cette poudre pardeffus, faites-le recuire à plufieurs reprifes, & enfuite tremper dans l'eau.

A a 4

Autre belle couleur pour l'or.

Prenez du verd-de-gris, du fel ammoniac, du falpêtre & du vitriol, de chacun une égale quantité ; broyez-le tout enfemble ; enfuite verfez du vinaigre pardeffus ; broyez-le de nouveau, comme les peintres broient leurs couleurs, & laiffez-le fécher : réitérez la même opération à plufieurs reprifes ; enfuite ferrez votre poudre avec foin ; & lorfque vous voudrez mettre de l'or en couleur, humectez-le avec de l'urine, & le frottez avec une broffe ; après quoi, jettant de votre poudre pardeffus, mettez-le fur des charbons allumés ; & lorfqu'il noircira, trempez-le dans l'urine, & frottez-le avec une broffe de laiton. Vous pourrez procéder de la même manière pour les autres couleurs.

Avis aux doreurs pour fe préferver des mauvais effets du mercure.

Lorfque les doreurs ont couvert une pièce de métal, de l'amalgame d'or & de mercure qu'ils ont préparé, ils mettent cette pièce fur le feu afin que le mercure s'évapore, & que l'or feul demeure appliqué fur le métal ; de peur de perdre ce mercure qui s'envole, ils ont foin de boucher leur cheminée avec une botte de foin à laquelle le vif-argent s'attache, & d'où ils le retirent dans la fuite. On conçoit fans peine que dans cette opération ils refpirent une quantité confidérable de vapeurs mercurielles qui, n'ayant point d'iffue, fe répandent dans la chambre, & l'on fçait combien leurs effets font pernicieux. Car étant une fois incorporées dans les humeurs, elles ne les abandonnent jamais ; elles rendent le doreur pâle, maigre & décharné, & lui caufent enfin un tremblement auquel on ne peut apporter de remède.

Pour fe préferver de ces maux, les doreurs doivent, en premier lieu, obferver de travailler dans une chambre où l'air paffe facilement, & où il y ait deux portes oppofées qu'ils tiendront ouvertes : enfuite ils auront dans leur bouche, une pièce d'or de ducat, appliquée au palais. Cette pièce attirera à elle le mercure qu'ils refpireront, & elle blanchira. Alors ils la mettront au feu, qui fera évaporer le mercure, & ils la replaceront au même endroit quand elle fera refroidie. Ils continueront de la forte auffi long-tems qu'il fera néceffaire, c'eft-à-dire, tant que l'or blanchira, ce qui empêchera le mercure de s'incorporer dans leurs humeurs, & préviendra les incommodités & les maladies qu'il occafionne.

Ceux qui fe fentent affectés du mercure, ou qui craignent

les mauvais effets de celui qu'ils ont refpiré , pourront fe débarraffer , finon du tout , du moins de la plus grande partie , par ce moyen facile : ils feront rougir dans le creufet quelques feuilles d'or ; c'eft ce que l'on appelle de l'or recuit ; ils avaleront cet or qui , n'étant point diffoluble , ne fera que paffer dans le corps. Il attirera à lui , chemin faifant , & s'attachera les parties de mercure que les humeurs charient. Les doreurs fçavent où ils retrouveront leur or , qu'ils reprendront & pafferont par le feu pour leur fervir une autre fois. Ainfi , fans peine & fans danger , ils conferveront leur fanté , & recouvreront celle qu'ils ont perdue. *Journal Économ.* 1751 , *Février* , pag. 109.

Dorure *fur parchemin , cuir & autres ouvrages dont l'on fait des tapifferies, & fur tranches de livres.* Prenez trois livres d'huile de lin ; une livre de vernis & une de poix grecque , avec une demi-once de poudre de fafran : faites bouillir tout ceci en une poële plombée , jufqu'à ce qu'y trempant une plume , vous la retiriez comme brûlée ; alors vous ôterez votre mixtion de deffus le feu , & vous prendrez une livre d'aloës hépatique , bon & bien pulvérifé , & la jetterez peu à peu dedans , obfervant de remuer avec un bâton , car autrement le mêlange monteroit : fi malgré le mouvement il montoit , vous l'ôteriez du feu , & le laifferiez repofer , puis le remettriez , le laiffant derechef bouillir , & remuant toujours avec le bâton. Lorfque tout fera bien incorporé , vous l'ôterez du feu , le laifferez repofer , puis le pafferez par un linge dans un autre vaiffeau , dans lequel vous le garderez. Quand vous voudrez l'employer pour dorer du parchemin ou du cuir , vous donnerez d'abord une affiette de blanc-d'œuf ou de gomme ; vous appliquerez enfuite une feuille d'étain ou d'argent ; vous coucherez pardeffus votre vernis tout chaud , & vous aurez auffitôt une couleur très-belle , que vous laifferez fécher au foleil : après quoi , vous imprimerez ou peindrez les couleurs qu'il vous plaira.

Manière de dorer la tranche des livres.

Pour dorer la tranche des livres , prenez la groffeur d'une noix de bol d'Arménie , la groffeur d'un pois de fucre candi , broyez bien le tout à fec & enfemble ; ajoutez-y un peu de blanc d'œuf bien battu , puis broyez derechef. Cela fait , prenez le livre que vous voudrez dorer fur la tranche ; qu'il foit relié , collé , rogné , & poli ; ferrez-le fortement dans la preffe à rogner , le plus droit & égal que faire fe pourra ; ayez un pinceau , donnez une couche de blanc d'œuf battu ; que cette couche foit légère , laiffez-la fécher ; donnez une couche de la compofition fufdite ; quand elle fera bien fèche, poliffez-la & raclez-la bien; & lorfque vous voudrez mettre l'or deffus, mouillez la tranche d'un peu d'eau claire avec le pinceau; puis fur le champ appliquez y les feuilles d'or ou d'argent: quand elles feront fèches, vous les polirez avec la dent de loup. Cela fait, vous pourrez travailler deffus, tel ouvrage, marbrure, &c. qu'il vous plaira. *Article de M. Papillon. Encycl.*

Dorure fur cuir, fur argent, étain & verre. Prenez un pot neuf bien plombé, de la grandeur qu'il vous plaira; ayez un fourneau; mettez dans le pot trois livres d'huile de lin au moins, & laiffez cette huile fur le feu jufqu'à ce qu'elle foit cuite, ce que vous connoîtrez en trempant une plume dedans; fi la plume fe pèle, l'huile eft cuite: alors ajoutez-y huit onces de réfine de pin, huit onces de fandaraque, quatre onces d'aloès hépatique, le tout bien broyé; mettez tout cela à la fois fur le feu, remuez-le avec une fpatule, augmentant le feu fans ceffer de remuer, jufqu'à ce que le tout fe fonde & devienne liquide; laiffez-le cuire lentement; éprouvez de tems en tems la confiftance fur du papier ou fur l'ongle; fi le mêlange vous paroît trop clair, ajoutez-y une once & demie d'aloès cicotrin; quand il vous femblera cuit, retirez-le de deffus le feu: ayez deux fachets appareillés, en forme de collatoire, coulez dedans ces fachets le mêlange avant qu'il foit rferoidi; ce qui n'aura point été fondu, reftera dans le premier; le refte paffera dans le fecond, & fera le vernis à dorer. Vous le garantirez de la pouffière; plus il fera vieux, meilleur il deviendra. Quand vous voudrez l'employer fur verre, pour lui donner couleur d'or, il faudra que le verre ou la dorure foit chaude, & vous l'étendrez avec le pinceau. *Article de M Papillon.*

Procédé fuivant lequel on parvient à retirer l'or qui a été employé fur le bois dans la dorure à colle.

Il faut mettre les morceaux de bois doré dans une chaudière, où l'on entretiendra de l'eau très-chaude; on les y laiffera tremper un quart-d'heure; on les tranfportera enfuite dans un autre vaiffeau qui contiendra auffi de l'eau, mais en petite quantité, & moins chaude que celle de la chaudière: c'eft dans l'eau du fecond vaiffeau que l'on fera tomber l'or, en broffant la dorure avec une broffe de foie de fanglier, que l'on trempera dans l'eau prefqu'à chaque coup que l'on donnera; on aura foin d'avoir des broffes de plufieurs fortes, afin de pénétrer plus facilement dans le fond des ornemens, s'il s'en trouve; & l'on obfervera que les foies en foient courtes, afin qu'elles foient fermes. Quand on aura par ce moyen dédoré une quantité fuffifante de bois, on fera évaporer jufqu'à ficcité l'eau dans laquelle on aura broffé l'or ; ce qui reftera au fond du vafe , fera mis dans un creufet , au milieu des charbons, jufqu'à ce qu'il ait rougi , & que la colle & la graiffe qui s'y trouvent mêlées, foient confumées par le feu : alors l'eau régale & le mercure pourront agir fur l'or qui y eft contenu. On préférera le mercure , parceque la dépenfe fera moindre. On mettra donc la matière à traiter , un peu chaude, dans un mortier avec du mercure très-pur ; on la triturera d'abord avec le pilon pendant une heure ; puis on y verfera de l'eau fraiche en très-petite quantité , & l'on continuera de triturer très-long-tems , jufqu'à ce qu'on préfume que le mercure s'eft chargé de l'or contenu dans la matière. Alors on lavera le mercure à plufieurs eaux ; on le paffera à travers la peau de chamois, dans laquelle il reftera un amalgame d'or & de mercure : on mettra l'amalgame dans un creufet ; on en chaffera le mercure par un très-petit feu , & il reftera une belle chaux d'or , auffi pure qu'on la puiffe définir. Si l'on a une grande quantité de matière à triturer , on pourra fe fervir du moulin des affineurs de la monnoie , en obfervant de mêler un peu de fable très-pur dans la matière, afin de faire mieux pénétrer l'or dans le mercure. Pour faire évaporer le mercure , on pourra , afin d'en perdre moins, fe fervir d'une cornue & d'un matras. Ce procédé eft l'extrait d'un mémoire fur la même matière, préfenté à l'Académie des Sciences par M. d'Arclay de Montamy, premier maitre-d'hôtel de Mgr. le duc d'Orléans. *Encycl.*

Dorures fauffes. Ce font des étoffes qui viennent de la Chine, d'une fabrique extrêmement ingénieufe, & tout à fait inconnue en Europe. Elles font de fatin à fleurs d'or ou d'argent ; mais l'or ou l'argent qui compofent ces fleurs , ne font point des fils fins ou faux tirés de ces métaux : ce ne font que des petits morceaux de papier doré ou argenté , coupé en filets longs & étroits, qui ont tant d'éclat, que l'or de Lyon, ou de Milan, qu'on emploie dans les étoffes de France , n'en ont guère davantage. Cette fabrique eft plus curieufe qu'utile : la pluie ou l'humidité gâtent ces étoffes, en les amolliffant, & un ufage affez court les ufe, & les perd abfolument.

Dorures de Nanquin. Ce font des fatins de la Chine à fleurs d'or , appellés ainfi d'une des principales villes de ce vafte Empire, dont l'or eft plus beau, & les ouvriers plus habiles que ceux des autres provinces.

DOUBLETS. (*Art. méchan.*) fauffes pierreries, ou pierres précieufes imitées avec deux morceaux de cryftal, entre lefquels on renferme ou une feuille, ou des couleurs empâtées de maftic & de térébenthine. Voici la manière de faire les doublets ; elle eft tirée de *l'art de la Verrerie de Kunchel, p.* 285 , *& fuiv.*

On fera fondre enfemble, dans un vaiffeau d'argent ou de cuivre jaune, du maftic en larmes & de la térébenthine : on prendra telle matière colorante qu'on voudra, comme du verd-de-gris, du fang de dragon, de la laque de Florence &c., fuivant les pierres précieufes qu'on voudra imiter : on réduira ces couleurs en une poudre très-fine par la trituration : on joindra celle qu'on aura choifie avec le mélange fondu de maftic & de térébenthine. Pour mettre ces couleurs dans un état de divifion encore plus grand, Kunckel confeille d'avoir une boîte de bois de tilleul, qui foit de la forme d'un gland, & dont le fond foit tourné fi mince qu'il foit prefque tranfparent : on met dans cette boîte le mélange de couleur de maftic & de térébenthine ; on couvre la boîte de fon couvercle, & on la fufpend au foleil en été, ou fur un feu de charbon en hyver, ce qui fait fuinter au travers de la boîte la partie la plus déliée du mélange, qu'on détachera pour s'en fervir. La couleur étant ainfi préparée, on aura deux morceaux de cryftal bien polis, & qui puiffent fe joindre bien exactement : on chauffera le mélange indiqué ci-deffus, auffi-bien que les cryftaux, deforte que le tout foit à un point de chaleur égale ; on portera la couleur fur le côté poli d'un des cryftaux avec un petit pinceau ; on appliquera promptement l'autre cryftal fur le premier ; on les preffera pendant qu'ils font échauffés ; on les laiffera refroidir, & on montera ces doublets de la façon qu'on jugera convenable. Pour reconnoître les doublets, & les diftinguer des vraies pierres précieufes colorées, il fuffira d'interpofer un des angles de la pierre entre l'œil & le jour ; fi c'eft un doublet, on verra que la pierre eft blanche & tranfparente, au lieu qu'une vraie pierre eft colorée par-tout. Voyez *Pierrerie. Encycl.*

DOUCETTE ou ROUSSETTE, efpèce de chien marin dont la peau fert aux ouvriers en bois, aux mêmes ouvrages auxquels ils emploient le véritable chien de mer.

La doucette fe pêche fur les côtes de Baffe-Normandie, & on la tire ordinairement de la Hogue. Elle a le dos parfemé de petites étoiles de plufieurs couleurs, mais plus communément de couleur tirant fur le roux ; ce qui lui a fait donner le nom de *rouffette*. Pour celui de doucette, il lui vient de ce que fa peau eft beaucoup moins dure que celle du chien de mer, & par conféquent moins propre pour l'adouciffage & le poliment des bois: auffi les ouvriers de Paris ne s'en fervent-ils guère, & les marchands qui en font venir, ne s'en chargent que pour les envoyer en Auvergne, où ces peaux font d'ufage.

On peut aifément faire la différence des peaux de doucettes d'avec celles des véritables chiens de mer ; celles-ci étant plus grandes, ordinairement d'une couleur brune & d'un grain plus petit, mais plus dur. Voyez *Chien de mer*.

DOUELLES; c'est ce qu'on appelle autrement des *douves*, qui se font ordinairement de bois de Merrain. Voyez *Merrain*.

DOULEBSAIS ou MALLEMOLLES, espèce de mousse-line, ou toile de coton blanche très-claire & très-fine, qu'on tire des Indes Orientales, particuliérement de Bengale. La pièce con-tient 16 aunes & demie sur 3 quarts de large. Voyez *Mousseline*.

DOUTIS. Toiles blanches toutes de coton, assez grosses, qu'on apporte des Indes Orientales, particuliérement de Surate. On les confond quelquefois avec les Sauvaguzes, ou Sauvagagis. La longueur des pièces des doutis est de 14 aunes, ou environ, & la largeur depuis 5 6es. d'aune, jusqu'à une aune & 1 6e. On s'en sert pour des toiles peintes.

Outre des doutis dont on parle dans cet article, il y a en-core les *doutis dungares whis*, qui font des toiles blanches qui portent 13 aunes 3 quarts de long, sur 2 tiers de large; les *dungares brun*, (soit bruns) qui font écrues; celles-ci portent 14 aunes sur 3 quarts, & les *doutils gourgouches*, qui font blanches, & qui portent 13 aunes 3 quarts sur 2 tiers.

DOUVES. Voyez *Douelles & Merrain*.

DRAGÉES; petites confitures sèches, faites de menus fruits, ou de petits morceaux de racine, ou d'écorce aromatique, ou de quelques grains, couvertes d'un sucre fort blanc & fort dur. Voyez *Confiture*.

DRAGÉE, (*Fond. art méch.*) plomb fondu à l'eau ou coulé au moule, en grains plus ou moins gros, dont on charge les armes à feu pour la chasse. On appelle ces grains dragées, pour les distinguer des balles dont une seule remplit le calibre du fusil; au lieu qu'il faut une quantité plus ou moins grande de dragées pour la charge d'une arme à feu, selon la nature de l'arme, ou l'es-pèce de chasse, & la force ou la grosseur de la dragée. On éva-lue la charge ordinaire d'un fusil avec de la dragée, au poids d'une balle de six lignes de diamètre.

Il paroît par la définition que nous venons de donner de la dragée, qu'elle se fait de deux manières, ou à l'eau ou au moule. Il peut arriver à la dragée fondue à l'eau d'être creuse, & par con-féquent de perdre la vitesse, qui lui est imprimée par la poudre, beaucoup plus promptement, que ne la perd la dragée coulée au

moule ; mais d'un autre côté, elle eſt plus belle, plus exactement ſphérique, & ſe fabrique plus facilement & plus vîte. On
trouvera l'explication de ces deux manœuvres dans l'*Encycl.* &
dans le grand *Dictionnaire de Commerce.*

La fabrique des balles ne diffère de celle des dragées que par
la grandeur des moules dont on ſe ſert pour les fondre. Ceux
qui font ces ſortes d'ouvrages s'appellent *bimblotiers.* Ils jettent
encore en moule tous les colifichets en plomb & en étain, dont
les enfans décorent ces chapelles qu'on leur conſtruit dans quelques maiſons domeſtiques, & où on leur permet de contrefaire
ridiculement les cérémonies de l'égliſe.

Voici la table des différentes ſortes de balles & de dragées que
les bimblotiers fabriquent au moule, & que les fondeurs de dragées fabriquent à l'eau.

La première ſorte, eſt la petite royale.

La 2e. eſt la bâtarde.

La 3e. eſt la groſſe royale.

La 4e. eſt appellée de la ſeconde ſorte.

La 5e. de la troiſième ſorte.

La 6e. de la quatrième.

La 7e. de la cinquième.

La 8e. de la ſixième.

La 9e. de la ſeptième.

La 10e. de la huitième.

Les balles ſe comptent par leur nombre à la livre.

La première ſorte eſt des 16 à la livre.

La ſeconde des 18.

La troiſième des 20.

La quatrième des 22.

La cinquième des 24.

La ſixième des 26.

La ſeptième des 28.

La huitième des 30.

La neuvième des 32.

La dixième des 34.

La onzième des 36.

La douzième des 38.

La treizième des 40.

La quatorzième des 42.

La quinzième des 44.

La ſeizième des 46.

La dix-ſeptième des 48.

La dix-huitième des 50.

La dix-neuvième des 52.

La vingtième des 54.

La vingt-unième des 56.

La vingt-deuxième des 58.

La vingt-troiſième des 60.

De 60 à 80, il n'y a point de ſorte de balles de plomb intermédiaires, non plus que de 80 à 100, & de 100 à 120; 120 eſt la plus
petite ſorte de balles. Ainſi il y a vingt-ſix ſortes de balles, dont

La vingt-quatrième eſt des 80.

La vingt-cinquième eſt des 100.

La vingt-ſixième eſt des 120. *Encycl.*

DRAP, étoffe de réſiſtance, non croiſée, & très-chaude,
propre à faire des vêtemens, des lits & des meubles d'hyver ; des
doublures de carroſſes, de chaiſes roulantes & à porteurs, &c.
Elle eſt quelquefois toute de laine ; d'autres fois moitié laine,

moitié fil, mêlée souvent d'autres matières propres à l'ourdissage, & aussi croisée. C'est proprement un tissu fait de fils de laine entre-lassés dont les uns, qu'on nomme la *chaîne*, s'étendent en longueur d'un bout à l'autre de la pièce; & les autres, qui s'appellent la *trame*, sont disposés en travers sur la largeur de l'étoffe.

Les draps se fabriquent sur le métier, de même que la toile, les droguets, les étamines, les camelots, & autres semblables étoffes, qui n'ont point de croisures.

Il s'en fait de plusieurs qualités; de fins, de moyens, de gros, ou forts : les uns teints en laine de diverses couleurs; c'est-à-dire, dont la laine a été teinte & mélangée, avant que d'être filée & travaillée sur le métier : les autres tous blancs, destinés pour être teints en écarlate, en noir, en bleu, en rouge, en verd, en jaune &c.

Leurs largeurs & longueurs sont différentes, suivant leurs qualités, & les lieux où ils se fabriquent.

Plusieurs choses doivent s'observer, & sont nécessaires, pour qu'un drap soit bien fabriqué.

Il faut 1°. que la laine soit fine & de bonne qualité, bien dé-& lavée, bien battue & nettoyée de toutes ses ordures.

2°. Qu'elle soit également filée; en observant néanmoins que le fil de la chaîne soit plus tors & plus fin filé, que celui de la trame.

3°. Que le drap soit bien tissé, c'est-à-dire, qu'il soit travail-lé & frappé sur le métier, d'une manière à être clos & serré, sans rester creux ni lâche.

4°. Qu'il ne soit employé de laine plus fine, ni de moindre qualité à un bout de la pièce, que dans tout le reste de sa longueur & de sa largeur.

5°. Que les lisières soient suffisamment fortes & qu'elles restent de pareille longueur que l'étoffe; qu'elles soient composées de bonne matière, comme de laine, de poil d'autruche, ou de poil de chien de Dannemarc, dont le dernier est le plus estimé.

6°. Que le drap soit bien énoué, épontié & nettoyé de toutes ses imperfections.

7°. Qu'il soit d'abord bien dégraissé avec de la bonne terre bien préparée, ensuite foulé avec le meilleur savon blanc, & après, dégorgé dans de l'eau pure & claire.

8°. Qu'il soit lainé comme il faut, c'est-à-dire, que le poil en soit tiré à propos du côté de l'endroit sur la perche, avec le chardon sans être trop effondré.

9°. Qu'il soit tondu de bien près, sans néanmoins que fond en soit découvert.

10°. Que la teinture en soit bonne.

11º. Qu'il ne foit ramé ou tiré qu'autant qu'il eſt néceſſaire pour le dreſſer quarrément, & le mettre à ſa juſte largeur & longueur.

12º. Enfin, qu'il ne foit preſſé ou cati qu'à froid ; la preſſe ou cati à chaud étant tout-à-fait contraire à la perfection des étoffes de laine.

Manière de fabriquer avec perfection les draps blancs fins, deſtinés pour la teinture.

Les meilleures laines, dont on puiſſe ſe ſervir pour la manufacture des draps fins, ſont celles d'Eſpagne, particuliérement celles qui ſe tirent de Ségovie.

Pour s'en ſervir avec ſuccès, il eſt néceſſaire, en la tirant des balles, de la dégraiſſer, ce qui ſe fait en la mettant dans une chaudière remplie d'un bain plus que tiède, compoſé de trois quarts d'eau claire, & d'un quart d'urine : après qu'elle a reſté dans le bain un tems ſuffiſant pour en fondre & détacher la graiſſe dont elle peut être chargée, on la doit tirer, pour la faire égoutter ; & lorſqu'elle a été ſuffiſamment égouttée, on la porte laver à la rivière. On connoît que la laine a été bien dégraiſſée, quand elle eſt ſèche au toucher, & qu'elle n'a aucune odeur, que l'odeur naturelle du mouton.

La laine ayant été dégraiſſée & lavée, on la doit mettre dans le grenier, pour y ſécher doucement à l'ombre ; l'ardeur du ſoleil étant capable de la rendre rude, & de mauvaiſe qualité.

Après qu'elle a été bien ſéchée, on la bat avec des baguettes, ſur des claies de bois, ou de corde, pour en faire ſortir la poudre, & les plus groſſes ordures. Plus la laine eſt battue, & nettoyée de ſes ordures, plus elle devient douce & facile à filer ; c'eſt pourquoi cette façon ne lui doit point être épargnée.

La laine, ainſi préparée, eſt donnée à des éplucheuſes, qui ont ſoin de la bien manier, pour en ôter & éplucher le reſte des ordures, que les baguettes n'ont pu en faire ſortir.

Enſuite, on la met entre les mains du drouſſeur qu'on nomme auſſi *droſſeur ou trouſſeur*, dont l'emploi eſt d'engraiſſer la laine avec de l'huile, & de la carder avec de grandes cardes de fer, attachées ſur un chevalet de bois, diſpoſé en talut.

L'huile d'olive eſt la meilleure pour l'engraiſſage des laines ; & l'on en doit faire entrer un cinquième dans celles qui ſont deſtinées pour la trame, & un neuvième dans celles dont on veut compoſer la chaine.

Après que la laine a été bien engraiſſée & drouſſée, on la donne aux fileurs, qui ont ſoin de la carder de nouveau ſur le

genou

genou avec des petites cardes fines, & de la filer au rouet, en observant de rendre le fil de la chaine plus menu d'un tiers que celui de la trame, & beaucoup plus tors ; y ayant plus d'inconvéniens à le filer trop lâche, que de le trop tordre ; pour cela il faut tenir la main à ce qu'il soit filé à corde ouverte, c'est-à-dire, sans que la corde soit croisée ; au lieu que le fil de la trame doit être filé doux, ou lâche & à corde croisée.

Les fileurs ayant rendu leur fil, après l'avoir devidé sur l'asple ou devidoir, & l'avoir disposé en écheveaux, celui destiné pour la trame est mis en espoule, c'est-à-dire, qu'il est devidé sur de petits tuyaux ou morceaux de roseau, disposés à pouvoir être facilement placés dans la poche de la navette : à l'égard de celui qui est destiné pour la chaine, on le donne aux bobineuses qui le devident sur des rochets (qui sont des espèces de bobines de bois un peu grandes,) pour le disposer à être ourdi.

Après que la chaine a été ourdie par demi-portée, on la met entre les mains des colleurs, qui ont soin de l'empeser avec de la colle, dont celle qui est faite de ratures ou raclures de parchemin, est la plus estimée ; & lorsqu'elle est bien sèche, ils la donnent aux tisseurs qui la montent sur le métier.

La chaine étant montée sur le métier, les tisserands, qui sont deux sur un même métier, l'un à droite, & l'autre à gauche, marchent en même tems & alternativement sur un même pas, c'est-à-dire, tantôt sur le pas droit, & tantôt sur le pas gauche ; ce qui fait hausser & baisser avec égalité les fils de la chaine, entre lesquels ils lancent transversalement la navette de l'un à l'autre ; & chaque fois que la navette est lancée, & que le fil de la trame est placé dans la chaine, ils le frappent conjointement avec la chasse où est attaché le rot ou peigne, entre les broches ou dents duquel les fils de la chaine sont passés ; ce qu'ils font autant de fois qu'il est nécessaire, y ayant des draps dont on frappe la trame jusqu'à 12 & 13 coups de suite ; sçavoir, six à chaine ouverte, & sept à chaine fermée.

Il faut observer que plus les fils de la trame sont frappés & joints l'un contre l'autre, plus le drap est clos & serré ; ce qui fait qu'il ne se pèle point au foulon, qu'il soutient sans s'effondrer le travail du chardon, & qu'on trouve du profit sur la longueur.

Les tisseurs ayant continué de travailler jusqu'à ce que la chaine soit entiérement remplie de trame, le drap se trouve achevé ; & en cet état est nommé *drap en toile* parcequ'effectivement il ressemble beaucoup à de la grosse toile écrue. Il y a quelques endroits où les draps en toile sont appellés *draps en haire*.

Il faut observer, que toutes les fois que la laine est mise entre les mains de quelque ouvrier que ce soit, il faut toujours la lui donner au poids, & la reprendre de même ; en lui tenant compte cependant du déchet, en cas qu'il y en puisse avoir.

Le drap ayant été levé de dessus le métier, & déroulé de dessus l'ensoupleau, espèce de rouleau, sur lequel il a été roulé à mesure qu'il a été tissé, il est donné aux *énoueuses*.

Ces ouvrières sont des femmes employées à ôter des draps, avec de petites pincettes de fer, les nœuds de fils, pailles & ordures, qui peuvent s'y rencontrer. Cette façon s'appelle *énouer* ou *noper les draps en gras*, parcequ'ils sont encore tout gras de l'huile dont on s'étoit servi, pour préparer la laine, avant que d'être filée.

Le drap ainsi énoué & nettoyé de ses plus grosses imperfections, est porté à la foulerie, pour le dégraisser avec l'urine, ou avec une espèce de terre glaise bien épurée, & détrempée dans l'eau, qu'on met avec le drap dans la pile où il est foulé.

Après cette première façon du foulon, & que le drap a été dégraissé & dégorgé, comme il faut, de la terre ou de l'urine, avec de l'eau claire, il est remis de nouveau entre les mains des énoueuses, pour en ôter encore toutes les menues ordures, pailles & nœuds presqu'imperceptibles, qui pourroient leur être échappés la première fois ; ce qui se nomme *énouer*, *noper ou épontier en maigre*, parceque le drap n'est plus chargé de graisse. Voyez *Foulon.*

Cette façon ayant été donnée au drap, le nom du manufacturier qui l'a fait fabriquer, avec celui du lieu de sa fabrique & le numéro de la pièce, sont mis au chef & premier bout avec de la laine de couleur, différente de celle du drap, suivant qu'il est porté par les réglemens des manufactures.

Ensuite on porte le drap pour la seconde fois à la foulerie, où il est mis dans la pile, & foulé avec de l'eau chaude, dans laquelle on a fait dissoudre 5 ou 6 livres de savon, dont le blanc est le plus estimé, particuliérement celui de Gènes ou de Marseille.

Le drap ayant été foulé pendant une heure & demie, on le sort de la pile pour le lisser, c'est-à-dire, le tirer par les lisières sur la largeur, afin d'en ôter les ribaudures & anguilles, qui sont des espèces de faux plis ou bourrelets, causés par la force des maillets ou pilons, qui sont tombés sur le drap qu'on a mis dans la pile.

Le lissage se réitère de deux en deux heures, jusqu'à ce que le drap soit entiérement foulé (ce qui s'appelle *foulé en fort,*) & qu'il soit enfin réduit à la juste largeur qu'il doit avoir, par rapport à son espèce & à sa qualité, & conformément aux réglemens des manufactures ; après quoi on le fait dégorger dans la pile avec de l'eau claire, pour le purifier du favon ; puis enfin on le fort de la pile, pour n'y plus rentrer.

Le drap, au fortir de la pile, eft mis encore tout mouillé entre les mains des laineurs ou applaigneurs, pour le lainer, c'eft-à-dire, en tirer le poil du côté de l'endroit, fur la perche avec le chardon mort, dont ils lui donnent deux voies, tours, cours ou traits (tous ces termes étant fynonymes) en commençant à contrepoil, depuis la queue jufqu'au chef, & finiffant à poil du chef à la queue.

Après que le drap a eu ce premier lainage, & lorfqu'il eft entiérement fec, le tondeur le prend, pour lui donner fa première coupe ou tonture ; ce qui fe dit, felon les lieux, *tondre en première voie*, *en première coupe*, &c.

Cette première tonture achevée, les laineurs reprennent le drap ; & après l'avoir bien mouillé, ils lui donnent autant de voies de chardon qu'il eft néceffaire, felon fon efpèce & fa qualité, en commençant toujours à contre-poil, & finiffant à poil, en obfervant que le chardon foit donné de moins vif en plus vif, c'eft-à-dire qu'on commence à lainer avec du chardon qui a déjà fervi, & qu'on continue de dégré en dégré jufqu'à la fixième forte.

Le drap ainfi lainé & bien féché, eft remis entre les mains du tondeur, qui le tond pour la deuxième fois ; ce qui fe nomme *tondre en feconde voie*, *en feconde coupe*, *en feconde eau*, ou *en reparage*.

Puis les laineurs le reprennent pour la troifième fois ; & après l'avoir bien humecté d'eau, lui donnent encore autant de voies de chardon qu'il convient ; en obfervant toujours que le chardon foit de moins vif en plus vif, & que les voies foient données alternativement, à contre-poil & à poil, enforte cependant que la dernière foit à poil, afin de commencer à ranger la laine fur le drap.

Après ce troifième lainage, le drap eft derechef féché & donné aux tondeurs, qui lui donnnent une troifième tonture ; ce qui s'appelle *tondre en troifième voie*, *en troifième eau*, ou *en troifième coupe*.

Enfuite il eft remis pour la quatrième & dernière fois entre les mains des laineurs, qui le remouillent de nouveau, & lui donnent encore autant de voies de chardon qu'il eft jugé néceffaire, & toujours de moins vif en plus vif, fans néanmoins fe fervir de chardon neuf ; en obfervant que ces dernières voies foient toutes données à poil, afin d'achever de bien ranger la laine fur la fuperficie du drap, d'un bout à l'autre de la pièce, & le mettre à fa dernière perfection de lainage.

Il faut remarquer qu'il est absolument nécessaire d'entretenir le drap toujours mouillé, tant qu'on travaille à le lainer avec le chardon sur la perche; ce qui se fait en l'arrosant avec de l'eau de tems-en-tems.

Ce dernier lainage achevé, le drap est séché, & remis entre les mains du tondeur, qui lui donne autant de coupes, qu'il est jugé nécessaire pour la perfection de l'étoffe, ce qui s'appelle *tondre en affinage ou à fin.*

Il faut faire une seconde remarque, que toutes les coupes qui se donnent aux draps, doivent être données du côté de l'endroit, à l'exception des deux dernières, qui doivent être faites du côté de l'envers; ce qui se nomme *coupes d'envers ou traversage.* Il faut encore observer que les draps ne sçauroient être trop secs, quand il s'agit de les tondre.

Le drap ayant été bien tissé, foulé, lainé & tondu, on le fait liter, & on l'envoie à la teinture; en observant que, s'il est destiné pour être teint en noir, il ne se lite point; n'y ayant que ceux pour l'écarlate, le bleu, le rouge, le verd, & autres semblables couleurs qui doivent être lités.

Manière de donner aux draps une couleur de verd-céladon plus belle & plus fraîche que celle des Anglois. Par M. Albert *de la Société Royale des Sciences de Montpellier & de Toulouse.*

Rien n'est plus important pour le soutien du commerce des draps, que la beauté & la solidité des couleurs. Elles ne contribuent pas moins à la réputation de nos manufactures que la bonne fabrication. L'étendue de notre commerce du Levant qui doit la plus grande partie de ses progrès à leur variété & à leur fraîcheur, en est une preuve des plus convaincantes, & fait voir en même tems que ce n'est pas toujours par les opérations les plus curieuses & les plus compliquées que les arts sont les plus utiles à la société.

C'est d'après ces vues que M. Albert s'est appliqué à perfectionner la couleur du verd-céladon, & qu'il a cherché à imiter en France le brillant de la nuance Angloise faite au verd-de-gris. Après plusieurs essais, dont nous supprimons ici le détail, il est enfin parvenu à une méthode sûre, dont il décrit la manipulation de la manière suivante.

» Je pris six livres de savon blanc, poids de table, pour trois » pièces de londrins seconds d'environ 16 à 17 aunes de lon- » gueur sur une aune & un seize de large entre les deux lisières. » Je fis fondre ce savon la veille de l'opération dans un petit » chauderon. Quand le bain de la grande chaudière, dans laquelle

» j'avois mis un réseau de corde , fut prêt à bouillir , j'y versai
» le savon fondu , & fis pallier le bain avec le rable , jusqu'à ce
» que le savon me parût aussi bien dissous qu'il pouvoit l'être.
» Alors j'y fis plonger les draps que j'avois auparavant fait mouil-
» ler au foulon. On les mena sur le tour doucement & au large
» pendant une heure ; & comme il seroit très-dangereux pour
» les ouvriers & pour les draps de faire bouillir le bain, à cause
» de la violente élevation des bouillons qu'on a beaucoup de
» peine à abattre , & de l'impossibilité qu'il y a de foncer les
» draps , je me contentai de le tenir presque bouillant , & de
» faire recevoir les draps derrière le tour avec des lizoirs.

» Après cette espèce de bouillon , & dans le tems qu'on éven-
» toit les draps, je versai la dissolution de neuf livres de vitriol
» de Chypre , faite précédemment , dans une autre chaudière
» que j'avois fait préparer , où j'avois aussi fait mettre un au-
» tre réseau. Quand le bain fut un peu plus que tiède & pi-
» quant , on le pallia pendant un demi-quart d'heure ; je fis fer-
» mer la porte du fourneau sans en ôter le feu , & j'y fis plon-
» ger les draps. On les tourna fort vite & au large pendant un
» quart d'heure , & ensuite doucement pendant une demi-heure ,
» en observant toujours que le bain fût à peu-près dans le mê-
» me dégré de chaleur , cette circonstance étant des plus essen-
» tielles ; parceque j'avois souvent éprouvé qu'une trop grande
» chaleur faisoit rancir & manquer cette couleur qui , quoique
» bien faite , éprouve souvent le même sort , lorsque dans les
» apprêts on lui donne la platine trop chaude «.

La couleur du verd-céladon, faite suivant ce procédé , a été trouvée d'une finesse & d'une fraîcheur admirable. Les négocians François, établis à Constantinople, en ont demandé avec empresse-
ment , & ont écrit à leurs correspondans que cette nouvelle nuance avoit fait tomber celle des Anglois , & qu'elle étoit fort recherchée dans le Levant.

Toutes les eaux ne dissolvant pas également bien le savon, la
manipulation ci-dessus n'a pas eu le même succès dans toutes les
manufactures. Aussi les teinturiers qui n'ont pas été à portée d'avoir
des eaux pures, ont été obligés d'abandonner le procédé au savon ,
& de n'employer le vitriol de Chypre que dans un bain un peu
piquant. Les couleurs qui en résultent n'ont pas, à beaucoup près ,
ni l'intensité, ni la fraîcheur de celles faites au savon dans les manufactures où les eaux sont propres à l'opération. D'ailleurs , en sup-
primant le savon, il arrive assez souvent qu'on manque la nuance
par trop de chaleur.

Pour remédier à ces inconvéniens, M. Albert propose plusieurs
moyens. Il dit de substituer au savon le sel de soude, ou celui des

cendres gravelées, ou le nitre, ou enfin l'eau de chaux; mais il avertit qu'aucune de ces opérations ne donne des couleurs aussi fraîches que celles du premier procédé.

Ce dernier motif est ce qui l'a porté à introduire dans plusieurs manufactures du Languedoc l'usage du verd & du bleu de Saxe, dont l'opération se fait sans savon, & qui donne un verd-céladon aussi beau que celui qui est fait avec le vitriol. Cette dernière méthode est praticable par-tout, & a l'avantage de varier les nuances à l'infini, au lieu qu'avec le vitriol & le savon, ou avec le vitriol seul on ne peut presque faire la même nuance. *Journal Écon. Avril*, 1756, p. 100 à 104. (a).

Le drap étant teint comme il faut (b) & bien lavé dans l'eau claire, le tondeur le reprend, &, encore tout mouillé, en couche le poil avec la brosse sur la table à tondre, & le met ensuite sur la rame, où il est étendu, & tiré sur le long & sur le large, seulement autant qu'il est nécessaire pour le bien unir, le dresser quarrément, & le mettre juste à sa longueur & largeur, sans le trop forcer, en observant de le brosser derechef à poil, étant un peu humide, & sur la rame.

Après que le drap est entiérement sec, on le lève de dessus la rame, pour le brosser encore, & le thuiller sur la table à tondre, afin d'achever de lui coucher le poil; ensuite on le plie, & on le met à froid sous une presse, pour le rendre parfaitement uni, & lui donner une espèce de cati, qui n'est proprement qu'un petit lustre, qui donne un bel œil à l'étoffe.

Ce cati, qu'on nomme *Cati à froid*, pour le distinguer du cati à chaud, se donne en mettant dans chaque pli de la pièce de drap, une feuille de vélin, ou de carton bien fin, & pardessus le tout une planche de bois quarrée, sur laquelle on fait descendre, par le moyen d'un lévier, la vis de la presse avec autant de force qu'on le juge à propos, par rapport à l'espèce & à la qualité du drap. Il n'y a guère cependant qu'aux draps-écarlate, bleus, rouges, & autres de pareilles couleurs, auxquels on doive donner cette dernière façon; car pour les draps noirs, ils n'en ont pas besoin.

Enfin, le drap hors de dessus la presse, on en retire les cartons, & on l'appointe, & alors il est en état d'être vendu & employé.

(a) Le même M. Albert a donné aussi le *Procédé pour teindre en noir sans aucun pied de bleu ni de racinage, une pièce de drap ou telle autre étoffe de laine du poids de 25 livres.* Ce procédé a été envoyé à toutes les chambres de commerce. Voyez. *Journal de Commerce*, Mai 1761. p. 157. Voy. *Teinture.*

(b) Voyez *la Manière de teindre les draps avec l'explication de la théorie du syphon*, dans le *Journ. Écon.* 1758, p. 186.

Pour ce qui regarde les draps mêlangés, la manière dont on fait le mêlange des laines qu'on y emploie, & ce qu'il peut y avoir de différence entre leur fabrique & celle des draps en blanc, voyez *Feutre*.

Après avoir donné une idée générale sur la manière de fabriquer les draps dans toute leur perfection, on a cru qu'il ne seroit pas hors de propos de rapporter ici les articles des réglement des manufactures, tant généraux que particuliers, qui fixent les longueurs & largeurs différentes qu'ils doivent avoir, suivant leurs diverses qualités, les lieux où ils se fabriquent, & les manufactures étrangères qu'on veut imiter.

Extrait du Réglement général du mois d'Août 1669.

ART. I. Tous les draps, façon d'Espagne, blancs, gris & mêlés, feront faits de la largeur d'une aune & demie avec les lisières, lesquelles ne pourront excéder deux pouces de large, & la pièce aura 21 aunes de long.

II. Les Draps Duffeau de Rouen, de Darnetal, de Dieppe, les seizans de Seslas, & autres de pareille forte & qualité, auront une aune de large, & la pièce 20 à 21 aunes de long.

III. Les draps blancs forts d'Elbeuf, de Romorentin, de Bourges, d'Issoudun, d'Aubigny, de Vierzon, de S. Genoux, de Laon, de Salbry, de Seignelay, & autres lieux où il se fait de pareilles marchandises, auront une aune de large, les lisières comprises, & 14 à 15 aunes de long.

IV. Les draps de Château-Roux auront une aune de large, les lisières comprises, & 10 aunes & demie à 11 aunes de long, d'autant qu'ils se vendent à la pièce.

V. Les draps blancs de St. Lubin, de Gizors, & d'autres lieux circonvoisins, auront une aune & un seize de largeur entre les lisières, & feront de 28 à 30 aunes de long ; & les draps gris des mêmes lieux auront une aune de large, les lisières comprises, & 20 aunes de long.

VI. Les draps de Dreux, blancs & gris, de Vire, de Dampierre, de Cerville de Blevy, d'Argentan, d'Ecouché, de Valogne, de Cherbourg, de Verneuil au Perche, de Senlis, de Soissons, de Meaux, de Lisi, de Meru, de Château-Regnard, de Château-Regnaud, de Foucarmont, d'Ancennes, de Gamache, d'Auchy-le Château, tant fins que moyens, auront une aune de large, les lisières comprises, & 30 à 32 aunes de long.

Par Arrêt du Conseil du 19 Février 1671, il est permis de faire des draps fins de cinq quarts de large entre les deux lisières ; & des draps de bas prix , de 40 & 45 fols l'aune de 3 quarts de large , & de 23 à 24 aunes de long.

Extrait du Réglement particulier de la Draperie Royale de Sedan, du 16 Septembre 1666 qui règle la manière de faire les draps fins, façon d'Espagne & d'Hollande.

VI. Les draps fins feront faits de trois qualités ; la première , de fine laine de Ségovie, fans aucun mêlange ; la feconde Segoviane , avec le grand Albarazin, feconde Ségovie, & laine de Soria ; & la troifième, des autres moyennes fortes de laines d'efpagne.

VII. Les draps blancs , qui font pour teindre en noir , & autres couleurs unies , qui feront de la première forte, auront 3400 à 3600 fils ; & les couleurs barrées & mêlées auront 2800 à 3000 fils ; ceux de la feconde forte, pour teindre en noir ou en autres couleurs unies, auront 3200 à 3400 fils ; & les barrées, ou en autres couleurs mêlées, 2600 à 2800 fils ; & les draps de la troifième forte noirs ou de couleurs unies, 3000 à 3200 fils ; & pour les autres couleurs mêlées 2600 fils à 2800.

VIII. Les draps, façon d'Espagne , feront de la largeur d'une aune & demie ; & ceux de la façon de Hollande , de la largeur de quatre tiers ; & la pièce fera de 20 aunes, parceque la coupe en eft plus favorable pour le détailleur.

M. J. A. Poupart &c. conduifent actuellement l'établiffement de la fabrique des draps de Sedan, & leur manufacture eft royale & privilégiée par Lettres-Patentes de 1754. On y trouve des draps fuperfins, forts, double-noirs, & de toutes les qualités dans cette couleur ; des draps-écarlate fuperfins de la première force & qualité, & de la teinture des Gobelins.

Des draps de la même qualité auffi forts & auffi fins en violet , en cramoifi, en chamois, en jaune, en blanc parfait & naturel, en gris, en bleu de Roi naturel, dans toutes les nuances qu'on peut fouhaiter ; les bleus, les blancs & les jaunes font propres pour l'uniforme des officiers d'infanterie & de cavalerie. Si on paie comptant, on excompte 6 pour cent. *Journal de Commerce*, Mai, 1761, p. 152.

Le Réglement du 4 Novembre 1698 pour les manufactures de laine de la Province du Poitou , ordonne , Article 10 : que les draps qui fe fabriquent de laine pure à Fontenay-le-Comte & à Coulouges, qui doivent avoir une aune de large, & 15 à 16 aunes de long, tout apprêtés, auront deux aunes de large, & 22 à 24 aunes de long en toile au fortir du métier.

Plufieurs manufactures du Royaume, particuliérement celles des Provinces du Languedoc du Dauphiné & de la Provence, fourniffent quantité de draps, pour le commerce des Echelles du Levant, qui fe fait par le port de Marfeille.

DRAP.

Il n'y avoit au commencement du seizième siècle, qu'une seule fabrique de draps en Languedoc. Elle fut établie par des gentilshommes du nom de *Varennes* dans un lieu appellé *Saptes*, auprès de Carcassonne. Les négocians de Marseille vinrent au secours des descendans de cette famille, & présentèrent à M. Colbert les moyens d'ouvrir & de partager, avec les Hollandois & les Anglois, le commerce aux Échelles du Levant. Ces moyens étoient simples, & ne consistoient qu'à encourager l'établissement des fabriques de draps à l'imitation de ceux qu'y portoient les Anglois & les Hollandois. Ces draps se faisoient pour la plupart avec la laine d'Espagne, &, comme nous sommes plus près qu'eux & de l'Espagne & des pays de consommation, il fut aisé de démontrer que nous pouvions introduire en Languedoc les matières premières, faire des draps & les vendre à meilleur marché que nos rivaux. M. Colbert reconnut la solidité de ces moyens, & encouragea le sieur Varennes à multiplier les métiers de sa fabrique. Celui-ci passa en Hollande, d'où il amena des fabricans, & fit faire des draps dits Londrins, qu'il envoya au Levant. Il se forma bientôt une compagnie pour faire des Londrins à l'imitation de la fabrique des Saptes. On construisit à cet effet une maison considérable près de Clermont-Lodève. Il se fit à Carcassonne une troisième manufacture qui a réussi parfaitement par les soins de M. Castanier, dont le descendant, aujourd'hui l'un des directeurs de la compagnie des Indes, a fait connoître l'étendue de son génie par ses vastes entreprises. Les Turcs prirent goût aux draps du Languedoc, malgré les efforts de nos rivaux pour en traverser le débit ; mais ce commerce peu étendu au commencement de ce siècle, n'étoit pas encore parfaitement connu lorsque la peste interrompit celui de Marseille. Quand elle eut cessé ses ravages, la consommation de nos draperies dans les Echelles du Levant augmenta considérablement. Depuis cette époque jusqu'en 1729 elle fut portée de trente-deux mille pièces, jusqu'à cinquante mille cinq cens ; & depuis 1729 jusqu'en 1736, à cinquante-neuf mille pièces. L'auteur fait voir que, si cette consommation n'a pas toujours été en augmentant, c'est parce qu'on a gêné ce commerce par des réglemens, des fixations de prix & des répartitions de vente qui n'ont pû tout au plus que le maintenir dans l'état où la liberté illimitée l'avoit porté jusqu'à l'époque de 1736. (a).

A mesure que les manufactures se sont multipliées & perfec-

(a) Voyez *Questions sur le Commerce des François au Levant*, in-12. Marseille 1755. Voyez aussi une *Lettre de Constantinople* du 15 Décembre 1759. où l'on critique les *Remarques sur diverses branches de Commerce & de Navigation*, au sujet de la liberté du Commerce des draps au Levant &c. *Journal de Commerce*, Avril, 1760. p. 144.

tionnées en France , le commerce des Anglois a diminué aux
Echelles du Levant. *Année Littér.* 1757. *N.* 23. *p.* 201.

Ces fortes de draps , dont les noms , les qualités , les longueurs
& les largeurs font différentes de celles des autres draps, deftinés
pour la confommation du dedans du Royaume , ont donné lieu à
plufieurs réglemens. Le dernier , qui renferme tous les autres , eft
du 20 Novembre 1708.

Le commerce des draps d'Angleterre au Levant fe fait principalement à Alep par 5 ou 6 maifons Angloifes. Cette Echelle en
confommoit autrefois 3 mille ballots ; on prétend que tant à Alep
qu'à Alexandrie , il ne s'en débite plus annuellement que 1400,
encore y a-t-il beaucoup de draps inférieurs ; cela vient du mo-
nopole de ce commerce ; mais à préfent que les Anglois ont rendu la liberté à ce commerce en 1754 , ils pourront l'augmenter
aux dépens de celui des François.

Comme il fe commet toujours de grands abus, tant en France,
que dans les pays étrangers , dans la vente & débit des draps fins
& ratines de la manufacture des Srs. Van Robais & Neveux ,
établie à Abbeville , ce qui leur eft , & au public , extrêmement
préjudiciable , on eft obligé d'Informer de nouveau , les perfonnes qui fouhaiteront faire ufage defdites étoffes , que par privilège de S. M. T. C. exclufif à tous autres , tous les draps & ratines de ladite manufacture , font diftingués , & peuvent être facilement reconnus ; 1°. par les lifières qui font de couleur bleue
avec 4 fils aurore, tiffus entre le bleu de la lifière & le drap ou
ratine ; 2°. par les mots *Van Robais & Neveux à Abbeville*, brodés en laine & en gros caractères au chef & à la queue de chaque pièce ; & en 3e. lieu par 2 grands plombs fans queue, appo-
fés l'un fur l'étoffe même au commencement de la pièce , & l'autre à la fin , au bout d'une des deux lifières, lefquels font gravés
d'un côté aux armes de France , avec le nom *Van Robais* au deffous de l'écuffon , & fur le revers font écrits ces mots : *Manufac-*
ture Royale des Draps fins d'Abbeville. Cet avis a été publié en
1749.

Les fabriques de draps de Leyde ne font prefque rien en comparaifon de ce qu'elles étoient dans le dernier fiècle. Elles diminuent même fenfiblement d'une année à l'autre. Il y a à
peine 40 ans qu'on comptoit à Leyde plus de manufacturiers-
drapiers qu'il ne s'y fabrique maintenant de pièces de draps. Dans
les années 1735 & 1736, il y avoit encore à Leyde 80, tant manufacturiers, qu'ouvriers-drapiers ; aujourd'hui il ne s'y en trouve
au plus que 35 ou 36, & à préfent il n'y en a que 2 ou 3 qui
aient un apprentif. Il en eft de même des autres étoffes. Extrait
du *Journal Économ.* Décembre , 1754. p. 129.

On a établi à Copenhague des fabriques de draps & autres étoffes de laine qui réuffiffent très-bien, & qu'on perfectionne tous les jours ; auffi toutes les étoffes de laine, des pays étrangers, y font défendues févérement, puifqu'on en peut déja fournir de différentes qualités, couleurs & prix aux étrangers même. Les draps fins de 10 quarts, fe vendent en gros à deux Rd. & demie l'aune de Dannemarck, excepté les cramoifis & écarlates qui coutent 3 Rd. & 32 fols lubs. Et les draps ordinaires de 8 quarts, font depuis Rd. 1. 6 fols à Rd. 1. 16 fols. Les Suédois en fabriquent également. Les Vénitiens ont auffi établi de grandes manufactures de draps. Par-tout où l'on a des laines, & où on peut en avoir aifément, il eft important d'y établir de telles manufactures.

La manufacture de draps, établie à Limbourg, réunit, dit-on, l'art de fabriquer les mêmes qualités de draps des manufactures les plus renommées de France & d'Angleterre. Elle eft aujourd'hui une des plus confidérables de l'Europe ; elle s'eft acquife une réputation générale chez l'étranger, même en France, qui en tire confidérablement de draps, quoique tous les draps étrangers y foient de contrebande. Il n'eft point aujourd'hui de manufacture de draps qui ait un débit plus étendu en draps communs & fuperfins de toutes couleurs. La manufacture de Limbourg s'eft élevée à ce dégré de perfection, que les marchands donnent également à leurs draps, les noms de Sedan, d'Abbeville & d'Angleterre, & qu'il n'eft pas poffible de les diftinguer, & elle a cet avantage bien précieux d'établir fes draps à meilleur marché, par le bas prix de la main d'œuvre ; il y a plus de 50 fabricans dans Limbourg. Les négocians en draps de Bruxelles font ceux qui font les plus grands envois à l'étranger des draps de Limbourg. *Journal de Commerce.* Sept. 1761, p. 151.

L'Efpagne fabrique actuellement des draps communs & moyens en affez grande quantité pour fuffire à la confommation du pays ; on pourroit même en vendre aux étrangers. Les draps fins font encore loin de la perfection de ceux de France, d'Angleterre & de Hollande : ceux de Guadalaxare font d'affez belle apparence, & d'un bon ufé ; mais ils n'ont pas l'œil & la fineffe de ceux de ces pays. *Voyez* Uftaritz *Théorie & prat. du Commerce, chap.* 100.

On appelle draps *billards*, certains draps très-larges, qui ne font uniquement propres qu'à couvrir des jeux de billard, d'où ils ont pris leur nom. Leur largeur la plus ordinaire eft une aune 3 quarts ; chaque pièce contenant depuis 13 jufqu'à 15 aunes mefure de Paris.

Les lieux où il s'en fabrique le plus de cette efpèce, font Elbeuf, Château-Roux & Romorentin, d'où ils font envoyés en blanc, & enfuite teints en verd, qui eft la couleur convenable à la couverture des billards.

Ceux d'Elbeuf l'emportent fur les autres, foit pour la fineffe, foit pour la bonté de la laine, ou pour le travail; auffi font-ils d'un prix beaucoup plus confidérable.

Drap. On appelle *petits draps*, les étoffes de laine, qui ordinairement fervent à faire des doublures; comme les ferges d'Aumalle, de Beauvais, & autres; les frizes, les frizons, les feltins &c.

Drap, fe dit auffi de toutes les riches étoffes d'or & d'argent fin, tant pleines, façonnées, frifées, brochées, que lainées; même de celles à fond d'or ou d'argent, chargées de fleurs, ou de ramages de foie, de diverfes couleurs & nuances.

Quoique les étoffes d'or & d'argent, pleines, c'eft-à-dire celles qui font tout unies, fans fleurs ni frifures, ni façons, foient mifes au rang des draps d'or & d'argent, cependant on les appelle plus ordinairement *tiffus d'or & d'argent*.

Les draps d'or & d'argent s'emploient ordinairement à faire des emmeublemens, des ornemens d'églife, des veftes pour les hommes, des jupes & manteaux pour les femmes, & autres femblables ouvrages. La plupart de ceux qui fe voient en France, font manufacturés à Paris & à Lyon. Ils doivent avoir, fuivant les réglemens & ftatuts de ces lieux, de l'année 1667, une demi-aune moins 1 24e. de large.

Il fe fait en Italie, particuliérement à Venife, à Gènes, à Luques & à Turin, quantité de draps d'or & d'argent, qui font de la même largeur que ceux de France; mais les marchands de France n'en tirent que peu; quoique l'on prétende, cependant, que ce foit des Italiens que nous en tenons l'invention.

Il fe fabrique auffi des draps d'or & d'argent faux, qui font propres à faire des habits de théâtre, ou de ballets. Les réglemens & ftatuts, veulent que ces fortes de draps aient une feule lifière de couleur différente à la chaîne, afin d'en faire connoître la fauffeté, & que leur largeur foit d'une demi-aune entière pour les diftinguer des draps d'or & d'argent fins, qui n'ont qu'une demi aune moins un vingt-quatrième.

DRAPADES; ferges qui fe fabriquent à Sommières. Il y en a de deux efpèces; les fines qui ont 38 portées de 40 fils chacune, paffées au feize, 4 pans de large en toile, & 3 pans au fortir du foulon; & les communes qui ont 36 portées de 4 fils chacune, paffées au feize, 3 pans & deux tiers de large en toile, & 2 pans & demi au fortir du foulon. *Encyclop.*

DROGUE, fe dit généralement des épices & autres marchandifes qui viennent des pays éloignés & qui fervent à la médecine, à la teinture & aux arts.

Drogues des teinturiers.

Il y a trois fortes de drogues qui fervent à la teinture : les unes font les drogues non colorantes , qui ne donnent point de couleur d'elles-mêmes , mais qui difpofent feulement les étoffes à prendre mieux les couleurs , ou à rendre les couleurs plus brillantes. Les autres font les drogues colorantes, qui donnent une teinture ou une couleur ; & les troifièmes fervent aux deux fins

Les drogues non colorantes font l'alun , le tartre ou la gravelle, l'arfenic , le realgal , le falpêtre , le fel de nitre , le fel-gemme, le fel ammoniac , le fel commun , le fel minéral , le fel ou cryftal de tartre , l'agaric , l'efprit de vin , l'urine , l'étain , le fon , la farine de pois ou de froment , l'amidon , la chaux , les cendres communes , les cendres recuites , & les cendres gravelées.

Les drogues colorantes font les paftels , tant le lauragais que l'albigeois ; le vouède , l'indigo , le paftel d'écarlate , la graine d'écarlate , les cochenilles mefteque & tefquale , la cochenille campetiane ou filveftre , la garance , la bourre ou poil de chèvre , la terra merita ou curcuma, la gaude , la fariette , la geneftrolle , & la fuie de cheminée.

Toutes ces drogues , tant colorantes que non colorantes , ne font employées que par les teinturiers du grand & bon teint , à la réferve de la gaude dont ceux du petit teint peuvent fe fervir pour l'adouciffage des noirs , & le rabat des gris.

Il y a d'autres drogues qui font communes aux uns & aux autres , & qui font toutes peu ou beaucoup colorantes , comme la racine, l'écorce & la feuille de noyer, la coque de noix , la garou , la noix de galle , le fumac , le rodoul , le fouic & la couperofe.

Les teinturiers du petit teint peuvent auffi employer du bois d'Inde , de l'orfeille , & du verdet , ce qui eft défendu à ceux du grand teint.

Les drogues défendues à tous les teinturiers , tant du grand que du petit teint , font le bois de Bréfil , le rocou , le fafran bâtard , le tournefol , l'orcanette , la limaille de fer & de cuivre , les moulées de taillandiers , couteliers & émouleurs ; le vieux rodoul & le vieux Sumac , c'eft-à-dire , ceux qui ont déja fervi à paffer des cuirs.

A l'égard du bois de fuftet , du bois jaune , du trantanel , de la malherbe , de l'écorce d'aulne , elles ne font permifes ou tolérées que dans les provinces qui manquent de commodités pour avoir de meilleures drogues.

Drogues pour la médecine.

Ces drogues font en grand nombre, & font la meilleure partie du commerce des épiciers en gros. Quelques-unes croiffent & fe trouvent en France ; mais la plupart font apportées du Levant & des Indes Orientales & Occidentales. Voyez les articles de ces drogues. Voyez auffi l'*Hiftoire générale des drogues de Pomet*, imprimée en 1695 ; le *Traité univerfel des drogues, par ordre alphabétique*, que Lemery a rendu public en 1698, & réimprimé en 1727 ; le *Traité de la matière médicale*, par M. Geoffroi, publié en François, en 1743, & dont on a donné la fuite en 1750.

Drogue. C'eft ainfi que les artiftes appellent toute compofition dont ils font un fecret. Ainfi les drogues des éventailliftes font une compofition de gomme arabique, & de quelques autres ingrédiens, dont ils fe fervent pour appliquer les feuilles d'or où d'argent fur les papiers dont ils font leurs éventails, où pour les couvrir de l'un de ces métaux réduits en poudre.

Ces ouvriers s'en fervent auffi pour coller enfemble les papiers dont ils font leurs éventails, ou pour les couvrir de l'un de ces métaux réduits en poudre.

Ils s'en fervent encore pour coller enfemble les papiers, les canepins, les gazes, les taffetas & autres femblables matières dont ils font le fond de leurs éventails, lorfqu'ils font doubles, & pour y faire tenir les flèches des montures.

Les maîtres font un grand miftère de la compofition de cette drogue, où il ne paroît pas, néamoins, qu'il entre autre chofe que de la gomme & un peu de miel, liquéfiés dans l'eau. Elle s'applique avec une éponge très-fine. Voyez *Eventail & Colle à miel*

DROGUET ; étoffe, ou toute de laine ou plus fouvent moitié laine & moitié fil, quelquefois croifée, plus fouvent fans croifures.

On y fait auffi entrer de la foie ; il y en a de tout fil teint ou peint ; on fabrique ce genre d'étoffes différentes dans un grand nombre de villes. Il y en a d'autant d'efpèces, que les combinaifons des matières, du travail, de la longueur & de la largeur peuvent fournir de variétés.

Les droguets font fouvent nommés *pinchinas*, quoiqu'ils n'aient qu'un rapport très-éloigné aux véritables pinchinas, qui viennent de Toulon ou de Châlons en Champagne. Voyez *Pinchina*

Les lieux de France où il se fabrique le plus de droguets, sont Lude, Amboise, Partenay, Niort, Reims, Rouen, Darnetal, Verneuil au Perche, Troyes, Chaumont en Bassigny, Langres, & Châlons en Champagne.

Il se fait aussi de très-beaux droguets, mais d'une façon particulière à Bedarieux en Languedoc, & dans plusieurs villages circonvoisins. Ces droguets se débitent en Allemagne.

Les droguets de Lude sont tout de laine, tant en chaine qu'en trame, sans croisure. Leur largeur est d'une demi-aune, & la longueur des pièces est depuis 40 jusqu'à 50 aunes, mesure de Paris ; ce qui se doit entendre aussi à l'égard de toutes les autres longueurs & largeurs des droguets, dont il sera ci-après parlé.

A Amboise, il se fait deux sortes de droguets entiérement de laine ; les uns croisés & les autres non croisés. Les croisés, qu'on appelle dans le pays, *petits draps*, ont 2 tiers de large, sur 30 à 40 aunes de longueur ; & les non-croisés sont d'une demi-aune de large ; les pièces contenant depuis 50 jusqu'à 60 aunes de longueur.

Les droguets de Partenay ne sont point croisés : leur largeur est d'une demi-aune & leur longueur de 40 à 55 aunes. Il s'en fait de toute laine, tant en chaine qu'en trame ; & d'autres dont la chaîne est de fil, & la trame de laine.

Niort fournit des droguets tout de laine, les uns croisés, & les autres sans croisure, d'une demi-aune de large, sur 40 jusqu'à 50 de longueur. Les croisés sont les plus estimés, étant pour la plupart très-serrés & très-forts.

Les droguets de Reims ne sont point croisés. Leur largeur est d'une demi-aune, & la longueur des pièces est de 35 à 40 aunes. Ils sont pour l'ordinaire tout de laine prime de Ségovie finement filée ; ce qui leur donne une qualité supérieure à toutes les autres sortes de droguets qui se font dans les différentes fabriques de France, qui ne sont pour la plupart faits que de laine de pays grossiérement filée.

A Rouen, il se fait de trois sortes de droguets qui ne sont point croisés. Les uns sont tout de laine & d'une demi-aune de large, sur 25 jusqu'à 67 aunes de longueur. Les autres, qui sont souvent appellé *berluche*, ou *breluche*, ont la trame de laine, & la chaîne de fil, sur pareille longueur & largeur que les précédens. Cette seconde espèce de droguets approche beaucoup, pour la qualité & le prix, de ceux de Verneuil au Perche, dont il sera ci-après parlé : enfin les derniers, qu'on nomme communément *espagnolettes*, sont entiérement de laine, tirés à poil d'un côté, & quelquefois des deux ; ce qui les rend très-chauds : leur largeur est de 5 8mes. d'aune, & les pièces contiennent depuis 60 jusqu'à

80 aunes. Il se fait des droguets Espagnolettes de différentes qualités ; les uns très-fins, tout de laine d'Espagne mêlée de laine de pays ; & d'autres tout de laine de pays, qui sont les plus grossiers, & les moins estimés. Ils se fabriquent tous en blanc, & se teignent ensuite en différentes couleurs.

Les droguets de Darnetal sont semblables à ceux de Rouen, soit pour les qualités, soit pour les longueurs & les largeurs.

Verneuil au Perche fournit des droguets d'une demi-aune de large, sur 42 à 65 aunes de longueur, dont la chaîne est de fil, & la trame de laine de pays très-grosse. Ces sortes de droguets, sont de fort bas prix, ne valant tout au plus que 13 à 14 sols l'aune ; la consommation s'en fait d'ordinaire en Beausse, dans l'Orléanois, & aux environs de Paris, où les paysans en font des vêtemens.

Les droguets de Troyes sont croisés d'un côté, & point de l'autre ; la trame en est de laine, & la chaîne de fil ; leur largeur est d'une demi-aune, & leur longueur est depuis 35 aunes, jusqu'à 46 ; ils ne sont guère plus estimés que ceux de Verneuil, dont il vient d'être parlé.

A Chaumont en Bassigny, les droguets sont tout-à-fait semblables à ceux de Troyes, à l'exception que les pièces contiennent depuis 35 aunes jusqu'à 60.

Les droguets de Langres sont pareils, en qualité, en longueur, & en largeur, à ceux de Chaumont en Bassigny.

Châlons en Champagne fournit des droguets croisés tout de laine ; les uns de 5 8mes d'aune, & les autres de 2 tiers de large, sur 16 jusqu'à 35 aunes de longueur. Ces sortes de droguets sont aussi appellées *espagnolettes*, & la qualité en est très-bonne.

Il n'y a guère que les droguets espagnolettes de Rouen & de Darnetal, & quelques droguets sur fil qui se teignent en pièce ; car pour les autres, on les teint en laine ; c'est-à-dire, que la laine, dont ils sont composés, est teinte en diverses couleurs, & mélangée avant que d'être cardée, filée & travaillée sur le métier.

On appelle *droguets sur fil*, les droguets dont la trame est de laine, & la chaîne de fil.

Les droguets s'emploient ordinairement à faire des surtouts, justaucorps, vestes, & culottes. Il n'y a que les espagnolettes de Rouen & de Darnetal, dont l'usage ordinaire soit pour faire des doublures, des chemisettes, caleçons, jupons, & autres semblables vêtemens, pour se garantir du froid.

La Hollande & l'Angleterre fabriquent quantité de droguets non croisés tout de laine fine, ordinairement drapés, qui sont très beaux, très-estimés & très-recherchés par les étrangers.

Suivant les articles XX & XXVII du Réglement général des Manufactures

Manufactures du mois d'Août 1669, les droguets doivent être de deux largeurs & longueurs ; sçavoir, d'une demi-aune de large, sur 21 aunes de long, & de 7 12mes. de largeur, sur 35 à 40 aunes de longueur. Mais par le Réglement du 19 Février 1671, il a été permis de faire, à l'avenir, tous les droguets seulement d'une demi-aune de large.

L'Arrêt du Conseil d'Etat du Roi du 4 Novembre 1698, portant réglement pour les manufactures de la Province de Poitou, parmi les 33 articles, dont il est composé, en a 6 qui règlent les longueurs & les largeurs des différens droguets qui se fabriquent dans cette province, qui sont les 3, 4, 5, 6, 11 & 12.

Droguet de fil ; c'est une espèce d'étoffe toute de fil teint ou peint, à laquelle on donne improprement le nom de *droguet*. L'entrée de cette étoffe, ou droguet est prohibée en France, par un Arrêt du Conseil du 22 Novembre 1689.

Droguet, (*Manuf. en soie.*) Le droguet se travaille à la petite tire, qui lui est proprement affectée ; c'est le dessin qui en détermine l'espèce. Selon le dessin, cette étoffe est brillantée, cannelée, lustrinée, satinée, réduite, non réduite, &c. mais on la distribue sous deux dénominations générales : le *droguet satiné*, & le *droguet brillanté*. Dans l'un & l'autre, c'est le poil qui fait la figure. La chaîne en est ordinairement de 40 à 50 portées ; il en est de même du poil. La chaîne se distribue communément sur deux ensuples ; elle a été ourdie à deux fois, une des parties ayant plus de longueur que l'autre. La partie la plus longue s'appelle le *pivot*. Cette chaîne n'est point passée dans les maillons du corps ; elle est sur quatre lisses, avec une armure en taffetas, de manière que le pivot est sur deux lisses, & l'autre partie de chaîne sur deux autres. De son côté, le poil n'est point passé dans les lisses, mais seulement dans le corps, à l'exception des droguets satinés, où il se trouve sur cinq lisses ordinaires. Le droguet se travaille à deux marches : l'une pour le coup de plein, l'autre pour le coup de tire. Dans les droguets satinés, les cinq lisses sont tirées par le bouton.

Comme l'armure de la chaîne ou du fond est en taffetas, on comprend sans peine qu'une marche fait lever la chaîne, & l'autre le pivot. Le coup de plein passe sur la chaîne, & le coup de tire sur le pivot. Cette précaution est nécessaire, en ce que le coup de tire grossissant & augmentant la soie qui lève, par l'union qui s'en fait avec les fils que la marche fait lever, le tout levant ensemble, il arrive que la soie de chaîne boite ou emboite davantage dans l'étoffe, & que s'il n'y avoit point de pivot, mais que la chaîne fût toute sur un ensuple, la partie de foie qui leveroit avec la tire du poil, leveroit plus que celle qui lève feule, & empêcheroit l'étoffe de ferrer.

Avant l'invention des pivots, ces ouvriers étoient obligés de changer le mouvement des quatres liffes de taffetas, à toutes les deux ou trois aunes d'étoffe fabriquée, faifant lever tour-à-tour les deux liffes dont la foie étoit plus tirante fur le coup de plein. Mais cette attention ne prévenoit pas toute défectuofité; la mauvaife façon augmentoit même à mefure que la moitié de la chaîne étoit plus tendue que l'autre; & fi le changement de liffes y remédioit, ce n'étoit pas du moins avec le même avantage que le pivot y remédie.

Outre les droguets de foie dont nous venons de parler, il y en a d'or & d'argent; ce font des tiffus courans, dont la dorure eft liée par la découpure ou par la corde. Dans ce genre d'étoffe, le deffin eft communément petit, & l'armure la même qu'au ras de Sicile, parcequ'il ne fe lève point de liffe au coup de dorure, de manière que quatre marches fuffifent pour cette étoffe, deux pour le fond, deux pour l'accompagnage, qui doit être en taffetas ou gros de tours, généralement pour toute étoffe liée par la corde ou par la découpure.

Il fe fabrique auffi des droguets d'or brochés; ils font montés & armés comme les précédens. Ils tiennent leurs noms du deffin, & leur qualité de l'armure & du travail. *Encycl.*

DROMADAIRE, efpèce de chameau plus petit & plus foible que le vrai chameau. Voyez *Chameau.*

DUCAT, monnoie d'or qui a cours dans plufieurs Etats de l'Europe.

Les ducats d'or, font les ducats doubles & fimples d'Allemagne, de Hambourg, de Gènes, de Portugal, de Florence, de Hongrie, de Venife, (ceux de Florence, de Gènes, de Venife fe nomment plus ordinairement fequins,) de Dannemarck, de Pologne, de Befançon, de Zurich, de Suède, de Hollande, de Flandres, de Genève & d'Orange. Les plus forts de ces divers ducats font du poids de 5 den. 17 grains, & les plus foibles de 5 deniers 10 grains; ce qui s'entend des doubles ducats, & des fimples à proportion. Les vieux ducats de Hollande cordonnés valent 5 florins de banque, & en courant 5 flor. 4, un quart à 4 & demi, & les nouveaux valoient 5 flor. 5, un quart à 5 fols & demi en 1762, les ducats légers 45 flor. 15 à 10 fols l'once.

Les fimples ducats de 65 grains à 23 carats, valent réellement 6 liv. 4 fols 6 den. & à 23 carats & demi, 6 liv. 7 fols 3 den., ancienne monnoie de France, ou argent courant de Ge-

nève, & à préfent 6 liv. 10 f. à 6 liv. 12 f., ou 11 livres de France.
Ceux d'Allemagne font de 23 carats 5 grains du poids de 2 den.
16 grains, & y valent 4 flor. 7 & un demi, ou 4 fl. 9 kr. à 4 fl. 12
kreutz. Ceux de Hollande font de 2 engels, ou 64 grains, & ceux
de 1742 de 2 den. 17 grains à 23 & 7 24mes. de car. Ceux de
Hambourg 65 grains & demi, au titre de 23 carats & demi, & y
valoient 6 marcs & 3 & demi p°. d'avance, en 1762 en banque,
& 6 marcs 14 fols un quart en courant, en 1759, à Copenhague 7 marcs lubs, & en 1762, 7 & demi à 8 marcs lubs.

On porte aux Indes Orientales quantité de ducats d'or, frappés aux coins des Princes & Etats, dont on vient de parler;
mais de quelque fabrication qu'ils foient, ils doivent pefer 9,
vals & 5 16mes d'un carat, poids des Indes.

Le ducat de change d'Efpagne vaut 20 fols d'or ou de facilité, ou 375 maravedis, qui font 11 réaux & 1 marav. de plate,
& le même ducat n'eft compté en marchandifes que pour 11
réaux, ou 374 maravedis. Il valoit en 1762 à Amfterdam, 95
à 96 den. de banque.

Les Changes d'Efpagne avec Hambourg & Amfterdam, ne
fe font que par ducats; c'eft-à-dire, qu'on paie tant par ducat. Ils fe font auffi de même pour la foire de Novi en Italie.

C'eft auffi une monnoie de compte en plufieurs villes d'Italie, comme à Naples, à Venife & à Bergame. A Venife, il vaut
5 tarins, le tarin de 20 grains; ou plutôt 6 liv. 4 fols de banque, & le ducat d'argent 8 liv. piccoli de Venife, de 11 den.
5 grains; celui de Naples vaut 4 liv. 12 fols de France; & à
Bergame 7 liv.; la livre de 7 fols 6 deniers de France.

Les ducats ou fequins de Venife valoient en 1758, à Seyde & dans
Le Levant 155 paras ou piaftres . . 3. 35 meidins.
Ceux de Hongrie, de Suède & de Ruffie . 3. 20
Les Mofcovites & Barbarefques . . . 3. 10
Les Foundouki 3. 26
Les Gingerli & Zermabou 2. 30
Les Tourrely ou Mouftaphaurry . . . 2. 25

On appelle *or de ducat*, le meilleur or qu'on emploie pour
dorer. Voyez *Doreur*.

DUCATON. Monnoie d'or, qui fe fabrique & qui a cours
en Hollande. Il valoit flor. 15, 4 à 5 fols en 1762, argent courant.

Ducaton; c'eft auffi une monnoie d'argent, frappée pour la
plupart en Italie. Il y a auffi des ducatons de Flandre, de Hollande, & d'autres qu'on appelle ducatons du prince d'Orange.

Tous ces ducatons font à peu-près du même poids, & au même titre, & pèfent 1 once 1 denier, à l'exception de quelques-

uns de Florence, qui font de 1 once 1 denier & 12 grains. A l'égard du fin, ils en prennent tous 11 deniers & quelques grains; c'eft-à-dire, depuis 8 grains, qui font ceux du plus haut titre, jufqu'à 2, qui font les moindres.

Ducaton. On appelle auffi de la forte en Hollande les pièces de trois florins. Il y en a de deux fortes; les anciennes qui valent 63 fols, monnoie du pays; & les nouvelles, c'eft-à-dire, celles qui furent frappées pendant la guerre qui fuivit la Ligue d'Augsbourg, qui ne valent que 60 fols. Ces derniers ducatons ont pour diminutions, des demis, des tiers, & des quarts; ils furent prefque tous fabriqués des matières qui furent tirées d'Angleterre.

Les écus aux trois couronnes de France font appellés auffi *ducatons* en Hollande, & y valent 3 florins 3 fols, comme les autres.

Le ducaton d'argent des Pays-bas, eft fixé par un Edit de la Reine de Hongrie du 19 Septembre 1749, à 3 flor. argent de change, & à 3 flor. & demi argent-courant, au titre de 10 den. & 10 24mes., à la taille de 7 & de 7 10mes. au marc, poids de Troye, pefant 696 as & 88 147mes. de ce poids, & 626 grains, poids de marc de France. Il vaut 6 l. 9 f. 8 d. de France. *Dict. du Cit.*

DUCKSTEIN, efpèce de bière blanche, fameufe dans toute l'Allemagne, qui fe braffe à Konigflutter, dans le duché de Brunfwic-Wolffenbuttel; elle eft d'un goût très-agréable; on prétend qu'elle eft un bon remède contre la pierre & la gravelle. Il s'en fait un très-grand commerce. *Diction. univerfel de* Hubner. *Encyclop.*

DUCTILITÉ DE L'OR. Une des propriétés de l'or, eft d'être le plus ductile de tous les corps: les batteurs & les tireurs d'or nous en fourniffent un grand nombre d'exemples. Voyez *Or.* Le P. Merfenne, M. Rohault, M. Halley &c, en ont fait la fupputation, mais ils fe font appuyés fur les rapports des ouvriers. M. de Reaumur, dans les *Mémoires de l'Académie Royale des Sciences en 1713*, a pris une route plus fûre: il en a fait l'expérience lui-même: il trouve qu'un fimple grain d'or, même dans nos feuilles d'or communes, peut s'étendre jufqu'à occuper 36 pouces & demi quarrés; & une once d'or, qui mife en forme de cube n'eft pas la moitié d'un pouce en épaiffeur, longueur & largeur, battue avec le marteau, peut s'étendre en une furface de 146 pieds quarrés & demi, étendue près de la moitié plus grande que celle que l'on pouvoit lui donner il y a 90 ans. Du tems du Père Merfenne, on regardoit comme une chofe prodigieufe, qu'une once d'or pût former 1600 feuilles, lefquelles réunies ne faifoient qu'une furface de 105 pieds quarrés.

Mais la diftenfion de l'or fous le marteau, quoique très-conf-
fidérable, n'eft rien en comparaifon de celle qu'il éprouve en
paffant par la filière. Il y a des feuilles d'or qui ont à peine l'é-
paiffeur d'un 360000me. de pouce ; mais une 360000me. partie
d'un pouce eft une épaiffeur confidérable, en comparaifon de
l'épaiffeur de l'or filé fur la foie dans nos galons d'or.

Pour concevoir cette ductilité prodigieufe, il eft néceffaire de
donner à nos lecteurs quelqu'idée de la manière dont procèdent
les tireurs d'or. Le fil que l'on appelle communément du *fil d'or*,
& que tout le monde fçait n'être autre chofe qu'un fil d'argent doré
ou recouvert d'or, fe tire d'un gros lingot d'argent, pefant ordinairement 45 marc. On lui donne une forme de cylindre, d'un
pouce & demi environ de diamètre, & long de 22 pouces. On
le recouvre de feuilles préparées par le batteur d'or, les pofant
l'une fur l'autre, jufqu'à ce qu'il y en ait affez pour faire une
épaiffeur beaucoup plus confidérable que celle de nos dorures
ordinaires : & néanmoins dans cet état, cette épaiffeur eft très-
mince, comme il eft aifé de le concevoir par la quantité d'or que
l'on emploie à dorer les 45 marcs d'argent : deux onces en font
ordinairement l'affaire, & fort fouvent un peu plus qu'une. En
effet, toute l'épaiffeur de l'or fur le lingot excède rarement un
400me. ou une 500me. partie d'un pouce, & quelquefois elle n'en
eft pas la millième. partie.

Mais il faut que cette enveloppe d'or fi mince le devienne bien
d'une autre manière. On fait paffer fucceffivement le lingot par
les trous de différentes filières, toujours plus petites les unes que
les autres, jufqu'à ce qu'il devienne auffi fin ou même plus fin
qu'un cheveu. Chaque nouveau trou diminue le diamètre du
lingot ; mais il gagne en longueur ce qu'il perd en épaiffeur, &
par conféquent la furface augmente ; néanmoins l'or le recouvre
toujours : il fuit l'argent dans toute l'étendue dont il eft fufceptible ; & l'on ne remarque pas même au microfcope qu'il en laiffe
à découvert la plus petite partie. Cependant à quel point de fineffe doit-il être porté, lorfqu'il eft tiré en un filet, dont le diamètre eft neuf mille fois plus petit que celui du lingot ?

M. de Reaumur, par des mefures exactes & un calcul rigou-
reux, trouve qu'une once de ce fil s'allonge à 3232 pieds, &
tout le lingot à 1163520, mefure de Paris, ou 96 lieues françoifes ; étendue qui furpaffe de beaucoup ce que Merfenne, Rohault,
Halley &c., avoient imaginé.

Cependant le lingot n'eft pas encore parvenu à fa plus grande
longueur, la plus grande partie de l'or trait eft filé ou travaillé
fur foie ; & avant de le filer ou l'applatir, en le faifant paffer entre
deux rouleaux ou roues d'un acier exceffivement poli, ce qui le

fait encore allonger de plus d'un feptième. M. de Reaumur trouve alors que la largeur de ces petites lames ou plaques, n'eft que la huitième partie d'une ligne ou la 96e. partie d'un pouce, & leur épaiffeur une 3072me. ; l'once d'or eft alors étendue en une furface de 1190 pieds quarrés ; au lieu que la plupart des batteurs d'or, ainfi que nous l'avons obfervé, ne l'étendent qu'à 146 pieds quarrés.

Mais quelle doit être la fineffe de l'or étendu d'une manière fi exceffive ? Suivant le calcul de M. de Reaumur, fon épaiffeur eft la 175000me. partie d'une ligne ou la 2100000me. partie d'un pouce, ce qui n'eft que la treizième partie de l'épaiffeur déterminée par M. Halley ; mais il ajoute que cela fuppofe l'épaiffeur de l'or par-tout égale, ce qui n'eft pas probable ; car en battant les feuilles d'or, quelque attention que l'on y ait, il eft impoffible de les étendre également. C'eft de quoi il eft facile de juger par quelques parties qui font plus opaques que d'autres ; ainfi la dorure du fil doit être plus épaiffe aux endroits où la feuille eft plus épaiffe.

M. de Reaumur fupputant quelle doit être l'épaiffeur de l'or aux endroits où elle eft la moins confidérable, la trouve feulement d'une 3150000me. partie d'un pouce ; mais qu'eft-ce qu'une 3150000me. partie d'un pouce ? Ce n'eft pourtant pas encore la plus grande ductilité de l'or ; car au lieu de deux onces d'or que nous avons fuppofées au lingot, on peut n'y employer qu'une feule once ; & alors l'épaiffeur de l'or aux endroits les plus minces ne feroit que la 6300000me. partie d'un pouce.

Néanmoins quelques minces que foient les lames d'or, on peut les rendre deux fois plus minces, fans qu'elles ceffent d'être dorées. En les preffant feulement beaucoup entre les roues, elles s'étendent au double de leur largeur, & proportionnellement en longueur ; de manière que leur épaiffeur fera réduite enfin à une treize ou quatorze millionième partie d'un pouce.

Quelque effrayante que foit cette ténuité de l'or, il recouvre parfaitement l'argent qu'il accompagne. L'œil le plus perçant & le plus fort microfcope ne peuvent y découvrir le moindre vuide ou la moindre difcontinuité. Le fluide le plus fubtil & la lumière elle-même ne peuvent y trouver un paffage : ajoutez à cela que fi l'on fait diffoudre dans de l'eau-forte une pièce de cet or trait ou de cet or laminé, on appercevra la place de l'argent tout excavée, l'argent ayant été diffous par l'eau-forte, & l'or tout entier en forme de petits tubes.

Quant à la ductilité des corps qui ont de la molleffe, elle ne va pas à un dégré fi furprenant ; cependant le lecteur ne doit pas être furpris que, parmi les corps ductiles de cette claffe, nous donnions la première place au verre, qui eſt de tous les corps durs le plus fragile. *Encycl.*

DUNGARRES, toiles de coton blanches qui viennent de Surate, ſous les noms de *Dungarris broun*, ou toiles de coton écrues, & de *dungarris whit*, ou toiles de coton blanches. Voy. *Doutis.*

DURY-AGRA, toile de coton rayée, bleue & blanche, qui vient des Indes Orientales; elles ont 11 aunes de long ſur une demi-aune de large.

DUVET, la plume des oiſeaux, la plus courte, la plus douce, la plus molle, & la plus délicate; c'eſt-à-dire, celle qui leur vient au cou, & qui leur couvre une partie de l'eſtomac.

Quoiqu'il n'y ait guère d'oiſeaux, dont on ne puiſſe tirer, & dont on ne tire en effet du Duvet, particuliérement de ceux qu'on appelle *oiſeaux domeſtiques*, ce ſont néanmoins les cygnes, les oies, & les canards, qui en fourniſſent le plus, & du meilleur; on le leur arrache tous les ans avec ſoin, ſans qu'ils reſſentent aucun préjudice d'en être ainſi dépouillés; le duvet, au contraire, repouſſant plus doux & plus épais.

Les oies ſe plument trois fois l'année; à la fin de Mai, après leur première ponte; à la St. Jean, & à la fin du mois d'Août: mais on le fait ſeulement quand on voit que la plume eſt mûre, c'eſt-à-dire, quand elle tombe d'elle-même.

Le duvet des oiſeaux morts eſt le moins eſtimé, à cauſe du ſang qui s'imbibe au tuiau, & qui ſe corrompant, donne une mauvaiſe odeur à la plume, qui ne ſe diſſipe que malaiſément, & avec beaucoup de tems: c'eſt auſſi pour cela qu'on attend, pour plumer les oiſeaux vivans, que leur plume ſoit mûre, y ayant à craindre la même odeur, & que les vers ne s'y mettent.

Il n'y a guère de provinces de France, d'où on ne tire du duvet; mais il en vient particuliérement de la Gaſcogne, de la Normandie, & du Nivernois. On en peut tirer auſſi beaucoup de l'Allemagne & du Dannemarck.

On ſe ſert en France, depuis la fin du dix-ſeptième ſiècle, d'un duvet qui l'emporte de beaucoup, ſoit pour la fineſſe, ſoit pour la légéreté, ſoit pour la chaleur, ſur tous les autres duvets; il ſe nomme *ederdon* ou *aigledon*: il vient d'Iſlande, & on le trouve à Copenhague. Voy. *Ederdon.*

Duvet d'autruche; c'eſt ce qu'on appelle autrement *laine ploc*, ou *poil d'autruche*, il y en a de deux ſortes; celui qui eſt ſimplement nommé *fin d'autruche*, s'emploie par les chapeliers dans la fabrique des chapeaux communs; & celui qu'on appelle *gros d'au-truche*, sert à faire les lisières des draps blancs fins, destinés pour être teints en noir.

Les plumassiers nomment aussi *duvet*, les petites plumes, cel-les de dessous, le rebut des plumes de l'autruche qu'ils frisent avec le couteau, & qu'ils emploient à garnir les bonnets, à faire des palatines & autres ouvrages de cette nature. *Encycl.*

E.

EAU, se dit de plusieurs extraits de simples faits par la distillation, & de plusieurs compositions liquides, dont les unes servent pour appaiser la soif plus agréablement que l'eau pure ; & les autres s'emploient par divers artisans des arts & des métiers, dans l'apprêt de plusieurs de leurs ouvrages.

EAU-DE-VIE, qu'on appelle aussi *brande-vin*. Liqueur spiritueuse & inflammable, qui se tire du vin & d'autres liqueurs, par la distillation qui se fait le plus souvent au bain-marie, mais quelquefois aussi à un petit feu de flamme.

Les vaisseaux dont on se sert pour cette opération, sont ordinairement de cuivre. Il y a des distillateurs, qui pour réfrigérer plus promptement l'eau-de-vie, font passer à travers d'un tonneau d'eau froide, un long tuyau qui va en serpentant, & dont les deux bouts s'adaptent, l'un au bec du chapiteau, & l'autre au cou du récipient ou matras qui est placé en dehors & en bas du tonneau.

Pour distiller cette eau, on remplit à moitié la cucurbite de la liqueur dont on veut l'extraire, & on la pousse à un feu médiocre jusqu'à ce qu'on en ait distillé environ la sixième partie, ou qu'on s'apperçoive que ce qui tombe dans le récipient ne s'enflamme plus.

L'eau-de-vie distillée une seconde fois, s'appelle *esprit de vin* ; & l'esprit de vin purifié encore par une ou plusieurs autres distillations, est ce qu'on nomme *esprit de vin rectifié* ou *alkool de vin*, selon les chymistes

La seconde distillation se fait au bain-marie, & dans une cucurbite de verre ; ensorte que ce qu'on y a mis d'eau-de-vie, soit réduit à la moitié, & cette moitié se rectifie encore autant qu'il plait à l'artiste.

Pour abréger ces diverses distillations, qui sont longues & pénibles, on a inventé un instrument chymique, par lequel la rectification de l'esprit de vin se fait par une seule distillation. Voyez le *Traité de chymie de Glaser*, 1676. La méthode de M. Lemery le père, dans son *Cours de chymie*, est encore meilleure & plus commode. Elle se fait au bain de vapeur, avec un gros matras à long cou de verre, & par une seule distillation, l'esprit est à l'épreuve de la poudre. Voyez aussi la fabrication de l'eau de-vie dans *le Dict. de Commerce*, d'après l'*Encyclopédie*.

Pour éprouver la bonté de l'esprit de vin rectifié, il faut voir si, étant allumé, il se consume tout entier, sans laisser aucune immondice, ou, ce qui est plus sûr, si ayant mis dans une cuiller d'argent un peu de poudre à canon au fond de l'esprit de vin qu'on éprouve, la poudre s'enflamme quand l'esprit est consumé.

A l'égard de l'eau-de-vie, (on ne parle que de celle qui est faite avec du vin,) ceux qui en font commerce, la choisissent blanche, claire, & de bon goût, &, comme ils disent, d'épreuve, c'est-à-dire, telle qu'en la versant dans un verre, il se forme une petite mousse blanche qui, en diminuant, fasse le cercle que les marchands d'eau-de-vie appellent *le chapelet* ; n'y ayant que l'eau-de-vie bien déflegmée, & où il ne reste point trop d'humidité, à laquelle le chapelet se forme entiérement.

Le plus grand usage de l'eau-de-vie est pour servir de boisson, particuliérement dans les pays du Nord ; parmi les Négres de la Guinée, qui se vendent les uns les autres pour quelques bouteilles d'eau-de-vie ; & parmi les Sauvages du Canada, qui l'aiment extrêmement, mais à qui il est sévèrement défendu aux François d'en donner.

L'eau-de-vie sert aussi dans la médecine, pour fortifier les nerfs ; & dans la teinture où les teinturiers, quand elle est rectifiée en esprit de vin, la mettent au nombre des drogues non colorantes.

Outre l'eau de vie de vin, il s'en fait encore de bière, de cidre, de syrop, de sucre, de melasse, de fruits, de grains &c.

Les eaux-de-vie de vin, qui se font en France, sont estimées les meilleures de l'Europe. Il est défendu, par Arrêt du Parlement du 13 Mars 1699, d'en faire venir d'autres à Paris, ni d'en débiter de cidre, de syrop, de melasse &c., à peine de confiscation, & de 1000 liv. d'amende. Les eaux-de-vie de cidre se font en Normandie ; & celles de syrop, de sucre & de melasse à Orléans, & dans les autres lieux de France, où il y a des affinages de sucre.

Il se distille en France des eaux-de-vie par-tout où il se recueille des vins ; & l'on y emploie également du vin poussé, ou du vin de bonne qualité.

Les eaux-de-vie qui servent au commerce avec les étrangers, & que les Hollandois, sur-tout, viennent enlever en très-grande quantité, sont celles de Bordeaux, de la Rochelle (a), de

[a] Il ne restoit guère d'eau-de-vie en Seudres & à Oléron, d'où, comme de la Rochelle & des environs, il s'en étoit fait des expéditions considérables, suivant les avis de la Rochelle, dans le *Journal de Commerce*, Mars 1761, p. 163.

Cognac, de Charente, de l'Isle de Rhé, d'Orléans, du Pays Blaisois, du Poitou, de la Touraine, de l'Anjou, de Nantes, de la Bourgogne & de la Champagne.

De toutes les eaux-de-vie de France, celles de Nantes & du Poitou, qui sont de semblable qualité, sont les plus estimées ; parcequ'elles sont d'un meilleur goût, qu'elles sont plus fines, plus vigoureuses, & qu'elles conservent plus long-tems l'épreuve du chapelet. Ce sont de celles-là dont il en va en plus grande quantité chez l'étranger.

Les eaux-de-vie de l'Anjou, de la Touraine, d'Orléans, &c. particuliérement celles de l'Anjou, s'envoient plus ordinairement Paris & en Flandres, par la rivière de Loire. Elles ne sont pas de si bonne qualité que celles du Poitou & de Nantes, quoiqu'elles soient aussi très-bonnes.

Les vaisseaux ou futailles, dans lesquels se mettent & se transportent les eaux-de-vie de France, ont différens noms, suivant les différentes Provinces où elles se font, & d'où on les tire. Les plus communs sont les barriques, les pipes, les tonnes, les tonneaux, & les poinçons.

Les eaux-de-vie, qui se tirent du pays Blaisois, sont en poinçons ; celles de l'Anjou, du Poitou & de Nantes sont en pipes & en tonneaux ; & celles de Bordeaux de Cognac, de la Rochelle, de l'Isle de Rhé, & autres lieux circonvoisins, sont en barriques.

Quoique la barrique soit en plusieurs lieux véritablement une futaille d'une certaine continence, & d'un jaugeage réglé, on la peut néanmoins regarder, dans le commerce des eaux-de-vie, sur le pied d'une mesure d'évaluation, qui sert à déterminer les achats qu'en font les étrangers

Cette barrique d'évaluation n'est pas égale par-tout, & contient plus ou moins de veltes, ou verges, suivant les lieux. A Nantes, & en divers lieux de la Bretagne & de l'Anjou, on donne 29 veltes pour la barrique ; à la Rochelle, à Cognac & à l'Isle de Rhé, 27, & à Bourdeaux, 32 ; ce qui doit s'entendre, que si la futaille contient moins que le nombre de veltes sur lesquelles l'acheteur fait son marché, le vendeur lui tient compte de ce qui manque sur le pied de l'achat ; & que si au contraire il y a de l'excédent, comme il arrive presque toujours, y ayant des pipes, des poinçons, des tonneaux & des barriques, depuis 50 jusqu'à 60 veltes, c'est à l'acheteur à en tenir compte au vendeur ; ensorte que si la pipe, vendue à Bordeaux, où la barrique d'évaluation est sur le pied de 32 veltes, en contient 48, l'acheteur la paie pour une barrique & demie ; & ainsi à proportion dans les autres lieux.

La velte, sur quoi s'évalue la barrique, contient trois pots, le pot deux pintes, & la pinte pèse un peu moins de deux livres & demie. Quelques-uns estiment la velte sur le pied de 4 pots : mais apparemment ils se trompent, ou le pot sur lequel ils mesurent la velte, est moindre que de deux pintes.

Il faut remarquer que les pièces d'eau-de-vie, comme on vient de le dire, n'étant pas bornées à contenir un nombre de veltes limité ; & le veltage (c'est ce qu'on appelle ailleurs Jaugeage) des pipes, poinçons & tonneaux, étant depuis 50 jusqu'à 90 veltes, ce qui est au dessus de 50 veltes, s'appelle excès, que les Commis des Bureaux établis sur les ports où le vin s'embarque, font payer à raison de tant par veltes, outre les droits de sortie de 50 verges, qui est le pied ordinaire du Tarif pour chaque barrique.

La barrique, à Amsterdam & dans les autres villes de la Hollande, s'évalue à peu près comme en France, & presque sur le pied de la barrique de Nantes, c'est-à-dire, qu'elle contient 30 viertelles ; chaque viertelle de 6 mingles, & le mingle pesant 2 livres & 1 quart.

Les marchands de la Rochelle, de Nantes, de Rouen, &c. transportent eux-mêmes, une assez grande quantité de leurs eaux-de-vie dans les pays étrangers, & il ne s'y fait point de chargement, particuliérement pour les isles Françoises, le Canada, la Cayenne, les côtes d'Afrique, & les pays du Nord, que l'eau-de-vie de France ne fasse une partie de la cargaison. Cependant ce commerce n'est rien en comparaison de celui qui se fait avec les étrangers qui viennent les chercher dans ces mêmes ports, & sur-tout à Bordeaux.

Le nombre des vaisseaux étrangers, qui arrivent en tems de paix dans tous ces ports, & qui s'y chargent en partie d'eau-de-vie, est presqu'incroyable : on en voit de toutes les parties de l'Europe. Nantes leur en fournit près de 7 à 8000 barriques ; Bordeau au-delà du double de Nantes, & les autres lieux à proportion.

Il est certain que les Hollandois seuls, font presque autant de levées d'eau-de-vie de France, que tous les autres ensemble ; non-seulement pour leur propre consommation, qui est très-considérable, mais encore pour en faire commerce dans tous les Etats de l'Europe, & dans l'Amérique.

Les Danois tirent en droiture les eaux-de-vie dont ils ont besoin ; il s'en fait un assez grand commerce à Elseneur : il va au moins à 2000 barriques par année.

Hambourg en consomme seul plus de 4000 barriques ; Lubeck, environ 400 ; Konigsberg, seulement 100 ; la Norwége, plus de 300 ; Riga, Revel, Narva, de même qu'à Konigsberg ; le Dannemarc plus que Lubeck ; Archangel , fuivant qu'il eft permis d'y en porter, y ayant quelquefois des défenfes générales & fé- vères d'y en vendre & d'y en acheter ; & Dantzik peu , & qui encore , n'eft bonne que pour la Pruffe.

On ne met point la Pologne & la Suède au nombre des pays du Nord, où il fe confomme des eaux-de-vie de France ; non que ces peuples foient plus réfervés que les autres fur cette brû- lante boiffon, mais parceque , préférant les eaux-de-vie de grain aux eaux-de-vie de vin , ils ont chez eux de quoi en faire de celles qui font le plus à leur goût , & qui leur coûtent beaucoup moins, que ne feroient celles de France : auffi à peine faut-il cent barri- ques d'eau-de-vie de France pour la provifion de Stockholm.

On peut regarder les vignobles de France , comme les prin- cipales & les meilleures fources des eaux-de-vie qui fe confom- ment en Europe & dans les colonies. Les Hollandois en expor- tent une quantité prodigieufe dans le Nord. Les anglois en con- fommoient autrefois beaucoup , mais ils ont travaillé à s'exempter du tribut qu'ils payoient à la France à cet égard , en furchargeant les eaux-de-vie françoifes de droits confidérables , & en perfec- tionnant leurs eaux-de-vie de grains & de genièvre. Le gouver- nement Anglois a toujours eu en vue de favorifer la confommation du grain. C'eft pour y parvenir qu'il a été défendu aux diftillateurs de faire de l'eau-de-vie avec de la melaffe , des écumes , des rinçu- res , & tel autre ingrédient que ce foit , avant que d'avoir em- ployé toutes les décoctions de grains qu'ils ont. Ces diftillateurs ne peuvent pareillement mêler dans leurs eaux-de-vie de grain aucun extrait de melaffe , de rinçures, &c. Ces défenfes n'ont pas peu contribué dans la Grande-Bretagne , à faire enfemencer de bled bien du terrein qui reftoit en friche auparavant.

Toutes les provinces de France qui ont des vignobles un peu étendus , font le commerce d'eau-de-vie. Ce commerce pourra diminuer , parceque l'étranger commence à fubftituer aux eaux- de-vie qu'il recevoit du dehors , d'autres qu'il fait chez lui avec différens grains , comme en Dannemarc , &c. Nous voyons déja que la confommation de nos eaux-de-vie , qui étoit confidéra- ble en Angleterre , eft prefqu'entiérement fupprimée par les nou- veaux réglemens. Les peuples de Guinée prennent goût à l'eau- de-vie de Genièvre ; & les habitans de nos colonies à fucre font avec leur firop qu'ils appellent *melaffe* , un *taffia* , ou une forte de liqueur plus forte que l'eau-de-vie ordinaire , mais moins agréa- ble , moins faine. Voyez *Guildive*.

Comme les vins que l'on convertit en eaux-de-vie , donnent une liqueur moins fpiritueufe , à mefure que la diftillation avan- ce , on a appellé la première eau-de-vie , que l'on obtient, la *bon-*

ne eau-de-vie ou *l'eau-de-vie forte* ; & la seconde *l'eau-de-vie foible* , ou simplement *la seconde*.

L'eau-de-vie forte donne une liqueur inflammable , brûlante , savoureuse , évaporable , & brillante comme du cryftal. La seconde est assez claire & assez blanche, mais elle n'a point l'inflammabilité , la faveur & la bonne odeur de l'eau-de-vie forte. Aussi a-t-on soin de les mêler l'une avec l'autre pour les débiter. Ce mélange a souvent occasionné des conteftations. Les acheteurs se font plaints de ce qu'on leur envoyoit de l'eau-de-vie trop foible. *Dictionnaire du Citoyen.*

Le Roi , par les soins & attentionsde M. de Boifmont , intendant de la province d'Aunis , par son Arrêt du Conseil du 10 Avril, 1753 , ordonne , *art.* 1 , que les eaux-de-vie feront tirées au quart, garniture comprise , c'est-à-dire , que sur seize pots d'eau-de-vie forte , il n'y aura que quatre pots de seconde.

La futaille , pièce ou barrique doit être fabriquée suivant le réglement porté par l'Arrêt du Conseil du 17 Août 1743 , rendu aux inftances de M. de Barentin , intendant alors de la province , qui vouloit soutenir ce commerce où il voyoit dès lors naître des conteftations qui le ruineroient infailliblement, si l'on n'alloit au-devant par l'interpofition de l'autorité souveraine ; ces futailles doivent donc être faites conformément à ce réglement , pour qu'elles puiffent jauger jufte & velter jufte , en termes de commerce , ce qu'elles contiennent ; ce que l'on fçait par le moyen d'une jauge ou velte numérotée & graduée suivant toutes les précautions géométriques , & approuvée par la police des lieux , laquelle velte l'on gliffe diagonalement dans la barrique par sa bonde

Il y a , pour ce commerce d'eau-de-vie , des courtiers auxquels on peut s'adreffer : ces gens-là font chargés , de la part des marchands commiffionnaires ou autres , de l'achat de cette liqueur ; & comme dans les conteftations réglées par l'Arrêt du Conseil du 10 Avril , 1753 , les courtiers avoient été compris dans les plaintes refpectives , le Roi , par son Édit , a établi dans la ville de la Rochelle des agréeurs , pour l'acceptation & pour le chargement des eaux-de-vie ; enforte que sur le certificat des agréeurs , à l'acceptation , les eaux-de-vie font réputées bonnes , & sur le certificat des agréeurs , au chargement , les eaux-de-vie ont été embarquées & chargées bonnes , & cela , afin de faire ceffer les plaintes des marchands-commettans des provinces éloignées , qui se plaignoient qu'on leur envoyoit de l'eau-de-vie trop foible.

C'eft ainfi que se fabrique & se commerce l'eau-de-vie , qui a un flux & reflux continuel dans le prix.

Le commerce des eaux-de-vie étant sujet à des révolutions cautées par les apparences d'une bonne ou mauvaise récolte, & par les demandes qui s'en font en conséquence, & ces révolutions ayant leurs limites qu'un négociant, qui s'attache à cette branche de commerce, apprend à connoître, sa prudence consiste à profiter des années où cette denrée est à bon marché, pour faire ses provisions ; mais comme l'eau-de-vie en magasin occasionne beaucoup de fraix, il est nécessaire qu'il sçache calculer ces fraix avec le bénéfice que le prix d'une vente avantageuse doit lui rapporter. Dans ce calcul, il doit faire entrer l'intérêt que lui auroit produit son argent placé pendant le même espace de tems. Il est rare qu'il se passe trois années de suite, sans que la récolte des eaux-de-vie n'essuie de grandes disettes qui les font monter très-considérablement, & donnent à tous les commerçans approvisionnés un bénéfice bien au-delà de leurs fraix, & de l'intérêt de leurs fonds. *Diction. du Citoyen.* Voyez aussi l'*Agronome ou Dict. du Cultivateur*, qui dit que les vins de Languedoc & de Provence rendent beaucoup d'eau-de-vie au tirage, quand on les brûle dans leur force. Les vins d'Orléans & de Blois en rendent encore davantage. Les meilleurs vins pour l'eau-de-vie sont ceux des terroirs de Coignac & d'Andaye, quoiqu'ils ne soient point estimés pour la boisson : au contraire, ceux de Bourgogne & de Champagne, quoique d'un goût si fin & si estimé, rendent très-peu au tirage. Les vins de liqueur en rendent encore moins, ou plutôt très-peu ; tels sont les vins d'Espagne, de Canarie, d'Alicante, de Chypre ; les vins Muscats, ceux de Grave, de Hongrie, & autres de ce genre.

Il se fait aussi des eaux-de-vie en Portugal, mais ce privilège est réservé uniquement à la compagnie des marchands de vin d'Oporto, laquelle est chargée de fournir d'eaux-de-vie tout le Royaume, moyennant un certain prix raisonnable qui a été fixé. Cette compagnie, pour se mettre à même de subvenir à une pareille livraison, étant obligée à de nouvelles dépenses, ses fonds seront augmentés de 1200 mille cruzades, & l'introduction des eaux-de-vie étrangères est interdite. *Journal de Commerce*, Février, 1761, pag. 149.

Par un Edit du 11 Sept. 1717, S. M. le Roi d'Espagne a déclaré libre la fabrique & le commerce des eaux-de-vie d'Espagne, pour en procurer une plus grande exportation. Chaque arobe d'eau-de-vie coûte 6 réaux de veillon d'entrée dans la capitale. Voyez Ustariz, *Théorie & prat. du Commerce*, ch. 52, 53 & 54.

Eaux-de-vie diversement préparées, qui servent de boisson.

On compose avec l'eau-de-vie, soit simple, soit rectifiée, diverses sortes de liqueurs fortes, où l'on fait entrer le sucre & les épices avec des fleurs ou des fruits, & autres ingrédiens qu'on clarifie ensuite, en les passant à la chausse, ou en les filtrant à travers le papier gris. Ordinairement la plus grande quantité en vient de Montpellier où elles se font mieux qu'en aucun lieu : & c'est là que les caffés, où il s'en fait à Paris la plus grande consommation, ont coutume de s'en fournir. Les principales de ces eaux sont :

Les eaux de cette.	Les eaux de canelle.
Les eaux d'anis.	Les eaux de coriandre.
Les eaux de franchipanne.	Les eaux de genièvre.
Les eaux angéliques.	Les eaux de citronelle.
Les eaux clairettes.	Les eaux de mille-fleurs.
Les eaux de selleri.	Les eaux divines.
Les eaux de fenouillette.	Les eaux de caffé.

Enfin, les eaux des Barbades : mais celles-ci, pour être excellentes, doivent venir d'Angleterre, & être vraies barbades; les apothicaires & distillateurs de Montpellier n'ayant pu encore parvenir à les bien imiter. Voyez *Rum & Guildives*.

Outre ces liqueurs composées d'eau-de-vie, qui ont conservé le nom d'eaux, il y en a encore quelques autres à qui, ou les fruits qui y entrent, ou le caprice de l'artiste, ont donné des noms qui leur servent, pour ainsi dire, de noms propres : telles sont, les rossolis, le persicot, le ratafia, le vatté, le sec de muscat, & quelques autres.

Eaux médicinales. Les eaux qu'on a ci-dessus qualifiées d'*eaux médicinales*, & dont les meilleures viennent aussi de Montpellier, sont :

L'eau de mélisse, composée, qu'on surnomme *eau des Carmes*, parceque c'est dans l'apothicairerie des Carmes Déchaussés du Fauxbourg S. Germain, à Paris, que la composition en a d'abord été inventée.

L'eau de la Reine de Hongrie, ou pure, ou à la bergamotte. Voyez *Romarin*, & l'*Agronome* qui indique la manière de la faire, de même que l'eau divine, celle de mille-fleurs, celle de noyau, l'eau rose, l'eau sans pareille, l'eau vulnéraire, &c.

L'eau de thym.   L'eau impériale.

L'eau vulnéraire, ou l'eau d'arquebusade.

L'eau stiptique ; l'eau de myrthe, & l'eau de lavande.

Quelques-unes de ces eaux sont préparées avec l'eau-de-vie rectifiée & des simples ; les autres seulement avec des simples & l'eau commune diversement préparée.

Les vertus admirables que les premiers inventeurs de l'eau de mélisse lui ont attribuées, & encore plus le petit secret qu'ils
firent

firent de fa compofition, ont beaucoup contribué à la faire rechercher. Aujourd'hui on diftille des eaux de mélifle dans toutes les apothicaireries; &, s'il y a quelque différence de ces eaux avec celles des Carmes, c'eft que les premières font ordinairement plus nouvellement faites.

Montpellier a toujours confervé fa réputation pour les eaux diftillées en ufage dans la médecine. Il y en a de bien des fortes; la pratique feule apprend à les connoître. *Dict. du Citoyen.*

Eaux de fenteur (*Diftill.*) On appelle ainfi la partie odoriférante de différentes fubftances, telles que l'orange, la mille-fleurs, le nard, le napfe, la rofe, l'œillet &c. qui en font extraites par la diftillation ou l'infufion, ou l'expreffion, que les diftillateurs de profeffion & les parfumeurs vendent, ou dont ils fe fervent pour donner de l'odeur à leurs marchandifes. Voy. *Diftillateur.* Encycl.

On en tire quantité du Languedoc & de la Provence, ainfi que de Rome, & de quelques autres endroits d'Italie.

Eau cordiale; la véritable, & celle qui eft connue dans toute l'Europe pour être la meilleure, eft celle de M. Louis Colladon & fils de Genève; elle eft très-agréable au goût & très-faine, mais eux feuls en poffèdent le fecret.

Eau-forte, acide nitreux en général; les matérialiftes & les ouvriers qui emploient l'acide nitreux, appellent *eau-forte*, l'acide retiré du nitre par l'intermède du vitriol. Cette eau eft ainfi nommée, de la force extraordinaire avec laquelle elle agit fur tous les métaux, excepté fur l'or. *Encycl.* Voyez auffi l'*Introd. à la Miner.* d'Henckel, Tom. II, pag. 48, & la *manière de faire l'eau-forte*, art. *Dorure*, pag. 358.

Il y a plufieurs fortes d'eaux-fortes, à qui le vitriol, l'alun, ou le falpêtre, diftillés, fervent ordinairement de bafe.

Dans la préparation du falpêtre, & d'autres opérations de la même nature, on donne le nom d'*eaux-fortes* à celles qui font très-chargées de fel, ou plus généralement des matières qui y font en diffolution.

Les monnoyeurs, les orfèvres, les fourbiffeurs, & même les teinturiers du grand teint en font une affez grande confommation pour leurs écarlates & leurs couleurs de feu.

Celle dont fe fervent les graveurs, eft ou blanche, ou verte. La blanche, qu'on appelle *eau d'affineur*, eft l'*eau-forte commune*: la verte eft faite avec du vinaigre, du fel commun ou fel marin, du fel ammoniac, & du verd-de-gris, ou verdet.

Lorfqu'ils veulent fuivre plus commodément les progrès de cet acide fur le cuivre, ils tempèrent fon activité en y ajoutant de l'eau pure. L'eau-forte ainfi coupée eft appellée *eau feconde*.

La plupart des eaux - fortes, qui se consomment à Paris & dans le Royaume, viennent de la Hollande. Ce ne sont pas néanmoins les meilleures, n'étant que médiocrement déflegmées (c'est pourquoi la Hollande peut les donner à bon marché) outre qu'on y fait entrer beaucoup d'alun, ce qui ne convient pas à la plupart des ouvriers qui s'en servent, particuliérement aux teinturiers. Celles qui se font à Paris (a), à Lyon, à Bordeaux, & dans quelques autres villes de France, sont beaucoup plus estimées. L'eau-forte se conserve & se transporte dans des bouteilles de grès ou de gros verre, bien bouchées avec de la cire ou d'autres matières grasses, sur lesquelles l'acide nitreux n'a point de prise.

L'invention de cette eau si utile n'est pas bien ancienne ; & quoique quelques chymistes prétendent voir dans les Saintes Ecritures, que Moyse en avoit connoissance, il y a bien plus d'apparence qu'elle n'a commencé d'être connue que vers le XIVe. siècle ; n'y ayant point d'auteur qui en ait parlé avant ce tems-là.

La consommation des eaux-fortes pour le départ, est un objet de commerce assez considérable. Il y a même eu des tems où elles étoient montées à un très-haut prix, sur-tout vers la fin de la dernière guerre, (en 1728.) où l'on pouvoit à peine trouver du salpêtre pour la fabrication de la poudre ; on étoit même obligé d'en faire venir des pays étrangers ; on en tiroit aussi les eaux-fortes ; & même quoiqu'aujourd'hui on les fasse en France, on ne laisse pas d'en tirer une grande partie de la Hollande, & la consommation en est fort grande en certains tems, comme dans les refontes générales des espèces.

Tout le monde connoît l'opération du départ ; (voy. départ.) on met dans l'eau-forte un mêlange d'or & d'argent fondus ensemble ; l'eau-forte dissout l'argent & laisse précipiter les parties d'or en poudre noire ; on met ensuite dans la dissolution d'argent, affoiblie par deux parties d'eau commune, des lames de cuivre ; alors l'acide s'unit au cuivre, & abandonne l'argent, qui se précipite en chaux. Après cela, l'eau de la dissolution s'appelle *eau-seconde*, & ordinairement on la jette, comme n'étant plus propre à rien. Cependant dans les grands travaux, comme à la monnoie, on en retire auparavant le cuivre, en le faisant précipiter par le moyen du fer qu'on met dans l'eau seconde. Quoique cette dernière précipitation soit moins exacte que les autres, on retire toujours par ce moyen la plus grande partie du cuivre, mais l'eau-for-

_____

(a) Voy. l'art. *Quincaille* où l'on dit que l'eau-forte de Paris est aussi bonne & meilleure que celle d'Angleterre pour la dorure ; & le *Journal Écon.* 1759. p. 312.

te eſt entiérement perdue. Il eſt aſſez étonnant que dans le nombre prodigieux de recherches de toute eſpèce, qui ont été faites
ſur cette matière, on ne ſe ſoit point appliqué à retirer ces eaux-
fortes; il faut qu'on l'ait cru ou trop difficile, ou de trop de dépenſe, pour l'avantage qui en pouvoit revenir. Il y a eu cependant, en différens tems, pluſieurs artiſtes qui ont connu cette pratique & s'en ſont ſervis; mais ils en ont fait un ſecret, & l'on ne
ſçait perſonne, qui en ait écrit, ou qui s'en ſoit ſervi publiquement
dans aucun travail.

Le Sr. Antoine Amand, dont M. du Fay tient pluſieurs opérations de chymie aſſez ſingulières, & entr'autres la manière de
purifier l'or qui paſſe communément pour tenir de l'émeril, lui a
appris une méthode pour revivifier l'eau-forte. Il avoit demandé
le ſecret, parcequ'il avoit en vûe d'en faire un établiſſement utile
pour lui, ce qu'il a fait avec beaucoup de ſuccès; & comme depuis ce tems là il a permis à M. du Fay d'en faire part à l'Académie Royale des Sciences, elle ſe trouve dans ſon Hiſtoire pour
l'année 1728.

L'eau-forte eſt le meilleur diſſolvant du mercure; on en prend
3 ou 4 parties ou plus, ſuivant ſon dégré de force, contre une partie de mercure, & l'on expoſe le mêlange ſur un bain de ſable juſqu'à ce que tout ſoit diſſous; ſelon Henckel, *Intr. à la Miner.*
Tom. I. p. 170.

Un Anglois a établi près de Bruxelles, une fabrique d'huile de
vitriol, & des eaux-fortes de toute eſpèce. Voy. *Couperoſe*, p. 217.

Eau verte ou *eau ſeconde*. Les ouvriers qui s'occupent du départ
des matières d'or & d'argent, appellent ainſi l'eau-forte chargée
du cuivre qu'on a employé à précipiter l'argent. Voyez. *Départ*,
& ci-deſſus, p. 418.

Eau de départ, ou *de mepart*, qu'on nomme auſſi *eau régale*, eſt
de l'eau-forte ordinaire, où l'on a ajouté du ſel commun, du ſel
gemme, ou du ſel ammoniac, & qui alors diſſout l'or.

Eau régale; c'eſt l'acide nitreux qui fait la baſe de l'eau régale;
mais il exige abſolument le ſecours de l'acide du ſel marin, ſans
quoi il n'agit aucunement ſur l'or. C'eſt le principal uſage du ſel
marin.

La différence qui ſe trouve entre les eaux régales, conſiſte en
ce qu'il y en a dans leſquelles on a fait entrer du ſel alkali volatil;
& d'autres, dans leſquelles on n'en a point fait entrer. En effet, il
y a du ſel alkali volatil dans le ſel ammoniac qu'on ne fait entrer
dans l'eau régale qu'à cauſe de ſon ſel marin.

L'or & le mercure peuvent être diſſous par l'eau régale.

La première diſſolution de l'or ſe fait avec l'eau régale, qui eſt
le diſſolvant propre de ce roi des métaux; on peut la faire de plu-

fieurs façons qu'on trouvera dans l'*Introd. à la miner.* de Henckel, *Tom. II*, p. 140. de la diſſol. de l'or. Voyez. auſſi l'art. *Dorure*, p. 358.

L'eau régale diſſout tous les métaux, excepté l'argent.

L'eau régale réduit le plomb en chaux. Si on fait la diſſolution de l'étain dans de l'eau régale, ce métal ſe précipitera de lui-même ſans addition; cette diſſolution ſe fait mieux que par l'eau-forte, & l'étain y ſera plus parfaitement diſſous.

La cryſtalliſation du cuivre, qui a été faite ou dans l'eau-forte, ou dans l'eau régale, ne parvient à ce point que difficilement, elle demeure d'une conſiſtance épaiſſe comme du miel. Henckel.

L'eau régale ſeule ſert à un eſſai qui eſt devenu très-néceſſaire dans le commerce de Guinée. Les Nègres de la côte d'Afrique où l'on traite de la poudre d'or, ont appris à en augmenter le volume avec du cuivre. Les capitaines, inſtruits, ſe mettent en ſûreté contre cette ſupercherie avec de l'eau régale, & il arrive aſſez communément, depuis quelque tems, que les Nègres coupables ne ſouffrent pas l'eſſai, & qu'il ſe retirent en diſant au capitaine que ſon eau gâteroit leur or. Voy. *l'Art d'eſſayer les mines & les métaux*, par Schindlers, publié par M. Geoffroy, le fils, in-12. Paris, 1759 & le *Journal de Commerce*, Oct. 1759.

Eau ſimple; c'eſt de l'eau-forte qui a été diſtillée, & qui ne contient que des flegmes. On s'en ſert dans les monnoies, & chez les orfèvres, pour commencer à amollir les grenailles.

Eau éteinte; c'eſt de l'eau-forte, où l'on a mis de l'eau de rivière, afin de l'éteindre, & de la rendre moins corroſive. Son uſage eſt pour retirer l'argent des eaux-fortes qui ont ſervi aux départs.

Eau-forte, (jetter l') terme de relieur. On met l'eau-forte mitigée avec trois quarts d'eau ſur le veau qui couvre les livres, lorſque l'on veut faire paroître ſur le veau de groſſes ou petites taches, ou d'autres figures, ſelon que le relieur la dirige. Elle imite auſſi les taches du cafté au lait, quand la jaſpure eſt plus ſerrée.

Les cartons & le veau étant battus, on glaire le livre; & quand la glaire eſt ſèche, on jette l'eau-forte par groſſes ou petites gouttes. On dit, jetter l'eau-forte. *Encycl.*

Eau de fleur d'orange. Voy. *Orange.*

Eau-roſe. Voy. *Roſe fleur, & roſe bois.*

Eau de fenouil. Voy. *Fenouillette.*

Eau de tête de cerf. Voyez *Cerf.*

Eaux ſûres, terme de teinturier. C'eſt de l'eau commune, que l'on fait aigrir par le moyen du ſon qu'on y laiſſe fermenter juſqu'à certain dégré. Les eaux ſûres ſont du nombre des drogues qu'on appelle *non-colorantes;* parceque ſans donner de couleur aux étoffes qu'on met à la teinture, elles les diſpoſent ſeulement à la recevoir.

On se sert auffi d'eau-sûre, mêlée d'alun & de tartre, pour faire le débouilli des étoffes, afin de connoître si elles sont de bonne teinture.

EAU, *en termes de jouaillerie*, est proprement la couleur ou l'éclat des diamans & des perles. Elle est ainsi appellée, parcequ'on croyoit autrefois qu'ils étoient formés d'eau, ainsi on dit : *cette perle est d'une belle eau : l'eau de ce diamant est trouble.* Encyclop. Voyez ces Art. & *Pierres précieuses.*

Eau de mer rendu potable. Le secret d'adoucir l'eau de mer consiste d'abord dans une précipitation faite avec l'huile de tartre, & ensuite à distiller l'eau de mer. Il faut un fourneau construit de manière qu'avec peu de bois ou de charbon de terre, on puisse distiller en un jour 24 pots d'eau. On fait passer le tuiau par un trou hors du vaisseau & on le fait rentrer par un autre ; par ce moyen, on épargne la place que tiendroit le réfrigérant, ainsi que l'embarras de changer d'eau. On filtre l'eau pour en corriger la malignité. M. Hauton soutient que cette eau distillée est fort saine, & dit qu'il en a fait boire à des hommes & à des animaux, sans qu'elle leur fit aucun mal.

Extrait des Journ. d'Angl. dans le *Journ. Écon.* Juin, 1753, p. 201.

Le collège des médecins de Londres & les commissaires des vivres certifient que M. J. Appleby, chymiste de Durham, étoit parvenu à dépouiller l'eau de mer du flegme amer qui a toujours empêché qu'on en pût faire une boisson propre pour les hommes. Ce procédé est bien simple ; sçavoir : *mettez 20 galons* (chacun pèse environ 8 livres) *d'eau de mer dans un alembic avec 6 onces de pierre infernale & 6 onces d'os d'animaux calcinés à blancheur en poudre impalpable, & vous retirerez dans 2 heures & demie 15 galons d'eau douce & saine : la dépense du charbon n'est guère au delà d'un peck, mesure qui pèse 8 livres.* La pinte d'eau de mer rendue potable reviendra à environ huit sols de France. *Ibid.* Déc. 1753, p. 180. On a publié à ce sujet, divers avis touchant la *pierre infernale* dont il faut se servir, & les instrumens & ingrédiens nécessaires. Voyez le même *Journal,* Juin, 1754, p. 162.

EBÈNE, est une sorte de bois qui vient des Indes, excessivement dur & pesant, propre à recevoir le plus beau poli ; c'est pour cela qu'on l'emploie à des ouvrages de mosaïque & de marqueterie.

Il y a trois sortes d'ébènes ; les plus en usage parmi nous, sont le noir, le rouge & le verd : on en voit de toutes ces espèces dans l'isle de Madagascar, où les naturels du pays les appellent indifféremment *bois noir.* L'isle de Saint-Maurice, qui appartient aux Hollandois, fournit aussi une partie des ébènes qu'on emploie en Europe.

Les auteurs & les voyageurs ne font point d'accord fur l'arbre dont on tire l'ébène noir ; fuivant quelques-unes de leurs obfervations , on pourroit croire que c'eft une forte de palmier. Le plus digne de foi eft M. de Flacourt, qui a réfidé pendant plufieurs années à Madagafcar, en qualité de gouverneur. Il nous affure que cet arbre devient très-grand & très-gros ; que fon écorce eft noire , & fes feuilles femblables à celles de notre myrte, d'un verd-brun foncé.

Tavernier nous attefte que les habitans des ifles ont foin d'enterrer leurs arbres lorfqu'ils font abattus , pour les rendre plus noirs. Le P. Plumier parle d'un autre arbre d'ébène noir qu'il a découvert à Saint-Domingue , & qu'il appelle *fpartium portulacæ foliis aculeatum ebeni materiæ*. L'ifle de Candie produit auffi un petit arbriffeau connu des botaniftes fous le nom d'*ebenus cretica*.

De toutes les couleurs d'ébènes , le noir eft le plus eftimé. L'ébène le plus beau eft noir comme du jais , fans veine & fans écorce, très-pefant, aftringent , & d'un goût âcre.

Son écorce infufée dans l'eau, eft, dit-on, bonne pour la pituite & les maux vénériens ; c'eft ce qui a fait que Matthiole a pris le guaïac pour une forte d'ébène. Lorfqu'on en met fur des charbons allumés, il s'en exhale une odeur agréable. L'ébène verd prend aifément feu, parcequ'il eft gras : lorfqu'on en frotte une pierre , elle devient brune. C'eft de ce bois que les Indiens font les ftatues de leurs dieux , & les fceptres de leurs Rois. Pompée eft le premier qui en ait apporté à Rome , après avoir vaincu Mithridate. Aujourd'hui que l'on a trouvé tant de manières de donner la couleur noire à des bois durs, on emploie moins d'ébène qu'autrefois.

L'ébène verd fe trouve à Madagafcar, à Saint-Maurice, dans les Antilles , & fur-tout dans l'ifle de Tabago. L'arbre qui le produit eft très-touffu : fes feuilles font unies, & d'un beau verd : fous fa première écorce, il y en a une feconde blanche , de la profondeur de deux pouces ; le refte , jufqu'au cœur, eft d'un verd foncé, tirant fur le noir : quelquefois on y rencontre des veines jaunes. L'ébène ne fert pas feulement aux ouvrages de mofaïque, on l'emploie encore dans la teinture , & la couleur qu'on en tire eft un très-beau verd.

Quant à l'ébène rouge, appellée auffi *grenadille*, on n'en connoît guère que le nom.

Les ébéniftes, les tabletiers &c. font fouvent paffer pour de l'ébène, le poirier & d'autres bois, en les ébénant, ou leur donnant la couleur noir de l'ébène. Pour cet effet, ils fe fervent d'une décoction chaude de noix de galles, de l'encre à écrire , d'une broffe rude , & d'un peu de cire chaude qui fait le poli ; d'autres fe contentent de les chauffer ou les brûler. *Encycl.*

La verte & la rouge doivent avoir les mêmes qualités que la noire, pour ce qui eſt de l'aubier ; & doivent pareillement être maſſives ; mais la rouge ne peut être trop veinée, ni trop haute en couleur ; non plus que la verte, d'un verd trop obſcur.

Le commerce & la conſommation de l'ébène noir, qui étoit autrefois ſi conſidérable en France, qu'on y donnoit le nom d'é-béniſtes à ceux qu'on a nommés depuis ménuiſiers de placage & de marqueteries, y ſont tellement tombés préſentement, que c'eſt preſque de tous les bois de couleur, propres à prendre le poli, celui dont on emploie le moins.

Les petits rondins de mériſier, le petit érable, l'aube-épine, le buis, les ſauvageons des poiriers & des pommiers ; tous ces bois, lorſqu'ils ont ſeulement 5 à 6 pouces de diamètre, ſont une bon-ne marchandiſe pour les ébéniſtes, ſuivant le *Journal Économ.* 1759, p. 511.

Les ouvrages les plus ordinaires que font les ébéniſtes, ſont des bureaux, des commodes, des cabinets, des tables, des guéridons, des bibliothéques, ou armoires à livres, des écritoires, des pieds & des boîtes de pendules, des eſcabelons pour porter des anti-ques, des conſoles & des tablettes pour mettre des porcelaines ; enfin, tous ces autres meubles de bois de rapport, ornés le plus ſouvent de bronze doré, qui ſervent à parer les plus riches ap-partemens des palais & des belles maiſons.

On fait même quelquefois de cette précieuſe ménuiſerie, les lambris, les chambranles & les parquets de quelques-uns de ces appartemens, dont on veut que la magnificence ſoit plus grande.

C'eſt des gobelins que ſont ſortis les plus habiles ébéniſtes qui ont paru à Paris depuis un demi-ſiècle ; & c'eſt là que ſous la protection, & par la libéralité de Louis XIV, à qui cet hôtel royal doit ſon établiſſement, que cet art a été pouſſé à ſa dernière per-fection. On eſtime entr'autres les ouvrages du Sr. Boule, également par la beauté de la marqueterie, & par le goût des bron-zes excellens dont il les embelliſſoit.

Ebène foſſile. Agricola & quelques autres Naturaliſtes ont don-né ce nom à une eſpèce de terre alumineuſe fort noire, à cauſe de ſa reſſemblance avec le bois d'ébène. Peut-être auſſi eſt-ce une eſpèce de terre bitumineuſe, analogue au jais. *Encycl.*

ECAILLE ; c'eſt, en général, cette ſubſtance toujours ré-ſiſtante & quelquefois fort dure, qui couvre un grand nombre de poiſſons, & qui peut s'en détacher par pièces. On donne le même nom d'*écaille* à cette ſubſtance dans la carpe ou le bro-chet, dans l'huître & dans la tortue, quoiqu'elle ſoit fort diffé-rente pour la forme, la conſiſtance, & les autres qualités dans

ces trois espèces d'animaux. On a appellé dans plusieurs occasions écaille, tout ce qui se détachoit des corps en petites parties minces & légères, par une métaphore empruntée de l'é-
caille des poissons. *Encycl.*

Ecaille, grande écaille, poisson commun en Amérique ; on le
prend dans les culs-de-sacs, au fond des ports, & dans les étangs
qui communiquent avec la mer. Il s'en trouve quelquefois de
trois à quatre pieds de longueur ; ses écailles sont argentées, &
ont donné au poisson le nom qu'il porte ; elles sont beaucoup
plus larges qu'un écu de 3 livres ; c'est un des meilleurs poissons qu'on puisse manger à toutes sauces ; sa chair est blanche,
grasse, délicate, & d'un très-bon goût. Cet article est de M.
le Romain. *Encycl.*

Ecaille de tortue. Voyez *Tortue.*

ECARLATE ou ESCARLATE, une des sept belles teintures en rouge. Il y a de deux espèces d'écarlate ; l'écarlate de
France ou des Gobelins, qui se fait avec de la graine d'écarlate, autrement vermillon ; & l'écarlate de Hollande, qui se fait
avec de la cochenille. Voyez *Rouge.*

Ecarlate, c'est une drogue d'un usage des plus anciens dans
la médecine, mais principalement dans la teinture, parcequ'elle
donne la belle couleur d'écarlate, propriété qui en a rendu le
commerce, depuis un tems immémorial, toujours très-considérable. Mais depuis quelques années, l'usage de la cochenille
l'a fort diminué, parceque la même couleur, qu'elle donne, la
surpasse, sans compter que la cochenille se conserve mieux chez
les droguistes, que ne fait la graine d'écarlate.

La meilleure graine d'écarlate qu'on tire du chêne-verd, petit arbrisseau, nous vient du Languedoc & de la Provence, où elle
y est aussi plus abondante. Les médecins la nomment *kermès*,
& les teinturiers François lui ont toujours donné celui de *vermillon.* Voyez *Kermès.*

L'un & l'autre de ces noms signifient également *vermisseau*,
parcequ'en effet cette graine vient d'un ver, & qu'on la trouve
au bout d'un tems, toute remplie de vers, quand elle reste sur
le lieu. On a soin, quand on l'a cueillie, d'empêcher leur
naissance, par des préparations qui la conservent pour le besoin ;
car, sans cela, elle deviendroit vuide & presqu'inutile aux usages qu'on en fait.

M. de Tournefort, le comte de Marsigli & M. Nissole, ont découvert parfaitement que la graine d'écarlate, ou le kermès,
n'étoit autre chose que le corps d'un insecte métamorphosé en
coque, d'une manière qui lui est naturelle. Voyez *l'Histoire des*

Plantes de Provence, faite par M. Garidel, imprimée en 1715, & *Savary*.

Le fameux M. de Reaumur, de l'Académie Royale des Sciences, qui a traité du kermès dans son *Histoire des Insectes*, tom. 4, d'après les Mémoires qui ont paru dans le public, mais principalement d'après celui de MM. Garidel & Emeric, duquel il fait plus de cas, a rangé ce genre de petit animal dans la classe de ceux qu'il nomme *gallinsectes*. Il l'a fait à cause de l'analogie de ses opérations dans la propagation de son espèce, & de la forme immobile qu'il reçoit pour cela, & qui dure encore quelque tems après sa mort, de même que dans les autres espèces de cette classe.

Ce nom leur convient très-bien, puisque toutes les espèces qui sont renfermées dans cette classe, ressemblent fort, au tems de leur ponte, à de petites galles formées sur des plantes ligneuses; c'est ce qui a fait que d'habiles Naturalistes les ont toujours prises pour des portions d'écorce ou de bois.

Il y en a de plusieurs grandeurs & de plusieurs figures. Le gallinsecte de l'ilex, qui est notre kermès, est de la figure d'une boule qui ne passe pas en grosseur celle d'un grain de genièvre. Comme il ressemble à une graine rouge, & qu'il sert à la teinture, c'est ce qui lui a fait donner le nom de *graine d'écarlate*.

Cette graine ne coûte que la peine de la recueillir; la récolte s'en fait ordinairement vers la fin du mois de Mai, en Provence & en Languedoc. Ces deux provinces en fournissent abondamment, & elle est estimée beaucoup meilleure que celle d'Espagne & de Portugal, qui est toujours plus maigre, plus sèche & plus noirâtre. On remarque que les arbrisseaux les plus vieux, qui paroissent les moins vigoureux, & qui sont les moins élevés, en sont toujours les plus chargés. Celle qui vient sur les arbrisseaux qui sont voisins de la mer, est plus grosse & d'une couleur plus éclatante que celle qui vient aux autres endroits.

La récolte du kermès se fait par des troupes de femmes & de pauvres gens, qui laissent croître leurs ongles exprès pour le recueillir: elles enlèvent cette graine avec beaucoup d'adresse. Il y a des femmes qui en ramassent jusqu'à deux livres par jour; leur habileté consiste à avoir épié par avance les endroits où il y en a beaucoup, & sur-tout de le cueillir de bon matin avec la rosée, parcequ'alors les feuilles de cet arbuste sont plus flexibles & moins piquantes, que quand la chaleur du soleil les a rendues plus roides ou plus desséchées. Lorsque l'année est abondante, leur récolte va jusqu'à 7 ou 8000 livres. Elle ne se rencontre bonne, qu'après un hyver doux, & un printems exempt de brouillards & de gelée blanche. Ces dernières injures du tems en font tomber beaucoup à terre avant leur maturité, ce qui est tout autant de perdu.

Il arrive assez souvent qu'il se fait, dans une même année, une seconde production de cette graine de kermès, & immédiatement après la première : mais la graine est un peu différente par rapport à sa qualité ; car celle qui provient de la dernière crue, est plus petite & donne une couleur moins vive. Celle de la première production est presque toujours attachée à l'écorce du tronc, des branches, & principalement aux endroits où les feuilles de cet arbrisseau prennent leur naissance ; dans la seconde production, elle se trouve très-rarement sur ces mêmes parties de la plante, mais presque toujours appliquée sur les feuilles. Cela vient de ce que ce petit insecte, qui se transforme en coque, choisit, selon la saison, l'endroit où la sève se conserve le plus & est plus abondante, ou plus facile à être sucée pour s'en nourrir le tems qui lui reste à vivre ; car l'écorce est plus sèche & plus dure que les feuilles dans la seconde saison, que dans la première.

La couleur du kermès n'est pas aussi rouge sur la plante d'où on le tire, qu'elle l'est chez les marchands droguistes qui le vendent. On lui a fait prendre sa belle couleur en l'arrosant de vinaigre, & en l'exposant ensuite au soleil, afin de faire périr tous les petits animaux éclos ou en état d'éclore, autrement il y auroit, par la suite, une grande diminution dans le poids de cette marchandise. La couleur naturelle du kermès approche assez de celle des prunelles de buisson ; le vinaigre l'altère & la rend rougeâtre : delà il est arrivé que ceux qui ont déterminé la couleur du kermès sur celle qu'il a dans les boutiques, ne lui ont pas donné celle qui lui est naturelle.

Le prix, auquel on le vend, varie comme celui de toutes les marchandises, ou même davantage. Depuis que la récolte est commencée jusqu'à ce qu'elle finisse, le prix en hausse tous les jours. Ainsi la livre qui ne vaut dans le commencement que 8 ou 9 sols, en vaut à la fin jusqu'à 60, parcequ'à la fin le kermès est très-léger, par la raison qu'il y a moins d'œufs, & de petits mêlés avec le reste. La livre a valu jusqu'à six francs, dans le tems que la récolte n'a pas été abondante, & que le débit a été bon du côté de Venise & de Tunis.

On comprend aisément, par ce qui a été dit, que la graine d'écarlate n'est bonne que lorsqu'elle est nouvelle, c'est-à-dire, de l'année ; autrement les petits insectes qui éclosent, à moins qu'on ne l'arrose de vinaigre pour les faire périr, mangent son pastel, qui n'est autre chose que la poudre, ou couleur rouge, qui se rencontre dans la graine, & qu'on nomme aussi *pouffet* ; ce qui en diminue la bonté. Souvent on ne fe fert de cette graine pour la teinture, qu'après que les apothicaires en ont tiré la pulpe, pour en compofer le firop, qu'on appelle *firop d'alkermes*, du nom arabe de la graine.

Il fe fait quantité de ce firop à Nìmes & à Montpellier, d'où on l'envoie à Paris, dans les autres villes du Royaume, & par toute l'Europe, dans de petits barils de bois blanc. Le grand débit s'en fait à la foire de Beaucaire. Ce firop fait proprement la bafe de la fameufe confection d'alkermès, qui eft une compofition où il entre plufieurs autres drogues cordiales & aromatiques qui accompagnent ce firop, & dont on peut voir le nom dans les pharmacopées. Il entre auffi dans celle de la confection d'hiacinthe en qualité de cordial. M. Geoffroy s'eft trompé, en difant que la cochenille entre dans la confection d'alkermès. Il eft vrai qu'elle a beaucoup de rapport au kermès, puifque c'eft auffi un infecte qui vient fur l'*opuntia*, en françois *raquette*, & qu'il donne encore mieux une belle couleur d'écarlate ; mais jufqu'ici on n'en a pas fait cet ufage. Voyez *Traité de la matière médicale*, tom. 4, fur la fin de l'art. *Cochenille*.

C'eft la graine d'écarlate, & non pas la cochenille, qu'on croit fi fouveraine pour la chûte des femmes enceintes ; quoique pour l'ordinaire on les confonde, à caufe de la teinture de l'écarlate, où elles entrent l'une & l'autre.

On peut ajouter ici ce que le fçavant M. de Reaumur dit touchant les propriétés du kermès. » Il y a lieu de penfer que l'ar-
» bre qui fournit de la nourriture à l'infecte, entre pour quelque
» chofe dans les vertus du petit animal, mais au moins y a-t-il
» apparence que la sève des grands chênes donneroit aux infec-
» tes qui en vivent, des propriétés médicinales femblables à cel-
» les que la sève des petits chênes donne au kermès. Sur le pe-
» tit chêne on trouve des gallinfectes rougeâtres qui ne font pas
» propres à la teinture, & qu'on regarde comme auffi bons
» pour la confection d'alkermès que ceux qui font d'une couleur
» foncée. On trouve auffi fur de grands chênes de gallinfectes rou-
» ges, qui ne font pas fenfiblement différens de ceux de même
» couleur qu'on trouve fur le petit chêne, c'eft-à-dire, de l'ilex «.

Le nom d'écarlate que porte notre infecte, a paffé à celui de l'étoffe qui en a reçu la couleur, & même à l'étoffe qui a reçu celle de la cochenille.

ECORCE, partie extérieure des arbres, qui leur tient lieu de peau ou de couverture. Elle s'en détache aifément dans le tems de la sève, au mois de Mai.

Il y a bien des fortes d'écorces qui entrent dans le négoce, dont les unes font propres pour la médecine, comme le quinquina & le macer; l'écorce de gayac; l'écorce de winter; celle de fimarouba; la cafcarille: les autres pour la teinture, comme l'écorce de l'aulne & du noyer: les autres pour l'épicerie, comme la cannelle & le caffia lignea: les autres pour différens ufages, comme le liège, l'autour, l'écorce de chêne & de tilleul. Voyez ces articles; ajoutons ici que les jeunes chênes & les jeunes tilleuls qui ont l'écorce fine, c'eft-à-dire, non encore bien gerfée font une marchandife qui a bien fon débit Celle du chêne eft propre aux tanneurs, & celle des tilleuls à faire des cordages. Mais on ne doit entreprendre de faire des écorces que quand on eft fûr de les bien débiter; celle de chêne eft ordinairement affez chère. Quand les écorces font façonnées & féchées, il ne faut pas qu'elles foient expofées à la pluie; les eaux gâteroient tout. Il y a des moulins conftruits exprès, pour brifer ces écorces, les réduire en poudre, & en faire ce qu'on appelle du *tan*. Le commerce en eft confidérable aux environs des villes où il y a des manufactures de gros cuirs. *Journal Écon.* 1759, pag. 513.

Ecorce de Winter; c'eft une groffe écorce roulée en tuiaux, de couleur de cendres, molle, fongueufe, inégale, & ayant plufieurs petites crevaffes à fon extérieur; intérieurement elle eft folide, denfe, rouffâtre; d'un goût âcre, aromatique, piquant & brûlant; d'une odeur très-pénétrante. Elle a été découverte fur les côtes du détroit de Magellan par Guillaume Winter, capitaine de vaiffeau, qui accompagna en 1577. François Drake jufqu'au détroit de Magellan, fans aller plus loin. C'eft le premier qui ait apporté cette écorce en Europe, en 1579, & c'eft de lui qu'elle tire fon nom. Cependant les Auteurs de l'*Hiftoire des voyages*, Tom. XVII, Liv. VII, ch. 2, foutiennent que cette écorce étoit connue avant Winter, & qu'un autre l'avoit déjà trouvée en 1567.

M. Georges Handyfide, qui eft revenu de ce pays-là, dans notre fiècle, a non-feulement décrit cet arbre très-exactement, mais il a même apporté de fa graine en Angleterre, avec un échantillon de fes feuilles & de fes fleurs fur une petite branche, à l'infpection defquelles le chevalier Hans Sloane range le cannelier de Winter fous la claffe des *péreclymenum*, & l'appelle *péreclymenum rectum, foliis laurienis, cortice acri, aromatico*. Encycl.

Parkinfon (ou M. Handyfide) fait voir que cette écorce eft différente de la cannelle blanche, contre le fentiment de plufieurs Auteurs. En effet, elle en diffère en ce qu'elle eft plus groffe, d'une couleur plus foncée & plus approchante de celle de la cannelle, d'un goût plus âcre, & comme celui du poivre & du gingembre.

L'arbre qui la fournit eſt d'une grandeur médiocre, ſemblable en quelque manière au pommier, dont les racines s'étendent
beaucoup, & plus touffu qu'il n'eſt haut : ſon écorce eſt groſſe &
de couleur de cendres en déhors, en dedans elle eſt de couleur
de rouille de fer.

Cet arbre croît dans les contrées ſituées vers le milieu du détroit de Magellan. Voyez. *Tranſ. Philoſ.* n°. 204.

Les matelots ſe ſont ſervis d'abord dans leurs mets de l'écorce de
winter confite avec le miel, ou avec le ſucre, ou deſſéchée &
réduite en poudre, à la place de cannelle & autres aromates ;
enſuite ils l'ont employée avec un grand ſuccès contre le ſcorbut.
C'eſt un antidote contre la chair empoiſonnée d'un certain poiſſon qui ſe tient dans le détroit de Magellan, & qui s'appelle *lion
marin.* Ceux qui mangent de cette chair ſont attaqués de fâcheux
ſymptômes, & ſur-tout de celui-ci qui eſt bien ſingulier: ils ſont
dépouillés de preſque toute leur peau, ce qui ne ſe fait pas ſans
de cruelles douleurs.

L'écorce de winter ſe preſcrit en poudre juſqu'à deux dragmes ;
en infuſion ou en décoction, juſqu'à une once ; elle donne dans
la diſtillation une huile eſſentielle, péſante, comme les autres ſubſtances végétales exotiques : c'eſt delà que dépendent ſes bons effets dans le ſcorbut acide & muriatique, & dans les cas où il s'a-
git de fortifier la débilité de l'eſtomac. On peut donc lui attribuer, avec raiſon, une vertu ſtimulante, ſubaſtringente, corro-
borative, & réſolutive.

Mais on trouve très-rarement dans les boutiques cette écorce ;
& l'on fournit toujours ſous ſon nom la *cannelle blanche.* Quoique
leurs arbres, les lieux où elles croiſſent, & leur forme extérieure,
n'aient preſque rien de commun, cependant comme les deux écorces s'accordent à avoir à peu-près la même odeur & le même
goût, l'uſage reçu & pour ainſi dire convenu entre le médecin
& l'apothicaire, eſt la ſubſtitution de la cannelle blanche, qui eſt
commune, à l'écorce de winter qui eſt très-rare. Voilà un petit
ſecret que je ne me fais point ſcrupule de révéler. Ceci eſt de M.
le Chevalier de Jaucourt. *Encycl..*

L'écorce de winter ſe diſtingue en vraie & fauſſe. La première s'appelle *écorce aromatique magellanique*, la ſeconde *cannelle blanche*, ſuivant *Thèſes de cortice winterano*, in-4°. Francf. 1760. Voy.
Annales Typog. in-8°. Berlin, Tom. I, 1761, p. 170. No.
CCXLVI.

Ecorce d'arbre ; c'eſt une étoffe fabriquée aux Indes & à la
Chine de l'écorce d'un arbre qui ſe file comme le chanvre. Les
longs filamens qu'on en tire, après qu'elle a été battue, & puis
roule dans l'eau, compoſe un fil, qui tient en quelque ſorte le

milieu entre la foie & le fil ordinaire ; n'étant ni fi doux, ni fi luftré que la foie, ni fi dur, ni fi mat que le chanvre.

On mêle de la foie dans quelques-unes de ces étoffes ; & celles-là font les guingans, les nillas, & les cherquemolles.

Les fotalongées font auffi, partie écorce, & partie foie, & ne diffèrent des autres que parcequ'elles font rayées.

Les Pinaffes & Biambonnées font pure écorce.

Toutes ces étoffes font de 7 à 8 aunes de longueur, & de 3 quarts ou de 5 fixièmes de largeur ; à la réferve des cherquemolles, qui n'ont que 4 aunes de long fur 3 quarts de large.

On ne fçait point quels font ces arbres dont on tire ces fila-mens, ni la manière dont on prépare leur écorce. Si on connoif-foit ces préparations, on pourroit peut-être trouver des écorces d'arbriffeaux, qui fe prêteroient aux différentes formes qu'on vou-droit leur faire prendre, felon le *Dict. du Citoyen.*

ECRAIN ou ECRIN, (*Arts*), terme fynonyme à *baguier* ; petit coffre où les dames mettent leurs pierreries, & les curieux leurs pierres gravées.

Dans les beaux jours de la Grèce & de Rome, les amateurs des pierres gravées défirant de les tenir continuellement en gar-de contre les frottemens, l'ufure & autres accidens qui pouvoient leur arriver, les confervoient précieufement avec leur anneaux, leurs bagues & leurs cachets, dans une caffette portative qu'ils appelloient *dactyliotheca*. Nous ignorons comment étoient faites ces caffettes.

Les écrains ou baguiers de nos jours, font de petits coffrets ordinairement couverts de chagrin, dont l'intérieur eft diftri-bué en plufieurs rangs de petites cellules parallèles, & dreffées en manière de fillons. On y place les bagues & pierres gra-vées, de façon que le jonc pofé debout, entre dans le fond du fillon, & la pierre ou le chaton pofe horizontalement fur les rebords du fillon, dont les intervalles font, pour l'ordi-naire, couverts de velours. On a foin que le couvercle de l'é-crain foit doublé d'étoffe mollette, & même garni d'une ouatte ou de coton, afin que venant à fe rabattre fur les pierres gra-vées, la compreffion ni le frottement ne puiffent leur nuire.

Quand on ne poffède pas un grand nombre de pierres gravées on fe contente de ces fortes d'écrains ou baguiers ; mais fi la collection qu'on a faite de pierres gravées eft nombreufe, on ne peut fe difpenfer de les ranger dans des layettes, c'eft-à-di-re, dans de petits tiroirs plats, qui feront placés au deffus l'un de l'autre dans une armoire faite exprès.

Ces layettes feront diftribuées en dedans, comme les écrains ;

& les pierres y feront difpofées de la même manière. Les gravures, qui ne font environnées que d'un cercle en façon de médaillon, feront mifes dans quelques-uns de ces tiroirs qu'on aura réfervés vuides, & fans aucunes loges, & y feront feulement affujetties avec de petits clous, pour empêcher qu'elles ne fe déplacent, & qu'elles ne fe brifent ou ne s'écornent en démarrant.

De cette manière, les pierres gravées d'un curieux occuperont moins de place, il les pourra faire voir plus commodément & plus honorablement pour lui ; & réunis toutes enfemble, elles pourront être gardées fous une feule clé : car pourquoi ne les mettroit-il pas en fûreté & fous la clé ? elles font fes plaifirs, du moins pour l'art du travail, avec autant de fondement que les pierreries font ordinairement les délices des dames ; & il y trouve de plus des portraits, des figures qui, fans être un vain appareil de luxe, fervent à entretenir & à cultiver le goût, & rappellent fouvent des faits à la mémoire. *Article de* M. le Chevalier de Jaucourt. *Encycl.*

ECROUIR, (*Arts méchaniq. & ouvriers en métaux.*) c'eft proprement durcir au marteau la matière jufqu'à ce qu'elle ait perdu fa ductilité ; alors il faut la lui rendre en la rougiffant au feu : car fi lorfqu'elle eft écrouïe, on forçoit le forgé, on s'expoferoit à la faire caffer ; d'où l'on voit que les deux termes dur & caffant font fort bien rendus par celui d'écrouï. *Encycl.*

ECRU. On donne cette épithète au fil & à la foie qui n'ont point été décreufés, ni mis à l'eau bouillante ; on appelle auffi quelquefois *toiles écrues,* celles qui n'ont point été mouillées.

Les belles étoffes fe font de foie cuite ; & les petites, de foie écrue. Il eft défendu de mettre de la foie écrue avec de la foie cuite ; & il n'eft pas non plus permis aux tapifliers de fe fervir de toiles écrues pour leurs doublures, parceque toutes toiles, qui n'ont pas été mouillées, fe retirent.

ECUREUIL. La tête & le dos de l'écureuil font de couleur fauve, & le ventre blanc ; cependant il y a des écureuils noirs ; on en voit de gris & de couleur cendrée en Pologne & en Ruffie. Voyez *Petit-gris.*

EDERDON ou EDERDUM. Duvet très-fin, qui vient d'Iflande.

Voici ce qu'il y a de vrai touchant *l'aigledon* qui donne ce précieux duvet, fuivant la *Relation d'Iflande* de M. Horrebow, dont il eft parlé dans le *Mercure Danois* de l'année 1753. Juillet, p. 126.

Le plus précieux de tous les canards fauvages d'Iflande, eft celui qui est appellé *œder-fugle*, en latin *eider*. (Worm l'a désigné par ces mots *anas plumis mollissimis*, canard à plumes très-douces.) Le mâle est de la grandeur d'une oye, & a plusieurs plumes blanches, mais la femelle n'est pas plus grande qu'une canne. Elle est d'un brun foncé qui s'éclaircit sous le ventre. Il y en a par-tout en grande quantité, particuliérement du côté de l'Islande, à cause des petites isles qui s'y trouvent. Ces oiseaux cherchent ordinairement des isles désertes, mais quand on ne les inquiéte pas, & qu'on éloigne d'eux le bétail, & sur-tout les chiens, ils s'approchent des habitations, & même restent sur leurs œufs à la vue des hommes. On peut compter que l'année suivante, eux & leurs petits, reviennent au même endroit, où ils ont été bien traités. L'utilité que les Islandois en tirent, consiste à prendre & manger leurs œufs & à cueillir ce duvet précieux appellé *aigledon*, ou *ederdum*. Quand cet oiseau s'est construit son nid, il s'épluche lui-même ce duvet, & y pond ses œufs au nombre de 4, qui sont verds & de la grosseur des œufs d'oye. D'abord qu'il a fait sa première ponte, les habitans viennent lui enlever ses œufs, & prennent soigneusement tout le duvet du nid. Le canard alors s'épluche de nouveau & fournit son nid d'autres œufs. Quand les habitans s'apperçoivent que la seconde ponte est faite, ils emportent de nouveau les œufs & les plumes, & l'oiseau pour la 3e. fois s'arrache, ce qui lui reste de duvet, & fait une troisième ponte. Comme la femelle ne peut plus fournir autant de plumes qu'il faut pour tenir les œufs chauds, le mâle vient à son secours & se plume aussi, ce qui fait, comme il est blanc sur la poitrine, que ce duvet est plus beau & le plus recherché. Mais pour cette fois-ci, il faut les laisser en repos, car si on les inquiéte & qu'on ne prenne les œufs pour une 3e. fois, ils quittent cet endroit & n'y reviennent plus, au lieu que si on leur permet de les couver, on peut être sûr que l'année suivante, on aura 2 ou 3 nids pour un. Quand les petits ont quitté le nid on en ôte ce 3e. duvet. C'est ainsi que cet oiseau fournit deux fois des œufs frais, aussi bons que les œufs frais des poules, & du duvet à trois reprises. Les habitans ne permettent guère qu'on les tire. Ils ne veulent pas même qu'on lâche un coup de fusil dans les environs de leur nid, de peur de les effaroucher & de les chasser.

Il y a encore une quantité innombrable de toutes sortes d'oiseaux de mer, qui fournissent l'Islande abondamment d'œufs. Tous les rochers sont chargés & remplis de leurs nids. La façon de les prendre est très-périlleuse. Outre les œufs, la plupart des oiseaux même sont une très bonne nourriture, & sont recherchés par les habitans, pour leurs plumes & leur duvet. On apporte l'éderdon à Coppenhague, où il valoit 10 à 12 marcs Danois la livre en 1759 à 1762.

EFFILÉ

EFFILÉ, (*Rub.*) Les effilés servent ordinairement dans le deuil à border les garnitures, manchettes & fichus ; ils ont la même origine que les franges, & de plus un reste de l'ancienne coutume où l'on étoit autrefois, de déchirer les vêtemens, lors de la mort de ses proches, en signe de sa douleur : il y en a de plusieurs sortes, & de différentes matières : de soie crue, de fil retord ou plat. Ils se font à deux ou à quatre marches, & au battant : celui à deux marches est appellé *effilé à deux pas* ; celui à quatre marches est appellé *effilé à carreaux*, parcequ'ayant deux coups de navette qui entrent dans la même duite, cela forme ce qu'on appelle *le carreau* : ce travail le fait paroître plus garni, de sorte qu'un effilé qui seroit tramé, & avec huit brins, seroit dit être en seize. Ces diverses sortes d'effilés se font deux à la fois ; il y a dans le milieu six & même huit brins de gros fil de Bretagne, qui se travaillent avec le reste ; quoiqu'ils ne doivent pas y demeurer. Quand cet ouvrage est ôté de dessus le métier, on le coupe dans la longueur au milieu des six ou huit fils de Bretagne qui n'y ont été mis que pour ce seul usage : après l'avoir coupé, on ôte, l'un après l'autre, ces brins de fil de Bretagne, qui serviront au même usage tant qu'ils dureront. Si l'on vouloit avoir deux effilés de diverses hauteurs, il n'y auroit qu'à laisser, en le coupant, un brin de fil de plus d'un côté que de l'autre. Il se fait des effilés plus composés, & qui ont jusqu'à huit ou dix têtes : ils se font par le moyen des retours, & sont appellés *effilés à l'Angloise. Encycl.*

EGUILLE de peintres en émail. Ces éguilles ont environ quatre pouces de longueur : elles sont d'acier.

Un peintre doit en avoir au moins deux, dont l'une soit pointue par un bout, un peu plate, & faite en dard, grosse par le milieu comme une moyenne plume à écrire ; & l'autre bout en forme de spatule, large comme l'ongle du doigt, & à peu près de l'épaisseur d'un sou-marqué, mais fort poli.

L'autre doit être pointue par les deux bouts, dont l'un comme une aiguille à coudre, & l'autre un peu plus gros, & tant soit peu plus plat par la pointe. Le bout pointu sert pour étendre les teintes sur les ouvrages, & l'autre pour les prendre & les porter à leur place, quand il en faut une certaine quantité : ce que la pratique apprendra mieux que tout ce qu'on pourroit dire.

On se sert aussi d'une aiguille de buis ; c'est un petit morceau de buis bien sec, à peu près de la longueur des aiguilles d'acier, qui doit être très-pointu par un bout, & par l'autre un peu mousse & rondelet : celui-ci sert à effacer les défauts, & le côté pointu, à approprier les parties de l'ouvrage qui quelquefois se trouvent boueufes & mal unies, ce que vous connoîtrez à la pratique. *Encycl.*

EGYPTIENNE ou EGIPTIENNE ; étoffe mêlangée de poil de fleuret, ou de laine &c. que le réglement de 1667 met au nombre des fatins de Bruges, des damas cafarts, des légatines &c. Elle ne peut avoir moins d'une demi-aune moins un feize de large ; mais il eft permis d'en faire d'une demi-aune entière & d'une demi-aune & un feize.

ELEMI. On trouve deux fortes d'élémi dans les boutiques : l'un vrai, qui eft celui d'Ethiopie & de l'Arabie heureufe, & l'autre bâtard, qui vient de l'Amérique. Le nom de gomme, qu'on leur donne, ne leur convient pas, puifque ce font des vraies réfines qui s'enflamment aifément, & qui fe diffolvent dans l'huile.

Le vrai Elémi, ou celui d'Ethiopie, eft une réfine jaunâtre, ou d'un blanc qui tire tant foit peu fur le verd ; folide extérieurement, quoiqu'elle nefoit pas entiérement fèche, & quoique molle & gluante intérieurement ; formée en morceaux cylindriques, & qui brûle lorfqu'elle eft mife fur le feu ; d'une odeur forte, qui n'eft pas défagréable, & qui approche de celle du fenouil : ces morceaux cylindriques font ordinairement enveloppés de grandes feuilles de rofeaux ou de Palmier ; on en trouve aujourd'hui rarement dans les boutiques.

Nous n'avons rien de certain fur l'arbre dont cette réfine découle : peut-être que le tems éclaircira fon origine.

C. Bauhin dit que les oliviers francs & les fauvages, donnent une larme qui eft prefque femblable à l'élémi, & c'eft ce qui eft confirmé par le temoignage de Baccius qui dit : la grandeur & l'ancienneté des oliviers de la Pouille eft furprenante : ils font auffi grands que les chênes ; & ce qui prouve leur fécondité, ce que je ne vois pas dans les oliviers de Tivoli & dans ceux des Sabins, il découle des oliviers de la Pouille, par rapport, comme je penfe, aux chaleurs continuelles qu'il fait dans ce pays, une gomme excellente que les chirurgiens appellent *gomme élémi*. C'eft une matière graffe, & d'une odeur pénétrante comme la myrrhe ; de forte que je crois qu'on doit l'eftimer, non feulement parce parcequ'on l'emploie dans les onguens, & qu'étant appliquée fimplement comme un cérat, elle diffipe les tumeurs, elle modifie les ulcères fordides, elle fait naître des chairs & procure la cicatrice ; mais encore parce qu'étant jettée fur les charbons, elle répand une odeur très-agréable & qui furpaffe la bonne odeur de l'encens & de la myrrhe appellée *Stacté*.

La gomme élémi eft apportée en pains de 2 à 3 livres ;

& parcequ'ils font enveloppés dans des feuilles de cannes, on lui donne communément le nom de *gomme élémi en rofeau*. La meilleure, qui vient de Marfeille & de Hollande, eft celle qui eft tout enfemble féche & mollaffe, qui eft d'un blanc verdâtre, & d'une odeur douce & agréable. Elle paffe pour un baume naturel, & fouverain à la guérifon de toutes fortes de plaies; auffi l'emploie-t-on dans la compofition du *baume d'Arceus*.

On peut contrefaire cette gomme avec du galipot lavé dans de l'huile d'afpic moyenne; mais la mauvaife odeur & la couleur trop blanche de cette réfine falfifiée fuffifent pour découvrir la fripponnerie. On appelle cet élémi artificiel, *élémi de l'Amérique*. Voyez *Gomme du gommier*.

ELEPHANT. Animal monftrueux auquel on donne le premier rang parmi les amimaux à quatre pieds. Il eft auffi le plus intelligent. Il naît ordinairement fur les côtes d'Afrique, & dans les Grandes Indes. Ceux de l'Afie font les plus grands. On peut confulter l'*Encycl.* fur cet animal.

Ce font les dents, ou plutôt les défenfes de cet animal, qu'on appelle *ivoire ou morfil*. Voyez *ivoire*.

On vend cet animal felon fa taille. Le plus grand a neuf coudées, depuis la pointe du pied jufqu'à l'épaule, & chaque coudée eft évaluée mille pardaos (chacune vaut 300 reis de Portugal) dans l'ifle de Ceylan, dont parle Nic. de Graaf, dans fes *Voyages aux Indes*, p. 127. Les Mores ou Mahométans qui en achètent, donneront autant pour un éléphant de Ceylan, que pour quatre d'un autre pays.

ELLEBORE, plante médicinale émétique & cathartique. Il y en a de deux fortes, le blanc & le noir. On ne fe fert plus de l'un ni de l'autre pour guérir la folie, à quoi les anciens le croyoient un remède fpécifique; mais on compofe feulement de la racine de l'ellébore blanc, une poudre fternutatoire pour décharger le cerveau; & il femble que pour le refte, il foit paffé, auffi bien que le noir, de la médecine des hommes à celle des chevaux, & autres animaux; les maréchaux s'en fervant pour guérir le farcin aux chevaux, & les bergers, la galle des brebis.

L'ellébore dont on fe fert à Paris, croît dans les montagnes du Dauphiné & de la Bourgogne; il en vient auffi de la Suiffe, & quelquefois par la voie d'Angleterre. Il croiffoit dans les ifles d'Anticyre, qui font vis-à-vis le Mont Aena, dans le golfe de Zeiton, près de Négrepont, ce qui a fait dire aux anciens, de ceux qu'ils accufoient de folie, *naviget Anticyram*. Il en croît davantage sur les bords du Pont-Euxin, & sur tout aux pieds du mont Olympe en Asie, proche la fameuse ville de Pruse. Les Turcs l'appellent *Zoplème*.

L'ellébore blanc a sa racine blanchâtre en dedans, brune en dehors, remplie de longs filamens de la même couleur, qui sortent d'une tête comme celle des oignons; son goût est âcre un peu amer, un peu astringent, désagréable; & qui cause des nausées. Ses feuilles sont larges, vertes d'abord, & ensuite d'un rouge jaunâtre: du milieu des feuilles sort une tige chargée de petites fleurs en forme d'étoiles.

L'ellébore noir a la racine brune, garnie aussi de petits filamens: elle produit des tiges vertes, avec ses feuilles pareillement vertes & dentelées, & des fleurs incarnates semblables à la rose.

On apporte seulement les racines de l'un & de l'autre ellébore, qu'il faut choisir grosses & belles, garnies de gros filamens: celles du blanc, de couleur tannée au dessus, & blanches en dedans; & celles du noir, au dehors noires & grises en dedans, bien sèches, bien nettes, d'un goût âcre, amer & désagréable. Voyez le *Mémoire de M.* Boulduc, sur ces racines, dans les *Mémoires de l'Académie Royale des Sciences*, année 1701.

On n'ose plus s'en servir, dit M. Bolduc; présentement on n'est plus si téméraire dans l'usage des remèdes violens, comme étoient les anciens.

L'ellébore noir est encore assez en usage de nos jours, & plusieurs s'en servent avec sureté, en ne le donnant point en substance, ni en extrait tiré avec l'esprit de vin, parcequ'étant fait de cette manière, il ne contient qu'une résine; qui séparée par-là de son sel, ne produit que des irritations en purgeant peu.

L'extrait fait avec l'eau simple, ou l'eau de pluie, sans esprit de vin, purge bien, doucement & utilement. M. Boulduc croit pouvoir mettre l'ellébore noir au nombre des médicamens doux & d'une vertu purgative modérée.

Cet habile Académicien à reconnu que l'ellébore noir qui vient des montagnes de la Suisse, c'est-à-dire, des Alpes, est le meilleur, & que celui qu'on reçoit par la voie d'angleterre ne vaut rien. C'est sur celui-là qu'il a fait ses expériences & ses analyses. Ces plantes naissent aussi dans les Pyrénées.

Il y a un troisième ellébore, qui est appellé *puant*, à cause de l'odeur de ses feuilles & de ses fleurs. Il est encore appellé *noir* ou *sauvage*, & enfin, *pied de griffond*, à cause de la disposition de ses feuilles. On le croit un poison pris intérieurement.

Une différence bien remarquable dans les fleurs de l'ellébore blanc & du noir, c'est que celles du veratrum, ou ellébore blanc, n'ont point de cornets au dedans, qui entourent le piſtile; au lieu que celles de l'ellébore noir en ont pluſieurs. Les feuilles du premier genre approchent dans leur forme de celles de la gentiane. Celles de l'autre ſont étroites, longues, & rangées comme une main ouverte.

On a toujours reconnu que les racines de l'ellébore blanc étoient un poiſon, mais principalement les anciens Eſpagnols, qui en faiſoient uſage pour empoiſonner les flèches avec leſquelles ils chaſſoient les bêtes féroces, & le gibier qui étoit bon pour leurs ta les, afin que les bleſſures, quelques légères qu'elles fuſſent, ne manquaſſent point de les faire mourir aſſez promptement. Le gibier ainſi empoiſonné étoit plus délicat, ou plus tendre, ſans cauſer aucun mal à perſonne.

La fameuſe racine de *contra-yerva* a pris ſon nom de l'ellébore, parceque les Eſpagnols l'ont crue bonne contre ſon poiſon, auſſi-bien que contre ceux qui lui ſont ſemblables : car *contra-yerva*, eſt un abrégé de *contra-yerva de balleſtero*. C'eſt comme ſi on diſoit proprement l'*anti-ellébore*. Enſuite ils ont étendu cette propriété, contre toute plante vénéneuſe; de ſorte que par *contra-yerva* tout court, ils ont entendu plus généralement ſous ce ſens, *contra-yerva-venenoſa*, *contre-venin*. Voyez *Contra-yerva*.

Comme aujourd'hui l'ellébore n'a plus cet uſage chez les chaſ-ſeurs Eſpagnols, ils ne le nomment plus guère de cet ancien nom de *Yerva de balleſtero* : ils lui ont ſubſtitué celui de *Verdegambra*, qu'il porte plus communément. *Mémoires de* M. Garcin.

On peut encore conſulter l'*Encyclopédie* ſur les vertus de l'ellébore; on y fait voir qu'il vaudroit mieux s'abſtenir de l'uſage de tout ellébore, puiſqu'on poſſède des purgatifs & des émétiques également efficaces & beaucoup plus ſûrs &c.

ELLEND, ELAN, en latin *alce*, & qu'on nomme *orignac* dans le Canada, & dans toute l'Amérique Septentrionale (a); c'eſt un animal ſauvage de la grandeur & de la figure d'un mulet d'Auvergne, à la réſerve du mufle qu'il a plus gros, de la queue qu'il a très-courte, des pieds qu'il a fendus, & d'un grand bois plat qu'il porte ſur la tête, qui pèſe juſqu'à 300, & quelquefois 400 livres; ſon poil eſt long & brun, ſa peau forte & dure, quoiqu'un peu épaiſſe; ſa viande eſt délicate, ſur-tout celle des femelles : il ne court, ni ne bondit; mais ſon trot égale preſque la viteſſe de la courſe du cerf, ſa chair eſt auſſi bonne à manger que celle du bœuf.

La chaſſe des orignaux eſt une des plus agréables, & des principales occupations des Sauvages: elle ſe fait dans les tems de nei-

(a) Voy. *Orignac*.

ge , parcequ'il eſt alors plus facile de les forcer. Quand les chaſ-
ſeurs en ont mis à bas à coups de fuſils autant qu'il leur en faut pour
faire grande chère pendant quelques jours , ils les écorchent, &
en emportent les peaux, qu'ils échangent enſuite avec les François, contre les marchandiſes dont ils ont beſoin.

Les Sauvages n'oublient pas non plus de couper le pied gauche de derrière de chaque bête, ſur-tout ſi ce ſont des femelles; &
c'eſt la corne de ce pied qu'on croit ſouveraine contre l'épilepſie.

Ainſi l'élan fournit de deux ſortes de marchandiſes , dont l'une ,
qui eſt le pied , ſe vend par les marchands épiciers-droguiſtes, &
l'autre , qui eſt la peau, après avoir été paſſée en huile à la façon
des bufles par nos manufacturiers , eſt employée par les faiſeurs de
colletins de bufles , de baudriers & de ceinturons, par les gantiers & autres ouvriers. Voy. *Chamois.*

Ce qu'on vient de dire de l'élan convient plus particuliérement
à ceux du Canada , de l'Acadie, & autres provinces de l'Amérique Septentrionale, qu'aux élans de Norwége, de Suéde, de Ruſſie & de Pruſſe. Il ſuffit néanmoins pour les uns , & pour les autres, la différence n'étant pas conſidérable , & ne conſiſtant preſque
que dans la grandeur de ces animaux ; les élans d'Europe étant plus
petits & moins forts que les orignaux de l'Amérique.

Il y en a en Afrique qui ſont plus gros que ceux d'Europe &
d'Amérique. Ils ont, pour l'ordinaire, 5 pieds de hauteur, les cornes
un pied de longueur ; le poil eſt doux & de couleur cendrée ;
ils ſont fort agiles , & grimpent avec beaucoup de viteſſe ſur les
rochers les plus eſcarpés.

EMAIL , (*Art méch.*) branche de l'art de la Verrerie. L'émail
eſt une préparation particulière du verre, auquel on donne différentes couleurs, tantôt en lui conſervant une partie de ſa tranſparence , tantôt en la lui ôtant ; car il y a des émaux tranſparens ,
& des émaux opaques.

On diſtingue trois ſortes d'émaux : ceux qui ſervent à imiter & contrefaire les pierres précieuſes , ceux qu'on emploie
dans la peinture ſur l'émail, & ceux dont les émailleurs à la lampe
font une infinité de petits ouvrages, tels que des magots, des
animaux , des fleurs, des aigrettes, des poudres brillantes &c.
On prétend que ces émaux ſont les mêmes pour le fond, & que
s'ils diffèrent, ce n'eſt que par les couleurs & la tranſparence.

Le P. Kircher , *In mundo ſubter.* , eſt un des premiers qui ait parlé de la peinture en émail.

On a cru pendant long-tems, que la peinture encauſtique des
anciens étoit la même choſe que notre peinture en émail. Voyez
Peinture à l'encauſtique.

Nous allons donner, en premier lieu, la manière de faire les émaux, d'après Neri & Kunckel; nous expliquerons enfuite la manière de les employer, ou le travail de l'émailleur, que nous diviferons en trois parties: l'art de peindre fur l'émail, l'art d'employer les émaux clairs ou tranfparens, & l'art de fouffler l'émail à la lampe, d'après l'*Encycl.*.

I. *De la préparation des émaux.* Kunckel qui fe connoiffoit en **ouvrages** de Chymie, faifoit le plus grand cas de l'*Art de la Verrerie* de Neri.

Préparer une matière commune pour toutes fortes d'émaux.

Prenez trente livres de plomb & trente livres d'étain bien purs; faites-les calciner, paffez les chaux au tamis, rempliffez d'eau un vaiffeau de terre verniffé, faites-y bouillir les chaux; lorfqu'elles auront un peu bouilli, retirez le vaiffeau de deffus le feu, & verfez l'eau, par l'inclinaifon elle entrainera avec elle la partie la plus fubtile des chaux. Verfez de nouvelle eau fur les chaux qui refteront au fond du vaiffeau, faites bouillir comme auparavant, & décantez; réitérez la même manœuvre jufqu'à ce que l'eau n'entraîne plus aucune portion des chaux. Alors prenez ce qui en reftera au fond du vaiffeau, & le recalcinez; opérez fur ces métaux calcinés derechef, ou fur ces fecondes chaux, comme vous avez opéré fur les premières. Quant à l'eau qui s'eft chargée fucceffivement de la partie la plus fubtile de la chaux, faites-la évaporer à un feu, que vous obferverez fur-tout de rallentir fur la fin; fans cette précaution, vous rifquerez de tacher la partie de la chaux qui touchera le fond du vaiffeau.

Prenez cinquante livres de cette chaux fi déliée & autant de la fritte de tarfe ou caillou blanc, que vous bróierez & tamiferez avec foin, & huit onces de fel de tartre blanc; mêlez ces matières; expofez-les au feu pendant dix heures, dans un pot neuf de terre cuite; retirez-les enfuite, & les pulvérifez; ferrez cette poudre dans un lieu fec, & la tenez à couvert de toutes ordures; ce fera la bafe commune de tous les émaux.

Kunckel fubftitue aux huit onces de fel de tartre huit onces de potaffe purifiée à plufieurs reprifes, & dégagée le plus exactement qu'il eft poffible de toutes faletés.

Pour faire un émail blanc de lait.

Prenez fix livres de la matière commune pour tous les émaux: quarante huit grains de magnéfie; mettez le mêlange dans un pot verniffé en blanc; faites le fondre au fourneau à un feu clair

E e   4

fans fumée, d'un bois de chêne bien fec, la fufion fe fera prompte-
tement. Lorfqu'elle fera parfaite, verfez le mêlange dans une
eau bien claire, qui l'éteigne & la purifie ; réitérez toute cette
manœuvre trois fois de fuite. Lorfque vous aurez remis le mêlange au feu pour la quatrième fois, voyez s'il vous paroît blanc ;
fi vous lui trouvez un œil verdâtre, ajoutez-y un peu de magnéfie : cette addition convenablement faite, lui donnera la blancheur de lait.

Libavius & Porta compofent cet émail d'une partie de plomb
calciné, de deux parties de chaux d'étain, & de deux fois autant
de verre.

Kunckel veut abfolument qu'on y emploie la magnéfie, mais
qu'on en faffe l'addition petit-à-petit ; obfervant de n'en pas rendre la dofe trop forte, parcequ'elle ne fe confume pas, & qu'elle
donne au verre une couleur de pêcher pâle.

Autre émail blanc.

Prenez douze livres d'antimoine & autant de nitre bien
mêlés & bien broyés, cent-foixante & feize livres, de la matière du verre commun ; mêlez exactement le tout ; faites
calciner le mêlange au fourneau, & le réduifez en fritte, ou,
ce qui revient au même, faites un régule d'antimoine avec de
l'antimoine crud & du nitre, comme la chymie le prefcrit. Ce
régule mêlé au verre, vous donnera un émail blanc & propre à
recevoir toutes fortes de couleurs.

Kunckel, qui prefcrit ce procédé, dit que pour employer cet
émail, il faut le réduire en une poudre fine, en le broyant pendant vingt-quatre heures avec du vinaigre diftillé ; que cette attention le difpofe à entrer facilement en fufion : mais que pour
l'appliquer, il faut l'humecter d'eau de gomme, & commencer
par tracer tout ce qu'on voudra colorer avec la couleur noire,
ou le rouge brun, ou l'émail même, ce qui vaut encore mieux.

Le plus bel émail blanc vient d'Angleterre. C'eft celui dont on
fait ufage à Genève pour les fuperbes peintures en émail, fur les
boîtes de montres qu'on y fabrique & qui font admirées de tout
le monde.

Pour faire un émail bleu turquin.

Prenez fix livres de la matière commune pour tous les émaux :
mettez-la dans un pot de terre verniffé en blanc, faites-la fondre, pu-
rifiez-la par l'extinction dans l'eau, ajoutez-y trois onces d'écailles de
cuivre calcinées par trois fois ; prenez quatre-vingt-feize grains
de fafre, & quarante-huit grains de magnéfie ; réduifez en poudre ces deux derniers ingrédiens; mêlez bien les poudres; faites-en

quatre parties ; ajoutez-les à la matière commune des émaux à quatre reprifes différentes. Remuez bien le mêlange : fi la couleur vous paroît belle, le procédé fera fini ; fi au contraire vous la trouvez trop foible ou trop forte, vous l'affoiblirez par l'addition d'un peu de la matière commune des émaux : pour la fortifier, vous vous fervirez du fafre, & le plus ou le moins de matières colorantes vous donnera différentes teintes.

Pour faire un émail bleu d'azur.

Prenez quatre livre d'émail blanc, deux onces de fafre, quarante-huit grains d'*æs uftum* calciné par trois fois: mêlez bien ces poudres. Expofez le mêlange au fourneau de verrerie dans un pot vernifié en blanc; quand il vous paroîtra bien fondu & bien purifié, éteignez-le dans l'eau, & le procédé fera fini.

Kunckel prefcrit de faire fondre à la fois, dix, vingt, trente livres d'émail, de les éteindre dans l'eau, de les faire fondre derechef, & de les garder pour l'ufage qu'il prefcrit de la manière fuivante : après avoir averti que le procédé de Neri eft excellent, & que fi l'on ne réuffit pas, fur-tout dans les couleurs où il entre du fafre, c'eft que la qualité de cette matière varie, & que toute la chymie des émaux demande un grand nombre d'effais.

Pour avoir différentes teintes, il faut, felon Kunckel, prendre d'abord un verre clair & tranfparent, mettre un grain de magnéfie fur une once de verre, en faire autant avec le fafre, & voir la couleur réfultante; puis deux grains de magnéfie &c.

Pour faire un émail verd.

Prenez quatre livres de fritte d'émail : mettez-les dans un pot de terre vernifié en blanc, faites-les fondre & purifier au feu pendant dix à douze heures, éteignez le tout dans l'eau, remettez-le au feu; quand la matière fera en fufion, ajoutez deux onces *d'æs uftum*, & 48 grains d'écailles de fer, le tout bien broyé & bien mêlé; ajoutez ce mêlange de poudres à trois reprifes, & petit à petit, remuez bien : cela fait, vous aurez un bel émail verd à pouvoir être mis fur l'or.

Autre émail verd.

Prenez fix livres de la matière commune des émaux, ajoutez-y trois onces de ferret d'Efpagne, & quarante-huit grains de fafran de mars, le tout bien broyé; mettez ce mêlange dans un pot vernifié à l'ordinaire, purifiez-le en l'éteignant dans l'eau; après l'extinction, faites fondre derechef.

Autre émail verd.

Mettez au feu quatre livres d'émail, faites-les fondre, & purifiez-les à l'ordinaire ; faites-les fondre derechef ; ajoutez-y, à trois reprises, une poudre composée de deux onces d'*æs uſtum* & de quarante-huit grains de ſafran de mars, le tout bien pulvériſé & bien mêlangé.

Pour faire un émail noir.

Prenez quatre livres de la matière commune des émaux ; deux onces de ſafre & autant de magnéſie de Piémont : mettez ce mêlange au fourneau dans un pot verniſſé, afin qu'il ſe purifie. Prenez le pot plus grand qu'il ne le faudroit, eu égard à la quantité des matières, afin qu'elles puiſſent ſe gonfler ſans ſe répandre : éteignez le tout dans l'eau, remettez-le au feu, formez des gâteaux.

Autre émail noir.

Prenez ſix livres de la fritte d'émail ; deux onces de ſafre, autant de ſafran de mars fait au vinaigre, & autant de ferret d'Eſpagne ; mettez le mêlange dans un pot verniſſé, & achevez le procédé comme les précédens.

Autre émail noir.

Prenez quatre livres de la matière commune des émaux, quatre onces de tartre rouge, deux onces de magnéſie de Piémont préparée : réduiſez le tout en une poudre fine. Mêlez bien cette poudre avec la matière commune des émaux ; mettez le mêlange dans un pot verniſſé, de manière qu'il reſte une partie du pot vuide, & achevez le procédé comme les précédens.

Pour faire un émail purpurin.

Prenez quatre livres de fritte d'émail, deux onces de magnéſie : mettez le mêlange au feu dans un pot, dont il reſte une grande partie vuide.

Kunckel obſerve que la doſe de deux onces de magnéſie, ſur quatre livres de fritte, eſt forte, & que la couleur pourra venir foncée ; mais il ajoute qu'il eſt preſqu'impoſſible de rien preſcrire d'exact ſur les doſes, parceque la qualité des matières, la nature des couleurs, & les accidens du feu occaſionnent de grandes variétés.

Autre émail purpurin.

Prenez fix livres de la matière commune des émaux, trois onces de magnéfie, fix onces d'écailles de cuivre calcinées par trois fois : mêlez le tout exactement, réduifez-le en poudre, & procédez comme ci-deffus.

Le fuccès de ce procédé dépend fur-tout de la qualité de la magnéfie, & de la conduite du feu. Trop de feu efface les couleurs ; & moins la magnéfie a de qualité, plus il en faut augmenter la dofe.

Pour faire un émail jaune.

Prenez fix livres de la matière commune de l'émail, trois onces de tartre, foixante & douze grains de magnéfie : mêlez & incorporez bien ces matières avec celle de l'émail ; & procédant comme ci-deffus, vous aurez un émail jaune bon pour les métaux, à l'exception de l'or, à moins qu'on ne le foutienne par d'autres couleurs.

Kunckel avertit que, fi on laiffe le mêlange trop long-tems au feu, le jaune s'en ira ; qu'il ne faut pas, pour cette couleur, un tartre pur & blanc, mais un tartre fale & groffier ; & que fa coutume eft d'y ajouter un peu de cette poudre jaune qu'on trouve dans les vieux chênes, & au défaut de cette poudre, un peu de charbon pilé.

Pour faire un émail bleu.

Prenez deux onces d'oripeau calciné, & quarante-huit grains de fafre ; réduifez cela en poudre, mêlez les poudres, répandez-les dans quatre livres de la matière commune des émaux, & achevez comme ci-deffus.

Pour faire un émail violet.

Prenez fix livres de la matière commune des émaux, deux onces de magnéfie, quarante-huit grains d'écailles de cuivre calcinées par trois fois, & achevez comme ci-deffus.

Kunckel dit, fur les deux derniers émaux, qu'ils donnent l'aigue-marine ; il prefcrit le fafre feul pour le bleu, & il veut qu'on y ajoute un peu de magnéfie pour le violet, mais il fe rétracte enfuite ; il approuve les deux procédés de Neri : il ajoute feulement qu'il importe pour ces deux couleurs de retirer du feu à propos, obfervation générale pour toutes les autres couleurs.

On peut voir dans les *Principes d'Architecture, de Sculpture & de Peinture* de M. Félibien, & dans l'*Art du feu ou de peindre en émail* de M. Ferrand, imprimé à Paris en 1721, la manière d'employer tous ces émaux, & de préparer l'or ou les autres métaux, fur lesquels on veut peindre.

Ces émaux viennent de Venife ou de Hollande ; ils font en petits pains plats de différentes grandeurs. Ils ont ordinairement quatre pouces de diamètre, & quatre à cinq lignes d'épaiffeur. Chaque pain porte la marque de l'ouvrier empreinte : cette empreinte fe donne avec un gros poinçon ; c'eft ou un nom de Jefus, ou un foleil, ou une fyrène, ou un fphynx, ou un finge &c.

II. *L'art de peindre fur l'émail.* L'art d'émailler fur la terre eft ancien. Il y avoit au tems de Porfenna, Roi des Tofcans, des vafes émaillés de différentes figures. Cet art, après avoir été long-tems brut, fit tout-à-coup des progrès furprenans à Faenza & à Caftel-Durante, dans le duché d'Urbin. Michel-Ange & Raphaël floriffoient alors : auffi les figures qu'on remarque fur les vafes qu'on émailloit, font-elles infiniment plus frappantes par le deffin, que par le coloris. Cette efpèce de peinture étoit encore loin de ce qu'elle devoit devenir un jour ; on n'y employoit que le blanc & le noir, avec quelques teintes légères de carnation au vifage & à d'autres parties : tels font les émaux qu'on appelle *de Limoges.* Les pièces qu'on faifoit fous François I, font très-peu de chofe, fi on ne les eftime que par la manière dont elles font coloriées. Tous les émaux dont on fe fervoit, tant fur l'or que fur le cuivre, étoient clairs & tranfparens. On couchoit feulement quelquefois des émaux épais, féparément & à plat, comme on le pratiqueroit encore aujourd'hui fi l'on fe propofoit de former un relief. Quant à cette peinture dont nous nous propofons de traiter, qui confifte à exécuter avec des couleurs métalliques, auxquelles on a donné leurs fondans, toutes fortes de fujets, fur une plaque d'or ou de cuivre qu'on a émaillée & quelquefois contre-émaillée, elle étoit entiérement ignorée.

La durée de la peinture en émail, fon luftre permanent, la vivacité de fes couleurs, la mirent en grand crédit : on lui donna fur la peinture en miniature une préférence, qu'elle eut fans doute confervée, fans les connoiffances qu'elle fuppofe, la patience qu'elle exige, les accidens du feu qu'on ne peut prévoir, & la longueur du travail auquel il faut s'affujettir. Ces raifons font fi fortes, qu'on peut affurer, fans craindre de fe tromper, qu'il y aura toujours un très-petit nombre de grands peintres en émail ; que les beaux ouvrages qui fe feront en ce genre feront

toujours très-rares & très-précieux , & que cette peinture sera
long-tems encore sur le point de se perdre ; parceque la recherche des couleurs prenant un tems infini à ceux qui s'en occupent,
& que cette peinture sera long-tems encore sur le point de se
perdre ; parceque la recherche des couleurs prenant un tems infini à ceux qui s'en occupent , & les succès ne s'obtenant que
par des expériences coûteuses & réitérées , on continuera d'en
faire un secret. C'est pour cette raison que nous invitons ceux
qui aiment les arts , & que leur état & leur fortune ont élevés
au dessus de toute considération d'intérêt , de publier sur la composition des couleurs propres pour la peinture de l'émail & de
la porcelaine, ce qu'ils peuvent en connoître ; ils se feront beaucoup d'honneur, & ils rendront un service important à la peinture. Les peintres sur l'émail ont une peine incroyable à com-
pletter leur palette ; & quand elle est à peu-près complette, ils
craignent toujours qu'un accident ne la dérange , ou que quelques couleurs dont ils ignorent la composition , & qu'ils emploient avec beaucoup de succès , ne viennent à leur manquer.
Il m'a paru, par exemple , que des rouges de mars , qui eussent
de l'éclat & de la fixité, étoient très-rares &c. Comment un art
se perfectionnera-t-il , lorsque les expériences d'un artiste ne
s'ajouteront point aux expériences d'un autre artiste , & que
celui qui entrera dans la carrière sera obligé de tout inventer ,
& de perdre à chercher des couleurs un tems précieux qu'il eut
employé à peindre ?

Jean Petitot & Jacques Bordier apportèrent d'Angleterre des
portraits en émail si parfaits & si parfaitement coloriés , que
deux bons peintres en miniature, Louis Hance & Louis de Guer-
nier , tournèrent leur talent de ce côté. Ce dernier se livra à la
peinture en émail avec tant d'ardeur & d'opiniâtreté, qu'il l'eût
sans doute portée au point de perfection qu'elle pouvoit atteindre , s'il eût vécu davantage. Il découvrit cependant plusieurs
teintes, qui rendirent ses carnations plus belles que ses prédé-
cesseurs ne les avoient eues. Que sont devenues ces découvertes ?

Pour peu qu'une pièce soit grande , il est presqu'impossible
de lui conserver cette égalité de superficie , qui permet seule de
jouir également de la peinture de quelque côté que vous la
regardiez. Les dangers du feu augmentent en raison des surfaces. M. Rouquet , dont je ne pense pas que qui que ce soit re-
cuse le jugement dans cette matière , prétend même , dans son
ouvrage *de l'Etat des Arts en Angleterre* , que le projet d'exécuter de grands morceaux en émail , est une preuve décisive de
l'ignorance de l'artiste ; que ce genre de peinture perd de son

mérite, à proportion qu'on s'éloigne de certaines limites; que l'artiste n'a plus au delà de ces limites la même liberté dans l'exécution, & que le spectateur seroit plutôt fatigué qu'amusé par les détails, quand même il arriveroit à l'artiste de réussir.

Jean Petitot, né à Genève en 1607, mourut à Vevay en 1691. Il se donna des peines incroyables pour perfectionner son talent. On dit qu'il dût ses belles couleurs à un habile chymiste avec lequel il travailla, mais on ne nomme point ce chymiste. Cependant c'est l'avis de M. Rouquet. Petitot, dit-il, n'eut jamais mis dans ses ouvrages cette manœuvre si fine & si séduisante, s'il avoit opéré avec les substances ordinaires. Quelques heureuses découvertes lui fournirent les moyens d'exécuter sans peine des choses surprenantes que, sans le secours de ces découvertes, les organes les plus parfaits, avec toute l'adresse imaginable, n'auroient jamais pu produire. Tels sont les cheveux que Petitot peignoit avec une légéreté dont les instrumens & les préparations ordinaires ne sont nullement capables. S'il est vrai que Petitot ait eu des moyens méchaniques qui se soient perdus, quel regret pour ceux qui sont nés avec un goût vif pour les arts, & qui sentent tout le prix de la perfection !

Petitot copia plusieurs portraits d'après les plus grands maîtres : on les conserve précieusement. Vandeik se plut à le voir travailler, & ne dédaigna pas quelquefois de retoucher ses ouvrages.

Louis XIV & sa cour employèrent long-tems son pinceau. Il obtint une pension considérable & un logement aux galleries, qu'il occupa jusqu'à la révocation de l'Edit de Nantes. Ce fut alors qu'il se retira dans sa patrie.

Bordier, son beau-frère, auquel il s'étoit associé, peignoit les cheveux, les draperies & les fonds ; Petitot se chargeoit toujours des têtes & des mains.

Ils traitèrent non seulement le portrait, mais encore l'histoire. Ils vécurent sans jalousie, & amassèrent près d'un million qu'ils partagèrent sans procès.

On dit qu'il y a un très-beau morceau d'histoire de ces deux artistes dans la bibliothèque de Genève.

M. Rouquet fait l'éloge d'un peintre Suédois appellé M. Zink. Ce peintre a travaillé en Angleterre. Il a fait un grand nombre de portraits, où l'on voit l'émail manié avec une extrême facilité, l'indocilité des matières subjuguée, & les entraves, que l'art de l'émail met au génie, entiérement brisées. Le peintre de Genève, dit de M. Zink, ce qu'il a dit de Petitot : qu'il a possédé des manœuvres & des matières qui lui étoient particulières, sans lesquelles ses ouvrages n'auroient jamais eu la liberté du pinceau, la fraîcheur, la vérité, l'èmpâtement qui leur donnent l'effet de la nature. Les mots par lefquels M. Rouquet finit l'éloge de M. Zink, font remarquables : » il eft bien humiliant, dit M. Rouquet, » pour la nature humaine, que les génies aient la jaloufie d'être » feuls ». M. Zink n'a point fait d'élèves.

Nous avons aujourd'hui quelques hommes habiles dans la peinture en émail; tout le monde connoît les portraits de ce même M. Rouquet que nous venons de citer, ceux de M. Liotard, & les compofitions de M. Durand. La poftérité, qui fera cas de fes ouvrages en émail, recherchera avec le plus grand empreffement, les morceaux qu'il a exécutés fur la nacre, & qui auront échappé à la barbarie de nos petits maîtres. Mais je crains bien que la plupart de ces bas reliefs admirables, roulés brutalement fur des tables de marbre, qui égratignent & défigurent les plus belles têtes, les plus beaux contours, ne foient effacés & détruits, lorfque les amateurs en connoîtront la valeur, qui n'eft pas ignorée aujourd'hui, fur-tout des premiers artiftes. C'eft en lui voyant travailler un très-beau morceau de peinture en émail, foit qu'on le confidére par le fujet, ou par le deffin, ou par la compofition, ou par l'expreffion, ou même par le coloris, que j'écrivois ce que je détaillerai de la peinture en émail.

C'eft l'orfèvre qui prépare la plaque fur laquelle on fe propofe de peindre. Sa grandeur & fon épaiffeur varient, felon l'ufage auquel on la deftine. Si elle doit former un des côtés d'une boîte, il faut que l'or en foit à vingt-deux carats au plus: plus fin, il n'auroit pas affez de foutien, moins fin, il feroit fujet à fondre. Il faut que l'alliage en foit moitié blanc & moitié rouge, c'eft-à-dire moitié argent, moitié cuivre; l'émail dont on le couvrira, en fera moins expofé à verdir, que fi l'alliage étoit tout rouge.

Il faudra recommander à l'orfèvre de rendre fon or bien pur & bien net, & de le dégager exactement de pailles & de vents : fans ces précautions il fe fera immanquablement des foufflures à l'émail, & ces défauts feront fans remède.

On réfervera autour de la plaque un filet qu'on appelle auffi *bordement*. Ce filet ou bordement retiendra l'email, & l'empêchera de tomber, lorfqu'étant appliqué on le preffera avec la fpatule. On lui donnera autant de hauteur qu'on veut donner d'épaiffeur à l'émail; mais l'épaiffeur de l'émail variant felon la nature de l'ouvrage, il en eft de même de la hauteur du filet ou bordement. On obfervera feulement que quand la plaque n'eft point contre-émaillée, il faudra qu'elle foit moins chargée d'émail, parceque l'émail mis au feu attirant l'or à foi, la pièce deviendroit convexe.

Lorfque l'émail ne doit point couvrir toute la plaque, alors il faut lui pratiquer un logement. Pour cet effet, on trace fur la plaque les contours du deſſin ; on ſe ſert de la mine de plomb, enſuite du burin. On champlève tout l'eſpace renfermé dans les contours du deſſin, d'une profondeur égale à la hauteur qu'on eut donnée au filet, ſi la plaque avoit dû être entiérement émaillée.

On champleve à l'échope, & cela le plus également qu'on peut : c'eſt une attention qu'il ne faut pas négliger. S'il y avoit une éminence, l'émail ſe trouvant plus foible en cet endroit, le verd pourroit y pouſſer. Les uns pratiquent au fond du champlever des hachures légères & ſerrées, qui ſe croiſent en tous ſens ; les autres y font des traits ou éraflures, avec un bout de lime caſſé quarrément.

L'uſage de ces éraflures ou hachures, c'eſt de donner priſe à l'émail, qui, ſans cette précaution, pourroit ſe ſéparer de la plaque. Si l'on obſervoit de tremper la pièce champlevée dans de l'eau régale affoiblie, les inégalités que ſon action formeroit ſur le champlever, pourroient remplir merveilleuſement la vue de l'artiſte dans les hachures qu'il y pratique : c'eſt une expérience à faire. Au reſte, il eſt évident qu'il ne faudroit pas manquer de laver la pièce dans pluſieurs eaux, au ſortir de l'eau régale.

Quoiqu'il en ſoit de cette conjecture, lorſque la pièce eſt champlevée, il faut la dégraiſſer. Pour la dégraiſſer, on prendra une poignée de cendres gravelées qu'on ſera bouillir dans une pinte d'eau ou environ, avec la pièce à dégraiſſer. Au défaut de cendres gravelées, on pourroit ſe ſervir de celles du foyer, ſi elles étoient de bois neuf ; mais les cendres gravelées leur ſont préférables.

Au ſortir de cette leſſive, on lavera la pièce dans de l'eau claire où l'on aura mis un peu de vinaigre ; & au ſortir de ce mêlange d'eau & de vinaigre, on la relavera dans l'eau claire.

Voilà les précautions qu'il importe de prendre ſur l'or ; mais on ſe détermine quelquefois, par économie, à émailler ſur le cuivre rouge ; alors on eſt obligé d'amboutir toutes les pièces, quelle que ſoit la figure qu'elles aient, ronde, ovale, ou quarrée. Les amboutir, dans cette occaſion, c'eſt les rendre convexes du côté à peindre, & concaves du côté à contre-émailler. Pour cet effet, il faut avoir un poinçon d'acier de la même forme qu'elles, avec un bloc de plomb : on poſe la pièce ſur le bloc ; on appuie deſſus le poinçon, & l'on frappe ſur la tête du poinçon avec un marteau. Il faut frapper aſſez fort pour que l'empreinte du poinçon ſe faſſe d'un ſeul coup. On prend du cuivre en feuilles, de l'épaiſſeur du parchemin. Il faut que le morceau qu'on emploie ſoit bien égal & bien nettoyé : on paſſe ſur la ſurface le grattoir, devant & après qu'il a reçu l'empreinte. Ce qu'on ſe propoſe en

l'amboutiſſant

l'amboutiffant, c'eft de lui donner de la force, & de l'empêcher de s'envoiler.

Cela fait, il faut fe procurer un émail qui ne foit ni tendre ni dur : trop tendre, il eft fujet à fe fendre ; trop dur, on rifque de fondre la plaque. Quant à la couleur, il faut que la pâte en foit d'un beau blanc de lait. Il eft parfait, s'il réunit à ces qualités, la finefle du grain. Le grain de l'émail fera fin, fi l'endroit de fa furface, d'où il s'en fera détaché un éclat, paroît égal, liffe & poli.

On prendra le pain d'émail, on le frappera à petits coups de marteau, en le foutenant de l'extrêmité du doigt. On recueillera tous les petits éclats dans une ferviette qu'on étendra fur foi ; on les mettra dans un mortier d'agate, en quantité proportionnée au befoin qu'on en a. On verfera un peu d'eau dans le mortier : il faut que cette eau foit froide & pure : les artiftes préfèrent celle de fontaine à celle de rivière. On aura une mollette d'agate ; on broiera les morceaux d'émail qu'on arrofera à mefure qu'ils fe pulvériferont : il ne faut jamais les broyer à fec. On fe gardera bien de continuer le broiement trop long-tems. S'il eft à propos de ne pas fentir l'émail graveleux, foit au toucher, foit fous la mollette ; il ne faut pas non plus qu'il foit en boue, on le réduira en molécules égales ; car l'inégalité fuppofant des grains plus petits les uns que les autres, les petits ne pourroient s'arranger autour des gros, fans y laiffer des vuides inégaux, & fans occafionner des vents. On peut en un bon quart d'heure, broyer autant d'email qu'il en faut pour charger une boîte.

Il y a des artiftes qui prétendent qu'après avoir mis l'émail en petits éclats, il faut le bien broyer & le purger de fes ordures avec de l'eau-forte ; le laver dans de l'eau claire, & le broyer enfuite dans le mortier ; mais cette précaution eft fuperflue quand on fe fert d'un mortier d'agate ; la propreté fuffit.

Lorfque l'émail eft broyé, on verfe de l'eau deffus ; on le laiffe dépofer, puis on décante, par inclinaifon, l'eau qui emporte avec elle la teinture que le mortier a pu donner à l'émail & à l'eau ; on continue ces lotions jufquà ce que l'eau paroiffe pure, obfervant à chaque lotion de laiffer dépofer l'émail.

On ramaffera dans une foucoupe les différentes eaux des lotions, & on les y laiffera dépofer. Ce dépôt pourra fervir à contre-émailler la pièce s'il en eft befoin.

Tandis qu'on prépare l'émail, la plaque champ-levée trempe dans de l'eau pure & froide : il faut l'y laiffer au moins du foir au lendemain ; plus elle y reftera de tems, mieux cela fera.

Il faut toujours conferver l'émail broyé couvert d'eau, jufqu'à ce qu'on l'emploie ; & s'il y en a plus de broyé qu'on en employera , il faut le tenir couvert d'eau feconde.

Pour l'employer, il faut avoir un chevalet de cuivre rouge ou jaune. Ce chevalet n'eft autre chofe qu'une plaque repliée par fes deux bouts. Ces replis lui fervent de pieds , & comme ils font de hauteurs inégales , la furface du chevalet fera en plan incliné. On a une fpatule avec laquelle on prend de l'émail broyé , & on le met fur le chevalet , où cette portion qu'on en veut employer s'égoutte d'une partie de fon eau , qui s'étend le long des bords du chevalet; il y a des artiftes qui fe paffent de chevalet. On reprend peu-à-peu avec la fpatule , l'émail de deffus le chevalet , & on le porte dans le champ-lever de la pièce à émailler , en commençant par un bout , & finiffant par l'autre. On fupplée à la fpatule avec un cure-dent : cela s'appelle charger. Il faut que cette première charge rempliffe tout le champlever , & foit au niveau de l'or ; car il s'agit ici d'une plaque d'or. Nous parlerons plus bas , de la manière dont il faut charger les plaques de cuivre ; il n'eft pas néceffaire que l'émail foit broyé pour cette première charge , ni auffi fin , ni auffi foigneufement que pour une feconde.

Ceux qui n'ont point de chevalet , ont un petit godet de fayance dans lequel ils tranfvafent l'émail du mortier : le fond en eft plat ; mais ils le tiennent un peu incliné , afin de déterminer l'eau à tomber d'un côté.

Lorfque la pièce eft chargée , on la place fur l'extrêmité des doigts & on la frappe légérement par les côtés avec la fpatule , afin de donner lieu par ces petites fecouffes aux molécules de l'émail broyé , de fe compofer entr'elles , de fe ferrer & de s'arranger.

Cela fait , pour retenir l'eau que l'émail chargé peut encore contenir , on place fur les bords un linge fin blanc & fec , & on l'y laiffe tant qu'il afpire de l'eau. Il faut avoir l'attention de le changer de côté. Lorfqu'il n'afpire plus rien des bords , on y fait un pli large & plat , qu'on pofe fur le milieu de l'émail à plufieurs reprifes , après quoi on prend la fpatule & on l'appuie légérement fur toute la furface de l'émail , fans toutefois le déranger ; car s'il arrivoit qu'il fe dérangeât , il faudroit l'humeéter de rechef , afin qu'il fe difpofât convenablement , fans le tirer du champ-lever.

Quand la pièce eft fèche , il faut l'expofer fur des cendres chaudes , afin qu'il n'y refte plus aucune humidité. Pour cet effet , on a un morceau de taule percé de plufieurs petits trous , fur lequel on la place. La pièce eft fur la taule , la taule eft fur la cendre ; elle refte en cet état jufqu'à ce qu'elle ne fume plus. On obfer-

vera feulement de la ténir chaude jufqu'au moment de la paffer
au feu ; car fi on l'avoit laiffée refroidir , il faudroit la réchauffer
peu-à-peu à l'entrée du fourneau, fans quoi l'on expoferoit l'email
à pétiller.

Une précaution à prendre par rapport à la taule percée de
trous , c'eft de la faire rougir & de la battre avant que de s'en
fervir , afin d'en féparer les écailles. Il faut qu'elle ait les bords
releves , enforte que la pièce que l'on place deffus, n'y touchant
que par fes extrêmités , le contre-émail ne s'y attache point.

On a des pinces longues & plates, qu'on appelle *releve-mouftache*, dont on fe fert pour enlever la plaque & la porter au feu.

On paffe la pièce au feu dans un fourneau.

Il faudra fe pourvoir de charbon de bois de hêtre ; & à fon défaut, de charbon de bois de chêne. On commencera par charger
le fond de fon fourneau de trois lits de branches. Ces branches
auront un bon doigt de groffeur; on les coupera chacune de la
longueur de l'intérieur du fourneau, jufqu'à fon ouverture ; on les
rangera les unes à côté des autres, de manière qu'elles fe touchent.
On placera celles du fecond lit dans les endroits où celles du premier lit fe touchent, & celles du troifième lit où fe touchent celles
du fecond; enforte que chaque branche du troifième lit foit portée
fur deux branches du premier. On choifira les branches fort droites,
afin qu'elles ne laiffent point de vuide : un de leurs bouts touchera
le fond du fourneau, & l'autre correfpondra à l'ouverture. On a
choifi cette difpofition , afin que s'il arrivoit à une branche de fe
confumer trop promptement, on pût lui en fubftituer facilement
une autre.

Cela fait, on a une moufle de terre; on la place fur des lits de
charbon, l'ouverture tournée du côté de la bouche du fourneau ,
& le plus à ras de cette bouche qu'il eft poffible.

La moufle placée , il s'agit de garnir de charbons fes côtés
& fa partie poftérieure. Les branches des côtés font rangées comme celles des lits : les poftérieures font mifes tranfverfalement Les
unes & les autres s'élèvent jufqu'à la hauteur de la moufle. Au-
delà de cette hauteur , les branches font rangées longitudinalement & parallélement à celles des lits. Il n'y a qu'un lit fur la
moufle.

Lorfque ce dernier lit eft fait, on prend du petit charbon de la
même efpèce, & l'on en répand deffus à la hauteur de quatre pouces. 'eft alors qu'on couvre le fourneau de fon chapiteau , qu'on
étend fur le fond de la moufle trois ou cinq branches qui rempliffent fon intérieure en partie, & qu'on jette par la bouche du fourneau , du charbon qu'on a eu foin de faire allumer tandis qu'on
chargeoit le fourneau.

On a une pièce de terre qu'on appelle l'*atre*; on la place fur la mentonnière : elle s'élève à la hauteur du fond de la moufle. On a de gros charbons de la même efpèce que celui des lits, on en bouche toute l'ouverture de la moufle, puis on laiffe le fourneau s'allumer de lui-même : on attend que tout en paroiffe également rouge. Le fourneau s'allume par l'air qui fe porte aux fentes pratiquées tant au fourneau qu'à fon chapiteau.

Pour s'affurer fi le fourneau eft affez allumé, on retire l'atre, afin de découvrir le charbon rangé en lits fous la moufle ; & lorfqu'on voit ces lits également rouges par-tout, on remet l'atre & les charbons qui étoient deffus, & l'on avive le feu en foufflant dans la moufle avec un foufflet.

Si en ôtant la porte du chapiteau, l'on s'appercevoit que le charbon fe fut foutenu élevé, il faudroit le faire defcendre avec la pincette, & aviver le feu dans la moufle avec le foufflet, après avoir remis la porte du chapiteau.

Quand la couleur de la moufle paroîtra d'un rouge blanc, il fera tems de porter la pièce au feu ; c'eft pourquoi l'on nettoiera le fond de la moufle du charbon qui y eft, & qu'on rejettera dans le fourneau par le trou du chapiteau. On prendra la pièce avec le *releve-mouftache*, & on la placera fous la moufle le plus avant qu'on pourra. Si elle eut été froide, il eut fallu, comme nous en avons déja averti plus haut, l'expofer d'abord fur le devant de la moufle, pour l'échauffer, & l'avancer fucceffivement jufqu'au fond.

Pour introduire la pièce dans la moufle, il a fallu écarter les charbons qui couvroient fon entrée. Quand la pièce y eft introduite, on la referme avec deux charbons feulement, à travers defquels on regarde ce qui fe paffe.

Si l'on apperçoit que la fufion foit plus forte vers le fond de la moufle que fur le devant ou fur les côtés, on retourne la pièce, jufqu'à ce qu'on ait rendu la fufion égale par-tout. Il eft bon de fçavoir qu'il n'eft pas néceffaire au premier feu, que la fufion foit pouffée jufqu'où elle peut aller, & que la furface de l'émail foit bien unie.

On s'apperçoit au premier feu que la pièce doit être retirée, lorfque fa furface, quoique montagneufe & ondulée, préfente cependant des parties liées & une furface unie, quoique non plane.

Cela fait, on retire la pièce ; on prend la taule fur laquelle elle étoit pofée, & on la bat pour en détacher les écailles : cependant la pièce refroidit.

On rebroie de l'émail, mais on le broie le plus fin qu'il eft poffible, fans le mettre en bouillie. L'émail avoit baiffé au premier feu : on en met donc à la feconde charge un tant-foit peu plus que la hauteur du filet : cet excès doit être de la quantité que le feu ôtera à cette nouvelle charge. On charge la pièce cette seconde fois, comme on l'a chargée la première : on prépare le fourneau comme on l'avoit préparé : on met au feu de la même manière ; mais on y laisse la pièce en fusion jusqu'à ce qu'on lui trouve la surface unie, lisse & plane. Une attention qu'il faut avoir à tous les feux, c'est de balancer sa pièce, l'inclinant de gauche à droite & de droite à gauche, & de la retourner. Ces mouvemens servent à composer entr'elles les parties de l'émail, & à distribuer également la chaleur.

Si l'on trouvoit à la pièce quelque creux au fortir de ce second feu, & que le point le plus bas de ce creux descendit au dessous du filet, il faudroit la recharger légérement & la passer au feu, comme nous venons de le prescrire.

Voilà ce qu'il faut observer aux pièces d'or. Quant à celles de cuivre, il faut les charger jusqu'à trois fois, & les passer autant de fois au feu : on s'épargne par ce moyen la peine de les user, l'émail en devient même d'un plus beau poli.

Je ne dis rien des pièces d'argent, car on ne peut absolument en émailler des plaques ; cependant tous les auteurs en font mention, mais je doute qu'aucun d'eux en ait jamais vu. L'argent se boursoufle, il fait boursoufler l'émail : il s'y forme des œillets & des trous. Si l'on réussit, c'est une fois sur vingt ; encore est-ce très-imparfaitement, quoiqu'on ait pris la précaution de donner à la plaque d'argent plus d'une ligne d'épaisseur, & qu'on ait soudé une feuille d'or par dessus. Une pareille plaque soutient à peine un premier feu sans accident : que seroit-ce donc si la peinture exigeoit qu'on lui en donnât deux, trois, quatre, & même cinq ? d'où il s'ensuit, ou qu'on n'a jamais sçu peindre sur des plaques d'argent émaillées, ou que c'est un secret absolument perdu. Toutes nos peintures en émail font sur l'or ou sur le cuivre.

Une chose qu'il ne faut point ignorer, c'est que toute pièce émaillée en plein du côté que l'on doit peindre, doit être contre-émaillée de l'autre côté, à moitié moins d'émail, si elle est convexe ; si elle est plane, il faut que la quantité du contre-émail soit la même que celle de l'émail. On commence par le contre-émail, & l'on opère comme nous l'avons prescrit ci-dessus ; il faut seulement laisser au contre-émail un peu d'humidité, sans quoi il en pourroit tomber une partie lorsqu'on viendroit à frapper avec la spatule les côtés de la plaque, pour faire ranger l'émail à la surface, comme nous l'avons prescrit.

Lorsque les pièces ont été suffisamment chargées & passées au feu, on est obligé de les user, si elles font plates ; on se sert pour cela de la pierre à affiler les tranchets des cordonniers : on l'humecte, on l a promène fur l'émail avec du grès tamifé. Lorfque toutes les ondulations auront été atteintes & effacées, on enlevera les traits du fable avec l'eau & la pierre feule. Cela fait, on lavera bien la pièce en la fayetant & broflant en pleine eau. S'il s'y eft formé quelques petits œillets, & qu'ils foient découverts, bouchez-les avec un grain d'émail, & repaflez votre pièce au feu, pour la repolir. S'il en paroît qui ne foient point percés, faites-y un trou avec une onglette ou burin : rempliffez ce trou, de manière que l'émail forme au deffus un peu d'éminence, & remettez au feu ; l'éminence venant à s'affaiffer par le feu, la furface de votre plaque fera plane & égale.

Lorfque la pièce ou plaque eft préparée, il s'agit de la peindre. Il faut d'abord fe pourvoir de couleurs. La préparation de ces couleurs eft un fecret ; *Voyez ci-après*. Il faudroit tâcher d'avoir fes couleurs broyées au point qu'elles ne fe fentent point inégales fous la mollette, de les avoir en poudre, de la couleur qu'elles viendront après avoir été parfondues, telles que, quoiqu'elles aient été couchées fort épais, elles ne croûtent point, ne piquent point l'émail, ou ne s'enfonçent point, après plufieurs feux, au deffous du niveau de la pièce. Les plus dures à fe parfondre paffent pour les meilleures, mais fi on pouvoit les accorder toutes d'un fordant qui en rendit le parfond égal, il faut convenir que l'artifte en travailleroit avec beaucoup plus de facilité : c'eft-là un des points de perfection que ceux qui s'occupent de la préparation des couleurs pour l'émail, devroient fe propofer. Il faut avoir grand foin, fur-tout dans les commencemens, de tenir regiftre de leurs qualités, afin de s'en fervir avec quelque sûreté ; il y aura beaucoup à gagner à faire des notes de tous les mêlanges qu'on en aura effayés. Il faut tenir fes couleurs renfermées dans de petites boîtes de buis qui foient étiquetées & numérotées.

Pour s'affurer des qualités de fes couleurs, on aura de petites plaques d'émail qu'on appelle *inventaires* : on y exécutera au pinceau des traits larges comme des lentilles ; on numérotera ces traits, & l'on mettra l'inventaire au feu. Si l'on a obfervé de coucher d'abord la couleur égale & légère, & de repaffer enfuite fur cette première couche de la couleur qui faffe des épaiffeurs inégales ; ces inégalités détermineront au fortir du feu la foibleffe, la force & les nuances.

C'eft ainfi que le peintre en émail formera fa palette ; ainfi la palette d'un émailleur eft, pour ainfi dire, une fuite plus ou moins confidérable d'effais numérotés fur des inventaires, auxquels il a recours felon le befoin. Il eft évident que plus il a de ces effais d'une même couleur & de couleurs diverfes, plus ils complettent fa palette ; & ces effais font ou de couleurs pures & primitives, ou de couleurs réfultantes du mêlange de plufieurs autres. Celles-ci fe forment pour l'émail comme pour tout autre genre de peinture : avec cette différence que, dans les autres genres de peinture, les teintes reftent telles que l'artifte les aura appliquées ; au lieu que dans la peinture en émail, le feu les altérant plus ou moins d'une infinité de manières différentes, il faut que l'émailleur en peignant ait la mémoire préfente de tous ces effets ; fans cela il lui arrivera de faire une teinte pour une autre, & quelquefois de ne pouvoir plus recouvrer la teinte qu'il aura faite. Le peintre en émail a, pour ainfi dire, deux palettes, l'une fous les yeux, & l'autre dans l'efprit ; & il faut qu'il foit attentif à chaque coup de pinceau de les conformer entr'elles ; ce qui lui feroit très-difficile, ou peut-être impoffible, fi, quand il a commencé un ouvrage, il interrompoit fon travail pendant quelque tems confidérable. Il ne fe fouviendroit plus de la manière dont il auroit compofé fes teintes, & il feroit expofé à placer à chaque inftant ou les unes fur les autres, ou les unes à côté des autres, des couleurs qui ne font point faites pour aller enfemble. Qu'on juge par-là combien il eft difficile de mettre d'accord un morceau de peinture en émail, pour peu qu'il foit confidérable. Le mérite de l'accord dans un morceau peut être fenti prefque par tout le monde, mais il n'y a que ceux qui font initiés dans l'art qui puiffent apprécier tout le mérite de l'artifte.

Quand on a fes couleurs, il faut fe procurer de l'huile effentielle de lavande, & tâcher de l'avoir non adultérée ; quand on l'a, on la fait engraiffer : pour cet effet, on en met dans un gobelet dont le fond foit large, à la hauteur de deux doigts ; on le couvre d'une gaze en double, & on l'expofe au foleil, jufqu'à ce qu'en inclinant le gobelet, on s'apperçoive qu'elle coule avec moins de facilité, & qu'elle n'ait plus que la fluidité naturelle de l'huile d'olive : le tems qu'il lui faut pour s'engraiffer eft plus ou moins long felon fa faifon.

On aura un gros pinceau à l'ordinaire, qui ne ferve qu'à prendre de cette huile. Pour peindre, on en fera faire avec du poil de queues d'hermine ; ce font les meilleurs, en ce qu'ils fe vuident facilement de la couleur & de l'huile dont ils font chargés, quand on a peint.

Il faut avoir un morceau de cryftal de roche, ou d'agate ; que ce cryftal foit un peu arrondi par les bords ; c'eft-là-deffus qu'on broiera & délaiera fes couleurs ; on les broiera & les délaiera jufqu'à ce qu'elles fuffent fous la mollette la même fenfation douce que l'huile même.

Il faut avoir pour palette un verre ou cryftal qu'on tient pofé fur un papier blanc ; on portera les couleurs broyées fur ce morceau de verre ou de cryftal ; & le papier blanc fervira à les faire paroître à l'œil telles qu'elles font.

Si on vouloit faire fervir des couleurs broyées du jour au lendemain, on auroit une boîte de la forme de la palette : on colleroit un papier fur le haut de la boîte ; ce papier foutiendroit la palette qu'on couvriroit du couvercle même de la boîte ; car la palette ne portant que fur les bords de la boîte, elle n'empêcheroit point que le couvercle ne fe pût mettre ; mais il arrivera que le lendemain les couleurs demanderont à être humeêtées avec de l'huile nouvelle, celle de la veille s'étant engraiffée par l'évaporation.

On commencera par tracer fon deffin : pour cela, on fe fervira du rouge de mars ; on donne alors la préférence à cette couleur, parcequ'elle eft légère, & qu'elle n'empêche point les couleurs qu'on applique deffus, de produire l'effet qu'on en attend On deffinera fon morceau en entier avec le rouge de mars ; il faut que ce premier trait foit de la plus grande correêtion poffible, parcequ'il n'y a plus à y revenir. Le feu peut détruire ce que l'artifte aura bien ou mal fait ; mais s'il ne détruit pas, il fixe & les défauts & les beautés. Il en eft de cette peinture à peu-près comme de la frefque ; il n'y en a point qui demande plus de fermeté dans le deffinateur, & il n'y a point de peintres qui foient moins fûrs de leurs deffins que les peintres en émail : il ne feroit point difficile d'en trouver la raifon dans la nature même de la peinture en email : fes inconvéniens doivent rebuter les grands talens.

L'artifte a à côté de lui, une poële où l'on entretient un feu doux & modéré fous la cendre ; à mefure qu'il travaille, il met fon ouvrage fur une plaque de taule percée de trous, & le fait fécher fur cette poële ; fi on l'interrompt, il le garantit de l'impreffion de l'air, en le tenant fous un couvercle de carton.

Lorfque tout fon deffin eft achevé au rouge de mars, il met fa plaque fur un morceau de taule, & la taule fur un feu doux, enfuite il colorie fon deffin, comme il le juge convenable. Pour cet effet, il commence par paffer fur l'endroit dont il s'occupe, une teinte égale & légère, puis il fait fécher ; il pratique enfuite fur cette teinte, les ombres avec la même couleur couchée plus forte ou plus foible, & il fait fécher ; il accorde ainfi tout fon morceau, obfervant feulement que cette première ébauche foit par-tout extrêmement foible de couleur ; alors fon morceau eft en état de recevoir un premier feu.

Pour lui donner ce premier feu, il faudra d'abord l'expofer fur la taule percée, à un feu doux, dont on augmentera la chaleur à mefure que l'huile s'évaporera. L'huile, a force de s'évaporer,

& la pièce, à force de s'échauffer, il arrivera à celle-ci de se noircir fur toute fa furface : on la tiendra fur le feu, jufqu'à ce qu'elle ceffe de fumer. Alors on pourra l'abandonner fur les charbons ardens de la poële, & l'y laiffer jufqu'à ce que le noir foit diffipé, & que les couleurs foient revenues dans leur premier état; c'eft le moment de la paffer au feu.

Pour la paffer au feu, on obfervera de l'entretenir chaude; on chargera le fourneau, comme nous l'avons prefcrit plus haut; c'eft le tems même qu'il mettra à s'allumer, qu'on emploiera à faire fécher la pièce fur la poële, lorfqu'on aura lieu de préfumer à la couleur rouge & blanche de la moufle, qu'il fera fuffifamment allumé, on placera la pièce & fa taule percée fous la moufle, le plus avancée vers le fond qu'on pourra. On obfervera entre les charbons, qui couvriront fon entrée, ce qui s'y paffera. Il ne faut pas manquer l'inftant où la peinture fe parfond; on le connoîtra à un poli qn'on verra prendre à la pièce fur toute fa furface; c'eft alors qu'il faudra la retirer.

Cette manœuvre eft très-critique; elle tient l'artifte dans la plus grande inquiétude; il n'ignore pas en quel état il a mis fa pièce au feu, ni le tems qu'il a employé à la peindre; mais il ne fçait jamais comment il l'en retirera, & s'il ne perdra pas en un moment le travail affidu de plufieurs femaines. C'eft au feu, c'eft fous la moufle que fe manifeftent toutes les mauvaifes qualités du charbon, du métal, des couleurs & de l'émail; les piquures, les fouflures, les fentes mêmes. Un coup de feu efface quelquefois la moitié de la peinture; & de tout un tableau bien travaillé, bien accordé, bien fini, il ne refte fur le fond, que des pieds, des mains, des têtes, des membres épars & ifolés; le refte du travail s'eft évanoui : auffi ai-je oui dire à des artiftes, que le tems de paffer au feu, quelque court qu'il fût, étoit prefque un tems de fièvre qui les fatiguoit davantage, & nuifoit plus à leur fanté, que des jours entiers d'une occupation continue.

Outre les mauvaifes qualités du charbon, des couleurs, de l'émail, du métal, auxquelles j'ai fouvent oui attribuer les accidens du feu, on en accufe encore quelquefois la mauvaife température de l'air, & même l'haleine des perfonnes qui ont approché de la plaque pendant qu'on la peignoit.

Les artiftes vigilans éloigneront d'eux ceux qui auront mangé de l'ail, & ceux qu'ils foupçonneront être dans les remèdes mercuriels.

Il faut obferver dans l'opération de paffer au feu, deux chofes importantes; la première de tourner & de retourner fa pièce afin qu'elle foit par-tout également échauffée : la feconde, de ne pas attendre à ce premier feu que la peinture ait pris un poli vif;

parcequ'on éteint d'autant plus facilement les couleurs, que la couche en eſt plus légère, & que les couleurs une fois dégradées, le mal eſt ſans remède ; car comme elles ſont tranſparentes, celles qu'on coucheroit deſſus dans la ſuite, tiendroient toujours de la foibleſſe & des autres défauts de celles qui ſeroient deſſous.

Après ce premier feu, il faut diſpoſer la pièce à en recevoir un ſecond. Pour cet effet, il faut la repeindre toute entière, colorier chaque partie comme il eſt naturel qu'elle le ſoit, & la mettre d'accord auſſi rigoureuſement que ſi le ſecond feu devoit être le dernier qu'elle eût à recevoir ; il eſt à propos que la couche des couleurs ſoit, pour le ſecond feu, un peu plus forte, & plus caractériſée qu'elle ne l'étoit pour le premier. C'eſt avant le ſecond feu qu'il faut rompre ſes couleurs dans les ombres, pour les accorder avec les parties environnantes ; mais cela fait, la pièce eſt diſpoſée à recevoir un ſecond feu. On la fera ſécher ſur la poële, comme nous l'avons preſcrit pour le premier, & l'on ſe conduira exactement de la même manière, excepté qu'on ne la retirera que quand elle paroîtra avoir pris ſur toute ſa ſurface un poli un peu plus vif que celui qu'on lui vouloit donner au premier feu.

Après ce ſecond feu, on la mettra en état d'en recevoir un troiſième, en la repeignant, comme on l'avoit repeinte, avant que de lui donner le ſecond ; une attention qu'il ne faudra pas négliger, c'eſt de fortifier encore les couches des couleurs, & ainſi de ſuite de feu en feu.

On pourra porter une pièce juſqu'à cinq feux ; mais un plus grand nombre feroit ſouffrir les couleurs, encore faut-il en avoir d'excellentes pour qu'elles puiſſent ſupporter cinq fois le fourneau.

Le dernier feu eſt le moins long ; on réſerve pour ce feu les couleurs tendres, c'eſt par cette raiſon qu'il importe à l'artiſte de les bien connoître. L'artiſte qui connoîtra bien ſa palette, ménagera plus ou moins de feu à ſes couleurs ſelon leurs qualités. S'il a, par exemple, un bleu tenace, il pourra l'employer dès le premier feu ; ſi, au contraire, ſon rouge eſt tendre, il en différera l'application juſqu'aux derniers feux, & ainſi des autres couleurs. Quel genre de peinture ? combien de difficultés à vaincre ? combien d'accidens à eſſuyer ? voilà ce qui faiſoit dire à un des premiers peintres en émail à qui l'on montroit un endroit foible à retoucher : ce ſera pour un autre morceau. On voit par cette réponſe combien ſes couleurs lui étoient connues : l'endroit qu'on reprenoit dans ſon ouvrage étoit foible à la vérité, mais il y avoit plus à perdre qu'à gagner à le corriger.

S'il arrive à une couleur de disparoître entiérement, on en fera quitte pour repeindre, pourvû que cet accident n'arrive pas dans les derniers feux.

Si une couleur dure a été couchée avec trop d'huile & en trop grande quantité, elle pourra former une croûte sous laquelle il y aura infailliblement des trous : dans ce cas, il faut prendre le diamant & grater la croûte, repasser au feu afin d'unir & de repolir l'endroit, repeindre toute la pièce, & sur-tout se modérer dans l'usage de la couleur suspecte.

Lorsqu'un verd se trouvera trop brun, on pourra le rehausser avec un jaune pâle & tendre ; les autres couleurs ne se rehausseront qu'avec le blanc, &c.

Voilà les principales manœuvres de la peinture en émail, c'est à peu-près tout ce qu'on peut en écrire ; le reste est une affaire d'expérience & de génie. Je ne suis plus étonné que les artistes d'un certain ordre se déterminent si rarement à écrire. Comme ils s'apperçoivent que dans quelques détails qu'ils pussent entrer, ils n'en diroient jamais assez pour ceux que la nature n'a point préparés, ils négligent de prescrire des règles générales, communes, grossières & matérielles qui pourroient, à la vérité, servir à la conservation de l'art, mais dont l'observation la plus scrupuleuse feroit à peine un artiste médiocre.

Ajoutons à ces manœuvres celles d'un bon artiste de Genève sur sa manière de dessiner sur l'émail, pour suppléer à tout ce qu'on en a dit ci-dessus.

Les couleurs dont on se sert doivent être broyées avec de l'eau, dans un mortier d'agate, jusqu'à ce qu'elles soient extrêmement fines. Et quand on veut s'en servir, il faut les détremper avec de l'huile d'aspic un peu grasse.

Il faut commencer d'abord par dessiner exactement le sujet qu'on veut peindre, avec du rouge de vitriol détrempé avec de l'huile d'aspic, en marquant très-légérement avec un petit pinceau toutes les parties du dessin.

Après cela il faut coucher les couleurs, en observant les mêlanges & les teintes qui conviennent aux différentes parties du sujet. Pour cela, il est nécessaire de sçavoir peindre en miniature, parceque la connoissance de cette peinture aide beaucoup dans l'exécution de l'autre.

Quand on a couché toutes les couleurs, il faut faire sécher la peinture doucement sur un petit feu pour faire évaporer l'huile, ensuite faire parfondre ces couleurs pour les incorporer à l'émail, en faisant rougir la plaque dans un feu fait comme celui des émailleurs.

Après cela il faut repasser cette peinture, que le feu aura un

peu effacée, en fortifiant les ombres & les couleurs ; & la remettre au feu, en obfervant les mêmes chofes qu'auparavant, &
cela à plufieurs reprifes, jufqu'à ce que la peinture foit parfaite.

On fe fert de peu de couleurs, qui font le pourpre, le bleu
d'azur, l'émail jaune foncé & clair, l'émail verd, ou à la place
un mêlange de bleu & de jaune, le noir d'écaille, & le rouge
de vitriol. Il y en a plufieurs autres, mais, on peut aifément s'en
paffer, parcequ'avec ce peu de couleurs, un peintre intelligent
fçaura par leur mêlange en compofer une infinité d'autres.

Voici des obfervations qui pourront fervir à ceux qui auront
le courage de s'occuper de la peinture fur l'émail ou plutôt fur la
porcelaine· Ce font des notions élémentaires qui auroient leur utilité, fi nous avions pu les multiplier, & en former un tout ; mais
il faut efpérer que quelque homme ennemi du myftère, & bien
inftruit de tous ceux de la peinture fur l'émail & fur la porcelaine, achevera, rectifiera même dans un traité complet ce que
nous ne faifons qu'ébaucher· ici. Ceux qui connoiffent l'état où
font les chofes aujourd'hui, apprétieront les peines que nous
nous fommes données, en profiteront, nous fçauront gré du peu
que nous révélons de l'art, & trouveront notre ignorance, &
même nos erreurs très-pardonnables.

1. Toutes les quinteffences peuvent fervir avec fuccès dans
l'emploi des couleurs en émail. On fait de grands éloges, de
celle d'ambre, mais elle eft fort chère.

2. Toutes les couleurs font tirées des métaux, ou des bois dont
la teinture tient au feu. Ce font des argiles colorées par les mé-
taux-couleurs.

3. On tire du fafre un très-beau bleu. Le cobolt donne la même couleur, mais plus belle ; auffi celui-ci eft-il plus rare &
plus cher ; car le fafre n'eft autre chofe que du cobolt adultéré.

4. Tous les verds viennent du cuivre, foit par la diffolution,
foit par la calcination.

5. On tire les mars du fer. Ces couleurs font volatiles ; à un
certain dégré de feu elles s'évaporent ou fe noirciffent.

6. Les mars font de différentes couleurs, felon les différens
fondans. Ils varient auffi felon la moindre variété qu'il y ait dans
la réduction du métal en fafran.

7. La plus belle couleur que l'on puiffe fe propofer d'obtenir
du fer, c'eft le rouge. Les autres couleurs qu'on en tire ne font
que des combinaifons de différens diffolvans de ce métal.

8. L'or donnera les pourpres, les carmins & les violets. La
teinture en eft fi forte, qu'un grain d'or peut colorer jufqu'à 400
fois fa pefanteur de fondant.

9. Les bruns qui viennent de l'or ne font que des pourpres manqués ; ils n'en font pas moins effentiels à l'artifte.

10. En général, les couleurs qui viennent de l'or font permanentes. Elles fouffrent un dégré de feu confidérable. Cet agent les altérera pourtant, fi l'on porte fon action à un dégré exceffif. Il n'y a guère d'exceptions à cette règle, que le violet qui s'embellit à la violence du feu.

11. On peut tirer un violet de la manganèfe ; mais il eft plus commun que celui qui vient de l'or.

12. Le jaune n'eft, pour l'ordinaire, qu'un émail opaque qu'on achète en pain, & que l'on broie très-fin. On tire encore cette couleur belle, mais foncée, du jaune de Naples.

13. Les pains de verre opaque donnent auffi des verds : ils peuvent être trop durs ; mais on les attendrira par le fondant. Alors leur couleur en deviendra moins foncée.

14. L'étain donnera du blanc.

15. On tirera un noir du fer.

16. Le plomb ou le minium donnera un fondant ; mais ce fondant n'eft pas fans défaut. Cependant on s'opiniâtre à s'en fervir, parcequ'il eft le plus facile à préparer.

17. La glace de Venife, les ftras, la rocaille de Hollande, les pierres à fufil bien mûres, c'eft-à-dire, bien noires, le verre de Nevers, les cryftaux de Bohême, le fablon d'Etampes, en un mot, toutes les matières vitrifiables non colorées, fourniront des fondans, entre lefquels un des meilleurs fera la pierre à fufil calcinée.

18. Entre ces fondans, c'eft à l'artifte à donner à chaque couleur celle qui lui convient. Tel fondant eft excellent pour le rouge, qui ne vaut rien pour une autre couleur. Et fans aller chercher loin un exemple, le violet & le carmin n'ont pas le même fondant.

19. En général, toutes les matières calcinables & colorées après l'action du feu, donneront des couleurs pour l'émail.

20. Ces couleurs primitives produifent par leur mélange une variété infinie de teintes dont l'artifte doit avoir la connoiffance, ainfi que de l'affinité & de l'antipathie qu'il peut y avoir entr'elles toutes.

21. Le verd, le jaune, & le bleu, ne s'accordent point avec les mars, quels qu'ils foient. Si vous mettez des mars fur le verd ou le jaune ou le bleu, avant que de paffer au feu, quand votre pièce, foit émail, foit porcelaine, fortira de la moufle, les mars auront difparu, comme fi l'on n'en avoit point employé. Il n'en fera pas de même, fi le verd, le jaune & le bleu ont été cuits, avant que d'avoir employé les mars.

22. Que tout artiste qui voudra s'essayer à peindre en émail, ait plusieurs inventaires, c'est-à-dire une plaque qui puisse contenir autant de petits quarrés que de couleurs primitives; qu'il y éprouve ses couleurs dégradées de teintes, selon le plus & le moins d'épaisseur. Si l'on glace d'une même couleur tous ces quarrés de différentes couleurs, on parviendra nécessairement à des découvertes. Le seul inconvénient, c'est d'éviter le mélange de deux couleurs qui bouillonnent, quand elles se trouvent l'une sur l'autre avant la cuisson.

23. Au reste, les meilleures couleurs mal employées, pourront bouillonner. Les inégalités seules d'épaisseur peuvent jetter dans cet inconvénient; le lisse s'en altérera. J'entends par le lisse l'égalité d'éclat & de superficie.

24. On peut peindre, soit à l'huile, soit à l'eau. Chacune de ces manières a ses avantges. Les avantages de l'eau sont d'avoir une palette chargée de toutes les couleurs pour un très-long tems; de les avoir toutes à la fois sous les yeux, & de pouvoir terminer un morceau avec moins de feu, & par conséquent avec moins de danger. D'ailleurs, on expédie plus promptement avec l'eau. Quant aux avantages de l'huile, le pointillé est plus facile: il en est de même pour les plus petits détails; & cela à cause de la finesse des pinceaux qu'on emploie, & la lente évaporation de l'huile que l'on aura eu la précaution d'engraisser au soleil ou au bain-marie.

25. Pour peindre à l'eau, prenez de la couleur en poudre, broyez-la avec de l'eau filtrée: ajoutez-y la quantité de gomme nécessaire; laissez-la sécher sur votre palette, en la garantissant de la poussière, jusqu'à ce qu'elle soit parfaitement sèche; alors prenez un pinceau avec de l'eau pure, enlevez par le frottement avec le pinceau chargé d'eau toute la superficie de votre couleur, pour en séparer la gomme qui se porte toujours à la surface. Quand vous aurez fait cette opération à toutes vos couleurs, peignez, mais avec le moins d'eau qu'il vous sera possible; car si votre couleur est trop fluide, elle sera sujette à couler inégalement. Votre surface sera jaspée; c'est une suite du mouvement que la couleur aura conservé après que l'artiste aura donné sa touche, & de la pente du fluide qui aura entraîné la couleur; la richesse de la teinte en souffrira aussi. Elle deviendra livide, plombée, louche, ce que les peintres appellent *noyée*. Employez donc vos couleurs les plus sèches qu'il vous sera possible, & le plus également; vous éviterez en même-tems les épaisseurs. Lorsque vous voudrez mettre une teinte sur une autre, opérez de manière que vous ne passiez le pinceau qu'une seule fois sur le même endroit. Attendez que la couleur soit sèche pour en remettre une autre par dessus, sans quoi vous vous exposerez à délayer celle de dessous, incon-

vénient dans lequel on tombe néceffairement , lorfqu'appliquant
la couleur fupérieure à plufieurs reprifes , le pinceau va & revient
plufieurs fois fur la couleur inférieure. Si vos contours ont befoin
d'être châtiés , prenez , pour les diminuer d'épaiffeur, une pointe
d'ivoire ou de buis , & les rendez corrects en retranchant le fuperflu avec cette pointe; évitez fur-tout le trop de gomme dans
vos couleurs. Quand elles font trop gommées , elles fe déchirent
par veines , & laiffent au fortir du feu , en fe ramaffant fur elles-
mêmes , des petites traces qui forment comme un réfeau très-fin ,
& le fond paroît à travers ces traces, qui font comme les fils du
réfeau. N'épargnez pas les expériences, afin de conftater la jufte
valeur de vos teintes. N'employez que celles dont vous ferez
parfaitement fûr , tant pour la quantité de gomme que pour l'action du feu; vous remédierez au trop de gomme, en rebroyant
les couleurs à l'eau , & y rajoutant une quantité fuffifante de couleurs en poudres.

26. Le blanc eft ami de toutes les couleurs ; mêlé avec le carmin , il donne une teinte rofe , plus ou moins foncée , felon le
plus ou moins de carmin.

27. Le blanc & le pourpre donnent le lilas ; ajoutez-y du bleu,
& vous aurez un violet claire. Sa propriété fera d'éclaircir les
couleurs, en leur donnant de l'opacité.

28. Le bleu & le jaune produiront le verd. Plus de jaune que
de bleu donnera un verd plus foncé & plus bleu.

29. L'addition du violet rendra le noir plus beau & plus fondant , & l'empêchera de fe déchirer ; ce qui lui arrive toujours ,
quand il eft employé feul.

30. Le bleu & le pourpre formeront un violet.

31. Le bleu ne perdra jamais fa beauté , à quelque feu que
ce foit.

32. Les verds , les jaunes, les pourpres, & les carmins , ne
s'évaporent point; mais leurs teintes s'affoibliffent, & leur fraicheur fe fane.

33. Les mars font tous volatils ; le fer fe revivifiant par la moindre fumée & l'étincelle la plus légère, ils deviennent noirs &
non brillans.

Voilà l'alphabet affez incomplet de celui qui fe propofe de
peindre , foit fur l'émail , foit fur la porcelaine.

III. *L'art d'employer les émaux tranfparens & clairs.* Ce travail
ne fe peut faire que fur l'or ; ou , fi l'on veut appliquer des
émaux clairs & tranfparens fur le cuivre, il faut (felon quelques
auteurs) mettre au fond du champlever une couche de verre ou
d'émail noir , & couvrir cette couche d'une feuille d'or qui reçoive enfuite les autres émaux. Quant au travail fur l'or , on com-

mencera par tracer fon deffin fur la plaque, par la champlever, & par exécuter, comme en bas-relief, au fond du champlever toutes fes figures, de manière que leur point le plus élevé foit cependant inférieur au filet de la plaque. La raifon en eft évidente; car ce font les différentes diftances du fond à la furface qui font les ombres & les clairs : mais comme une peinture en général n'eft qu'un affemblage d'ombres & de clairs convenablement diftribués, on parvient à grouper des figures dans le genre même de peinture dont il s'agit.

On prétend qu'il faut que l'or employé foit très-pur; parceque les émaux clairs mis fur un or bas plombent, c'eft-à-dire qu'il s'y forme un louche qui en obfcurcit la couleur & la bordure.

Lorfque la plaque a été ébauchée à l'échope, on la finit avec des outils dont le tranchant eft mouffe, parcequ'il faut que tout l'ouvrage foit coupé d'un poli bruni, fans quoi on appercevroit au travers des émaux, les traits groffiers du deffin.

Cela fait, il faut broyer des émaux. Les broyer pour cette efpèce de peinture, c'eft feulement les mettre en grain, enforte qu'on les fente graveleux fous le doigt. Plus on pourra les employer gros, plus les couleurs feront belles.

On charge comme pour l'émail ordinaire, obfervant de diftribuer fur chaque partie du deffin la couleur qu'on croit lui convenir, fi le fujet eft à plufieurs couleurs, & de charger également par-tout, fi c'eft un camayeu.

On voit combien il feroit à fouhaiter, pour la perfection de cette peinture, qu'on eût quelque matière tranfparente & molle, qui pût recevoir toutes fortes de couleurs, & dont on pût remplir & vuider facilement le champlever de la pièce. L'artifte, à l'aide de cette matière, verroit d'avance l'effet de fes émaux, donneroit à fon champlever, ou plutôt aux parties de fon bas-relief, les profondeurs convenables, diftribueroit d'une manière plus fûre & mieux entendue fes ombres & fes clairs, & formeroit un tableau beaucoup plus parfait. Je ne fçais fi le vernis à l'eau de cire de M. Bachelier, n'auroit pas toutes les conditions requifes pour cet ufage. L'idée de perfectionner ainfi l'art d'employer les émaux tranfparens, eft de M. de Montami.

Lorfque la pièce eft chargée, on la laiffe fécher à l'air libre. Pour la paffer au feu, on allume le fourneau à l'ordinaire; quand il eft affez chaud, on préfente la pièce à l'entrée de la moufle; fi elle fume, on la laiffe fécher, fi elle ne fume pas, on la laiffe un peu s'échauffer : on la pouffe enfuite tout-à-fait fous la moufle; on l'y tient jufqu'à ce que les émaux fe foient fondus comme à l'ordinaire.

Après ce premier feu on la charge une feconde fois, mais feulement

lement aux endroits où l'émail s'eft trop affaiffé, & qui fe trouvent trop bas. La première fois la pièce avoit été également chargée par-tout, & les émaux s'élevoient un peu au deffus du niveau de la plaque.

Après que la pièce a été rechargée d'émail, on la paffe au feu comme la première fois.

Cela fait, il s'agit d'ufer les émaux avec le grès. Cette manœuvre ne s'exécute pas autrement que nous l'avons prefcrit dans *l'art de peindre fur l'émail blanc*. Lorfque la pièce eft ufée, on la repaffe au feu qui l'unit & la polit; & l'ouvrage eft achevé. Au lieu d'ufer & de polir ces émaux, comme nous l'avons dit de l'émail blanc, on peut y employer le lapidaire.

Les émailleurs en émaux clairs & tranfparens, ont deux verds ; le verd de pré, & le verd d'aigue marine, deux jaunes, un pâle & un foncé ; deux bleus, un foncé & un noir ; un violet, un couleur de rofe, & un rouge. Les émaux tranfparens, purputins & violets viennent très-beaux fur l'argent ; mais ils s'y attachent mal.

La manœuvre du feu eft la même pour toutes ces couleurs, excepté pour le rouge ; encore y a-t-il un rouge que les artiftes appellent le *pont-aux-ânes*, parcequ'il vient rouge fans art, & qu'il fe trouve quelquefois auffi beau que celui qu'on traite avec beaucoup de peine & de foin.

Quant à l'autre rouge, voici comment il s'emploie. Il faut le broyer à l'ordinaire, & l'appliquer fur un or à vingt-trois carats, fi l'on veut qu'il foit beau; car le moindre alliage le gâte. Si l'or eft abfolument pur, le rouge viendra le plus beau qu'il eft poffible.

Quand il eft broyé, on le charge à l'ordinaire, en deux feux qu'il faut lui donner les plus violens. Ils font de ces feux d'une belle couleur de paille.

Si l'on veut que la pièce foit ufée, c'eft alors qu'il faut l'ufer. Enfuite on fait revenir l'émail de couleur rouge, en le préfentant à l'entrée de la moufle, & tournant & retournant la pièce, jufqu'à ce que le rouge ait pris une teinte égale.

Il faut que la pièce foit refroidie, quand on la préfente à l'entrée de la moufle.

Pour connoître fes couleurs, il faut que l'artifte ait de petits morceaux d'or où il a pratiqué autant de logemens champlevés, qu'il a de couleurs. Il en flinquera le fond avec un inftrument poli : il les chargera enfuite, & les paffera au feu ; voilà ce qui lui tiendra lieu de palette, & ce qui le dirigera dans l'application de fes émaux.

Parmi les émaux clairs & tranfparens, il y en a beaucoup de défectueux. Leur défaut eft de laiffer trop peu de tems à l'artifte pour charger fa pièce. Pour peu qu'il foit lent à cette opération, leurs

Tome II. G g

couleurs deviennent louches & bourbeufes, ce dont on ne s'apperçoit malheureufement qu'au fortir du feu.

Il eft donc important de charger vite, & plus encore de n'avoir point de ces émaux dont les couleurs font inconftantes.

On préfume que c'eft l'eau qui les altère ; cependant il y en a de fi bonnes, qu'on les garderoit huit jours entiers dans l'eau, fans qu'elles perdiffent rien de leur éclat.

IV. *L'art d'employer l'émail à la lampe.* C'eft de tous les arts que je connoifle un des plus agréables & des plus amufans. Il n'y a aucun objet qu'on ne puiffe exécuter en émail par le moyen du feu de la lampe, & cela en très-peu de tems, & plus ou moins parfaitement felon qu'on a une moindre ou une plus grande habitude de manier les émaux, & une connoiffance plus ou moins étendue de l'art de modéler. Pour exceller dans ce genre, il feroit donc à propos de commencer par apprendre le deffin pendant quelque tems, & de s'occuper enfuite avec quelqu'affiduité à modéler toutes fortes d'objets & de figures.

Pour travailler à la lampe, il faut commencer par fe procurer des tubes de verre de toutes fortes de groffeurs & de toutes fortes de couleurs ; des tubes d'émail de toutes fortes de groffeurs & de toutes fortes de couleurs ; & des baguettes folides d'émail de verre de toutes fortes de groffeurs & de toutes fortes de couleurs.

Il faut avoir une table large & haute à difcrétion, autour de laquelle on puiffe placer commodément plufieurs lampes & plufieurs ouvriers, & fous laquelle on ait adapté un grand foufflet à double vent, que l'un des ouvriers met en mouvement avec le pied, pour aviver & exciter la flamme des lampes, qui étendue en longueur par ce moyen, & refferrée dans un efpace infiniment étroit relativement à celui qu'elle occupoit auparavant, en devient d'une ardeur & d'une vivacité incroyables.

Il faut que des rainures pratiquées dans l'épaiffeur du deffous de la table, & recouvertes de parchemin, fervent à conduire le vent à des tuyaux placés devant chaque lampe. Ces tuyaux font de verre : ils font recourbés par le bout qui dirige le vent dans le corps de la flamme de la lampe. Le trou dont ils font percés à ce bout eft affez petit. Il s'agrandit à l'ufer, mais on le retrécit au feu de la lampe même, en le tournant quelque tems à ce feu. Il faut avoir plufieurs de ces tuyaux qui font la fonction de chalumeaux, afin d'en rechanger quand il en eft befoin : on les appelle *porte-vents*

Afin que l'ouvrier ne foit point incommodé de l'ardeur de la lampe, il y a entre la lampe & lui, un morceau de bois quarré, ou une platine de fer-blanc, qu'on appelle un *éventail.* L'éventail eft fixé dans l'établi par une queue de bois, & l'ombre en eft jettée fur le vifage de l'ouvrier.

La lampe eft de cuivre ou de fer-blanc. Elle eft compofée de deux pièces ; l'une qu'on nomme la *boîte*, & l'autre qui retient le nom de *lampe*, cette dernière eft contournée en ovale, fa furface eft plate, fa hauteur eft d'environ 2 pouces, & fa largeur d'environ 6 pouces. C'eft dans fa capacité qu'on verfe l'huile & qu'on met la mèche. La mèche eft un gros faifceau de coton : c'eft de l'huile de navette qu'on brûle. La boîte dans laquelle la lampe eft contenue, ne fert qu'à recevoir l'huile que l'ébullition, caufée par la chaleur du feu, pourroit faire répandre. Une pièce quarrée d'un pouce de hauteur, foutient & la boîte & la lampe.

Il eft très-à-propos qu'il y ait au deffus des lampes, un grand entonnoir renverfé, qui reçoive la fumée & qui la porte hors de l'attelier.

On conçoit aifément qu'il faut que l'attelier de l'émailleur à la lampe foit obfcur, & ne reçoive point de jour naturel, fans quoi la lumière naturelle éclipferoit en partie celle de la lampe, & l'ouvrier n'appercevant plus celle-ci affez diftinctement, ne travailleroit pas avec affez de fûreté.

L'attelier étant ainfi difpofé & garni de plufieurs autres inftrumens dont nous ferons mention ci-après, il s'agit de travailler. Nous n'entrerons point dans le détail de tous les ouvrages qu'on peut former à la lampe : nous avons averti plus haut, qu'il n'y avoit aucun objet qu'on ne pût imiter. Il fuffira d'expofer la manœuvre générale des plus importans.

Les lampes garnies & allumées, & le foufflet mis en action, fi l'émailleur fe propofe de faire une figure d'homme ou d'animal, qui foit folide, & de quelque grandeur, il commence par former un petit bâti de fil d'archal ; il donne à ce petit bâti la difpofition générale des membres de la figure à laquelle il fervira de foutien. Il prend le bâti d'une main, & une baguette d'émail folide de l'autre : il expofe cet émail à la lampe, & lorfqu'il eft fuffifamment en fufion, il l'attache à fon fil d'archal, fur lequel il le contourne par le moyen du feu, de fes pinces rondes & pointues, de fes fers pointus & de fes lames de canif, comme il le juge à propos ; car les émaux qu'il emploie font extrêmement tendres, & fe modèlent au feu comme de la pâte : il continue fon ouvrage comme il l'a commencé, employant & les émaux, & les verres, & les couleurs comme il convient à l'ouvrage qu'il a entrepris.

Si la figure n'eft pas folide, mais qu'elle foit creufe, le bâti de fil d'archal eft fuperflu : l'émailleur fe fert d'un tube d'émail ou de verre creux, de la couleur dont il veut le corps de fa figure ; quand il a fuffifamment chauffé ce tube à la lampe, il le fouffle ; l'haleine portée le long de la cavité du tube jufqu'à fon extrêmité, qui s'est bouchée en se fondant, y est arrêtée, distend l'émail par l'effort qu'elle fait en tout sens, & le met en bouteille: l'émailleur, à l'aide du feu & de ses instrumens, fait prendre à cette bouteille la forme qu'il juge à propos; ce sera, si l'on veut, le corps d'un cygne: lorsque le corps de l'oiseau est formé, il en allonge & contourne le cou; il forme le bec & la queue; il prend ensuite des émaux solides de la couleur convenable, avec lesquels il fait les yeux, il ourle le bec, il forme les ailes & les pattes, & l'animal est achevé.

Une petite entaille pratiquée avec le couperet à l'endroit où le tube commence & la pièce finit, en détermine la séparation: ou cette séparation se fait à la lampe, ou d'un petit coup.

Ce que nous venons de dire est applicable à une infinité d'ouvrages différens. Il est incroyable avec quelle facilité les fleurs s'expédient. On se sert d'un fil d'archal, dont l'extrêmité sert de soutien; le corps de la fleur & ses feuilles s'exécutent avec des émaux & des verres creux ou solides, & de la couleur dont il est à propos de se servir selon l'espèce de fleur.

Si l'on jette les yeux sur un attelier d'émailleur, composé d'un grand nombre de lampes & d'ouvriers, on en verra, ou qui soufflent des bouteilles de baromêtre & de thermomêtre, ou dont la lampe est placée sur le bout de l'établi, & qui tenant la grande pince coupante, lutent au feu & séparent à la pince des vaisseaux lutés hermétiquement, ou qui exposant au feu une bande de glace de miroir, filent l'aigrette: l'un tient la bande de glace au feu, l'autre tire le fil & le porte sur le dévidoir, qu'il fait tourner de la plus grande vitesse, & qui se charge successivement d'un écheveau de fil de verre d'une finesse incroyable, sans qu'il y ait rien de plus composé dans cette opération que ce que nous venons d'en dire; voyez l'article *Ductilité*). Lorsque l'écheveau est formé, on l'arrête, & on le coupe à froid de la longueur qu'on veut: on lui donne communément depuis dix pouces jusqu'à douze. On se sert pour le couper de la lime ou du couperet, qui fait sur l'émail l'effet du diamant; il l'entaille légèrement, & cette entaille légère dirige sûrement la cassure, de quelque grosseur que soit le filet.

Tous les émaux tirés à la lampe sont ronds; si l'on veut qu'ils soient plats, on se sert pour les applatir d'une pince de fer dont le mord est quarré: il faut se servir de cette pince, tandis qu'ils sont encore chauds.

On verra d'autres ouvriers qui souffleront de la poudre brillante. Le secret de cette poudre consiste à prendre un tuyau capillaire de verre, à en exposer l'extrêmité au feu de la lampe, ensorte qu'elle se fonde & se ferme, & à souffler dans le tube:

l'extrêmité qui est en fusion forme une bouteille d'un si grand volume, qu'elle n'a presque plus d'épaisseur. On laisse refroidir cette bouteille, & on la brise en une infinité de petits éclats : ce sont ces petits éclats qui forment la poudre brillante. On donne à cette poudre des couleurs différentes, en la composant des petits éclats de bulles formées de verres de différentes couleurs.

Les jais factices dont on se sert dans les broderies, sont aussi faits d'émail. L'artifice en est tel, que chaque petite partie a son trou par où la soie peut passer. Ces trous se ménagent en tirant le tube creux en long. Quand il n'a plus que le diamètre qu'on lui veut, on le coupe avec la lime ou le couperet. Les maillons dont on se sert dans le montage des métiers de plusieurs ouvriers en soie, ne se font pas autrement.

On fait avec l'émail des plumes avec lesquelles on peut écrire & peindre. On en fait aussi des boutons : on a des moules pour les former, & des ciseaux pour les couper.

On en travaille des yeux artificiels, des cadrans de montre, des perles fausses. Dans un attelier de perles soufflées, les uns soufflent ou des perles à olive, ou des perles rondes ; d'autres des boucles d'oreille, ou des perles baroques. Ces perles passent des mains de l'émailleur, entre les mains de différentes ouvrières ; leur travail est de souffler la couleur d'écaille de poisson dans la perle ; de passer les perles dans le carton, afin d'étendre la couleur au dedans de la perle ; de remplir la perle de cire ; d'y passer un petit papier roulé ; de mettre les perles en collier, &c.

Lorsque l'émailleur travaille, il est assis devant sa table, le pied sur la marche qui fait hausser & baisser le soufflet, tenant de la main gauche l'ouvrage qu'il veut émailler, ou les fils de fer ou de laiton qui serviront de soutien à sa figure, conduisant de la main droite le fil d'émail amolli par le feu de la lampe, & en formant des ouvrages avec une adresse & une patience également admirables.

Il est très-difficile de faire à la lampe de grandes pièces ; on n'en voit guère qui passent quatre, cinq, six pouces.

Nous ne finirons pas cet article, sans indiquer un usage assez important de la lampe de l'émailleur ; c'est de pouvoir facilement y réduire une petite quantité de chaux métallique, ou y essayer une pareille quantité de minéral. Pour cet effet, il faut pratiquer un creux dans un charbon de bois, y mettre la chaux à réduire, ou la matière à fondre, & faire tomber dessus la flamme de la lampe. On voit que c'est encore un moyen très-expéditif pour souder. *Encycl.*

G g 3

Emaux pour imiter les pierres précieufes.

L'aigue marine fe colore avec le vitriol de Chypre, ou le cuivre rouge ; le pourpre , avec de la magalaife & du périgueux ; le rouge-brun , avec du cuivre rouge , ou de la rouillure de fer ; le rouge clair , avec du cuivre de rofette ; le rouge de rubis , avec du cuivre de rofette , de même qu'avec de l'or & du cuivre de rofette ; le jaune, avec de la rouillure de fer & de l'eau de mer ; quelquefois avec du vif-argent & du plomb ; l'agate , avec l'argent & le foufre ; l'ambre , avec le minium ; le verd d'émeraude, avec le cuivre jaune ; & la couleur d'amétifte, avec le périgueux.

Email en tablettes ou *Inde commun*. C'eft de l'émail bleu, haut en couleur, broyé avec de l'indigo , & de l'amidon en poudre , réduits en confiftance de pâte, & dreffés en tablettes par le moyen de l'eau gommée. Cette drogue ne fert guère qu'à marquer les moutons , quoique néanmoins il fe trouve quelques épiciers-droguiftes d'affez mauvaife foi pour la vendre à la place du véritable inde. Pour découvrir la fuppofition, il fuffit d'en faire diffoudre dans l'eau ; l'émail , dont eft compofé cet inde commun , fe précipitant au fond en manière de fable ; ce qui n'arrive pas au véritable inde.

Email ; c'eft auffi une forte de minéral bleu, réduit en poudre , & purifié par plufieurs lotions, dont les buandiers & lesblanchiffeu-fes fe fervent pour donner à leurs toiles & à leurs linges fins un œil bleu, qui les rend plus agréables à la vue & un peu plus tranfparens.

Cet émail entre dans la compofition de l'empois bleu ; le meilleur vient de Hollande.

Email fe dit encore d'une forte de fayance, ou porcelaine émaillée , très-fine , & prefque tranfparente, qui fe fabrique à Venife.

On l'imite en France dans quelques verreries , & on y réuffit affez bien.

EMERAUDE , pierre précieufe tranfparente, de couleur verte , fans mêlange d'aucune autre couleur, & à peu-près de même dureté que le cryftal. Par ces caractères, il eft aifé de diftinguer l'émeraude de toute autre pierre verte & même du diamant qui auroit une belle couleur verte auffi belle que l'émeraude. De quelque couleur que le diamant puiffe être, on le reconnoît aifément à fon éclat & à fa dureté. L'aigue marine eft d'une couleur mêlée de verd & de bleu. Le péridot eft d'une couleur mêlée de verd & de jaune. L'émeraude eft la feule de toutes les pierres précieufes occidentales & orientales, qui foit verte fans mêlange d'autres couleurs, si ce n'est le blanc qui se trouve dans les émeraudes imparfaites : car il y a des crystaux d'émeraude qui sont en partie blancs & en partie verds, ou qui ont différentes teintes de verd plus ou moins foncé. Les crystaux d'émeraude ont, comme les crystaux de roche, la figure d'une colonne à six faces : mais au lieu d'avoir une pointe à chaque bout, ils sont terminés par une face hexagone.

Presque tous les auteurs distinguent les émeraudes en orientales & en occidentales. Ils disent que l'orientale est d'un verd gai ou clair ; qu'elle a une grande dureté & un grand éclat qui se soutient à l'ombre & à la lumière de la chandelle. Aujourd'hui on ne voit aucune émeraude orientale ; s'il y en a, elles sont d'une rareté extrême. Les auteurs qui en parlent, ne conviennent point du lieu où elles se trouvent : les uns disent que c'est en Arabie, les autres en Perse, en Egypte. *Encycl.*

Il y a une différence assez considérable entre les émeraudes orientales, & celles du Pérou, ce qui fait voir qu'elles ne viennent pas d'une même source, comme le croyoit Tavernier. Les émeraudes orientales ont leur source dans quelque lieu des Grandes Indes, que Tavernier n'a pu apprendre à connoître, n'ayant pas parcouru le quart de leur étendue, ni entendu assez les langues de ses habitans pour en être instruit.

Comme on ne trouve à présent aucune émeraude dont la dureté soit égale à celles des pierres orientales, on est en droit de douter de l'existence des émeraudes de cette nature. Il y a près de quatre-vingts ans que de Rosnel, disoit dans son *Mercure indien* que l'on ne rencontroit presque plus d'émeraudes orientales ou de vieille roche, parceque la mine étoit épuisée, ou cachée dans un lieu inaccessible. *Encycl.*

On tient l'émeraude orientale plus dure, plus brillante, & plus transparente que la péruvienne, qui le plus souvent a quelques nuages, & jette moins de feu : d'ailleurs il en vient une si grande quantité du Pérou à Cadix, par la voie de Carthagène, qu'elles sont beaucoup baissées de prix & de réputation. C'est presque la seule qu'on connoisse aujourd'hui : elle est bien plus belle que celle d'Europe, sa couleur est d'un beau verd foncé.

Les émeraudes d'aujourd'hui se trouvent dans la Vallée de Tunia ou Tomana assez près de la Nouvelle Carthage, & entre les montagnes de Grenade & de Popayen ; & c'est de là qu'on en transporte à Carthagène une si grande quantité tous les ans. Ce fut de ces sortes d'émeraudes, qui ne sont pas néanmoins extrêmement fines, que nos François firent un si grand butin, lorsque pendant les dernières guerres M. de Pointis & M. Ducasse s'emparèrent de cette ville.

L'émeraude eft la quatrième pierre pour la dureté , à compter du diamant ; une lime a peu de prife fur l'émeraude : celle qu'on nomme orientale eft d'un verd clair , de forte que le fond de fa couleur paroît tirer fur le jaune. Les émeraudes d'occident font d'un verd foncé, & la couleur verte qui en fait la bafe, paroît tirer fur le bleu. L'émeraude fe forme dans le quartz & dans les mêmes pierres que les cryftaux, felon Wallerius, *Miner.* Tom. I. p. 21ç. Henckel met l'émeraude pour la troifième pierre précieufe. Le *Dictionnaire du Citoyen* dit que le Bréfil en fournit d'un beau verd foncé.

M . d'Herbélot dans fa *Bibliothèque orientale* , en parlant de la ville d'Afuan fituée dans la Grande Egypte , rapporte qu'on tient que c'eft aux environs de cette ville que fe trouve la feule mine des émeraudes orientales qui foit connue dans tout le monde. Ce font apparemment les pierres qu'on tiroit de cette mine, qu'on nommoit *émeraudes de vieille roche.*

On trouve auffi des émeraudes dans l'ifle de Chypre, dans la Grande-Bretagne , en Italie & en Allemagne ; mais c'eft peu de chofe , fi même ce font de véritables émeraudes.

Préfentement qu'on a ou plus d'expérience , ou moins de crédulité , on eftime les émeraudes pour leur beauté , & nullement pour leur vertu , quoique quelques modernes croient encore que réduites en poudre impalpable , & mêlées avec l'eau rofe , elles peuvent être de quelque ufage dans la médecine.

L'émeraude eft une pierre fort eftimée ; celles de l'Amérique , lorfqu'elles font parfaites, fe vendent auffi chères que les pierres orientales.

Théophrafte rapporte qu'un Roi de Babylone préfenta au Roi d'Egypte une émeraude dont la longueur étoit de quatre coudées , & la largeur de trois, & qu'en même tems il y avoit en Egypte un obélifque compofé de quatre émeraudes, qui avoit quarante coudées de haut , quatre de large en quelques endroits , & deux dans d'autres. Il eft impoffible qu'il y ait jamais eu des émeraudes de cette grandeur : on a pris pour émeraudes des pierres d'une autre nature. L'hiftoire de la déeffe émeraude , rapportée par Garcilaffo de la Vega, me paroît plus vraifemblable. Cet auteur dit que les peuples de la vallée de Manta au Pérou , adoroient une émeraude groffe comme un œuf d'autruche ; on la montroit les jours de grande fête , & les Indiens accouroient de toutes parts pour voir leur déeffe , & pour lui offrir des émeraudes. Les prêtres & les caciques donnoient à entendre que la déeffe étoit bien aife qu'on lui préfentât fes filles , & par ce moyen ils en amaffèrent une grande quantité. Les Efpagnols, dans le tems de la conquête du Pérou , trouvèrent toutes les filles de la déeffe ; mais les

Indiens cachèrent fi bien la mère, qu'on n'a jamais pu fçavoir où elle étoit. D. Alvarado & fes compagnons briférent la plus grande partie des émeraudes fur des enclumes, parcequ'ils croyoient que fi elles étoient fines, elles ne devoient pas fe caffer. *Encycl.*

La préome d'émeraude, que les lapidaires regardent comme la mère ou matrice de l'émeraude, eft mife au nombre des pierres précieufes; elle eft dure, tranfparente, & demi-opaque, & eft ordinairement mêlée de jaune, de verd, de blanc, de bleu, avec quelques taches noirâtres; elle eft de couleur de fer. Wodward la range dans fa diftribution des toffiles, à la feconde claffe, de la feconde efpèce, & de la feconde forte.

Valeur des Emeraudes brutes.

Celles de la première forte, qui s'appellent *plafmes à broyer*, valent 6 écus le marc.

Les plafmes d'un verd un peu gai .... (*Le prix de cette forte n'eft point marqué dans la note.*)

Les demi-morillons valent 35 écus le marc.

Les morillons bons, qui font de petits morceaux de belle couleur, valent 60 à 70 écus le marc.

Les émeraudes, qui font en plus grands morceaux que les morillons bons, & qu'on appelle *troifième forte*, font eftimées 150 à 200 écus le marc.

Celles qu'on nomme *deuxième forte*, dont les morceaux font plus grands & plus nets que les précédens, valent 300 à 350 écus le marc.

Et celles qui s'appellent *première couleur*, autrement *nègres cartes* font de 500 à 700 écus le marc.

Emeraudes taillées, & en cabochons, ou pierre bonne, étant de belle couleur, valent; fçavoir

Celles du poids d'un carat, ou 4 grains,				2 écus,
Celles de 2 carats,	—	—	—	6
Celles de 3 carats,	—	—	—	10
Celles de 4 carats,	—	—	—	15
Celles de 5 carats,	—	—	—	20
Celles de 6 carats,	—	—	—	30
Celles de 7 carats,	—	—	—	70
Celles de 8 carats,	—	—	—	80
Celles de 9 carats,	—	—	—	100
Et celles de 10 carats,	—	—	—	150

Il y a une autre efpèce d'émeraude de notre pays, ou de fauffe émeraude, que l'on trouve dans les montagnes de Suiffe ou d'Auvergne, que l'on peut appeller *émeraude bâtarde de montagne*; elle eft très-tendre & d'un verd pâle.

EMERIL ; c'eft une mine de fer d'une dureté extraordinaire; elle eft pefante & reffemble à une pierre; fa couleur eft ou grife, ou rougeâtre, ou noirâtre : la partie ferrugineufe y eft en très-petite quantité, & tellement enveloppée, que l'aimant ne peut point l'attirer. L'émeril réfifte à l'action du feu, & n'entre en fufion que très-difficilement ; il faut y joindre pour cela une grande quantité de fondans : c'eft ce qui l'a fait placer au nombre des mines de fer réfractaires. On voit par-là que l'on ne trouveroit point fon compte à traiter l'émeril pour en tirer le fer. L'ufage principal qu'on en fait, eft de polir l'acier, le fer, le verre, & les pierres les plus dures ; mais pour l'employer ainfi, il faut commencer par le réduire en une poudre extrêmement fine, enfuite de quoi on le délaye dans l'eau, ou dans de l'huile pour certains cas. *Encycl.*

Cette pierre métallique fe trouve prefque dans toutes les mines des métaux, mais particuliérement dans celles d'or, de cuivre, & de fer. On diftingue ordinairement trois fortes d'émeril, celui d'Efpagne, l'émeril rouge, & le commun.

L'émeril d'Efpagne fe trouve dans les mines d'or du Pérou, & des autres provinces de l'Amérique Efpagnole. L'on peut regarder ce minéral comme une efpèce de marcaffite de ce riche métal, tant il eft parfemé de petites veines d'or ; auffi le Roi d'Efpagne en a-t-il interdit la fortie hors de fes Etats, ce qui le rend très-rare en France, au grand déplaifir des chercheurs de pierre philofophale, qui fondent de grandes efpérances fur la tranfmutation de ce précieux minéral.

L'émeril rouge fe tire des mines de cuivre. Le peu qu'on en voit, & qu'on en confomme à Paris, vient de Suède, & de Norwége : on le fubftitue quelquefois à celui d'Efpagne : mais il faut être bien inepte & bien novice pour s'y tromper ; l'émeril rouge n'ayant aucune vénule d'or, & étant mat, uni & dur, toutes qualités que n'a point celui d'Efpagne.

L'émeril commun fe trouve dans les mines de fer : il y en a en abondance dans l'Ifle de Gernefey, qui appartient à l'Angleterre, & dans celle d'Ibfa fur les côtes de Tofcane. C'eft l'unique dont on faffe un affez grand négoce en France, particuliérement à Paris, à caufe de la grande quantité d'ouvriers, armuriers, couteliers, ferruriers, vitriers, lapidaires, marbriers &c. qui s'en fervent, les uns pour polir leurs ouvrages de fer, & les autres pour tailler & couper leurs verres, marbres, & pierres précieufes.

Cette forte d'émeril eft d'un gris un peu rougeâtre, très-dur, & par conféquent très-difficile à pulvérifer. Les Anglois font les feuls qui le réduifent en poudre, par le moyen des moulins à eau deftinés à cet ufage, & qui l'envoient tout pulverifé. Si l'on en veut de cette forte, la poudre la plus fubtile & la plus impalpable eft la meilleure ; fi au contraire on le choifit en pierres, il faut qu'il foit haut en couleur, & point rempli de roche s'il fe peut.

La potée d'émeril eft cette efpèce de boue qui fe trouve fur les roues ou meules, fur lefquelles les lapidaires taillent leurs pierres.

Les Anglois, qui font un très-grand commerce de l'émeril, tirent du Levant la plupart de celui qu'on voit en Angleterre, particuliérement de l'Ile de Naxie, où il ne coûte qu'un écu les 20 quintaux, le quintal péfant 140 livres ; auffi ont-ils coutume d'en lefter tous leurs vaiffeaux.

Emeril. Les fculpteurs & marbriers appellent *émeril*, un mélange de quelque métal, affez ordinairement de cuivre, qui fait corps naturellement avec quelques particules de marbre, & qui eft fi dur, qu'il n'y a guère d'outils, pour bons & acérés qu'ils foient, qui ne s'égrainent ou ne rebrouffent contre. On le trouve plus fouvent dans les marbres blancs que dans les marbres de couleur. Voy. *Marbre.*

EMPOIS; efpèce de colle très-légère, dont les tifferands, les lingères & blanchiffeufes fe fervent pour empefer & affermir les toiles fines qui doivent être claires & avoir de la confiftance.

Il y a deux fortes d'empois ; le blanc, qui fe fait avec l'amidon feul ; & le bleu, où l'on ajoute du bleu, ou émail de Hollande.

Prenez une demi-livre d'amidon; faites-la bouillir dans trois pintes d'eau bien nette ; remuez-la pendant l'ébullition avec une fpatule de bois ; ajoutez une once d'émail de Hollande, ou de bleu, avec gros comme une petite noix d'alun de roche, & autant de cire gommelée : faites cuire le tout à petit feu ; & quand vous vous appercevrez que l'eau commencera à fe clarifier, ôtez le mélange de deffus le feu, & paffez-le par un linge propre *Encycl.*

ENCENS, en latin *thus mafculum*, *olibanum* ; c'eft une fubftance réfineufe, d'un jaune pâle ou tranfparent, en larmes femblables à celles du maftic, mais plus groffes.

Voici ce qu'en dit M. Geoffroy qui en a parlé avec le plus de briéveté & de vérité, fuivant les *Encyclopédiffes.*

L'encens eft fec & dur, d'un goût un peu amer, modérément

âcre & réfineux, non-défagréable & d'une odeur pénétrante. Lorfqu'on le jette fur le feu, il devient auffitôt ardent, & répand une flamme vive qui a peine à s'éteindre : il ne coule pas comme le maftic. Si on le met fous les dents, il fe brife auffi-tôt en petits morceaux ; mais il ne fe réunit point comme le maftic, & on ne peut pas le rouler comme lui dans la bouche, parce qu'il s'attache aux dents.

Les gouttes d'encens font tranfparentes, oblongues & arrondies ; quelquefois elles font feules, quelquefois il y en a deux enfemble, & elles reffemblent à des tefticules ou à des mamelles, felon qu'elles font plus ou moins groffes : c'eft de là que viennent les noms ridicules d'*encens mâle* & d'*encens femelle*. Quelquefois il y a quatre ou cinq gouttes d'encens de la groffeur d'un pois ou d'une aveline, qui font par hafard attachées à l'écorce de l'arbre d'où elles ont découlé. On eftime l'encens qui eft blanchâtre, tranfparent, pur, brillant, fec.

L'encens a été connu non feulement des Grecs & des Arabes, mais auffi de prefque toute les nations & dans tous les tems. Son ufage a été très-célèbre & très-fréquent dans les facrifices ; car autrefois on les faifoit avec de l'encens, & l'on s'en fervoit comme on s'en fert encore à préfent, pour exciter une odeur agréable dans les temples. Cette coutume a prefque paffé parmi toutes les nations, dans toutes les religions, & dans tous les lieux.

Ce que quelques-uns appellent *parfum* ou *encens des Juifs*, parcequ'ils s'en fervoient fouvent dans leurs temples, eft une maffe fèche, un peu réfineufe, dont l'écorce eft rougeâtre qui a l'odeur pénétrante du ftorax liquide. Cette maffe eft faite des écorces de l'arbre appellé *rofa-mallus*, que l'on fait bouillir, & que l'on exprime après que l'on en a tiré le ftorax liquide ; elle n'eft bonne qu'à brûler. *Encycl.*

La fuie d'encens eft cette dernière forte de manne d'encens, brûlée de la manière qu'on brûle l'arcançon, pour faire du noir de fumée.

L'écorce d'encens eft l'écorce de l'arbre thurifère qui le produit ; elle a prefque les mêmes qualités & la même odeur que l'encens ; auffi fait-on entrer cette écorce dans la compofition des paftilles & des parfums inflammables.

Bien des habiles droguiftes croient que toute l'écorce d'encens, qu'on voit en France, n'eft autre chofe que ce qu'on appelle vulgairement *encens des Juifs*, qui eft une écorce qui vient des Indes, & qui eft bien différente de la véritable écorce d'encens, tant pour le prix, que pour l'odeur & les propriétés.

Le galipot s'appelle *gros encens* ou *encens commun*, pour différer de l'oliban, qu'on applle *encens fin*.

L'encens blanc, *l'encens commun* ou *encens de village*, font auſſi des noms ſous leſquels on vend le galipot.

L'encens marbré ou *madré*, comme l'appellent les provençaux, eſt une des eſpèces de barras.

L'encens des Indes, qui vient par les vaiſſeaux de la Compagnie Françoiſe, n'eſt pas à beaucoup près ſi bon que celui d'Arabie, ou du mont Liban ; on l'appelle vulgairement *encens de Mocha*, quoiqu'il ne vienne pas de cette ville d'Arabie. On l'en apporte en maſſe, quelquefois en petites lames, mais toujours fort chargé d'ordures. Il eſt rougeâtre & d'un goût un peu amer. Quelques marchands épiciers-droguiſtes le donnent pour vrai oliban ; c'eſt de leur part une erreur ou une tromperie : d'autres, non moins hardis & auſſi infidèles, le vendent pour véritable *bdellium*.

Cet encens eſt le moindre que les pauvres gens amaſſent ſur la terre en Arabie. On ne porte guère à Mocha que de celui-là, pour le vendre aux vaiſſeaux d'Europe, qui y mouillent en venant des Indes ; on aime mieux en Arabie, conſerver le bon, en faveur des caravanes, qui ſont établies pour le tranſporter juſqu'au port de la Méditerranée ; car pour le mauvais il ne vaudroit pas la peine de le charier par cette voie.

Les auteurs modernes paroiſſent plus embarraſſés ſur la vraie origine de l'encens, que ne l'ont éé les anciens. Théophraſte, Dioſcoride, Pline, & pluſieurs autres ont toujours aſſuré que cet aromate, du moins le véritable, ne vient que de l'Arabie ſeule ; c'eſt pour cette raiſon que dans l'antiquité on lui donnoit ſouvent le nom de *thurifère*, qui veut dire encenſière, ou la terre qui produit l'encens. Ces Naturaliſtes, en cela, ne ſe ſont point trompés ; car en effet, toutes les nations voiſines, ne le tirent encore aujourd'hui que du milieu de cette contrée, où véritablement on le trouve, & qui eſt le ſeul endroit qui puiſſe le produire. C'eſt de quoi je me ſuis très-bien informé de pluſieurs marchands droguiſtes parmi le Banians à Surate, à Maſcate, Port d'Arabie, & à Gameron ou Bender-Abaſſi en Perſe.

Je n'ai pu apprendre de même, ni le genre ni la nature de l'arbre d'où cette réſine découle ; & juſqu'ici aucun étranger ne l'a connue, du moins depuis le tems que des Rois d'Egypte & de la Natolie en firent tranſplanter quelques pieds dans leurs jardins, avec beaucoup de dépenſe, & pour ſatisfaire leur curioſité, comme Pline le rapporte.

Il y a bien apparence que cet arbre vient ſur des montagnes qui ſont proches de celles qui ſéparent l'Arabie Heureuſe de la Déſerte, & où perſonne ne pénètre que les gens du du pays. Ceux-ci trafiquent l'encens qu'ils en tirent avec leurs voisins qui sont aussi Arabes, & qui le portent chez l'étranger ; sçavoir, en Egypte & en Syrie par les caravanes, & en Perse & à Surate, en le faisant traverser la mer. J'ai vu arriver de cette marchandise aux ports de ces derniers endroits, que des vaisseaux Arabes y apportèrent en 1721, 1722 & 1723.

L'encens est appellé *libanos* par les Grecs, mot qu'ils ont tiré des langues Hébraïque & Syriaque, & qui signifie blanc. Ce nom a été donné à cette gomme résineuse, à cause de sa couleur, qui est naturellement blanche. Le mot d'*oliban* est aussi grec, venant de la même source ; il désigne le blanc par excellence ; c'est pourquoi l'encens le plus blanc & le plus beau porte ce nom, pour le mieux distinguer de l'autre ; & encore parceque sa blancheur passe celle de toutes les autres résines. Cela étant, la signification de son nom ne vient point, comme on le prétend, d'*oleum libani*, pour désigner que cette résine découle comme une huile d'un arbre qui croît au Mont-Liban.

On sçait encore assez généralement qu'un des grands commerces des Arabes, a toujours été l'encens, & que cette nation a passé de tout tems pour la seule qui l'a fourni à toutes les autres qui sont répandues tant en Asie & en Afrique, qu'en Europe, ce qui auroit été le contraire si cet arbre qui le porte avoit crû naturellement, ou qu'il eut été commun aux environs des montagnes du Liban. Peut-être a-t-on assez essayé autrefois de de l'y faire venir, aussi-bien qu'en Egypte & ailleurs ; mais ces endroits ne sçauroient être un climat propre à produire l'encens. Son arbre ne veut point absolument d'hyver, & le moindre froid le feroit périr, ou le rendroit stérile, en ne donnant que très-peu de résine. Il n'y a point de doute que ce ne soit-là la raison pour laquelle il ne s'y en trouve point. A l'égard des Indes, l'abondance des pluies qui y tombent une bonne partie de l'année, est un autre inconvénient, qui fait qu'il ne peut y en venir non plus.

Pour passer à d'autres remarques sur l'encens, on dit qu'on ne sçait pas trop pourquoi l'oliban, qui est le plus fin, est *appellé encens mâle*. Pline donne assez à entendre que cette dénomination vient de ce qu'on trouve parmi le bon encens, assez souvent des morceaux qui ressemblent à des testicules par leur forme ou leur rondeur ; ces morceaux sont toujours les plus blancs & les meilleurs ; ce sont les mêmes qu'on nomme encore *encens en larmes*, quand leur rondeur finit par une pointe. Le nom de mâle a passé ensuite à tous les morceaux d'encens qui ont la même qualité & bonté, quoiqu'ils n'aient pas toujours la même forme. C'est certainement dans ce sens que les Arabes d'aujourd'hui donnent ce nom à l'encens le plus beau. L'encens ordinaire ou le plus commun, & qui n'a pas la blancheur de l'oliban, est quelquefois appellé *femelle* dans les pays orientaux, pour le distinguer du mâle, mais plus ordinairement on l'y nomme simplement *encens*.

Noms qu'on donne à cet aromate par différentes raisons de ressemblance & de qualité, ou abrégé de ce qui vient d'en être dit.

1°. *Encens*, du mot Latin *incendens*, matière qui brûle parcequ'il faut la brûler pour en avoir le parfum ou l'odeur.

2°. *Encens en larmes*, parceque les bons morceaux de cette résine ont chacun la figure d'une larme.

3°. *Encens mâle*, parceque les mêmes morceaux susdits ressemblent aussi par leur rondeur & leur bonté à des testicules.

4°. *Encens femelle*, parcequ'il est moindre que le mâle, & qu'il n'en a pas la figure, ou qu'il a celle des mamelles.

5°. *Oliban*, parceque c'est l'encens le plus blanc de tous & le meilleur. C'est le même que le 2e. & le 3e.

6°. *Manne d'encens*. Les petits grains d'Oliban portent ce nom, parcequ'ils ressemblent à des grains de manne purgative, qui sont blancs. *Mémoires de* M. Garcin.

L'*encens de Thuringe* est, comme on le dit dans le *Dictionnaire de Trévoux*, la résine que fournissent les pins de la Thuringe, & sur-tout du territoire de Saxe qui abonde en forêts de ces sortes d'arbres. Les fourmis sauvages en retirent de petits grumeaux qu'elles enfouissent dans la terre quelquefois jusqu'à quatre pieds de profondeur. Là, cette poix, par la chaleur souterreine, reçoit un nouveau dégré de décoction, & se réduit en masse : on la tire ensuite de terre par gros morceaux, & c'est ce qu'on appelle *encens de Thuringe*, qu'on vend hardiment pour de l'encens. Voyez l'*Orictographie de* M. Schut. *Encycl.*

ENCRE à écrire, (*Arts.*) en latin *atramentum scriptorium*, liqueur noire composée d'ordinaire de vitriol romain & de noix de galle concassées, le tout macéré, infusé & cuit dans suffisante quantité d'eau, avec un peu d'alun de roche ou de gomme arabique, pour donner à la liqueur plus de consistance.

Entre tant de recettes d'encre à écrire, nous commencerons par indiquer celles de MM. Lémery & Geoffroy ; le lecteur choisira, ou même les perfectionnera.

Prenez, dit M. Lémeri, six livres d'eau de pluie, seize onces de noix de galle concassées. Faites-les bouillir à petit feu dans cette eau jusqu'à réduction des deux tiers, ce qui formera une forte décoction jaunâtre, dans laquelle les noix de galle ne surnageront plus; jettez-y deux onces de gomme arabique pulvérifée, que vous aurez fait diffoudre auparavant dans du vinaigre en quantité fuffifante. Mettez enfuite dans la décoction, huit onces de couperofe ou vitriol romain; donnez encore à votre décoction, devenue noire, quelques légers bouillons; laiffez-la repofer. Enfin verfez-la doucement & par inclinaifon dans un autre vaiffeau pour votre ufage.

Prenez, dit M. Geoffroy, quatre livres d'eau de rivière, deux livres de vin blanc, fix onces de noix de galle d'Alep pilées; macérez pendant vingt-quatre heures, en remuant de tems en tems votre infufion. Faites-la bouillir enfuite pendant une demi heure, en l'écumant avec un petit bâton fourchu, élargi par le bas, retirez le vaiffeau du feu. Ajoutez à votre décoction deux onces de gomme arabique, huit onces de vitriol romain, trois onces d'alun de roche; macérez de nouveau pendant vingt-quatre heures; donnez-y maintenant quelques bouillons : enfin, paffez la décoction refroidie au travers d'un linge.

On fait même de l'encre fur le champ, ou du moins une liqueur noire, par le mêlange du vitriol verd avec la teinture de noix de galle. Cette couleur noire vient de la prompte révification du fer contenu dans ce vitriol, & cela eft fi vrai, que la noix de galle fans vitriol, mais feulement jointe avec de la limaille de fer, donne une pareille teinture dès qu'elle a eu le tems de divifer ce fer qui eft en limaille. Ainfi, le vitriol dont on fait l'encre, eft du fer diffous par un acide avec lequel il eft intimement mêlé; la noix de galle eft un alkali qui s'unit avec les acides, & leur fait lâcher le fer qui reparoît dans fa noirceur naturelle. Voilà la méchanique de l'encre; auffi des cinq efpèces de vitriol, celui qu'on appelle *vitriol de Chypre* ou *de Hongrie*, eft le feul qui ne faffe point d'encre, parceque c'eft le feul dont la bafe foit de cuivre, au-lieu que dans les autres c'eft du fer qui l'eft.

Si, après que l'encre eft faite, on y jette quelques gouttes d'efprit de vitriol, la couleur noire difparoît, parceque le fer fe réunit au nouvel acide, & redevient vitriol; par la même raifon les acides effacent les taches d'encre. C'eft avec les végétaux tels que le fumac, les rofes, les glands &c. que fe fait l'encre commune *Encycl.*

Il y a de l'encre double, & de l'encre commune, qui ne diffèrent l'une de l'autre que par le plus ou le moins de drogues que l'on y fait entrer.

L'encre luifante n'eft autre chofe que de l'encre double dans laquelle on a fait fondre une petite portion de fucre candi, pour lui donner cet œil brillant & vif qu'on lui remarque fur le papier.

Voici encore quatre manières très-fimples & très-promptes
pour

pour faire différentes fortes d'encres , & à très - bon marché.

1°. L'encre ordinaire fe peut faire ainfi : Prenez 30 onces de vin blanc , du meilleur & du plus fort ; 6 onces de noix de galle , petites & noires, ridées ou épineufes ; concaffez-les, & ne les pilez point ; mettez le tout dans une bouteille, qu'elle ne foit pleine qu'aux 2 tiers, bouchez-la bien avec une veffie de porc , & mettez-la infufer dans un lieu chaud en hyver , & en été au foleil , pendant 12 à 15 jours ; ayez foin de remuer le vafe qui la contient 4 ou 5 fois par jour, excepté le dernier, auquel il faut tranfvafer le clair de la bouteille au travers d'un linge dans une autre bouteille , prenant garde de ne pas mêler le marc avec le clair. Dans la liqueur qu'on aura coulée , on ajoutera deux onces du meilleur vitriol romain, après l'avoir réduit en poudre fubtile : on y ajoutera encore deux onces de gomme arabique bien nette , dure & caffante; mais avant que de jetter cette gomme dans la liqueur , il faut l'avoir fait diffoudre dans une quantité fuffifante de vin blanc , enforte qu'elle foit claire comme de la térébenthine de Venife , parcequ'étant ainfi diffoute , elle s'incorporera mieux avec la liqueur. Cette opération bien faite donnera, au bout d'une quinzaine de jours, l'encre la plus fine que l'on puiffe compofer , qui ne fe moifira point pendant les chaleurs, & qui ne s'epaiffira point.

2°. Pour faire de l'encre fur le champ , prenez deux bouteilles de bon vin blanc , jettez-y fix onces de noix de galle concaffées , faites-les bouillir & réduire à la moitié ; à mefure que cela bout , il faut écumer. Cela fait, ajoutez deux onces de vitriol épuré , & une once de gomme arabique bien nette: après quoi coulez le tout au travers d'un linge , & votre encre fera faite.

3°. Si l'on veut faire de l'encre portative , il faut prendre des parties égales de noix de galle & de vitriol, les réduire en poudre avec un peu de gomme arabique & un peu de fandarac. Faites du tout une poudre, couvrez-en le papier fur lequel vous voulez écrire , frottez-le avec le doigt , écrivez avec de l'eau , & l'écriture paroîtra ; ce qui eft très-commode en voyage.

4°. Voici encore la manière de faire une poudre pour compofer de l'encre quand on veut. Prenez 10 onces de noix de galle , trois onces de vitriol romain , deux onces d'alun de roche , deux onces de gomme arabique. Mettez le tout en poudre fubtilifée ; & quand vous voudrez de l'encre , vous en mettrez dans une taffe ou un verre plein de vin blanc , jufqu'à ce que la liqueur foit fuffifamment teinte.

Enfin , pour empêcher que l'encre ne gêle en hyver, mettez-y de l'eau-de-vie ; & dans toutes les encres , il faut mettre un morceau de fucre candi.

Encre noire à l'usage de l'imprimerie. Celle dont on se sert pour l'impression des livres, est un mêlange d'huile & de noir ; on convertit cette huile en vernis par la cuisson : le noir se tire de la poix-résine ; on retient artistement toutes les parties qu'exhale la fumée de cette sorte de poix, quand on vient à la brûler dans une bâtisse faite exprès, nommée dans la profession *sac à noir.*

Le vaisseau dans lequel l'on veut faire le vernis d'imprimerie, peut être de fer, de fonte ou de cuivre ; s'il est de ce dernier métal, il est fait assez ordinairement en forme de *poire*, & on le nomme ainsi : les autres sont tout simplement de la figure ou forme d'une chaudière ordinaire.

Si, comme je le suppose, on veut faire cent livres de vernis, réduction faite ; mettez dans votre poire ou chaudière, cent dix à cent douze livres d'huile de noix ; observez que cette quantité, ou que celle que peut contenir votre vaisseau, ne le remplisse qu'aux deux tiers au plus, afin de donner de l'aisance à l'huile, qui s'élève à mesure qu'elle s'échauffe.

Votre vaisseau étant en cet état, bouchez-le très-exactement, & le portez sur un feu clair, que vous entretiendrez l'espace de deux heures. Ce premier tems donné à la cuisson, si l'huile est enflammée, comme cela doit arriver, en ôtant votre poire de dessus le feu, chargez le couvercle de plusieurs morceaux de vieux linge, ou étoffe imbibée d'eau. Laissez brûler quelque tems votre huile, à laquelle il faut procurer ce dégré de chaleur, quand elle ne le prend pas par elle-même, mais avec ménagement & à différentes fois. Ce feu ralenti, découvrez votre vaisseau avec précaution, & remuez beaucoup votre huile avec la cuiller de fer : ce remuage ne peut être trop répété ; c'est de lui d'où dépend, en très-grande partie, la bonne cuisson. Ces choses faites, remettez votre vaisseau sur un feu moins vif ; & dès l'instant que votre huile reprendra chaleur, jettez dans cette quantité d'huile, une livre pesant de croutes de pain sèches & une douzaine d'oignons : ces choses accelèrent le dégraissement de l'huile ; puis recouvrez votre vaisseau, & le laissez bouillir, à très-petit feu, trois heures consécutives, ou environ : dans cet espace de tems, votre huile doit parvenir à un dégré parfait de cuisson. Pour le connoître & vous en assurer, vous trempez la cuiller de fer dans votre huile, & vous faites égoutter la quantité que vous avez puisée sur une ardoise ou une tuile : si cette huile refroidie est gluante, & file à peu-près comme seroit une foible glu, c'est une preuve évidente qu'elle est à son point, & dès-lors elle change son nom d'*huile* en celui de vernis.

Le vernis ainsi fait, doit être transvasé dans les vaisseaux destinés à le conserver ; mais avant qu'il perde sa chaleur, il faut le paſſer, à pluſieurs repriſes, dans un linge de bonne qualité, ou dans une chauſſe faite exprès, afin qu'il ſoit net, au point d'être parfaitement clarifié.

L'on doit avoir deux ſortes de vernis : l'un foible, pour le tems froid; l'autre plus fort, pour le tems chaud. Cette précaution eſt d'autant plus indiſpenſable, que ſouvent on ſe trouve obligé de modifier ou d'accroître la qualité de l'un par celle de l'autre.

On peut faire le vernis foible au même feu que le vernis fort, mais dans un vaiſſeau ſéparé : on peut auſſi employer, & c'eſt mon avis, pour ce vernis, l'huile de lin, parcequ'à la cuiſſon, elle prend une couleur moins brune & moins chargée que celle de noix, ce qui la rend plus propre à l'encre rouge, dont nous allons parler.

Le vernis foible, pour ſa perfection, exige les mêmes ſoins & précautions que le vernis plus fait : toute la différence conſiſte à ne lui donner qu'un moindre dégré de feu, mais ménagé de telle ſorte néanmoins, qu'en lui faiſant acquerir proportionellement les bonnes qualités du vernis fort, il ſoit moins cuit, moins épais, & moins gluant que le fort.

Si l'on veut faire ce demi-vernis de la même huile de noix dont on ſe ſert pour le vernis fort, ce qui n'eſt qu'un petit inconvénient, lorſqu'il s'agit de l'employer pour faire l'encre rouge, ou s'épargner la peine de le faire ſéparément & de différente huile ; il eſt tout ſimple de ſaiſir l'occaſion de la première cuiſſon de l'autre, à l'inſtant qu'on lui reconnoîtra les qualités requiſes, & d'en tirer la quantité deſirée, & même de celle qui eſt ſur le feu.

Les huiles de lin & de noix ſont les ſeules propres à faire le bon vernis d'imprimerie ; celle de noix mérite la préférence à tous égards : quant aux autres ſortes, elles ne valent rien, parcequ'on ne peut les dégraiſſer parfaitement, & qu'elles font maculer l'impreſſion, en quelque tems qu'on la batte, ou qu'elle jaunit à meſure qu'elle vieillit.

La térébenthine, ainſi que la litharge, dont quelques-uns uſent, & font un ſecret précieux, ont le défaut de s'attacher ſi fort au caractère, qu'il eſt preſqu'impoſſible de bien laver les formes, quelque chaude que ſoit la leſſive ; d'ailleurs elles ſèchent & durciſſent ſi promptement, qu'outre qu'elles nuiſent à la diſtribution des lettres, tant elles ſont collées les unes contre les autres, elles en rempliſſent encore l'œil, au point qu'il n'y a plus d'eſpérance de le vuider; ce qui met un caractère qui a peu ſervi, dans l'état fâcheux d'être remis à la fonte.

Dans le cas où par défaut de précaution l'on emploieroit pour faire du vernis, de l'huile très-nouvellement faite, la térébenthi-

ne eſt d'un uſage forcé, parcequ'alors il eſt inévitable que l'impreſſion ne macule pas; dans cette conjonĉture, on peut mettre
la dixième partie de térébenthine, que l'on fera cuire ſéparément
dans le même tems, en lieu pareil que le vernis & avec les mêmes précautions. On la fera bouillir deux heures environ : pour
reconnoître ſon dégré de cuiſſon, on y trempe un morceau de
papier; & s'il ſe briſe net comme la pouſſière, ſans qu'il reſte rien
d'attaché ſur ce papier en le frottant ſitôt qu'il ſera ſec, la térébenthine eſt aſſez cuite. Votre vernis hors de deſſus le feu, vous
verſez dans le même vaiſſeau cette térébenthine, en remuant beaucoup avec votre cuiller de fer; enſuite on remet le tout ſur le
feu l'eſpace d'une demi-heure au plus, ſans ceſſer de remuer, afin
que le vernis ſe mélange avec la térébenthine. Le moyen de ſe
diſpenſer de l'uſage de la térébenthine & de la litharge, & de ſe
garantir des inconvéniens qu'elles produiſent, c'eſt de n'employer
que de l'huile très-vieille. *Encycl.*

L'épaiſſeur ou la force de l'encre doit être proportionnée à la
qualité du papier que l'on veut imprimer; car à du papier fort,
il faut de l'encre forte; & à du papier foible, il en faut de la foible. Le fort ou le foible de l'encre vient du plus ou du moins de
noir, ou de ce que le vernis a été plus ou moins cuit; car plus
le vernis eſt cuit, & plus il eſt épais. On met le vernis dans des
pots de grès pour le mieux conſerver, & s'en ſervir à meſure
qu'on en a beſoin.

L'encre à imprimer eſt admirable pour poncer ou marquer les
toiles, les baſins, les futaines, & autres ſemblables marchandiſes
qu'on envoie dans les blanchiſſeries, ſoit pour y être blanchies,
ſoit pour y être dégorgées, afin de les pouvoir plus facilement
reconnoître au retour de ces apprêts; car pluſieurs leſſives ne
ſont pas capables de faire diſparoître les marques faites avec cette
eſpèce d'encre.

Le ſac à noir eſt conſtruit de quatre petits ſolivaux de trois ou
quatre pouces d'équarriſſage & de ſept à huit pieds de hauteur,
ſoutenus de chaque côté par deux traverſes; ſes dimenſions en
tout ſens dépendent de la volonté de celui qui le fait conſtruire;
le deſſus eſt un plancher bien joint & bien fermé; le fond ou
rez-de-chauſſée, pour plus grande ſûreté & propreté, doit être
ou pavé ou carrelé : vous réſervez à cette eſpèce de petite chambre une porte baſſe pour entrer & ſortir; vous tapiſſez tout le
dedans de cette chambre d'une toile bonne, neuve, & ſerrée, le
plus tendue qu'il eſt poſſible, avec des clous mis à diſtance de
deux pouces les uns des autres : cela fait, vous colez ſur toute
votre toile du papier très-fort, & vous avez attention de calfeu-
trer les jours que vous appercevrez, afin que la fumée ne puiſſe

fortir d'aucun endroit. Un fac à noir, ainfi tapiffé, eft fuffifant, mais il eft de plus de durée, & il bouche beaucoup plus exactement, quand il eft garni avec des peaux de mouton bien tendues.

C'eft dans ce fac que fe brûle la poix-réfine dont on veut tirer le noir de fumée : pour y parvenir, on prépare une quantité de poix-réfine, en la laiffant bouillir & fondre dans un ou plufieurs pots, fuivant la quantité ; avant qu'elle foit refroidie, on y pique plufieurs cornets de papier ou des mèches foufrées, on pofe les pots avec ordre au milieu du fac ; enfin on met le feu à ces mèches, & on ferme exactement la petite porte en fe retirant.

La poix-réfine confommée, la fumée fera attachée à toutes les parties intérieures du fac à noir : & quand ce fac fera refroidi, vous irez couvrir les pots, & refermer la porte ; puis frappant avec des baguettes fur toutes les faces extérieures, vous ferez tomber tout le noir de fumée, alors vous le ramaffez, & vous le mettez dans un vaiffeau de terre ou autre. Comme il arrive qu'en le ramaffant avec un balai, il s'y mêle quelques ordures, vous avez la précaution de mettre au fond du vaiffeau une quantité d'eau, & quand elles font précipitées, vous relevez votre noir avec une écumoire, ou au moyen de quelqu'autre précaution, pour le mettre dans un vaiffeau propre à le conferver. Ce noir de fumée eft, fans contredit, le meilleur que l'on puiffe employer pour l'encre d'imprimerie : il en entre deux onces & demie fur chaque livre de vernis ; je fuppofe la livre de feize onces : cependant c'eft à l'œil à déterminer par la teinte de l'encre la quantité de noir.

Pour bien amalgamer le noir de fumée avec le vernis, il fuffit d'être très-attentif, en les mêlant enfemble, de les mêler à différentes reprifes, & de les remuer à chaque fois beaucoup, & de façon que le tout forme une bouillie épaiffe, qui produife une grande quantité de fils, quand on la divife par parties.

Il eft d'ufage dans quelques imprimeries de ne mêler le noir de fumée dans le vernis que fur l'encrier : le coup d'œil décide également de la quantité des deux chofes. Je ne vois à la compofition de cette encre aucun inconvénient, fi ce n'eft celui de craindre que l'on ne broie pas affez ce mêlange, parce que cela demande du tems ; ou que l'encre ainfi faite par différentes mains, ne foit pas d'une teinte égale dans la même imprimerie : d'où j'infère qu'il vaut mieux avoir fon encre également préparée, fans fe fier trop aux compagnons.

Encre rouge: on fe fert de cette encre affez fréquemment, & prefqu'indifpenfablement dans l'impreffion des bréviaires, des diurnaux & autres livres d'églife ; quelquefois pour les affiches des livres, & par élégance, aux premières pages.

H h 3

Pour l'encre rouge, le vernis moyen eſt le meilleur que l'on puiſſe employer; il doit être fait d'huile de lin en force & nouvelle, parcequ'elle ne noircit pas en cuiſant, comme celle de noix, & que ce vernis ne peut être trop clair. On ſupplée au noir de fumée le cinabre ou vermillon bien ſec & broyé le plus fin qu'il eſt poſſible Vous mettez dans un encrier, réſervé à ce ſeul uſage, une petite quantité de ce vernis, ſur lequel vous jettez une partie de vermillon; vous remuez & écraſez le tout avec le broyon; vous relevez avec la palette de l'encrier; vous répétez cette manœuvre à pluſieurs repriſes, juſqu'à ce que vous ayez employé par ſuppoſition une livre de vernis & une demi-livre de vermillon. Pluſieurs perſonnes mêlent dans cette première compoſition trois ou quatre cuillerées ordinaires d'eſprit-de-vin ou d'eau-de-vie, dans laquelle on a fait diſſoudre vingt-quatre heures avant, un morceau de colle de poiſſon de la groſſeur d'une noix. J'ai reconnu par expérience que ce mêlange ne rempliſſant pas toutes les vûes que l'on ſe propoſoit, il étoit plus certain d'ajouter pour la quantité donnée d'encre rouge, un gros & demi de carmin le plus beau; il rectifie la couleur du vermillon, qui ſouvent n'eſt pas auſſi parfaite qu'on la ſouhaiteroit; il ajoute à ſon éclat, & l'empêche de ternir : cela eſt plus diſpendieux, je l'avoue, mais plus ſatisfaiſant. Quand donc vous aurez ajouté ces choſes, vous recommencerez à broyer votre encre de façon qu'elle ne ſoit ni trop forte, ni trop foible, l'encre rouge forte étant très-ſujette à empâter l'œil de la lettre. Si vous ne conſommez pas, comme cela arrive, tout ce que vous avez fait d'encre rouge, pour la conſerver, relevez votre encrier par le bord, & rempliſſez-le d'eau que vous entretiendrez, afin que le vermillon ne ſèche pas, & ne ſe mette pas en petites écailles ſur la ſurface du vernis, dont il ſe ſépare par l'effet du hâle & de la ſechereſſe.

Quoiqu'on n'emploie ordinairement que les deux ſortes d'encre dont nous venons de parler, on peut probablement en faire de différentes couleurs, en ſubſtituant au noir de fumée & au vermillon les ingrédiens néceſſaires, & qui produiſent différentes couleurs. On pourroit, par exemple, faire de l'encre verte avec le verd-de-gris calciné & préparé; de la bleue, avec du bleu de Pruſſe auſſi préparé; de la jaune, avec de l'orpin; de la violette, avec de la laque fine calcinée & préparée, en broyant bien ces couleurs avec du vernis pareil à celui de notre encre rouge La préparation du verd-de-gris, du bleu de Pruſſe, & de la laque fine, conſiſte à y mêler du blanc de céruſe pour les rendre plus claires; ſans cela, ces couleurs rendroient l'encre trop foncée. *Cet article eſt de* M. le Breton. *Encycl.*

Encre de la Chine ; c'eft une efpèce de noir de fumée, réduit en petites tablettes, ordinairement quarrées, un peu plus longues que larges, de 2 ou 3 lignes d'épaiffeur, dont les Chinois fe fervent pour écrire, aprés l'avoir détrempée avec de l'eau, & que l'on emploie en France & ailleurs pour deffiner, ou pour lever des plans, des deffins, &c.

Les noirs de fumée dont les Chinois font leur encre, font de plufieurs fortes, fuivant qu'il plait aux ouvriers ; mais la meilleure fe fait avec le noir de fumée de graiffe de cochon, brûlée à la lampe, auquel on mêle un peu d'huile, pour rendre l'encre plus douce, & quelques odeurs agréables, pour empêcher la mauvaife fenteur de la graiffe.

Quand ce noir eft mis en confiftance de pâte, on le dreffe dans des moules de bois de la forme qu'on vient de dire, mais gravés avec tant d'art, que les plus habiles Européens ne pourroient mieux faire, même fur le métal. Les figures les plus ordinaires dont ils embelliffent leurs petites tablettes d'encre, font des dragons, des fleurs, des oifeaux, & quelques caractères de leur écriture ; quelquefois ils y ajoutent un peu de dorure. Cette encre nouvellement faite eft très-pefante ; mais en féchant, elle diminue au moins de moitié;

On la contrefait en France, & il en vient auffi quantité de Hollande, que les Hollandois fabriquent eux-mêmes. Outre qu'on peut reconnoitre la véritable encre de la Chine d'avec celle qui ne l'eft pas, par la forme des tablettes & par les figures imprimées, on la diftingue encore mieux par la couleur & l'odeur ; la véritable étant très-noire, & d'une odeur agréable ; & l'autre feulement grifâtre, & d'une odeur plus mauvaife que bonne. Ces différences fuffifent pour en faire facilement le difcernement. Ainfi l'on voit bien qu'il faut choifir cette encre vraie de la Chine, c'eft-à-dire, très noire, d'une odeur agréable, & en tablettes prefque quarrées, & peu épaiffes.

Compofition de l'encre de la Chine, fuivant le *Journal Écon, Juillet* 1752, *p.* 85.

Quoique plufieurs perfonnes en Europe fe mêlent de contrefaire l'encre de la Chine, aucune cependant n'en approche, parceque l'on ne connoît ni la matière dont fe fervent les Chinois, ni la façon dont ils la préparent. J'ai appris l'un & l'autre d'un Indien Portugais qui, ayant demeuré très-long-tems à Bengale, à fait plufieurs fois le voyage de la Chine, & je l'ai exécuté avec fuccès. C'eft pourquoi je ne crains point d'en donner au public la recette, comme la feule véritable pour compofer cette belle encre.   H h 4

On prend des noyaux d'abricots dont on ôte les amandes ; on enveloppe bien exactement les coques dans deux feuilles de chou l'une fur l'autre, & on lie le paquet en plufieurs fens avec du fil de fer ou de laiton. Cela fait, fi l'on a un four chauffé au point de faire cuire du pain, on y met ce paquet, avant que le pain foit enfourné, ou fi cette commodité manque, on le met dans l'âtre de la cheminée, lorfqu'il eft déja échauffé ; on le couvre de cendres, & on refait fon feu par deffus ; car le but auquel on tend, & où il faut arriver, eft de réduire les coques d'abricots en charbon bien confumé, fans brûler ni jetter flamme. Lorfque ce charbon eft fait, on le laiffe refroidir dans fes enveloppes, que l'on ôte enfuite pour le piler dans un mortier couvert d'une peau, & le réduire en poudre impalpable, que l'on paffe encore dans un tamis très-fin.

Pendant que ces chofes s'exécutent, on fait fondre dans l'eau de la gomme arabique en affez grande quantité, pour que l'eau foit un peu épaiffe. On a en même tems un marbre poli, fur lequel on met un peu de poudre noire avec quelques gouttes d'eau gommée, & de l'un & de l'autre on fait avec la mollette une pâte de la même façon que l'on broie & prépare les couleurs. Il faut enfuite mettre cette pâte dans de petits moules faits de cartes & frottées de cire blanche, de peur qu'elle ne s'y attache, & la laiffer fécher ; alors l'encre eft faite, & l'on peut s'en fervir.

L'odeur mufquée que répand l'encre de la Chine, vient de ce que les Chinois mettent un peu de mufc dans l'eau, avant d'y faire fondre la gomme. On peut donc encore les imiter en cela, & fi on n'a point de mufc, le remplacer par une crotte de fouine enveloppée dans un linge fin, où par un peu d'écorce de calebaffe verte, qui produifent le même effet, mais qui ne donnent aucune autre qualité à l'encre, non plus que le mufc, dont tout le monde ne s'accommode pas.

Comme la pureté des matières contribue beaucoup à la beauté des compofitions, ceux qui voudront faire l'expérience de celle-ci, auront foin de prendre de l'eau très-claire, fans particules vafeufes ni pierreufes, en un mot, telles que la donnent les fontaines domeftiques, & la gomme la plus blanche & la plus nette fera la meilleure.

Les différentes empreintes que l'on voit fur les bâtons d'encre de la Chine, font les marques particulières de ceux qui la font, comme dans tous les pays, les marchands & les ouvriers en ont pour diftinguer ce qui fort de leurs mains. Les Chinois forment ces caractères avec des empreintes ou moules de cuivre.

S'il y a du choix dans l'encre que l'on fait à la Chine même, on doit s'attendre qu'il y en aura de même dans celle que l'on fera

ici. Plus on manie une même matière, plus on la reconnoît
diverfifiée ; plus on la travaille, plus on découvre de près
un certain point de manipulation qu'il eſt difficile de faifir, & plus
difficile encore de faifir toujours avec la même juſteſſe. Ainſi la
texture & les qualités différentes des noyaux d'abricots, le dégré de leur réduction en charbon, la fineſſe de la poudre qui en
réfulte, le broyage fur le marbre, la pureté de l'eau, la beauté &
la quantité de la gomme doivent occaſionner de grandes différences dans les encres que l'on compofera ; c'eſt à ceux qui exé-
cuteront cette recette, à bien prendre leurs mefures, pour réuſ-
fir dans un ouvrage, qui demande plus d'attention que de dépenfe.

Le même fecrêt a été publié par un pilote Anglois, arrivé de
la Chine à Gottembourg, fuivant le *Nouv. Econ. Avr.* 1757,
tom. 18. p. 136. Nous le donnons encore ici, parcequ'il y a quelque différence, dont les arriftes pourront profiter pour compofer la véritable encre de la Chine.

On commence, dit-il, par préparer une certaine quan-
tité d'eau, qu'on filtre juſqu'à ce qu'elle foit parfaitement claire ;
on y fait diffoudre un peu de gomme & de mufc [ce dernier
en moindre dofe]. Pendant que l'eau eſt à infufer, on ouvre
des noyaux d'abricots bien fecs ; on en tire l'amande, & après
l'avoir fendue, on la remet dans chaque noyau. On roule enfuite ces noyaux dans des feuilles de chou, qu'on affujettit avec
du fil de fer ; puis on les met au four pendant vingt-quatre heures.
Après qu'on les a laiſſés réfroidir, on les pile dans un mortier
couvert de peau, & on les réduit en poudre très-fine. Cette
poudre fe broie avec l'eau qu'on a preparée fur une table de marbre poli, à peu près de la même façon qu'on broie les couleurs.
Quand la poudre a pris une certaine confiftance, on la met
dans des moules de cuivre, qu'on a frottés auparavant avec de
la cire blanche, pour éviter la mauvaife odeur, & après avoir
mis au fond le nom du fabriquant, qui eſt quelquefois couvert d'une
petite feuille d'or blanche, bleue, ou rouge.

Manière de préparer le noir de cheminée, enforte qu'on puiſſe s'en fer-
vir en guife d'encre de la Chine.

Quoique nous ayons donné ci-deſſus la compofition de l'encre de la Chine, nous penfons toutefois qu'il n'eſt pas hors de
propos d'enfeigner à la contrefaire, non feulement parceque
les abricots, dont les noyaux en font la principale matière, tout
communs qu'ils font, ne fe trouvent point en tous lieux, &

que leur faifon eft de courte durée, mais encore parceque l'ouvrage demande moins de foins & d'attention.

Il s'agit feulement ici d'avoir du noir, que l'on nomme indifféremment de four ou de cheminée, matière auffi commune que
de peu de valeur. Ce noir, à la vérité, eft gras, & ne peut être employé, même à l'huile, qu'avec défagrément; mais pour lui
ôter cette mauvaife qualité, il fuffit de le faire calciner dans un
creufet ou dans un pot de terre non verniffé. Lorfque le feu commencera à le pénétrer, on le verra rougir, jetter des étincelles,
& pouffer de la fumée. Cette fumée eft fa graiffe, qui s'évapore
ainfi; quand on n'en verra plus fortir du pot, on pourra s'affurer
que le noir eft fuffifamment dépouillé de fon onctuofité : on retirera le pot du feu, & on le laiffera réfroidir.

On doit s'attendre que la calcination diminuera la quantité
de matière. Quelques-uns confeillent, pour éviter cette perte,
de mettre un couvercle au pot ou creufet, & de le lutter avec un
bon lut qui réfifte au feu. Une femblable opération n'eft qu'une
bagatelle dans un laboratoire, même médiocrement monté; mais
elle devient une affaire très-férieufe & tres-embarraffante pour des
perfonnes qui font fans laboratoire, qui n'en ont jamais vu, &
qui n'ont aucune teinture de chymie, comme font la plupart de
ceux pour qui nous écrivons. D'ailleurs, il eft douteux que la
dépenfe du lut ne monte pas auffi haut que celle du noir qui fe
perd; ainfi la méthode la plus fimple eft la meilleure à fuivre,
puifque par elle le noir eft également bien calciné. Nous pour-
rons, en paffant, affurer les peintres que ce noir leur donnera
une couleur agréable & très-légère.

Lorfque la matière eft réfroidie, on la jette fur un marbre,
& avec la mollette on la broye en y verfant de tems à autre un
peu d'eau, dans laquelle on a fait fondre de la gomme la plus
belle, & qui en eft un peu épaiffe. Ainfi on fait une pâte à laquelle
on donne une jufte confiftance, pour lui donner enfuite telle forme que l'on juge à propos, & on la laiffe fécher.

Nous avons en main un mémoire qui porte que, pour rendre cette compofition plus belle, on peut y mêler fur le marbre une once d'indigo & un peu de fiel de bœuf. Nous ne dou-
tons point que le fiel de bœuf ne contribue à attacher plus fortement l'encre au papier, & à la rendre plus coulante; l'ufage
qu'en font les enlumineurs, en eft une bonne preuve; mais nous
n'ofons approuver le mêlange de l'indigo, parcequ'il ne nous
paroit pas que ces deux couleurs puiffent s'accorder.

L'indigo eft d'un bleu foncé; on s'en fert utilement pour laver ce qui eft de fer ou d'ardoife, & le bleu qui fe trouve dans
le noir de four calciné, eft tendre & approche affez du clair

pour remplacer le bleu de Pruffe fur la palette d'un peintre dans un cas de néceffité. Ces deux bleus ne font donc point propres à faire une compofition agréable.

D'ailleurs l'indigo, quelque bien broyé qu'il foit, a toujours une peine infinie à fe diffoudre, & il eft toujours très-difficile de l'employer uniment, parceque n'étant jamais parfaitement diffous, il en nage toujours dans l'eau quelques particules qui s'attachent au pinceau que l'on y trempe, & font enfuite portées fur le papier, où elles s'arrêtent : le deffinateur, à la vérité, les enlève ; mais il en refte une tâche, qu'il ne peut effacer qu'en la noyant pour la fondre, & rendre fa teinte égale, ce qui fouvent ne fe peut exécuter, fans donner au lavis un œil baveux, & par conféquent très-défagréable.

Quel effet peut-on donc attendre de l'indigo mêlé avec le noir calciné ? Quelque répandu & difperfé qu'il foit dans la livre de noir, il ne s'incorporera jamais avec lui, & par fa dureté en reftera toujours effentiellement & formellement féparé ; de forte que quand l'on délaiera le bâton d'encre pour l'employer, il fe retrouvera fous le pinceau, & produira toujours le mauvais effet que nous venons de lui reprocher. Nous nous étendons fur cet article, afin de prévenir ceux qui, voulant effayer cette compofition, croiroient lui donner un dégré de perfection, & s'expoferoient à perdre leur tems & leurs peines par l'addition de cette matière.

Les uns prétendent que la véritable encre de la Chine eft purement noire ; les autres affurent que fon noir doit être rouffâtre. L'éloignement où nous fommes de cet empire, ne nous permet pas de décider entre ces deux opinions. Dans cette incertitude, nous ferons d'avis que lorfqu'on voudra la contrefaire, on s'en tienne à la compofition fimple que nous donnons : fi l'on veut y faire quelque mêlange, que ce ne foit qu'après coup ; c'eft-à-dire, lorfque l'encre eft délayée pour deffiner. Nous avons vu des deffinateurs y mettre avec fuccès une pointe de carmin pour laver les chairs ; on peut effayer pareillement de quelqu'autre couleur pour d'autres objets ; mais on doit obferver fcrupuleufement, fous peine de perdre fa teinte, de ne faire ufage que de couleurs tranfparentes. Tout jaune fera une couleur fale ; le biftre peut réuffir ; fa rouffeur plait naturellement à l'œil, & il fait un très-bon effet dans les deffins au crayon noir ; ce qui nous porte à croire qu'il s'allieroit avantageufement avec l'encre de la Chine véritable ou contrefaite. Extrait du *Journal Écon.* 1752, Novembre, pag. 83 à 88.

ENLUMINER, c'eft l'art de mettre des couleurs à la gomme

avec le pinceau, fur les eftampes & les papiers de tapifferie ; & par conféquent l'enlumineur & l'enlumineufe eft celui & celle qui y travaillent : ces ouvriers & ouvrières y appliquent auffi quelquefois de l'or & de l'argent moulus ; c'eft ce qu'ils appellent *rehauffer*, & ils les bruniffent avec la dent de loup. *Article de* M. Papillon. *Encycl.*

ENSOUFRER, c'eft expofer les laines au foufre. L'endroit où on les expofe, s'appelle *l'enfoufroir.* Cette préparation fe donne à tous les ouvrages en laine blanche. Pour cet effet, on prend une terrine bien verniffée ; on en couvre le fond de cendre ; on forme fur ces cendres un petit bûcher de bâtons de foufre. On prend les ouvrages au fortir de la fouloire pour les bonnetiers, les couverturiers, les drapiers &c., en un mot, pour tous les ouvriers en laine. On paffe dans un des bouts un petit bout de fil en boucle ; on paffe la boucle dans des cordes tendues, auxquelles les ouvrages reftent fufpendus. On met le feu au foufre : la vapeur du foufre leur donne une blancheur éclatante, & les rend plus faciles à peigner. Mais il faut bien obferver que la terrine foit de terre verniffée, & non pas de fer : le foufre détache, felon toute apparence, des particules qui empêchent le blanchiment ; car il eft d'expérience que cet effet en produit. *Encycl.*

On enfoufre auffi les foies, pour les faire blanchir, en les expofant à l'air dans des lieux bien clos, où l'on fait brûler du foufre. On enfoufre les futailles deftinées à mettre les vins qu'on veut qui fe confervent, en les tranfportant en des lieux éloignés, ou en leur faifant paffer la mer ; ce qui fe fait par le moyen d'un petit morceau de toile enduite de foufre, mêlé de coriandre, de girofle, de cannelle & d'autres drogues femblables, réduites en poudre, qu'on fait brûler dans les tonneaux.

ENTOILAGE. On donne en général ce nom dans tous les ajuftemens en linge, en dentelles &c., à tout ce qui fert de foutien ou de monture à quelqu'autre partie de l'ajuftement d'un travail plus fin, plus délicat & plus précieux. L'entoilage a lieu dans les tours de gorge, les garnitures, les manchettes &c. C'eft ou de la mouffeline qui foutient de la dentelle, ou une dentelle moins belle qui en foutient une plus belle &c. *Encycl.*

ENVERSIN, petite étoffe de laine, qui fe fabrique à Châlons fur Marne. Par le réglement de 1672, les Enverfins doivent avoir 2 aunes de Châlons de largeur fur le métier, pour être réduits, au fortir du foulon, à 3 quarts d'aune de Paris. On nomme *Enverfin* les cordillats de Creft. Voyez *Cordillats.*

EPICERIES. Ce mot signifie en général toutes sortes de drogues, dont les marchands épiciers font négoce, particuliérement les aromatiques viennent d'Orient, comme *clou de girofle*, *cannelle*, *noix muscade*, *poivre*, *gingembre* &c.

Quelques-uns comprennent aussi, sous le titre d'épiceries, les drogues médicinales qui se tirent des pays Orientaux; telles sont la *casse*, le *séné*, &c; mais ces sortes de marchandises sont plus ordinairement appellées *drogueries*. Les épiceries & les drogues présentent, à la spéculation mercantile, une grande quantité d'opérations sur une infinité d'articles intéressans, dont la plupart trouvent une consommation assez rapide & fort étendue; tels que les *sucres*, les *savons*, les *caffés*, les *cires*, les *huiles* &c.

Les épiceries ne se trouvent pas en fort grande abondance à la Chine, & c'est la raison pour laquelle elles y sont plus chères qu'en Europe. Mais on en reçoit de la rhubarbe, du radix-china, ou squine, du radix galanga, du cardamome, du sago, du borax, beaucoup de thé &c, par les compagnies Hollandoises, Angloises, Danoises, Suédoises, & Françoises.

Les places importantes que les Hollandois possèdent dans les Indes Orientales, les rendent maîtres de presque tout le commerce des épiceries; & c'est de l'isle de Ceylan & des isles Molucques, qu'ils tirent tout le girofle, la cannelle, la muscade, & la plus grande partie du poivre, qu'ils apportent en Europe, & dont pour la plupart on ne peut se dispenser de passer par leurs mains pour ce commerce, qui les rend d'une richesse immense. Les compagnies Angloises & Danoises reçoivent aussi du poivre de Malabar. *Voyez tous les articles particuliers des épiceries & des drogues.*

Observation pour conserver les épiceries dans les magasins des comptoirs des Indes.

Rien n'est si contraire aux épiceries qu'une trop grande chaleur; & lorsqu'elles y sont exposées, elles deviennent tellement sèches, particuliérement le clou de girofle, qu'en peu de jours elles deviennent plus légères de 10 ou 12 pour cent.

Pour remédier à ce déchet, la compagnie Hollandoise à fait bâtir à Batavia un grand magasin dans un terroir humide au dedans des fortifications qui aboutissent à la mer. Il est à couvert du soleil par de grands arbres qui font un bel ombrage sur lui. Ce bâtiment avec cela, est suffisamment environné d'eau pour rendre le lieu frais & humide, aussi-bien que tout l'air qui l'environne. Outre cette disposition, les vents de mer, qui y sont très-fréquens, & humides, contribuent beaucoup à la conservation de la fraîcheur, & par conséquent à celle des épiceries dans ce magasin, où elles font mifes en bel ordre dans de grandes cellules faites de planches. On ne les conferve point emballées dans les magafins, comme quelques-uns l'ont dit. C'eft encore une fable toute pure, que quelques voyageurs ont publiée, qu'on envoie avec foin de tems en tems les balles à la mer, & fur-tout celles du girofle, afin de les y tremper pendant 24 heures, & qu'on renouvelle fouvent cette opération, jufqu'à ce que les vaiffeaux de la même compagnie, foient prêts d'en faire la charge : fans cette précaution, ajoute-t-on à cette fable, on ne trouveroit bientôt plus dans ces balles que de la pouffière. La compagnie n'a garde de faire pratiquer une telle manœuvre ; la qualité de leurs épiceries feroit bientôt altérée ou perdue. Cette pouffière eft purement imaginaire, à moins qu'on ne balotât fouvent ces épiceries dans des lieux fort chauds & bien fecs.

Il faut remarquer qu'on ne conferve dans ce magafin que les épiceries des ifles Molucques, qui font feulement le girofle & la mufcade. Pour la cannelle, on y en apporte peu, parceque c'eft à l'ifle de Ceylan, le feul endroit qui la produit, qu'on la charge directement pour l'Europe. Le magafin de la cannelle eft à Colombo, ville bien fortifiée, & la capitale de cette ifle. Il eft auffi placé à l'ombrage, mais avec moins de précaution que celui des autres épiceries à Batavia. J'en parle après les avoir vus & examinés dans ces deux endroits. M. Garcin.

On appelle *fines épices*, ou autrement *les quatre épices*, un mêlange de plufieurs aromates battus & pulvérifés, mêlés enfemble en certaine quantité & en certaine proportion.

Pomet, dans fon *Hiftoire des Drogues*, à l'article des *Poivres*, en a donné la règle fuivante.

Poivre noir de Hollande, . . .	5	liv.
Girofle fec, ...	1	& demie.
Mufcade, ...	1	& demie.
Gingembre fec & nouveau, choifi 12	1	quart.
Anis verd, ...	3	quarts.
Coriandre, ...	3	quarts.

Le tout pulvérifé à part, & paffé par un tamis de crin fin, qu'on garde dans une boîte bien bouchée.

Ces fines épices ne font employées que pour les ragoûts ; mais elles pourroient être, fi l'on vouloit, d'un grand ufage dans la médecine, d'autant que c'eft une poudre aromatique qui eft ftomachique, carminative, céphalique, expectorante, antiputride. On peut s'en fervir pour fortifier le cerveau, pour atténuer les humeurs vifqueufes, pour faire éternuer. James & Chambers. *Encycl.*

La plupart de ceux qui compofent les quatre épices, ne man-

quent guère de les fophiftiquer, employant la pouffe ou gra-
beau de poivre , aulieu du bon poivre ; à la place du girofle , le poivre de la Jamaïque , ou le chapelet ; & aulieu de la
mufcade , le caftus blanc ; mettant, à la vérité, du gingembre ,
à caufe de fon bas prix , mais ne fe fervant que du plus mauvais & du plus carié.

Epice blanche ou *petite épice.* C'eft le gingembre battu & réduit en poudre.

EPINE-VINETTE, arbriffeau épineux, qui croît naturellement eu Europe dans les bois & dans les pays plus froids que
chauds , & plutôt fur les montagnes que dans les vallées.

On fait quelqu'ufage en Bourgogne du fruit de cet arbriffeau, qui y eft fort commun; on en fait des confitures, qui
font en réputation. L'écorce de fes racines a la propriété de teindre en jaune ; on s'en fert auffi pour donner du luftre aux cuirs
corroyés. C'eft de l'épine-vinette commune dont on parle ici.
Voyez l'*Encyclopédie.*

L'épine-vinette de Candie a le bois jaune, ainfi que fa racine,
dont on peut faire la plus belle teinture. *Encycl.*

Epine-vinette , *berberis ;* il n'y a que les fruits de cet arbriffeau qui foient ufités en pharmacie : on en exprime le fuc dont
on fait le firop & le rob , pour s'en fervir dans différentes compofitions ; comme le fuc exprimé entre auffi dans plufieurs préparations , on en conferve fous l'huile. On trouve chez les con-
fiffeurs les grains d'épine-vinette confits avec le fucre, auffi-bien
que la gêlée des mêmes fruits.

Le fuc de berberis étoit un des menftrues que les chymiftes
employoient pour faire ce qu'ils appellent *teinture de corail*, *de
perle* &c. Voyez l'*Encycl.*

EPINGLE , (*Art Méch.*) petit inftrument de métal , droit &
pointu par un bout, qui fert d'attache amovible au linge & aux
étoffes, pour fixer les différens plis qu'on leur donne à la toi-
lette , à l'ouvrage & dans les emballages.

L'épingle eft de tous les ouvrages méchaniques le plus mince , le plus commun, le moins précieux, & cependant un de
ceux qui demandent peut-être le plus de combinaifons : d'où
il réfulte que l'art , ainfi que la nature , étale fes prodiges dans
les petits objets , & que l'induftrie eft auffi bornée dans les vues,
qu'admirable dans fes reffources ; car une épingle éprouve dix-
huit opérations , avant que d'entrer dans le commerce.

1°. On jaunit le fil de laiton : il arrive de Suède ou de Hambourg en bottes de 25 à 28 livres chacune , pliées en cercle

comme un collier, d'où on les appelle aussi *torques*, & toutes noires de la forge ; on les fait bouillir dans une chaudière d'eau avec de la gravelle ou de la lie de vin blanc, environ une livre par botte. Un ouvrier les passe à force de bras sur un billot de bois, avant de les faire bouillir : après une heure de feu, on les trempe dans un baquet d'eau fraiche, & on les rebat encore, observant de tremper & de battre alternativement. Ainsi, dérouillées & assouplies, l'ouvrier replie le fil de laiton ébauché autour de son bras ; d'où il passe au tirage, après avoir séché au feu ou au soleil. 2°. On tire le fil à la bobille. 3°. On dresse le fil. 4°. On coupe la dressée. 5°. On empointe. 6°. On repasse. 7°. On coupe les tronçons. 8°. On tourne les têtes. 9°. On coupe les têtes. 10°. On amollit les têtes. 11°. On frappe les têtes. 12°. On jaunit les épingles. On emploie à cet usage de la gravelle qu'on fait bouillir avec les épingles dans l'eau pendant un certain tems, jusqu'à ce que les têtes noircies au feu reprennent la couleur naturelle du laiton. 13°. *On blanchit les épingles.* L'étain dont on se sert en Angleterre, est du plus pur & très-bien calciné ; aussi les épingles y sont-elles très-blanches. Celles de Bordeaux ont encore un avantage sur celles-ci pour l'éclat & la durée de la blancheur, parce qu'on y mêle du tartre dans le blanchissage. 14°. On éteint les épingles. 15°. On sèche les épingles. 16°. On vanne les épingles, c'est-à-dire qu'on en sépare le son. 17°. On pique les papiers. Après qu'on les a pliés en plusieurs doubles, qui forment autant d'étages de 40 à 50 épingles chacun, jusqu'à la concurrence d'un demi-millier, on prend un poinçon ou peigne de fer à 20 ou 25 dents, d'où il tire le nom de *quarteron* ; & d'un seul coup de marteau qu'on frappe sur une élévation qui se trouve au dos du peigne, dans le centre, voilà la place faite à un quarteron d'épingles. Les demi-milliers sont divisés en deux colonnes, dont chacune contient 10 ou 12 rangs d'épingles. Outre ces papiers, il y en a dont on empaquete les demi-milliers par sixains ou dixains, qui contiennent 6 ou 10 milliers. Ces papiers sont marqués en rouge, à la marque de l'ouvrier qui fait les épingles, ou plutôt du marchand qui les fait faire, & les débite en gros. 18°. On boute les épingles. C'est les placer dans le papier. On les prend à poignées, on les range par douzaine à la fois : il le faut bien, pour bouter jusqu'à 36 milliers d'épingles par jour ; encore ne gagne-t-on, quand on y excelle, que trois sous : aussi cet ouvrage reste entre les mains des enfans, qui gagnent deux liards pour 6 milliers qu'ils en peuvent bouter dans un jour.

On distingue l'espèce & le prix des épingles par les numéros qui varient avec la longueur & la grosseur. Tel est l'ordre des numéros : 3, 4, 5, 6, 7, 8, 9, 10, 12, 14, 17, 18, 20, 22, 24;

26, 30, 36, celles qui font au deſſus, s'appellent *houſeaux*, eſpèce d'épingle jaune dont le millier ſe compte à la livre : il y a des milliers d'une livre, de deux & de trois. Le fil de laiton arrive de Suède en bottes de trois groſſeurs : celles de la première groſſeur ſervent à faire les houſeaux & les drapières; la drapière eſt une épingle groſſe & courte, que les drapiers emploient à emballer leurs étoffes, ou à les attacher en double : la ſeconde groſſeur s'emploie aux épingles moyennes, c'eſt-à-dire, depuis le n°. 20. juſqu'au n°. 10, & la troiſième groſſeur, depuis le n°. 10. juſqu'au n°. 3, qui eſt le camion ou la demoiſelle; & pour en venir à ce point de fineſſe, le fil n'a beſoin de paſſer que cinq à ſix fois par la filiere, tant il eſt duɔile.

Il y a des épingles de fer qui paſſent par les mêmes épreuves que celles de laiton, excepté qu'au lieu de les blanchir, on les teint quelquefois en noir, pour le deuil ou pour les cheveux; & qu'au lieu de les empointer, on en fait à double tête pour ce dernier uſage : mais les têtes ſont toujours de laiton. La façon même de les blanchir eſt particulière; on y emploie une poudre compoſée de ſel ammoniac, d'étain commun, & d'étain de glace ou de vif-argent, qu'on fait bouillir avec les épingles dans un pot de fer.

La perfection de l'épingle conſiſte dans la roideur, ou plutôt la dureté du laiton, dans la blancheur de l'étamage, dans la tournure des têtes & la fineſſe des pointes : il ſeroit à ſouhaiter que cette façon fut une des dernières; car la pointe s'émouſſe dans les épreuves par où paſſe l'épingle au ſortir de la meule : on pourroit du moins les tenir toujours dans des poches de cuir ou dans le ſon. *Encycl.*

Le commerce des épingles a toujours été très-grand en France; & quoiqu'il ne s'en fabrique préſentement que peu ou point à Paris, on ne peut imaginer combien eſt conſidérable le négoce que les marchands merciers de cette ville en font, & pour quelles ſommes ils en débitent, ſoit dans cette capitale même, ſoit par les envois qu'ils ont coutume d'en faire dans les provinces, & dans les pays étrangers.

On fabrique auſſi quantité de groſſes épingles de laiton de différentes longueurs; les unes à tête de même métal, les autres à tête d'émail. Elles ſervent pour faire des dentelles & guipures ſur l'oreiller.

Enfin, il y a des épingles à deux têtes, de pluſieurs numéros, dont les dames, en ſe coëffant de nuit, relevent les boucles de leurs cheveux. Elles ont été imaginées, afin que pendant le ſommeil, elle ne puiſſent en être ni piquées, ni égratignées.

Les principaux ouvriers de Reugle & de Laigle & des environs de ces deux villes de Normandie, débitent preſque toutes leurs épingles à Paris ; les y apportant eux-mêmes, ou les envoyant aux correfpondans qu'ils y ont, pour ne les vendre qu'en gros aux épingliers & merciers de cette ville, qui enfuite les vendent, comme on l'a dit, pour fabrique de Paris.

EPINGLES *des cartiers* ; ce font de petits fils-de-fer enfoncés dans un morceau de parchemin plié en quatre, dont ils fe fervent pour attacher à des cordes les feuilles de carton dont ils font les cartes, afin de les faire fécher à l'air. *Encycl.*

EPITHYME. C'eft une plante affez petite & filamenteufe, du nombre de celles que les Botaniftes appellent *parafites*, parcequ'elle eft d'une nature à ne pouvoir vivre que fur d'autres plantes, où elle s'entortille pour y mieux prendre fa nourriture.

Cette plante vient d'une femence fort menue, qui produit de longs filets, déliés comme des cheveux, qui périffent bientôt auffi-bien que leurs racines, fi elles ne trouvent quelque plante voifine, pour lui fervir tout enfemble de foutien & d'aliment. Ses fleurs blanchâtres tirant fur la couleur de chair, font femblables à de petits godets, & produifent une femence brune ou grifâtre. La coque qui vient après la fleur, n'eft compofée que de deux capfules, dans chacune defquelles il n'y a qu'une feule femence, auffi petite que celle de pavot.

Les marchands droguiftes vendent deux fortes d'épithyme, qui ne différent que dans la couleur, dans la grandeur, & dans la force, à caufe de la nature du pays qui les produit, étant cependant toujours la même efpèce ; l'épithyme de Candie & l'épithyme de Venife : le premier a de longs filamens de couleur brune ; le fecond en a de petits & frifés ; tous deux font d'une odeur aromatique ; mais celle de l'épithyme de Venife eft beaucoup plus forte.

Il y a en une troifième efpèce, que les herboriftes qui la vendent, nomment *épithyme de pays* ; mais elle n'a ni goût, ni odeur, ni vertu.

Cette plante doit fe choifir nouvelle, odorante, & point brifée : on la croit propre pour fortifier les parties, & pour empêcher les obftructions des vifcères &c.

EPONGE, efpèce de plante marine, qui femble approcher du champignon ou *Fungus* ; mais qui en diffère dans toute fa fubftance, laquelle n'eft point charnue comme celle des champignons. C'eft proprement un corps entièrement à poils ou lanugineux, prefque formé en tuf, celluleux & poreux, qu'on trouve attaché fur des rochers vers les bords de la mer. La plupart des anciens ont pris ce corps pour une espèce d'animal , parcequ'il leur sembloit avoir un peu de mouvement sur son lieu lorsqu'on le touchoit , & sur-tout celui de se retirer vers son principe, quand on l'en vouloit arracher. C'est la structure de ces poils & de ces cellules qui fait tout le jeu de cette plante, étant sur son pied , & aidée des mouvemens de l'eau de la mer. On pourroit regarder l'éponge , dans ce cas, comme une sensitive marine.

C'est une substance légère , molle & très-poreuse, qui s'imbibe d'une grande quantité d'eau à proportion de son volume. M. Peyssonel, médecin de Marseille , a découvert que l'éponge étoit formée par des insectes de mer , de même que beaucoup d'autres prétendues plantes marines. *Encycl.*

On a accoutumé de tout tems, tant dans les usages de l'éponge , que dans le commerce qu'on en fait , de la distinguer en deux sortes , sçavoir , en fine & en grossière.

La plupart des éponges viennent de la mer Méditerranée , & sur-tout du Levant. Les plus fines se pêchent dans les isles de l'Archipel , & en particulier aux environs de l'isle de Nicaria , au Sud-Ouest de Smyrne , entre celles de Samos & Tine. On apporte les plus grosses de la Barbarie , particuliérement de Tunis & d'Alger. On les reçoit en France ordinairement par la voie de Marseille. Les plus estimées sont celles de Constantinople.

Les plus fines sont blondes ou jaunâtres , légères , leurs pores petits & serrés. A l'égard des grosses, elles diffèrent en bonté , suivant la grandeur de leurs pores ; plus elles les ont grands , & plus elles s'éloignent de la bonté des fines & à petits trous. Les meilleures & les plus fines ont une teinte de gris cendré.

On fait différens usages des éponges en plusieurs arts. Les fines servent aux anatomistes dans les dissections ; aux chirurgiens pour la dilatation des fistules , & contre les hémorrhagies ; aux apothicaires pour composer des poudres ou des tablettes contre le goëtre , mais avec peu de succès. Les grosses servent beaucoup aux palfreniers pour panser les chevaux. Les Imprimeurs s'en servent pour mettre de l'eau sur leurs formes , lorsqu'ils veulent les décomposer.

On fait en pharmacie deux différentes préparations de l'éponge ; l'une est connue sous le nom *d'éponge brulée,* & l'autre sous celui *d'éponge préparée.*

On trouve dans les grosses éponges une sorte de pierre , qu'on nomme *cystolithres,* qu'on croit propre pour les vers des jeunes enfans , broyée & prise en poudre ; pour leur choix, il faut s'en fier à quelques marchands épiciers-droguistes de confcience , qui les aient tirées eux-mêmes des éponges.

Les éponges pyrotechniques , ou faciles à s'enflammer , ne font autre chofe que la mèche d'Allemagne ou amadou. Voyez *Amadou*.

EPROUVETTE, c'eft, dans l'artillerie , une machine propre à faire juger de la bonté de la poudre.

Il y a des éprouvettes de plufieurs efpèces ; la plus ordinaire confifte dans une manière de batterie de piftolet , avec fon chien & fon baffinet , montée fur un petit fût de bois , dont le canon , qui eft de fer & long d'un peu plus d'un pouce , eft placé verticalement pour recevoir la poudre que l'on veut éprouver. Ce canon eft couvert d'un petit couvercle de fer qui tient à une roue dentelée , dont les crans font arrêtés par un reffort qui eft au bout du fût. Quand on lache la détente de la batterie , la poudre voulant fortir du canon , chaffe la roue avec violence , & lui fait parcourir un certain nombre de crans , qui eft ce qui marque la bonne ou la mauvaife poudre ; ce nombre néanmoins , pour la qualité de la poudre en général , n'eft point fixé ; ainfi ce n'eft que par la comparaifon d'une poudre avec une autre , que l'on peut fe rendre certain de la bonté de celle qu'on éprouve.

L'autre éprouvette ne diffère guère de la précédente , qu'en ce que le canon qui contient la poudre , eft placé d'une manière différente.

Il y a une autre efpèce d'éprouvette qui eft compofée d'une plaque de cuivre jaune , fur laquelle eft creufé le baffinet où fe met l'amorce , & qui répond à la lumière. Elle a un canon où fe met la charge de la poudre. C'eft un poids maffif , qui s'élève plus ou moins haut , fuivant la force de la poudre , & qui eft retenu par les crans de la crémaillere. Les deux tenons s'ouvrent lorfque le poids s'élève , & l'empêchent de defcendre lorfqu'il eft une fois élevé.

Toutes les différentes fortes d'éprouvettes qu'on vient de décrire , ne peuvent fervir qu'à faire juger de plufieurs efpèces de poudres quelle peut être la meilleure. C'eft pourquoi , pour avoir quelque chofe de plus précis , le feu roi Louis XIV , par une Ordonnance du 18 Septembre 1686 , qui eft encore en ufage aujourd'hui , a ordonné que l'épreuve de la poudre fe feroit avec un petit mortier qui chafferoit un boulet de 60 livres à la diftance au moins de 50 toifes avec trois onces de poudre feulement. Si le boulet va à une plus petite diftance , la poudre n'eft pas reçue dans les arfénaux de Sa Majefté. Voyez *Poudre à canon*. Encyc .

ERABLE.

ERABLE; forte d'arbre de haute futaie, qui fe diftingue en mâle & en femelle. Son bois, qui eft très-dur, & fouvent tacheté ou marqueté de certaines figures, qui ont beaucoup de rapport à celle des yeux, eft fort recherché des ébéniftes, qui s'en fervent dans leurs ouvrages de marqueterie. Les armuriers en emploient auffi beaucoup pour la monture des armes de conféquence ; & les tourneurs en font des ouvrages très-beaux, y en ayant qui le travaillent avec tant d'art, qu'ils en font des gobelets auffi déliés que des feuilles de papier.

Les vieux érables loupeux & nouailleux, qui fe trouvent bien fains, font les plus eftimés pour toutes ces fortes d'ouvrages.

Plufieurs de ces érables croiffent naturellement en Europe, quelques-uns dans le Levant, & le plus grand nombre en Amérique. Il eft peu d'arbres qui raffemblent autant de variété, d'agrément & d'utilité que ceux-ci, qui croiffent avec plus de vîteffe & d'uniformité, qui s'accommodent mieux des plus mauvaifes expofitions, & qui exigent moins de foins & de culture ; qui réfiftent mieux à toutes les intempéries des faifons, & que l'on puiffe pour la plupart multiplier avec plus de facilité. Nous ferons connoitre les différentes efpèces & leurs principales qualités & ufages, d'après l'*Encyclopédie &c.*

L'Erable-Sycomore eft un grand arbre qui croît naturellement dans quelques forêts de l'Europe & de l'Amérique feptentrionale ; il eft fort commun dans le Canada ; on en tire la fève par incifion, dont on fait de bon fucre, comme on le verra par le mémoire ci-après.

Le bois du fycomore eft fec, léger, fonore, brillant, & d'une qualité fort approchante de celle du bois de hêtre ; il n'eft pas fujet à fe tourmenter, à fe déjetter ni à fe fendre ; on l'emploie aux petits ouvrages des tourneurs, des ménuifiers, des fculpteurs, des armuriers, des ébéniftes & des luthiers. Il eft propre aux mêmes ufages que le bois du tilleul & du hêtre ; c'eft le meilleur de tous les bois blancs.

L'Erable plane, grand arbre : il a toutes les bonnes qualités du fycomore, avec lequel il a tant d'analogie & de reffemblance, qu'on peut faire à l'érable plane l'application de tout ce que l'on a dit du fycomore. Les Anglois lui donnent le nom d'*Erable de Norvege*, parceque vraifemblablement il leur eft venu de ce pays-là, où il eft fort commun.

Le Petit Erable plane, ou l'*Erable à fucre*, arbre de moyenne grandeur, qui croît naturellement dans la Virginie, où il eft fort commun & où on lui donne le nom d'*Erable à fucre*. (C'eft fans doute le même que celui du Canada, dont nous parlerons ci-après). On prétend que les habitans de la Virginie font de bon fucre, &

en grande quantité, avec la seve qu'ils tirent de cet arbre par incision.

Erable blanc; arbre de moyenne grandeur, originaire de l'Amérique septentrionale, sur-tout de la Virginie, où il est plus commun qu'ailleurs. Il a les bonnes qualités qu'on attribue aux autres.

Erable blanc à grandes fleurs; arbre de moyenne grandeur, que l'on nomme communément en Angleterre *l'Erable de Charles Wager*, parceque c'est cet Amiral qui l'a fait venir de l'Amérique. Il a beaucoup de ressemblance avec le précédent.

L'Erable à feuille de frêne : grand arbre qui nous est venu aussi de la Virginie, où il croît communément, & où il devient un des plus gros arbres; son bois est d'une aussi bonne qualité que celui des autres espèces d'érable.

L'Erable à feuille ronde, ou *l'opale*; il croît naturellement dans les pays méridionaux de l'Europe, sur-tout en Italie, & particuliérement dans les environs de Rome, où il est l'un des plus grands arbres de ce canton, & où on lui donne le nom d'opale.

L'Erable commun, ou *le petit érable*; arbre très-commun en Europe, tantôt petit, tantôt élevé, selon sa position, ou suivant la qualité du sol; son bois est blanc & veiné, assez dur, quoique léger, & d'un grain fin & sec; il est bon à brûler, très-propre aux ouvrages du tour, & fort utile à d'autres petits usages.

L'Erable de Montpellier; petit arbre qui vient naturellement dans les provinces méridionales de France, sur-tout aux environs de Montpellier, où il est commun. Cet arbre peut être comparé à l'érable commun pour le volume.

L'Erable de Candie; petit arbre originaire des isles de l'Archipel, où il est fort commun. C'est le plus petit de tous les érables connus. Il a toutes les bonnes qualités de l'érable de Montpellier, & quelques avantages de plus.

Par rapport à la culture de tous ces érables, on peut consulter *l'Encyclopédie*, qui ajoute qu'il y a trois ou quatre espèces d'érables que l'on a découvertes dans le Canada, & qui sont si rares en Europe, qu'elles ne sont point encore assez connues pour en faire une description satisfaisante.

Mémoire sur le sucre d'Erable.

Les cannes de sucre ne peuvent être cultivées dans le Canada, à cause de l'extrême froideur du climat; mais la nature toujours attentive aux besoins des hommes, y a produit l'érable, qui fournit une eau claire comme de l'eau de roche, un peu blanchâtre, fort désaltérante, & avec laquelle on fabrique une espèce particulière de sucre d'un goût très-agréable, bon pour la poitrine & très-utile pour l'office.

Ceux qui font usage de la liqueur qui coule de l'érable en boisson, la trouvent adoucissante & rafraîchissante; on pourroit même dire balsamique, & fort diurétique : on ne s'est jamais apperçu qu'elle ait causé le moindre accident à ceux qui en ont beaucoup bu, lors même qu'ils étoient en sueur, en conséquence de quelque exercice violent.

Si on renferme cette eau d'érable dans un baril, elle s'aigrit; mais moins promptement que la liqueur que l'on tire des cannes à sucre. On s'en sert aussi pour faire du vinaigre qui est fort bon. Ce vinaigre se fait en l'exposant au soleil pendant l'été.

L'usage le plus commun de cette eau consiste à en extraire le sucre qu'elle contient.

Ce sucre est roussâtre, un peu transparent, d'un goût gracieux, & d'une odeur très-agréable; quelques personnes le clarifient, & y mettent du blanc-d'œuf pendant qu'il bout. Avec cette précaution, ils font du sucre plus blanc, & qui passe pour meilleur, sur-tout quand il est fait avec l'eau de plane.

Cent pots d'eau d'érable donnent ordinairement dix livres de sucre. Cela peut cependant varier; car l'eau qui est plus sucrée en donne plus que celle qui l'est moins.

Souvent les Canadiens pour augmenter la quantité de leur sucre, y mettent de la farine. Cette fraude rend le sucre plus blanc, mais en diminue la qualité.

On compte que la récolte du sucre d'érable dans le Canada peut se monter, années communes, à douze ou quinze milliers; on le vend ordinairement dix sols la livre. Ce sucre est d'une grande ressource dans ce pays, lorsqu'on n'y en apporte pas de France ou des isles; on pourroit en recueillir une beaucoup plus grande quantité : lorsqu'il est bien fait, il est dur, un peu transparent & tirant sur le roux. Il a un goût exquis, une odeur gracieuse, & paroît préférable au sucre brut des isles.

On fait avec ce sucre des tablettes très-estimées, dont on se sert pour adoucir les humeurs âcres qui tombent sur le poumon & la trachée artère, ou qui vicient la lymphe. Si l'on en fait bouillir la grosseur d'une noix, dans une pinte d'eau pendant cinq ou six minutes, on a une boisson agréable, utile contre l'enrouement & l'extinction de voix. *Journal Économ. Sept.* 1756. & *Nouv. Économ.* Tom. 19, p. 80 Voyez *Sucre d'érable.*

ERGOT. Espèce de seigle long, noirâtre & cornu, qui croît quelquefois parmi le bon seigle; on l'appelle aussi *blé cornu*. Sa farine est blanche; mais l'usage en est pernicieux, & cause, à ce qu'on croit, cette maladie populaire & épidémique, qu'on nomme *feu de S. Antoine.*

Il cause ordinairement la gangrene aux pieds ; on en a un exemple arrivé dans l'Orléanois & dans le Blaisois en 1709, lequel est rapporté dans *l'Histoire de l'Académie Royale des Sciences, ann.* 1710. Ce qu'il y avoit d'étonnant, c'est que cette maladie n'étoit point pour les femmes Ce blé est appellé *ergot*, parce qu'effectivement il approche de la figure d'un ergot de coq. Ce grain monstrueux est causé par une humidité maligne qui vient de certains brouillards, laquelle pourrit la peau qui couvre le grain, l'altére & la noircit, ce qui donne lieu à la séve de s'y porter d'autant plus abondamment, qu'elle ne se trouve plus resserrée par la peau dans les bornes ordinaires, & occasionne par là un accroissement extraordinaire dans le grain. Les poules n'en veulent point manger, quoiqu'il ne leur fasse point de mal en apparence.

M. Tillet croit devoir plutôt l'attribuer à la piquure de quelque insecte, dans sa *Dissertation sur la cause qui corrompt les grains de bled dans les epis,* qui a été couronnée par l'académie de Bordeaux en 1754, & imprimée en 1755. Voyez aussi *Act. Erudit. Lips.* 1718, p. 303. & l'*Encycl.*

ESCAMITE. Les *Dimittes & Escamittes* sont des étoffes de coton, dont la différence consiste en ce que l'escamitte est simple, & la dimitte est croisée.

On fabrique ces étoffes à Ménémen & Scio ; mais celles de Ménémen ont le plus grand débit, quoique celles de Scio soient infiniment plus belles. Celles de Ménémen coutent environ une piastre, la pièce de 20 endayées de long, & 3 quarts de large. L'endayée est une mesure plus courte que le pic, de trois centaines. Toutes les étoffes de coton se vendent à l'endayée, & celles de soie ou de laine, à l'archin, qui est le pic commun. Marseille tire du Levant quelques pièces de dimittes ou escamittes. Celles-ci se vendoient à Marseille en 1757 2 L. la pièce. Voyez *Dimittes*, & *Remarques sur diverses branches de Com.* 8. 1758, p. 215.

ESCARBOUCLE ; nom qu'on donne quelquefois à une sorte de pierre précieuse rouge qu'on nomme plus communément *rubis.*

Ce nom ne se donne jamais au rubi, dont le poids est au dessous de 20 carats.

Carbunculus, anthrax, noms latins de cette pierre précieuse à laquelle les anciens ont donné ces noms, parcequ'elle ressembloit à un charbon ardent, lorsqu'on l'exposoit au soleil. Dans ce sens, toutes les pierres tranfparentes de couleur rouge, fur-tout le grenat, font des efcarboucles. On s'eft imaginé que le vrai efcarboucle des anciens brilloit même dans les ténèbres autant qu'un charbon ardent; & comme on n'a point vu de pierre qui eût cette merveilleufe propriété, on a cru que l'efcarboucle des anciens étoit perdu; car on ne peut pas dire que les pierres qui reftent lumineufes pendant quelque tems dans les lieux les plus obfcurs, y brillent comme des charbons ardens. Il y a tout lieu de croire que l'efcarboucle des anciens n'étoit qu'une pierre tranfparente, de couleur rouge comme le grenat, qui réfifte plus qu'une autre à l'action du feu; c'eft encore un caractère que Théophrafte attribue à l'efcarboucle. *Encycl.*

L'efcarboucle eft un gros rubis; d'autres entendent par ce mot, un gros diamant, & même les philofophes hermétiques s'en fervent pour défigner la pierre philofophale. *Introd. de la minéralogie,* par Henkel, 12 tom. I. 1756, pag. 48.

L'efcarboucle eft auffi un gros grenat carbauchon, c'eft-à-dire, arrondi comme une goutte de cire, & fans aucune facette. On le creufe par deffous pour faire jouer plus avantageufement fa riche couleur de feu. *Diction. du Citoyen*

ECARTS; c'eft ainfi qu'on nomme en quelques endroits de Barbarie les cuirs les moins bons que les Francs négocient avec les Maures. Les meilleurs s'appellent *toroux,* Entre les deux, il y en a d'une efpèce moyenne.

ESPAGNOLETTE; étoffes de laine qui fe fabriquent particulièrement à Rouen, à Beauvais, à Châlons & à Reims. Les réglemens du commerce les ordonnent à Beauvais de laines d'Efpagne pour la trame, ou des plus fines de France & du pays, fans agnelins ni peignons; les croifées à 56 portées 3 quarts & 1 12. de large, 27 aunes de long, pour revenir foulées à demi-aune & demi-quart de large, fur 22 à 23 aunes de long; & les non croifées à 3 quarts & demi de large, 27 aunes de long, pour revenir foulées à demi-aune & demi-quart de large, fur 22 à 23 aunes de long.

L'efpagnolette de Reims a la trame de fine laine, cardée fur étaim de Ségovie. *Diff. du Citoyen.*

ESPALME; nouveau vernis maftic, dont la compofition a été inventée par le fieur Maille, Bourgeois de Paris, ayant été cherchée envain depuis plufieurs fiècles; auffi le Roi, après toutes fortes d'épreuves, lui a accordé le 27 Mai 1727, un privilège exclufif pour le compofer & faire fabriquer, vendre & débiter.

Cet espalme, sans être susceptible d'inflammation, ni sujet à être pénétré, à poisser ni à s'écailler, comme tout ce dont on s'est servi jusqu'à présent, s'incorpore avec les corps où il est appliqué, même sur le fer & sur le verre; ce qui est justifié par les certificats des Mrs. de l'Académie Royale des Sciences, des Officiers de Marine, & des maîtres constructeurs, &c.

Il est très-nécessaire pour la conjonction parfaite des pierres, pour garantir d'humidité & de pourriture toutes sortes de bois, soit qu'il soient exposés aux intempéries de l'air, soit qu'il trempent dans l'eau. Il garantit, de plus, les bâtimens de mer de la piquure des vers, & dispense de les doubler, gaudronner & suiffer.

L'usage de ce mastic procurera encore un avantage très-considérable, en faisant subsister pendant plusieurs siècles les chassis, les auvents, les contre-vents, les remises, les hangards, les digues, les pilotis, les ponts de bois, les moulins à eau, les barques, les bateaux, les gouttières de bois, les faîtes de maison & leurs couvertures, &c.

Manière d'employer ce mastic-espalme.

Il faut le casser par morceaux, le mettre dans une chaudière de fer, dont on aura simplement frotté le fond avec du gaudron ordinaire, puis remuer toujours au fond avec un bâton équarri.

Il faut observer de ne l'appliquer ou couler que bouillant; que le bois sur lequel on l'appliquera, neuf ou vieux, soit sain, sec, net, sans humidité, & même chaud quand les conjonctures le permettent; & alors pour l'enduire, on se sert de guipons, comme on fait dans les ports de mer, en suivant toujours le fil du bois; les guipons de la trame la plus fine, comme les pesnes de draperie d'Elbeuf & Louviers, seront le meilleur effet.

Pour la conjonction des pierres, il réussit beaucoup mieux en été, quand les pierres sont échauffées par le soleil; il s'incorpore mieux, ne se gèle pas si vite, & pénètre plus facilement dans les fentes préparées pour cet effet, ou qui se sont faites par la gêlée ou par l'intempérie de l'air, & qu'on veut reboucher. L'essentiel est que les pierres, ou toutes autres matières qu'on veut conjoindre, soient bien sèches & bien nettes de poussière & de sable.

Quand ces fentes seront remplies, il faudra passer dessus un fer chaud, pour ôter ce qui est de trop, & polir le reste, en le forçant de s'incorporer plus étroitement avec toutes sortes de matières, soit fer, cuivre ou plomb, car il s'attache dessus comme sur le bois, après que les endroits qu'on voudra conjoindre de ces métaux y auront été préparés par la lime, & même, pour plus de solidité, par quelques petits trous de poinçon le long des bords, ce qui sera très-aisé à faire, parceque la lime les aura rendu minces.

On pourroit aussi avec du bois enduit de mastic-espalme, faire des bassins, réservoirs, citernes, & terrasses plus durables, moins sujettes à réparations, & à beaucoup meilleur marché que celles faites de pierre ou de plomb.

Si l'on veut garantir de la pourriture les poutres & les solives, & les empêcher de s'échauffer dans la muraille, on n'a qu'à les enduire par les bouts, & les endroits enfermés ou couverts de pierres, de plâtre ou de chaux.

Pour avoir ce verni-mastic-espalme, on s'adressera à Made. de Changy, rue des Ramasses à Rouen. On le vendra 100 liv. le quintal. Chaque liv. enduit trois pieds en quarré. *Mercure de France, Juin* 1727, p. 1188.

ESPART; espèce de jonc dont les Marseilois font des paniers & des cabats, pour mettre & emballer plusieurs de leurs fruits secs, & diverses autres marchandises. Ce jonc croît en Espagne, où il s'en fait un assez grand négoce avec les marchands de Marseille. On en fait aussi des cordages dont les bâtimens latins se servent.

EPEAUTRE; espèce d'orge, dont l'épi n'a que deux rangs de grains. Il y a des nations qui mettent l'épeaute, ou épautre, au rang des espèces de froment, d'autres qui le mettent à celui des espèces d'orge.

Quoiqu'il en soit, cette graine fait de très-bon pain. La ville de Genève & le pays de Vaux en ont tiré beaucoup de Suabe les années 1747, 1748 & 1749, pour suppléer à la disette du bled.

ESPECES, ce sont les différentes pièces de monnoie qui servent dans le commerce, ou dans différentes actions de la vie civile, à payer le prix de la valeur des choses.

Il n'y a dans un état d'espèces courantes que celles autorisées par le prince, & le droit d'en faire fabriquer n'appartient qu'au souverain; & est un droit domanial de la couronne.

L'or, l'argent & le cuivre ont été préférés pour la fabrication des espèces. Ces métaux s'allient ensemble; il n'y a que le cuivre qui s'emploie seul; l'or s'allie avec l'argent & le cuivre, l'argent avec le cuivre seulement; & lorsque la partie de cuivre est plus forte que celle d'argent, c'est ce qu'on appelle *billon*.

En Angleterre on ne prend rien pour le droit du Roi, ni pour les frais de la fabrication; ensorte que l'on rend poids pour poids aux particuliers qui vont porter des matières à la monnoie : cela a été pratiqué plusieurs fois en France ; mais maintenant on prend le droit seigneurial, on ajoute le grain de remède.

Les espèces ont deux valeurs, une réelle & intrinséque, qui dépend de la taille qui est fixée maintenant en France à trente louis au marc, lequel marc monnoié vaut, en mettant le louis à vingt-quatre liv. prix actuel, sept cents vingt livres ; & pour les espèces d'argent à huit 3 dixièmes d'écus au marc, qui vaut monnoié, en mettant l'écu à six liv. prix actuel, quarante-neuf livres seize sous.

L'autre valeur est imaginaire ; elle se nomme *valeur de compte*. En tout pays l'espèce d'or achète & paie celle d'argent, & plusieurs espèces d'argent paient & achètent celle d'or, suivant & ainsi que la proportion de l'or à l'argent y est gardée, étant loisible à chacun de payer ce qu'il achète en espèces d'or ou d'argent, au prix & à la proportion reçue dans le pays. En France, cette proportion est réduite & fixée par édit du mois de Septembre 1724, à 14 sous & demi ou environ ; car il y a quelques différences : 14 marcs & demi d'argent valoient 722 livres 2 s. & le marc d'or ne valoit que 720 liv., comme nous l'avons dit ci-dessus ; ce qui fait une différence de deux livres 12 sols. Dans les autres pays cette proportion n'est pas uniforme ; mais, en général, la différence n'est pas considérable.

Cette proportion diversement observée, suivant les différentes ordonnances des princes, entre les villes qui commercent ensemble, fait la base du pair dans l'échange des monnoies. En effet, si toutes les espèces & monnoies étoient dans tous les états au même titre & à la même loi qu'elles sont en France, les changes seroient au pair, c'est-à-dire, que l'on recevroit un écu de 3 liv. dans une ville étrangère, pour un écu que l'on auroit donné à Paris ; si le change produisoit plus ou moins, ce seroit un effet de l'agio & une suite nécessaire de la rareté ou de l'abondance des lettres ou de l'argent ; ce qui n'est d'aucune considération, attendu que si aujourd'hui les lettres sur Paris sont rares, elles le seront un autre jour sur Amsterdam, ainsi des autres villes : au lieu que l'on perd sur les remises qui se font dans les pays étrangers, où l'argent est plus bas qu'en France. On veut remettre, par exemple, cent écus, monnoie de France, à trois livres, à Amsterdam, en supposant le change à 52 deniers de gros, on ne recevra que 130 livres ; parceque 52 deniers de gros ne font que vingt-six sous, & qu'il y a trente-quatre sous de différence par écu : si au contraire on veut faire payer à Paris 100 écus de trois livres, & qu'on en remette à Amsterdam la valeur en espèces courantes au dit lieu, en supposant le change au même prix, il n'en coûte que 5200 deniers de gros qui, divisés par

52, donneront à recevoir à Paris 100 écus valant 300 livres.

A l'égard de la circulation, du surhaussement, & de l'abaissement des espèces, voyez sur ce sujet les *Elémens du Commerce* de M. Forbonais, l'*Encyclopédie* & *Savary*.

Lorsque l'on est dans le cas de faire passer des espèces d'or & d'argent chez l'étranger, ou d'en recevoir, il est essentiel de connoître les rapports de ces différentes espèces entr'elles. Nous avons dit, à l'article *Monnoie*, que le prix de espèces d'or & d'argent dans le commerce, dépend de leur poids & de leur titre, ou du dégré de fin qui les compose. Or, l'on sçait toujours quel est le titre des monnoies dans un état. Il est encore plus facile de connoître le poids d'une pièce quelconque. On peut donc s'assurer combien plusieurs marcs doivent rendre de pièces semblables ; réduire ensuite par la connoissance que l'on a du titre de ces espèces, le nombre de marcs d'alliage à sa véritable quantité de ce métal pur, & tirer le prix de ce métal pur en valeurs numéraires du pays, dont on veut connoître les monnoies. Voilà la première opération qu'il faut appliquer aux espèces d'argent ou aux espèces d'or, si l'on a commencé par les espèces d'argent. On aura, par ce moyen, le prix du marc de chacun de ces deux métaux dans leur plus grand dégré de pureté, & le rapport établi dans la place en question, entre les valeurs des matières qui composent ces monnoies. En suivant la même opération sur les espèces de chacune des places, avec lesquelles on est en commerce, on découvrira facilement le rapport des monnoies d'un pays avec celles d'une autre place. Cette découverte conduira à une plus essentielle, à connoître qu'elle est dans chaque Etat, ou dans chaque place commerçante, l'espèce de monnoie qu'il est plus avantageux de recevoir ou de donner ; si ce sont les espèces d'or, ou les espèces d'argent.

On a demandé si la sortie des espèces devroit être permise, ou du moins tolérée. Pour décider la question, il suffit de considérer qu'un Etat, qui doit à un autre, a toujours le change défavantageux, jusqu'à ce qu'il ait payé. Or, l'effet de ce désavantage est de mettre la nation dans le cas de perdre sur tout ce qui lui est dû par l'étranger. Un Hollandois ou un Espagnol, par exemple, qui sçait que le change hausse en France de 10 pour cent, à l'avantage de l'Angleterre, ne fera plus ses remises directement en France, mais par l'entremise des Anglois. En leur remèttant 90 livres, il fera payer 100 livres en France. La défense de la sortie des espèces peut donc être regardée comme contraire aux véritables intérêts du commerce d'une nation. *Dict. du Citoyen.*

ESPRIT ; c'est un terme de chymie, qui signifie un élement, ou un des cinq principes de cet art. Les chymistes ont trouvé, par l'analyse, que tous les corps de la nature, sçavoir, les minéraux, les végétaux & les animaux, sont composés de cinq sortes de substances, qui sont l'*Esprit*, l'*Huile*, le *Sel*, l'*eau*, & *la Terre* ; les trois premiers sont nommés *actifs*, & les deux derniers *passifs*. La nature combine différemment ces cinq substances dans la génération des corps, dont les différences se distinguent facilement par les sens.

L'esprit, qui est le premier principe des corps, est proprement un liquide subtil ou aërien, pénétrant, qui s'élève facilement des animaux & des végétaux par la chaleur, & difficilement des minéraux par le feu ; mais cet esprit ordinairemént ne peut se congéler au froid. Il est liquide, & en cela il diffère de la terre & du sel. Il résiste au froid, & en cela il diffère de l'huile & de l'eau. Enfin, il peut s'unir à l'huile & à l'eau, qui ne peuvent se mêler ensemble. Ces distinctions ont forcé plusieurs chymistes à adopter ce principe, contre ce qu'ils s'étoient proposé de le retrancher d'avec les autres.

Les esprits sont, en général, de deux sortes, volatifs ou fixes : ceux qui sont volatils, sont la plupart huileux & alkalis ; & ceux qui sont fixes, sont ordinairement acides ; ils viennent des minéraux, desquels pour les extraire, il faut employer la force du feu.

Divers chymistes ont donné à l'esprit principe le surnom de *mercure*, à cause de sa volatilité dans les végétaux & les animaux.

Esprit-de-vin. C'est de l'eau-de-vie rectifiée une ou plusieurs fois par des distillations réitérées. On peut néanmoins faire la parfaite rectification de l'eau-de-vie en esprit de vin, par une seule distillation, en se servant de l'instrument chymique à plusieurs cucurbites, dont parle Glaser dans son *Traité de Chymie*, imprimé à Lyon en 1676.

La rectification de M. Lemery, qui se fait aussi d'une seule distillation, est plus simple que celle de Glaser, & vaut encore mieux ; elle se fait au bain de vapeur, avec un grand matras de verre, & son chapiteau ou alambic. On peut en voir la manière dans son *Cours de Chymie*.

L'eau versée sur de l'esprit de vin bien rectifié, en augmente la chaleur, ce qu'on n'auroit jamais cru si M. Geoffroy le cadet n'en eût fait l'expérience. Il fait voir dans son Mémoire, qu'on trouve dans l'*Histoire de l'Académie Royale des Sciences*, année 1713, qu'elle l'augmente, & beaucoup, & promptement, & d'autant plus que la dose de l'eau est plus forte par rapport à celle de l'esprit de vin. Au contraire, les huiles essentielles la diminuent (*ibid.*

1727.) quoiqu'elles la duſſent augmenter, puiſqu'elles ne ſont preſque compoſées que de ſoufres très-inflammables, & très-diſpoſés à prendre feu. Il paroît par les expériences de M. Geoffroy, que le moindre effet de quelques huiles eſſentielles ſur l'eſprit de vin, eſt de n'en pas diminuer la chaleur. Telles ſont l'huile eſſentielle de lavande, & celle de gérofle.

L'eſprit de vin eſt en uſage en médecine, & principalement dans la pharmacie, étant un grand diſſolvant, ou menſtrue, des parties réſineuſes & huileuſes des mixtes; c'eſt pourquoi il ſert à faire des eſprits aromatiques, des élixirs & des teintures, qui renferment, comme autant d'extraits, la vertu des parties des plantes dont on veut faire uſer dans différens cas.

Cette liqueur eſt auſſi une des drogues que les teinturiers appellent *drogues non colorantes*, parceque de lui-même il ne peut produire aucune couleur, mais qu'il ſert ſeulement à préparer les étoffes à la mieux recevoir.

Il ſe conſomme encore quantité d'eſprit de vin pour pluſieurs autres ouvrages, particuliérement pour le vernis. Voyez *vernis*, & *bronze*.

Eſprit de ſour; c'eſt un eſprit qu'on tire du ſour fondu & enflammé, dont le plus ſubtil ſe convertit en liqueur, en s'attachant à une cloche de verre, qu'on tient ſuſpendue au deſſus, d'où il tombe goutte à goutte dans une terrine, dans le milieu de laquelle eſt placée l'écuelle de grès, où l'on met brûler le ſoufre. On croit cet eſprit ſpécifique pour les mêmes maux, où l'on donne l'eſprit de vitriol, dont on parlera ci-après.

Eſprit de ſel; c'eſt une liqueur jaune, qu'on tire du ſel marin par le moyen des opérations chymiques. Le meilleur vient ordinairement d'Angleterre.

Pour qu'il ſoit de bonne qualité, il doit être d'une belle couleur d'ambre jaune, & d'un goût acide & pénétrant.

Il eſt d'un aſſez grand uſage dans la médécine; mais peut-être n'a-t-il pas toutes les vertus qu'on lui attribue.

L'eſprit de ſel ordinaire étant très-corroſif, on peut le dulcifier, en le laiſſant digérer pendant trois jours ſur un petit feu de ſable, avec de bon eſprit de vin, qu'on y mêle au triple.

Eſprit de vitriol, qu'on nomme auſſi *aigre de vitriol*. C'eſt du vitriol ſeché au ſoleil, ou à ſon défaut, deſſéché au feu, qu'on fait diſtiller par pluſieurs opérations chimiques ſouvent réitérées; d'abord au feu de réverbère, & enſuite au bain-marie.

On tient cet eſprit excellent contre l'épilepſie & contre les fièvres chaudes & malignes.

Le dernier eſprit, qui ſe tire du vitriol, & qu'on appelle improprement *huile de vitriol*, ſert à la diſſolution des métaux & des minéraux.

Esprit de nitre; on obtient cet esprit par le moyen de terre bolaire. Ce nom lui a été donné par les médecins, qui regardoient autrefois l'eau-forte comme dangereuse, mais au fond il n'y a nulle diférence, & tous deux font de l'acide nitreux. *Introd. à la Minéralogie*, par Henckel, in-12. *Tom.* II. 1756, p. 47.

Esprit de Sucre. Voy. *Sucre.*

Esprit de Tartre. Voy. *Tartre.*

Esprit de Térébenthine Voy. *Térébenthine.*

Esprit de Bergamote pour les parfumeurs, vient de Sicile.

Nota. Que dans le langage ordinaire, on ne désigne le plus souvent les esprits particuliers que par le nom de la substance qui les a fournis, sans determiner par une qualification spécifique la nature de chaque esprit. Ainsi on dit, *esprit de vitriol*, & non pas *esprit acide de vitriol; esprit de soie*, & non pas, *esprit alkali de soie; esprit-de-vin*, (c'est-à-dire de suc de raisin fermenté, selon la signification vulgaire du mot *vin*), & non pas *esprit ardent de vin de raisin; esprit de térébenthine*, & non pas *esprit huileux de térébenthine; esprit de citron*, & non pas *esprit-de-vin chargé de l'aromate du citron.* Ainsi toute cette nomenclature est presque absolument arbitraire, & d'autant plus que diverses substances, comme le sel ammoniac, la térébenthine, le citron, &c. peuvent fournir plusieurs produits, qui mériteroient également le nom d'esprit, quoiqu'il ne soit donné qu'à un seul dans le langage reçu : on se familiarise cependant bientôt avec ces dénominations vagues; on les apprend comme des mots d'une langue inconnue. *Encycl.*

ESSAI, (*Chymique métallurgique.*) examen d'un minéral, dans lequel on a pour but de connoître les différentes substances qui entrent dans sa composition, & la quantité en laquelle elles y sont contenues. Telle est l'acception particulière de ce nom en chymie, où on l'emploie encore dans un sens plus général, pour désigner une expérience faite sur un objet de l'un des trois règnes, soit pour connoître la qualité des matières dont il est composé, ce qui constitue la chymie analytique; soit pour sçavoir la quantité de chacune d'elles; condition qui caractèrise proprement l'essai des minéraux, & le distingue de toute autre opération chymique, à l'exception pourtant de celles de la métallurgie, avec laquelle il se trouveroit confondu par quelque endroit, si l'on n'ajoutoit à sa définition qu'il se fait sur de très-petites quantités de matières, & avec un appareil, qui, en même tems qu'il est le plus en petit qu'il se puisse, répond au dessein qu'on a de connoître avec la plus grande exactitude, les proportions des substances du corps examiné; au lieu que dans la métallurgie, les travaux se font si en grand, qu'il peut en résulter de très-gros bénéfices.

ces. Il fuit de ce que nous venons d'expofer, que les opérations des effais ne font autre chofe que l'analyfe chymique de certains corps, à laquelle on applique le calcul. Leur point de réunion, ou plutôt ces mêmes opérations raffemblées en un corps de doctrine, prennent le nom de *docimaftique* ou *docimafie*, qui fignifie *art des effais*, art purement chymique, quoiqu'il puiffe, par l'exercice, être ifolé de fa fource, comme les autres branches qui partent du même tronc, telles que la teinture, la peinture en émail, la métallurgie, &c.

Il faudroit être téméraire pour faire les fraix des travaux qui concernent la métallurgie, fans fçavoir s'ils doivent être compenfés, non feulement par le produit qu'on retirera de la mine, mais encore s'il y aura du bénéfice. L'art des effais feul peut décider la queftion. Les dépenfes qu'il entraîne, ne méritent pas d'entrer en comparaifon avec celles de la métallurgie, qui font fouvent ruineufes. C'eft par fon moyen qu'on peut déterminer fi la mine effayée payera les fraix des étais & étançons, qu'on eft fouvent obligé d'employer dans les étolles & les puits; des machines hydrauliques ou des digues employées à pomper ou à détourner les eaux, au cas que la mine fe trouve dans un vallon ou une plaine; du tranfport de toutes les matières néceffaires à fon exploitation; du bocard & de fa fuite; du bois & du charbon néceffaires à la fonderie; de la fonderie elle-même, & des engards & magafins; fi elle fournira de quoi payer les différens ouvriers employés à ces fortes de travaux. C'eft aux conceffionnaires d'examiner mûrement tous ces points. Ils font obligés d'ailleurs de fatisfaire à certaines queftions qui leur font faites de la part du miniftère, auxquelles la docimaftique feule les met en état de fournir des réponfes; elles font en partie les mêmes que les motifs qui doivent les déterminer: car quoiqu'il fouhaite que les mines du royaume foient mifes en valeur, il veut néanmoins s'oppofer à toute entreprife mal concertée.

La difficulté & même l'impoffibilité de connoître certaines mines à l'infpection, font de nouveaux motifs qui prouvent la néceffité & les avantages de la docimaftique; fans elle il arriveroit fouvent qu'on feroit induit en erreur par l'apparence trompeufe d'une mine qui a l'éclat de l'or & de l'argent, & qui fe ternit au moindre degré de feu: on n'eût peut-être jamais trouvé les moyens de perfectionner les travaux en grand, de diminuer la dépenfe, & de retirer tout l'aloi d'une mine; je n'entends pas ici parler de ces améliorations & maturations qu'adoptent la crédulité & la cupidité, filles de l'ignorance & de l'avarice, mais de ces économies qui ont quelquefois doublé & au delà le produit d'une mine. Voyez *Docimafie.*

Tome II. K k

La docimaſtique eſt exercée par des artiſtes, qui ne s'occupent que de ce ſoin. En Allemagne, où il y a une juriſdiction particulière pour les mines, qui font une grande partie du fond de l'état, il y a des eſſayeurs en titre qui ſont des officiers publics, & qui ſont chargés de faire leur rapport à la compagnie dont ils font partie. Il y a, outre cela, des profeſſeurs d'eſſais. Il y a des eſſayeurs dans les monnoies & chez les orfèvres. C'eſt peut-être l'exercice iſolé de cette profeſſion qui a porté M. Cramer & d'autres auteurs à croire qu'un eſſayeur & un chymiſte faiſoient deux êtres fort différens l'un de l'autre: peut-être bien encore la routine de la plupart de ces ſortes d'artiſtes leur aurat-elle fait croire que l'on pouvoit poſſéder les eſſais, ſans être chymiſte; ce qui ſeroit encore plus déraiſonnable. En France, on ne connoît d'eſſayeurs en titre que dans les monnoies & au bureau des orfèvres.

Nous allons paſſer aux opérations de docimaſtique : notre but n'eſt point d'en donner un traité complet; ceux qui voudront voir cette matière expoſée au long, doivent conſulter les ouvrages cités à l'art. *Docimaſie*, (& de plus celui de Schindler, traduit par M. Geoffroy le fils, publié à Paris en 1759, dont on ſuit la méthode ſur les eſſais des mines, plutôt que celle de M. Cramer ou de Gelieſt.) Les opérations qui ſe font pour les eſſais, n'ont point d'autre définition générale que celles de la chymie analytique; elles ne ſont, ainſi que celles de cette ſcience, que les changemens qu'on fait ſubir à un corps, au moyen des inſtrumens de l'art, & ſelon les règles qu'il preſcrit, à deſſein de connoître la nature des ſubſtances qui entrent dans ſa compoſition, & la quantité en laquelle elles s'y trouvent; dernière condition qui diſtingue l'eſſai de l'analyſe pure & ſimple. Je réduirai les opérations propres de docimaſtique à la torréfaction, à la ſcorification, au départ concentré, à l'affinage & au raffinage, à l'inquart & au départ par la voie humide, à la liquation, & à quelques eſpèces de cémentation; & les préparatoires au lavage ſeulement. Toutes les autres, que M. Cramer met dans ſon catalogue, appartiennent à la chymie philoſophique.

En décrivant ces opérations, nous ferons enſorte que la première ſerve de clef à la ſuivante; & c'eſt ſur ces principes que nous commencerons par le plomb. Mais avant que d'eſſayer une mine de ce métal, il faut l'avoir lotie, au cas qu'on veuille ſçavoir combien un tas de cette mine non triée, ou avec toute ſa roche, peut fournir par quintal; car il arrive qu'on fait auſſi un eſſai pour ſçavoir ce que contient un quintal de mine lavés ou ſchlich, ou bien encore ce que contient un quintal de mine pure. Soit donné pour exemple la mine de plomb à facettes ſpéculaires, ou de telle autre eſpèce que ce ſoit, pourvu qu'elle ſoit fufible : mettez-la en petits morceaux gros comme des grains de chénevi ; pefez-en trois quintaux fictifs ; étendez-les avec les doigts fur un teft, que vous placerez fous la moufle du fourneau d'effai, couvert d'un autre teft qui ne laiffe aucun intervalle entre lui & l'inférieur : vous aurez eu la précaution d'allumer le feu par le haut, & vous faifirez l'inftant pour placer votre teft fous la moufle, où elle n'aura pris qu'un rouge un peu obfcur : vous augmenterez le feu jufqu'au point où le teft fera au même ton de chaleur, & vous ne le découvrirez que quand la décrépitation de la mine aura ceffé. La mine alors paroitra terne & livide, & parfemée de petites molécules blanches, qui ne font autre chofe que la roche qui a pris cette couleur. Continuez le même dégré de feu pendant deux heures, & la mine fera pour lors d'un jaune grifâtre à fa furface. Retirez-la du feu ; quand elle fera réfroidie, mettez-la en poudre fine, & lui ajoutez une partie de flux noir, & une demi-partie de limaille de fer non rouillée, avec autant de fiel de verre : mêlez bien le tout dans le mortier ; chargez-en une tute ou creufet d'effai, dont la moitié refte vuide ; quand vous l'aurez couvert d'un doigt de fel marin décrépité, que vous taillerez bien ; adaptez à ce creufet un couvercle, dont vous lutterez bien les jointures avec de la terre à four : placez ce creufet ainfi chargé, dans la caffe d'un fourneau à vent ; couvrez-le de charbon jufqu'à fon couvercle ; allumez le feu par le haut avec quelques petits charbons ardens, que vous éloignerez du creufet le plus que vous pourrez : donnez quelques coups de foufflet, afin de rougir médiocrement votre vaiffeau : continuez jufqu'à ce que vous entendiez un petit fifflement ; fitôt que ce bruit aura ceffé, foufflez de nouveau, après avoir remis affez de charbon pour excéder le couvercle du creufet de deux ou trois doigts. Si le bouillonnement recommençoit, il faudroit couvrir la caffe, & ceffer de fouffler jufqu'à ce qu'il fût paffé ; après quoi vous donneriez un bon feu de fonte pendant un quart d'heure ou une petite demi-heure : au bout de ce tems, retirez votre creufet du feu, & le frappez de quelques petits coups par le côté, en appuyant vos tenailles de la main gauche fur le couvercle, pour l'empêcher de tomber. Quand il fera réfroidi, caffez-le ; fon poids vous indiquera la quantité qu'on peut retirer de la mine, fi l'effai eft bien fait.

Si aulieu d'une mine fufible vous avez à en effayer une réfractaire par les pyrites qu'elle contient, vous pourrez la torréfier à un feu un peu plus fort, à deux ou trois reprifes : vous y ajouterez égale quantité de fiel de verre & le double de flux noir ; & procéderez, quant au refte, comme pour la mine fufible.

Si c'eft une mine réfractaire, en conféquence de terre & de

pierre inséparables par le lavage, ajoutez-y partie égale de fiel de verre, & trois ou quatre fois son poids de flux noir, que vous mêlerez bien intimément par la trituration, & procéderez ainsi que nous l'avons dit.

On divise la mine de plomb, afin qu'elle perde plus aisément le soufre qui la minéralise : il est pourtant de certaines bornes qu'il ne faut pas passer ; si elle étoit en poudre trop subtile, elle seroit plus sujette à pâter, & le soufre ne se dissiperoit pas si bien. C'est, pour éviter cet inconvénient, qu'on recommande encore de bien étendre la mine dans le test, afin qu'elle communique par une plus large surface avec l'air, qui est le véhicule des vapeurs. On a la précaution de couvrir ce test d'un autre renversé, ou d'un couvercle, pour empêcher que la mine, en décrépitant, ne saultille, & ne rende l'essai faux; autrement il s'en perdroit une bonne partie, sur-tout si la roche étoit abondante. J'ai rôti quelquefois des mines de plomb si abondantes en soufre, que je voyois la flamme sécher la surface de la mine dans le premier instant que je lavois le test.

Avant que d'allumer le fourneau d'essai, on assujettit bien la moufle sur ses deux barres, & on en lutte l'embouchure avec la porte du foyer, de la grandeur de laquelle elle doit être : on a soin de casser le charbon de la grosseur d'un œuf de pigeon, sans quoi il ne s'affaisseroit pas également. On allume le feu par le haut pour échauffer lentement : il est bon de passer de tems en tems par l'œil du fourneau une verge de fer pour remuer le charbon, & lui faire remplir les vuides qui peuvent se faire; on en remet souvent, de crainte qu'une trop grande quantité fournie tout-à-coup ne réfroidisse le fourneau, & ne dérange l'opération. Si le feu étoit trop vif, quand on place le test sur la moufle, on donneroit froid en fermant les soupiraux, jusqu'à ce qu'il fût au dégré requis. Il faut tenir ce test d'un rouge obscur, sur-tout au commencement de l'opération, pour empêcher que la mine ne pâte & ne s'y attache; car si cela arrivoit, il faudroit recommencer l'opération. Quand le soufre s'est dissipé en partie, alors on peut l'augmenter, mais toujours avec discrétion. M. Cramer conseille de frotter le scorificatoire de sanguine ou de colcothar; mais cette précaution est inutile, quand on est exercé : il ne faut pas s'inquiéter de la présence des grains de sable, peu adhérens à la surface interne du test, que les fournalistes de Paris saupoudrent pour leur commodité; ils ne peuvent que se vitrifier avec le plomb : mais la réduction s'en fait pendant la fonte, en même tems que celle des particules nitreuses du fiel de verre. Il est bon d'observer que la mine ne doit être pesée que quand elle a été broyée, parcequ'il s'attache toujours quelques molécules de la mine au mortier ou au porphyre des essayeurs, quelque polis qu'ils soient l'un & l'autre, ou qu'il s'en détache toujours quelques petites molécules qui sautent de côté & d'autre ; ce qui rend l'essai faux. Il faut encore avoir un soin tout particulier à n'employer aucun vaisseau qui puisse porter dans l'essai une matière étrangère, à moins qu'on ne se soucie peu de l'exactitude en pareille circonstance, ou qu'on soit sûr du résultat du corps qu'on essaie ; car les phénomènes peuvent être tous différens, en conséquence du nouveau corps introduit. Si l'on pese la mine de plomb rôtie, on trouve que le poids est le même qu'avant de la griller, quelquefois plus foible, & quelquefois plus fort, quoiqu'elle ait cependant perdu une bonne quantité de soufre. Le même phénomène arrive encore au plomb calciné : quelques personnes attribuent l'augmentation de cette gravité spécifique au rapprochement des parties ; mais il me paroît qu'il est plus raisonnable de croire qu'elle est dûe à la surabondance de phlogistique qu'il prend dans cet état, quoiqu'il semble qu'il l'ait perdu. Mais la différence de combinaison produit celle de l'état : on voit une augmentation de poids dans le fer qu'on a réduit en acier, en le mettant dans un creuset tout seul, & fermant bien ce creuset : & l'on voit en même tems qu'une surabondance de phlogistique n'est pas toujours la cause d'une plus grande fusibilité, quoique combinée de la façon requise, comme il y a toute apparence.

Il n'y a nul inconvénient à faire plusieurs torréfications à la fois, pourvu que ce soit des mines qui ne demandent pas des dégrés de feu fort différens : on peut placer sous la moufle autant de scorificatoires qu'elle peut en contenir, observant de mettre vers son fond ceux qui demandent plus de feu, ou bien employant les instrumens, s'ils exigent tous un feu doux, ou mettant des charbons allumés dans le canal de tole du fourneau, ou à l'embouchure même de la moufle du fourneau, auquel cas il n'est pas nécessaire de l'allumer, la chaleur de la moufle suffisant pour cela. La matière de chaque test veut être remuée avec un crochet particulier, qu'il faut placer dans le même ordre que les scorificatoires, afin que celle de l'un ne passe point dans l'autre, & réciproquement ; que la couleur terne de la mine annonce la dissipation d'une partie de son soufre ; quand il l'a perdue presque toute, alors il est d'un gris tirant sur le jaune.

On réduit en poudre fine la mine torréfiée, afin que chaque petite molécule de plomb soit, pour ainsi dire, environnée de plusieurs molécules de flux ; ce qui est nécessaire à la réduction.

On y ajoute le flux noir pour lui donner un réductif avec un fondant, parceque le plomb qui a perdu son phlogistique avec

fon foufre, fe vitrifieroit, aulieu de paroître fous la forme métallique. Le fiel de verre fert à donner de la fufibilité au flux noir,
beaucoup plus réfractaire que lui : la limaille de fer fert à abforber le foufre qui peut refter, & l'on ne doit pas craindre qu'elle préjudicie à l'effai ; le fer pur ou fulphuré, ne peut contrac-
ter d'union avec le plomb. Peu importe que le fer entre en fonte ;
il n'en abforbe pas moins le foufre ; & d'ailleurs, ce minéral le
rend fufible, outre que le flux noir produit le même effet. Sans
l'addition de la limaille, la mine ne fe convertiroit point en
plomb ; elle fe précipiteroit à peu-près dans le même état qu'on
l'a mis calciner, ou bien le bouton feroit caverneux & blanc comme de l'argent, parce qu'il naîtroit de l'union du foufre de la mine & de l'alkali du flux un foie de foufre, qui eft le diffolvant
des métaux, qui corroderoit l'extérieur du culot. M. Cramer
met deux parties de flux noir contre une de mine ; ce qui eft inutile, quoiqu'il n'y ait aucun inconvénient d'en mettre plus que
moins. Une tute eft préférable au creufet à pied ordinaire, ou au
creufet triangulaire fans pied, parceque fon couvercle y entre
comme un bouchon, & n'eft pas fi aifé à déranger que celui
des creufets à pied, que le moindre charbon délute quelquefois.
Sans compter que le feu dilatant plus le creufet que le couvercle,
& faifant fécher le lut, il arrive que celui-ci eft forcé d'abandonner le couvercle, qui ne ferme plus exactement pour lors, &
laiffe confumer une grande partie de la matière charboneufe du
flux ; il faut fécher les creufets, avant que d'y mettre la matière
à réduire. Les fels qu'on emploie dans les effais, doivent être
bien fecs ; auffi c'eft fouvent faute d'avoir pris cette précaution,
que le creufet fe délute : le même inconvénient doit arriver à ces
artiftes qui emploient le flux crud aulieu de flux noir, pendant la
détonnation, duquel il s'élève des vapeurs épaiffes, capables de
faire fauter le couvercle. C'eft par la même raifon qu'il faut faire
décrepiter le fel marin, avant que d'en couvrir la matière de
l'effai ; & il eft étonnant que M. Cramer, qui eft convaincu de la
néceffité de faire bien fécher tous ces fondans, laiffe à ce fel toute fon humidité. Il eft inutile d'y mettre une couche de quatre
doigts, felon que le prefcrit cet auteur ; un feul fuffit pour garantir la matière fubjacente du contact de l'air : il n'eft également pas néceffaire que le creufet refte les deux tiers vuide,
quand on fçait gouverner le feu, deux doigts des bords font
tout ce qu'il faut : ainfi on ne doit pas ceffer de faire une opération de cette efpèce, parcequ'on n'aura que des creufets dont le
vuide ne pourra être plus confidérable.

On peut faire plufieurs réductions d'une même fournée,
comme plufieurs fcorifications, pourvu que les dégrés de feu

fôient les mêmes; on doit même faire plus d'un effai à la fois de la même mine, afin de choifir celui qui aura le mieux réuffi : pour cet effet, on retire les creufets du feu, à quelque tems les uns des autres, & l'on fe détermine pour les deux qui approchent le plus l'un de l'autre, au tems qu'ils s'éloignent davantage des extrêmes.

Il eft évident que c'eft pour échauffer peu-à-peu les creufets, qu'on allume le feu par le haut : en éloignant les charbons ardens des creufets, on fait en une feule fois ce que M. Cramer fait en deux, en prenant la peine d'en fécher le lut, avant que de les mettre dans le fourneau. Quand la réduction fe fait, elle eft accompagnée d'une effervefcence qui produit le fiffiement qu'on entend, pendant lequel il faut ralentir l'action du feu, fi l'on ne veut que la matière foulève le couvercle, & paffe par deffus les bords du creufet.

Cet inconvénient peut arriver même quelques minutes après que le bouillonnement a ceffé, fi l'on redonne tout d'un coup un feu trop fort. On a des indices que la matière s'eft répandue par un flamme bleue & violette, & qui a l'odeur de foie de foufre : il faut bien fe garder de la confondre avec la flamme jaunâtre, mêlée d'une fumée un peu épaiffe, & fentant légérement l'hépar, qu'on voit toujours, quand on fait une réduction, ou qu'en général l'on allume un fourneau. Ce phénomène vient des vapeurs fortant du creufet à travers fon lut, & fa caffation annonce la précipitation du régule : il ne faut cependant pas croire que l'opération doive être recommencée toutes les fois que la matière furmonte les bords du creufet ; fi cet accident n'arrive que fur la fin de la réduction, & que la matière perdue ne foit pas en grande quantité, l'effai peut très bien fe trouver de même poids que ceux qui ont bien réuffi ; parceque ce n'eft fouvent que le fel marin mêlé d'un peu de flux, qui s'eft répandu.

En frappant le creufet de quelques petits coups, après qu'il a été retiré du feu, on a pour but d'achever de précipiter les petits grains métalliques, qui peuvent être nichés dans les fcories, pour les faire revenir au culot principal.

Il faut laiffer réfroidir le creufet de lui-même ; car fi on le plongeoit dans l'eau, on trouveroit des grains de régule épars dans les fcories ; & fi on le caffoit encore chaud, on rifqueroit de mettre en même tems le régule en morceaux.

L'opération eft bien faite quand les fcories n'ont point touché au couvercle, ni paffé à travers fon lut ; quand on n'y trouve point de molécules régulières, que le culot eft liffe, livide & malléable, que les fcories font compactes, excepté dans leur milieu. Une fcorie fpongieufe & parfemée de grains métalliques, & un culot caverneux, ou même reffemblant encore à la mine,

K k 4

indiquent que le feu n'a été ni aſſez long ni aſſez fort : au contraire on eſt certain qu'il a été trop violent, quand le régule eſt d'un blanc brillant, quoique ce phénoméne arrive encore en conſéquence de ce que le flux n'étoit pas aſſez réductif, & étoit trop cauſtique, & quand il eſt recouvert d'une croûte ſcorifiée. Il m'eſt arrivé quelquefois de trouver toute blanche la maſſe du ſel marin fondue qui ſurnage les ſcories ſalines : mais ce phénomène n'a rien de mauvais en ſoi ; l'eſſai eſt tout auſſi exact de cette façon que d'une autre, pourvu que cet inconvénient ſoit arrivé ſeul. On peut l'attribuer à ce que le ſel marin, qui n'eſt noirci que par le flux noir, a perdu cette couleur par l'accès de l'air, qui a donné lieu à la matière charbonneuſe de ſe conſumer & de ſe diſſiper.

Cette opération peut également ſe faire dans l'aire d'une forge, ſur laquelle on imite avec des pierres ou des briques la caſſe d'un fourneau à vent.

M. Cramer préfére, en cette circonſtance, le fourneau de fuſion, animé par le jeu de l'air, à celui qui l'eſt par le vent du ſoufflet; parce que, dit-il, on eſt plus le maître du feu dans celui-là, que dans celui-ci ; mais je crois que c'eſt tout le contraire. Quand on a un bon ſoufflet double, on peut donner un feu très-vif dans un fourneau à vent, & le ralentir à volonté ; au lieu qu'un fourneau de fuſion eſt ſouvent conſtruit de façon qu'on ne peut le fermer exactement, ni par le haut ni par le bas.

On peut réduire la mine de plomb grillée, en la ſtratifiant avec les charbons. Ce travail eſt un modèle de ce qui ſe paſſe en grand dans le fourneau à manche. On prend pour cet effet un quintal fictif de mine rotie, dont chaque livre ſoit d'une demi-once, un quart d'once ou un gros. On le met lit ſur lit avec du charbon dans le fourneau de fuſion garni de ſon baſſin de réception, accommodé avec de la braſque péſante, & accompagné d'un ſecond catin ; la dernière couche doit toujours être le charbon. On a la précaution de mettre la mine du côté oppoſé à la tuyere, afin qu'elle ne puiſſe être réfroidie par le vent du ſoufflet. Il eſt bon d'avertir que les deux catins de réception doivent être ſéchés avant, au moins pendant une heure.

Il n'eſt point de plomb dans la nature qui ne contienne de l'argent. Souvent la quantité en eſt aſſez conſidérable, pour qu'on puiſſe l'affiner avec bénéfice dans les travaux en grand. On ne ſe donne pas cette peine, quand le produit n'eſt pas capable de défrayer de la dépenſe. Soit donné le régule précédent, dont on veut connoitre la quantité de fin. Prenez une coupelle capable de paſſer le culot en queſtion ; vous le connoitrez à ce qu'elle peſera la moitié de ſon poids : placez-la ſous la moufle du fourneau d'essai, où vous aurez allumé le feu comme nous l'avons dit : faites-là évaporer pendant le tems requis. Il faut la tenir renversée, de crainte qu'il ne tombe dedans quelques corps étrangers, qu'on n'en retireroit peut-être qu'en détruisant son poli. Mettez dessus le régule de plomb séparé de ses scories, & après avoir abattu ses angles à coups de marteau, de peur qu'il n'endommage la cavité de la coupelle. Le plomb ne tarde pas à entrer en fonte ; il bout & il fume ; il lance des étincelles lumineuses ; & l'on voit sa surface continuellement recouverte d'une petite pellicule qui tombe vers les bords, où elle forme un petit cercle, dont le plomb est environné à-peu-près comme une rose l'est de son chaton. Cette pellicule, qui n'est autre chose que de la litarge, s'imbibe dans la coupelle à mesure qu'elle s'y forme. Tant que le plomb n'est pas trop agité, trop tombé, & que ses vapeurs, qui lechent sa surface, s'élèvent assez haut, il faut soutenir le feu dans le même état ; mais s'il est trop convéxe, & que la fumée du plomb s'élève jusqu'à la voûte de la moufle, c'est une preuve qu'il est trop fort, & qu'il faut donner froid. Si le bouillonnement au contraire étoit peu considérable, & qu'il parût peu de vapeurs, ou point du tout, il faudroit donner chaud, pour empêcher que l'essai ne fut étouffé ou noyé.

A mesure que le régule diminue, il faut hausser le feu, parce que le même dégré n'est plus en état de tenir l'argent en fonte, qui est moins fusible que le plomb. S'il contient de l'argent, son éclat se convertit en des iris qui croisent continuellement & rapidement sa surface en tous sens, ce qu'on appelle *circuler*. La litharge pénétre la coupelle, & le bouton de fin paroit & fait son éclair. Si-tôt que le feu n'est pas assez fort pour le tenir fondu, on le laisse un peu refroidir sous la moufle, & ensuite à son embouchure, parce que si on le retire si-tôt qu'il est passé, il se raréfie en vessie. Quand on s'apperçoit qu'il doit être figé, on le souleve de dessus la coupelle, parceque si on attendoit qu'il fût froid, on en emporteroit un morceau avec lui.

Cette opération prend le nom d'*affinage*, soit qu'elle se fasse pour connoitre si la quantité d'argent que le plomb contient, peut être affinée avec bénéfice, ou a dessein de connoitre qu'elle est la quantité d'argent que contient le plomb grenaillé qu'on emploie aux essais, à laquelle on donne le nom de *grain de plomb*, de *grain de fin*, ou de *témoin*. Si on fait l'affinage dans un cendré, ou grande coupelle, on se sert des fourneaux.

Il est essentiel de donner chaud sur la fin, pour occasionner la destruction totale du plomb, dont il ne manquera pas de rester une petite quantité dans l'argent, qui induiroit en erreur. Il est vrai que quand le bouton est tant-soit peu considérable, il eft affez fujet à en retenir quelque portion dont on le dépouille par le raffinage, lequel détruira en même tems le cuivre qui peut s'y trouver.

Le raffinage de l'argent n'eft que la répétition de l'opération que nous venons de détailler, excepté qu'on y ajoute du plomb granulé à diverfes reprifes.

L'affinage & le raffinage en grand, font précifement les mêmes qu'en petit. On peut retirer par la coupelle l'argent de quelques-unes de fes mines, en les raréfiant avec parties égales de litharge, fi elles font de fufion difficile, les pulvérifant, leur ajoutant huit fois autant de plomb granulé, fi elles font douces, ou le double fi elles font rebelles. On met d'abord la moitié de la grenaille, à laquelle on ajoute la mine rotie par la fraction. Le coupelage fe fait comme nous l'avons déja dit.

Si l'argent contient de l'or, on le précipite, & on le coupelle en même tems. On les fépare au moyen du départ.

La mine de cuivre pyriteufe, fulphureufe, & arfénicale, fe traite par la torréfaction & la précipitation, comme celle de plomb ; avec cette différence, qu'il faut la rotir jufqu'à trois fois en la triturant à chaque fois pour faire paroitre de nouvelles furfaces, & achever de la dépouiller de fon foufre & de fon arfenic : comme ces matières facilitent la fonte de la mine, il faut donner peu de feu au commencement du grillage, de crainte qu'elle ne fe grumelle, fur-tout quand la mine eft douce ; auquel cas l'opération dure le double de tems. On ajoute un peu de graiffe fur la fin, pour achever de diffiper le refte du foufre, & empêcher que le cuivre ne devienne irréductible par la perte totale de fon phlogiftique.

Si la mine contient beaucoup de cuivre, la poudre en fera noirâtre : elle fera d'autant plus rouge, qu'elle fera mêlée d'une plus grande quantité de fer. Mêlez cette poudre avec égal poids d'écume de verre, & quatre fois autant de flux noir : mettez le tout dans un creufet, & avec les précautions que nous avons dit, vous aurez un culot demi malléable, ordinairement noirâtre, & quelquefois blanchâtre, qu'on appelle communément *cuivre noir*.

On purifie ce cuivre noir en le mettant fur un teft avec un quart de plomb granulé, s'il n'en contient point. On lui donne un feu capable de le faire bouillir légèrement. Le cuivre eft raffiné quand on apperçoit fa furface pure & brillante ; mais comme on ne peut fçavoir au jufte qu'elle eft la quantité de cuivre fin qu'on devroit retirer, parceque le plomb en a détruit une partie, il faut compter une partie de cuivre détruite par douze de plomb. Tels font à peu-près les rapports qu'on a découverts là-deffus.

On raffine encore le cuivre noir en le mettant au creufet avec égale quantité de flux noir : on le pile avant, & on le torréfie plusieurs fois, s'il est extrêmement impur.

On vient à bout de délier ainsi le cuivre de toute matière étrangère, excepté de l'or & de l'argent, qui demandent une opération particulière qu'on appelle *liquation*.

Nous transcrirons ici la méthode de M. Cramer, pour tirer l'étain de sa mine. Après l'avoir séparée de ses pierres & terres par le lavage, mettez-en six quintaux dans un test ; couvrez-le, & le placez sous une moufle embrasée ; découvrez-le quelques minutes après. Il n'en est pas de cette mine, comme de celle de cuivre & de plomb dont on a parlé ; elle ne pâte point à la violence du feu : si-tôt que les fumées blanches disparoîtront, & que l'odeur d'ail, qui est celle de l'arsenic, ne se fera plus sentir, ôtez le scorificatoire : la mine étant réfroidie, grillez-la une seconde fois, jusqu'à ce que vous ne sentiez plus d'odeur arsenicale, après l'avoir retirée. L'odorat est beaucoup meilleur juge que la vue en ces sortes d'occasions. Si vous craignez d'être incommodé en respirant sur le test, couvrez-le d'une lame de fer épaisse & froide, & la retirez avant qu'elle ait eu le tems de s'y échauffer : elle sera couverte d'une vapeur blanchâtre, si la mine contient encore quelque peu d'arsenic.

On réduit cette mine rôtie comme celle de plomb, excepté qu'on y ajoute un peu de poix.

On ne trouve presque jamais de mine d'étain sulphureuse : c'est au moyen de l'arsenic que ce métal est minéralisé, & pour lors, la mine en est blanche principalement, demi-diaphane, & ressemble en quelque façon, quant à l'extérieur, à un spath ou à une stalactite blanche : elle est obscure quand il s'y trouve du soufre ; mais la quantité de ce minéral ne mérite pas d'entrer en considération auprès de celle de l'arsenic. Comme l'arsenic entraîne avec lui beaucoup d'étain, à l'aide du feu, qu'il le calcine rapidement, détériore le reste, & le reduit en un corps aigre & demi-métallique ; il est essentiel d'en dépouiller sa mine par la torréfaction, le plus qu'il est possible. Il est à observer que ce métal se détruit en d'autant plus grande quantité, & d'autant plus aisément, que sa mine supporte mieux la violence du feu, sans se réunir en masse. Alors il est irréductible, & se convertit en une scorie assez réfractaire au lieu de se réduire. Il faut ajouter à cela, que l'étain provenant d'une mine à laquelle on a donné la torture par le feu, n'est jamais si bon que quand il n'a éprouvé du feu que le dégré convenable de durée & d'intensité. On peut vérifier cette doctrine avec le bon étain réduit : alors on reconnoîtra qu'il devient d'autant plus chétif, qu'il est calciné & reduit plus de fois, & qu'on le traite à un feu plus fort, plus long, & plus pur. Voyez *Étain*.

On ne peut donc guère compter fur l'exactitude d'un effai fait par la réduction & précipitation dans les vaiffeaux fermés de tout métal deftructible au feu, & de l'étain fur-tout. Il eft bien rare qu'un artifte, quelque exercé qu'il foit, qui répétera plufieurs fois ce procédé, retire des culots d'égal poids de la même mine, quoique réduite en poudre, & exactement mêlée. La mine ou la chaux d'étain font affez réfractaires, quand il s'agit de les réduire, & ont conféquemment befoin d'un grand feu. L'étain au contraire fe détruit au même feu qui l'a réduit. On peut juger en quelque façon fi une mine d'étain eft riche ou pauvre, ou fi elle tient un milieu entre ces deux états ; mais cela n'eft prefque pas poffible à une livre près, car on n'a aucun figne, pendant l'opération, qui indique fi la précipitation eft faite ; en forte que l'on n'a de reffource que dans les conjectures. Il faut fe rappeller à ce fujet les indices qui ont été données de l'iffue de l'opération du plomb, qui eft la même que celle-ci. D'ailleurs, le flux falin, dont l'effet eft de faciliter la fcorification, n'a de matière fur laquelle il puiffe agir, que l'étain lui-même, vû qu'on fépare de fa mine les matières terreftres qui y adhèrent, avec beaucoup plus de foin & d'exactitude que de toute autre mine. Il n'eft donc pas étonnant que le flux attaque promptement l'étain, & le vitrifie en conféquence de la diffipation du phlogiftique occafionné par un feu continué beaucoup plus long tems qu'il ne convient, fans compter que l'étain devient d'autant plus mauvais, qu'il eft plus expofé à l'ardeur du feu. Néanmois, on peut juger de l'exactitude ou de l'inexactitude de l'opération par la perfection ou l'imperfection des fcories falines, la diffémination des grains métalliques dans ces fcories ou par les fcories, provenant du métal détruit & réductible, qui fe trouve principalement dans le voifinage du culot. On peut inférer de tout ce qui vient d'être dit, qu'il faut avoir recours à une autre méthode par laquelle on puiffe voir ce qui fe paffe dans le vaiffeau pendant l'opération. Elle confifte à placer un creufet dans un fourneau de fufion, à y jetter en deux ou trois fois rappochées, quand il fera d'un rouge de cérife, le mêlange de mine & de flux, & de le recouvrir ; quelques minutes après, on éloigne les charbons, avant que de le découvrir. Alors, fi on voit le flux en fonte bien liquide & bouillant paifiblement fans écume, il faut l'ôter & le laiffer réfroidir. On le caffe pour en avoir le culot.

La mine de fer fe grille comme celle du plomb, mais plus fortement, & on la torréfie une feconde fois. On la mêle exactement avec trois parties de flux, compofé d'une partie de verre pilé, d'une demi-partie de fiel de verre & de pouffière de charbon : on couvre le tout de fel commun. On place le creufet dans le fourneau à vent: on le casse quand il est réfroidi, pour en avoir le culot.

Quoique la torréfaction enlève la plus grande partie du soufre & de l'arsenic à la mine de fer, néanmoins il en passe encore dans le bouton une quantité qui l'aigrit. C'est pour lui enlever ces dernières portions, qu'on mêle aux mines de fer des absorbans terreux dans les travaux en grand, & qu'on forge ensuite la fonte, comme aussi pour lui enlever la terre non métallique qu'elle contient. Cet article est de M. de Villers. *Encycl.*

Essai. On appelle *or d'essai*, *argent d'essai*, l'or ou l'argent qui sont à leur plus haut titre ; c'est-à-dire, l'or approchant de 24 carats, & l'argent environ à 11 deniers 23 grains.

ESSAYE. Racine dont on se sert dans les Indes Orientales pour teindre en écarlate.

La meilleure se trouve sur la côte de Coromandel ; on peut en connoitre la bonté de deux manières, ou en la rompant, ou en la mâchant quelque tems : dans la première épreuve, sa couleur intérieure doit être d'un rouge obscur, & dans la seconde, son goût doit tirer sur celui du nitre.

L'Essaye qui croît à Pepapoul près de Masulipatan, fait une couleur si vive, qu'il en faut diminuer l'éclat en la mêlant, ou, comme disent les teinturiers François, en la rabattant avec une autre qui ait moins de vivacité.

Pour sçavoir si une étoffe est teinte avec la véritable Essaye, il faut en frotter un bout avec du jus de cédre : si après avoir été séchée au soleil, la couleur perd quelque chose de son lustre, la teinture est fausse ; si elle conserve son éclat, elle est de véritable Essaye.

ESSENCE D'ORIENT, (*Joaillerie.*) nom donné par les ouvriers à la matière préparée, avec laquelle on colore les fausses perles. Voyez *Perles fausses.*

On retire cette matière des écailles du petit poisson qu'on appelle *able*. Voyez *Able.* Vous trouverez sous ce mot, tout ce qui regarde l'essence d'orient. Nous ajouterons uniquement que cette dénomination lui convient mal, puisqu'elle n'est pas plus essence ni liqueur, que ne l'est un sable extrêmement fin, ou du talc pulvérisé, délayé avec de l'eau &c.

Quoiqu'on emploie à dessein des broyemens assez forts pour enlever ces lames des écailles, on ne les brise, ni on ne les plie ; du moins n'en découvre-t-on point qui soient brisées ou pliées ; & suivant les observations de M. de Reaumur, ces petites lames paroissent au microscope à peu-près égales, & toujours coupées en ligne droite dans leur grand côté. L'argent le mieux bruni n'approche pas de l'éclat que ces petites lames préfentent aux yeux, aidés du microfcope.

Il réfulte de là, qu'étant minces & taillées régulièrement, elles font très-propres à s'arranger fur le verre, & à y paroître avec le poli & le brillant des vraies perles : enfin, elles cédent aifément au plus léger mouvement, & femblent dans une agitation continuelle, jufqu'à ce qu'elles foient précipitées au fond de l'eau. *Encycl.*

ESTAIM ou ETAIM ; nom qu'on donne à une forte de longue laine, qu'on a fait paffer par un peigne, ou grande carde, dont les dents font longues, fortes, droites, & pointues par le bout.

Lorfque cette laine a été filée, & bien torfe, on lui donne le nom de *fil d'eftaim*, & c'eft de ce fil dont on forme les chaînes des tapifferies de haute & baffe-liffe, & de plufieurs fortes d'étoffes.

On appelle *ferges à deux eftaims*, les ferges dont la chaine & la traime font entiérement de ce fil ; & *ferges à un eftaim*, ou *ferges fur eftaim*, celles dont il n'y a que la chaine qui foit de fil d'eftaim. Les ferges à deux eftaims font plus razes & plus fines que les autres. On a nommé *étamine*, une étoffe fabriquée de fil d'étaim.

Le fil d'eftaim fert encore à faire des bas, & autres ouvrages de bonnéterie, foit au métier, foit au tricot, ou à l'aiguille ; & c'eft cette efpèce de fil que les ouvriers bonnetiers nomment vulgairement *fil d'eftame*, d'où les bas de ce fil ont pris le nom de *bas d'eftame*.

On appelle *bas d'eftame*, *gants d'eftame*, &c. ceux de ces ouvrages qui ont été fabriqués avec cette qualité de fil, pour les diftinguer des ouvrages de bonnéterie drapée, qui font faits de fil de traime, qui eft plus lâchement filé que celui d'eftame. Voyez *Bas*.

ESTAMES ou ESTAMET ; petite étoffe de laine, qui fe fait à Châlons fur Marne, & aux environs.

Le réglement de 1669 n'ayant rien décidé fur les longueurs & largeurs des eftamets, les juges des manufactures en tirent un le 24 Août 1672, fur la remontrances de l'infpecteur de la province de Champagne, par lequel leur largeur fut fixée à une aune 7 8mes. de Châlons, fur le métier, pour revenir bien & duement foulée, à 7 8mes., aunes de Paris.

ESTAMPE. (*Gravure.*) On appelle *eftampe*, une empreinte de traits qui ont été creufés dans une matière folide. Voyez *Gravure*.

Pour produire une eſtampe, on creuſe des traits ſur une matière ſolide ; on remplit ces traits d'une couleur aſſez liquide pour ſe tranſmettre à une ſubſtance ſouple & humide, telle que le papier, la ſoie, le vélin &c. On applique cette ſubſtance ſur les traits creuſés & remplis d'une couleur détrempée. On preſſe, au moyen d'une machine, la ſubſtance qui doit recevoir l'empreinte, contre le corps ſolide qui doit la donner ; on les ſépare enſuite, & le papier, la ſoie ou le vélin, dépoſitaires des traits qui viennent de s'y imprimer, prennent alors le nom d'eſtampe.

Cette manœuvre ſuffit pour faire entendre d'une manière générale, ce que ſignifie le mot *eſtampe* ; mais comme il y a pluſieurs ſortes d'eſtampes, & que l'art de les produire, par une ſingularité très-remarquable, eſt moderne, tandis que la gravure a une origine ſi ancienne, qu'on ne peut la fixer, je vais entrer dans quelques détails.

L'eſtampe peut auſſi ſe définir une eſpèce de peinture, dans laquelle premièrement on a fixé par des lignes, le contour des objets ; & ſecondement l'effet que produiſent ſur ces objets les jours & les ombres qu'y répand la lumière. Le noir & le blanc ſont les moyens les plus ordinaires dont on ſe ſert ; encore le blanc n'eſt-il que négativement employé, puiſque c'eſt celui du papier qu'on a ſoin de réſerver pour tenir lieu de l'effet de la lumière ſur les corps.

Cette lumière dans la nature, frappe plus ou moins les ſurfaces, en raiſon de leur éloignement du point d'où elle part, & ſe répand.

Il réſulte de-là que les ſurfaces les plus éclairées ſont indiquées ſur l'eſtampe par le blanc pur : celles qui ſont moins lumineuſes, y ſont repréſentées foiblement obſcurcies par quelques traits légers ; & ces traits qu'on appelle *tailles*, deviennent plus noirs, plus preſſés ou redoublés, à meſure que l'objet doit paroître plus enveloppé d'ombre, & plus privé de lumière. On ſentira aiſément par cette explication, que cette harmonie qui réſulte de la lumière & de ſa privation (effet qu'en terme de peinture on appelle *clair-obſcur*) & la juſteſſe des formes, ſont les principes de la perfection des eſtampes, & du plaiſir qu'elles cauſent. L'on croira aiſément auſſi que les deux couleurs auxquelles elles ſont bornées, les privent de l'avantage précieux & du ſecours brillant que la peinture tire de l'éclat & de la diverſité du coloris ; cependant l'art des eſtampes, en ſe perfectionnant, a fait des efforts pour vaincre cet obſtacle, qui paroît inſurmontable. L'adreſſe & l'intelligence des habiles artiſtes ont produit des eſpèces de miracles, qui les ont fait franchir les bornes de leur art.

En effet, les excellens graveurs qu'ont employés Rubens

Vandeyck & Jordans, se sont distingués par leurs efforts dans cette partie.

Enfin, il ne faut que s'arrêter sur les belles estampes de ces graveurs, & sur celles de Corneille Vischer, d'Antoine Masson, des Nanteuils, des Drevets, & de tant d'autres, pour avouer que l'art des estampes a été porté à la plus grande perfection.

J'ajouterai à cette occasion, que l'estampe regardée comme le produit de l'impression, s'appelle *épreuve* : ainsi l'on dit d'une estampe mal imprimée c'est une mauvaise épreuve : on le dit aussi d'une estampe dont la planche est usée, ou devenue imparfaite. *Article de M.* Watelet. *Encycl.*

Les estampes sont comme on vient de voir, très-utiles & très-nécessaires, pour la perfection des arts & des sciences, & pour le plaisir & la récréation.

Les estampes étant donc si généralement utiles & nécessaires, chacun peut s'en procurer suivant la profession qu'il exerce, & suivant son goût & son inclination. Mais pour le faire avec utilité, il faut en faire un bon choix, ne s'attacher qu'aux bonnes, autant qu'il est possible ; & parmi les bonnes, s'attacher sur-tout à ce qu'il y a d'excellent. Mais pour connoitre les bonnes estampes, il faut faire attention à cinq choses qui les caractérisent.

1. Au dessin, qu'il soit correct & de bon goût.

2. A l'esprit de ce que l'estampe représente, qui est que chaque chose soit traitée suivant son caractère particulier.

3. A la manière dont la chose est représentée, qu'elle le soit par le choix de ce qu'il y a de plus beau, & de plus avantageux dans la chose même.

4. A la distribution des lumières & des ombres ; que cette distribution y soit bien observée selon les règles du clair obscur.

5. A la bonté de l'épreuve, qui consiste principalement dans la force & la vivacité des traits qui forment les ombres.

De plus, il faut consulter ceux qui s'y connoissent le mieux, pour profiter de leurs avis & de leurs conseils.

Les meilleures estampes viennent de Paris, parceque c'est là que se forment les meilleurs ouvriers, soit dans la peinture, soit dans la gravure. Il en vient aussi de très-bonnes d'Angleterre, de Hollande & d'Italie.

ESTURGEON, poisson cartilagineux, qui a le corps long & cinq rangs d'écailles osseuses, qui s'étendent d'un bout à l'autre, & qui forment les bords de cinq faces longitudinales. Le ventre est plat ; les écailles sont terminées par une petite pointe ferme & recourbée. Le bec est long, large, mince & prolongé au delà de la bouche : il y a sous le bec quatre barbillons. La bouche est pe-

tite

tite & dépourvue de dents ; la queue reffemble à celle des chiens de mer ; le deffus du corps eft d'un bleu noirâtre, & le deffous de couleur argentée. Ce poiffon entre dans les grandes rivières, & il y devient auffi grand qu'un poiffon cétacée. On en a vu qui avoient plus de 16 pieds de longueur, & qui pefoient jufqu'à deux cents foixante livres, mais dans la mer il ne paffe guère un pied & demi. L'efturgeon eft excellent à manger. *Encycl.*

La plus grande pêche d'efturgeons, qui fe faffe au monde, eft celle que font les Ruffiens à l'embouchure du Volga dans la mer Cafpienne, principalement à dix-milles au deffous d'Aftracan ; les pêcheries s'étendent jufqu'à la mer du côté du Sud-Eft jufqu'à Yaéik, & à cent milles au deffous de Zaritzenu, toute la campagne s'y fournit de ce poiffon, jufqu'à S. Pétersbourg ; la principale efpèce qu'on y trouve eft l'efturgeon. *Journal Écon.* 1754. *Mars*, *p.* 133.

Il ne faut pas confondre le grand poiffon *Belouga*, qui eft le *Huffo Danubii comitis Marfigli*, avec l'*efturgeon*. Celui-ci a rarement trois arfchins en longueur. Il y a deux fortes de caviar : l'une qui eft fraichement falée ; c'eft celle qu'on mange ordinairement en Ruffie. La feconde s'appelle *preffée* ; c'eft celle qu'on tranfporte ordinairement dans les pays étrangers. Le caviar n'eft pas propre pour la cuifine, auffi les Ruffes ne s'en fervent pas pour des fauces. On le mange avec du pain, en y ajoutant un peu de poivre, &, fi l'on veut, des oignons. Voy. *Kaviar*.

La colle de poiffon vient également de l'efturgeon & du bélouga. Voy. *Colle de poiffon*. *Mémoire de Pétersbourg de* 1758.

ESULE. Racine médicinale. L'éfule eft l'écorce d'une petite racine rougeâtre, qui produit des feuilles fort vertes, étroites & laiteufes.

Cette plante croît en plufieurs endroits de la France, mais il n'y a guère qu'en Languedoc & en Provence qu'on la cultive ; & c'eft auffi d'où on la fait venir.

Il y a plufieurs efpèces d'éfule ; mais il n'y a que celle dont on vient de faire la defcription, de laquelle on faffe commerce. Cette racine, pour être bonne, doit être nouvelle, rougeâtre, bien mondée, & d'un goût âcre, & affez défagréable. Cette plante eft une efpèce de Tithymale de la première claffe de Tournefort.

Elle croît le long des champs & des chemins. On emploie en médecine l'écorce de fa racine, qu'on envoie sèche de la Provence & du Languedoc. L'éfule purge fortement la pituite ; & c'eft pour cela qu'on l'appelle la *rhubarbe des payfans*. On la met infufer pendant trois jours dans de bon vinaigre rofat, pour corriger fon acrimonie. Quelques-uns ne la font infufer que 24 heures, d'autres renouvellent le vinaigre tous les jours, & d'autres enfin emploient différens correctifs. On ne la donne jamais qu'en infusion. Elle purge violemment par les selles, la pituite, les sérosités & l'humeur mélancolique. On s'en sert aussi dans l'hydropisie, la léthargie, la phrénésie, & dans les maladies causées par les humeurs grossières. Cette plante entre dans le négoce des épiciers-droguistes & des herboristes.

ETAIM, fil d'étaim. Voyez *Estaim*.

ETAIN, c'est un métal blanc comme l'argent, très-flexible & très-mou, qui, quand on le plie, fait un bruit ou cri (*stridor*) qui le caractérise, & auquel il est aisé de le distinguer : c'est le plus léger de tous les métaux ; il n'est presque point sonore quand il est sans alliage, mais il le devient quand il est uni avec d'autres substances métalliques. C'est donc une erreur de croire, comme font quelques auteurs, que plus l'étain est sonore, plus il est pur. La pesanteur spécifique de l'étain est à celle de l'or comme 3 est à 8.

Les mines d'étain ne sont pas si communes que celles des autres métaux ; il s'en trouve cependant en plusieurs pays, tels que la Chine, le Japon, les Indes Orientales. Celui qui nous vient de ces derniers pays est connu sous le nom d'*étain de Malaca* : on lui donne la forme de petits pains ou de pyramides tronquées ; ce qui fait que les ouvriers le nomment *étain en chapeau*. Il s'en trouve aussi en Europe ; il y en a des mines en Bohême : celle de Schlakenwald en fournit une assez petite quantité, & passe pour contenir aussi de l'argent. Mais de tous les pays de l'Europe, il n'y en a point qui ait des mines d'étain aussi abondantes & d'une aussi bonne qualité, que la Grande-Bretagne ; elle étoit fameuse pour ses mines d'étain dans l'antiquité la plus reculée : on prétend que les Phéniciens en connoissoient la route, & y venoient chercher ce métal ; (voyez le *Journal Écon.* 1758, pag. 185,) ce sont les provinces de Cornouailles & de Devonshire qui en fournissent sur-tout une très-grande quantité.

Les mines d'étain, comme celles des autres métaux, se trouvent ou par filons, ou par masses, ou par morceaux détachés. Dans la province de Cornouailles, les filons des mines d'étain sont environnés d'une terre rougeâtre ferrugineuse, qui n'est vraisemblablement que de l'ochre. Ces filons ne sont quelquefois que légèrement couverts de terre, & viennent même souvent aboutir & se montrer à nud à la surface ; mais quand ils sont cachés dans le sein des montagnes, les mineurs cherchent aux environs de l'endroit où ils soupçonnent une mine d'étain, s'ils ne trouveront point ce qu'ils appellent en anglois *fchoads* : ce font des fragmens du filon métallique , qu'ils fuppofent en avoir été détachés , foit par la violence de eaux du déluge univerfel, foit par les pluies , les torrens, ou d'autres révolutions particulières. On diftingue ces fragmens de mine des autres pierres , par leur pefanteur : on dit qu'ils font quelquefois poreux & femblables à des os calcinés. Quand ils en trouvent, ils ont lieu de croire qu'ils ne font point éloignés du filon. Ils ont encore plufieurs manières de s'affurer de la préfence d'une mine d'étain. Voyez *Mine*.

Quand on a découvert une mine d'étain, on en fait l'exploitation de même qu'aux mines des autres métaux , c'eft-à-dire , qu'on y pratique des puits, des galeries , des percemens , &c. On trouve dans les mines d'étain de Cornouailles des cryftaux polygones , que les mineurs appellent , *Cornish diamands* , diamans de Cornouailles. Je crois qu'on peut les regarder comme une efpèce de grenat : en effet , on dit qu'ils font d'un rouge tranfparent comme le rubi ; d'ailleurs , ils ont affez de dureté pour pouvoir couper le verre. Voy. *les Tranfactions Philofophiques* , n. 138. *Encycl.*

L'étain de Cornouailles fe fait avec de petites pierres noires , qu'on trouve fur la furface du terrein, & qu'on appelle *fhoad* , parcequ'on s'imagine qu'elles fortent du principal corps de la mine. Quand les ouvriers trouvent de ces pierres quelque part ils y travaillent ; fi c'eft fur un terrein un peu montagneux , on creufe des trous qui font quelquefois d'une grande profondeur, pour arriver jufqu'à la mine. Si on découvre ces pierres dans un terrein plat , l'on fait des tranchées que l'on pouffe horizontalement jufqu'à ce que l'on rencontre la veine. Lorfqu'on a amené fur terre la mine qui eft en pierres, on la brife avec des marteaux, & on la porte dans des moulins pour la laver, ce qui la met enfuite en état de paffer dans d'autres moulins qui la broyent & la réduifent en poudre. Après qu'elle a été bien lavée & nettoyée des particules de terre qui y étoient mêlées , on la fait fondre dans les fourneaux, & on coule les métal en faumons de 3 ou 400 liv. de pefanteur , fur lefquels on imprime le nom du propriétaire. La mine blanche eft d'une nature plus fine que la noire ; & on fixe la valeur du métal dans l'hôtel de la monnoie où on en fait l'effai, pour fçavoir le prix qu'on doit l'eftimer. Du tems de la Reine Elifabeth, le chevalier François Godolphin employoit 500 ouvriers dans fes propres mines , & payoit tous les ans 1000 liv. fterlings pour les droits de la douane. Avant la fin du même regne, ce commerce avoit tellement augmenté par l'induftrie & l'application infatigable du chevalier François , que les droits provenant feulement de l'étain dans ce pays, montoient au moins à 10000 liv. fterl. par an.

On trouve encore dans les veines des mines d'étain, une forte de mine appellée *mundick*, qui, à ce qu'on prétend, fert à nourrir l'étain, & qu'on a cru, pendant bien des années, n'être propre à aucun autre ufage. Cependant du tems de la Reine Elifabeth, quelques particuliers pouffés par une curiofité louable entreprirent d'en examiner la nature : mais leur deffein échoua par je ne fçais quel accident ; & on abandonna tout-à-fait le mundick, c'eft-à-dire, qu'on le jetta dans d'anciens trous, avec d'autres décombres pour les combler.

Enfin, depuis 50 années, le chevalier Gilbert Chark commença à travailler de nouveau fur le mundick. D'autres fuivirent fon exemple, & peu à peu on amena ces tentatives à un heureux fuccès : le cuivre que l'on tire de cette matière, qui autrefois n'étoit jugée bonne à aucun ufage, rapporte maintenant 150000 livres fterl. ; il égale pour le moins le meilleur cuivre de Suède, & il fournit une pierre calaminaire propre à faire l'airain, & en affez grande quantité. On eftime que cette manufacture feule occupe plus de cent milles perfonnes : & aulieu d'importer comme autrefois en Angleterre du cuivre & de l'airain pour la valeur de près de cent mille liv. fterl. par an, nous en exportons à préfent une auffi grande quantité pour ne pas dire davantage, fuivant les extraits des Auteurs Anglois, dans le *Journal Econ.* année 1758, pag. 185.

Il y a en Saxe, dans le diftrict d'Altemberg, une mine d'étain en maffe que les Allemands nomment *flockwerck*, qui peut être regardée comme un prodige dans la minéralogie ; cette mine a environ 20 toifes de circonférence, & fournit de la mine d'étain depuis la furface de la terre jufqu'à 150 toifes de profondeur perpendiculaire.

La mine d'étain fe trouve auffi par morceaux détachés, & même en pouffière, & pour lors elle eft répandue dans les premières couches de la terre : c'eft ce que les mineurs Allemands nomment *feyffenwerck*, & les Anglois *fhoads*. A Eybenftock, en Saxe, il y a une mine de cette efpèce ; on fouille le terrein l'efpace de plufieurs lieues jufqu'à fix & même dix toifes de profondeur, pour le laver & en féparer la partie métallique : on y trouve des fragmens de mine de fer & de mine d'étain, & de ces mines en poudre ; on y rencontre auffi quelquefois des paillettes d'or.

Voici, fuivant la minéralogie de M. Wallerius, les différentes efpèces de mines d'étain connues.

1°. *L'étain vierge* ; c'eft de l'étain qu'on fuppofe n'être point minéralifé, ni avec le foufre, ni avec l'arfenic, mais qui eft tout pur, & fous la forme métallique. On le dit très-rare ; cependant plufieurs naturaliftes nient l'exiftence de l'étain vierge, & prétendent que les morceaux de mine fur lefquels on voit des grains d'étain tout formés, ne préfentent ce métal que parcequ'on a employé le feu pour détacher la mine ; opération dans laquelle l'étain qui étoit minéralifé auparavant, a été réduit, c'eft-à-dire mis dans l'état métallique.

2°. *Les criftaux d'étain*, que les minéralogiftes Allemands nomment *zinn-gaupen*, c'eft de l'étain combiné avec du fer & de l'arfenic, qui a pris un arrangement régulier fous la forme de cryftaux à plufieurs côtes dont les facettes font très-luifantes ; les fommets des angles font tronqués. Ces criftaux font, à l'exception des vrais métaux, la fubftance la plus pefante qu'il y ait dans la nature. M. Nicholls dit que leur pefanteur fpécifique eft à celle de l'eau comme 90 & demi eft à 10 ; ce qui a lieu de furprendre, d'autant plus que l'étain eft le plus léger des métaux. Voy. les *Tranfactions philofophiques*. n°. 403. Ils ne font point durs ; la couleur en eft ou blanche, ou jaune, ou rougeâtre, ou brune, ou noire ; ils font ordinairement tranfparens & de différentes grandeurs.

3°. La mine d'étain appellé *zwitter* par les Allemans, c'eft de l'étain minéralifé avec le fer & l'arfenic. On ne peut point y remarquer de figure régulière ; c'eft un amas de petits criftaux difficiles à diftinguer, qui font renfermés dans des matrices ou minière de différente nature. Il paroît qu'elle ne diffère de la précédente, que par la petiteffe de fes cryftaux, & qu'elle ne doit en être regardée que comme une variété. C'eft la mine d'étain la plus commune.

4°. *La pierre d'étain* ; c'eft de la mine d'étain qui a pour matrice de la pierre de différente efpèce, qui en mafque les petits cryftaux ; ce qui fait qu'elle reffemble à des pierres ordinaires, dont on ne peut la diftinguer que par fa pefanteur, & par l'odeur arfenicale que le feu en fait fortir.

5°. *La mine d'étain dans du fable*; ce font des particules de mine d'étain qui fe trouvent mêlées avec de la terre ou du fable qu'elles rendent noir.

Il eft aifé de voir que ces deux dernières efpèces ne devroient être regardées que comme des variétés des deux précédentes ; ainfi il n'y a réellement que deux efpèces de mines d'étain : ce fon celles des n. 2 & 3. La première paroît purement chimérique.

M. Cramer, dans fa *Docimafie*, parle d'une mine d'étain blanche, demi-tranfparente, qui reffemble affez à du fpalth à l'extérieur ; c'eft, felon lui, de toutes les mines d'étain la plus rare

Cette mine eſt ſelon toute apparence, de la ſeconde eſpèce. On peut encore mettre les grenats au nombre des mines d'étain, attendu que ces pierres en contiennent ſouvent une portion, quoique très-petite. En général, on peut dire que les mines d'E-tain ſont compoſées d'étain, de beaucoup de parties ferrugineu-ſes, d'une grande quantité d'arſenic, & d'une terre ſubtile, fa-cile à vitrifier ou à réduire en ſcories.

La mine d'étain ſe trouve dans des pierres de toute eſpèce, comme les mines des autres métaux ; M. Henkel remarque ce-pendant que c'eſt le talc blanc ou argent de chat & la ſteatite, qui lui ſervent de matrice, aulieu qu'il eſt rare que ce toit du ſpalth.

La mine d'étain eſt quelquefois engagée dans des roches ſi dures, que les outils des ouvriers ne peuvent la détacher ; il y auroit de l'inconvénient à la faire ſauter avec de la poudre ; pour lors, on fait brûler du bois contre le roc, afin que le feu ve-nant à la pénétrer, la rende plus tendre & plus facile à détacher, la mine qui a été tirée de cette manière, ne peut être écraſée ſous les pilons du boccard, qu'après avoir été préalablement calcinée, parceque ſans cela, elle ſeroit trop dure.

Voici une manière de faire l'eſſai d'une mine d'étain ; elle eſt de M. Henkel. Prenez une partie d'étain noir, c'eſt-à-dire, de mine d'étain grillée, pulvériſée & lavée, ou bien de mine d'é-tain réduite en poudre, de potaſſe ou de flux noir deux parties, de poix un quart, & d'huile de lin un huitième : faites fondre bruſquement le tout dans un creuſet à grand feu. Voyaz les *Elé-mens de minéralogie* de M. Henckel, part. II.

Lorſque la mine d'étain a été préparée, elle eſt en état d'être traitée au fourneau de fuſion. Voyez le détail de cette opération, dans l'ouvrage Allemand de Rœſter qui a pour titre, *ſpeculum me-tallurgiæ politiſſimum* dans l'*Encyclop*. & le *Dict. de Commerce*.

Le fourneau de fuſion des Anglois paroît être à peu près le même que celui de Rœſter : l'étain, au ſortir du fourneau, eſt reçu dans une caſſe où il ſe purifie ; quand cette caſſe eſt remplie, on laiſſe au métal fondu, le tems de ſe figer, ſans ce-pendant ſe refroidir entièrement ; pour lors, on frappe à grands coups de marteau à la ſurface ; cela fait que l'étain ſe fend & ſe di-viſe en morceaux qui reſſemblent aſſez aux glaçons, qui s'attachent en hyver le long des toits des maiſons : c'eſt-là ce qu'on appelle *étain-vierge* ; l'exportation en eſt, dit-on, défendue ſous peine de la vie, par les loix d'Angleterre.

On fait enſuite fondre de nouveau cet étain ; on le coule dans des lingotières de fer fondu fort épaiſſes ; elles ont deux pieds & demi de long ſur un pied de large, & un demi-pied de profondeur. Ces lingotieres font enterrées dans du fable qu'on a foin de bien échauffer. Après y avoir coulé l'étain, on les couvre de leurs couvercles qui font auffi de fer. On laiffe refroidir lentement ce métal pendant deux fois vingt-quatre heures. Lorfqu'il eft tout-à-fait refroidi, on fépare chaque lingot horifontalement en trois lames, avec un cifeau, à coups de maillet. La lame fupérieure eft de l'étain très - pur, & par conféquent fort mou ; on y joint trois livres de cuivre au quintal, afin qu'on puiffe lui donner plus de corps. La feconde lame du lingot qui eft celle du milieu, eft de l'étain plus aigre ; parcequ'il eft joint à des fubftances étrangères que le travail n'a point pu entièrement en dégager : pour corriger cette aigreur, on joint cinq livres de plomb fur un quintal de cet étain. M. Geoffroy dit qu'on y joint deux livres de cuivre. La troifième lame eft plus aigre encore, & l'on y joint neuf livres de plomb, ou dix-huit, fuivant M. Geoffroi, fur un quintal ; alors on fait encore refondre le tout ; on le fait réfroidir promptement ; c'eft là l'étain ordinaire qui vient d'Angleterre. On voit par-là qu'il n'eft pas auffi pur qu'on fe l'imagine, & qu'il eft déja allié avec du cuivre & du plomb avant que de fortir du pays.

Les potiers-d'étain allient leur étain avec du bifmuth ou étain de glace. Ceux de Paris mêlent du cuivre & du régule d'antimoine avec l'étain de Malaca ; enfuite de quoi, quand ils en veulent former des vafes on de la vaiffelle, on le bat fortement à coups de marteau, afin de rendre cet alliage fonore ; c'eft ce qu'on appelle *écrouir l'étain.*

L'étain s'unit facilement avec tous les métaux ; mais il leur ôte leur ductilité, & les rend aigres & caffans comme du verre ; c'eft cette mauvaife qualité de l'étain qui l'a fait appeller par quelques chymiftes, *diabolus metallorum.* Un grain d'étain fuffit, fuivant M. Wallérius, pour ôter la malléabilité à un marc d'or ; la vapeur même de l'étain, quand il eft expofé à l'action violente du feu, peut produire le même effet : il le produit cependant moins fur le plomb, que fur les autres métaux. Voyez. *Cramer*, tome I. pag. 60. *Urbanus hiærne.* tom. II. pag. 92 & 102, & le *laboratoire chimique de* Henckel.

L'étain entre en fufion au feu très-promptement ; quand il eft fondu, il fe forme à la furface une pellicule qui n'eft autre chofe qu'une chaux métallique. Cette chaux d'étain s'appelle *potée*, elle fert à polir le verre, &c.

L'étain entre dans la compofition de la foudure pour les métaux mous. Il entre auffi dans la compofition du bronze. Pour lors on l'allie avec du cuivre.

Si on fait fondre enfemble quatre parties d'étain & une par-

tie de régule d'antimoine, & que fur deux parties de cet alliage
on en mette une de fer , on obtiendra une compofition métallique très-dure, qui fait feu lorfqu'on la frappe avec le briquet ;
fi on en met dans du nitre en fufion, il fe fait un embrafement
très-violent. Cette expérience eft de Glauber.

En faifant fondre une demi-livre d'étain, y joignant enfuite
une once d'antimoine & une demi-once de cuivre jaune , on
aura une compofition d'étain qui reffemble à de l'argent. On
peut y faire entrer du bifmuth au lieu de régule, & du fer ou
de l'acier, au lieu de cuivre jaune ; le fer rend cette compofition plus dure & plus difficile à travailler ; mais elle en eft plus
blanche. Ce procédé eft de *Henckel*.

M. Wallerius rapporte un phénomene de l'étain qui mérite
de trouver place ici : » Si on met du fer dans l'étain fondu, ces
» deux métaux s'allient enfemble ; mais fi on met de l'étain dans
» du fer fondu, le fer & l'étain fe convertiffent en petits globu-
» les, qui crevent & font explofion comme des grenades. «
Voyez *la minéralogie de* Wallerius, *tom. I. pag.* 546.

Si on fait un alliage avec de l'étain, du fer, & de l'arfenic ,
on aura une compofition blanche, dure, un peu caffante, propre à faire des chandeliers , des boucles, &c. mais elle noircit
à l'air , après y avoir été expofée quelque tems.

L'étain s'attache extérieurement au fer & au cuivre : c'eft fur
cette propriété qu'eft fondée l'opération d'étamer. Voyez cet
article, & celui de *fer blanc*.

L'étain fait une détonation vive avec le nitre ; il donne une
flamme très-animée : par cette opération il fe réduit en une chaux
abfolue. Cinq parties d'étain en grenailles, mêlées avec trois
parties de foufre pulvérifé & mifes fur le feu, s'enflamment vi-
vement, & l'étain fe réduit en une chaux d'une couleur de cendres ; fi on continue la calcination, cette chaux devient brune
comme de la terre d'ombre ; fi on l'expofe au fourneau de ré-
verbere, elle devient d'un blanc fale ou jaunâtre : cette chaux
d'étain fondu avec du verre de plomb & du fable, forme un verre opaque d'un blanc de lait, propre aux émaux, & à faire la
couverte de la fayence. Voy. *émail & fayance*

L'efprit de nitre diffout l'étain, mais il faut qu'il ne foit point
trop concentré. Cette diffolution eft d'un grand ufage pour la
teinture en écarlate, parce qu'elle exalte confiderablement la
couleur de la cochenille, & produit la couleur écarlate, ou le
ponceau : mais pour réuffir , il faut que la diffolution de l'étain
dans l'eau-forte fe faffe lentement ; parce qu'il eft important de
ne pas laiffer diffiper la partie mobile de l'acide nitreux qui part
lorfque la diffolution fe fait trop rapidement : rien n'eft donc
plus à propos que d'affoiblir ce diffolvant.

L'étain s'amalgame très-bien avec le mercure, & fait avec lui une union parfaite : c'eſt ſur cette propriété qu'eſt fondée l'opération d'étamer les glaces.

Mais parmi les phénomenes que préſente l'étain, il n'en eſt point de plus remarquable que celui par lequel on obtient la précipitation de l'or en couleur pourpre. Cette opération ſe fait en mettant tremper des larmes d'etain bien minces & bien nettes dans une diſſolution d'or, dans l'eau régale étendue de beaucoup d'eau : pour lors il ſe fait un précipité d'un rouge foncé ou pourpre très-beau. Ce précipité duement préparé, peut ſervir à donner de la couleur aux verres, aux pierres précieuſes factices, aux émaux, à la porcelaine, &c. Il y a beaucoup d'autres façons de la préparer, qu'il ſeroit trop long de rapporter ici. Celle que nous venons d'indiquer eſt celle de *Caſſius*, chymiſte Allemand. L'étain ainſi uni avec la diſſolution d'or ſans être édulcorée, peut teindre en pourpre la laine blanche, les poils, plumes & os, &c. en les faiſant tremper dans de l'eau chaude, où l'on aura mis un peu de la diſſolution qui vient d'être décrite. Voyez Junker *confpectus chimiæ, tab. xxxvij. p. 966*. La diſſolution d'étain ayant la propriété de donner une couleur pourpre avec la diſſolution de l'or, il n'eſt point de moyen plus ſûr pour éprouver s'il y a de l'or mêlé avec quelqu'autre matiére ; parce que pour peu qu'il y en ait, la diſſolution d'étain verſée dans la diſſolution d'or ne manquera pas de le déceler.

Les uſages de l'étain ſont très-connus. On en trouvera quelques-uns à la ſuite de cet article. Le plus univerſel eſt en poterie d'étain. On en fait des aſſiettes, des plats, des pots, des pintes, & toutes ſortes d'uſtenſiles de ménage. Mais une choſe que bien des gens ignorent, c'eſt que l'uſage des vaiſſeaux d'étain peut être très-pernicieux, non ſeulement lorſque ce métal eſt allié avec du plomb, mais encore lorſqu'il eſt ſans alliage. M. Margraff a fait voir dans les *Mémoires de l'Académie Royale des Sciences de Berlin, année* 1747, que tous les acides des végétaux agiſſoient ſur l'étain, & en diſſolvoient une partie : pour cet effet, il a laiſſé ſéjourner du vinaigre, du vin du Rhin, du jus de citron, &c. dans des vaiſſeaux d'étain d'Angleterre, d'étain de Malaca, & d'étain d'Allemagne, & toujours il a trouvé qu'il ſe diſſolvoit une portion d'étain. Ce ſçavant chymiſte prouve dans le même mémoire, que l'étain contient preſque toujours de l'arſenic, non que cette ſubſtance ſoit de l'eſſence de ce métal, puiſqu'il a obtenu de l'étain qui n'en contenoit point du tout, mais parceque ſouvent les mines d'étain contiennent ce dangereux demi-métal, qui dans l'opération de la fuſion s'unit très-facilement avec l'étain, & ne s'en ſépare plus que très-difficilement. M. Margraff conclud delà que l'usage journalier des vaisseaux d'étain doit être très-pernicieux à la santé, sur-tout si l'on y laisse séjourner des liqueurs aigres ou acides.

A l'égard des usages médicinaux de l'étain, parceque nous avons dit, on voit qu'ils doivent être très-suspects ; cependant on le fait entrer dans celui qu'on appelle l'*antihectique de potier*, qui n'est autre chose que de l'étain & du régule d'antimoine flétonnés avec trois parties de nitre : mais les gens sensés savent que c'est un fort mauvais remède, & qui doit être par conséquent banni de la médecine. Pour les autres usages de l'étain, nous renvoyons aux articles *étamer*, *facteur d'orgue*, *fer-blanc*, *glaces*, &c. *Encyclop.*

ETAIN, (*Potiers-d'étain*) Tout ce que nous ajoutons sur l'étain (disent les Encyclopédistes,) a été tiré du *Diction. du Commerce & du Dictionnaire de Chambers*. La distinction des différens étains, ainsi que les autres opérations qui se font dans la boutique du potier d'étain, se sont trouvées assez exactes. Les potiers d'étain distinguent l'étain doux qui est le plus fin d'avec l'étain aigre qui ne l'est pas tant. L'étain doux étant fondu & coulé, puis refroidi, est uni, reluisant, & maniable comme le plomb. Celui qu'on appelle *du Pérou*, qu'on nomme *petits chapeaux*, est le plus estimé : c'est de cet étain doux que les facteurs d'orgue font les tuyaux de montre de buffet, & les miroitiers le battent en feuilles pour donner le teint aux glaces avec le vif-argent.

Pour employer de l'étain doux en vaisselle, les potiers-d'étain y mettent de l'aloi. Cet aloi est du cuivre rouge, qu'on nomme *cuivre de rosette*, fondu à part, & que l'on incorpore dans l'étain étant aussi fondu. La dose est d'environ cinq livres de cuivre par cent d'étain doux : quelques-uns n'y en mettent que trois livres, & une livre d'étain de glace ou bismuth, & pour lors il perd sa qualité molle, devient ferme, dur, & plus sonnant qu'il n'étoit. A l'égard de l'étain aigre, on y met moins de cuivre, selon qu'il l'est plus ou moins, & quelquefois point du tout, principalement si on veut l'employer en poterie d'étain, & qu'on en ait du vieux qui ait servi pour le mêlanger, & qui l'adoucit.

Pour connoître le titre ou la qualité de l'étain, on en fait l'essai. Voy. *Essai*, & *la suite de cet article*.

Les étains qui nous viennent d'Angleterre sont sous plusieurs formes différentes: Les uns sont en lingots, les autres en saumons, & les autres en lames qu'on nomme *verges*. Les lingots pèsent depuis trois livres jusqu'à 35 ; les saumons depuis deux cents cinquante livres jusqu'à environ quatre cents ; & les lames environ une demi-livre. Les saumons sont d'une figure quarrée, longue & épaisse comme une auge de maçon ; mais tout pleins. Les lingots font de la même forme, & les lames font étroites & minces. *Encycl.*

L'étain en faumon d'Angleterre, eft de deux fortes ; l'un, qu'on appelle *à la rofe ;* & l'autre qu'on nomme *à l'agneau.* La rofe eft la marque d'Angleterre ; & l'agneau, la marque de Rouen, où l'on examine l'étain en arrivant.

Les pièces de ce métal reçoivent, dès le moment de leur fonte, la marque du pays d'où elles fortent, qui eft fouvent une rofe imprimée fur un des coins de la pièce ; cette marque ne donne aucun préjugé de fa qualité ; mais à Rouen, les potiers d'étain qu'on nomme *étamiers,* ont le droit d'en faire l'effai à l'arrivée, en coupant, au deffous de la pièce, un petit morceau d'environ une livre pefant, qu'ils font fondre. Voy. *Fondre l'étain.*

Si la pièce fe trouve d'un étain très-doux, ils la marquent d'un poinçon où font gravées les armoiries de *la* ville, qui font un agneau pafcal ; & alors on appelle cette pièce *étain à l'agneau,* qui eft le plus eftimé. Celles qui ne font pas tout-à-fait douces, mais approchantes du doux, on les marque à un des coins de trois traits de rouanne, de la longueur d'un demi-pied chacun, qui, fortant d'un même centre, s'éloignent les uns des autres, & font la figure que les charpentiers appellent *patte d'oie,* & que ceux-ci nomment *griffe.*

Celles qui font encore moins douces, font marquées de deux griffes ; celles d'après le font de trois griffes : enfin, celles qui font tout-à-fait aigres, le font de quatre griffes, une a chaque coin.

A l'égard des pièces qui fe trouvent quelquefois fourrées d'écume ou de machefer, outre les quatre griffes, on leur coupe encore une, deux, trois, & même les quatre oreilles, à proportion de la mauvaife qualité qu'on y remarque. Les étamiers qui font cette opération, fe font payer 10 fols pour chaque pièce, outre le morceau qu'ils ont coupé pour en faire l'effai.

Il fe tire des Indes Efpagnoles, une forte d'étain très-doux qui vient en faumons fort plats, du poids de 120 à 130 liv. Il en vient auffi de Siam par maffes irrégulières, que les potiers-d'étain nomment, *lingots,* quoiqu'ils foient bien différens de ceux d'Angleterre (a). L'étain d'Allemagne qui fe tire de Hambourg eft en faumons de 200 jufqu'à 250 livres, ou en petits lingots de huit à dix livres, qui ont la figure d'une brique ; ce qui les fait appeller de *l'étain en brique.* L'étain d'Allemagne eft eftimé le moins bon,

---

(a) Les mines d'étain font très-abondantes dans tout le pays du royaume de Siam, & lui procurent un avantage réel. L'étain de Siam eft ce métal mixte, participant du plomb & du cuivre, que les Portugais ont appellé *Culin,* ou *Callin,* Voy. *cet article.*

à cause qu'il a déja servi à blanchir le fer en feuille ou fer-blanc.

L'étain des pays appartenans à l'Impératrice Reine de Hongrie, se trouve à Vienne en Autriche, au bureau pour la vente & débit des métaux, établi en 1759. suivant le *Journal de Commerce*, Avril p. 179.

Etain de glace, voyez *Bismuth*. Il sert à faire de la soudure légère.

Une matière qui ressemble assez à l'étain de glace, mais qui est plus dure, qu'on appelle du *zinc*, sert aux potiers d'étain pour décrasser l'étain l'orsqu'il est fondu, avant que de l'emploier pour le jetter en moule, sur-tout si c'est de la vaisselle; il faut prendre garde d'en mettre trop, car il occasionne des soufflures aux pièces. Ces soufflures sont de petits trous cachés dans l'intérieur des pièces, sur-tout si elles sont fortes, & ces trous ne se découvrent qu'en les tournant sur le tour. Une once ou environ de *zinc* suffit pour décrasser 400 à 500 livres d'étain fondu. Les chauderonniers ne pourroient faire leur soudure sans *zinc*, &c. Voy. *Zinc*.

L'étain en feuille, est de l'étain neuf du plus doux, qu'on a battu au marteau sur une pierre de marbre bien unie. Il sert aux miroitiers à appliquer derrière les glaces des miroirs, par le moyen du vif-argent qui a la propriété de l'attacher à la glace; ce sont les maîtres miroitiers qui travaillent cette sorte d'étain pour le réduire en feuilles. Il se tire de Hollande une espèce d'étain battu dont les feuilles sont très-minces & ordinairement roulées en cornet, elles sont ou toutes blanches, ou mises en couleur, seulement d'un côté. Les couleurs qu'on leur donne le plus communément sont le *rouge*, le *jaune*, le *noir*, & *l'aurore*; ce n'est qu'un vernis appliqué sur l'étain: c'est de cette sorte d'étain que les marchands épiciers-ciriers appellent de *l'appeau*, dont ils mettent sur les torches & autres ouvrages de cire qu'ils veulent enjoliver, & dont les peintres se servent dans les armoiries, cartouches, & autres ornemens, pour les pompes funèbres, ou pour les fêtes publiques. *Encycl.*

L'appeau vient dans de petites boîtes, chaque boite contenant pour l'ordinaire une grosse, ou douze douzaines de feuilles. Il doit être choisi uni, bien verni, ou coloré, entier, & le mieux roulé qu'il est possible.

Etain en treillis ou *en grilles*. On nomme ainsi certains ronds d'étain à claire voie, que l'on voit attachés aux boutiques des potiers-d'étain, & qui leur servent comme de montre ou d'étalage. Ces treillis sont, pour l'ordinaire, d'étain neuf, doux, sans aloi, c'est-à-dire, qui est tel qu'il étoit en saumons ou lingots, à la fonte près qu'on lui a donnée, pour le mettre en treillis. Cette espèce d'étain se vend aux miroitiers, vitriers, ferblantiers, plombiers, facteurs-d'orgue, éperonniers, chauderoniers, & autres femblables ouvriers qui emploient ce métal dans leurs ouvrages. Les potiers-d'étain mettent l'étain en treillis pour la facilité de la vente, étant plus aifé de le débiter de cette manière qu'en lingots ou faumons.

Etain d'antimoine, que les potiers-d'étain nomment vulgairement *métal*; c'eft de l'étain neuf qu'on a allié de régule d'antimoine, d'étain de glace, & de cuivre rouge, pour le rendre plus blanc, plus dur, & plus fonnant. Cet alliage fe fait en mettant fur un cent pefant d'étain huit livres de régule d'antimoine, une livre d'étain de glace, & quatre à cinq livres de cuivre rouge plus ou moins, fuivant que l'étain eft plus ou moins doux. On ne l'emploie guère qu'en cuillières & fourchettes, qu'on polit en façon d'argent Voyez *Poli*.

Etain plané, c'eft de l'étain neuf d'Angleterre, comme il eft dit ci-devant. On le nomme *étain plané*, parcequ'il eft travaillé au marteau fur une platine de cuivre placée fur une enclume avec un ou deux cuirs de caftor entre l'enclume & la platine. Cette manière de planer l'étain le rend très-uni tant deffus que deffous, & empêche qu'il n'y paroiffe aucuns coups de marteau. Il n'y a que la vaiffelle qui fe plane.

Etain fonnant ou *étain fin*, c'eft celui qui eft un peu moindre que le plané, où il y a plus de vieux étain, & qui eft plus aigre; ce qui le rend inférieur à l'étain plané, & à meilleur marché.

Etain commun; on le fait en mettant 15 livres de plomb fur un cent d'étain neuf : ou 20 livres: fi l'étain neuf eft bien bon.

Les potiers-d'étain vendent à différens artifans une forte de bas étain, moitié plomb & moitié étain neuf, qu'ils appellent *claire foudure* ou *claire étoffe* : cette efpèce d'étain eft la moindre de toutes. Il n'eft pas permis aux potiers-d'étain de l'employer dans aucun ouvrage, fi ce n'eft en moule, pour la fabrique des chandelles; à quoi il eft trés-propre. On en fait auffi quantité de petits ouvrages, que les merciers appellent du *bimblot*.

Etain en rature, ou *rature d'étain*, c'eft de l'étain neuf fans alliage, que les potiers-d'étain mettent en petites bandes très-minces, larges environ d'une ligne à deux, par le moyen du tour & d'un inftrument coupant nommé *crochet*. Cet étain en rature fert aux teinturiers pour leurs teintures, étant plus facile à diffoudre dans l'eau forte, quand il eft ainfi raturé, que s'il étoit en plus gros morceaux. Ils le mettent au nombre des drogues non colorantes; ils s'en fervent particulièrement pour le rouge écarlate. (a)

(a) L'étain de Malaca eft regardé comme le plus fin, & il eft préféré au Bimaas pour les teintures en écarlate, & par les ouvriers qui mettent les glaces au teint.

Il entre de l'étain dans l'alliage des métaux qui servent à fondre les pièces d'artillerie, les cloches & les statues ; mais suivant diverses proportions. L'alliage pour l'artillerie, est de 6, 7 & 8 livres d'étain, sur 100 livres de rosette. L'étain empêche les chambres dans la fonte des canons ; mais aussi il est cause que la lumière resiste moins, Voyez *Bronze Encycl.*

C'est par le juste assortiment de l'étain & du plomb, qu'on forme les tuyaux innombrables du jeu d'orgue.

Le plomb & l'étain réunis servent encore à la fabrique des caractères d'imprimerie.

On appelle *potée d'etain* de l'étain calciné, & reduit en poudre grisâtre. Cette potée sert à donner le dernier poli aux ouvrages de fer, d'acier ou de fonte, qui demandent un grand éclat : aussi font-ce les armuriers, fourbisseurs, couteliers, faiseurs de miroirs, cilindres & cônes de fonte & d'acier, qui en consomment le plus. Il s'achète ordinairement des maîtres potiers d'étain, qui s'en servent aussi à frotter leurs marteaux, brunissoirs, & autres instrumens de leur métier, pour les rendre plus polis & plus doux. Les marbriers en emploient encore à polir leur marbre.

La potée d'étain, plusieurs fois calciné, devient d'un très-grand blanc. C'est cette drogue que les chymistes déguisent sous les divers noms de *céruse d'étain*, de *chaux d'étain*, de *poudre d'étain*; de *blanc d'Espagne*, & de *Boxoard Jovial.*

Il étoit autrefois permis aux François d'enlever de l'étain d'Angletterre, en payant le double des droits de sortie que payoient les Anglois. Ce commerce leur est à-présent interdit, & il n'y a plus qu'une seule compagnie angloise qui, à l'exclusion de tout autre, ait le privilège d'en faire le négoce ; ce qui a doublé au moins le prix de l'étain. *Encycl.*

Manière de dissoudre l'étain pour en faire de l'eau-forte à l'usage des Teincuriers.

Prenez de l'étain fin, jettez d'abord un peu d'eau claire par-dessus ; ensuite versez-y de l'eau-forte ordinaire qui le dissoudra en peu de tems. Cette dissolution est d'un blanc de lait, & il faut la détremper en y ajoutant encore de l'eau-forte jusqu'à ce qu'elle soit claire. La dose ordinaire est d'un quart d'once d'étain pour une once d'eau-forte. *Journal Écon.* A. 1759, p. 268.

Etain, (*Essayer de l'*) On fait l'essai de l'étain de cette manière, pour en connoître la qualité & le titre. On prend une pierre de craie dure, sur laquelle on fait un trou rond comme la moitié d'un moule de bale, qui contient environ deux onces

d'étain ; on y joint une petite coulure de deux pouces de long
& d'une ligne de large , & à-peu-près aussi profonde , & cela
sur la surface plate de la pierre ; & par le moyen de cette coulure qu'on nomme *le jet*, on emplit ce trou d'étain fondu ; &
lorsqu'il est froid , on voit sa qualité. L'étain doux est clair, uni,
d'égale couleur dessus & dessous ; il se retire comme un petit
point au milieu de l'essai. L'étain fin aigre se retire plus au milieu , & pique de blanc sur la surface. Il est uni & luisant pardes-
sous. L'étain fin qui est moins bon , est tout blanc dessus & dessous. L'étain commun est tout blanc aussi, excepté où la queue
du jet joint le rond de l'essai , où il se trouve peu de brun ; & plus
ce brun paroît avant dans l'essai , moins l'étain est bon : ensorte que
si l'essai perd tout son blanc & devient brun en entier , ce n'est
plus de l'étain commun, mais de *la claire* , que les potiers d'é-
tain ne peuvent travailler : cela sert aux chauderonniers pour
étamer , & aux vitriers pour souder les panneaux en plomb ; on
peut cependant remettre cette claire en étain commun, en mettant sur chaque livre une livre d'étain fin.

L'étain fin qui se trouve abaissé, se rétablit en y mettant une
quantité suffisante de bon étain neuf ou de plané.

Il y en a qui essaient d'une autre manière : on prend un moule à faire des balles de plomb , & on jette de l'étain dedans ; on
pese les balles des différens étains qu'on a jettés, & le plus léger
est le meilleur.

Enfin, une méthode d'essayer plus commune & plus ordinaire, est de toucher avec un fer à souder la pièce qu'on veut
essayer ; & on connoît si elle est bonne ou mauvaise à l'inspec-
tion de la touche.

La touche est un coup de fer chaud en coulant, qui dénote la
qualité de l'étain ; s'il est fin , l'endroit touché est blanc, & pique
un petit point au milieu : au commun , l'endroit touché est brun
autour, & blanc au milieu ; moins il y a de blanc , moins l'é-
tain est bon : cela a assez de rapport à l'essai à la pierre , & les
gens du métier s'en servent plutôt pour essayer quelque pièce
douteuse, que pour essayer des saumons ou gros lingots ; car
pour ceux-ci, il faut revenir à l'une ou l'autre des deux manières
ci-dessus.

Il est constant que la matière d'étain, principalement le com
mun peut s'altérer en y mettant plus de plomb qu'il ne faut :
mais outre qu'un autre ouvrier s'y connoîtra aisément, l'obligation où se trouve chaque maître de mettre son poinçon sur son
ouvrage, ne le fera-t-il pas connoître pour ce qu'il est ? Si dans
les provinces où on n'est point assujetti aux visites des jurés , &
où on ne marquera pas sa mauvaise marchandise , on croit faire

plus de profit, c'eſt un mauvais moyen : car 1°. à l'œuvre on connoît l'ouvrier, & la marchandiſe ſe connoît à l'uſer ; 2°. ce qu'on croit gagner d'un côté on le perd de l'autre, parcequ'elle eſt plus mal-aiſée à travailler ; 3°. enfin, on ſe trompe ſouvent ſoi-même, parcequ'étant renfermée dans un certain canton, cette marchandiſe revient pour la plus grande partie à l'ouvrier qui l'a faite, ou aux ſiens après-lui : ainſi il eſt de l'intérêt & de l'honneur du potier-d'étain d'être fidèle dans ſa profeſſion *Encycl.*

ETAMER. Etamer n'eſt autre choſe qu'appliquer une lame legère d'étain ſur un autre métal ; ce qui èſt la même choſe que ſouder. Les chauderonniers ſe ſervent d'un alliage compoſé de deux parties d'étain & d'une partie de plomb pour étamer les uſtenſiles de cuiſine qui ſont de cuivre. Pour cet effet, on avive la pièce qu'on veut étamer, c'eſt-à-dire, qu'on la racle avec un racloir ou inſtrument de fer tranchant, arrondi par le bout & arrêté dans un manche de bois aſſez long ; on fait chauffer la pièce après qu'elle a été avivée ; on y jette de la poix-réſine, & enſuite l'étain fondu, que l'on froie & étend avec une poignée d'étoupes. Il y a encore une autre façon d'étamer ; c'eſt avec le ſel ammoniac. Pour cet effet, on met la caſſerolle ou pièce qu'on veut étamer ſur le feu ; lorſqu'elle eſt bien chaude, on y jette du ſel ammoniac dont on froie le dedans de la pièce, ce qui nettoie parfaitement le cuivre : on y verſe promptement l'étain fondu, & on l'étend en frottant avec de l'étoupe & du ſel ammoniac. On ſe flate, au moyen de cet étamage, de s'être mis à couvert des dangers de cuivre (Voyez *l'article Cuivre*) : mais il eſt facile de prouver que c'eſt une erreur, & que ſans remédier totalement à un mal, on s'expoſe à beaucoup d'autres. 1°. L'étamage ne couvre jamais parfaitement & entièrement le cuivre du vaiſſeau qu'on veut étamer ; pour s'en aſſurer, il ſuffit de regarder au microſcope, une pièce qui vient d'être étamée, & l'on y remarquera toujours des parties cuivreuſes qui n'ont point été recouvertes par l'étamage ; & l'on ſait qu'une très-petite quantité de cuivre peut cauſer un très-grand mal. 2°. L'alliage dont on ſe ſert pour étamer, eſt compoſé d'étain & de plomb : les acides des végétaux ſont très-diſpoſés à aigrir ſur ce dernier métal, qui mis en diſſolution, fournit un poiſon très-dangereux. 3°. Quand il n'entreroit que de l'étain bien pur dans l'étamage, on ne ſeroit point encore exempt de tout danger, attendu que l'étain contient toujours une portion d'arſenic, qu'il eſt preſque impoſſible d'en ſéparer par la voie ſèche. Joignez à toutes ces conſidérations, que ſouvent le dégré de feu qu'on emploie pour faire un ragout, eſt plus que ſuffiſant pour faire fondre l'étamage ; & pour lors le

cuivre

cuivre doit rester à nud, du moins dans quelques endroits. *Encycl.*

Etamer, en termes de cloutier d'épingle, c'est donner aux clous de cuivre, &c. une couleur blanche qui imite celle de l'argent, par le moyen de l'étain ; ce qui se fait en faisant chauffer les clous dans un pot de terre jusqu'à un certain point : après quoi on jette dans ce pot, de l'étain bien purifié & du sel ammoniac. L'étain se fond par la chaleur des clous, s'y amalgame, & les rend blancs. *Encycl.*

Etamer des miroirs, c'est y étendre sur le derrière, une composition qui s'y attache bien étroitement, & qui sert à réfléchir l'image des objets. Voyez *Miroir*.

La couche que l'on applique ainsi sur le derrière d'un miroir, s'appelle *feuille* : elle se fait ordinairement de vif-argent, mêlé avec d'autres ingrédiens. Voyez *Mercure*.

Dans les *Transactions philosophiques*, n°. 245 ; on trouve une méthode d'étamer les miroirs qui sont en forme de globe ; c'est M. Soutwell qui l'a communiquée au public. Le mélange dont il se sert, est composé de trois onces de mercure & d'autant de macassite d'argent, d'une demi-once d'étain & pareille quantité de plomb ; on jette sur ces deux dernières matières le macassite, & ensuite le mercure ; on les mêle & on les remue bien ensemble sur le feu : mais avant que d'y mettre le mercure, il faut les retirer de dessus le feu, & attendre qu'elles soient presque refroidies.

Pour en faire usage, le verre doit être bien chaud & bien sec. L'opération réussiroit pourtant sur un verre froid, quoiqu'elle se fît avec plus de succès sur un verre chaud. Chambers. *Encycl.*

Etamer. Les plombiers appellent *étamer*, ou *blanchir le plomb, le couvrir de feuilles d'étain*, après l'avoir fait chauffer ; & ils nomment *fourneau à étamer*, une espèce de large foyer de brique, sur lequel ils allument un feu de braise, au dessous des ouvrages qu'ils veulent blanchir.

Pour rendre les tables de plomb plus solides, quand on les emploie à des cuvettes, des terrasses, & des réservoirs, on les fait étamer en y jettant dessus de l'étain chaud pour boucher les soufflures. *Encycl.*

ETAMINE ; petite étoffe très-légère, non croisée, composée d'une chaîne & d'une trame, qui se fabrique avec la navette sur un métier à deux marches, ainsi que les camelots & la toile.

Il se fait des étamines toutes de soie, tant en chaîne qu'en trame ; d'autres, dont la trame est de laine & la chaîne de soie ; d'autres, dont la chaîne est moitié soie & moitié laine, & la trame toute de laine ; & d'autres entièrement de laine, tant en chaîne qu'en trame.

Tome II. M m

Si vous fabriquez une étoffe dont la trame ne soit point velue, ainsi qu'il y en a beaucoup, mais où cette trame soit de fil d'étaim ou de laine peignée comme la chaîne, vous aurez une étoffe lisse, qui eu égard à l'égalité ou presqu'égalité de ses deux fils, se nommera *étamine* ou *étoffe à deux étaims*.

Une étoffe fine d'étaim sur étaim à deux marches & serrée au métier, sera l'étamine du Mans. *Encycl.* Voyez le *Journal de Commerce*, Avril 1760, p. 196. sur le commerce des étamines noires du Mans.

ETAMINE, (*Manuf. en soie.*) La soyerie a ses étamines, ainsi que la draperie. On en distingue de simples & de jaspées. L'étamine simple est une étoffe dont la chaîne n'est point mêlangée, & qui est tramée de galette, laine, &c. La jaspée a la chaîne montée avec un organsin retors, teint avec deux fils de deux couleurs différentes, & elle est tramée, de galette, laine, &c.

Ces étamines se tirent particuliérement d'Avignon & de Lyon. Les femmes s'en servent à faire des écharpes & des coëffes pour le deuil.

Les largeurs ordinaires de ces sortes d'étamines de soie, sont 5 8mes. d'aune & 1 demi aune juste : chaque pièce ayant 80 à 82 aunes de longueur, mesure de Paris.

Les statuts des marchands, maîtres, ouvriers en draps d'or, d'argent & soie, & autres étoffes mêlangèes, des villes de Paris, Lyon & Tours, de l'année 1667, portent que ces sortes d'étamines soient de bonne & pure soie, tant en chaîne qu'en trame.

Les lieux où il s'en fait le plus, sont Reims, Amiens, Châlons, Montmirel, le Lude, le Mans, Nogent le Rotrou, Bonnestable, Alençon, la Ferté-Bernard, Angers, Beaumont-le-Vicomte, Blois, Château-Gontier, Authon, la Flêche, Baroche, Niort, Poitiers & Thouars.

Les largeurs & longueurs de toutes ces étamines, sont fixées par divers Réglemens & Arrêts du Conseil, & particuliérement par le Réglement de 1669, & par les Arrêts du Conseil des 4 Novembre 1698, & 17 Mars 1717.

Le premier Réglement est général pour toutes les étamines. Le deuxième ne regarde que les étamines fabriquées en Poitou. Le troisième a été donné pour celles qui se font à Amiens. L'article 22 du Réglement général porte, que les étamines auront une demi aune de large, & 11 à 12 aunes de long.

Quoique les Réglemens ayent fixé la longueur des pièces d'étamine, cependant les ouvriers ne laissent pas d'en faire depuis 11 jusqu'à 60 aunes, même davantage; ce qui se tolére apparemment pour en faciliter le travail, ou pour en rendre le débit plus commode, par rapport aux divers usages, à quoi elles peuvent être propres.

Les étamines ont des noms différens, fuivant leurs qualités, & les chofes à quoi elles doivent être employées.

On appelle *étamine à voile*, certaines étamines toutes de laine, ordinairement noires, qui fe tirent la plupart de Reims.

Il fe fait de trois fortes d'étamines à voile : les premières, qui font les plus claires, fe nomment *bâtardes ;* les fecondes font appellées *demi-fortes ;* & les autres font nommées *fortes, burats,* ou *burates.*

On leur a donné le nom d'*étamines à voile*, parceque les religieufes en emploient beaucoup à faire des voiles : il s'en confomme néanmoins quantité en cravates pour les cavaliers & dragons, patticuliérement des bâtardes & des demi-fortes ; car pour les autres, leur ufage le plus ordinaire eft pour des robes de palais, des doublures, des jufte-au-corps, des veftes d'été, des habits de veuves, &c.

On nomme *étamine baratée*, une forte d'étamine brune & blanche toute de laine, façonnée de petits carreaux ; en manière de lozanges prefque imperceptibles, qui fe fabrique à Reims & ailleurs.

Les étamines rayées font celles qui ont des rayes de différentes couleurs, qui vont en longueur depuis un bout de la pièce jufqu'à l'autre, il ne s'en fait guère de cette efpèce qu'à Reims ; elles font légères, & toutes de laine, tant en chaîne qu'en trame.

Il y a des étamines fortes, qu'on appelle communément *crépons d'Angleterre*, ou *étamines jafpées*, qui fe fabriquent ordinairement à Alençon, à Amiens & à Angers, dont la trame eft de laine, & le chaîne moitié laine, d'une couleur femblable à celle de la trame, & moitié foie d'une autre couleur, ce qui en fait la jafpure. On prétend que ces fortes d'étamines ont pris leur nom des crépons d'Angleterre, à caufe qu'elles font un peu plus crêpées que les étamines communes, & que les premières de cette efpèce, qui fe foient vues en France, venoient d'Angleterre.

On appelle *étamines glacées*, certaines étamines très-légères & brillantes, dont la trame eft de laine d'une couleur, & la chaîne de foie d'une autre couleur. Il ne s'en fait guère qu'à Amiens de cette qualité.

Une *étamine camelotée*, eft celle dont le grain eft femblable à celui du camelot. Il y a des étamines camelotées à gros grain ; & des étamines camelotées à petits grains ; les unes & les autres fe font ordinairement en blanc, & font enfuite teintes en différentes couleurs, mais particuliérement en noir.

La plus grande partie des étamines camelotées vient du Mans, de Lude, & de Nogent le-Rotrou. Leur ufage le plus commun eft pour faire des habits aux gens d'églife.

Les étamines naturelles font celles dont la laine n'a point été teinte ; ayant été cardée, filée, travaillée fur le métier, telle qu'on l'a tirée de deſſus le mouton.

Il ſe fabrique à Reims & en Auvergne, particulièrement à Olliergues, Cunlhac, à Sauxillanges, & Thiers, quantité de petites étamines toutes de laine, très-claires, tendues & inégales, qui ſervent principalement à bluter ou à faſſer la farine, & à paſſer des bouillons, du lait & autres ſemblables liqueurs.

Ces deux uſages les ont fait appeller *bluteaux & bouillons*; quoique pourtant elle s'employent auſſi à faire des banderoles pour les vaiſſeaux & des ceintures aux matelots, après qu'elles ont été teintes en bleu, en rouge ou autres couleurs.

Quoique les bluteaux & les bouillons ne ſoient pas de grand prix, ils ne laiſſent pas cependant de faire un objet aſſez important pour le négoce ; s'en faiſant une très-grande conſommation dans le royaume, & des envois conſidérables dans les pays étrangers, particulièrement en Allemagne, par la voie de Lyon.

Il ſe fabrique encore à Reims & à Lyon, certaines étamines de ſoie crue, qui ſervent à bluter de la farine, à faſſer de l'amidon, & à paſſer des liqueurs. Celles de Reims ont, pour l'ordinaire, un tiers & un pouce de large ; & celles de Lyon, demi-aune demi-quart; les pièces plus ou moins longues, ſuivant qu'on le juge à propos.

Etamines des Indes. Les étamines qui viennent des Indes ſont des étoffes de ſoie de deux aunes & demie de longueur, ſur 7 16es. de largeur.

ETOFFE. C'eſt un nom général, qui ſignifie toutes ſortes d'ouvrages ou tiſſus d'or, d'argent, de ſoie, de fleuret, de laine, de poil, de coton, de fil, & autres matières, qui ſe fabriquent ſur le métier. De ce nombre ſont les velours, brocards, moëres, ſatins, taffetas, draps, ſerges, ratines, camelots, baracans, étamines, droguets, futaines, baſins & quantité d'autres. *Voyez ces articles.*

Les réglemens pour les manufactures de France diſtribuent toutes les étoffes comme en deux claſſes ; l'une contient toutes les étoffes où entrent l'or, l'argent, & la ſoie ; l'autre renferme toutes celles qui ne ſont que de laine, de poil, de coton & de fil.

On appelle *petites étoffes de laine*, celles qui ſont étroites légères, & de peu de valeur, qui ſervent pour les doublures ou les robes des femmes, comme les brocatelles, les ratines, les cadis des Cevènes & du Gevaudan, les étamines d'Auvergne, les camelotins de Flandre, qu'on nomme *polimites, pirotes, gueu-*

ses & autres semblables, qui n'ont pas une demi-aune de large, mesure de Paris.

Suivant que les fils de ces matières seront plus ou moins lisses, plus ou moins vêtus, on aura des étamines, des burats, des serges, ou étoffes drapées. *Dict. du Citoyen.*

Etoffes. (*Manufac. en soie.*) Toutes les étoffes de la manufacture en soie, sont distinguées en étoffes façonnées & en étoffes unies. On appelle *étoffes façonnées*, celles qui ont une figure dans le fond, soit dessin à fleurs, soit carelé, &c. On appelle *étoffes unies*, celles qui n'ont aucune figure dans le fond.

Toutes les étoffes en général, soit façonnées, soit unies, sous quelque dénomination, genre ou espèce qu'elles puissent être, ne sont travaillées que de deux façons différentes ; sçavoir en satin ou en taffetas.

On appelle *étoffes travaillées* en satin, celles dont la marche ne fait lever que la 8e. ou la 5e. partie de la chaîne, pour faire le corps de l'étoffe.

On appelle *étoffes travaillées en taffetas*, celles dont la marche fait lever la moitié de la chaîne, & alternativement l'autre moitié, pour faire également le corps de l'étoffe. Voyez *Taffetas & Satin.*

Il y a encore une espèce d'étoffe appellée *serge* ; mais comme ce n'est qu'un diminutif du satin, & que d'ailleurs, cette étoffe n'est faite que pour doublure d'habits, elle ne doit point être comprise sous la dénomination générale.

Outre les chaînes, qui font le corps des étoffes façonnées, on y ajoute encore d'autres petites chaînes appellées *poils.* Ces poils sont destinés à lier la dorure dans les étoffes riches ; à faire la figure dans d'autres étoffes, telles que les carrelés, cannelés, persiennes, doubles-fonds, ras de Sicile, &c. & dans les velours unis ou ciselés, à faire le velours.

Il y a beaucoup d'étoffes façonnées, qui n'ont point de poil, tant de celles qui sont brochées en soie, que de celles qui sont brochées en dorure & en soie ; ce qui dépend de la richesse de l'étoffe, ou de la volonté du fabriquant. Cependant il est de règle, lorsqu'un étoffe passe deux onces & demie, trois onces de dorure, de lui donner un poil, tant pour lier la dorure, que pour servir à l'accompagner.

On appelle *accompagner la dorure*, passer une navette garnie de deux ou trois brins de belle trame de la couleur de la dorure même, sous les lacs où cette dorure doit être placée ; sçavoir d'un couleur aurore pour l'or, d'une couleur blanche pou l'argent.

Toutes les étoffes, tant façonnées qu'unies, soit satins, soi

M m 3

taffetas ; foitqu'elles ayent un poil , ou qu'elles n'en ayent point ,
doivent avoir une façon de faire lever les liffes , à laquelle on
donne le nom d'*armure*. On pourroit cependant excepter les
taffetas qui font fans poil , de cette règle , parceque la façon de
faire lever les liffes dans ce genre d'étoffe , eft uniforme & égale dans toutes , de même que dans les fatins ; & à proprement
parler, ce n'eft que le poil qui embarraffe pour l'armure , les
mouvemens de la chaîne dans l'une ou l'autre étoffe , étant fimples & aifés. *Encycl.*

Etoffes des Indes , de la Chine & du Levant.

On comprend ordinairement fous ces trois noms , mais particulièrement fous celui d'*étoffes des Indes* , toutes les étoffes qui
font apportées d'Orient , foit par les vaiffeaux des compagnies
des nations d'Europe , qui y trafiquent en droiture , foit par la
voie du Caire, de Smyrne,de Conftantinople , & des autres Echelles du Levant , où ces nations font commerce. Lorfque l'on con-
fidere la prodigieufe quantité d'étoffes que les Européens tirent de l'Orient, on eft tenté , dit le *Diction. du Citoyen* , de reconnoître la fupériorité des fabriques Indiennes fur les Européennes.

Parmi ces étoffes , les unes font de pure foie , comme des moires , des fatins , des gazes , des taffetas , des brocards , des ferges
de foie , des velours , des damas , des gros de Tours & des crê-
pons; d'autres font mêlées d'or ou d'argent, ordinairement fin ;
mais quelquefois faux , ou faites de fimple papier doré & argenté.
Il y en a d'autres , dont les façons & les deffins ne font que
peints , qu'on nomme en France , des *furies* , & dont le fond eft
de fatin ou de taffetas. Quelques-unes font toutes d'écorce d'arbre ou mêlées avec l'écorce de coton ou de foie. Enfin , il y en
a tout de coton , de fil , ou de laine; celles de laine font des efpèces d'étamines.

On met auffi au nombre des étoffes des Indes , non-feulement
ces belles broderies de chaînettes , ou à foie paffée , qui font faites fur des fatins, des bafins , des mouffelines & des toiles de coton ; mais encore les fichus (mot nouveau inventé en France)
qui font ou brodés, ou non brodés; les couvertures ou courtepointes : les écharpes, les toiletettes, les ferviettes de foie à caffé & les
mouchoirs auffi de foie de différentes fortes qui font une partie
des retours & des cargaifons des vaiffeaux d'Europe , qui font le
voyage des Indes Orientales.

La plupart de ces étoffes de foie ont des deffins fans goût, fans
correction. Si elles repréfentent des perfonnages, ce font des fi-

gures eftropiées ; mais parceque les couleurs en font vives , brillantes , & peut-être auffi parceque ces étoffes viennent de loin , qu'elles font moins communes , on leur a fouvent donné la préférence fur de plus belles , que l'on avoit chez foi. On commence cependant à revenir de ce goût bizarre, qui les faifoient rechercher malgré les défenfes du gouvernement pour en empêcher la confommation intérieure. *Diƈt. du Citoyen.*

Toutes ces étoffes n'ont été fpécifiées jufqu'ici , que par les noms des étoffes qui fe fabriquent en Europe , auxquelles elles reffemblent , ou avec qui elles ont quelque rapport. Voici leurs noms Chinois ou Indiens.

Attlas. Bouille-cottonis. Arais , ou d'Arains. Mallamolles. Romales. Cotonis. Calquiers. Bouille-Charmoy. Montichicours. Herbelâches. Cancanias. Tamavars. Allegeas. Mohabuts. Carcanas. Guinaftuf-Longées. Guingans. Cherquemolles. Cirfachas. Chercolées. Kemeas. Shaubs , ou Baffetas. Gauraos. Tonquins. Guinguiras. Nillas. Fotalongées. Chonicours. Chuquelas. Longuis. Soucis , ou Soutis. Panfis. Nanquins. Pinaffes. Biambonées. Elatches. Cherconnées. Tepis. Serfukers. Petains. Sayas. *Voy. ces articles.*

En Août 1748 , le Roi de France a renouvellé les défenfes de faire entrer dans le royaume , des étoffes des Indes , moufſelines & autres toiles de coton , venant de l'étranger , marquées ou non marquées du plomb de la compagnie des Indes.

Etoffes des manufaƈtures de France paſſant direƈtement à l'étranger en exemption des droits.

Les étoffes des manufaƈtures du royaume , qui peuvent paſſer à l'étranger en exemption des droits, font dénommées dans les arrêts des 13 Oƈtobre & 19 Novemb. 1743 , & dans les Lettres-Patentes du 22 Décembre de la même année.

Ce font les étoffes & tapiſſeries compofées de pure laine , celles de pure foie , celles de poil , celles de coton,celles de fil & celles mêlées de ces différentes matières , ou avec or & argent , en quelque qualité & proportion que ce foit ; les ouvrages de bonnéterie fabriqués auffi des mêmes matières , les toiles de toutes efpèces & les chapeaux de toutes fortes.

Pour jouir de cette exemption , il faut qu'elles foient envoyées direƈtement à leur deftination , & qu'elles fortent par les bureaux défignés dans les Arrêts & Lettres-Patentes des 10 Oƈtobre 1744, 1er. Mars, 1746 , & 1er. Juillet 1749.

Par Arrêt du Confeil du 25 Septembre 1755 , il eft permis au fieur Hervant & Compagnie , d'établir une manufaƈture royale d'étoffes de foie au Puy en Vélay : cet Arrêt exempte lesdites étoffes qui feront fabriquées, des droits d'entrée des cinq groffes fermes, &c.

Etoffe, (*Coutell. Serrur. Taill.*) Prefque tous les ouvriers en fer & en acier donnent ce nom à des morceaux d'acier commun dont ils forment les parties non tranchantes de leurs ouvrages : les parties tranchantes font faites d'un meilleur acier. Ils ont auffi une manière économique d'employer tous les ouvrages manqués, tous les bouts d'acier qui ne peuvent fervir ; en un mot, toute pièce d'acier rebutée pour quelque défaut : c'eft d'en faire de l'étoffe. Pour cet effet ils prennent une barre d'acier commun plus ou moins forte, felon la quantité de matière de rebut qu'ils ont à employer ; ils en forment un étrier, foit en l'ouvrant à la tranche, foit en la courbant au marteau ; ils rangent & renferment dans cet étrier la matière de rebut ; ils la couvrent de ciment & de terre-glaife délayée ; ils mettent le tout au feu, & le foudent. Quand toutes ces parties détachées font bien foudées, & forment une maffe bien folide & bien uniforme, ils l'étirent en long, & en forment une barre plus ou moins forte, felon l'ouvrage auquel ils la deftinent. Cette barre s'appelle de l'étoffe. *Encycl.*

Tout ce qui eft taillant, en quelque manière, eft fait avec l'étoffe, comme couteaux, cifeaux, canifs, rafoirs, &c. Pour faire ces inftrumens, les couteliers & taillandiers, font, en premier lieu, leur étoffe, en prenant une plaque de fer proportionnée à l'outil qu'ils veulent faire fur cette plaque ; ils ajoutent un morceau d'acier de la même grandeur, & pardeffus le tout une autre pièce de fer pareille à la première ; ces pièces font enfuite couvertes avec de la terre à fouder, qui n'eft qu'une efpèce de terre glaife, détrempée avec de l'eau commune, pour garantir l'ouvrage qu'on va mettre au feu, ou à ce que difent ces ouvriers, de la violence du feu ; ils n'en fçavent pas davantage ; on ne doit pas exiger d'eux au delà de leurs connoiffances.

Ce n'eft pas uniquement pour la conftruction des couteaux, cifeaux, coignées, canifs, & généralement tout ouvrage de taillanderie, qu'on a inventé l'étoffe. Sans cela nous n'aurions ni faux, ni faucilles, qui font pareillement compofées d'un amalgame de fer & d'acier : il y a plus, il a fallu trouver des trempes analogues pour ces derniers inftrumens. Si une faux étoit trempée au même dégré que l'eft une coignée, un rafoir, ou un couteau, elle n'en couperoit que mieux l'herbe ; mais à la quantité d'herbe qu'elle a à abattre, aux obftacles même qui fe préfentent à chaque moment, foit en rencontrant quelques petits morceaux de bois, quelques petites monticules de terre, formées par les taupes ou les fourmis, il feroit impoffible que le taillant de la faux subsistât long-tems, de quelque façon même qu'il fût trempé ; il s'émousseroit bien des fois dans un jour. Si la faux étoit trempée au même point que les autres outils dont nous venons de parler, le faucheur seroit dans la nécessité de la faire émoudre plusieurs fois dans un jour, & perdroit beaucoup de tems, s'il falloit chaque fois aller chez un taillandier. Mais dans les choses les plus communes dans les arts, tout est plein d'inventions ingénieuses auxquelles on ne fait point attention. Il a fallu trouver un expédient pour mettre le faucheur en état de faire lui-même les fonctions de taillandier ; pour cela, il a fallu imaginer une étoffe mêlangée d'une certaine manière ; & au moyen encore des trempes analogues, laisser à l'acier assez de corps, assez de souplesse, pour qu'il puisse être applati par le marteau sans se casser. Cet expédient trouvé, dès que le tranchant de la faux est trop gros, une simple pierre à affiler, & un peu d'eau que le faucheur porte toujours avec lui, redonne à la faux la vivacité qui lui est nécessaire pour continuer à abattre l'herbe ; & le tranchant venant à la fin à être trop émoussé & trop gros, le faucheur plante en terre son petit enclumeau, & avec son petit marteau donne de légers coups tout au long de sa faux ; il refait son taillant, il l'avive, il l'applatit, & le rend mince ; ce qui fait à-peu-près le même effet que s'il s'étoit servi d'une grande meule de taillandier. Voyez *Taillanderie*.

On a encore besoin de cet amalgame de fer & d'acier, nommé *étoffe*, pour différentes choses ; nous n'en rapporterons qu'une. C'est avec ce mêlange qu'on a trouvé le moyen de rendre si commodes les carrosses, chaises &c. qu'on suspend sur des ressorts composés avec cette étoffe.

De quelle utilité ne sont pas encore ces grands ressorts nommés à *l'écrévisse*, qui portent les chaises de poste ? Sans ces mêlanges, dont nous venons de parler, nous serions réduits à être roués tout vifs dans les voyages longs & pénibles.

Nous avertirons ici qu'on ne sçauroit être trop attentif à faire choix d'un bon ouvrier pour faire cette dernière sorte d'ouvrage ; on les paie chérement, & si l'on n'a à faire à gens fidèles, on est sûrement trompé, & arrêté souvent au milieu d'une course ; on ne doit donc épargner ni argent, ni soins pour être servi de bonne marchandise. Les ouvriers emploient souvent à cette sorte de ressorts du fer sans addition d'acier ; & pour lors il vaudroit autant courir la poste dans une de ces voitures Flamandes, suspendues ordinairement sur l'essieu. On peut parer à cet inconvénient, en faisant devant soi démonter une feuille ou deux des ressorts de la voiture qu'on veut acheter, les faisant chauffer à un feu léger, les jettant ensuite dans l'eau, & les touchant simplement avec le coin d'une lime ; ils doivent être paffablement durs ; un peu plus que du fer : on peut encore joindre à cet effai , de caffer un petit coin du reffort , à l'endroit trempé , de la grandeur d'une ou deux lignes : on peut choifir un endroit qui ne lui préjudiciera point , & l'on connoîtra facilement à la caffure , fi c'eft fimplement du fer, ou bien s'il eft amalgamé avec de l'acier : une perfonne accoutumée à voir & à manier ces métaux , au premier coup d'œil décidera la queftion. *Mémoire communiqué*

EVENTAIL, inftrument qui fert à agiter l'air & à le porter contre le vifage, pour le rafraîchir dans les tems chauds.

Préfentement ce qu'on appelle en France, & prefque par toute l'Europe, un *éventail*, eft une peau très-mince, ou un morceau de papier, de taffetas, ou d'autre étoffe légère, taillée en demi-cercle, & montée fur plufieurs petits bâtons & morceaux de diverfes matières, comme de bois, d'ivoire, d'écaille de tortue, de baleine ou de rofeau. Les Dames les tiennent à la main en été pour s'éventer ; elles en portent même en hiver dans leurs manchons, pour fe rafraîchir dans les lieux de fpectacles où la foule caufe trop de chaleur, & dans les appartemens échauffés par un trop grand feu.

Les éventails fe font à double ou à fimple papier. Quand le papier eft fimple, les fleches de la monture fe collent du côté le moins orné de peinture : lorfqu'il eft double, on les coud entre les deux papiers, déja collés enfemble, par le moyen d'une efpèce de longue aiguille de laiton, qu'on appelle *une fonde*.

Avant de placer les flèches, ce qu'on appelle *monter un éventail*, on en plie le papier, enforte que le pliage s'en faffe alternativement en dedans & en dehors.

Ayez pour cet effet une planchette bien unie, faite en demi-cercle, un peu plus grand que le papier d'éventail ; que du centre il en parte vingt rayons égaux, & creufés de la profondeur de demi-ligne ; prenez alors l'éventail, & le pofez fur la planchette, le milieu d'en bas appliqué fur le centre de la planchette ; fixez-le avec un petit clou ; puis l'arrêtant de manière qu'il ne puiffe vaciller, foit avec quelque chofe de lourd mis par en haut fur les bords, foit avec une main ; de l'autre preffez avec un liard ou un jetton le papier, dans toute fa longueur, aux endroits où il correfpond aux raies creufées à la planche ; quand ces traces feront faites, declouez & retournez l'éventail la peinture en deffus ; marquez les plis tracés, & en pratiquez d'autres entr'eux, jufqu'à ce qu'il y en ait le nombre qui vous convient : ce pliage fait, déployez le papier, & ouvrez un peu les deux papiers de l'éventail à l'endroit du centre ; ayez une fonde de cuivre plate, ar-

fondúe par le bout, & large d'une ligne ou deux ; tatonnez &
coulez cette fonde jufqu'en haut, entre chaque pli formé où vous
avez à placer les brins de bois de l'éventail : cela fait, coupez
entiérement la gorge du papier fait en demi-cercle ; puis étalant
les brins de votre bois, préfentez-en chacun au conduit formé
par la fonde entre les deux papiers ; quand ils feront tous diftribués, collez le papier de l'éventail fur les deux maîtres brins ;
fermez-le ; rognez tout ce qui excède les deux bâtons, & le laiffez ainfi fermé jufqu'à ce que ce qui eft collé foit fec, après quoi
l'éventail fe borde. *Encycl.*

Le papier dont on fe fert le plus ordinairement pour couvrir
les éventails, eft celui que dans le commerce de la papéterie on
appelle du *papier à la ferpente*. Les ornemens dépendent du prix
qu'on y veut mettre, du génie de l'éventailliſte, ou du goût de
celui qui commande les éventails.

Les éventails dont il fe fait la plus grande confommation, font
les médiocres. Ils fe peignent ordinairement fur des fonds argentés avec des feuilles d'argent fin, battu & préparé par les batteurs d'or. Ce font les éventailliftes eux-mêmes, leurs femmes,
leurs filles, ou leurs ouvrières, qui appliquent l'argent fur le papier. On en fait peu fur des fonds dorés ; l'or fin étant trop cher,
& le faux trop vilain. Les autres fonds, qu'on appelle des
pluies, fe font avec de la poudre d'or ou d'argent faux. Ce font
les moindres.

Pour appliquer les feuilles d'argent fur le papier, auffi bien
que pour faire des ployés, on fe fert de ce que les éventailliftes
appellent fimplement *la drogue*, de la compofition de laquelle
ils font un grand myftère ; quoiqu'il femble néanmoins qu'elle
ne foit compofée que de gomme arabique, de fucre candi, &
d'un peu de miel fondu dans de l'eau commune, mêlée d'un peu
d'eau-de-vie.

On met la drogue avec une petite éponge ; & lors que les feuilles d'argent font placées deffus, on les appuie légèrement avec
le preffoir, qui n'eft qu'une pelotte de linge fin, remplie de coton : fi l'on emploie des feuilles d'or, on les applique de même.

Lorfque la drogue eft bien fèche, on porte les feuilles aux
batteurs, qui font, ou des rélieurs, ou des papétiers, qui les battent fur la pierre avec le marteau, de la même manière que leurs
livres & papiers ; ce qui brunit l'or & l'argent, & leur donne autant d'éclat, que fi le bruniffoir y avoit paffé.

Pour battre ces papiers, & pour ne les point gâter en les battant, non feulement on en met quelques douzaines enfemble,
mais on les enferme encore entre deux forts parchemins.

Les montures des éventails fe font par les maîtres tabletiers ;

mais ce font les éventaillistes qui les plient, & qui les montent: ils vient néanmoins des montures de la Chine, qui font les plus estimées de toutes ; mais qui à caufe de leur prix, ne fervent qu'aux plus beaux ouvrages.

Il fe fait à Paris des éventails depuis 15 deniers la pièce, jufqu'à 30 & 40 piftoles. Les moindres & les médiocres fe vendent à la groffe de douze douzaines : les beaux à la pièce.

Le commerce qui fe fait de cette marchandife, foit pour la confommation de Paris & des provinces, foit pour les envois dans les pays étrangers, eft prefque incroyable ; y ayant tels éventailliftes, ou marchands merciers, qui outre le détail de leurs boutiques, & les factures pour les provinces, en envoyent tous les ans au dehors pour plus de 20000 liv.

L'Efpagne, l'Angleterre & la Hollande, font les pays étrangers, pour lefquels il s'en fait les envois les plus confidérables, dont pourtant la moindre partie refte pour l'ufage du pays, prefque tout étant deftiné pour l'Amérique, ou pour le négoce du Nord, & de la mer Baltique.

Quoiqu'il fe faffe en France, & particulièrement à Paris, un fi grand nombre de toutes fortes d'éventails, il en vient néanmoins quantité de dehors : mais ce ne font guères que des ouvrages de prix, ou du moins qui font eftimés, & ont de la réputation, à caufe de l'éloignement des lieux d'où on les apporte, & qu'ils font faits par des étrangers.

Les éventails de la Chine, & ceux d'Angleterre, qui les imitent fi parfaitement, font les plus en vogue ; & il faut avouer que les uns ont un fi beau lacque, & que les autres font fi bien montés, que quoiqu'en tout le refte, ils cédent aux beaux éventails de France, ils leur font au moins préférables par ces deux qualités.

Le Sr. Cuvot fabriquant d'éventails à Paris, rue Quicampoix, a donné avis dans le *Journal de Commerce*, Janv. 1760, p. 195, qu'il a une fabrique de toutes fortes d'éventails, tant en bois qu'en os, ivoire & nacre, ainfi que de toutes fortes de feuilles peintes & imprimées façon de Paris, & à l'imitation de celles d'Angleterre, dont une partie leur eft fupérieure pour le deffin & la beauté de l'enluminure. En Janv. 1762, pag. 172 du dit *Journal*, on indique auffi M. Modefte Rouffel, fabriquant d'éventails à Paris, des plus à la mode & des premiers dans ce genre. Il excelle dans le goût nouveau qu'il donne à fes ouvrages, principalement dans les éventails riches, comme éventails de nacre, d'ivoire, d'écaille moulée & non moulée, pour la Hollande, l'Allemagne & l'Efpagne. Il dirige les hauteurs pour chaque pays. Il fait auffi les éventails communs en os & bois des

Indes, & leur donne le goût le plus à la mode, le tout à juste prix. Il en fournit à la cour d'Espagne & de Portugal. Il a des talens singuliers pour la composition & pour la peinture.

EUPATOIRE ; grande plante qui croît aux lieux humides le long des ruisseaux. Ses feuilles ressemblent à celles du chanvre. Il y en a de trois sortes ; celle des Grecs, qui est l'agrimoine ; celle de Mesué, qui est l'*ageratum* ; & celle d'Avicenne, qui est celle dont nous parlons. L'eupatoire d'Avicenne est chaud & dessicatif, apéritif, atténuant, astringent, vulnéraire, propre pour la cachéxie, pour les mois retenus, employé en décoction & en fomentation, pour les maladies du foie & de la rate. Il entre extérieurement dans les remèdes vulnéraires. L'eupatoire soude & guérit puissamment les plaies, sur-tout les récentes. Ses fleurs sont préférées à ses feuilles. M. Chomel dit que ses feuilles bouillies & appliquées en cataplasme sur les tumeurs, particuliérement celles des bourses, les dissipent aisément, & qu'il a vu des hydrocéles guéries sans ponction, y ayant appliqué seulement cette herbe. Cette plante fait partie du négoce des herboristes. Son nom vient d'un Roi Eupator, selon Pline, parceque cette plante lui fit du bien.

Eupatoire, *Verbesina*, femelle bâtarde, ou chanvre aquatique, parceque ses feuilles ressemblent en quelque manière à celles du chanvre. Cette plante croît aux lieux humides & marécageux, dans les fossés & le long des ruisseaux. Elle fleurit en Août & Sept. Elle est de peu d'usage en médecine, on la regarde cependant comme vulnéraire & apéritive, &c. Selon M. Linnæus, l'herbe sert à teindre les laines en jaune. *Suite de la Mat. méd.* de Geoffroy, Tome III 1750, pag. 292.

EUPHORBE. C'est une gomme résine en gouttes ou en larmes, sans odeur, d'un jaune pâle ou de couleur d'or, brillantes, tantôt rondes, tantôt oblongues, branchues & caverneuses ; d'un goût très-âcre, caustique & provoquant des nausées. On l'apporte en Barbarie des pays de l'Afrique les plus éloignés de la mer, par la ville de Salé, d'où on la transporte en Europe. On choisit l'euphorbe qui est pur, sec, pâle ou jaunâtre, & qui étant touché légérement de la langue, met toute la bouche en feu.

Cette sorte de plante très-singulière dans sa forme, porte tous les vrais caractères du genre de tithymale, qui se trouvent dans sa fleur, dans son fruit, qui est à trois coques, & dans son suc qui est fort laiteux. On trouve dans les *Mémoires de l'Académie Royale des Sciences*, pour l'année 1720, l'établissement d'un genre de plante appellé *euphorbe*, avec le dénombrement de ses espèces, par M. Danty d'Isnard. Elle croît dans l'Afrique, en Lybie, aux Isles Canaries, à Malabar & dans d'autres endroits des Indes Orientales.

Boheraave & Miller en comptent dix à douze espèces, & ce dernier auteur y joint la manière de les cultiver ; mais nous ne parlerons que de l'espèce d'où découle la gomme dite *euphorbe.* Voyez *Commelin hort med. Amst. 23 & Hore. Malab.* vol. II, tab. 81, &c.

Cet arbuste est par-tout rempli d'un suc laiteux, très-âcre, & très-caustique, qui en distile dans quelque endroit qu'on y fasse une incision. On donne à ce suc caustique, desséché & endurci, le même nom de la plante.

L'Euphorbe ne se dissout point dans l'eau commune ; les huiles, l'esprit de térébenthine, l'esprit de vin, l'eau-de-vie, n'en dissolvent qu'une légère portion, & la plus huileuse. Le vin, le vinaigre, n'en dissolvent pas beaucoup davantage. L'esprit de nitre, l'esprit de vitriol, le pénétrent sans ébullition, & l'amollissent sans le dissoudre. Le suc de citron dépuré en dissout une partie gommeuse, & la sépare d'avec sa partie terrestre. Enfin l'huile de tartre en tire une forte teinture. Toutes ces diverses expériences ont fait mettre l'euphorbe au rang des gommes, & non des des résines.

Le *scadidacalli* des Malabares paroît être l'arbrisseau qui donnoit l'euphorbe des anciens ; mais il est vraissemblable que celle qu'on reçoit en Europe, vient de plusieurs espèces du même genre de plante ; car les Anglois tirent leur euphorbe des isles Canaries ; les Hollandois, de Malabar ; les Espagnols, les Italiens, les François, de Salé au royaume de Fez.

Dans tous ces pays-là on perce l'arbrisseau de loin avec une lance; ou bien on se couvre le visage pour ces incisions, de crainte d'être incommodé par l'exhalaison subtile & pénétrante du suc laiteux, volatil & caustique qui sort de la plante en grande quantité. Ce suc est souvent reçu dans des peaux de moutons, où il se durcit en gomme jaune, tirant sur le blanc friable, & qu'on nous apporte en petits morceaux.

Il faut choisir l'euphorbe en larmes nouvelles d'un blanc un peu doré, sèches, pures, nettes, pâles, âcres, & d'une saveur brûlante.

Cette drogue est fort peu employée en médecine, à cause de son excessive ardeur, & de ses violens effets. On ne l'emploie que dans les préparations externes, & jamais dans celles qui sont destinées pour l'intérieur, à cause de sa grande causticité. Les Afriquains, néanmoins, s'en servent, mais seulement après avoir comme éteint son feu dans de l'eau de pourpier.

Son plus grand usage est pour le farcin & la galle des chevaux : elle entre pourtant aussi dans la composition de la poudre sternuatoire , & dans quelques emplâtres résolutifs. Réduite en poudre , elle est bonne pour arrêter la gangrêne , & pour consommer la carie des os.

La propriété que cette drogue a d'exciter l'éternuement , est si grande , qu'on ne peut trop prendre de précautions quand on veut la réduire en poudre ; & même quelque soin qu'on y apporte, on évite rarement d'en être incommodé. Voyez l'*Ency.*

EUPHARISE ou EUFRAISE. Cette plante qui est petite , croît aux lieux incultes & sablonneux, & aux bords des chemins exposés au soleil. On emploie l'herbe avec les fleurs; c'est un excellent ophthalmique & céphalique ; elle est chaude & seche , astringente, discussive, & sa saveur est un peu âcre. On l'emploie dans les cataractes, les obscurités des yeux , & dans l'affoiblissement de la mémoire. On tire une eau par distillation de toute la plante cueillie en Juin , qui est merveilleuse pour éclaircir la vue & pour les maladies des yeux. On met aussi de la poudre de cette plante dans les alimens ou dans un œuf qu'on avale, ou on la fume avec la pipe pour le même sujet. Ce simple entre dans le négoce des herboristes.

L'Euphraise est un genre de plante dont les fleurs sont en masque, c'est-à-dire , à la façon d'une gueule ouverte , & de la 3e. classe de Tournefort. Son fruit est une petite capsule seche & oblongue divisée en deux loges , qui renferment des semences très-menues. Ce genre renferme cinq espèces de connues , dont la nôtre est du nombre , & la seule en usage. Il n'y a guère plus de 400 ans qu'elle est connue dans la médecine , & l'on croit que c'est Arnaud de Ville-neuve , qui a été le premier qui l'ait mise en vogue pour les maladies des yeux.

Il y a beaucoup à rabatre , suivant l'expérience , sur toutes les les vertus qu'on lui attribue pour les maladies des yeux, ce qui est confirmé dans l'*Encyclopédie.* Les herboristes des grandes villes vendent plus de cette herbe par l'opinion vulgaire que par ses propres effets.

F.

FAGARE, fruit des Indes: il y a le petit & le grand ; ce dernier reſſemble en forme , en couleur & épaiſſeur , à la coque du levant. Il eſt couvert d'une écorce déliée, noire & tendre , qui enveloppe un corps dont la membrane eſt foible & déliée , & l'intérieur d'une conſiſtance foible ; au centre , il y a un noyau aſſez ſolide. Le petit a la figure & la groſſeur de la cubebe ; il eſt brun , & ſa ſaveur a du piquant & de l'amertume. Ils ſont l'un & l'autre aromatiques ; quant à leurs propriétés médecinales , il faut les réduire à celles de la cubebe. *Encycl.*

FAGOTINES ; ce ſont de petites parties de ſoie faites par des particuliers. Ces ſoies ne ſont point deſtinées pour des filages ſuivis ; elles ſont très-inégales , parcequ'elles ont été travaillées par différentes perſonnes ; quoique ces perſonnes ſe ſoient aſſujetties ſcrupuleuſement aux ſtatuts des réglemens , il eſt impoſſible d'en former un ballot qui ne ſoit pas très-défectueux. Nous n'avons en France preſque que des fagotines. Il y a trop peu d'organſin de triage pour ſuffire à la quantité d'ouvrage qu'on fabrique. *Encycl.*

FARD (*art coſmétique facus pigmentum*) ſe dit de toute compoſition , ſoit de blanc , ſoit de rouge , dont les femmes & quelques hommes mêmes ſe ſervent pour embellir leur teint , imiter les couleurs de la jeuneſſe , ou les réparer par artifice.

L'amour de la beauté a fait imaginer de tems immémorial tous les moyens qu'on a cru propres à augmenter l'éclat, à en perpétuer la durée , ou à en rétablir les bréches ; & les femmes , chez qui le droit de plaire eſt très-étendu, ont cru trouver ces moyens dans les *fardemens* ; vieux terme collectif , plus énergique que celui de fard

L'antimoine eſt le plus ancien fard dont il ſoit fait mention dans l'hiſtoire, & en même tems celui qui a eu le plus de faveur.

La plupart des peuples de l'Aſie & de l'Afrique ſont encore dans l'uſage de ſe colorier diverſes parties du corps de noir, de blanc, de rouge, de bleu, de jaune, de verd, en un mot, de toutes ſortes de couleurs, ſuivant les idées qu'ils ſe ſont formées de la beauté. L'amour-propre & la vanité ont également leur recherche dans tous les pays du monde ; l'exemple, les tems, & les
lieux

lieux, n'y mettent que le plus ou le moins d'entente, de goût & de perfection.

En commençant par le Nord, nous apprenons qu'avant que les Ruffiens euffent été policés par le Czar Pierre I., les femmes Ruffes fçavoient déja fe mettre du rouge, s'arracher les fourcils, fe les peindre, ou s'en former d'artificiels. Nous voyons auffi que les Grœnlandoifes fe bariolent le vifage de blanc & de jaune; & que les Zembliennes, pour fe donner des graces, fe font des raies bleues au front & au menton. Les Mingreliennes, fur le retour, fe peignent tout le vifage, les fourcils, le front, le nez & les joues. Les Japonoifes de Jédo fe colorent de bleu les fourcils & les lèvres. Les infulaires de Sombréo, au Nord de Nicobar, fe plâtrent le vifage de verd & de jaune. Quelques femmes du royaume de Décan fe font découper la chair en fleurs, & la teignent de fleurs de diverfes couleurs, avec des jus de racines de leur pays.

Les Arabes font dans l'ufage de s'appliquer une couleur bleue aux bras, aux lèvres, & aux parties les plus apparentes du corps; ils mettent, hommes & femmes, cette couleur par petits points, & la font pénétrer dans la chair avec une aiguille faite exprès, la marque en eft inaltérable.

Les Turqueffes Africaines s'injectent de la tuthie préparée dans les yeux, pour les rendre plus noirs, & fe teignent les cheveux, les mains & les pieds en couleur jaune & rouge. Les femmes Maures fuivent la mode des Turqueffes; mais elles ne teignent que les fourcils & les paupières avec de la poudre de mine de plomb. Les filles qui demeurent fur les fontières de Tunis, fe barbouillent de couleur bleue le menton & les lèvres; quelques-unes impriment une petite fleur dans quelque autre partie du vifage, avec de la fumée de noix de galle & du fafran. Les femmes du royaume de Tripoli font confifter les agrémens dans des piquures fur la face qu'elles pointillent de vermillon; elles peignent leurs cheveux de même. La plupart des filles Négres du Sénégal, avant que de fe marier, fe font broder la peau de différentes figures d'animaux & de fleurs de toutes couleurs. Les Négreffes de Serra-Liona fe colorent le tour des yeux de blanc, de jaune & de rouge.

Les Floridiennes de l'Amérique feptentrionale fe peignent le corps, le vifage, les bras & les jambes de toutes fortes de couleurs ineffaçables; parcequ'elles ont été imprimées dans les chairs par le moyen de plufieurs piquures. Enfin, les femmes fauvages Caraïbes fe barbouillent toute la face de rocou.

Si nous revenons en Europe, nous trouverons que le blanc & le rouge ont fait fortune en France. Nous en avons l'obligation aux Italiens, qui passerent à la cour de Cathérine de Médicis : mais ce n'est que sur la fin du siècle passé que l'usage du rouge est devenu général parmi les femmes de condition.

Bien loin que les fards puissent rétablir la beauté qui s'est évanouie, j'ose assurer, au contraire, qu'ils gâtent la peau, qu'ils la rident, qu'ils altèrent & ruinent la couleur naturelle du visage : j'ajoute qu'il y a peu de fards dans le genre du blanc qui ne soient dangereux. Aussi les femmes qui se servent de l'huile de talc, comme d'un fard excellent, s'abusent beaucoup ; celles qui emploient la céruse, le blanc de plomb, ou le blanc d'Espagne, n'entendent pas mieux leurs intérêts ; celles qui se servent de préparations de sublimé, font encore plus de tort à leur santé : enfin, l'usage continuel du rouge, sur-tout de ce vermillon terrible qui jaunit tout ce qui l'environne, n'est pas sans inconvénient pour la peau.

Afranius répétoit souvent & avec raison à ce sujet : » des graces » simples & naturelles, le rouge de la pudeur, l'enjouement & » la complaisance, voilà le fard le plus séduisant de la jeunesse ; » pour la vieillesse, il n'est point de fard qui puisse l'embellir, que » l'esprit & les connoissances. « *Encycl.*

Le rouge est un composé de carmin, adouci avec le talc calciné & mis en poudre impalpable sur le porphyre. Les dames se servent de cette peinture pour réhausser la vivacité de leurs yeux.

Le blanc est un composé de 2 liv. ; carne de ris, une demi livre ; blanc de plomb, 2 onces ; os de sèche, 2 onces ; encens, 2 onc.; mastic, 2 onces ; gomme arabique. Le tout mis en poudre subtile, & détrempé en eau de lis, ou eau rose, on met cette composition dans une phiole, on la brasse bien toutes les fois qu'on veut s'en servir, ce qui se fait en imbibant un linge dans cette drogue, & le passant ensuite légèrement sur le visage, les mains, la gorge, &c. On polit ensuite le tout avec un morceau d'écarlate, après quoi l'on fait un enduit proportionné du rouge ci-dessus. Il se fait un très-gros débit dans tout le royaume de ces compositions précieuses.

FARINE, *terme de boulanger*, est du grain moulu & réduit en poudre, dont on a séparé le son avec des bluteaux. On fait aussi des farines de légumes secs.

Le nom de farine vient de ce que les Romains appellent *far* le meilleur froment ; & *farina* ce qui en sortoit. C'est sans contredit, la partie la plus excellente & la plus nourrissante du bled, & dont on puisse faire le meilleur pain.

La plus belle est celle qu'on appelle *pure fleur de farine* ; ensuite est celle qu'on nomme la *farine blanche* d'après la fleur ; puis les *fins gruaux* ; après viennent les *gros gruaux* ; & enfin les *recoupettes*, ou recoupes, ou le son gras. Voyez *Pain*.

La farine d'avoine s'appelle *gruau*, & sert à faire des boissons & des bouillies rafraîchissantes.

Les gantiers & parfumeurs emploient la farine de féves de haricots dans les poudres qu'ils font pour dessécher les cheveux.

On reconnoît qu'une farine est bonne, lorsqu'elle est séche, qu'elle se conserve long-tems, qu'elle rend beaucoup en un pain, qu'elle boit bien l'eau, & à laquelle il faut le four bien chaud.

La farine de bled niélé rend le pain violet ; l'eau trop chaude aux fines farines, donne au pain une couleur rouge ; & la farine du bled germé rend la pâte lâche, & difficile à bouffer dans le four.

En général, le pain où entre le son n'est pas mal sain, & tient le ventre beaucoup plus libre que celui qui est fait de pure farine.

Ce sont des substances farineuses qui fournissent l'aliment principal, le fond de la nourriture de tous les peuples de la terre, & d'un grand nombre d'animaux, tant domestiques que sauvages. Les hommes ont multiplié, & vraissemblablement amélioré par la culture, celles des plantes graminées qui portent les plus grosses semences, & dont on peut, par conséquent, retirer la farine plus abondamment & plus facilement. Le froment, le seigle, l'orge, l'avoine, le ris, sont les principales de ces semences ; nous les appellons *céreales* ou *fromentacées* : le maïs ou bled de Turquie leur a été substitué avec avantage, dans les pays stériles où les fromens croissoient difficilement. Les peuples de plusieurs contrées de l'Europe, une grande partie de ceux de l'Amérique & de l'Afrique, font leur nourriture ordinaire de la farine de maïs : celle de petit millet est mangée dans plusieurs contrées, mais beaucoup moins généralement. On prépare de la bouillie dans divers pays, avec celle du panis, *panicum vulgare germanicum* : telle du gros mil ou sorgho ; celle du petit mil, *panicum spicâ obtusâ cærulea* ; la larme de Job ; les grains du chénopodium, appellé *quinva* ou *quinoa*, du P. Feuillée, &c. Les paysans de certains cantons très - pauvres, font du pain avec la semence de bled sarrasin : on en fait dans plusieurs pays avec les châtaignes : on en fit, il y a quelques années en Allemagne, avec la racine de la petite scrophulaire. On envoya à Paris de Savoie, à peu-près dans le même tems, du pain préparé avec la truffle rouge ou pomme de terre. Il est rapporté dans le *Flora laponica*, qu'on en fait en Laponie avec la farine de l' *Arum palustre arundinaceâ radice*. La racine d'asphodèle est encore propre à cet usage. On voit assez communément ici des gâteaux ou galettes préparés en Amérique avec la racine du manioc, ou avec celle du camanioc. On fait un aliment de la même espèce au Brésil & au Pérou, avec la farine de la vraie caffave, *farina de palo*, qui eft la racine du *yuca*.

La poudre alimenteufe, propofée par M. Boueb, chirurgien-major du régiment de Salis, qui nourrit un adulte & le met en état de foutenir des travaux pénibles, à la dofe de fix onces par jour, felon les épreuves authentiques qui en ont été faites à l'hôtel royal des invalides, dans le mois d'Octobre 1754; cette poudre, dis-je, n'eft ou ne doit être qu'un farineux pur & fimple, fans autre préparation que d'être réduit en poudre plus ou moins groffière. Je dis *doit être*; car s'il eft rôti, comme le foupçonne l'auteur de la lettre inférée à ce fujet dans le *Journal Économique*, Oct. 1754, c'eft tant pis, la qualité nourriffante eft détruite en partie par cette opération. Au refte, fix onces d'une farine quelconque, j'entends de celles dont on fait communément ufage, nourriffent très-bien un manœuvre, un payfan, un voyageur pendant vingt-quatre heures. Il ne faut pas fix onces de ris ou de farine de maïs, pour vivre pendant une journée entière, & être en état de faire un certain exercice. *Encycl.*

Voyez les *Remarques fur la nourriture des hommes avec les différentes farines, lues à la féance de l'Académie Royale de Chirurgie, le 5 Déc. 1754.* On y loue la découverte de M. Boueb, mais on y fait voir que la foupe à la Dauphinoife & la préparation des ris fe font auffi bien & auffi facilement, & à infiniment meilleur marché que fa poudre alimenteufe. *Journal Écon.* 1755, pag. 65.

On trouvera dans le même *Journal Économique, Décembre 1753, la manière de conferver à la farine toute fa qualité pendant plufieurs années, de la voiturer commodément par mer & par terre, fans qu'elle foit en danger de fe gâter, avec la façon en faire du pain, meilleur & plus parfait qu'à l'ordinaire. Par M. de la P.* Nous en extrairons ici ce que l'auteur dit *de l'avantage du commerce de la farine fur celui du grain, tant pour le marchand que pour le public.*

Quand on veut voiturer du grain, foit en facs, foit dans des bateaux avec de la paille, il eft toujours fujet à prendre l'humidité de la rivière & des pluies, & à fe charger de mille malpropretés qui le gâtent, lui donnant un mauvais goût; le plus fouvent il s'échauffe; les charanfons ou calandres s'y mettent & le rongent; l'agitation du grand air en fait évaporer les parties fpiritueufes, de manière qu'il perd beaucoup de fa qualité.

Il y a une infinité de chofes auxquelles je ne m'arrêterai pas, & qui font tort au commerce du grain; il n'en eft pas de même de la farine; elle n'eft fujette à aucun de ces inconvéniens, pourvu qu'on l'enferme dans des tonneaux gaudronnés avec les précautions néceffaires; la pluie ni l'air de la rivière ne peuvent lui donner aucune humidité; conféquemment elle n'eft point fujette au mauvais goût que le bled contracte dans les bateaux : les marchands ne fe chargent précifément que de ce qui eft néceffaire pour leur commerce, ils n'apporteront point le fon, qui ne fait que les embarraffer : au moyen de 6 liv. tout au plus qu'un tonneau aura coûté, on y renfermera la farine de trois fepriers de bled, & on épargnera plus d'une piftole de dépenfe de facs. On pourra encore gagner fur la mouture, en le faifant moudre fur les lieux & en grande quantité ; & même s'il l'achete tout moulu, elle lui coûtera moins, parcequ'il laiffera le fon au fermier, qui peut en faire fon profit, en le donnant à fes beftiaux. Le particulier qui voudra acheter de la farine, y trouvera fon avantage, en ce qu'il ne fera pas obligé de faire porter fon bled à des moulins, de le faire cribler, & d'en payer la mouture ; car cette dépenfe eft bien plus confidérable dans une grande ville que dans les campagnes où toutes ces chofes coûtent fort peu. Les tonneaux pourront fuivre la vente de la farine, & on pefera le tout enfemble, fauf à diminuer le poids du tonneau vuide qu'on aura pefé. Ces tonneaux pourront fervir à quantité d'ufages pour conferver dans les caves toutes les chofes qu'on voudra garantir de l'humidité. En un mot, il réfulte un fi grand bien de cette méthode, que la police ne devroit jamais permettre le tranfport du grain pour les grandes villes & les ports de mer, à moins qu'il ne fût réduit en farine. Par ce moyen, on conferveroit bien mieux cette denrée effentielle à la vie de l'homme, on ne feroit pas fujet à tant d'accidens que peut caufer la corruption des grains voiturés par eau & par terre dans les pays éloignés ; ce qui caufe bien fouvent la ruine des marchands, & augmente la cherté du grain par les rifques que l'on court dans ce commerce ; au lieu qu'il n'y en auroit aucun dans le commerce de la farine ; on feroit prefque fûr du gain qu'on peut y faire, toutes les dépenfes en feroient connues, & le commerce plus éclairé : enfin, les magiftrats qui veillent au bien de la fociété, feroient en état de connoître les monopoles que l'on voudroit faire, & y remédier à coup fûr.

Farine de pois & de froment. L'art. 116 de l'inftruction générale pour la teinture des laines, met ces deux farines & leur fon au nombre des drogues que les teinturiers appellent *non-colorantes*, c'eft-à-dire, qui d'elles-mêmes ne produifent aucune couleur ; mais qui fervent à incorporer fur les laines, foies, fils & étoffes, la teinture des drogues colorantes. Voyez *Drogue & Teinture.*

FAUCILLE, inftrument dentellé, tranchant par fa partie concave, recourbé, large d'environ deux doigts à fon milieu, pointu à fon extrêmité, formé d'environ la demi-circonférence d'un cercle qui auroit un pied de diamêtre, & emmanché d'un petit rouleau de bois fixé fur la queue par une virole : il fert à faire la moiffon des grains. La moiffonneufe embraffe de la main gauche une poignée d'épis ; elle place cette poignée dans la courbure de fa faucille, affez au deffous de fa main, & l'abat en coupant la poignée d'un mouvement circulaire de fa faucille. Cet inftrument, qui fert à moiffonner les bleds & autres grains, eft celui de tous ceux de l'agriculture qui fatigue le plus. Les dents dont il eft taillé font en dedans feulement ; on ne paffe par conféquent fur la meule que la partie extérieure : cette opération fépare les dents. Voici comment il fe fabrique. Pour forger une faucille, on corroye une barre de fer avec une barre d'acier. C'eft de ces deux barres corroyées enfemble qu'on enlève la faucille. Quand elle eft enlevée, on la fépare, on la ceintre; on la répare au marteau, on l'écorche fur la meule, on la taille au cifeau ; on la trempe, on la repaffe fur la meule en dehors, & la faucille eft prête. La faucille a une foie par laquelle on la monte fur un manche de bois. *Encycl.*

Il s'en fabrique quelques-unes aux environs de Paris ; mais la plus grande quantité vient de Forez, de Champagne, & de quelques autres provinces du Royaume. On en tire auffi des pays étrangers. La plus grande partie fe tire de la Bohême & des environs.

FAULX ou FAUX, qu'on nomme auffi *vollan*. Inftrument de fer à long manche, avec lequel on coupe l'herbe des prés, ou le foin, les avoines, les bleds farrafins, & quelques autres grains.

Les faulx, de même que les faucilles, fe tirent de la Bohême, Styrie & Saxe ; il s'en fabrique en différentes parties de l'Allemagne, & prefque toutes ces marchandifes fe difperfent dans l'Europe par la voie de Hambourg.

Il y en a de différentes marques ; les unes plus eftimées que les autres, fuivant le caprice de ceux qui vendent ou achètent. Les plus eftimées font celles aux fept étoiles & au cheval.

Cet inftrument d'agriculture ne fe fait pas autrement que la plupart des autres outils tranchans ; il faut que l'acier en foit bon, & la trempe faine ; elle fe commence à la forge & au marteau, & s'acheve à la lime & à la grande meule. *Encycl.*

FAUVE, BETE-FAUVE. On comprend fous cette détermination, le cerf, le daim & le chevreuil. *Encycl.*

Fauve. L'une des cinq couleurs fimples & matrices des teinturiers.

Le fauve, couleur de racine ou de noifette, fe fait avec la

racine, l'écorce, la feuille de noyer, ou la coque de la noix, qui toutes rendent une très-bonne couleur.

Le fauve se pourroit encore faire avec de la suie de cheminée, & seroit bon ; mais cette drogue sent trop mauvais. On s'en sert seulement dans quelques couleurs composées, où entre le fauve.

La garouille fait une couleur entre fauve & gris ; mais elle n'est permise que dans la nuance du gris de rat.

Le frontanel, la malherbe & le fustel, mêlés à la suie de cheminée, font aussi un fauve jaunâtre. Cette teinture est défendue.

Il ne se tire point de nuances du fauve ; il entre seulement dans la composition de plusieurs couleurs. Voyez *Couleur*.

FAUX-DIAMANT. Diamant contrefait avec du verre. On le dit aussi de toutes les autres pierreries factices. Voy. *Diamant*.

FAUX-TEINT, ou *fausses-teintures*. Ce sont les teintures qui se font avec des drogues défendues qui, falsifiant les couleurs, durcissent & dégradent les étoffes.

Les réglemens pour les teinturiers, tant du grand que du petit teint, marquent qu'elles font les bonnes & mauvaises drogues. Voyez *Drogues ou Teint*.

FAYANCE. La fayance est originaire de Faenza en Italie. On dit que la première fayance qui se soit fabriquée en France, s'est faite à Nevers. On raconte qu'un Italien, qui avoit conduit en France un Duc de Nivernois, l'ayant accompagné à Nevers, apperçut, en s'y promenant, la terre de l'espèce dont on faisoit la fayance en Italie, qu'il l'examina, & que l'ayant trouvée bonne, il en ramassa, la prépara, & fit construire un petit four, dans lequel fut faite la première fayance que nous avons eue. On est allé dans la suite fort au delà de ces premiers essais.

La terre propre à faire la fayance, est entre la glaise & l'argile ; quand elle manque en quelques endroits, on y supplée par un mélange d'argile & de glaise, ou de glaise & de sable fin, au défaut d'argile ; il y faut toujours une portion de sable, & l'argile en contient ; sans ce mêlange, la fayance se fendroit. La qualité du sable varie, selon que la glaise est plus ou moins grasse. Si une seule terre est bonne, on la délaie dans des cuves ou poinçons pleins d'eau avec la rame. On la fait ensuite passer par un tamis de crin grossier, & tomber dans une fosse.

La fosse est pratiquée en terre, sur deux pieds & demi de profondeur, & sur une largeur proportionnée à la grandeur des lieux & à l'importance de la manufacture : les côtés en font garnis de

planches, & le fond pavé de briques ou de tuiles. Il y a des fa-
briquans qui répandent un peu de fable fur le fond, avant que
d'y couler la terre ; par ce moyen on l'enleve & détache du fond
plus facilement, lorfqu'elle eft devenue affez dure. Pendant que
l'eau, chargée de la terre, féjourne dans la foffe & y repofe,
l'eau s'évapore & la terre fe dépofe. Il y a des foffes où l'on
n'attend pas l'évaporation de l'eau ; il y a des décharges ou des
iffues pratiquées au deffus de la terre, par lefquelles on laiffe
écouler l'eau, quand la chûte ou le dépôt de la terre s'eft fait :
lorfqu'elle eft devenue affez dure pour être enlevée, on la prend
dans des vaiffeaux ; ce font des baffins, des foupiers & autres vafes bifcuités & défectueux.

On place ces vaiffeaux fur des planches en été ; dans l'hiver
autour du four, pour en faire évaporer l'humidité. Quand l'eau
en eft affez égouttée, on retire la terre des vaiffeaux ; on la porte
dans une chambre profonde & quarrelée ; on l'y répand, & on
la marche pied nud jufqu'à ce qu'elle foit liante : on la met enfuite en mottes ou maffes, plus ou moins confidérables, felon
les différens ouvrages qu'on en veut former. Plus on la laiffe de
tems en maffe, avant que de l'employer, meilleure elle eft : on
peut l'y laiffer jufqu'à deux ou trois mois.

La terre brune qui réfifte au feu, eft plus maigre que celle de
la fayance ordinaire : elle eft faite moitié de terre glaife, moitié
d'argile. Au défaut d'argile, on fubftitue un tiers de fable fin. Il
faut avoir égard dans ce mêlange à la nature de la terre glaife,
& mettre plus ou moins de fable, felon qu'elle eft plus ou moins
graffe, & pareillement plus ou moins d'argile : il ne faut pas dans
le mêlange que l'argile ou la terre foit trop liquide ; trop de fluidité donneroit lieu au fable de fe féparer de la terre, & comme
il pèfe plus qu'elle, de fe dépofer : cela n'arrivera point, fi le
mêlange a quelque confiftance.

Pour bien mélanger, on doit paffer les matières dans des cuves féparées ; faire le mêlange, & jetter enfuite le tout dans la
foffe. Obfervez que plus la terre fe cuira blanche, moins il lui
faudra de blanc ou d'émail pour la couvrir.

Ceux qui veulent avoir une fayance bien fine, paffent leur
mêlange ou leur terre par des tamis plus fins, & fe fervent de
foffes d'environ feize à dix-huit pouces de profondeur, afin que
leur terre fe fèche plus vîte.

Pour la faire paffer par un tamis, il faut qu'elle foit beaucoup
plus fluide, & par conféquent bien plus chargée d'eau ; il faut
donc prendre quelque précaution pour en hâter la deffication,
& celle que l'on prend confifte principalement dans la conftruction des foffes.

Voici une bonne compofition pour la fayance ordinaire, telle que celle de Nevers. Prenez 100 livres de calciné, 150 de fable de Nevers, 25 de falin. Le falin, c'eft le fel de verre. Quant au calciné, c'eft un mêlange de 20 livres d'étain fin, & 100 livres de plomb. On met le tout enfemble dans la fournette : on calcine, & l'on a une poudre blanche jaunâtre. Il ne faut pas que la fournette foit trop chaude ; il faut feulement que la matière y foit tenue bien liquide : on la remue continuellement avec un rable de fer, jufqu'à ce qu'elle foit réduite en poudre, & d'une couleur tirant fur celle du foufre pâle. La fournette eft une efpèce de petit fourneau de réverbère.

La cuiffon de la fayance eft très-difficile : elle demande de l'expérience. On commence par allumer un petit feu dans le foyer de la bouche. La bouche eft une ouverture profonde, oblongue, antérieure au four à potier, & prefque de niveau avec la première voûte du four ; c'eft proprement le foyer du four. L'on fume les marchandifes en entretenant le feu modéré pendant 6, 7, 8, 9, 10 heures, felon la qualité de la terre dont la marchandife eft faite. On augmente le feu peu-à-peu, en l'avançant vers la première voûte du four. Quand on croit pouvoir augmenter le feu, on le fait du dégré moyen entre le plus petit & le plus violent, en mettant des buches fendues en deux, en quatre, à travers la bouche. On entretient ce feu pendant deux ou trois heures, puis on couvre la bouche tout-à-fait. On donne grand feu, jufqu'à ce que les marchandifes foient cuites, obfervant de ne pas conduire le feu irréguliérement, & de ne pas exciter la fougaffe.

On quitte le four au bout de 30 ou de 39 heures. Puis on défourne. Il y en a qui défournent en 20 ou 24 heures ; c'eft felon que la terre eft plus ou moins dure à cuire. Quand on a défourné, on a foin de conferver les tuiles & les pilliers, pour en faire encore ufage. Quant aux vaiffeaux félés, ils ferviront à mettre fécher la terre. Pour la bonne marchandife que l'on appelle *bifcuit*, on la portera à l'endroit du laboratoire, où elle doit recevoir le blanc ou l'émail.

Il faut que le blanc foit fort fin, parcequ'il en fera plus beau fur la marchandife, & que les furfaces en étant plus multipliées, il en couvrira d'autant plus de pièces. Le blanc étant bien broyé, on le vuidera dans une cuve plus grande ou plus petite, felon la quantité qu'on en aura & le nombre des pièces à tremper : on le remuera, pour le rendre également liquide, tant au fond qu'à la furface ; s'il étoit trop épais, on le rendra fluide en y ajoutant de l'eau. On prend enfuite une pièce de bifcuit, on la plonge dans le blanc ; on l'en retire promptement, laiffant égoutter le superflu du blanc dans la cuve : la pièce trempée se séchera sur le champ : on gratera un peu avec l'ongle ; si on le trouvoit trop épais, on ajouteroit encore de l'eau blanche dans la cuve, & l'on remueroit comme auparavant. On feroit ensuite un nouvel essai en trempant un autre vaisseau.

On continuera de tremper les vaisseaux les uns après les autres, & on les arrangera sur la planche. Dans le cas où le blanc fut trop clair, on le laisseroit reposer, & on ôteroit ensuite le superflu de l'eau. Une observation qu'il faut faire, c'est que quand le biscuit est déja blanc, & qu'il est bien cuit, il ne demande pas que le blanc soit si épais ; c'est le contraire, si le biscuit est rouge ; on se règle là-dessus. Une autre observation non moins importante, & qui peut avoir lieu dans la porcelaine, c'est que quand le biscuit est d'une extrême dureté, on prend de la terre ; on en prépare un lait d'argile, en la détrempant claire, & en donnant lieu au sable dont elle est mêlée, de tomber au fond de l'eau ; on sépare la partie la plus tendre & la plus fine, & on en donne une couche aux pièces, soit par immersion, soit à la brosse, ce qui forme une assiette excellente à l'émail : sans cette assiette, l'émail ondulera, & couvrira mal. Cette manœuvre est très-délicate ; les Chinois l'ont pratiquée dans quelques-unes de leurs porcelaines, où l'on distingue très-bien trois substances différentes, le biscuit, la couverte, & la ligne mince d'assiette qui est entre le biscuit, & la couverte, & qui leur sert, pour ainsi dire, de gluten.

La plus grande partie des fayances sont peintes ; voici comment on les colore.

Bleu. On prend le meilleur safre, on le met dans un creuset ; on couvre le creuset d'une tuile qui résiste au feu ; on met le tout sous le four pour y être calciné : quand le four est froid, on retire le creuset. On prend autant de smalt, & on broye le tout ensemble, jusqu'à ce que le mêlange soit aussi fin que le blanc, & l'on conserve cette couleur pour en faire usage.

Rouge. Le plus bel ocre jaune calciné deux à trois fois dans le four où l'on cuit les marchandises, pilé & broyé, donnera cette couleur.

Jaune : la terre de Naples bien broyée & délayée.

Autre jaune : 4 livres de mine de plomb rouge, 2 de cendre de plomb, 2 de sable blanc, d'ocre rouge, ou d'ocre jaune, calciné & réduit en poudre ; 2 d'antimoine cru mis en poudre, 1 de verre blanc ou cristal, aussi mis en poudre : mêlez, faites calciner doucement, faites fondre ensuite ; pilez, broyez.

Verd : 2 livres verd d'ardoise, 1 limaille d'épingle, 1 minium, 1 verre blanc ; mettez en poudre, mélangez, faites fondre, & broyez, &c.

Autre verd : 1 de jaune , 1 de bleu : mêlez , broyez.

En uniffant ces deux couleurs , on aura différends verds , felon que l'on mettra plus ou moins de jaune , la quantité de bleu reftant la même.

Autre verd : 4 de bouteilles caffées , 1 & demi verd d'ardoife ; 1 & demi de limaille d'épingles , 1 de foude d'Alicante ou de Varech ; mettez en poudre , mêlez , faites fondre.

Brun ; calcinez l'ardoife deux fois fur le four ; mettez-la en poudre , prenez-en 2 parties ; 2 de poudre de bouteilles caffées , 1 de chaux en poudre , 1 de foude , & 4 onces de Périgueux : mêlangez , faites fondre , &c.

Autre ; trois de minium ou mine de plomb , demi de fable d'Anvers , 1 d'ocre rouge , & 4 onces de Périgueux.

Bleu violet ; 1 de potaffe , 3 quarts de fable blanc , 2 de blanc à bifcuit , mais fec ; 8 onces de fafre , 1 once de manganèfe ; mettez en poudre , faites fondre , &c.

Les couleurs étant ainfi préparées , on les emploie à l'eau.

Quand l'affiette a été trempée dans le blanc , & qu'elle eft fèche , le peintre la prend , & y trace la figure qu'il veut : quant au trait rond , il fe fert pour le tracer , d'une tournette. Il place l'affiette fur la tournette ; il la met en mouvement avec la main , obfervant que le centre de la tête de la tournette réponde bien au centre de la pièce : cela fait , il la touche du pinceau , & la tournette fait le trait.

Outre que ceux qui fe piquent de faire de la belle fayance , font paffer leur terre au tamis fin ; ils emploient auffi des couleurs & un blanc meilleurs.

Blanc fin : tirez le fel de foude ; prenez 50 parties de ce fel , 80 de beau fable blanc pur & net ; réduifez le fel en poudre , mêlangez avec le fable ; faites calciner le mêlange dans la fournette , comme s'il s'agiffoit de faire du cryftal : cela fait , mettez en poudre en le pilant ; paffez au tamis ; prenez 50 d'étain fin , autant de plomb , calcinez comme ci-deffus , broyez. Paffez au tamis ; ajoutez ces calcinés enfemble ; ajoutez 1 de la plus belle potaffe blanche , 3 onces & 2 gros de manganèfe de Piémont , mêlez le tout ; paffez au crible , faites fondre , épluchez , broyez comme le blanc. Une livre de ce blanc équivaudra à deux livres de blanc ordinaire.

Il faut , au refte , faire une expérience de ce blanc en petit ; parceque fi le fable étoit tendre à fondre , comme celui de Nevers , il en faudroit ajouter davantage.

On pourroit faire le blanc avec la foude même , fans en tirer le fel : il fuffiroit d'ajouter à la compofition fur chaque 100 liv. 8 onces de manganèfe ; mais comme les fayanciers ne font pas dans l'ufage de la manganèfe pour le blanc, ils diront peut être qu'elle rendra l'émail ou brun ou noirâtre; mais qu'ils en faffent l'expérience en petit, avant que de rien prononcer; la violence du feu détruit toutes les couleurs accidentelles & toutes les faletés.

Autre blanc à l'angloife; 150 livres de varech, ou de la foude qui fe fait fur les côtes de la Normandie; 100 de beau fable blanc: ajoutez dix-huit livres d'étain, & 54 de plomb calcinés enfemble; 12 onces de manganèfe préparée comme pour le cryftal: mêlangez, mettez fondre dans le feu, &c.

Autre de Hollande: 50 de fable bien net, 15 de potaffe, 20 de foude. Quand la foude aura été mife en poudre, on ajoutera 6 onces de manganèfe; on mêlangera, on calcinera comme pour le cryftal; on pilera, paffera au tamis; on ajoutera 20 liv. d'étain, 20 de plomb calcinés enfemble: mêlangez, faites fondre dans le four, &c.

Couleurs fines pour peindre la fayance: prenez du meilleur bol arménien, calcinez trois fois, broyez; prenez 12 livres de blanc fin réduit en poudre, 8 onces de fafre ainfi préparé, un gros d'*æs uftum* mis en poudre: mêlangez, mettez fous le four dans un grand creufet à fondre; laiffez refroidir le creufet, rompez le pour avoir la matière; épluchez cette matière des écailles du creufet; pilez, broyez, & vous aurez un très-beau bleu.

Verd: prenez de l'écaillemine ou limaille d'épingles pilée, mettez au creufet, couvrez avec une tuile; mettez fur un fourneau cru un peu de charbon, allumez à l'entour, puis mettez dans la cheminée, & augmentez le feu peu-à-peu, jufqu'à ce que le creufet foit couvert; continuez pendant deux heures; laiffez refroidir, pilez, broyez, gardez pour l'ufage.

Prenez auffi l'écaille qui tombe de l'enclume des ferruriers, fans ordure; pilez, broyez, & gardez pour l'ufage.

Prenez du blanc en poudre 8, 5 d'écaillemine préparée, 1 gros de paille de fer préparée: mêlez, faites fondre, &c.

Pourpre commun: 6 de blanc en poudre, 3 onces & demie de manganèfe: mêlez, faites fondre, &c.

Jaune: 6 de blanc en poudre, 5 onces de tartre rouge de Montpellier; réduifez en poudre: 1 gros 36 grains de manganèfe préparée: mêlez dans un grand creufet, à caufe de l'ébullition: faites comme ci-deffus.

Brun: 6. de blanc commun en poudre, 3 onces de Périgueux, une demie de fafre: mêlez, & faites comme ci-deffus.

Noir: 6 de blanc commun en poudre, 3 onces de fafre non calciné, 2 de manganèfe, 2 onces de Périgueux; une demi-once de paille de fer: mêlez, faites fondre, &c.

De ces couleurs mêlangées on obtiendra toutes les autres.

Couverte : la couverte n'eſt autre choſe qu'une ſorte de beau cryſtal tendre. Prenez trente livres de litharge, 12 de potaſſe, 18 de beau ſable blanc : ajoutez 2 onces d'arſenic blanc en poudre : faites fondre au four : cela fait, épluchez comme le blanc, pilez, broyez.

Ceci donne un vernis brillant, & fait couler le blanc. Il faut que cela ſoit bien broyé & bien liquide, & l'on s'en ſert de la manière ſuivante.

On a une broſſe ou aſperſoir ; on la trempe dans la couverte qui eſt fluide comme l'eau ; on la tient de la gauche, & avec les doigts de la main droite on tire le crin vers ſoi, en le laiſſant aller ; on aſperge ou arroſe la pièce : on répète la même choſe. Mais en Hollande on tient le vaiſſeau couvert de blanc, & peint, ſur la paume de la main gauche, & l'aſperſoir de l'autre main, & l'on répand la couverte deſſus, en le ſecouant.

Autre couverte blanche : prenez 4 livres de cendres de plomb, 2 livres de cendres d'étain ou de potée, & une bonne poignée de ſel commun ; faites fondre le tout juſqu'à ce qu'il ſe vitrifie, & formez-en des gâteaux pour l'uſage.

Couverte jaune : prenez des cendres de plomb, du minium & de l'antimoine, de chacun une partie ; de cailloux calcinés & broyés, faites fondre, & procédez du reſte comme à la couverte précédente.

Ou prenez 6 livres de cendres de plomb, d'antimoine & de moulée d'ouvriers en fer, de chacun 1 livre ; de ſable 6 livres : faites fondre, &c.

Couverte verte : prenez 2 parties de ſable, trois parties de cendre de plomb, des écailles de cuivre à volonté : faites vitrifier. Ajoutez, ſi vous voulez, une partie de ſel, la matière en fondra plus aiſément ; le verd ſera plus ou moins foncé, ſelon le plus ou le moins d'écailles de cuivre.

Couverte bleue : prenez du ſable blanc ou des cailloux, réduiſez-les en poudre fine ; ajoutez égale quantité de cendres de plomb, & 1 tiers de partie de bleu d'émail : faites fondre, formez des gâteaux, & gardez-les pour l'uſage.

Ou prenez 6 livres de cendres de plomb, 4 de ſable blanc bien pur, de verre de Véniſe, une demi-livre ou trois quarterons de ſafre, & une bonne poignée de ſel, & procédez comme ci-deſſus.

Couverte violette : prenez cendres de plomb une partie, ſable pur trois parties, bleu d'émail une partie, manganèſe un huitième d'une partie, & procédez comme ci-deſſus.

Couverte brune : prenez verre commun & manganèſe, de chacun une partie ; de verre de plomb deux parties, & achevez comme pour les autres.

Couverte noire ou *foncé* : prenez deux parties de magnéfie, de bleu d'émail une partie, de cailloux calcinés, de cendres de plomb & de chaux une partie & demie, & achevez comme ci-deffus.

Couverte fingulière : prenez du minium & du caillou calcinés parties égales, réduifez-les en poudre fine, mettez le mêlange en fufion, & formez des gâteaux,

Couverte de couleur ferrugineufe : prenez deux parties de cendres de plomb ; de cendres de cuivre & de verre commun, ou de caillou blanc, une partie ; & procédez comme ci-devant.

Les autres compofitions fe trouvent dans Kunckel, qui les a raffemblées dans fon *traité de la Verrerie* ; elles lui ont été communiquées par ceux qui de fon tems travailloient en Hollande à la fayance. Il lui en coûta beaucoup de peines & de dépenfes pour les apprendre des ouvriers qui en avoient toujours fait myftère. Il les a vu pratiquer, il en a éprouvé lui-même un grand nombre. Voyez auffi l'*Encyclopédie* & *le Dict. de Commerce in-folio.*

L'auteur du *Spectacle de la nature* dit que quelques efforts que l'Angleterre & la Hollande aient faits pour perfectionner ce travail, il n'a rien vu pour la beauté des couleurs, & pour le bon goût du deffin, qui, dans les petits ouvrages, comme dans les grands, put l'emporter fur ce qui fe fait dans la manufacture dirigée par madame de Vilerai, à l'extrêmité du fauxbourg. S. Sévère à Rouen.

Il faut remarquer que parmi les terres que nous employons en France pour la fayance, il y en a une qui fouffre le feu, & qui eft affez rare. La meilleure fe trouve dans les terres du marquifat de la Nocle fituées en Bourgogne, appartenant au Duc de Villars. On y a établi depuis peu une excellente fayancerie, où l'on fabrique des ouvrages de toutes efpèces, de meilleure qualité que celles de Nevers, & auffi belles que celles de Rouen, qui ont paffé jufqu'ici pour les plus parfaites. Elles fe donnent néanmoins à meilleur marché. La terre dont il s'agit ne prend jamais un fi beau blanc, parcequ'elle eft plus rouge & beaucoup plus poreufe ; car c'eft par cette qualité poreufe qu'elle réfifte au feu. C'eft pourquoi, ni les fayances de Hollande, ni les porcelaines de la Chine & du Japon, où cette terre poreufe manque, n'ont pas cette propriété.

Avis intéreffant pour tous les chefs des manufactures de porcelaines, terre d'Angleterre, fayance, &c.

M. de Goyou de la Plombanye a imaginé un nouveau four. Le principal inconvénient des fours connus & actuellement en

uſage, eſt que le feu ne ſe diſtribuant pas également dans toutes les parties de la capacité du four, les pièces de porcelaine
& les vaſes d'un grand diamêtre s'affaiſſent & ſe déjettent, de
manière qu'un grand nombre de pièces perdant leur forme, ne
ſont plus en état d'être vendues, & augmentent conſidérablement le prix de celles qui réuſſiſſent. On remédie parfaitement
à cet inconvénient par le nouveau four que l'on propoſe. La
chaleur s'y diſtribue également dans toutes ſes parties ; & quelque grandes & délicates que ſoient les pièces de porcelaine, elles recevront dans toutes leurs parties & dans le même tems un
dégré de chaleur parfaitement égal, quelque dimenſion qu'elles
puiſſent avoir, pourvu que la matière qu'on y emploie ſoit bonne, bien travaillée & d'une qualité égale par-tout. Ce four ne demande point une attention bien gênante de la part de celui qui
eſt chargé de le conduire ; on y adapte un thermomètre qui indique exactement tous les dégrés de chaleur de ce four, au
moyen de quoi on peut proportionner le feu, comme on le juge à propos, pour la cuiſſon des galets, vernis & émaux. Ce
four eſt ſuſceptible de telle grandeur qu'on veut lui donner, de
ſorte qu'on y pourra placer autant de marchandiſes que dans
les fours ordinaires. *N. Econ. T. II, p.* 109.

Moyen pour rendre la fayance moins fragile.

Autant la propreté de la fayance invite à s'en ſervir, autant ſa
fragilité en rend l'uſage diſpendieux. Envain on a trouvé l'art de
rétablir, par des attaches, celle qui eſt caſſée en deux ou trois morceaux ; un plat & encore plus une aſſiette ainſi recouſus, ne peuvent paroître ſur une table un peu propre, & l'on en banit pareillement toutes les pièces que le feu ou la chaleur trop grande des
mets ont fatiguées à un certain point, & dont elles ont fait fendre & gercer l'émail. Ainſi la fayance eſt ſujette à trois défauts,
celui de s'éclatter au premier feu qu'elle endure ; celui de perdre
par la chaleur la beauté de ſon émail que mille raies défigurent
entiérement, & celui de ſe caſſer facilement, lorſqu'on la manie
ou qu'on la poſe trop rudement. De ces trois accidens, le premier arrive ſouvent aux plats dès la première fois que l'on s'en
ſert ; le ſecond leur eſt inévitable, & le troiſième eſt commun à
toutes les pièces de cette matière ; ce qui cauſe une perte fréquen-
te, d'autant plus déſagréable, qu'elle eſt toujours imprévue. On
ne peut douter que l'uſage de la fayance n'en ſoit beaucoup plus
reſſerré qu'il ne devroit être ; & que les manufacturiers, qu'un
plus grand débit animeroit, n'en ſoient moins excités à perfectionner leurs ouvrages. Pour réveiller leur émulation ſur ce point,

nous enseignerons le moyen de diminuer confidérablement la fragilité de cette vaiffelle, & de préferver fon émail de toutes gerfures, afin qu'un entretien moins fort & une beauté toujours la même, la faffe admettre dans beaucoup de maifons dont une jufte économie lui défend l'entrée.

Lorfque l'on a acheté de la fayance, il faut, avant de s'enfervir, la mettre dans un chaudron ou une chaudière avec de l'eau qui la furnage. Les pièces feront difpofées de telle forte, que l'eau les baignera de tous côtés : c'eft-à-dire, qu'on les placera un peu panchées fur le côté où l'on mettra entr'elles des petits morceaux de bois qui les fépareront & les empêcheront de fe toucher. Enfuite, on jettera dans l'eau beaucoup de cendres. On fçait que les cendres de charbon ne valent rien, & l'on n'en fera aucun ufage ; mais on ne fe fervira que de cendres de bois neuf ou frotté, avec cette différence toutefois, qu'il en faudra une plus grande quantité de celles-ci que des premières, parceque le bois flotté a beaucoup moins de fels que le bois neuf. Les cendres étant mifes, on placera la chaudière fur le feu, & on fera chauffer l'eau jufqu'à ce qu'elle bouille. On entretiendra cette ébullition pendant une heure & demie, & même deux heures, après lefquelles on retirera la chaudière, & on laiffera réfroidir le tout enfemble. Il ne faut pas une grande phyfique pour comprendre que les fels des cendres diffous dans l'eau, s'incruftent par l'action du feu dans les pores de la fayance, & la rendant ainfi plus compacte, lui donnent une folidité qu'elle n'avoit pas. Ces mêmes fels fortifient la continuité de l'émail, & par ce moyen, le préfervent de toute fêlure. Nous fommes affurés que tous ceux qui ne négligeront point cette précaution, fi fimple & fi facile, recueilleront avec joie les fruits abondans d'une peine très-légère par la durée & la beauté conftante de leur vaiffelle. *Journal Écon. Déc.* 1756. *p.* 119-121.

FENOUIL, genre de plante à fleurs en rofes difpofées en ombelle, & compofées de plufieurs pétales rangées en rond, & foutenues par un calice, qui devient un fruit dans lequel il y a deux femences oblongues, épaiffes, convèxes & cannelées d'un côté, & applaties de l'autre. Ajoutez aux caractères de ce genre, que les feuilles font découpées par parties fort longues & fort menues, & qu'elles tiennent à une côte.

Il y a plufieurs efpèces de fenouil.

Le fenouil commun. Sa racine eft vivace, & dure plufieurs années ; elles eft de la groffeur du doigt, & plus droite, blanche, d'une faveur aromatique, mêlée de quelque douceur. Sa tige eft haute de trois ou quatre coudées, droite, cylindrique, cannelée, noueufe, noueuse, lisse, divisée vers le sommet en plusieurs rameaux, couverte d'une écorce mince & verte, remplie intérieurement d'une moëlle fongueuse & blanche. Cette plante croît parmi les cailloux dans les pays chauds; cette graine devient douce par la culture, & la plante un peu différente : de-là naissent les variétés de cette espèce de fenouil. On le cultive dans nos jardins.

Le fenouil doux à peine paroit-il different du fenouil commun, si ce n'est en ce que sa tige est moins haute, plus grêle, & ses feuilles plus petites ; mais ces graines sont plus longues & plus étroites, cannelées, blanchâtres, plus douces & moins âcres. Si on sème cette espèce de fenouil, elle dégénère peu-à-peu à mesure qu'on la resème ; de sorte que dans l'espace de deux ans elle devient un fenouil commun : c'est pourquoi Ray pense que cette graine est apportée des pays les plus méridionaux ; peut-être de Syrie, comme Lobel le dit ; ou des isles Açores, comme d'autres le prétendent.

Le fenouil d'Italie, & en italien *finocchio*, ne diffère du fenouil doux que par l'extrême agrément de son goût & de son odeur : aussi n'est-il cultivé que pour être servi sur les tables, comme le céleri, en guise de salade. *Encycl.*

Le fenouil commun & le fenouil doux sont cultivés dans nos jardins, tant pour les tables qu'à cause de la graine, employée en cuisine & en pharmacie.

Quelques Apicius de nos jours ordonnent d'envelopper le poisson dans les feuilles de fenouil, pour le rendre plus ferme & plus savoureux, soit qu'on veuille l'apprêter frais, ou le garder dans de la saumure.

Les sommités de fenouil vertes & tendres, mêlées dans nos salades, y donnent de l'agrément. Dans les pays chauds on sert les jeunes pousses du fenouil avec la partie supérieure de la racine, que l'on assaisonne de poivre, d'huile & de vinaigre, comme nous faisons le céleri.

Le fenouil d'Italie a bien d'autres qualités que le notre, soit que le climat de Paris ne lui soit pas favorable, soit plutôt que nous ignorions l'art de le cultiver. Il est certain que la saveur, la finesse & l'odeur du fenouil en Italie, charment le goût & l'odorat : aussi les Italiens en font un grand usage. La pointe des jeunes feuilles entre dans leurs fournitures de salade, & ils mangent par délices les extrêmités des jeunes branches avec du sel, ou sans assaisonnement.

Comme cette sorte de sensualité a passé en Angleterre, où elle prend tous les jours plus de faveur, Miller n'a pas dédaigné de s'attacher à la culture du *finocchio*, & d'en donner les préceptes dans son *Dictionnaire* ; j'y renvoie nos jardiniers curieux. *Encyc.*

La plante , la racine & la femence de cette plante font d'un ufage fréquent dans nos boutiques , où on emploie indifféremment l'une & l'autre efpèce de fenouil.

La racine eft une des cinq racines apéritives , & elle entre à ce titre dans beaucoup de compofitions officinales.

On tire , par la diftillation de la plante verte , une eau qui eft fort aromatique , & de la graine verte ou féchée , une huile effentielle , & une eau très-chargée de parties huileufes.

On fait fécher les racines & les femences de fenouil , & on les conferve pour s'en fervir au befoin , foit dans les préparations officinales , foit dans les préparations magiftrales.

Les femences , qui font du nombre des quatre grandes femences chaudes , entrent dans beaucoup de préparations , comme correctif de certains purgatifs. Elles font eftimées bonnes pour fortifier l'eftomac , aider la digeftion ; on les a fur-tout recommandées pour diffiper les vents.

La femence de cette plante , la plus en ufage , fait partie du négoce des marchands épiciers-droguiftes , confifeurs & apothicaires. Ils la tirent prefque tous de Languedoc , particuliérement des environs de Montpellier , où il s'en recueille une très-grande quantité. Autrefois ils la faifoient venir d'Italie ; & elle étoit vendue fous le nom de *fenouil de Florence* ; mais depuis que les Languedociens fe font avifés d'en cultiver la plante , il n'eft plus fait mention du fenouil de Florence.

Les confifeurs en font des dragées , qu'ils débitent , quoiqu'improprement , fous le titre d'*anis couverts*.

Le fenouil entre auffi dans la compofition de l'eau de fenouil. Voy. *Fenouillette*.

Les bonnes qualités du fenouil font d'être nouveau , tirant fur le verd , longuet , bien nourri , d'un goût donx & fucré , ayant l'odeur agréable , & fur-tout qu'il ne foit point mêlangé de pouffière , de menues buchettes , ou d'autres corps étrangers , à quoi il fe trouve très-fujet.

FENOUILLETTE , nom qu'on donne à cette efpèce d'eaude-vie , qui fe fait avec la graine ou femence de fenouil.

Pour faire de la fenouillette , on met fur trois pintes de bonne eau-de-vie & fur deux pintes de vin blanc , une livre de fenouil nouveau & verd , & une once de regliffe ; puis on diftille le tout dans un alembic , pour en tirer deux pintes d'effence : l'on mêle enfuite une pinte de cette effence avec fix pintes de forte eaude-vie , une pinte d'efprit de vin , & une pinte d'eau bouillie , dans laquelle , lorfqu'elle a été réfroidie , on a mis une pinte de fucre clarifié. Enfin , ayant mêlé une demi-livre d'amandes dou-

ces, avec cinq ou fix pintes d'eau crue, & les ayant à demi paffées à la chauffe, on y ajoute le premier mêlange où eft entrée
l'effence de fenouil ; ce qui acheve de faire la fenouillette.

La meilleure eau appellée *fenouillette*, vient de l'ifle de Rhé.
Bien des gens croient qu'il faudroit plutôt donner à celle-ci le
nom d'*anifette*, que celui de fenouillette, fuppofant que c'eft
l'anis, & non pas le fenouil, qui entre dans fa compofition. Il
en vient même fous le nom d'*anifette*.

On en fait auffi d'excellente à Montpellier, mais qui eft plus
douce & moins anifée. Celle de Colladon de Genève furpaffe
les unes & les autres.

FENU-GREC, plante qui croît en plufieurs provinces de
France, qui fe cultive particuliérement à Aubervilliers près Pa-
ris, en Provence, en Languedoc, en Italie & autres pays chauds.
On l'appelle auffi *aigoceras*, ou *corne de bœuf*.

Cette plante a fes tiges rondes, creufes & d'un blanc obfcur.
Ses feuilles font petites, à demi-rondes, dentelées, & difpofées
à peu-près comme celles du tréfle. Elle produit une affez petite
fleur blanche, d'où naît une gouffe longue & pointue, raifonnablement groffe, & de la forme d'une corne de bœuf, ou de
bouc fauvage.

La graine qui eft enfermée dans cette gouffe, & qui porte le
même nom que la plate, eft moins groffe qu'un grain de che-
nevis, dure & folide, de figure triangulaire, & d'une odeur
forte & affez mauvaife.

Cette graine étant nouvelle, eft de couleur jaune prefque dorée ; mais gardée, elle devient rougeâtre, & même brune.

Outre le commerce qui fe fait de cette graine en France, où
il s'en confomme affez, on en envoie en Hollande, & en d'autres pays étrangers.

Les teinturiers s'en fervent dans le rouge-écarlate de France,
où elle réuffit très-bien.

Le fenu-grec doit être nouveau, bien nourri, & que fa couleur foit la plus dorée qu'il fera poffible.

On connoît fix efpèces de ce genre, dont il n'y a qu'une feule
qu'on cultive. Boherave compte fept efpèces de *fenu-grec*. Voy.
l'*Encyclopédie*.

FER. Le fer eft un métal imparfait, d'un gris tirant fur le noir
à l'extérieur, mais d'un gris clair & brillant à l'intérieur. C'eft le
plus dur, le plus élaftique, mais le moins ductile des métaux.
Il n'y en a point qui entre auffi difficilement en fufion : cela ne
lui arrive qu'après qu'il a rougi pendant fort long-tems. La prin-

cipale propriété à laquelle on le reconnoît, c'est d'être attiré par l'aimant. La pesanteur spécifique du fer est à celle de l'eau, à peu-près comme sept & demi est à un ; mais cela doit nécessaire-ment varier à proportion du plus ou du moins de pureté de ce métal.

Le fer étant le plus utile des métaux, la providence l'a fort abondamment répandu dans toutes les parties de notre globe. Il y en a des mines très-riches en France, en Allemagne, en An-gleterre, en Norvège; mais il n'y a point de pays en Europe qui en fournisse une aussi grande quantité de la meilleure espèce que la Suède, soit par la bonté de la nature de ses mines, soit par les soins que l'on se donne pour le travail de ce métal. *Encycl.*

Les mines de fer de Norvège ne le cedent pas en bonté à cel-les de Suède ; plusieurs qualités sont même supérieures à bien des égards. Mais la Suède en fournit beaucoup plus que la Norvége. Les Anglois achètent de celui-ci par préférence, parceque la qua-lité en est généralement aussi bonne que la meilleure de Suède, aulieu que les fers de Suède se vendent mêlés de différentes qua-lités, soit en barres, soit en ustensiles.

Les fer des Suède montent à 300 milles schippondts, dont la Grande-Bretagne prend la moitié. Les Anglois ne trouvent nulle part un fer aussi fort, aussi bon & aussi peu sujet à la rouille que celui de Suède. La Suède a diminué ses forges jusqu'à 50000, pour conserver ses bois. On y a établi diverses manufactures de quincaillerie. Le fer ouvragé est franc de sortie. *Mémoire com-muniqué.*

Le fer de Norvège est plus riche en grains, d'un meilleur usage & moins exposé à perdre de son poids en le forgeant, que celui de Suède, dans lequel il reste encore de l'ordure & de l'impureté, excepté dans quelques mines où le fer est bien bon, mais celui-ci ne sort ni pour le Dannemarck, ni pour la Norvège. Des ou-vriers en fer, qui ont reconnu cette bonne qualité intérieuredu fer, emploient plutôt le fer de Norvège que celui de Suède, à moins qu'ils ne trouvent le moyen d'avoir le dernier à un très-bas prix. Le fer de Norvège ne peut pas être donné à si bon marché que celui de Suède. *De même.*

On a été long-tems dans l'idée qu'il n'y avoit point de mines de fer en Amérique; mais c'est une erreur dont on est revenu de-puis long-tems; & des observations plus exactes nous assurent que cette partie du monde ne le cède en rien aux autres pour ses ri-chesses en ce genre. *Encycl.*

Les mines de fer varient & pour la figure & pour la couleur. Les principales sont :

1°. *Le fer natif.* On entend par-là du fer qui se trouve tout formé dans la nature, & qui eſt dégagé de toute matière étrangère, au point de pouvoir être travaillé & traité au marteau, ſans avoir éprouvé l'action du feu. M. Rouelle a reçu, par la voie de la compagnie des Indes, des morceaux de fer natif, apportés du Sénégal, où il s'en trouve des maſſes & des roches très-conſidérables. Ce ſçavant chymiſte les a forgés, & il en a fait au marteau des barres, ſans qu'il ait été néceſſaire de traiter ce fer par aucun travail préliminaire.

2°. *La mine de fer criyſtalliſée.* Elle eſt d'une figure ou octahèdre, ou cubique, ayant la couleur de fer même. La fameuſe mine de fer de l'iſle d'Elbe, connue du tems des Romains, eſt de cette eſpèce.

3°. *La mine de fer blanche.* Elle eſt en rameaux, ou elle eſt en cryſtaux, ou bien elle reſſemble à du ſpath rhomboïdal, étant formée comme le lin d'un aſſemblage de feuillets ou de lames étroitement unies les unes aux autres. Celle d'Alvare, en Dauphiné, eſt de cette eſpèce: au coup-d'œil on n'y ſoupçonneroit point de fer, cependant elle eſt très-riche, & fournit 70 à 80 livres de fer au quintal. Pour diſtinguer la mine de fer blanche du ſpath, il n'y a qu'à la faire rougir dans le feu ; ſi elle devient noire, ce ſera une marque qui annoncera la préſence du fer.

4°. *La mine de fer noirâtre.* Elle eſt très-riche, attirable par l'aimant, d'un tiſſu compact ; ou bien elle eſt parſemée de petits points brillans, ou formée par un aſſemblage de petits grains ou paillettes de différentes figures & grandeurs.

5°. *La mine de fer d'un gris de cendre.* Elle eſt un peu arſénicale, & n'eſt point attirable par l'aimant.

6°. *La mine de fer bleu* ; elle n'eſt point attirable par l'aimant ; ſa couleur eſt d'un bleu plus ou moins foncé ; elle eſt ou en grains, ou en petites lames, &c.

7°. *La mine de fer ſpéculaire.* Elle eſt formée par un amas de lames ou des feuilles luiſantes, d'un gris obſcur ; l'aimant l'attire.

8°. *L'hématite* ou *ſanguine.* Sa couleur eſt ou rouge, ou jaune, ou pourpre, ou reſſemble à de l'acier poli, c'eſt-à-dire, eſt d'un noir luiſant ; elle varie auſſi quant à la figure, étant ou ſphérique, ou demi-ſphérique, ou piramidale, ou en mamellons. Quand on caſſe cette mine, on la trouve intérieurement ſtriée. Quand on l'écraſe, elle ſe réduit en une poudre ou rouge, ou jaune. Cette mine ſe trouve ſouvent en petits globules bruns ou jaunes, ſemblables à des pois, des fèves, ou des noiſettes. Il y a des pays où il s'en trouve des amas immenſes : ce ſont autant de petites hématites dont on peut tirer de très-bon fer.

9°. *L'aimant.* C'eſt une mine de fer qui eſt ou d'un tiſſu compact, ou compoſée de petits grains, ou parſemée de points brillans ; la couleur eft ou rougeâtre, ou bleuâtre, c'eft-à-dire de la couleur de l'ardoife : elle à la propriété d'attirer le fer, *Voy. l'article aimant.*

10°. *La mine de fer fabloneufe.* Il paroît que cette mine ne devroit point faire une efpèce particulière ; en effet elle ne diffère des autres qui précédent, que par la petiteffe de fes parties qui font détachées les unes des autres. C'eft ordinairement dans un fable de cette efpèce, que fe trouve l'or en paillettes, ou l'or de lavage.

11°. *La mine de fer limoneufe.* Elle eft d'un brun plus ou moins foncé à l'extérieur, & d'un gris bleuâtre, ou d'un gris de fer à l'intérieur, quand on la brife. C'eft de toutes les mines de fer la plus ordinaire ; elle n'affecte point de figure déterminée, mais fe trouve par couches & par lits dans le fein de la terre, ou au fond de quelques marais ou lacs.

12°. *L'ochre.* C'eft une terre, ou plutôt du fer décompofé par la nature ; il y en a de brune, de jaune, & de rouge : c'eft à la décompofition des pyrites & du vitriol qu'on doit attribuer la formation de l'ochre.

Toutes ces mines de fer font décrites en détail dans la *minéralogie de Wallerius,* tom. I. pag. 459. & fuiv. *Voy. la méthode pour travailler la mine de fer,* dans le *Journal Écon.* 1757. Oct. p. 178.

Quelques auteurs ont parlé de mines d'acier ; mais ces mines ne doivent être regardées que comme des mines de fer qui donnent de l'acier dès la première fufion, parce qu'elles font très-pures & dégagées de fubftances étrangères nuifibles à la perfection du fer.

M. Henckel penfe que la divifion la plus commode des mines de fer, fe fait en confultant leur couleur. Suivant ce principe, il les divife en blanches, en grifes, en noires, en jaunes, en rouges, en brunes, &c. *Voy. l'introduction à la Minéralogie,* par Henckel, partie I. Il eft certain que la couleur peut fervir beaucoup à nous faire reconnoître les fubftances qui contiennent du fer ; mais ce figne feul ne peut toujours fuffire : il eft donc à propos pour plus de fureté d'avoir recours à l'effai.

La meilleure manière de faire l'effai d'une mine de fer, fuivant M. Henckel, c'eft de commencer par griller & pulvérifer la mine, d'en prendre un quintal docimaftique, deux quintaux de flux noir, un demi quintal de verre, de borax, de fel ammoniac, & de charbon en poudre, de chacun un quart de quintal ; on fait fondre le tout à grand feu dans un creufet. Il ajoute qu'il y a de l'avantage à y joindre de l'huile de lin. *Voy. Introduction à la Minéralogie, partie II. liv. IX. chap. ij. fect. 7.*

Les mines de fer que nous avons décrites, ne font pas les feules fubftances qui contiennent ce métal ; il eft fi univerfellement répandu dans la nature, qu'il n'y a prefque point de terres ou de pierres dans lefquelles il ne s'en trouve une portion plus ou moins grande, fans que pour cela on puiffe l'en retirer avec avantage. Un grand nombre de pierres précieufes, telles que les rubis, les jafpes, l'amétifte, la cornaline, &c., lui doivent leurs couleurs, fi-non en tout, du moins en grande partie. Prefque toutes les pierres & terres colorées font ferrugineufes, & il y en a très-peu qui foient entièrement exemptes de quelques portions de ce métal : mais il fe trouve fur-tout d'une façon fenfible, fans cependant pouvoir en être tiré avec profit, dans l'émeril, la manganèfe, les mines de fer arfénicales, que les Allemands nomment *fchirl, wolfram, eifenram* ; dans la calamine, les étites ou pierres d'aigle ; dans l'argile des potiers, &c. Il en entre une portion plus ou moins grande dans les différentes pyrites. C'eft le fer qui fait la bafe du vitriol martial, ou de la couperofe ; il fe trouve dans un grand nombre d'eaux minérales, & il eft joint avec prefque toutes les mines des autres métaux & demi-métaux, au point que l'on peut regarder la terre martiale comme une matrice de ces fubftances. Cependant le fer fe trouve uni par préférance aux mines de cuivre ; il eft très-rare de le voir joint avec les mines de plomb : mais on a obfervé qu'il fe trouve inféparablement uni avec les mines d'or, & il n'y a point, fuivant les plus célèbres naturaliftes, de mines de fer qui ne contiennent un veftige de ce métal précieux.

Le fer qui vient de la première fonte de la mine, s'appelle *fer de gueufe* ; il eft rarement pur & propre à être traité au marteau ; cependant on peut s'en fervir à différens ufages, comme pour faire des plaques de cheminées, des chaudières, &c; Mais pour lui donner la ductilité & la pureté qui conviennent, il faut le faire fondre à plufieurs reprifes, & le frapper à grand coups de marteaux ; c'eft ce qu'on nomme *affiner*. Ce n'eft qu'à force de forger le fer qu'on lui donne de la ductilité, la tenacité & la douceur ; qualités qui lui font néceffaires pour qu'il paffe par les opérations de la forge. *Encycl.*

Les principaux des ouvrages, qui fortent immédiatement de la fonderie, font des canons, des contre-cœurs de cheminées, des boulets, des bombes, (des grenades, des mortiers à jetter des bombes, des tuyaux de fontaines,) des landiers, des marmites, & quantité d'autres uftenciles de cuifine ; enfin, des gueufes, qui font des pièces de fer, de 10 à 12 pieds de long, fur 10 ou 12 pouces de large, & du poids de 16 ou 1800 livres, & même davantage, & de forme triangulaire.

O o 4

Le fer de fonte d'Allemagne souffre la lime : celui de France ne se peut polir qu'avec le grès & l'émeril.

Le fer de France est tendre, & celui de Liege est fort; ainsi les François ont besoin de celui-ci pour divers ouvrages. *Journal Écon.* 1759. p. 1/2.

Les frais qu'il faut faire chaque jour pour le charbon, pour l'achat & le transport de la mine, pour l'achat de la castine, ou marne, pour les journées des chargeurs, pour l'entretien de l'usine, reviennent tout compté, pour un fourneau, qui ordinairement rapporte en un jour trois mille livres de fer de fonte, reviennent, dis-je, d'après l'Auteur du *Spectacle de la Nature*, au maîtres des forges, à 120 livres en 24 heures; ainsi le fer non ouvragé lui revient déja à 40 livres le mille; mais ce fer contenant encore beaucoup de feuilles de terre, il ne s'en défait que par le passage du feu réitéré de l'affinerie & de la chaufferie. Il s'applatit & perd le tiers de son poids, tant sous le gros marteau, qu'aux différens fourneaux & au martelage. Quinze cens livres de fer de fonte ne donneront qu'un mille de fer ouvragé. En comptant ce déchet, le mille revient à 60 liv. pour les premiers frais de la fonte. En comptant ensuite les journées des affineurs & des marteleurs, le charbon & l'entretien de l'usine, il emporte encore 45 ou 46 livres de frais : de sorte que le mille de fer ouvragé couté au moins 106 livres au maître entrepreneur, avant que d'être employé dans la serrurerie. On assure que l'entreprise d'une forge est avantageuse, quand la corde de bois est au dessous de quatre livres. Mais ces établissemens ne se permettent plus qu'après un sérieux examen, parce que l'extrême consommation de bois que fait une seule forge, peut devenir à charge à tout un pays.

L'acier n'est autre chose qu'un fer très-pur & dans lequel, par différens moyens, on a fait entrer le plus de phlogistique qu'il est possible. Ainsi pour convertir le fer en acier, il n'est question que d'augmenter le phlogistique qu'il contient déja, en lui joignant, dans des vaisseaux fermés, des substances qui contiennent beaucoup de matière grasse; telles que la corne, des poils & d'autres substances animales ou végétales, fort chargées du principe inflammable.

Jusqu'ici on a cru communément que le fer ne pouvoit prendre que grossièrement la forme d'un moule où il étoit jetté en fonte, & qu'il n'en sortiroit jamais avec la netteté & la vivacité des ouvrages faits des autres métaux fondus, d'argent ou de cuivre, par exemple. En effet, il ne se met jamais, ou presque jamais, en fusion, aussi-bien que ces autres métaux, & il ne paroît pas douteux qu'une plus grande liquidité ne soit nécessaire pour s'insinuer plus exactement jusques dans les plus petits recoins d'un moule. Cependant M. de Réaumur a vu le contraire par des expériences réitérées, auxquelles il a longtems résisté en faveur du préjugé établi ; & se défiant, comme il l'avoue, de ses dispositions trop avantageuses pour le fer, qu'il a tant manié, il a vérifié que le fer se moule plus parfaitement même que les autres métaux. Voyez. *les Mémoires de l'Academie Royale des Sciences, an. 1726.*

Personne n'ignore qu'un caillou frappé avec du fer, donne des étincelles. Quoique cette expérience soit très-commune, elle présente un phénomène très-digne de remarque. En effet, le fer est de tous les métaux le plus difficile à faire entrer en fusion ; cependant dans l'expérience dont il s'agit, il y entre en un clind'œil, puisque chaque étincelle qui part, n'est autre chose que du fer fondu & réduit en une scorie, comme on peut s'en assurer à l'aide du microscope.

Si la seule utilité décidoit du prix des choses, il est certain que le fer devroit être regardé comme le plus précieux des métaux ; il n'y a point de profession, d'art ou de métier dans lesquels on n'en ait un besoin indispensable, & il faudroit des volumes pour indiquer seulement ses différens usages : tout le monde sçait que la médecine en tire des avantages très-réels dans un grand nombre de maladies.

Fer cassant à froid. Il se connoit en ce qu'il a le grain gros & clair à la cassure, comme l'étain de glace. Quand on manie la barre, on le trouve rude à la main : il est tendre au feu ; il ne peut endurer une grande chaleur, sans se brûler. Il y a de ces sortes de fer, qui deviennent plus cassans en les forgeant, & ne peuvent être ni dressés ni tournés à froid. *Encyclop.*

Fer doux. Le fer doux se connoit à la cassure, qui doit être noire tout en travers de la barre : alors il est malléable à froid, & tendre à la lime ; mais il est plus sujet à être cendreux, c'est-à-dire, moins clair & moins luisant après qu'il est poli ; il s'y trouve des taches grises : ce n'est pas qu'il ne se trouve des barres de ce fer qui n'ont point ces défauts.

Il y a d'autres fers qui, à la cassure, paroissent gris, noirs, & tirant sur le blanc, qui sont beaucoup plus roides que le précédent ; ils sont très-bons pour les maréchaux, les serruriers, les taillandiers, & en général tous les ouvriers, en gros ouvrages noirs ; car à la lime, on lui remarque des grains qu'on ne peut emporter.

Il y a d'autres fers mêlés à la cassure ; ils ont une partie blanche, & l'autre grise ou noire ; le grain en est un peu plus gros qu'aux fers ci-dessus ; ils sont réputés les meilleurs ; ils se forgent facilement ; ils se liment bien, prenant un beau poli, & ne sont sujets ni à des grains, ni à des cendrures, parcequ'ils s'affinent à mesure qu'on les travaille.

Il y a une autre forte de fer qui a le grain fort petit, comme l'acier ; il eft pliant à froid & bouillant à la forge ; ce qui le rend difficile à forger & à limer. Il eft bon pour les outils & les travaux de la terre.

Fer rouverain. Il fe connoit à des gerfures ou découpures qu'on voit traverfer les quarrés des barres ; il eft pliant, malléable à froid, & caffant à chaud ; il rend une odeur de foufre à la forge ; fi on le frappe, il en fort des étincelles femblables à des petites flammes en étoiles. Quand on le chauffe un peu plus blanc que couleur de cérife rouge, il s'ouvre à chaud, & prefque tout en travers de la barre, fur-tout lorfqu'on le bat, ou qu'on le ploie. Il eft fujet à avoir des pailles & des grains ; c'eft le défaut du fer d'Efpagne.

Les vieux fers qui ont été expofés à l'air, font fujets à devenir rouverains. *Encycl.*

Uftariz dit qu'il feroit très-important que l'acier & le fer fe convertiffent en ouvrages en Efpagne, *Théorie du Commerce*, chap. 89.

On appelle *fer aigre* celui qui fe caffe aifément à froid ; *fer cendreux*, celui qui devient difficilement clair à la lime ; *fer pailleux*, celui qui, lorfqu'on le bat, ou qu'on le ploie, fe partage en diverfes pailles.

Il y a du fer de divers échantillons, qu'on diftingue, ou par fes noms différens, ou par fes différentes longueurs & groffeurs.

Le fer plat a 9 à 10 pieds de long, quelquefois plus, & environ 4 lignes d'épaiffeur, fur 2 pouces & demi de large.

Le fer qu'on nomme *quarré*, a 2 pouces en quarré ; mais diverfes longeurs. Le quarré bâtard a 9 pieds de long, & 16 à 18 lignes en quarré.

Le fer cornette a 8 à 9 pieds de long, 3 pouces de large, & 4 à 5 lignes d'épaiffeur.

Le fer rond a 6 à 7 pieds de long, fur 9 lignes de diamêtre.

Le carillon eft un petit fer, qui n'a que 8 à 9 lignes en quarré.

Le courçon, ainfi nommé, parçqu'il eft court, a 2 pouces & demi en quarré, & feulement 3 ou quatre pieds de long.

Le petit fer en botte, qu'on emploie ordinairement pour faire les vergettes des vitrages, n'eft guère plus gros que le petit doigt.

La tole eft un fer applati de plufieurs épaiffeurs & largeurs.

Le fil de fer qu'on appelle *fil d'archal* ou *de richard*, eft du fer paffé & tiré à travers d'une efpèce de filière. Voyez *Fil*.

On trouve dans les *Tranfactions Philofophiques* de la Société Royale de Londres, Avr. 1698 n. 243, art. 13, la manière de donner au fer la couleur & la teinture du cuivre, par le Chevalier Robert Southwel. Voyez auſſi ci-deſſus, & le *Journal Econom.* de Janv. 1754.

Les provinces de France les plus fécondes en mines de fer, ſont, la Champagne, la Lorraine, la Normandie, la Bourgogne, le Maine, le Berry, le Nivernois, la Navarre, & le Béarn.

Le fer de Semouche eſt doux & pliant : celui de Vibray près de Montmirail au Mans, eſt auſſi de bonne qualité, mais plus ferme : S. Diſier en fournit de plus caſſant, & dont le grain eſt plus gros : celui qu'on tire du Nivernois, eſt doux, propre à être employé à faire des épées & des canons de mouſquets : le fer de Bourgogne eſt médiocrement doux : le fer de Champagne eſt plus caſſant ; celui de Normandie l'eſt encore davantage, & celui de roche eſt fort doux & fort fin.

Les fers de Suède & d'Allemagne ſont pour la plupart meilleurs & plus ployans que ceux de France ; mais les fers d'Eſpagne ſont preſque tout rouverains, & mêlés de grains d'acier, qui ſont facheux ſous la lime.

On compte ſept eſpèces de fer, que nous caractériſerons par des ſignes aſſez précis, pour être vus par ceux qui ſont un peu en uſage d'examiner ce métal.

La première eſpèce de ces fers, qui généralement eſt regardée comme mauvaiſe, eſt celui dont la caſſure montre des lames blanches, très-brillantes, comme de petits miroirs, mais d'une figure irrégulière, dans la forme & dans l'arrangement, & approche aſſez pour la reſſemblance à de l'étain de glace ; ces lames ſont ordinairement grandes, mais les unes plus, les autres moins : on en trouvera dans de groſſes barres de la grandeur de 2 lignes. Les lames ont entr'elles des eſpaces occupés par des petites, qui reſſemblent à des grains.

La deuxième eſpèce de fer a, comme la première, ſur la caſſure, des lames brillantes & blanches, mais plus petites, plus égales dans la figure & dans l'arrangement ; elles laiſſent peu ou point d'eſpace entr'elles, qui ſoient remplis par des grains. Le fer qu'on nomme à Paris *fer de roche*, donnera un exemple de cette ſeconde eſpèce de fer.

La troiſième eſpèce de fer a encore des lames blanches & brillantes, plus petites que celles du fer de roche : mais toute la caſſure n'eſt pas occupée par des lames ; il y a de petits eſpaces, où l'on ne voit que des grains fins, de couleur griſâtre, à peu-près ſemblables à ceux de l'acier médiocrement fin : ces grains n'ont pourtant pas un air ſi arrondi que ceux de l'acier : les fers qu'on vend à Paris ſous le nom de *bons fers communs*, ſont preſque toujours des fers de cette eſpèce.

La quatrième eſpèce de fer ne diffère guères de la précédente ; ils ont aussi des lames brillantes, & des espaces remplis de grains très-fins & gris ; mais ce qui les rend différens des premiers, c'est que les espaces remplis par des grains, surpassent ceux remplis par des lames. Les lames ne sont encore ni si blanches, ni si vives ; c'est proprement le caractère des fer de Suéde, qui passent pour la première qualité.

La cinquième espèce de fer est celui qui n'a point de lames brillantes. Leur cassure paroît entiérement grenée ; ils différent même par cette grenure des fers de la troisième & de la quatrième espèce ; la leur est à plus gros grains. Les fers de Champagne & du Nivernois, qu'on forge en barres petites & quarrées, nommées *quarillons*, ont tous cette structure : on la trouve encore assez souvent dans ceux du Berry.

Ceux de la sixième espèce n'ont ni lames ni grains ; au moins les lames sont rarement assez plates, pour mériter le nom de lames, & rarement les grains sont-ils assez arrondis pour que ce nom leur convienne ; mais elles n'ont jamais la blancheur ni le brillant des lames de fer des premières espèces. On remarquera plutôt dans les cassures de ces fers des paquets de fibres fines, que dans les cassures des autres : les fers de Berry, qu'on vend en barres larges & épaisses, ont pour l'ordinaire ce caractère.

Enfin, les fers dont nous composerons la septième & dernière espèce, ne montrent que des fibres sur leur cassure, elle ressemble toujours à un morceau de bois rompu. Ce sont ces fers qu'on nomme communément *des fers doux*. Tel est le fer de Berry bien forgé, & étiré en bandes, ou en barres minces. Tels sont les fers de la forge de Painpont en Bretagne, les fers doux ou foibles du pays de Foix, & ceux de quantité d'autres forges du royaume de France, notamment ceux de Montbeliard.

Si les cassures des barres de fer ont ordinairement des fibres, ce fer sera mis à la classe des fers fibreux, quoique quelquefois on y rencontre des lames. De même les fers, qui ordinairement ont des lames, ne seront pas regardés comme fers fibreux, quand sur quelques-unes de leurs cassures on remarquera des fibres : on fondera les règles sur ce qui arrive le plus ordinairement, & non pas sur ce qui arrive toujours.

Il est convenable de passer aux remarques qui nous ont obligés à caractériser les fers, & pour cela, il en faut parcourir les différentes espèces.

Le fer de la première, à grandes & grosses lames mal arrangées, doit être généralement regardé comme mauvais fer, qui soutiendra difficilement le coup du marteau & l'action du feu ; il sera, après avoir été travaillé, rempli de crevasses & de gersures.

Le fer de la seconde espèce, celui dont les lames sont plus petites, plus égales, mieux arrangées, mais qui n'a que des lames ; le fer que nous avons dit être fort employé à Paris, sous le nom de *fer de roche*, est encore un mauvais fer, parcequ'il est cassant, quoique les ouvriers l'estiment pour les ouvrages qui demandent à être nets & polis.

La structure de ces deux premières espèces de fers est un composé de molécules, quelquefois mal arrangées, & qui toujours laissent entr'elles de grands espaces.

Les fers de la troisième espèce, qui ont de petites lames, mais de plus, quelques espaces occupés par des grains, peuvent être mis au nombre des bons fers ductiles & d'une excellente qualité.

Les fers de la quatrième espèce, remplis de grains extrêmement fins, & où ces espaces surpassent, ou égalent au moins ceux qui sont occupés par des lames très-petites, & moins brillantes que celles des fers des deux premières espèces, seront encore supérieurs à ceux de la troisième espèce ; & l'on peut encore ranger dans la même classe les fers de la cinquième, sixième & septième espèce ; les fibreux devant être préférés pour les ouvrages auxquels on demande beaucoup de corps. *Mémoire communiqué.*

Manufacture de fer battu & blanchi à Paris & à Bruxelles.

Cette manufacture est établie à Paris depuis 1739, & le Sr. Latteur en a établi une à Bruxelles en tout égale à celle qui a fait fortune en France & à aussi bon marché. Cette batterie de fer a enfin été substituée à celle de cuivre dans les cuisines d'un nombre infini de bonnes maisons de Paris & des provinces de France. Outre la conservation de la santé, cette batterie a l'avantage du meilleur marché, de l'épargne de l'étamage, & lorsqu'elle est usée, on la reçoit à la manufacture pour la remettre à neuf à très-bas prix. *Journal de Commerce.* Mai 1761, p. 147. Voyez aussi *Batterie de Cuisine.*

FER-BLANC. M. Colbert appella en France les premiers manufacturiers en fer blanc qu'on y ait vus. Les uns s'établirent à Chenesey en Franche-Comté, les autres à Beaumont-la-Ferrière en Nivernois : mais ces ouvriers précieux ne trouvant pour les soutenir, ni une intelligence, ni une protection telles que celles qui les avoient attirés, n'eurent aucun succès, & se retirèrent. Il s'en éleva une manufacture à Strasbourg sur la fin de la régence. Il y a actuellement quatre manufactures de fer-blanc en France : 1°. celle de Mansvaux en Alsace, établie il y a quarante-deux ans : 2°. celle de Bain en Lorraine, établie en 1733, sur des lettres-patentes du Duc François III. confirmées en 1745, par le roi

Stanislas de Pologne : 3°. celle de Moramber en Franche-Comté, établie depuis cinq années : 4°. une établie depuis trois ans à une lieue de Nevers. On y porte le fer en petits barreaux : le meilleur est celui qui s'étend facilement, qui est ductile & doux, & qui se forge bien à froid ; mais il ne faut pas qu'il ait ces qualités avec excès. On le chauffe, on l'applatit d'abord un peu, & dès le premier voyage sous le gros marteau, on le coupe en petits morceaux qu'on appelle *femelles*. La femelle peut fournir deux feuilles de fer-blanc. On chauffe ces morceaux jusqu'à étinceler violemment, dans une espèce de forge, on les applatit grossièrement. On réchauffe une troisième fois, & on les étend sous le même gros marteau, jusqu'à doubler à peu-près leurs dimensions ; puis on les plie en deux, suivant la longueur. On les trempe dans une eau trouble qui contient une terre sabloneuse, à laquelle il seroit peut-être très-à-propos d'ajouter du charbon en poudre, les femelles en seroient moins brûlées. L'effet de cette immersion est d'empêcher les plis de souder. Quand on a une grande quantité de ces feuilles pliées en deux, on les transporte à la forge ; on les y range à côté les unes des autres verticalement, sur deux barres de fer qui les tiennent élevées, & l'on en forme une file plus ou moins grande, selon leur épaisseur : on appelle cette file, *une trousse*. Un levier de fer qu'on lève ou qu'on abaisse quand il en est tems, sert à tenir la trousse serrée : on met ensuite dessous & dessus du plus gros charbon, & l'on chauffe. Quand on s'apperçoit que la file est bien rouge, un ouvrier prend un paquet ou une trousse de quarante de ces feuilles doubles, & le porte sous le marteau. Ce second marteau est plus gros que le précédent ; il pèse 700, & n'est point acéré. Là, ce paquet est battu jusqu'à ce que les feuilles aient acquis à peu-près leur dimension ; mais il faut observer que les feuilles extérieures, celles qui touchent immédiatement à l'enclume & au marteau, ne s'étendent pas autant que celles qui sont renfermées entr'elles, celles-ci conservant la chaleur plus long-tems, & cédant par conséquent aux coups plutôt & plus long-tems.

Après cette première façon, parmi ces feuilles on en entrelarde quelques-unes qui, dans le travail précédent, n'avoient pas été assez étendues ; puis on fait la même opération sur tous les paquets ou trousses. On remet au feu chaque paquet entre-lardé, on chauffe. Quand le tout est assez chaud, on retire les feuilles du feu par paquets d'environ cent feuilles chacun. On divise un paquet en deux parties égales, & l'on applique ces deux parties de manière que ce qui étoit en dedans se trouve en dehors. On les porte en cet état sous le gros marteau, on bat, on épuise la trousse : on entre-larde encore des feuilles de rebut, on remet au feu, on retire du feu : on divise encore en deux parties chaque paquet, remettant le dedans en dehors, & l'on bat pour la troisième fois sous le marteau. Il faut observer que dans les deux dernières opérations on ne remet plus en trousse, on se contente seulement de rechauffer par paquet. Dans la succeffion de ce travail, chaque feuille a eu un côté tourné vers le dedans de la trousse ou du paquet, & un côté tourné vers le marteau, & exposé à l'action immédiate du feu. Ce dernier côté a néceffairement été mieux plané que l'autre, plus net, moins chargé de crasse; ce qui produit auffi quelque inégalité dans le succès de l'étamage.

Tandis qu'on forme une nouvelle trousse dans la forge, & que des feuilles s'y préparent à être mises dans l'état où nous avons conduit celles-ci, les mêmes ouvriers rognent; ils se servent pour cet effet d'une cisaille, & d'un chaffis qui détermine l'étendue de la feuille. Chaque feuille est rognée féparement. Quand les feuilles font rognées & équarries, opération dans laquelle chaque feuille pliée se trouve coupée en deux, la cisaille emportant le pli, on prend toutes ces feuilles, on en forme des piles, fur deux groffes barres de fer rouge qu'on met à terre; on contient ces piles par une ou deux autres groffes barres de fer rouges qu'on paffe deffus.

Cependant les feuilles de la trousse en travail, du paquet qui fuit, s'avancent jufqu'à l'état d'être équarries; mais dans la chaude qui précède immédiatement leur équarriffage, on divise chaque paquet en deux, & l'on met entre ces deux portions égales de feuilles non-équarries, une certaine quantité de feuilles équarries : on porte le tout fous le gros marteau; on bat, & les feuilles équarries reçoivent ainfi leur dernier poli. Après cette opération, les feuilles équarries des paquets iront à la cave, & les non-équarries à la cisaille.

De ces feuilles prêtes à aller à la cave, les unes font gardées en tole; ce font les moins parfaites; les autres font deftinées à être mises en fer-blanc. Avant que de les y porter, on les décape groffiérement en grès, puis elles defcendent à la cave ou étuve, où elles font mises dans des tonneaux pleins d'eaux fûres; c'eft-à-dire, dans un mêlange d'eau & de farine de feigle, à laquelle on a excité une fermentation acéteufe, par l'action d'une grande chaleur répandue & entretenue par des fourneaux dans ces caves, où il put fort, & où il fait très-chaud. C'eft là qu'elles achèvent de fe décaper, c'eft-à-dire, que la craffe de forge qui les couvre encore, en eft tout-à-fait enlevée. Peut-être feroit-on bien d'enlever en partie cette craffe des feuilles, avant que de les mettre dans l'eau fûre; cette eau en agiroit certainement d'autant mieux. Les feuilles paffent trois fois 24 heures dans ces eaux, où on les tourne & retourne de tems en tems, pour les expofer à l'action du fluide en tous sens; puis on les retire, & on les donne à des femmes, qui se servent pour cet effet, de sable, d'eau, de liège, & d'un chiffon : cela s'appelle *blanchir*, & les ouvriers & ouvrières occupés à ce travail, *blanchisseurs*. Après l'écurage ou blanchiment des feuilles, on les jette à l'eau pour les préserver de la grosse rouille; la rouille fine qui s'y forme, tombe d'elle-même : c'est de là qu'elles passent à l'étamage.

L'attelier d'étamage consiste en une chaudière de fer fondu, placé dans le milieu d'une espèce de table de plaques de fer inclinées légèrement vers la chaudière qu'elles contiennent proprement. Cette chaudière a beaucoup plus de profondeur que n'a de hauteur la feuille qui s'y plonge toujours verticalement, & jamais à plat; elle contient 1500 à 2000 d'étain. Dans le massif qui soutient ceci, est pratiqué un four, comme de boulanger, dont la cheminée est sur la gueule, & qui n'a d'autre ouverture que cette gueule, qui est opposée au côté de l'étameur. Ce four se chauffe avec du bois.

L'étamage doit commencer à six heures du matin. La veille de ce jour, l'étameur met son étain à fondre à dix heures du soir; il fait feu, son étain est bientôt fondu; il le laisse six heures en fusion, puis il y introduit l'arcane, qu'on ignore : il est à présumer que c'est du cuivre, & ce soupçon est fondé sur ce que la chose qu'on ajoute doit servir à la soudure : or, le cuivre peut avoir cette qualité, puisqu'il est d'une fusibilité moyenne entre le fer & l'étain. Peut-être faudroit-il employer celui qui a été enlevé des vaisseaux de cuivre étamés, & qui a déjà avec lui une partie d'étain. Il ne faut ni trop, ni trop peu d'arcane. L'arcane est en si petite quantité dans l'étain, qu'en enlevant l'étamage d'un grand nombre de plaques de fer étamées, & faisant l'essai de cet étain, on ne peut rendre l'addition sensible : il faut donc très-peu d'addition. Nous pouvons assurer que c'est un alliage; mais s'il en faut peu, il ne faut non plus ni trop, ni trop peu de feu. Mais ces choses ne se décrivent point, & font l'ouvrier; elles consistent dans un degré qui ne s'apprécie que par l'usage.

On fait fondre l'étain sous un *tectum* de suif de quatre à cinq pouces d'épaisseur, parceque l'étain fondu se calcine facilement quand il est en fusion, & qu'il a communication avec l'air. Cette précaution empêche la communication, & peut même réduire quelque petite portion d'étain qui pourroit se calciner; secret que n'ignorent point les fondeurs de cuillers d'étain. Ils savent bien que la prétendue crasse qui se forme à la surface de l'étain qu'ils fondent, est une véritable chaux d'étain qu'ils pourront réduire en la fondant avec du suif ou autre matière grasse. Ce *tectum* de suif est de suif brûlé, & c'est-là ce qui lui donne sa couleur noire.

Dès

Dès les fix heures du matin, lorfque l'étain a le dégré de chaleur convenable (car s'il n'eft pas affez chaud, il ne s'attache point
au fer; trop chaud, l'étamage eft trop mince & inégal), on commence à travailler. On trempe dans l'étain les feuilles retirées
de l'eau; l'ouvrier les jette enfuite à côté, fans les féparer
les unes des autres, & en effet, elles font prefque toutes prifes
enfemble. Ce premier travail fait fur toutes les feuilles, l'ouvrier
en reprend une partie qu'il trempe toutes enfemble dans fon étain
fondu : il les y tourne, retourne en tout fens, divifant, foudivi-
fant fon paquet, fans le fortir de la chaudière; puis il les prend une
à une, & les trempe féparément dans un efpace féparé par une
plaque de fer qui forme dans la chaudière même un retranchement. Il les tire donc de la grande partie de la chaudière, pour
les plonger une à une dans ce retranchement. Cela fait, il les
met à égoutter fur deux petites barres de fer affemblées paralle-
lement, & hériffées d'autres petites barres de fer fixées perpendiculairement fur chacune. Les feuilles font placées fur les barres
de fer paralleles, qui les foutiennent, & entre les barres verticales, qui les confervent verticales.

Une petite fille prend chaque feuille de deffus l'égouttoir, &
s'il y a de petites places qui n'aient pas pris l'étain, elle les racle
fortement avec une efpèce de grattoir, & les remet à côté de
l'attélier, d'où elles retourneront à l'étamage. Quant à celles qui
font parfaites, elles font diftribuées à quelques autres filles qui,
avec de la fiure de bois & de la mouffe, les frottent long-tems
pour les dégraiffer; après quoi il ne s'agit plus que d'emporter
une efpèce de lifière ou rebord qui s'eft formé à l'un des côtés de
la feuille, tandis qu'on les mettoit à égoutter. Pour cet effet, on
trempe exactement ce rebord dans l'étain fondu. Il y a un point
à obferver, c'eft qu'il ne faut tremper, ni trop, ni trop peu
long-tems, fans quoi un des étains, en coulant, feroit couler
l'autre, & la plaque refteroit noire & imparfaite. Les défauts principaux de cette lifière font de fe calciner, ronger, détruire,
fur-tout dans les ouvrages qui doivent fouffrir le feu, où elle ne
devroit jamais fe trouver. Après cette immerfion, un ouvrier
frotte fortement des deux côtés avec de la mouffe l'endroit trempé, emporte l'étain fuperflu, & les feuilles font faites.

On fait des plaques de différentes largeur, longueur & épaiffeur;
les ouvriers difent que le profit eft immenfe. La fabrique eft à
Moifevaux, en Alface. *Encycl.*

Voyez auffi dans le *Journal Econ.* 1754. Sept. les deux manières de fabriquer le fer-blanc, foit en France, foit en Allemagne, & Savary.

L'art de faire le fer-blanc eft regardé comme propre à l'Allemagne ; on veut que ce soit un secret qu'on y conserve avec soin ; mais M. de Réaumur en a dévoilé tous les mistères , & l'a rendu si facile , que les François peuvent tout au moins égaler leur voisins , sans avoir même trop besoin de puissantes protections. Voyez son *Mémoire* dans l'*Histoire de l'Académie Royale des Sciences*, A. , 1725.

Les feuilles de fer-blanc sont ou doubles , ou simples ; c'est-à-dire , qu'il y en a de plus fortes & de plus foibles. Les plus foibles sont employées par les ferreurs d'aiguillettes , & autres ouvriers , les autres par les ferblantiers , qui en font des lanternes , des rapes à sucre & à tabac , de la vaisselle d'armée , comme plats , bassins & assiettes , &c. Il s'en consomme quantité dans les armemens de mer.

Il vient beaucoup de fer noir & blanc d'Allemagne , particulièrement de Neuremberg , de Saxe & de Hambourg. Il est presque toujours dans de petits barils de sapin , qui sont ordinairement de 300 feuilles de fer noir , & de 450 feuilles de blanc. Les navires Suédois en apportent quantité par le port de Rouen.

Celui de la manufacture du sieur Autier , établie à une lieue de Moisevaux dans la Haute Alsace , est exempt de tous droits d'entrée appartenans à la ferme générale , jusques au mois de Janvier 1762 , par arrêt du 21 Novembre 1720, & lettres-patentes des 17 Septembre & 28 Novembre de la même année, renouvellés par l'arrêt du 28 Avril 1736 , de vingt années en vingt années , à condition que ledit fer-blanc sera marqué & contrôlé par les commis des fermes du bureau le plus prochain , &.

FERET D'ESPAGNE, qu'on appelle aussi *Pierre Hematite.* C'est un minéral en forme de pierre rougeâtre , dure pesante , & par aiguilles longues & pointues , dont la piquure est très-dangereuse.

Ce minéral se trouve dans toutes les mines de fer ; & il ne porte apparemment le nom de *Feret d'Espagne* par privilège , que parce que c'est en Espagne qu'on a d'abord découvert la vertu , qu'on suppose qu'il a , d'arrêter le sang.

Les doreurs & les orfèvres s'en servent pour polir l'or qu'ils employent en feuilles , étant aussi propre à cet usage , que la sanguine ordinaire.

On broye le feret pour le faire entrer dans quelques compositions galéniques , & les chercheurs de pierre philosophale le mettent au nombre des drogues importantes, sur lesquelles ils fondent leurs riches , mais chimériques espérances.

Il faut choisir le feret d'Espagne haut en couleur, en belles aiguilles, & le plus approchant du cinabre qui se pourra. On dit encore qu'il s'en rencontre une grande quantité en France, à Bagnères, aux pieds des Pyrennées & aux environs. Ce font de petits corps solides qui n'excédent guère la grosseur du pouce, d'une couleur d'ochre ou de fer rouillé, qui ont ou la forme d'un parallépipéde à six côtés inégaux, & dont les angles font inclinés, ou bien ils formeroient des cubes parfaits, & ressembleroient à des dez à jouer, si leurs surfaces n'étoient point un peu inclinées les unes sur les autres. On trouve ces pierres ou ferretes seules & détachées; mais souvent elles font grouppées ensemble, & l'on en rencontre quelquefois une centaine attachées les unes aux autres; il y en a qui ont une espèce d'écorce luisante, qui ressemble à une substance métallique. On les trouve par couches dans une espèce d'ardoise bleuâtre, enveloppées d'une matière transparente & fibreuse. Voyez le *Supplément de Chambers*, & *les Transactions philosophiques*, n°. 472, p. 30. *Encycl.*

FERRANDINES, étoffes dont la chaîne est de soie, & la trame de laine, de fleuret ou de coton; elles font ordonnées par les réglemens, à une demi-aune de large sur 21 aunes de longueur; & dans un autre endroit des mêmes réglemens, il est permis de les faire de 4 largeurs, ou d'un quartier & demi, ou demi-aune moins un seize, ou demi-aune entière, ou demi-aune & un seize, sans qu'elles puissent être plus larges ou plus étroites que de deux dents de peigne. Il est ordonné, enfin, 1°. que ces étoffes & d'autres feront de soie cuite en chaîne, poil, trame, ou brochée, ou toutes de soie crue, sans aucun mêlange de soie crue avec la soie cuite.

2°. Qu'elles se fabriqueront à vingt-huit buhots, & trente portées, & qu'elles auront de largeur, entre deux gardes, un pied & demi de roi, & de longueur vingt-une aunes & demie hors de l'étille, pour revenir apprêtées à vingt aunes un quart, ou vingt aunes & demie. Il est de la dernière importance que les hommes qui donnent des réglemens aux manufactures, soient très-versés dans les arts; qu'ils aient de justes notions du commerce & des avantages de sa liberté; qu'ils ne s'en laissent point imposer par les apparences, & qu'ils sçachent que ceux qui leur proposent des réformes d'abus, font quelquefois des gens qui cherchent ou à se faire valoir auprès de leurs supérieurs par une sévérité mal-entendue, afin d'en obtenir des récompenses, où à jetter le manufacturier dans une contrainte à laquelle il ne parvient à se soustraire, qu'en se soumettant à des exactions. *Encycl.*

{ **FERULE.** L'eſpèce de férule à laquelle la médecine s'intéreſſe uniquement aujourd'hui , eſt celle d'Afrique , de Syrie , de
Perſe , des grandes Indes, non pas par rapport aux propriétés de
ſa moëlle , de ſa racine , de ſes feuilles ou de ſes graines , mais
parceque c'eſt d'elle que découle le galbanum , ou dont il
ſe tire. Envain , l'on inciſe les diverſes tiges des autres eſpèces de
férules , le lait qui en ſort , de même que les grumeaux qui ſe
forment naturellement ſur d'autres tiges , ne reſſemblent point
à cette ſubſtance graſſe , ductile , & d'une odeur forte , qui par-
ticipe de la gomme & de la réſine , & que nous nommons *Galbanum.* Voy. *Galbanum. Encycl.*

Fin du ſecond Tome.

Check Out More Titles From HardPress Classics Series In this collection we are offering thousands of classic and hard to find books. This series spans a vast array of subjects – so you are bound to find something of interest to enjoy reading and learning about.

Subjects:
Architecture
Art
Biography & Autobiography
Body, Mind &Spirit
Children & Young Adult
Dramas
Education
Fiction
History
Language Arts & Disciplines
Law
Literary Collections
Music
Poetry
Psychology
Science
…and many more.

Visit us at www.hardpress.net

CPSIA information can be obtained
at www.ICGtesting.com
Printed in the USA
BVHW041445200819
556330BV00012B/629/P